David Trachtenherz

Eigenschaftsorientierte Beschreibung
der logischen Architektur eingebetteter Systeme

AF192256

VIEWEG+TEUBNER RESEARCH

David Trachtenherz

Eigenschaftsorientierte Beschreibung der logischen Architektur eingebetteter Systeme

Mit einem Geleitwort von Prof. Dr. Dr. h. c. Manfred Broy

VIEWEG+TEUBNER RESEARCH

Bibliografische Information der Deutschen Nationalbibliothek
Die Deutsche Nationalbibliothek verzeichnet diese Publikation in der
Deutschen Nationalbibliografie; detaillierte bibliografische Daten sind im Internet über
<http://dnb.d-nb.de> abrufbar.

Dissertation Technische Universität München, 2009
Verbesserte und erweiterte Fassung, 2010

1. Auflage 2010

Alle Rechte vorbehalten
© Vieweg+Teubner Verlag | Springer Fachmedien Wiesbaden GmbH 2010

Lektorat: Ute Wrasmann | Sabine Schöller

Vieweg+Teubner Verlag ist ist eine Marke von Springer Fachmedien.
Springer Fachmedien ist Teil der Fachverlagsgruppe Springer Science+Business Media.
www.viewegteubner.de

Umschlaggestaltung: KünkelLopka Medienentwicklung, Heidelberg
Gedruckt auf säurefreiem und chlorfrei gebleichtem Papier.
Printed in Germany

ISBN 978-3-8348-1029-8

Geleitwort

Eingebettete Systeme, wie wir sie heute typischerweise etwa in Automobilen oder Flugzeugen finden, entsprechen komplexen, verteilten Netzwerken, die über eine Vielzahl von Sensoren, Eingabeeinrichtungen und Anzeigeinstrumenten sowie Aktuatoren mit Ihrer Umgebung verbunden sind und eine Vielzahl oft sicherheitskritischer Funktionen erbringen. Die Funktionsweise der Systeme hängt entscheidend von der korrekten Erfassung der Logik der Teilsysteme und deren Interaktion ab. Ein Ansatz, die innere Logik eines Systems in den Griff zu bekommen, ist die Erstellung einer so genannten logischen Architektur, in der alle Eigenschaften, insbesondere auch Verhaltenseigenschaften des eingebetteten Systems, unabhängig von seiner technischen Realisierung logisch dargestellt werden.

Die Entwicklung einer Methodik für die Darstellung dieser logischen Architektur, die auch als Basis für ein Unterstützungswerkzeug dienen kann, ist das Thema der Arbeit von Herrn Trachtenherz. Architekturbeschreibung ist eine sehr relevante und zentrale Herausforderung für die Praxis, die trotz langjähriger Bemühungen immer noch nicht genügend beherrscht ist. In seiner Arbeit entwickelt Herr Trachtenherz eine Theorie zur Architekturmodellierung auf Basis der bekannten Modellierung verteilter Systeme durch Ströme und stromverarbeitende Funktionen und baut diese Theorie in praktischer Hinsicht aus, indem er zusätzliche Spezifikationskonzepte, aber auch Beweiskonzepte auf Basis von Isabelle entwickelt. Auf diese Weise gelingt es ihm, eine in jeder Hinsicht vollständige Formalisierung der eigenschaftsorientierten Architekturspezifikation zu erreichen.

Wie leistungsfähig seine Beschreibung ist, wird eindrucksvoll am Beispiel des Adaptive Cruise Control demonstriert, indem ausgehend von den Anforderungen eine formale funktionale Spezifikation entwickelt wird und daraus strukturelle und funktionale Verfeinerungen abgeleitet werden. Eindrucksvoll ist insbesondere, dass gezeigt wird, wie eine ganze Reihe von formalen und theoretischen Grundlagen geschickt zueinander in Beziehung gesetzt und integriert werden können, um die ihm gestellte Aufgabe zu lösen. Dies zeigt, wie virtuos das Thema Logik mit Werkzeugen, wie Theorembeweisern, für logische Architekturen umgesetzt werden kann.

Ansprechend ist auch der Aufbau der Arbeit, in der Abbildungen und Formeln in vortrefflicher Weise miteinander eingesetzt werden, um einen anschaulichen und trotz der formalen Inhalte vergleichsweise gut lesbaren Text zu bekommen.

Das Bemerkenswerte des vorgestellten Ansatzes liegt letztlich weniger in den einzelnen Teilthemen sondern vielmehr in der Integration dieser Bestandteile und insbesondere in deren Nutzung für die anspruchsvolle Lösung einer für die Praxis hoch bedeutsamen Aufgabe.

Manfred Broy

Garching, im November 2009

Danksagung

An dieser Stelle möchte ich mich bei allen bedanken, die durch ihre Unterstützung diese Arbeit ermöglicht haben.

Allen voran gilt mein Dank Herrn Prof. Dr. Dr. h.c. Manfred Broy für die Betreuung der Arbeit sowohl während meiner Beschäftigung bei BMW Group Forschung und Technik als auch während meiner anschließenden Tätigkeit an seinem Lehrstuhl. Die stets interessanten Diskussionen sowie die dabei erteilten Ratschläge und Anregungen gaben mir wichtige Impulse, die für den Fortschritt der Arbeit unerlässlich waren und zu ihrem Gelingen entscheidend beitrugen.

Ich möchte allen Kollegen am Lehrstuhl für die außerordentlich angenehme und produktive Atmosphäre danken. Insbesondere möchte ich Herrn Dr. Bernhard Schätz für wertvolle Hinweise zu weiterführenden Publikationen zu einem breit gefächerten Themenspektrum in der Spezifikation und Verifikation danken, sowie Herrn Dr. Stefan Berghofer und Herrn Dr. Markus Wenzel für ihre stete Hilfsbereitschaft bei der Arbeit mit dem Beweisassistenten Isabelle/HOL.

Ich möchte Herrn Prof. Dr. Klaus Bender danken, der sofort bereit war, das Zweitgutachten zu übernehmen, und im Rahmen unserer Diskussionen interessante Hinweise zu Besonderheiten der Softwareentwicklung für mechatronische Systeme gab.

Herrn Prof. Dr. Raymond Freymann, Geschäftsführer der BMW Group Forschung und Technik, sowie Herrn Karl-Ernst Steinberg danke ich für die Möglichkeit, an meiner Dissertation bei BMW Group Forschung und Technik zu arbeiten. Die drei Jahre bei BMW Group Forschung und Technik lieferten wertvolle Erfahrungen über die praktischen Bedürfnisse und Anforderungen an Beschreibungsmittel für industrielle eingebettete Softwaresysteme und haben dadurch die Ergebnisse der Dissertation bedeutend mitgeprägt. Besonderer Dank gilt Herrn Richard Bogenberger, der mir während dieser drei Jahre durch seine Betreuung und sein Feedback wichtige Unterstützung gab. Für weitere interessante Diskussionen sowohl über meine Arbeit als auch über weiterführende Themengebiete möchte ich mich bei Kollegen von BMW Group Forschung und Technik bedanken, insbesondere bei Herrn Dr. Martin Wechs.

Mein ganz besonderer Dank gilt meinen Eltern für ihre liebevolle Unterstützung sowie allen meinen Freunden für die Geduld und Nachsicht, die sie während der gesamten Promotion zeigten.

Kurzfassung

Automobile eingebettete Systeme sind komplexe und verteilte Netzwerke, die aus 20-80 Steuergeräten aufgebaut werden, auf denen jeweils eine oder mehrere Softwarekomponenten laufen. Der logische Architekturentwurf ist somit ein wichtiger Bestandteil des Entwicklungsprozesses. Die Spezifikation der Netzwerkarchitektur findet in der Entwurfsphase statt – hier werden die vernetzten Funktionalitäten und die Verbindungsstruktur zwischen den Komponenten definiert. Eine Verhaltensspezifikation für die einzelnen Komponenten wird in der Analysephase überwiegend mit informalen/semi-formalen Mitteln durchgeführt. Eine formale Spezifikation des Verhaltens wird häufig erst bei der Implementierung durchgeführt. Die Qualitätssicherung für die vernetzten Funktionalitäten findet deshalb erst durch Integrationstests und damit sehr spät in dem Entwicklungsprozess statt. Es fehlt eine hinreichend abstrakte formale Spezifikation der einzelnen Komponenten, die eine präzisere Analyse der Kompatibilität und der Inkonsistenzen in und zwischen den Verhaltensspezifikationen verschiedener Komponenten bereits in der Entwurfsphase und insbesondere vor der Erstellung einer ausführbaren Spezifikation ermöglicht.

In der vorliegenden Arbeit entwickeln wir den Lösungsansatz der *eigenschaftsorientierten Beschreibung der logischen Architektur eingebetteter Systeme*, der eine präzise deklarative Spezifikation mit wählbarem Grad der Abstraktion für unterschiedliche Entwicklungsphasen und -ebenen ermöglicht. Hierfür erfüllen die verwendeten Beschreibungsmittel für die logische Architektur folgende Anforderungen: Modulare Struktur- und Verhaltensspezifikation; Eindeutigkeit und Präzision durch formale Semantik der Beschreibungsmittel; Möglichkeit der Unterspezifikation / wählbarer Abstraktionsgrad der Spezifikation; Möglichkeit der integrierten Spezifikation struktureller und funktionaler Eigenschaften; Anschauliche Darstellung der Spezifikation. Die Hauptbeiträge dieser Arbeit sind die folgenden:

- Die Semantik des CASE-Werkzeugs AUTOFOCUS wurde formalisiert und so erweitert, dass die modulare hierarchische Beschreibung der logischen Architektur eingebetteter Systeme vereinfacht wird.

- Es wurde ein Framework zur Definition und Validierung formaler temporallogischer Notationen zur deklarativen Spezifikation funktionaler Eigenschaften mit gewünschtem Abstraktionsgrad konzipiert. Auf diese Weise können sowohl standardisierte als auch an Bedürfnisse des Benutzers angepasste formale Spezifikationsnotationen formal analysiert und für die Spezifikation verwendet werden.

- Für funktionale Spezifikationen wurden Darstellungsmittel zur Veranschaulichung entwickelt. Neben einer tabellarischen Darstellung für logische Spezifikationsformeln wurde speziell für temporallogische Spezifikationen eine graphische Visualisierung konzipiert. Dadurch soll die Bearbeitung und das Verständnis formaler Spezifikationen für Entwickler unterstützt werden.

- Für die integrierte Spezifikation struktureller und funktionaler Eigenschaften wurde das Konzept der eigenschaftsorientierten Architekturmuster entwickelt. Ein Architekturmuster definiert, unabhängig von einem konkreten Modell, strukturelle und funktionale Eigenschaften, die durch Instanziierung des Architekturmusters für einen Systemausschnitt in die Anforderungsspezifikation eines konkreten Systems aufgenommen werden können.

Die praktische Anwendung der vorgestellten Konzepte wird anhand einer industriellen Fallstudie, einer ACC-Steuerung, demonstriert.

Abstract

Automotive embedded systems are complex and distributed networks consisting of 20-80 ECUs (electronic control units), on each of them single or multiple software components are running. Hence the logical architecture design is an important constituent part of the development process.

The network architecture is specified in the design phase – here are defined the networked functionalities and the connection structure between the components. A behavioural specification for the single components is performed in the analysis phase prevailingly by means of informal/semi-formal techniques. A formal behavioural specification is often given at first during the implementation. The quality assurance for networked functionalities is therefore at first feasible by integration tests and hence very late in the development process. A sufficiently abstract formal specification of the single components is missing, which would enable a more precise analysis of compatibility and inconsistencies of and between the behavioural specifications of different components already in the design phase and particularly before creating an executable specification.

In the presented work we develop the approach of *property-oriented description of logical architecture of embedded systems*, which enables a precise declarative specification with selectable levels of abstraction for different development phases and levels. Therefore the used description techniques comply with the following requirements: modular structural and behavioural specification; unambiguousness and precision through formal semantics of description means; possibility of underspecification / selectable level of abstraction for specification; possibility of integrated specification of structural and functional properties; illustrative representation of specification. The main contributions of this work are the following:

- The semantics of the CASE tool AUTOFOCUS has been formalised and extended in a way assisting and simplifying the modular hierarchical description of logical architecture of embedded systems.

- A framework has been designed for definition and validation of formal temporal logic notations for declarative specification of functional properties with desired degree of abstraction. This way, both standard specification notations and ones adjusted to user's needs can be formally defined, analysed and used for specification.

- Illustrative representation means for functional specifications have been developed. In addition to a tabular representation for logical specification formulas a graphical visualisation particularly for temporal logic specifications has been designed, which is intended to support developers in editing and understanding temporal specifications.

- A concept of property-oriented architectural patterns has been developed for integrated specification of structural and functional properties. An architectural pattern defines, independently of a concrete model, structural and functional properties. These properties can be incorporated into the requirements specification of a concrete system through instantiation of the architectural pattern.

The practical application of the presented concepts is demonstrated for an industrial case study of an ACC system.

Inhaltsverzeichnis

Abbildungsverzeichnis

Tabellenverzeichnis

Kapitel 1

Einleitung

Die vorliegende Arbeit beschäftigt sich mit der Beschreibung der logischen Architektur eingebetteter Systeme. Zu Beginn wollen wir im Abschnitt 1.1 die Arbeit motivieren, und anschließend im Abschnitt 1.2 den Lösungsansatz und die Ergebnisse der Arbeit vorstellen. Der Abschnitt 1.3 skizziert die Gliederung der Arbeit. Im Abschnitt 1.4 werden verwandte Arbeiten kurz besprochen.

1.1 Motivation

Software in Automobilen Die Informationstechnologie gewinnt zunehmend an Bedeutung in vielen Technologiebereichen, insbesondere auch im modernen Automobilbau [Bro03a]. Während sie noch zu Beginn der 1990er Jahre keine bedeutende Rolle spielte, entwickeln sich eingebettete Softwaresysteme zu einer treibenden Kraft bei Innovationen in der Automobilindustrie. Zahlreiche Funktionalitäten, wie Airbags, ABS (Antiblockiersystem), DSC (Dynamische Stabilitätskontrolle) und viele andere, die aus einem modernen Automobil nicht mehr wegzudenken sind, werden durch Software ermöglicht. Diese Entwicklung spiegelt sich in der Größe der eingebetteten Software in Automobilen wider: lag beispielsweise der Softwareumfang im BMW 7er aus dem Jahr 1986 noch bei ca. 10 KB, so betrug er im 7er Modell aus dem Jahr 2001 bereits über 100 MB (wovon allein mehr als 10 MB sicherheitskritische Software war), und wird beim neuen 7er voraussichtlich 1 GB übersteigen [Fri04]. Mit Hinblick auf die Rolle der Informationstechnologie für Automobilhersteller sagte Burkhard Göschel, BMW-Vorstand für Entwicklung und Einkauf, im Jahr 2002 [Goe02]: „Der Trend in der Automobilindustrie geht eindeutig von der Hardware zur Software. Informationstechnologie ist inzwischen eine wichtige Kernkompetenz von BMW."

Die Bedeutung eingebetteter Software und ihr Anteil an der Wertschöpfung und an Innovationen im Automobilbau können mittlerweile als allgemein anerkannt bezeichnet werden – entsprechende Aussagen finden sich in wissenschaftlichen Publikationen [Bro03a, Bro06b, PBKS07], in mehreren Studien zum Automobilbau (beispielsweise [dR05, Her06]), seitens der Premium-Automobilhersteller (BMW: [Goe02, Fri03], Daimler: [Gri03], Audi: [HKK04]) sowie der Automobilzulieferer (beispielsweise Siemens VDO: [Rei06]) und auch in Berichten des VDA [VDA05]. Die wesentlichen Standpunkte, die sich diesen Aussagen entnehmen lassen, sind die folgenden:

- Innovation: 90% aller Innovationen basieren auf Elektronik, 80-90% davon auf Software.

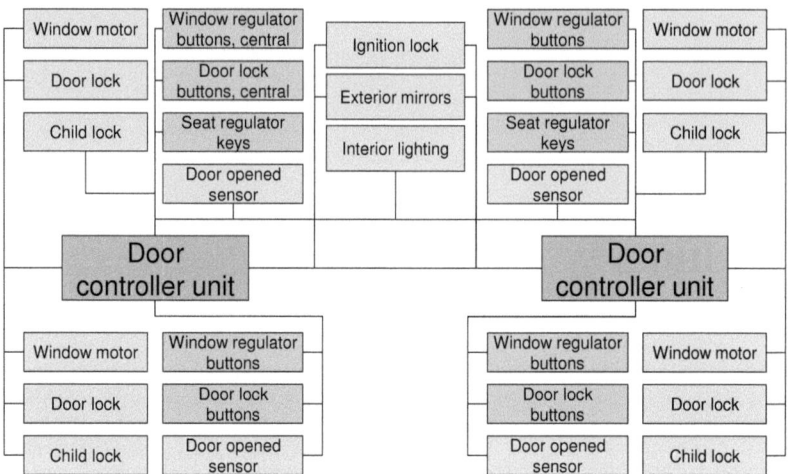

Abbildung 1.1: Türsteuergeräte-Vernetzung – Vereinfachte Sicht

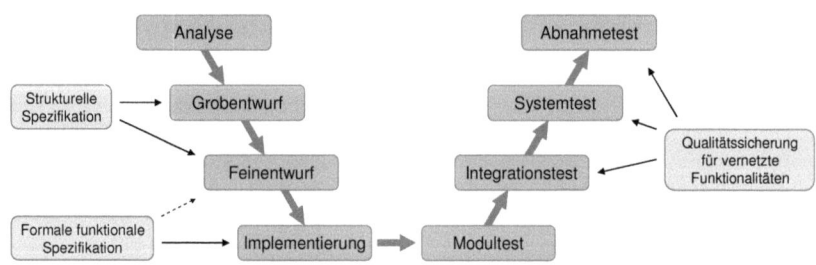

Abbildung 1.2: Vernetzte Funktionalitäten im Entwicklungsprozess

- Herstellkosten: Der Anteil der Elektronik/Software an den Herstellkosten eines Fahrzeugs beträgt 25-30% und wird Schätzungen zufolge auf 35-40% bis zum Jahr 2010 steigen.

- Entwicklungskosten: Die Software hat einen Anteil von 50-75% an den Entwicklungskosten eines Steuergeräts.

Eingebettete Softwaresysteme stellen somit einen wichtigen Bestandteil moderner Automobile dar, dessen Bedeutung weiter zunimmt.

Komplexität   Eingebettete Softwaresysteme in modernen Automobilen sind hochkomplexe modular aufgebaute Netzwerke aus 20–80 Steuergeräten, die über bis zu 5 Busse kommunizieren [Fri04]. Die daraus entstehende Komplexität wird durch das Beispiel auf der Abbildung 1.1 veranschaulicht, die ein vereinfachtes Netzwerk rund um zwei Türsteuergeräte in einem Fahrzeug zeigt. Hierbei werden die Steuergeräte auch von unterschiedlichen Zulieferern entwickelt und müssen von Automobilherstellern zu einem System integriert werden. Die Anzahl der softwaregestützten Funktionen kann bis zu 2500 betragen. Darüber hinaus sind neue Funktionen häufig nur durch Zusammenarbeit verschiedener Teilsysteme zu erbringen. Die Vernetzung der Steuergeräte und Funktionalitäten trägt somit wesentlich sowohl zur Gesamtfunktionalität als auch zur Komplexität bei, und stellt eine besondere Herausforderung für die Entwicklung eingebetteter Softwaresysteme in Automobilen dar.

Bedeutung des Architekturentwurfs   Der Architekturentwurf ist ein essentieller Bestandteil des Systementwurfs im Softwareentwicklungsprozess, der zwischen der Anforderungsspezifikation und der Implementierung des Systems stattfindet (Abbildung 1.2) [BD93, SZ06]. Das System wird in Teilsysteme aufgeteilt und deren Schnittstellen und Verhaltensspezifikationen erstellt. Diese dienen als Grundlage für die Implementierung der Teilsysteme. Wir wollen einige Gründe anführen, weshalb die Entwurfsphase für die Entwicklung eingebetteter Softwaresysteme im Automobilbau von wesentlicher Bedeutung ist:

- Softwaresysteme in Automobilen sind, wie oben ausgeführt, komplexe verteilte Netzwerke aus zahlreichen Komponenten. Der Entwurf der Architektur dieser Netzwerke ist daher ein (unumgänglicher) Bestandteil der Softwareentwicklung. Gleichzeitig wird die Handhabung der Komplexität, die große Softwaresysteme mit sich bringen, gerade durch Aufteilung in kleinere Teilsysteme ermöglicht. Die Bedeutung des Systementwurfs wird auch durch die Tatsache bekräftigt, dass Vorgehensmodelle oft zwei Phasen für den Systementwurf vorsehen (im V-Modell: Grobentwurf und Feinentwurf [BD93], im Spiralmodell: Softwareproduktentwurf und Detailentwurf [Boe88]).

- Die Entwurfsphase ist von entscheidender Bedeutung für die Softwarequalität und den Aufwand der Qualitätssicherung – laut [Jon91] werden über 50% schwerwiegender Fehler in der Entwurfsphase gemacht. Dies ist auch deshalb besonders wichtig, weil die Kosten zur Entdeckung und Behebung eines Fehlers mit jeder Phase des Entwicklungsprozesses exponentiell steigen, in der dieser Fehler unentdeckt bleibt. So kann die Aufwandszunahme zwischen der Fehlerbehebung in einer frühen Entwicklungsphase (Analyse- oder Entwurfsphase) und der Fehlerbehebung in einer späten Entwicklungsphase (z. B. Integrationstest) oder nach der Systemabnahme für große Projekte bis zu 100:1 betragen [Boe76, Boe84] (wobei dieses Verhältnis für einfache Fehler und/oder kleine Systeme geringer sein kann, z. B. 5:1). Ähnliche Schätzungen wurden von mehreren industriellen

Praktikern in einer Workshop bestätigt [SBB+02]. Werden die Fehler aus dem Grob- oder Feinentwurf erst nach einigen Phasen im Integrations- oder Systemtest entdeckt, ist ihre Beseitigung daher um ein Vielfaches aufwändiger und teurer als bei Entdeckung und Korrektur oder auch Vermeidung in der Entwurfsphase.

Stand der Technik In der Entwurfsphase der Softwareentwicklung wird das System in mehreren Schritten in immer kleinere Teilsysteme dekomponiert und die Schnittstellen sowie das Verhalten der Teilsysteme beschrieben. Folgende Aspekte sind für diese Arbeit von Bedeutung:

- Die in der Entwurfsphase verwendeten Beschreibungsmittel für die Struktur und das Verhalten sind entweder überwiegend informal – d. h., in Form von natürlichsprachlichem Text oder Graphiken/Diagrammen, die keine eindeutige Semantik besitzen – oder zu implementierungsnah/operational, wie beispielsweise SCADE, MATLAB/Simulink/Stateflow, ASCET u. a.

- Die Spezifikation der Netzwerkarchitektur findet in der frühen Entwurfsphase statt, wie dem Grobentwurf im V-Modell [BD93]. Dabei werden auch die vernetzten Funktionalitäten einzelner Komponenten im Netzwerk als Teil der Schnittstellenspezifikation beschrieben.

- Eine eindeutige formale Spezifikation des Verhaltens findet häufig erst bei der Implementierung statt. Vorher sind zur Qualitätssicherung nur informale Verfahren einsetzbar, wie Reviews u. a.

- Die Qualitätssicherung wird überwiegend durch umfangreiche Tests in mehreren Phasen vorgenommen. Die Qualitätssicherung für vernetzte Funktionalitäten wird beginnend mit der Integrationstestphase durchgeführt.

Die Abbildung 1.2 veranschaulicht mit Hinblick auf die Spezifikation und Qualitätssicherung vernetzter Funktionalitäten, welche Lücken im Laufe des Entwicklungsprozesses zwischen der Strukturfestlegung im Grobentwurf, der eindeutigen Verhaltensspezifikation in der Implementierung und der Qualitätssicherung durch Integrationstests entstehen. Auf diese Weise können Fehler in der Verhaltensspezifikation, die wegen informaler Beschreibung in der Entwurfsphase nicht entdeckt wurden, häufig erst beim Test des integrierten Systems entdeckt werden. Das Finden und die Korrektur dieser Fehler können, wegen des früher angesprochenen exponentiellen Wachstums der Fehlerbehebungskosten im Projektverlauf, besonders aufwändig sein. Unter Einbeziehung des Umstandes, dass der Anteil des Testens am Gesamtaufwand von Softwareentwicklungsprojekten 25-40% beträgt [BCM+92] [Roy00] und für sicherheitskritische Systeme 80% erreichen kann [Mon99], werden die Potentiale einer eindeutigen Verhaltensspezifikation in der Entwurfsphase mit Hinblick auf Reduktion des Qualitätssicherungsaufwands und Erhöhung der Softwarequalität deutlich.

1.2   Zielsetzung und Ergebnisse

In der Einleitung identifizierten wir die häufig fehlende präzise Spezifikation des Systemverhaltens in den Entwurfsphasen als wesentliches Problem für die genaue Umsetzung der Anforderungen in der realisierten Software sowie für die Software-Qualitätssicherung. Zur Lösung dieses Problems wollen wir in dieser Arbeit ein geeignetes Konzept der Spezifikation funktionaler Eigenschaften der logischen Architektur eingebetteter Systeme entwickeln. Dabei setzen wir uns folgende Hauptziele bezüglich der Spezifikationsmittel für die Beschreibung der logischen Architektur:

- Eindeutige und präzise Beschreibung des dynamischen Verhaltens.

- Spezifikation von Aspekten des Verhaltens ohne die Notwendigkeit einer operationalen und/oder vollständigen Verhaltensspezifikation.

- Anschauliche Darstellung der Spezifikation.

Zur Erreichung der oben aufgeführten Hauptziele sowie Erfüllung weiterer Anforderungen an Architekturbeschreibungsmittel wurde das Konzept der *eigenschaftsorientierten Beschreibung der logischen Architektur eingebetteter Systeme* entwickelt. Es integriert die strukturelle und operationale Beschreibung der logischen Architektur auf Grundlage der AUTOFOCUS-Modellierungstechnik mit der deklarativen Spezifikation funktionaler Eigenschaften. Die Hauptbeiträge der Arbeit sind:

- Formalisierung und Erweiterung der operationalen Semantik des AUTOFOCUS-Modellierungswerkzeugs. Dies ermöglicht:

  - Modulare hierarchische Beschreibung der logischen Architektur eingebetteter Systeme.

  - Eindeutigkeit der Verhaltesspezifikation sowie Ermöglichung der formalen Verifikation durch Vorhandensein einer formalen Semantik der Modellierungstechnik.

- Framework zur Definition und Validierung formaler temporallogischer Notationen, die zur deklarativen Spezifikation funktionaler Eigenschaften mit gewünschtem Abstraktionsgrad verwendet werden können. Dadurch werden folgende Möglichkeiten eröffnet:

  - Verhaltensbeschreibung ohne die Notwendigkeit einer operationalen und/oder vollständigen Spezifikation, wodurch präzise Verhaltensspezifikation auch in frühen Entwicklungsphasen möglich ist.

  - Definition und Validierung sowohl standardisierter als auch an Bedürfnisse der Benutzer/Entwickler angepasster formaler Spezifikationsnotationen.

  - Ermöglichung der formalen Verifikation spezifizierter Verhaltenseigenschaften. Dies umfasst sowohl die Verifikation einer operationalen Verhaltensspezifikation bezüglich einer deklarativen Anforderungsspezifikation als auch die A/G-Verifikation deklarativ spezifizierter Verhaltensaspekte auf Grundlage einer deklarativen Verhaltensspezifikation.

- Darstellungsmittel zur Veranschaulichung funktionaler Spezifikationen. Sie ermöglichen insbesondere:

  - Formal fundierte tabellarische Darstellung für logische Spezifikationsformeln.

  - Graphische Visualisierung für temporallogische Spezifikationsformeln.

Diese Mittel sollen die Bearbeitung und das Verständnis formaler Spezifikationen für Entwickler erleichtern, um die Fehleranzahl in Spezifikationen verringern und die Qualität der Spezifikationen steigern zu können.

- Integrierte Spezifikation struktureller und funktionaler Eigenschaften mithilfe eigenschaftsorientierter Architekturmuster:

    - Ein eigenschaftsorientiertes Architekturmuster definiert strukturelle und funktionale Eigenschaften unabhängig von einem konkreten Modell.

    - Die in einem Architekturmuster definierten Eigenschaften werden durch Instanziierung für einen Systemausschnitt in die Anforderungsspezifikation eines konkreten Systems aufgenommen.

    Auf diese Weise können Schablonen/Muster für Struktur+Funktionalität entwickelt und durch Instanziierung für unterschiedliche Systeme bzw. Ausschnitte eines Systems wiederverwendet werden.

Auf Grundlage der oben aufgeführten Bestandteile der eigenschaftsorientierten Architekturbeschreibung soll bei der Entwicklung der logischen Architektur eingebetteter Systeme die eindeutige präzise Verhaltensspezifikation mit gewünschtem Abstraktionsgrad insbesondere in frühen Entwurfsphasen ermöglicht werden.

1.3 Gliederung der Arbeit

Die schriftliche Ausarbeitung ist wie folgt gegliedert.

Kapitel 2 Zu Beginn definieren wir wichtige Begriffe im Zusammenhang mit logischer Architektur (Abschnitt 2.1), führen eine Analyse der Anforderungen an Architekturbeschreibungsmittel durch (Abschnitt 2.2), und leiten daraus die Entwurfsentscheidungen für die im weiteren Verlauf zu entwickelnden Beschreibungsmittel her (Abschnitt 2.3).

Kapitel 3 In diesem Kapitel gehen wir auf die formalen Grundlagen der Arbeit ein. Zu Beginn werden die Grundlagen der nachrichtenstrombasierten Spezifikation verteilter reaktiver Systeme vorgestellt (Abschnitt 3.1). Dann beschäftigen wir uns mit den Grundbegriffen temporallogischer Spezifikationsnotationen, wobei auch die Auswahl des Zeitbegriffs und der Zeitdomäne erläutert wird (Abschnitt 3.2). Anschließend wird eine knappe Einführung in das Arbeiten mit dem interaktiven Beweisassistenten Isabelle/HOL gegeben, der in einigen Teilen dieser Arbeit verwendet wird (Abschnitt 3.3).

Kapitel 4 Dieses Kapitel behandelt ausführlich die Grundlagen der eigenschaftsorientierten Architekturbeschreibung. Zunächst wird die zur strukturellen Architektur- und operationalen Verhaltensbeschreibung verwendete AUTOFOCUS-Modellierungstechnik erweitert und ihre Semantik mittels stromverarbeitender Funktionen formalisiert (Abschnitt 4.1). Der folgende Abschnitt 4.2 beschäftigt sich mit den Grundlagen der deklarativen Verhaltensspezifikation. Danach wird in dem Abschnitt 4.3 als Basis zur Definition und Verwendung eigenschaftsorientierter Architekturmuster (Kapitel 6) die Integration struktureller und funktionaler Spezifikationsnotationen vorgestellt.

Kapitel 5 Dieses Kapitel schildert die anschauliche Darstellung deklarativer funktionaler Spezifikationen. Nach der Darstellung funktionaler Eigenschaften im Zusammenspiel mit struktureller Architekturspezifikation (Abschnitt 5.1) folgt eine tabellarische Notation zur Bearbeitung formaler Spezifikationen (Abschnitt 5.2) und anschließend das Konzept zur graphischen Visualisierung temporallogischer Spezifikationen (Abschnitt 5.3).

Kapitel 6 Hier wird das Konzept der eigenschaftsorientierten Architekturmuster vorgestellt, die zur integrierten Spezifikation struktureller und funktionaler Eigenschaften eines Systemausschnitts dienen. Zunächst wird die Spezifikation und Anwendung von Architekturmustern behandelt (Abschnitt 6.1). Danach befassen wir uns mit der Komposition von Architekturmustern (Abschnitt 6.2). Anschließend erweitern wir Architekturmuster um die Möglichkeit, unterschiedliche Abstraktionsebenen zu verwenden sowie Verfeinerungsbeziehungen zu definieren (Abschnitt 6.3).

Kapitel 7 Nach der Erarbeitung der Konzepte und Mittel zur eigenschaftsorientierten Architekturbeschreibung wird ihre Anwendung in einer praktischen Fallstudie aus dem Bereich Automotive demonstriert. Wir beginnen mit der informalen Spezifikation der Systemanforderungen (Abschnitt 7.1). Diese werden dann formalisiert (Abschnitt 7.2), und die dabei entworfene logische Systemarchitektur – gemeinsam mit formalen funktionalen Anforderungen – für einen Systemausschnitt exemplarisch verfeinert (Abschnitt 7.3).

Kapitel 8 Zum Abschluss werden die Ergebnisse der Arbeit zusammengefasst (Abschnitt 8.1) und ein Ausblick auf mögliche Weiterentwicklungen gegeben (Abschnitt 8.2).

1.4 Verwandte Arbeiten

In dieser Arbeit befassen wir uns mit der Beschreibung der strukturellen und funktionalen Eigenschaften eingebetteter Systeme auf der logischen Architekturebene. Folgende Aspekte sind daher bei der Betrachtung verwandter Arbeiten von Bedeutung:

- Architekturbeschreibung.

- Operationale und deklarative Verhaltensspezifikation.

- Anschauliche Spezifikationsdarstellung.

- Eigenschaftsmuster.

Im Folgenden wollen wir auf relevante Arbeiten in den oben genannten Bereichen kurz eingehen.

Architekturbeschreibung

Herkömmliche Programmiersprachen, wie Pascal, C++, Java und viele andere, dienen primär zur Beschreibung von Algorithmen und Datenstrukturen einer Systemimplementierung – das Zusammenspiel zwischen Teilen eines Systems wird implizit durch Import von Programmmodulen,

Funktionsaufrufe, gemeinsame Variable u. a. ausgedrückt. Mit zunehmender Größe und Komplexität von Softwaresystemen sowie dem Aufkommen verteilter Systeme erlangte der Strukturentwurf der Software eine wichtige Rolle. In den ersten Arbeiten zur Softwarestrukturierung wurde dies als "Programming in the Large" bezeichnet, im Gegensatz zur Programmierung einzelner Module als "Programming in the Small" [DK76]. Einen Schritt zur Architekturbeschreibung stellten MILs (Module Interconnection Languages) [DK76, PDN86] dar, mit deren Hilfe für Teilsysteme/Module beschrieben werden konnte, welche Ressourcen sie anbieten und benötigen und aus welchen Modulen sie sich ggf. zusammensetzen. MILs können als Vorläufer moderner Architekturbeschreibungssprachen angesehen werden.

Frühe Erwähnungen der Begriffs der Softwarearchitektur sind bereits in den 1980er Jahren zu finden (z. B. [SSS81]). Zu Beginn der 1990er Jahre wurden grundlegende Arbeiten zur Softwarearchitektur erstellt [PW92, GS93]. Wenige Jahre danach entstehen mehrere ADLs (Architecture Description Languages), die zur Beschreibung der Architektur von Softwaresystemen dienen. [MT00] gibt einen Überblick über wesentliche Eigenschaften einer Auswahl von ADLs, darunter ACME [GMW97], Aesop [GAO94], Darwin [MDEK95], MetaH [Ves], Rapide [LKA+95], UniCon [SDK+95], Wright [AG94]. Auch [All97] enthält, neben ausführlicher Behandlung von Wright, knappe Beschreibungen für mehrere Architekturbeschreibungssprachen. Diese ADLs bieten grundlegende Mittel zur Beschreibung der Struktur von Softwaresystemen durch *Komponenten*, *Konnektoren* und *Konfigurationen* – die explizite Modellierung dieser drei Aspekte kann als notwendige Voraussetzung zur Klassifizierung einer Modellierungsnotation als ADL betrachten werden (vgl. [MT00]). Gleichwohl unterscheiden sich die Notationen zum Teil in ihren Zielsetzungen und den verfügbaren Beschreibungsmitteln: so zielt ACME auf den Austausch zwischen unterschiedlichen ADLs, für weitergehende Eigenschaften werden Eigenschaftslisten (ohne festgelegte Semantik) verwendet; Aesop bietet Mittel zur expliziten Definition von Architekturstilen; Rapide betont die Verhaltensbeschreibung durch Spezifikation zulässiger Muster von Ereignissen in der Kommunikation von Komponenten; UniCon unterstützt Beschreibung und Codegenerierung für unterschiedliche Arten von Interaktion zwischen Komponenten; Wright erlaubt die Beschreibung der Semantik von Konnektoren und Komponenten durch CSP [Hoa85] sowie die Definition unterschiedlicher Stile. Es existieren mehrere Ansätze zur Architekturbeschreibung in UML, beispielsweise [MRRR02], EAST-ADL [Le04], Automotive UML [vdBBRS03], sowie UML-RT [SGW94, Sel98], deren Konzepte in UML 2 [UML] aufgenommen wurden.

Diese und weitere (z. B. in [MT00] aufgeführten) ADLs zielen vor allem auf die Beschreibung der Struktur komplexer Softwaresysteme. Viele ADLs widmen der Beschreibung von Konnektoren als sogenannte First-Class-Entitäten Aufmerksamkeit, indem verschiedene Typen von Konnektoren verwendet und ggf. definiert werden können. Auch der architekturelle Dynamismus wird von mehreren ADLs unterstützt, wie beispielsweise Rapide, Wright und [BRS+00]. Die Verhaltensspezifikation spielt eine eher untergeordnete Rolle – darauf wird im nächsten Teilabschnitt ausführlicher eingegangen. Die ADLs in [MT00] sowie UML 2 können – bis auf MetaH – als Mehrzweck-ADLs bezeichnet werden. Die MetaH-Notation ist die einzige von allen in [MT00] ausgewerteten Notationen, die sowohl keine umfangreiche Semantik-/Verhaltensdefinition für Konnektoren als auch keinen architekturellen Dynamismus unterstützt, dafür aber ausführbare Verhaltensspezifikation und ggf. anschließende Codeerzeugung. Diese Eigenschaften können als wesentliche Merkmale einer domänenspezifischen ADL für eingebettete Systeme angesehen werden. Sie gelten neben MetaH (und SAE AADL [FGH06], die aus MetaH hervorging [FGHL04]) auch für Modellierungssprachen für eingebettete Systeme wie beispielsweise FOCUS [BS01b], Giotto [HHK03], MATLAB/Simulink/Stateflow [ABR05], ASCET [ASC], SCADE [SCA]. Sie treffen ebenso für AUTOFOCUS [HSSS96, SH99, HS01b, Sch04a] und für die in dieser Arbeit vorgeschlagene Erweiterung von AUTOFOCUS (Abschnitt 4.1) zu.

Verhaltensspezifikation

In der vorliegenden Arbeit unterscheiden wir zwei wesentlichen Stile der Verhaltensspezifikation – die ausführbare/operationale Spezifikation des Verhaltens einer Komponente/eines Systems, welche die Berechnungsvorschrift zur Realisierung der Komponentenfunktionalität angibt, sowie die deklarative Spezifikation von bestimmten Aspekten des Verhaltens, beispielsweise die Einschränkung zulässiger Verhalten einer Komponente durch Formeln in logischen Notationen.

Das Spektrum der Verhaltensbeschreibungsmittel bei ADLs reicht von fehlender Unterstützung bis zu implementierungsnahen Notationen (vgl. auch [MT00]). Im Folgenden wollen wir einige der Möglichkeiten aufzählen:

- Keine Unterstützung: ACME bietet keine Unterstützung außer Eigenschaftslisten, in denen Beschreibungsmittel anderer ADLs benutzt werden dürfen.

- Deklarative Notationen: Rapide und UniCon beschreiben das Verhalten von Komponenten durch Angabe zulässiger Ereignis-/Kommunikationsabfolgen. In UML kann die Object Constraint Language OCL [OCL] Eigenschaften von Klassen/Objekten beispielsweise durch Vor-/Nachbedingungen beschreiben.

- Prozesskalküle: Darwin benutzt den π-Kalkül [MPW92] und konzentriert sich dabei auf die Wechselwirkungen zwischen Komponenten im Form angebotener und benötigter Services, deren Verhalten nicht näher betrachtet wird. Wright befasst sich vor allem mit der Beschreibung von Konnektoren, Konfigurationen und Stilen, erlaubt aber auch die Verwendung von CSP zur Verhaltensspezifikation von Komponenten.

- Zustandsübergangsdiagramme: Die Zustandsübergangsdiagramme sind ein weit verbreitetes Beschreibungsmittel zur Verhaltensspezifikation. Neben UML werden sie in unterschiedlichen Varianten von vielen Modellierungswerkzeugen (z. B. Rational Rhapsody, STATEMATE, MATLAB/Stateflow, AUTOFOCUS u. a.) verwendet.

- Programmiersprachliche Notationen: Viele Modellierungswerkzeuge erlauben die Verhaltensspezifikation durch programmiersprachliche Notationen – beispielsweise stellt MetaH die ControlH-Notation zur Verfügung, SCADE verwendet die synchrone Datenflusssprache Lustre, AUTOFOCUS bietet die funktionale Notation QuestF. Dabei ist der Übergang zwischen der Spezifikation durch Zustandsübergangsdiagramme und Programmcode oft fließend, denn zum einen können Zustandsdiagramme bei der Codegenerierung in Programmcode übersetzt werden, und zum anderen können ihre Transitionen Aktionen enthalten, die in einer programmcode-ähnlichen Notation spezifiziert sind oder sogar direkt Codestücke in der Zielprogrammiersprache (z. B. C) enthalten.

Operationale Spezifikation   Zunächst wollen wir uns mit der ausführbaren/operationalen Spezifikation befassen. In AUTOFOCUS werden Zustandsübergangsdiagramme (STDs, State Transition Diagrams) [Bro97b, SH99] und die funktionale Sprache QuestF [BLS00] verwendet. Damit bietet AUTOFOCUS sowohl Zustandsdiagramme als auch eine programmiersprachliche Notation, die eine formal definierte Semantik haben (vgl. [Bro97b], [BS01b, Kapitel 10], [Wim05, Kapitel 4], [BLS00], [Tra09, Abschnitt 4.2]). Mit den Zustandsdiagrammen wird ein weit verbreitetes Verhaltensbeschreibungsmittel angeboten: relevante Beispiele sind I/O-Automaten [LT87, LT89], SDL [Int02] und Statecharts [Har87], wobei insbesondere für Statecharts zahlreiche Varianten der Bedeutungsinterpretation existieren – [vdB94] zählte bereits 1994 über 20 verschiedene Varianten, die sich zum Teil in mehreren Aspekten (z. B. Modellierung von Zeit, Transitionen u. a.) unterscheiden können; so zeigt [CD07] für drei Statechart-Varianten (jeweils in UML [UML], STATEMATE [HN96], Rational Rhapsody [HK04]), wie die Gültigkeit und Interpretation gleicher Zustandsdiagramme von der verwendeten Variante abhängen kann.

Ein wichtiger Aspekt der Ausführungssemantik ist das Zeitmodell. In AUTOFOCUS, das auf dem zeitsynchronen Ausschnitt von FOCUS [BS01b] basiert, werden die Berechnungen von einem globalen Taktgeber gesteuert – bei allen Komponenten ist der externe Kommunikations- und interne Ausführungstakt gleich dem globalen Takt (Eintaktsemantik). Die erweiterte AUTO-FOCUS-Semantik (Abschnitt 4.1.2) ermöglicht die Mehrfachtaktung von Komponenten – der Ausführungstakt darf ein Vielfaches des Kommunikationstaktes sein (Mehrtaktsemantik). Ein eng verwandter Ansatz ist die Zeitverfeinerung in FOCUS [Bro09]: hier werden Operatoren zur Vergröberung und Verfeinerung der zeitlichen Auflösung von Nachrichtenströmen verwendet. Ein wesentlicher Unterschied zur AUTOFOCUS-Mehrtaktsemantik ist, dass Ströme in FOCUS mehrere Nachrichten pro Zeiteinheit enthalten dürfen, so dass bei Zeitvergröberung um einen Faktor $k \in \mathbb{N}$ alle Nachrichten aus k Zeiteinheiten zu einer Nachrichtensequenz konkateniert werden, während in AUTOFOCUS, wo nur eine Nachricht pro Zeiteinheit zugelassen ist, alle k Nachrichten zu einer Nachricht aggregiert werden müssen. Ein ausführlicher Vergleich der Mehrtaktsemantik und der FOCUS-Zeitverfeinerung findet sich in Abschnitt 4.1.2, S. 112 ff. Programme in synchronen Sprachen wie Lustre und SIGNAL [CPHP87, GGBM91, BCE⁺03] können eine oder mehrere Clocks verwenden, welche die Berechnungen steuern. Die Mehrtaktsemantik ist eher mit der Polychronie [GTL03, GGGT07] in SIGNAL vergleichbar, welche Überabtastung (engl. Oversampling) erlaubt, so dass Teilbereiche eines Programms durch zusätzliche Subclocks mit höherer Geschwindigkeit ausgeführt werden können. Die Mehrtaktsemantik in AUTOFO-CUS (Abschnitt 4.1.2) ist im Vergleich dazu intuitiver und pragmatischer zu handhaben, weil die Mehrfachtaktung einfach durch die Angabe des Ausführungstaktfaktors für eine Komponente spezifiziert wird, während in SIGNAL explizite Clocks durch Gleichungen zu definieren sind, wobei diese Clocks, durch flexibleren Umgang mit ihnen, für verschiedene Signale unterschiedlich sein können. Verglichen mit Statecharts in verschiedenen Versionen (z. B. Rational Rhapsody, STATEMATE, MATLAB/Stateflow u. a.) besteht ein wesentlicher Unterschied darin, dass Statecharts ereignisgesteuert sind, d. h., Zustandsübergänge durch externe (und lokale) Ereignisse ausgelöst werden, während AUTOFOCUS ein zeitgesteuertes Ausführungsmodell verwendet. Dennoch ist die Eintakt- und die Mehrtaktsemantik in gewissem Maß mit dem synchronen bzw. asynchronen Zeitmodell in Statecharts (in der STATEMATE-Variante [HN96]) vergleichbar. Die Mehrfachtaktung von Komponenten ermöglicht auch eine mit dem Run-To-Completion-Prinzip vergleichbare Handhabung von Berechnungsschritten (Rhapsody-Statecharts [HK04], ROOM / UML-RT [SGW94, SR98], Stateflow [Matb]), indem für Komponenten ein interner Taktfaktor eingestellt wird, der die vollständige Verarbeitung einer jeden Eingabe innerhalb eines internen Ausführungszyklus ermöglicht. Dabei lässt die Run-To-Completion-Semantik wie auch die asynchrone Semantik in STATEMATE unendliche Schleifen und somit nichtterminierende Berechnungen in einem Berechnungsschritt zu. In [SSC⁺04] wurde zur Umgehung dieses Problems bei der Übersetzung in Lustre eine "sichere" Teilsprache von Stateflow definiert, die insbesondere das durch die Run-To-Completion-Semantik entstehende Risiko einer Endlosschleife unterbindet. Im Gegensatz zur Run-To-Completion-Semantik garantiert die Mehrtaktsemantik in AUTOFOCUS stets die Terminierung eines Berechnungsschritts, weil eine beschleunigte Komponente eine feste endliche Anzahl von internen Berechnungsschritten zwischen zwei externen Kommunikationsschritten hat, und erlaubt es gleichzeitig, eine Eingabe in mehreren internen Berechnungsschritten zu verarbeiten.

Deklarative Spezifikation   Beschreibt eine Verhaltensspezifikation bestimmte Aspekte des Verhaltens einer Komponente, ohne die Berechnungsvorschrift zur Realisierung der Funktionalität anzugeben, dann wollen wir sie als deklarativ bezeichnen. In AUTOFOCUS können gegenwärtig zur deklarativen Spezifikation temporallogische Eigenschaften erstellt werden, die auch zum Modelchecking verwendet werden können [PS99, Val05]. Auf diese Weise können die weit verbreiteten Spezifikationsnotationen LTL und CTL benutzt werden. Im Folgenden wollen wir neben temporalen Logiken weitere Möglichkeiten zur deklarativen Verhaltensspezifikation aufzählen:

- Modellierungs-/Realisierungsnotation: Die Notation, die zur operationalen Verhaltensspezifikation benutzt wird, kann auch zur Spezifikation funktionaler Anforderungen verwendet werden. So werden funktionale Eigenschaften in einigen Modellierungswerkzeugen nicht mithilfe einer speziellen Notation, sondern mittels der Modellierungsnotation selbst formuliert, indem beispielsweise Komponenten als Monitore/Beobachter zur Überwachung der Systemausführung mit Hinblick auf die Anforderungserfüllung genutzt werden: in MATLAB/Simulink/Stateflow werden dazu sogenannte Verifikationsblöcke verwendet [Mata], in SCADE werden analog dazu sogenannte synchrone Beobachter [HLR93] zur Anforderungsspezifikation und -verifikation [DBCB04, Est] verwendet. Auch in Programmiersprachen kann die Programmiernotation zur Spezifikation von Eigenschaften verwendet werden, indem die Erfüllung der Anforderungen an bestimmten Programmstellen durch zusätzlichen Code kontrolliert wird. Manche Programmiersprachen bieten zu diesem Zweck auch spezielle Anweisungen zur Überprüfung von Zusicherungen, wie beispielsweise die assert-Anweisung in Java [Jav02].

  Die Anforderungsspezifikation mit den Mitteln der operationalen Notation hat zwei wesentliche Schwächen. Zum einen müssen die Anforderungen mittels einer überprüfenden Komponente bzw. Codestücks formuliert werden, was für komplexere Eigenschaften schwierig sein kann, so dass diese Technik vor allem für einfachere Eigenschaften sinnvoll ist, beispielsweise für die Gültigkeitsüberprüfung von Variablenwerten. Zum anderen wird bei dieser Spezifikationsweise keine unabhängige Spezifikationsnotation verwendet, so dass die Anforderungsspezifikation auf eine bestimmte Implementierungsnotation festgelegt wird, wodurch keine Möglichkeit besteht, andere (gegebenenfalls besser geeignete) Spezifikationsmittel bei der Anforderungsspezifikation zu verwenden, und gleichzeitig die Implementierungsnotation bereits bei der Anforderungsspezifikation festgelegt wird.

  Die oben angesprochene Form der Spezifikation mittels der Implementierungsnotation ist selbstredend auch in AUTOFOCUS einsetzbar, wird jedoch im Rahmen dieser Arbeit nicht weiter behandelt, einerseits zur Vermeidung der oben genannten Probleme, und andererseits, weil der Schwerpunkt der Arbeit primär auf der Anforderungsspezifikation in frühen Entwicklungsphasen vor der Implementierung liegt.

- Szenarienbasierte Notationen: Zur (überwiegend graphischen) Darstellung exemplarischer Kommunikations-/Systemabläufe können szenarienbasierte Notationen verwendet werden.

Verbreitete Notationen sind Message Sequence Charts (MSC) [Int04, HT03] und Sequenzdiagramme in UML [UML]. Live Sequence Charts (LSC) [DH01] sind eine Erweiterung
der MSCs. In AUTOFOCUS können EETs [BHKS97, HSE97] sowohl zur Spezifikation
von Systemabläufen als auch zur graphischen Darstellung stattgefundener Systemabläufe
verwendet werden.

Szenarienbasierte Notationen stehen in enger Beziehung mit temporallogischen Notationen – so existieren mehrere Arbeiten zur Übersetzung von Szenarien in temporallogische
Formeln [vLW98, KHP+05, Bon05]. Daher ist die Übersetzung szenarienbasierter Notationen (zumindest der in LTL darstellbaren Teilklassen, vgl. auch [KHP+05, Bon05]), auch
in die BPDL-Notation möglich, so dass szenarienbasierte Spezifikation, welche im Rahmen dieser Arbeit nicht direkt behandelt wird, für zukünftige Weiterentwicklungen als eine
mögliche Spezifikationstechnik von Interesse sein kann (vgl. Abschnitt 8.2, S. 282 ff.).

• Schnittstellenprotokolle: Einige Techniken dienen zur Beschreibung von Komponentenschnittstellen mit Hinblick auf die zulässigen Interaktionen und Nachrichtenabfolgen. So
nutzt Rapide eine eigene Sprache zur Spezifikation zulässiger Ereignismuster an Kompo-
nentenschnittellen [Ken96, Rap97]. Wright unterstützt die Spezifikation von Konnektoren
mithilfe von Rollen und "Klebern" (engl. role, glue), mit denen zulässige Interaktionen
an Schnittstellen einzelner Komponenten sowie Interaktionen zwischen mehreren Komponenten mittels CSP beschrieben werden können [All97, AG97]. [dAH01a] nutzt Schnittstellenautomaten (engl. interface automata), welche die zulässigen Reihenfolgen von Pro-
zeduraufrufen und/oder Nachrichten für Komponenten codieren.

Im Rahmen der vorliegenden Arbeit behandeln wir keine dedizierten Techniken zur Definition von Schnittstellenprotokollen, sondern betrachten sie als Spezialfall einer Schnittstellenspezifikation mittels formaler logischer Notationen. Spezielle Techniken für Schnittstellenprotokolle (wie beispielsweise Schnittstellenautomaten) könnten jedoch in bestimmten
Fällen einfacher zu handhabende Spezifikationen ermöglichen, so dass sie für zukünftige
Weiterentwicklungen von Interesse sein können.

• Formale Logiken: Es existieren zahlreiche formale logische Notationen, die unterschiedliche Syntax und Semantik besitzen können – sie reichen von der (vergleichsweise aus-
drucksschwachen) booleschen Logik/Aussagenlogik bis hin zu Logiken höherer Stufe/
HOL, die genügend ausdrucksstark sind, um sowohl ausführbare Modelle/Programme als
auch ihre Eigenschaften spezifizieren zu können.

Für diese Arbeit spielen vor allem diejenigen logischen Notationen eine Rolle, welche die
dynamischen funktionalen Eigenschaften einschließlich der Systemzustandsänderungen
deklarativ beschreiben können. Dieses Ziel ist ein wesentlicher Aspekt der temporalen Logik [Pnu77], die neben logischen Operatoren spezielle temporale Operatoren bereitstellt,
mit deren Hilfe Aussagen über Systemzustände zu verschiedenen Zeitpunkten während der
Ausführung formuliert werden können. Es existiert eine große Anzahl temporallogischer
Notationen, die sich mit Hinblick auf temporale Operatoren, Zeitbegriff, Zeitdomäne sowie
den daraus folgenden Ergebnissen für die Entscheidbarkeit und Komplexität der Verifikationsverfahren unterscheiden – ihre Bandbreite wird von einer Aufzählung einiger sich in
den genannten Aspekten teils unterscheidender Notationen illustriert: PTL/LTL (Proposi-
tional/Linear-time Temporal Logic) [MP92], CTL (Computation Tree Logic) [CES86],
TPTL (Timed Propositional Temporal Logic) [AH94], MTL (Metric Temporal Logic)

[Koy90], PSL/Sugar (Property Specification Language) [PSL04, EF02], SALT (Structured Assertion Language for Temporal Logic) [BLS06b], MITL (Metric Interval Temporal Logic) [AFH96], TCTL (Timed Computation Tree Logic) [ACD93], RTTL (Real-Time Temporal Logic) [Ost89, OW90]. Einen Überblick über diese und andere temporale Logiken liefern beispielsweise [AH91] und [BMN00].

In dieser Arbeit definieren und verwenden wir zur Spezifikation dynamischer funktionaler Eigenschaften die BPDL-Notation (Abschnitt 4.2) sowie weitere in BPDL definierbare Notationen (Abschnitt 7.2). BPDL ist eine lineare temporale Logik mit explizitem Zugriff auf Zeitvariablen und Zeitintervalle sowie arithmetischen Operationen auf ihnen. Sie dient, im Gegensatz zu vielen Spezifikationsnotationen, weniger zur direkten Anforderungsspezifikation, sondern vor allem als Grundlage zur Definition und gegebenenfalls formalen Analyse unterschiedlicher Spezifikationsnotationen durch Benutzer/Entwickler – Fragen der Entscheidbarkeit und Entscheidungskomplexität wurden daher im Rahmen dieser Arbeit nicht betrachtet.

BPDL und andere (lineare) temporale Logiken (zumindest die überwiegend verwendeten propositionalen Versionen) können als Spezialfall der Prädikatenlogik erster Stufe betrachtet werden, bei der Quantifizierung nur für Variablen aus der Zeitdomäne erlaubt ist. Folgerichtig können die in temporalen Logiken darstellbaren funktionalen Eigenschaften auch in Prädikatenlogik erster Stufe / FOL und höherer Stufen / HOL formuliert werden. Diese ausdrucksstarken Logiken erster und höherer Stufen werden auch in der Modellierungs- und Entwicklungstechnik FOCUS [BS01b] sowie in Beweisassistenten (beispielsweise Isabelle/HOL [NPW02]) verwendet, wodurch temporallogische Eigenschaften in FOCUS und Isabelle/HOL formulierbar sind.

Formalisierung in Isabelle/HOL   Die Entwicklung der erweiterten formalen AUTOFOCUS-Semantik und der BPDL-Semantik wurde durch Formalisierung in dem Beweisassistenten Isabelle/HOL [NPW02] unterstützt [Tra08a] – (kommentierte) Auszüge aus den dafür erstellten Isabelle/HOL-Theorien finden sich in dem Anhang A. Diese Formalisierung diente primär zur formalen Absicherung der Ergebnisse und kann auch als Grundlage zur formalen Spezifikation und Verifikation funktionaler (insbesondere temporallogischer) Eigenschaften von AUTOFOCUS-Modellen in Isabelle/HOL dienen.

Die Formalisierung stromverarbeitender Funktionen, der Zustandsautomaten sowie verschiedener Temporallogiken wurde bereits in mehreren Arbeiten behandelt:

- Ströme und stromverarbeitende Funktionen: Eine frühe Arbeit zur syntaktischen Darstellung von Strömen in Isabelle ist [SS95]. [SM97] stellte eine Isabelle-Formalisierung in HOLCF [Reg94, MNvOS99] vor, und betrachtete Verfeinerungs- und A/G-Regeln für Beweise über stromverarbeitende Funktionen. Eine weitere Formalisierung der Ströme und stromverarbeitenden Funktionen in HOLCF wird in [GR06] vorgestellt. [Spi07] beschreibt eine Isabelle/HOL-Formalisierung der Ströme, Spezifikationen und Beweisregeln für FOCUS [BS01b], wobei Ströme, analog zu JANUS [Bro05a], als endliche oder unendliche Sequenzen endlicher Nachrichtensequenzen dargestellt werden.

Die in dieser Arbeit durchgeführte Formalisierung der AUTOFOCUS-Semantik in Isabelle/HOL (Anhang A.1 und [Tra08a]) unterscheidet sich in einigen Aspekten von den oben genannten Arbeiten:

- Die Formalisierung wurde vollständig in HOL [Isab] durchgeführt, während alle obigen Arbeiten außer [Spi07] HOLCF verwenden. Durch Verwendung von HOL wird die Handhabung der Formalisierung vereinfacht. Beispielsweise können HOL-Datentypen direkt verwendet werden, und müssen nicht wie in [GR06] in die HOLCF-Typklasse *pcpo* (pointed complete partial order) geliftet werden. Zudem baut die Formalisierung auf Listen (für endliche Ströme) und Funktionen (für unendliche Ströme) auf, so dass alle Operatoren und Theoreme (darunter auch Vereinfachungsregeln für den Simplifier) für Listen und Funktionen auch für endliche und unendliche Ströme wiederverwendet werden können. So sind viele Konstrukte für Ströme, wie beispielsweise *take* (entspricht $s\downarrow_k$ in Abschnitt 3.1.2), für die in [GR06] Definitionen erstellt und Theoreme bewiesen werden müssen, in unserer Formalisierung, aufgrund der Verwendung von Listen und Funktionen als Basis für Ströme, bereits in den Standardtheorien der HOL [Isab] enthalten.

- Die Formalisierung ist auf die AUTOFOCUS-Semantik abgestimmt und betrachtet ausschließlich zeitsynchrone Ströme – auf diese Weise wird die Definition und der Umgang mit Strömen einfacher als in der HOL-Formalisierung in [Spi07], da jedes Stromelement genau eine Nachricht (oder ausgezeichnete leere Nachricht ε) und keine Nachrichtensequenz beliebiger Länge darstellt.

- Die Formalisierung erfasst die erweiterte AUTOFOCUS-Semantik (Abschnitt 4.1.2), indem sie Operatoren zur Stromtransformation (Expansion und Kompression) an den Schnittstellen beschleunigter Komponenten sowie zur Stromverarbeitung durch beschleunigte Komponenten definiert und ihre Eigenschaften formal validiert.

• Zustandsautomaten: Es existieren etliche Arbeiten zur Darstellung unterschiedlicher automatenbasierter Notationen in Beweisassistenten für Logiken höherer Ordnung. Für Isabelle gibt es Formalisierungen für mehrere Varianten von Automaten: Darstellung von I/O-Automaten [LT87, LT89] in HOL [NS95]; Metatheorie und Verifikationsumgebung für I/O-Automaten in HOLCF [MN97, Mül98]; Formalisierung der Interacting State Machines (ISM) [vO02, vOL02], einer Variante von I/O-Automaten mit Eingabe-/Ausgabepuffern, die zur Modellierung asynchroner nebenläufiger Systeme verwendet werden. Auch für das PVS-Werkzeug [ORS92] gibt es mehrere Arbeiten, beispielsweise TAME (Timed Automata Modeling Environment) [AH96, Arc00], eine PVS-Schnittstelle für I/O-Automaten [LT87, LT89], gezeitete I/O-Automaten [KLSV06] und SCR-Automaten [HBGL95, HABJ05].

AUTOFOCUS verwendet zur Verhaltensspezifikation Zustandsübergangsdiagramme (STDs, State Transition Diagrams) [Bro97b, SH99], d. h., eine Variante der Eingabe-/Ausgabeautomaten, sowie die funktionale Sprache QuestF [BLS00]. Bei der Formalisierung der AUTOFOCUS-Semantik (Abschnitt 4.1.2) wurde keine bestimmte Spezifikationstechnik für Zustandsübergangsfunktionen einer Komponente vorausgesetzt – eine Zustandsübergangsfunktion wurde als eine Abbildung $\delta_C : I \times C \rightarrow C$ betrachtet, die aus einem Komponentenzustand und einer Eingabe den neuen Komponentenzustand (der auch die neue Ausgabe enthält) berechnet. Durch STDs definierte Zustandsübergangsfunktionen sind damit ein Spezialfall dieser Interpretation und mussten nicht gesondert betrachtet werden (ebenso muss die interne Struktur einer Komponente nicht gesondert betrachtet werden, da die Übergangsfunktion für eine aus mehreren Teilkomponenten zusammengesetzte Komponente ebenfalls als Spezialfall angesehen wird, bei dem sich die Übergangsfunkti-

on aus den Übergangsfunktionen der Teilkomponenten und der internen Kommunikationsstruktur der zusammengesetzte Komponente ergibt). Für die Isabelle/HOL-Formalisierung
(Anhang A.1 und [Tra08a]) hat dies den bedeutenden Vorteil, dass alle für die Nachrichtenstromverarbeitung durch Komponenten erstellten Definitionen und bewiesenen Theoreme
für jede Spezifikationstechnik zur Beschreibung von Übergangsfunktionen (z. B. Automaten, Datenflussdiagramme, hierarchische Komposition, funktionale oder imperative Notationen) anwendbar sind, solange die Beschreibung für die jeweilige Komponente eine
gültige Übergangsfunktion liefert.

- Temporale Logik: Verschiedene temporallogische Notationen werden als Eingabesprache
  zur formalen Spezifikation dynamischer funktionaler Anforderungen in Modelchecking-
  Werkzeugen verwendet, wie SMV [McM93, McM99], NuSMV [CCGR00], SPIN [Hol04],
  UPPAAL [LPY97], KRONOS [Yov97] und anderen. Temporallogiken können auch in Prä-
  dikatenlogiken erster und höherer Stufen dargestellt werden. Es existieren mehrere Formalisierungen von Temporallogiken in verschiedenen Beweiserwerkzeugen: eine einfache
  Darstellung von CTL wird im Abschnitt 6.6 des Isabelle/HOL-Tutorials [NPW02] gezeigt;
  [Mül98] definiert eine eigene temporale Logik TLS (Temporal Logic of Steps) über endlichen und unendlichen Sequenzen in Isabelle/HOL/HOLCF. Weitere Formalisierungen in
  Isabelle/HOL gibt es für TLA (Temporal Logic of Actions) [AL95] [Mer97] und für die
  temporale Intervalllogik TILCO (Temporal Interval Logic with Compositional Operators)
  [MN01]. Auch andere Beweisassistenten wurden zur Formalisierung temporaler Logiken
  verwendet: [Gor03] formalisiert und validiert die PSL/Sugar-Semantik im HOL-Beweisassistenten [GM93]; eine Validierung der Übersetzung einer Teilmenge von PSL in LTL
  mithilfe des HOL-Beweisassistenten wird in [TS05] vorgestellt; [PA03] beschreibt eine
  Darstellung von LTL in PVS.

Die in dieser Arbeit verwendete temporallogische Basisnotation BPDL (Abschnitt 4.2)
wurde in Isabelle/HOL formalisiert (Anhang A.2 und [Tra08a]). Die Formalisierung unterscheidet sich in einem wichtigen Aspekt von den oben genannten Arbeiten – während
diese Arbeiten Temporallogiken betrachten, die auf unmittelbare Spezifikation funktionaler Eigenschaften zielen, ist es die Hauptaufgabe der BPDL (obwohl sie ebenso zur Eigenschaftsspezifikation genutzt werden kann), als Grundnotation für die Definition und
Validierung weiterer Notationen zu dienen. So werden beispielsweise die in der Fallstudie verwendete Standardnotation LTL und benutzerdefinierte Notation PDL_1 (Abschnitt
7.2) auch in Isabelle/HOL mittels BPDL definiert und ihre Semantik sowie die wechselseitige Beziehung formal validiert (Anhang A.3). Die BPDL-Formalisierung bietet eine
umfangreiche Bibliothek zum Umgang mit temporallogischen Operatoren und Zeitintervallen, so dass auf BPDL aufbauende Formalisierungen weiterer Spezifikationsnotationen
die für BPDL gezeigten Ergebnisse wiederverwenden können, die in ähnlicher Form für
viele Temporallogik-Varianten gelten (beispielsweise der Zusammenhang zwischen den
Operatoren *Eventually* und *Until*, vgl. (4.145) auf S. 132 u. a.).

Anschauliche Spezifikation und Darstellung funktionaler Anforderungen

Für die im Kapitel 5 vorgestellten Konzepte der anschaulichen Anforderungsdarstellung sind
folgende verwandten Ansätze relevant:

- Integrierte Darstellung struktureller und funktionaler Spezifikation: Die Annotation von

Modellelementen/Teilsystemen durch (häufig informelle) Anforderungen/Eigenschaften/
Kommentare ist gängige Praxis in verschiedenen CASE-Werkzeugen (z. B. ASCET oder
UML-Werkzeuge) und Diagrammarten (z.B: Klassendiagramme in UML). Die in Abschnitt 5.1 vorgestellte integrierte Darstellung struktureller und funktionaler Spezifikation
weist Gemeinsamkeiten mit der in SysML [Sys06] möglichen Darstellung der Verbindungen zwischen Anforderungen und Teilsystemen in Anforderungsdiagrammen und Block-
diagrammen. Im Gegensatz zur informalen Anforderungsbeschreibung in SysML kann bei
der Darstellung in Abschnitt 5.1 dank der Formalität der Anforderungen die Zuordnung
zwischen funktionalen Eigenschaften und (u. U. mehreren) Strukturelementen durch syntaktische Analyse der Anforderungen präzise hergestellt werden und die Auswahl/Anzeige
der Anforderungen und der dazugehörigen Strukturelemente nach verschiedenen Kriterien
durch den Benutzer gesteuert (z. B. gefiltert) werden.

- Tabellarische Spezifikation funktionaler Eigenschaften: Tabellen sind ein weit verbreitetes
  und akzeptiertes Darstellungsmittel in verschiedenen Ingenieursbereichen. Zur Anforderungsspezifikation in der Softwareentwicklung wurden Tabellen beispielsweise in [Hen80,
  CP93] vorgeschlagen. Die SCR-Werkzeuge bieten Unterstützung für tabellarische Anforderungsspezifikation [HBGL95, HABJ05]. In FOCUS können Tabellen zur Spezifikation
  von Zustandsübergangsdiagrammen benutzt werden [BS01b, Kapitel 10], im AUTOFO-
  CUS-Werkzeug ist ein tabellarischer Editor für Zustandsübergangsdiagramme verfügbar
  [Lin06].

  Zustandsübergangsdiagramme und SCR-Tabellen beschreiben Zusammenhänge zwischen
  Ereignissen, Reaktionen sowie Kontroll- und Variablzuständen eines Systems/Kompo-
  nente zu aufeinanderfolgenden Zeitpunkten – die Tabellen definieren somit totale oder partielle Zustandsübergangsfunktionen. Im Gegensatz dazu zielt die tabellarische Darstellung
  im Abschnitt 5.2 auf strukturierte Darstellung logischer Spezifikationsformeln, wobei die
  Semantik der zulässigen Spezifikationsformeln nicht auf Zustandsformeln und Zustandsübergänge eingeschränkt wird – es können prinzipiell alle Spezifikationsnotationen verwendet werden, welche die booleschen Operatoren ausdrücken können (dies dürfte für
  alle relevanten Spezifikationsnotationen zutreffen), und es können alle in einer verwendeten Spezifikationsnotation formulierbaren Formeln auch tabellarisch dargestellt werden[1] –
  insbesondere können in geeigneten (beispielsweise temporallogischen) Notationen Anforderungen spezifiziert werden, die sich nicht auf Zustandsformeln und Zustandsübergänge
  eines Systems beschränken, sondern auch Zusammenhänge zwischen Systemzuständen zu
  mehreren und weiter auseinander liegenden Berechnungszeitpunkten beschreiben.

- Graphische Veranschaulichung temporallogischer Spezifikationen: In [DKM+94] wurde die graphische temporallogische Notation GIL (Graphical Interval Logic) vorgestellt,
  deren Ausdrucksstärke LTL ohne den *Next*-Operator entspricht. Die graphische RTSTD-
  Notation (Real-Time Symbolic Timing Diagrams) [FJ97, FL01] wurde zur Spezifikation
  von Echtzeitanforderungen an Hardwaresysteme entwickelt – ihre Semantik wird durch
  Übersetzung in TPTL definiert.

  Die oben aufgeführten Notationen dienen zur Erstellung temporallogischer Spezifikatio-

---

[1]Eine Tabellenzeile gemäß Abschnitt 5.2 kann trivialerweise aus einer einzelnen Nachbedingungszelle bestehen,
welche eine ganze Spezifikationsformel enthält, so dass auch Formeln, die nicht dem Spezifikationsmuster "Annahme impliziert Garantie" entsprechen, in Spezifikationstabellen dargestellt werden können.

nen. In dem Abschnitt 5.3 wird die graphische Veranschaulichung temporallogischer Spezifikationen konzipiert, die im Gegensatz dazu nicht zur direkten Spezifikation, sondern zur Visualisierung und interaktiven Exploration temporallogischer Spezifikationen dient. Durch Verwendung der BPDL als Basisnotation für die graphische Visualisierung können Spezifikationen in allen Notationen, die in BPDL übersetzbar sind – insbesondere gängige Notationen, wie LTL, MTL, TPTL, aber auch benutzerdefinierte Notationen, wie PDL_1 in Abschnitt 7.2 – veranschaulicht werden.

Eigenschaftsorientierte Architekturmuster

In verschiedenen Bereichen der Softwareentwicklung können Muster zur Lösung häufiger und/ oder typischer Aufgabenstellungen verwendet werden. Ein bekanntes Beispiel sind Entwurfsmuster in der objektorientierten Softwareentwicklung [GHJV01]: hier werden zahlreiche Muster (beispielsweise Adapter, Kompositum, Besucher u. a.) erörtert, die jeweils eine Problembeschreibung und eine entsprechende Lösungsschablone enthalten, welche die Lösungselemente (z. B. Klassen) sowie ihre Beziehungen und Interaktionen informell beschreibt. Architekturmuster [BMRS96] sind das Analogon in Bezug auf Lösungsschablonen für Systemarchitekturen – typische Beispiele sind MVC (Model-View-Controller), Client-Server, Schichtenarchitektur u. a. Architekturmuster werden hier ebenfalls informell beschrieben.

Die Architekturstile (engl. architectural styles) in Aesop und Wright [GAO94, AAG95, All97, MKMG97] ermöglichen die Definition von Mustern/Stilen der Architektur. Ein Stil spezifiziert, welche Elemente eine Architektur enthalten kann (Vokabular), sowie die strukturellen Einschränkungen für die Modelle/Konfigurationen und ggf. auch die semantischen Interpretationen für einzelne Komponenten und Komponentennetzwerke (beispielsweise entspricht die AUTO FOCUS-Modellierungstechnik in etwa dem Pipe-Filter-Stil [GS93]). Die ODL (Operation Definition Language) [Sch01] in AUTOFOCUS bietet die Teilsprache CCL (Consistency Constraint Language), die zur Spezifikation und Überprüfung struktureller Eigenschaften von Modellen/ Modellausschnitten verwendet werden kann.

In [DAC99] wurden Muster häufig verwendeter funktionaler Eigenschaften untersucht (unter anderem wurden Anfrage-Antwort-Anforderungen als das häufigste Anforderungsmuster identifiziert). Die Ergebnisse flossen in die Entwicklung der Spezifikationsnotation BSL (Bandera Specification Language) [CDHR02] ein, die zur Spezifikation funktionaler Anforderungen in Java-Programmen dient. Auch wird die Definition neuer Anforderungsmuster unterstützt. BSL-Anforderungen können in Spezifikationsnotationen von Modelcheckern übersetzt werden. SALT [BLS06b] erleichtert die Spezifikation temporallogischer Anforderungen in LTL/TLTL unter anderem durch Verwendung natürlichsprachlicher Schlüsselwörter, durch die Verfügbarkeit von Anforderungsmustern, die in reiner LTL aufwändige Formulierungen erfordern, sowie durch die Möglichkeit, eigene Spezifikationsmuster als Makros zu definieren. In SALT formulierte Spezifikationen können durch den SALT-Compiler in LTL-Varianten für die Modelchecker SMV und SPIN übersetzt werden.

Der BSL-Ansatz ist durch die Möglichkeit der Definition neuer Muster und der Übersetzung in andere Notationen nah verwandt mit der Definition eigenschaftsorientierter Architekturmuster und ihrer Instanziierung zu funktionalen Eigenschaften (Abschnitt 6.1). Jedoch unterstützen eigenschaftsorientierte Architekturmuster darüber hinaus die Spezifikation struktureller Eigenschaften und Verwendung unterschiedlicher funktionaler Spezifikationsnotationen (Abschnitt 6.1), Komposition von Architekturmustern (Abschnitt 6.2), sowie die Verwendung unterschiedlicher Abstraktionsebenen (Abschnitt 6.3). Eigenschaftsorientierte Architekturmuster dienen vor allem dazu, strukturelle und funktionale Eigenschaften in einer Spezifikationseinheit integriert zu erfassen. Dadurch wird eine von konkreten Modellen unabhängige Spezifikation von Mustern für Struktur+Verhalten ermöglicht, die von Benutzern durch Anwendung auf unterschiedliche Systemausschnitte zu konkreten Anforderungsspezifikationen an die jeweiligen Ausschnitte instanziiert werden können.

Kapitel 2

Logische Architektur

Das Thema der vorliegenden Arbeit ist die Beschreibung der logischen Architektur eingebetteter Systeme. Zu Beginn wollen wir deshalb den Begriff der Systemarchitektur und der logischen Architektur erörtern (Abschnitt 2.1), anschließend Anforderungen an die Architekturbeschreibungsmittel analysieren (Abschnitt 2.2) und die auf der Anforderungsanalyse basierenden Entwurfsentscheidungen für die im Weiteren verwendeten Architekturbeschreibungsmittel erörtern (Abschnitt 2.3).

2.1 Begriffsdefinitionen

Ein eingebettetes Softwaresystem kann aus verschiedenen Blickpunkten betrachtet werden, die unterschiedlichen Rollen sowie Entwicklungsphasen entsprechen – während für Benutzer vor allem die extern beobachtbaren Funktionen des Systems von Interesse sind, beschäftigen sich Entwickler auch mit der Abbildung der Nutzerfunktionen auf Systemfunktionalitäten, deren Implementierung und schließlich Deployment auf die Hardware/Software-Zielplattform (insbesondere Verteilung auf unterschiedliche Steuergeräte). Die unterschiedlichen Sichten verwenden unterschiedliche Beschreibungskonzepte und Abstraktionen:

- Nutzungssicht.

  Die Nutzungssicht beschreibt die für Benutzer sichtbaren Funktionalitäten des Systems (z. B. Motor anlassen). Als Beschreibungsmittel können neben Text vor allem szenarienbasierte Diagramme verwendet werden, wie beispielsweise Use-Case-, Aktivitäts- und Sequenzdiagramme.

- Logische Sicht.

  Die logische Sicht auf das System beschreibt, wie die geforderten Funktionalitäten durch das System erbracht werden, insbesondere welche Komponenten des Systems welche Funktionen einbringen und wie sich daraus die für Benutzer sichtbaren Funktionalitäten ergeben. Hierbei geht es um die fachliche Anwendungslogik, welche die Systemfunktionalitäten noch ohne Festlegung auf eine konkrete Implementierung beschreibt.

- Implementierungssicht.

  Die technische Implementierungssicht behandelt die konkrete Implementierung des Systems. Dabei müssen die in der logischen Sicht spezifizierten Systemfunktionen durch Pro-

grammcode realisiert werden, der auf eine Hardware/Software-Plattform (z. B. Steuergeräte in einem Fahrzeug) verteilt wird und dessen Ausführung die in der Nutzungssicht
beschriebenen Systemfunktionalitäten erbringt.

Der Schwerpunkt der Arbeit liegt auf der logischen Sicht, in der die fachliche Anwendungslogik, abstrahiert von Details einer konkreten Implementierung für eine Hardware/Software-
Zielplattform, spezifiziert wird. Der Aufbau eines Systems aus logischer Sicht wird durch die
logische Architektur beschrieben.

Die Entwicklung der logischen Architektur ist ein wesentlicher Bestandteil der Softwareentwicklung für eingebettete Systeme: sie findet vor allem in der Entwurfsphase statt, und kann
stellenweise – falls die Funktionalität einzelner Komponenten operational spezifiziert wird – den
Übergang zur Implementierung einbeziehen (Abbildung 2.1).

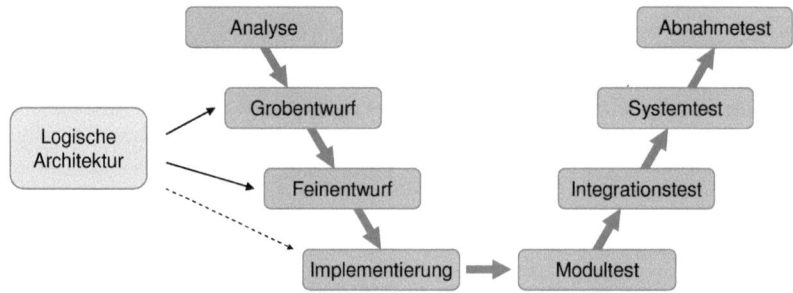

Abbildung 2.1: Logische Architektur im Entwicklungsprozess

Es existiert eine recht große Anzahl von Definition des Begriffs Softwarearchitektur in der
Literatur. So definiert der IEEE-Standard [Sof00] die Softwarearchitektur als „[...] the fundamental organization of a system, embodied in its components, their relationships to each other
and the environment, and the principles governing its design and evolution". Hierbei muss sich
der Begriff nicht ausschließlich auf die Software beschränken, sondern etwas allgemeiner als
Architektur softwareintensiver Systeme aufgefasst werden, da Softwarekomponenten auch mit
Hardwarekomponenten, die Teil des Systems sind, über deren Schnittstellen interagieren, so dass
keine strikte Trennung zwischen Softwarearchitektur und Systemarchitektur bestehen muss –
insbesondere können gleiche Funktionalitäten oft sowohl von Softwarekomponenten als auch
von Hardwarekomponenten oder kombinierten Hardware/Software-Komponenten erfüllt werden, so dass diese Trennung auf der logischen Architekturebene noch nicht notwendig ist und
vorwiegend auf der Implementierungs- und Deploymentebene geschieht. Weitere Definitionen
der Softwarearchitektur (die Seite [Sof] gibt einen Überblick über unterschiedliche Definitionen in der Literatur) enthalten ähnlich dazu den Kerngedanken, dass die Softwarearchitektur ein
Softwaresystem in einzelne, evtl. hierarchisch aufgebaute Bausteine gliedert und Beziehungen
zwischen ihnen erfasst. Dies entspricht dem Verständnis einer Softwarearchitektur in der vorliegenden Arbeit, so dass wir folgende Definition verwenden, die sich an [Bal00] anlehnt und die
aus unserer Sicht essentiellen Aspekte einer Systemarchitektur erfasst:

Eine *Softwarearchitektur* beschreibt die Gliederung eines Softwaresystems in *Komponenten* und ihre *Beziehungen* untereinander.

Die grundlegenden Elemente einer Softwarearchitektur sind somit Komponenten und Beziehungen zwischen ihnen. Auf diese wollen wir nun eingehen.

- Komponenten.

  Es existieren viele, je nach betrachteten Systemaspekten sehr unterschiedliche Vorstellungen davon, was eine Komponente ist: es können z. B. Hardware-Bausteine, wie Prozessoren und Eingabe-/Ausgabe-Peripherie eines Computers, Steuergeräte als Hardware-Komponenten und einzelne Softwaremodule/Tasks als Software-Komponenten eines eingebetteten Systems, oder auch Klassen oder Pakete in der objektorientierten Programmierung sein. Gemeinsam ist all diesen Vorstellungen, dass es sich bei Komponenten um Bausteine des Systems handelt, die miteinander und/oder mit der Systemumgebung interagieren. Deshalb wollen wir in dieser Arbeit eine Komponente als einen interaktiven Systembaustein begreifen [BS01b] – eine Komponente ist demnach ein Baustein einer Softwarearchitektur, der eine Schnittstelle und ein Verhalten besitzt.

- Beziehungen.

  Wir unterscheiden zwei wesentliche Arten von Beziehungen zwischen Komponenten: die Kommunikation zwischen Komponenten und die strukturelle Komposition.

  - Kommunikation: Bei der Kommunikation tauschen Komponenten über ihre Schnittstellen Nachrichten miteinander aus, wobei die Beschaffenheit der Schnittstellen und der Ablauf der Kommunikation von dem Kommunikationsmodell abhängen – es kann beispielsweise Versand und/oder Empfang von Nachrichten, Datenaustausch über gemeinsamen Speicher, Prozeduraufruf u. a. sein.

  - Strukturelle/hierarchische Komposition: Die strukturelle Komposition bezieht sich, anders als bei der Kommunikation, nicht mehr nur auf die Schnittstellen der Komponenten, sondern auf ihren Aufbau – zwei Komponenten stehen in Beziehung, wenn eine von ihnen Bestandteil der anderen ist. Die konkrete technische Ausgestaltung hängt wiederum von der verwendeten Modellierungstechnik ab – so kann es sich um strukturelle Verfeinerung durch hierarchische Dekomposition einer Komponente in Teilkomponenten, um Verfeinerung einer Klasse durch Vererbung oder auch um die Zusammenschaltung mehrerer Hardware-Bausteine zu einem Steuergerät handeln.

Die oben angegebene allgemeine Definition einer Softwarearchitektur ist sowohl für die logische Architektur als auch für die Implementierungsarchitektur anwendbar, da die Darstellung der Architekturelemente an die Abstraktionsebene angepasst werden kann – beispielsweise können Kommunikationsbeziehungen zwischen Komponenten in der logischen Architektur durch abstrakte Kommunikationskanäle, und in der Implementierungsarchitektur durch Prozeduraufrufe dargestellt werden. Der für diese Arbeit relevante Begriff der logischen Architektur entspricht damit einer Ausprägung der Softwarearchitektur, in der das System in Komponenten dekomponiert wird, welche Funktionalitäten für die fachliche Anwendungslogik bereitstellen und untereinander kommunizieren, um die geforderten Systemfunktionalitäten zu erbringen. Die logische Architektur abstrahiert dabei von konkreten Implementierungsdetails für die Komponentenrealisierung und Kommunikationsmechanismen, so dass sich die Entwickler auf die Entwicklung der fachlichen Anwendungslogik konzentrieren können. Dieses Verständnis der logischen Architektur entspricht der logischen hierarchischen Komponentenarchitektur in [Bro07] bzw. der logischen Architektur in [BFG$^+$08], sowie ferner der Entwicklungssicht mit Anteilen der logischen Sicht in RUP [Kru00] und dem funktionalen Architekturentwurf (engl. functional design architecture) in EAST-ADL [Le04], wobei der Übergang zur Implementierungssicht durch die Möglichkeit der operationalen Spezifikation des Komponentenverhaltens im Modell einbezogen werden kann. Die Hauptaufgabe des logischen Architekturentwurfs ist somit die Gliederung des zu entwickelnden Systems in Komponenten, welche die fachlichen Aufgaben / Anwendungslogik zur Erbringung der Systemfunktionalität modellieren und die Grundlage für konkrete Implementierungen des Systems bilden.

2.2 Anforderungen an Architekturbeschreibungsmittel

Im Abschnitt 1.1 wurde beschrieben, wie die Spezifikation vernetzter eingebetteter Softwaresysteme auf dem aktuellen Stand der Technik durchgeführt wird, und welche Verbesserungspotentiale bestehen. Ausgehend von der allgemeinen Zielsetzung, die formale Spezifikation des dynamischen Verhaltens während der Entwurfsphase sowohl für einzelne Komponenten, als auch für vernetzte Funktionalitäten zu ermöglichen, definieren wir die Ziele der Arbeit im Einzelnen. Zunächst stellen wir in diesem Abschnitt Anforderungen an die Architekturbeschreibungsmittel auf. Auf dieser Grundlage treffen wir im Abschnitt 2.3 Entwurfsentscheidungen für die Architekturbeschreibungsmittel.

Im Folgenden wollen wir die einzelnen Anforderungen an Architekturbeschreibungsmittel analysieren.

a) Strukturbeschreibung.

Um die Architektur vernetzter eingebetteter Systeme mit Hinblick auf Schnittstellen und Kommunikationsverbindungen der Komponenten beschreiben zu können, soll eine geeignete *ADL (Architecture Description Language)* bereitgestellt werden. Diese soll dem Entwickler die Möglichkeit bieten, die Systemarchitektur hierarchisch zu spezifizieren.

b) Verhaltensbeschreibung.

Das Verhalten von Komponenten soll sowohl operational (beispielsweise durch Zustandsübergangsdiagramme), als auch deklarativ spezifiziert werden können. Zur deklarativen Beschreibung der dynamischen Eigenschaften von Komponenten sollen *PDL*-Notationen zur Verfügung gestellt werden. Eine *PDL (Property Description Language)* muss die Mittel bieten, temporallogische Eigenschaften von Komponenten und Nachrichtenströmen zu beschreiben. Dabei soll der Entwickler nicht auf eine bestimmte PDL festgelegt werden, sondern die Möglichkeit haben, unterschiedliche PDLs zu verwenden. Diese können auf gängige Notationen zurückgehen oder gegebenenfalls durch den Entwickler definiert werden.

c) Modularität.

Einzelne Teilsysteme sollen unabhängig voneinander beschrieben und zu einem Gesamtsystem integriert werden können. Die Spezifikation und Integration von Teilsystemen, denen auf der Zielplattform unterschiedliche Rechenleistung zur Verfügung stehen wird, soll ermöglicht werden.

d) Eindeutigkeit und Präzision.

Sowohl Strukturbeschreibungsmittel als auch Verhaltensbeschreibungsmittel sollen eine formale Semantik aufweisen, und Mehrdeutigkeiten in Spezifikationen zu vermeiden und automatisierte Analysen zu ermöglichen.

e) Unterspezifikation.

Der Entwickler soll die Möglichkeit haben, strukturelle und dynamische Eigenschaften unvollständig zu spezifizieren. Dies soll geschehen, indem spezifizierte Eigenschaften bestimmte Struktur- und Verhaltenselemente nicht einschränken, um genau definierte Freiräume für die weitere Entwicklung zu lassen.

f) Integration struktureller und dynamischer Beschreibungsmittel.

Die Beschreibungsmittel für Architektur und Verhalten sollen aufeinander abgestimmt sein. Insbesondere soll die Kommunikations- und Ausführungssemantik der ADL ihren Niederschlag in PDL-Notationen finden. Ferner soll es möglich sein, das Verhalten einer Struktur zu beschreiben, ohne einen Ausschnitt eines konkreten Systemmodells einbeziehen zu müssen.

g) Anschauliche Darstellung von Spezifikationen.

Die Architekturbeschreibungsmittel sollen eine anschauliche Darstellung struktureller und dynamischer Eigenschaften zu spezifizierender Systeme ermöglichen.

Die aufgeführten Anforderungen an eine Architekturbeschreibungstechnik für eingebettete Softwaresysteme im Automobil entsprechen der allgemeinen Zielsetzung, die Spezifikation umfangreicher, modular aufgebauter eingebetteter Systeme mithilfe präziser und anschaulicher Beschreibungsmittel für strukturelle und dynamische Eigenschaften in unterschiedlichen Entwicklungsphasen zu ermöglichen.

2.3 Entwurfsentscheidungen auf Grundlage der Anforderungsanalyse

Auf der Grundlage der im vorherigen Abschnitt aufgestellten Anforderungen wollen wir eine Technik zur Beschreibung eingebetteter Softwaresysteme im Automobil in der Entwurfsphase des Entwicklungsprozesses erarbeiten – die *Eigenschaftsorientierte Architekturbeschreibung*. In diesem Abschnitt stellen wir die grundlegenden Aspekte der eigenschaftsorientierten Architekturbeschreibung vor.

Die Basis für eigenschaftsorientierte Architekturbeschreibung besteht aus zwei Bausteinen – einer formal fundierten ADL zur Beschreibung der Struktur und gegebenenfalls zur operationalen Beschreibung des Verhaltens einer Komponente sowie einem PDL-Framework zur Spezifikation dynamischer Verhaltenseigenschaften in eigenschaftsorientierter/deklarativer Weise. Das Konzept zur Umsetzung der Anforderungen aus 2.2 wird im Folgenden dargestellt.

1) ADL – Architecture Description Language.

Die ADL dient dazu, die hierarchisch dekomponierte Struktur eines Systems zu beschreiben. Dies soll wie folgt gewährleistet werden:

a) Hierarchische Strukturbeschreibung (2.2 (a)).

Ein System kann hierarchisch dekomponiert werden, indem jede Komponente mithilfe einer Unterstruktur beschrieben werden kann, die aus mehreren Teilkomponenten besteht und die Funktionalität der Komponente erbringt. Für die Kommunikationsverbindungen zwischen Komponenten werden syntaktisch überprüfbare Kompatibilitätsbedingungen mithilfe eingebauter Basisdatentypen sowie von ihnen abgeleiteter Datentypen definiert. Hierfür bietet die ADL eine Notation zur Definition von Datentypen.

b) Operationale Verhaltensbeschreibung (Bestandteil von 2.2 (b)).

Das Verhalten einzelner Komponenten kann operational – durch Code und/oder Zustandsübergangsdiagramme – spezifiziert werden. Insbesondere können Funktionen auf Nachrichten und Variablen definiert und verwendet werden.

c) Eindeutigkeit und Präzision der Spezifikationen (2.2 (d)).

Die ADL verfügt über eine formal definierte Syntax, Kommunikations- und Ausführungssemantik – dadurch sind Spezifikationen präzise und vermeiden Mehrdeutigkeiten.

d) Modulare Systembeschreibung (2.2 (c)).

Die Kommunikationsverbindungen zwischen einzelnen Komponenten können nur innerhalb ihrer gemeinsamen Oberkomponente spezifiziert werden – Kommunikation zwischen Komponenten verschiedener Oberkomponenten findet nur über die Schnittstellen dieser Oberkomponenten statt. Eine Komponente stellt somit ein gekapseltes Modul (Black-Box) dar, dessen Aufbau außen nicht bekannt ist. Ferner unterstützt die ADL die Spezifikation unterschiedlicher Ausführungsgeschwindigkeit für verschiedene Komponenten. Dies ist zum einen notwendig, damit verschiedene Komponenten nicht durch einen gemeinsamen Ausführungstakt implizit gekoppelt werden (diese Kopplung würde die Modulkapselung unterlaufen, da die Ausführungszeit einer Komponente von der internen Kommunikationsstruktur abhängig wäre). Zum anderen kommunizieren in automobilen eingebetteten Systemen Steuergeräte über Busse, deren Nachrichtenübertragungsdauer wesentlich höher sein kann, als die Nachrichtenübertragungsdauer innerhalb eines Steuergeräts – die Modellierung verschiedener Kommunikations- und Ausführungsgeschwindigkeiten entspricht daher der Zielplattform.

2) PDL-Framework – Property Description Language Framework.

Die Beschreibung dynamischer Verhaltenseigenschaften erfolgt mithilfe deklarativer temporallogischer Notationen. Deklarative Notationen bieten die Möglichkeit der Unterspezifikation (2.2 (e)), die besonders in frühen Entwurfsphasen wichtig ist, um Verhaltensaspekte spezifizieren zu können, ohne eine vollständige Verhaltensspezifikation angeben zu müssen. Das PDL-Framework soll folgende Aufgaben erfüllen:

a) PDL-Notationen zur Spezifikation dynamischer Eigenschaften (2.2 (b)).

Das Framework stellt PDL-Notationen für die eigenschaftsorientierte Verhaltensspezifikation zur Verfügung. PDL-Formeln können bei der Eigenschaftsspezifikation Strukturelemente der verwendeten ADL referenzieren und damit auf Strukturelemente eines Modells zugreifen.

b) Definition von PDL-Notationen.

Wie in (2.2 (b)) gefordert, soll dem Entwickler die Möglichkeit gegeben werden, eigene PDL-Notationen zu definieren. Das PDL-Framework bietet zu diesem Zweck eine einfach aufgebaute und ausdrucksstarke *Basis-PDL*, mit deren Mitteln die Semantik von PDL-Notationen definiert werden kann.

c) Formale Validierung von PDL-Notationen.

Das PDL-Framework bietet die Möglichkeit zur formalen Validierung von PDL-Notationen. Hierfür steht eine Theorie in Isabelle/HOL [NPW02] zur Verfügung, mit deren Hilfe semantische Eigenschaften einer PDL-Notation formal verifiziert werden können. Dadurch kann die korrekte Interpretation der Semantik einer PDL sichergestellt werden, was der eindeutigen und präzisen Interpretation von Spezifikationen dient (2.2 (d)).

3) ADL+PDL – Integration struktureller und dynamischer Beschreibungsmittel.

Beschreibungsmittel für dynamische Eigenschaften eines Systems sollen mit strukturellen Beschreibungsmitteln integriert werden, um die eigenschaftsorientierte Architekturbeschreibung zu ermöglichen (2.2 (f)).

a) Zugriff auf ADL-Elemente in PDL-Eigenschaften.

In PDL-Formeln können Strukturelemente sowie Datentypen und Funktionen darauf verwendet werden.

b) PDL-Regeln für die ADL-Semantik.

Für die Kommunikationssemantik und Ausführungssemantik der ADL werden Regeln in PDL-Notationen erarbeitet. Dabei wird besonders der Zusammenhang zwischen extern sichtbarer und interner Kommunikation von Komponenten beachtet, deren interner Ausführungstakt ein Vielfaches des externen Kommunikationstaktes ist (2.2 (c)).

c) Instanziierung von PDL-Formeln mit Strukturelementen.

PDL-Formeln können mit Strukturelementen eines konkreten Modells instanziiert werden – dadurch kann eine Eigenschaft für mehrere Strukturelemente spezifiziert werden, ohne dass die entsprechende PDL-Formel kopiert und Bezeichner der Strukturelemente ersetzt werden müssen. Auf diese Weise können Arbeitsaufwand verringert und Konsistenzprobleme vermieden werden (wie sie beispielsweise bei Datenreplikation in Datenbanken auftreten).

d) Eigenschaftsorientierte Architekturmuster – Struktur/Verhaltensschablonen.

Die Struktur und die dynamischen Eigenschaften eines Systemausschnitts können unabhängig von einem konkreten Modell spezifiziert werden (2.2 (f)), indem sie als *eigenschaftsorientiertes Architekturmuster* definiert werden. Ein Architekturmuster umfasst strukturelle und funktionale Eigenschaften eines Systemausschnitts. Durch die Anwendung/Instanziierung eines Architekturmusters auf einen Systemausschnitt eines konkreten Modells werden alle Anforderungen aus dem Architekturmuster auf den Systemausschnitt übertragen.

4) Anschauliche Darstellung von Spezifikationen.

Es werden Techniken zur anschaulichen Darstellung struktureller und dynamischer Eigenschaften angewendet, um für den Entwickler die Spezifikation einfacher und übersichtlicher zu gestalten (2.2 (g)). Damit soll dem Entwickler Hilfestellung zur Verringerung der Fehlerzahl in der Entwurfsphase gegeben und das Verständnis komplexer Spezifikationen erleichtert werden. Ein Teil der Darstellungstechniken wurde bereits früher für das CASE-Werkzeug AUTOFOCUS konzipiert [HSS96] und implementiert [SH99, HS01b, Auta].

a) Anschauliche Darstellung der Struktur.

Die hierarchische Systemstruktur soll anschaulich dargestellt werden. Dafür werden Komponenten und die Kommunikationsverbindungen zwischen ihnen graphisch angezeigt und bearbeitet sowie die hierarchischen Beziehungen zwischen Komponenten als Strukturbaum dargestellt.

b) Anschauliche Darstellung operationaler Verhaltensspezifikation.

Operationale Verhaltensspezifikationen durch Zustandsübergangsdiagramme werden graphisch und tabellarisch dargestellt. In der graphischen Darstellung werden Zustände und Transitionen zwischen ihnen graphisch angezeigt und können in separaten Fensterbereichen oder aufrufbaren Dialogfenstern einzeln bearbeitet werden. In der Zustandsübergangstabelle können die Transitionen in einer tabellarischen Gesamtübersicht aller Transitionen in Textform bearbeitet werden.

c) Tabellarische Spezifikation von PDL-Eigenschaften.

Neben der herkömmlichen Darstellung als Formeln können PDL-Eigenschaften tabellarisch dargestellt und bearbeitet werden. Auf diese Weise können PDL-Formeln übersichtlich und strukturiert bearbeitet sowie mit Kommentaren versehen werden.

d) Veranschaulichung dynamischer PDL-Eigenschaften.

Für temporale dynamische Eigenschaften wird eine graphische Darstellungstechnik konzipiert. Sie dient dazu, temporallogische Zusammenhänge zwischen den Teilformeln einer temporallogischen Formel anschaulich darzustellen und dadurch ihr Verständnis zu erleichtern.

Ein Teil der oben aufgeführten Anforderungen wird von dem CASE-Werkzeug AUTOFOCUS in der derzeitigen Version AUTOFOCUS2 [Auta] erfüllt: Es sind die Anforderungen 2.3 (1a), 2.3 (1b), 2.3 (1c) an die Architekturbeschreibung, die Anforderung 2.3 (3a) an den Zugriff auf Strukturelemente in PDL-Formeln und die Anforderungen 2.3 (4a), 2.3 (4b) an die Darstellung von Spezifikationen. Die Modularitätsanforderung 2.3 (1d) wird nur zum Teil erfüllt (vgl. Abschnitt 4.1.1). Die Anforderung 2.3 (2a) wird ebenfalls durch die Möglichkeit der Spezifikation von LTL-Eigenschaften für externe Modelchecking-Werkzeuge [Val05] teilweise erfüllt. Die verbleibenden Anforderungen werden in dem weiteren Verlauf dieser Arbeit behandelt.

Die wollen zum Schluss einen kurzen Überblick darüber geben, welche der oben erörterten Aufgaben in welchem Abschnitt betrachtet wird:

- Die Anforderung 2.3 (1d) wird durch Erweiterung der AUTOFOCUS-Semantik im Abschnitt 4.1 erfüllt.

- Die Anforderungen 2.3 (2b), 2.3 (2c) werden in dem Abschnitt 4.2 sowie dem Anhang A.2 behandelt. Die formale Definition und Validierung temporallogischer Spezifikationsnotationen wird in der Fallstudie demonstriert (Abschnitt 7.2 und Anhang A.3) und für weitere Notationen in [Tra08b] durchgeführt. Die Anwendung unterschiedlicher Notationen zur Spezifikation funktionaler Eigenschaften (Anforderung 2.3 (2a)) wird sowohl in der Fallstudie (Abschnitte 7.2 und 7.3) als auch in weiteren Beispielen in Kapiteln 5 und 6 demonstriert. Ferner ist die Bereitstellung weiterer Spezifikationsnotationen Teil der Weiterentwicklung des PDL-Frameworks (vgl. Abschnitt 8.2, S. 282 ff.).

- Die Anforderung 2.3 (3b) wird in dem Abschnitt 4.2.2 betrachtet, die Anforderung 2.3 (3c) wird durch den Abschnitt 4.3 erfüllt. Kapitel 6 bearbeitet die Anforderung 2.3 (3d).

- Die Anforderungen 2.3 (4c) und 2.3 (4d) werden jeweils in den Abschnitten 5.2 bzw. 5.3 erfüllt.

Somit werden im weiteren Verlauf der vorliegenden Arbeit alle in diesem Abschnitt aufgeführten Anforderungen an Beschreibungsmittel für die eigenschaftsorientierte Architekturspezifikation bearbeitet.

Kapitel 3

Formale Grundlagen

In diesem Kapitel beschreiben wir die formalen Grundlagen für die vorliegende Arbeit. Die drei wesentlichen Säulen sind nachrichtenstrombasierte Spezifikation, temporallogische Notationen und formale Definition und Validierung von Spezifikationsmitteln.

Die *nachrichtenstrombasierte Spezifikation* verteilter reaktiver Systeme bildet die Grundlage für die formale Systemspezifikation. Der Abschnitt 3.1 beschreibt den Ausschnitt der FOCUS-Entwicklungstechnik [BS01b], der in dieser Arbeit verwendet wird.

Die formale Spezifikation funktionaler Eigenschaften verwendet unter anderem *temporale Logik*. Der Abschnitt 3.2 geht auf die verwendeten temporallogischen Notationen ein, und erläutert die Auswahl der Zeitdomäne und des Zeitbegriffs.

Schließlich werden in dem Abschnitt 3.3 die Grundlagen des Arbeitens mit dem *Beweisassistenten Isabelle/HOL* vorgestellt. Er wird zur Erstellung eines formalen Frameworks verwendet, das sowohl für die formale Absicherung eines Teils der Ergebnisse dieser Arbeit eingesetzt wird, als auch später für die formale Validierung von Spezifikationsnotationen benutzt werden kann.

3.1 Nachrichtenstrombasierte Spezifikation

Wir beginnen mit der Beschreibung der Begriffe und Definitionen zur nachrichtenstrombasierten Spezifikation. Dieser Abschnitt basiert überwiegend auf Ausschnitten der Spezifikations- und Entwicklungstechnik FOCUS [BS01b].

3.1.1 Grundbegriffe

In diesem Abschnitt stellen wir grundlegende Begriffe und Notationen vor, die im weiteren Verlauf benutzt werden.

Mengen

Wir verwenden die üblichen Mengenschreibweisen und Mengenoperatoren:

- *Kardinalität*: Für eine Menge M bezeichnet $|M|$ die Anzahl der Elemente in M.

- *Elementbeziehung, Teilmengenrelation*: Mit $e \in M$ wird bezeichnet, dass das Element e in der Menge M enthalten ist. Eine Menge M_1 ist Teilmenge von M_2, wenn jedes Element von M_1 in M_2 enthalten ist: $M_1 \subseteq M_2 \Leftrightarrow \forall e \in M_1 : e \in M_2$.

- *Potenzmenge*: Die Potenzmenge $\wp(A)$ einer Menge A ist die Menge aller Teilmengen von A: $\wp(A) = \{B \mid B \subseteq A\}$. Die Kardinalität einer Potenzmenge ist exponentiell in der Größe der Grundmenge: $|\wp(A)| = 2^{|A|}$.

- *Durchschnitt, Vereinigung, Differenz*: Der Durchschnitt $M_1 \cap M_2$ zweier Mengen besteht aus denjenigen Elemente, die in beiden Mengen enthalten sind. Die Vereinigung $M_1 \cup M_2$ besteht aus allen Elementen, die in mindestens einer der Mengen enthalten ist. Die Differenz $M_1 \setminus M_2$ enthält die Elemente von M_1, die nicht in M_2 enthalten sind.

- *Mengenspezifikation*: Mit $\{e \mid P(e)\}$ bezeichnen wir die Menge aller Elemente, welche die Bedingung P erfüllen. Mit $\{e \in M \mid P(e)\}$ kann eine Teilmenge von M spezifiziert werden, die alle Elemente von M enthält, die die Bedingung P erfüllen: $\{e \in M \mid P(e)\} = M \cap \{e \mid P(e)\}$.

Wir bezeichnen die Menge der natürlichen Zahlen mit $\mathbb{N}$:

$$\mathbb{N} \stackrel{\text{def}}{=} \{0, 1, 2, \ldots, n, n+1, \ldots\}$$

Die Definition entspricht damit der Menge, die nach den Peano-Axiomen mit dem Nullelement 0 und der Nachfolgerfunktion $\mathsf{Suc}(n) = n + 1$ induktiv definiert wird:

$$0 \in \mathbb{N}$$
$$n \in \mathbb{N} \rightarrow \mathsf{Suc}(n) \in \mathbb{N}$$

Eine natürliche Zahl n ist also n-ter Nachfolger der 0: $n = \mathsf{Suc}^n(0)$.

Die Menge der positiven natürlichen Zahlen ist

$$\mathbb{N}_+ \stackrel{\text{def}}{=} \mathbb{N} \setminus \{0\}$$

Die Menge der natürlichen Zahlen kann um das Unendlichkeitssymbol ∞ erweitert werden. Es repräsentiert ein ausgezeichnetes Element, das größer als alle natürlichen Zahlen $n \in \mathbb{N}$ ist:

$$\mathbb{N}_\infty \stackrel{\text{def}}{=} \mathbb{N} \cup \{\infty\}$$

Wir definieren ferner die Menge der booleschen Werte:

$$\mathbb{B} \stackrel{\text{def}}{=} \{\mathsf{True}, \mathsf{False}\}$$

Jedes Prädikat P auf Elementen einer Menge M stellt damit eine Abbildung $P : M \rightarrow \mathbb{B}$ dar.

Wir verwenden abgekürzte Schreibweisen für Intervalle natürlicher Zahlen. Für $n_1, n_2 \in \mathbb{N}_\infty$ definieren wir

$$[n_1 \ldots n_2) \stackrel{\text{def}}{=} \{j \in \mathbb{N} \mid n_1 \leq n < n_2\}$$
$$[n_1 \ldots n_2] \stackrel{\text{def}}{=} \{j \in \mathbb{N} \mid n_1 \leq n \leq n_2\}$$

(3.1)

Hierbei gilt für rechtsseitig geschlossene und offene Intervalle:

$$[n_1 \ldots n_2] = [n_1 \ldots n_2 + 1)$$

So gilt beispielsweise:

$$
\begin{aligned}
[2 \ldots 4] &= \{2, 3, 4\} \\
[2 \ldots 1] &= \{\} \\
[2 \ldots 2) &= \{\} \\
[20 \ldots \infty) &= \{n \in \mathbb{N} \mid n \geq 20\}
\end{aligned}
$$

Wir verwenden Operationen $\mathsf{div} : \mathbb{N} \times \mathbb{N}_+ \to \mathbb{N}$ und $\mathsf{mod} : \mathbb{N} \times \mathbb{N}_+ \to \mathbb{N}$ zur Berechnung ganzzahliger Quotienten und Divisionsreste auf natürlichen Zahlen:

$$
\begin{aligned}
n \mathbin{\mathsf{div}} m &\stackrel{\text{def}}{=} \max\{d \in \mathbb{N} \mid m * d \leq n\} \\
n \mathbin{\mathsf{mod}} m &\stackrel{\text{def}}{=} n - m * (n \mathbin{\mathsf{div}} m)
\end{aligned}
\tag{3.2}
$$

Für den Quotienten und den Divisionsrest zweier natürlicher Zahlen gilt unter anderem:

$$
\begin{aligned}
n \mathbin{\mathsf{mod}} m &\in [0 \ldots m) \\
n * (n \mathbin{\mathsf{div}} m) + n \mathbin{\mathsf{mod}} m &= n
\end{aligned}
\tag{3.3}
$$

Ferner wird die Subtraktion auf natürlichen Zahlen so definiert, dass sie stets als Ergebnis eine natürliche Zahl liefert, so dass die Menge der natürlichen Zahlen unter der Subtraktion abgeschlossen bleibt. Es ist also:

$$
\forall a, b \in \mathbb{N} : (a - b = 0 \iff a \leq b)
\tag{3.4}
$$

Für $a \geq b$ entspricht die Differenz $a - b$ der herkömmlichen Differenz zweier ganzer Zahlen.

Mithilfe von Tupeln können wir Kombinationen von Elementen verschiedener Mengen verwenden. Ein Tupel $(e_1, e_2, \ldots, e_n)$ enthält an jeder Stelle $i \in [0 \ldots n]$ ein Element $e_i \in A_i$. Mengen von Tupeln bezeichnen wir als Kreuzprodukte:

$$
(e_1, e_2, \ldots, e_n) \in A_1 \times A_2 \times \cdots \times A_n
$$

Zum Zugriff auf einzelne Elemente eines Tupels wird der Projektionsoperator verwendet. Für ein n-Tupel t liefert die Projektion $\Pi_j(t)$ das j-te Element:

$$
\Pi_j(e_1, \ldots, e_n) = e_j
$$

Analog bezeichnen wir das j-te Element eines Kreuzprodukts mit $\Pi_j(A_1 \times \cdots \times A_n) = A_j$.

Funktionen

Für eine Funktion $f : A \to B$ bezeichnen wir den Definitionsbereich und den Bildbereich jeweils mit

$$
\begin{aligned}
\mathsf{dom}(f) &\stackrel{\text{def}}{=} A \\
\mathsf{rng}(f) &\stackrel{\text{def}}{=} \{f(x) \mid x \in A\}
\end{aligned}
$$

Für eine Menge $I \subseteq A$ bezeichnen wir ihr Bild unter der Funktion f mit

$$f(I) \stackrel{\text{def}}{=} \{f(x) \mid x \in I\}$$

Wir bezeichnen f als monoton auf $I \subseteq \text{dom}(f)$ bezüglich einer Ordnung $\leq$, falls gilt:

$$\text{mono\_on}(f, I) \stackrel{\text{def}}{=} \forall a, b \in I : a \leq b \Rightarrow f(a) \leq f(b) \tag{3.5}$$

Ist f auf dem gesamten Definitionsbereich $\text{dom}(f)$ monoton, so nennen wir sie monoton:

$$\text{mono}(f) \stackrel{\text{def}}{=} \forall a, b \in \text{dom}(f) : a \leq b \Rightarrow f(a) \leq f(b) \tag{3.6}$$

Die strikte Monotonie wird analog definiert:

$$\text{strict\_mono\_on}(f, I) \stackrel{\text{def}}{=} \forall a, b \in I : a < b \Rightarrow f(a) < f(b)$$
$$\text{strict\_mono}(f) \stackrel{\text{def}}{=} \forall a, b \in \text{dom}(f) : a < b \Rightarrow f(a) < f(b) \tag{3.7}$$

Die funktionale Komposition definiert die sukzessive Anwendung von Funktionen. Für Funktionen

$$f : A \to B \qquad g : B \to C$$

bezeichnen wir ihre *funktionale Komposition* mit $g \circ f$:

$$(g \circ f) : A \to C$$
$$(g \circ f)(x) \stackrel{\text{def}}{=} g(f(x)) \tag{3.8}$$

Die Modifikation von Funktionen kann durch punktweise Aktualisierung von Funktionen dargestellt werden. Für eine Funktion f und Elemente $x, x' \in \text{dom}(f)$ definieren wir:

$$f[x' := t](x) \stackrel{\text{def}}{=} \begin{cases} t & \text{falls } x = x' \\ f(x) & \text{sonst} \end{cases} \tag{3.9}$$

Typen

Alle Variablen in FOCUS sind getypt. Typen sind Mengen, so dass für eine Variable v vom Typ T gilt: $v \in T$. Wir unterscheiden elementare und zusammengesetzte Typen. Die Mengen $\mathbb{N}$, $\mathbb{B}$ sind Beispiele elementarer Typen. Zusätzliche elementare Typen können als Aufzählungen definiert werden:

$$\text{type } T = e_1 \mid \ldots \mid e_n$$

Auf der Basis elementarer Typen können zusammengesetzte Typen definiert werden, wie beispielsweise Records:

$$\text{type } R =$$
$$cons_1(sel_{1,1}, \ldots, sel_{1,k_1})$$
$$\vdots$$
$$cons_n(sel_{n,1}, \ldots, sel_{n,k_n})$$

Ein Konstruktor $cons_i$ mit $i \in [1 \ldots n]$ erzeugt mit einem Tupel $(e_1, \ldots, e_{k_i}) \in T_{i,1} \times \cdots \times T_{i,k_i}$ ein gültiges Element des Datentyps R. Die Selektoren $sel_{i,j} : R \to T_{i,j}$ dienen zum Zugriff auf die Tupelelemente eines Werts vom Typ R, der mit dem Konstruktor $cons_i$ erstellt wurde:
$sel_{i,j}(cons_i(e_1, \ldots, e_{k_i})) = e_j$.

Logische Grundlagen

FOCUS basiert auf getypter zweiwertiger Logik höherer Stufe (HOL, s. z. B. [And02]).

- Die Logik ist *getypt*, d. h., jede Variable oder Konstante besitzt in jedem Kontext einen Typ. Der Typ kann sich aus expliziter Typangabe oder durch Typinferenz ergeben.

- Die Logik ist *zweiwertig*, d. h., jeder boolesche Ausdruck (Variable oder boolesche Formel) kann als Ergebnis nur den booleschen Wert True oder False liefern.

- Alle Funktionen sind *total*. Partielle Funktionen werden mithilfe des ausgezeichneten Elements $\perp$ (*Bottom*) totalisiert, das als Ergebnis für Argumente zurückgegeben wird, für welche die Funktion nicht definiert ist.

Zur besseren Lesbarkeit von Formeln können mehrere Transformationen und Konstrukte verwendet werden:

- *Variablensubstitution*: Für eine Formel P bezeichnen wir mit $P[^v_t]$ die Formel, in der alle freien Vorkommen der Variablen v durch den Term t ersetzt wurden. Beispielsweise gilt für $P = (\forall x. f(x) = y)$: $P[^x_t] = (\forall x. f(x) = y)$ und $P[^y_t] = (\forall x. f(x) = t)$.

- *Funktionsabstraktion*: An manchen Stellen wird λ-Abstraktion zur bequemeren Beschreibung von Funktionstransformationen verwendet. Beispielsweise kann für eine einstellige Funktion $f : A \to \mathbb{N}$ die Funktion, die für jedes Argument einen um 1 größeren Wert als f zurückgibt, einfach mit $\lambda x. f(x) + 1$ beschrieben werden, ohne sie gesondert definieren zu müssen.

- *Variablenzuweisung*: Mithilfe der Anweisung let können Formeln lesbarer gestaltet werden, indem Variablen in einem separaten Zuweisungsblock durch Terme instanziiert werden. Eine Anweisung der Form

$$\text{let } v_1 = e_1$$
$$\vdots$$
$$v_n = e_n$$
$$\text{in } P$$

ersetzt die Variablen $v_1, \ldots, v_n$ in der Formel P durch die Ausdrücke $e_1, \ldots, e_n$. Dabei darf keine Variable v_i frei in einem Ausdruck e_j vorkommen. Die Anweisung kann als Abkürzung für die folgende Formel verstanden werden:

$$\exists v_1, \ldots, v_n : v_1 = e_1 \wedge \ldots \wedge v_n = e_n \wedge P$$

- *Variablenrestriktion*: Die Anweisung where ist eine allgemeinere Form der let-Anweisung: hier können die Hilfsvariablen nicht nur mithilfe von Zuweisungen, sondern allgemein mithilfe von Prädikaten beschrieben werden:

$$P_1 \text{ where } v_1, \ldots, v_n \text{ so that } P_2$$

Diese Anweisung kann als Abkürzung für die Formel

$$\exists v_1, \ldots, v_n : P_1 \wedge P_2$$

verstanden werden. Eine let-Anweisung lässt sich als Spezialfall einer where-Anweisung darstellen:

$$\text{let } v_1 = e_1 \ldots v_n = e_n \text{ in } P \quad \Leftrightarrow$$
$$P \text{ where } v_1, \ldots, v_n \text{ so that } v_1 = e_1 \wedge \ldots \wedge v_n = e_n$$

- *Bedingte Anweisung*: Die Anweisung if-then-else ermöglicht die Auswahl eines Werts abhängig von einer booleschen Bedingung:

$$\text{if } P \text{ then } t_1 \text{ else } t_2 \stackrel{\text{def}}{=} \begin{cases} t_1 & \text{falls } P \\ t_2 & \text{sonst} \end{cases}$$

Für zwei Terme t_1 und t_2 vom Typ T und ein beliebiges Prädikat $P : T \rightarrow \mathbb{B}$ gilt somit:

$$P(\text{if } Q \text{ then } t_1 \text{ else } t_2) = ((Q \rightarrow P(t_1)) \wedge (\neg Q \rightarrow P(t_2))$$

3.1.2 Ströme

Ströme stellen Kommunikationsgeschichten für *gerichtete Kanäle* dar. Wir unterscheiden *ungezeitete* und *gezeitete* Ströme.

- *Ungezeitete Ströme*: Ein ungezeiteter Strom gibt alle Nachrichten in der Reihenfolge der Übertragung an. Das j-te Element eines Stroms ist die j-te Nachricht der Kommunikationsgeschichte.

- *Gezeitete Ströme*: Ein gezeiteter Strom enthält zusätzlich zu den Nachrichten Informationen darüber, wann eine Nachricht übertragen wurde. Auf diese Weise wird der Zeitfluss im System modelliert. Es gibt unterschiedliche Darstellungsformen für gezeitete Ströme, zwei davon – Ströme mit Zeitticks und Ströme von Nachrichtensequenzen – werden in diesem Abschnitt vorgestellt.

- *Zeitsynchrone Ströme*: Ein zeitsynchroner Strom ist eine spezielle Interpretation eines ungezeiteten Stroms – jede Nachricht stellt zugleich eine Zeiteinheit dar. Die Interpretation eines zeitsynchronen Stroms entspricht damit einem gezeiteten Strom, bei dem in jeder Zeiteinheit genau eine Nachricht übertragen wird. Das j-te Element eines Stroms stellt damit die zum Zeitpunkt j übertragene Nachricht dar.

Formale Definition

Für eine Trägermenge M bezeichnet

- M^∞ die Menge aller unendlichen Ströme über M

- M^* die Menge aller endlichen Ströme über M

Die Menge aller Ströme über M ist

$$M^\omega \stackrel{\text{def}}{=} M^* \cup M^\infty \tag{3.10}$$

Mathematisch ist ein Strom eine Abbildung einer Teilmenge natürlicher Zahlen auf die Trägermenge:[1]

$$M^* \stackrel{\text{def}}{=} \{[0 \dots n) \to M \mid n \in \mathbb{N}\}$$
$$M^\infty \stackrel{\text{def}}{=} \mathbb{N} \to M$$
(3.11)

Ein unendlicher Strom s_i bzw. ein endlicher Strom s_f der Länge n sind damit folgende Abbildungen:

$$s_i : \mathbb{N} \to M$$
$$s_f : [0 \dots n) \to M$$
(3.12)

Einen leeren Strom bezeichnen wir mit $\langle\rangle$. Einen Strom aus n aufeinander folgenden Nachrichten $m_1, \dots, m_n$ schreiben wir als $\langle m_1, \dots, m_n \rangle$.

Operatoren auf Strömen

Wie definieren Basisoperatoren auf Strömen.[2]
Die *Länge* eines Stroms s bezeichnen wir mit $\text{length}(s)$:

$$\text{length} : M^\omega \to \mathbb{N}_\infty$$
$$\text{length}(s) \stackrel{\text{def}}{=} \begin{cases} n & \text{falls } s \in [0 \dots n) \to M, \\ \infty & \text{falls } s \in \mathbb{N} \to M \end{cases}$$
(3.13)

Für jeden Strom s gilt damit $\text{dom}(s) = [0 \dots \text{length}(s))$.
Das n-te Element eines Stroms s schreiben wir als $s.n$:

$$s.n \stackrel{\text{def}}{=} \begin{cases} s(n) & \text{falls } n < \text{length}(s), \\ \bot & \text{sonst} \end{cases}$$
(3.14)

Die *Konkatenation* zweier Ströme $s_1 \frown s_2$ liefert einen Strom, in dem alle Nachrichten aus s_2 an den Strom s_1 angehängt sind:

$$\frown : M^\omega \times M^\omega \to M^\omega$$
$$(s_1 \frown s_2).k \stackrel{\text{def}}{=} \begin{cases} s_1.k & \text{falls } k < \text{length}(s_1), \\ s_2.(k - \text{length}(s_1)) & \text{falls } \text{length}(s_1) \leq k \end{cases}$$
(3.15)

Ein unendlicher Strom s_1 wird durch das Anhängen eines beliebigen weiteren Stroms s_2 nicht verändert:

$$\text{length}(s_1) = \infty \quad \Rightarrow \quad s_1 \frown s_2 = s_1$$
(3.16)

---

[1][BS01b] verwendet positive natürliche Zahlen als Definitionsbereich/Zeitdomäne für Ströme. Wir benutzen alle natürlichen Zahlen einschließlich der 0 als Definitionsbereich, um unter anderem die Formalisierung in Isabelle/HOL direkter zu gestalten.
[2]Die Operatorensymbole sind an die Formalisierung in Isabelle/HOL angepasst und unterscheiden sich teilweise von den Bezeichnungen in [BS01b].

Das Voranstellen einer Nachricht m einem Strom s wird mit $m \# s$ bezeichnet:

$$\# \; : \; M \times M^\omega \to M^\omega$$
$$m \# s \; \stackrel{\text{def}}{=} \; \langle m \rangle ^\frown s \tag{3.17}$$

Ein Strom aus n Kopien einer Nachricht m kann mithilfe der Replikation erhalten werden:

$$\begin{aligned} m^0 \;\; &= \;\; \langle \rangle \\ m^{n+1} \;\; &= \;\; m \# m^n \end{aligned} \tag{3.18}$$

Es ist also $m^n = \langle m, \dots, m \rangle$ mit $\mathsf{length}(m^n) = n$.

Das Gegenstück zum Voranstellen einer Nachricht ist die Extraktion des Kopfes eines Stroms. Ferner benötigen wir den Operator zur Ermittlung des Restes eines Stroms ohne den Kopf:

$$\mathsf{hd} : M^\omega \to M \cup \{\bot\}$$
$$\mathsf{tl} \; : M^\omega \to M^\omega$$

Für einen Strom s liefert $\mathsf{hd}(s)$ sein erstes Element:

$$\mathsf{hd}(s) \;\; \stackrel{\text{def}}{=} \;\; \begin{cases} \bot & \text{falls } \mathsf{length}(s) = 0, \\ s.0 & \text{sonst} \end{cases} \tag{3.19}$$

Den Strom ohne seinen Kopf liefert $\mathsf{tl}(s)$:

$$\mathsf{tl}(s) \;\; \stackrel{\text{def}}{=} \;\; \begin{cases} \langle \rangle & \text{falls } \mathsf{length}(s) = 0, \\ \lambda x. \, s.(x+1) & \text{sonst} \end{cases} \tag{3.20}$$

Für einen nichtleeren Strom s ist somit $\mathsf{tl}(s) = r$ genau dann, wenn $s = \mathsf{hd}(s) \# r$ ist.

Für einen endlichen Strom s liefert $\mathsf{last}(s)$ sein letztes Element:

$$\mathsf{last} \; : \; M^* \to M \cup \{\bot\}$$
$$\mathsf{last}(s) \;\; \stackrel{\text{def}}{=} \;\; \begin{cases} \bot & \text{falls } \mathsf{length}(s) = 0, \\ s.(\mathsf{length}(s) - 1) & \text{sonst} \end{cases} \tag{3.21}$$

Ein Strom s_1 ist ein *Präfix* des Stroms s_2, falls s_1 mit dem Beginn von s_2 übereinstimmt:

$$\sqsubseteq : \; M^\omega \times M^\omega \to \mathbb{B}$$
$$s_1 \sqsubseteq s_2 \;\; \stackrel{\text{def}}{=} \;\; \exists r \in M^\omega. \, s_1 ^\frown r = s_2 \tag{3.22}$$

Die Präfix-Relation ist eine partielle Ordnung auf Strömen (für die Isabelle/HOL-Formalisierung wurde dies in der Theorie *List_Prefix2* für endliche Ströme bewiesen [Tra08a]).

Wir verwenden zwei Operatoren zum Schneiden von Strömen. Die ersten k Elemente eines Stroms liefert der Operator $s \downarrow_k$. Den restlichen Strom ohne die ersten k Elemente liefert $s \uparrow_k$.

$$\downarrow, \uparrow : \; M^\omega \times \mathbb{N} \to M^\omega$$
$$s \downarrow_k \;\; \stackrel{\text{def}}{=} \;\; \lambda x. \, (\text{if } x < \min(k, \mathsf{length}(s)) \text{ then } s.x \text{ else } \bot) \tag{3.23}$$
$$s \uparrow_k \;\; \stackrel{\text{def}}{=} \;\; \lambda x. \, s.(k+x)$$

Für die Schnittoperatoren auf Strömen gilt damit:

$$
\begin{aligned}
s\!\downarrow_k &= \begin{cases} r & \text{falls } k < \mathsf{length}(s) \ \wedge \ \mathsf{length}(r) = k \ \wedge \ r \sqsubseteq s \\ s & \text{falls } \mathsf{length}(s) \leq k \end{cases} \\[2ex]
s\!\uparrow_k &= \begin{cases} r & \text{falls } k < \mathsf{length}(s) \ \wedge \ s\!\downarrow_k ^\frown r = s \\ \langle\rangle & \text{falls } \mathsf{length}(s) \leq k \end{cases}
\end{aligned}
\tag{3.24}
$$

Somit enthält $s\!\downarrow_k$ die Elemente an Positionen 0 bis $k-1$ von s und $s\!\uparrow_k$ die Elemente von s ab der Position k.

Als Spezialfall der Anwendung von Schnittoperatoren kann eine Teilsequenz der Länge k eines Stroms s ab einer Position n auf einfache Weise ermittelt werden:

$$
s\!\uparrow_n\!\downarrow_k = \langle s.n, \ s.(n+1), \ \ldots, \ s.(n+k-1) \rangle
\tag{3.25}
$$

Der *Filteroperator* belässt in einem Strom nur diejenigen Nachrichten, die der Filterbedingung genügen/in der Filterteilmenge der Nachrichten enthalten sind.

$$
\text{\textcircled{c}} \ : \ \wp(M) \times M^\omega \to M^\omega
$$

Der Operator kann als rekursive Funktion über den $\#$-Operator definiert werden. Für eine Filtermenge A definieren wir den Filteroperator wie folgt:

$$
\begin{aligned}
A\,\text{\textcircled{c}}\,\langle\rangle &= \langle\rangle \\
A\,\text{\textcircled{c}}\,(m\,\#\,s) &= \text{if } m \in A \text{ then } m\,\#\,(A\,\text{\textcircled{c}}\,s) \text{ else } A\,\text{\textcircled{c}}\,s
\end{aligned}
\tag{3.26}
$$

Die elementweise Anwendung einer Funktion $f : A \to B$ auf alle Elemente eines Stroms s bezeichnen wir mit $\mathsf{map}(f, s)$:

$$
\mathsf{map} \ : \ (A \to B) \times A^\omega \to B^\omega
$$

Der map-Operator kann rekursiv definiert werden:

$$
\begin{aligned}
\mathsf{map}(f, \langle\rangle) &= \langle\rangle \\
\mathsf{map}(f, m\,\#\,s) &= f(m)\,\#\,\mathsf{map}(f, s)
\end{aligned}
\tag{3.27}
$$

Der Operator $\mathsf{map}(f, s)$ entspricht somit der funktionalen Komposition $f \circ s$, weil für alle $n \in \mathsf{dom}(s)$ gilt:

$$
(f \circ s)(n) = f(s(n)) = f(s.n) = \mathsf{map}(f, s).n
$$

Gezeitete Ströme

Gezeitete Ströme enthalten neben Nachrichten auch Information über den Zeitpunkt, an dem eine Nachricht übertragen wurde. Für die formale Definition gezeiteter Ströme gibt es mehrere Möglichkeiten. In FOCUS werden Ticks $\sqrt{}$ verwendet [BS01b, Kapitel 4], die den Fortschritt der diskreten Zeit angeben und selbst keine Nachrichten sind. Beispielsweise zeigt der Strom

$$
s = \langle a, b, c, \sqrt{}, b, \sqrt{}, c\sqrt{} \rangle
$$

dass in der Zeiteinheit 0 die Nachrichten a, b, c, in der Zeiteinheit 1 die Nachricht b und in der Zeiteinheit 2 die Nachricht c übertragen wurde.

In JANUS werden gezeitete Ströme als Abbildungen natürlicher Zahlen auf endliche Sequenzen von Nachrichten definiert [Bro05a, Kapitel 2]. Beide Definitionen sind gleich mächtig, da jeder Strom in der Tick-Notation in einen Strom in der Sequenz-Notation und umgekehrt transformiert werden kann:

- Ein Strom in der Tick-Notation mit $n \in \mathbb{N}_\infty$ Ticks, aufsteigend nummeriert mit Beginn bei 0, wird in einen Strom in der Sequenz-Notation überführt, indem für jedes $i \in [0 \dots n)$ der Teilstrom zwischen den Ticks mit den Nummern $i - 1$ und i (bzw. zwischen Strombeginn und Tick Nummer 0 für $i = 0$) zur i-ten Sequenz des Stroms in der Sequenz-Notation wird.

- Ein Strom in Sequenz-Notation wird in einen Strom in der Tick-Notation überführt, indem alle Sequenzen in der Reihenfolge ihres Auftretens zu einem Strom konkateniert werden, wobei an die Stellen zwischen aufeinanderfolgenden konkatenierten Sequenzen ein Tick eingefügt wird.

Dem obigen Beispiel eines gezeiteten Stroms in der Tick-Notation entspricht der Strom in der Sequenz-Notation

$$s = \langle \langle a, b, c \rangle, \langle b \rangle, \langle c \rangle \rangle$$

Somit können beide Definitionen verwendet werden, ohne die Ausdrucksmächtigkeit zu verändern. Wir werden im Folgenden die Sequenz-Notation verwenden, da die in dieser Arbeit wichtigen zeitsynchronen Ströme ein einfacher Spezialfall dieser Notation sind.

Die gezeiteten Ströme werden analog zu ungezeiteten Strömen definiert. Für eine Trägermenge M bezeichnet

- $M^{\underline{\infty}}$ die Menge aller unendlichen gezeiteten Ströme über M

- $M^{\underline{*}}$ die Menge aller endlichen gezeiteten Ströme über M

Die Menge aller gezeiteten Ströme über M ist

$$M^{\underline{\omega}} \stackrel{\text{def}}{=} M^{\underline{*}} \cup M^{\underline{\infty}}$$

Ein gezeiteter Strom ist eine Abbildung natürlicher Zahlen auf endliche Sequenzen von Nachrichten:

$$
\begin{aligned}
M^{\underline{*}} &\stackrel{\text{def}}{=} \{[0 \dots n) \to M^* \mid n \in \mathbb{N}\} \\
M^{\underline{\infty}} &\stackrel{\text{def}}{=} \mathbb{N} \to M^*
\end{aligned}
\tag{3.28}
$$

Zur Vervollständigung geben wir die formale Definition gezeiteter Ströme in der Tick-Notation an:

$$
\begin{aligned}
M^{\sqrt{*}} &\stackrel{\text{def}}{=} \{[0 \dots n) \to M \cup \{\sqrt{}\} \mid n \in \mathbb{N}\} \\
M^{\sqrt{\infty}} &\stackrel{\text{def}}{=} \{s \in \mathbb{N} \to M \cup \{\sqrt{}\} \mid \forall i \in \mathbb{N} : \exists j \in \mathbb{N} : i \leq j \wedge s(j) = \sqrt{}\}
\end{aligned}
\tag{3.29}
$$

In der Tick-Notation muss das unbegrenzte Fortschreiten der Zeit für unendliche Ströme explizit durch eine zusätzliche Bedingung in der Definition für $M^{\sqrt{\infty}}$ erzwungen werden. Erst durch sie wird die Anforderung sichergestellt:

$$s \in M^{\sqrt{\infty}} \quad \Rightarrow \quad \text{length}((\{\sqrt{}\} \copyright s)) = \infty$$

Operatoren auf gezeiteten Strömen Die Schnittoperatoren $s{\downarrow}_k$ und $s{\uparrow}_k$ bekommen für gezeitete Operatoren eine spezielle Bedeutung. Für einen Strom $s \in M^{\underline{\omega}}$ stellt $s{\downarrow}_k$ die Kommunikationsgeschichte vor dem Zeitpunkt k und $s{\uparrow}_k$ die Kommunikationsgeschichte ab dem Zeitpunkt k dar.

Wir definieren einen weiteren Operator. Für einen gezeiteten Strom s ist seine *Zeitabstraktion* $\overline{s}$ der ungezeitete Strom, der sich aus s ergibt, indem Zeitangaben entfernt werden – die Reihenfolge der Nachrichten bleibt erhalten. Dieser Operator ist in der Tick-Notation direkter zu definieren, da hier einfach alle Ticks aus dem Strom entfernt werden müssen:

$$s \in M^{\underline{\vee\infty}} \quad \Rightarrow \quad \overline{s} = M \,\copyright\, s \tag{3.30}$$

In der Sequenz-Notation erhält man die Zeitabstraktion eines Stroms, indem alle Sequenzen in dem Strom zu einem ungezeiteten Strom konkateniert werden:

$$\begin{aligned}
\overline{\langle\rangle} &= \langle\rangle \\
\overline{m \# s} &= m \,^\frown \overline{s}
\end{aligned} \tag{3.31}$$

Beispielsweise ist die Zeitabstraktion des Stroms $s = \langle \langle a, b, c \rangle, \langle b \rangle, \langle c \rangle \rangle$ gleich dem ungezeiteten Strom $\overline{s} = \langle a, b, c, b, c \rangle$, in dem keine Informationen über den Zeitpunkt des Auftretens einer Nachricht mehr enthalten sind.

Zeitsynchrone Ströme

Ein gezeiteter Strom ist *zeitsynchron*, wenn pro Zeiteinheit genau ein Element übertragen wird. Für gezeitete Ströme definieren wir das Prädikat

$$\mathsf{timesync} \;:\; M^{\underline{\omega}} \to \mathbb{B}$$

das für einen gezeiteten Strom angibt, ob dieser zeitsynchron ist:

$$\mathsf{timesync}(s) \;\stackrel{\mathrm{def}}{=}\; \forall i \in \mathsf{dom}(s) \;:\; \mathsf{length}(s.i) = 1 \tag{3.32}$$

Ein zeitsynchroner Strom ist somit ein Spezialfall gezeiteter Ströme. Gleichzeitig ist er eine spezielle Interpretation ungezeiteter Ströme (Abschnitt 3.1.2, S. 34), bei der jedes Element $s.i$ an der Position i dem Zeitpunkt i zugeordnet wird. Deshalb benutzen wir für die zeitsynchronen Ströme die Definitionen (3.10) und (3.11), so dass ungezeitete und zeitsynchrone Ströme für das gleiche formale Konzept stehen. Da im weiteren Verlauf dieser Arbeit keine ungezeiteten Ströme benutzt werden, werden wir stets den Begriff der zeitsynchronen Ströme benutzen.

Für die Darstellung einer Kommunikationssemantik, bei der in einer Zeiteinheit nicht zwingend eine Nachricht übertragen werden muss, wird die Bildmenge eines zeitsynchronen Stroms um eine ausgezeichnete leere Nachricht ε erweitert, die angibt, dass keine Nachricht übertragen wurde:

$$M^{\varepsilon} \;\stackrel{\mathrm{def}}{=}\; M \cup \{\varepsilon\} \tag{3.33}$$

Falls die Trägermenge M ein Kreuzprodukt ist, so ist ihr leeres Element das Tupel, in dem alle Elemente leer sind. Für $M = A_1 \times \ldots \times A_n$ gilt also:

$$\forall e \in M^{\varepsilon} \;:\quad e = \varepsilon \;\Leftrightarrow\; \forall i \in [1 \ldots n] : \Pi_i(e) = \varepsilon \tag{3.34}$$

Das leere Element ε wird damit für Kreuzprodukte punktweise erweitert.

Wir bezeichnen zeitsynchrone Ströme mit einer um ε erweiterten Trägermenge als *erweiterte zeitsynchrone Ströme* oder ε-*zeitsynchrone Ströme*:

$$\text{timesync}_\varepsilon \ : \ M^{\underline{\omega}} \to \mathbb{B}$$

$$\text{timesync}_\varepsilon(s) \ \overset{\text{def}}{=} \ \forall i \in \text{dom}(s) : \ \text{length}(s.i) \leq 1 \tag{3.35}$$

Die Mengen endlicher, unendlicher sowie aller ε-zeitsynchronen Ströme sind:

$$M^{\varepsilon*} \ \overset{\text{def}}{=} \ (M^\varepsilon)^* \qquad \text{d. h.} \quad M^{\varepsilon*} \ = \ \{[0 \ldots n) \to M \cup \{\varepsilon\} \mid n \in \mathbb{N}\}$$

$$M^{\varepsilon\infty} \ \overset{\text{def}}{=} \ (M^\varepsilon)^\infty \qquad \text{d. h.} \quad M^{\varepsilon\infty} \ = \ \mathbb{N} \to M \cup \{\varepsilon\} \tag{3.36}$$

$$M^{\varepsilon\omega} \ \overset{\text{def}}{=} \ (M^\varepsilon)^\omega$$

Zwischen M^ω und der Menge der zeitsynchronen Ströme in $M^{\underline{\omega}}$ gibt es eine bijektive Abbildung, die jeder Nachricht eines Stroms aus M^ω eine Sequenz der Länge 1 in einem zeitsynchronen Strom aus $\{s \in M^{\underline{\omega}} \mid \text{timesync}(s)\}$ zuordnet. Zwischen $M^{\varepsilon\omega}$ und der Menge der ε-zeitsynchronen Ströme in $M^{\underline{\omega}}$ gibt es ebenfalls eine bijektive Abbildung. Die Transformationsregel ist einfach:

- Ein Strom $s_1 \in M^{\varepsilon\omega}$ kann zu einem ε-zeitsynchronen Strom $s_1 \in \{s \in M^{\underline{\omega}} \mid \text{timesync}_\varepsilon(s)\}$ konvertiert werden, indem jede Nachricht $m \in M$ zu der Sequenz $\langle m \rangle$ und jede leere Nachricht ε zu der leeren Sequenz $\langle\rangle$ umgewandelt wird.

- Ein ε-zeitsynchroner Strom $s_2 \in \{s \in M^{\underline{\omega}} \mid \text{timesync}_\varepsilon(s)\}$ wird zu einem Strom $s_1 \in M^{\varepsilon\omega}$ umgewandelt, indem jede Sequenz der Länge 1 durch die in ihr enthaltene Nachricht und jede leere Sequenz durch die leere Nachricht ε ersetzt wird.

Somit stellen die Definitionen (3.10) und (3.36) genau alle zeitsynchronen bzw. ε-zeitsynchronen Ströme dar.

Zeitsynchrone Ströme dienen als Grundlage für die Kommunikationssemantik im AUTOFOCUS-Werkzeug und werden für diese Arbeit eine wesentliche Rolle spielen.

3.1.3   Stromverarbeitenden Funktionen

Nachrichtenströme dienen zur Kommunikation zwischen Komponenten eines modularen Systems und zur Beobachtung des Systemverhaltens. Das Verhalten der Komponenten wird durch *stromverarbeitende Funktionen* spezifiziert, die den Zusammenhang zwischen den Eingaben und den Ausgaben einer Komponente beschreiben.

Eine Komponente wird durch ihre syntaktische und semantische Schnittstelle spezifiziert. Für eine Komponente C mit der Menge I getypter Eingabeports und der Menge O getypter Ausgabeports schreiben wir die *syntaktische Schnittstelle* als $(I \triangleright O)$. Die syntaktische Schnittstelle gibt an, Nachrichten welcher Typen die Komponente mit der Umgebung austauscht.

Eine Komponente bildet ihre Eingabeströme auf Ausgabeströme ab und ist damit eine stromverarbeitende Funktion:

$$C \ : \ I^{\underline{\omega}} \to O^{\underline{\omega}}$$

Die Verhaltensspezifikation einer Komponente muss im Allgemeinen nicht unbedingt determi-
nistisch sein – sie kann daher einem Eingabestrom mehrere zulässige Ausgabeströme zuordnen.
Die *semantische Schnittstelle* F einer Komponente ist somit eine Relation zwischen Eingabe-
strömen und Ausgabeströmen, die für jeden Eingabestrom die Menge zulässiger Ausgaben spezifiziert:

$$F : I^{\underline{\omega}} \rightarrow \wp(O^{\underline{\omega}}) \tag{3.37}$$

Eine stromverarbeitende Funktion $f : A^{\underline{\omega}} \rightarrow B^{\underline{\omega}}$ ist *schwach kausal* oder einfach *kausal*
(vgl. [Bro01, BS01b]), falls ihre Ausgabe zu einem Zeitpunkt t nur von den Eingaben bis zu
diesem Zeitpunkt abhängen:

$$\forall x_1, x_2 \in A^{\underline{\omega}} : \forall t \in \mathbb{N} :$$
$$x_1 \downarrow_t = x_2 \downarrow_t \Rightarrow f(x_1) \downarrow_t = f(x_2) \downarrow_t \tag{3.38}$$

Wir bezeichnen eine stromverarbeitende Funktion $f : A^{\underline{\omega}} \rightarrow B^{\underline{\omega}}$ als *stark kausal* oder *strikt
kausal*, wenn ihre Ausgabe zu einem bestimmten Zeitpunkt nur von den Eingaben vor diesem
Zeitpunkt abhängen:

$$\forall x_1, x_2 \in A^{\underline{\omega}} : \forall t \in \mathbb{N} :$$
$$x_1 \downarrow_t = x_2 \downarrow_t \Rightarrow f(x_1) \downarrow_{t+1} = f(x_2) \downarrow_{t+1} \tag{3.39}$$

Eine strikt kausale Funktion benötigt mindestens eine Zeiteinheit, um das Ergebnis für eine Eingabe zu berechnen.

Der Begriff der Kausalität lässt sich kanonisch auf semantische Schnittstellen von Komponenten erweitern. Eine semantische Schnittstelle F ist kausal, wenn alle von ihr erlaubten Ausgaben kausal von den Eingaben abhängen:

$$\forall x_1, x_2 \in A^{\underline{\omega}} : \forall t \in \mathbb{N} :$$
$$x_1 \downarrow_t = x_2 \downarrow_t \Rightarrow \{y \downarrow_t \mid y \in F(x_1)\} = \{y \downarrow_t \mid y \in F(x_2)\} \tag{3.40}$$

Die starke Kausalität wird für eine semantische Schnittelle F analog formuliert:

$$\forall x_1, x_2 \in A^{\underline{\omega}} : \forall t \in \mathbb{N} :$$
$$x_1 \downarrow_t = x_2 \downarrow_t \Rightarrow \{y \downarrow_{t+1} \mid y \in F(x_1)\} = \{y \downarrow_{t+1} \mid y \in F(x_2)\} \tag{3.41}$$

Die Kausalität ist eine wichtige Eigenschaft von Spezifikationen, die sowohl ein realisti-
scheres Berechnungsmodell bedingt (reale Systeme können zukünftige Eingaben nicht in ihre
Berechnungen einbeziehen) als auch starke Konsequenzen aus logischer Sicht hat, die beispielsweise in [Bro01, BS01b, Bro05a] sowie in [Bro04b] erörtert werden. So muss in JANUS jede
semantische Schnittstelle die Anforderung der strikten Kausalität erfüllen [Bro05a].

3.2   Temporale Logik

Temporale Logik [Pnu77] kann verwendet werden, um dynamische funktionale Anforderungen
an ein System bezüglich seiner Zustände und Zustandsänderungen im Verlauf der Ausführung
zu spezifizieren und verifizieren.

Dieser Abschnitt behandelt die Ausprägungen temporaler Logiken, die im weiteren Verlauf
der Arbeit eingesetzt werden. Hierbei müssen Entscheidungen über den Zeitbegriff und die Zeitdomäne getroffen werden.

3.2.1   Zeitbegriff und Zeitdomäne

Zeitbegriff

Die zwei gebräuchlichen Zeitbegriffe, deren Unterscheidung auf [Lam80] zurückgeht, sind lineare Zeit und verzweigende Zeit/Berechnungsbaumlogik.

- *Lineare Zeit*: Lineare Temporallogiken betrachten einzelne Berechnungen eines Systems – zu jedem Zeitpunkt ist der Nachfolgezustand zum nächsten Zeitpunkt in einer betrachteten Berechnung wohldefiniert. Die Berechnung ist damit eine (ggf. unendlichen) lineare Sequenz von Systemzuständen. Prominenter Vertreter linearer Temporallogiken ist *LTL (Linear Temporal Logic)* (z. B. [MP92]).

- *Verzweigende Zeit*: Logiken mit verzweigender Zeit betrachten Berechnungsbäume – eine Berechnung kann sich zu jedem Zeitpunkt in verschiedene Berechnungen aufteilen und somit unterschiedliche zukünftige Abläufe haben. Prominenter Vertreter temporaler Logiken mit verzweigender Zeit ist *CTL (Computation Tree Logic)* (z. B. [CES86]).

Wir werden in der vorliegenden Arbeit auf dem linearen Zeitbegriff aufsetzen. Im Folgenden erörtern wir die für diese Entscheidung ausschlaggebenden Gründe. Für eine ausführliche vergleichende Erörterung des linearen Zeitbegriffs und verzweigender Zeit verweisen wir auf [Var01].

- *Systemberechnungen*: Nachrichtenstrombasierte Spezifikation betrachtet einzelne Systemberechnungen. Eine Berechnung ist ein (ggf. unendlicher) Strom von Zuständen, vergleichbar mit dem Protokoll eines Programmablaufs. Jeder Zustand setzt sich aus dem lokalen Zustand zustandsbehafteter Komponenten und den im System übertragenen Nachrichten zusammen. Zu jedem Zeitpunkt t einer Berechnung ist der Nachfolgezustand dieser Berechnung eindeutig definiert, da er genau dem Systemzustand zum Zeitpunkt $t + 1$ entspricht (eine einzelne Berechnung kann nicht verzweigen – lässt eine Spezifikation ausgehend von einem Systemzustand unterschiedliche Berechnungsabläufe zu, so würden unterschiedliche Nachfolgerzustände auch unterschiedlichen Systemberechnungen entsprechen). Eine Systemberechnung ist somit durch die Kommunikationsgeschichten der Kanäle im System und ggf. den Zustandsstrom der Systemkomponenten beschrieben – besteht ein System aus Komponenten mit den Mengen interner Zustände $S_1, \ldots, S_n$ und den Kommunikationskanälen der Datentypen $T_1, \ldots, T_m$, so entspricht jeder mögliche Systemzustand einem Tupel der Menge $\mathcal{S} = (S_1 \times \cdots \times S_n) \times (T_1^\varepsilon \times \cdots \times T_m^\varepsilon)$. Jede Systemberechnung σ ist damit ein Strom von Systemzuständen $\sigma \in \mathcal{S}^\omega$. Diese Betrachtungsweise von Systemberechungen als Ströme, die Sequenzen von Elementen darstellen, und damit linear sind, entspricht genau dem linearen Zeitbegriff in temporalen Logiken.

- *Kompositionalität*: Der Schwerpunkt dieser Arbeit liegt auf der Spezifikation modular aufgebauter Systeme. Zudem ist modulare Verifikation ein Weg, um das Problem der Zustandsexplosion anzugehen, die mit steigender Systemgröße das Modelchecking schwierig und z.T. praktisch unmöglich macht [CLM89]. Damit ist die Kompositionalität ein wesentlicher Aspekt der funktionalen Spezifikationsmittel.

Die modulare Spezifikation und Verifikation folgt dem *Assume/Guarantee*-Paradigma. Eine A/G-Spezifikation besteht aus einer Annahme und einer Zusicherung: das spezifizierte

Verhalten wird zugesichert, falls die gemachte Annahme erfüllt wird. (vgl. beispielsweise [Jon83, AL95]).

Für lineare Temporallogik ist eine A/G-Spezifikation ein Paar (A,G), wobei A und G Formeln linearer Temporallogik sind. Eine Komponente C, die dieser Spezifikation genügt, erwartet von der Umgebung, dass sie A erfüllt, und garantiert ihrerseits, dass ihr Verhalten G erfüllt. Eine A/G-Spezifikation (A, G) entspricht der linearen temporallogischen Formel $A \rightarrow G$ [Pnu85]. Damit entspricht modulares Modelchecking für lineare Temporallogik im Wesentlichen dem herkömmlichen Modelchecking für lineare Temporallogik.

Dieser einfache Zusammenhang gilt für verzweigende Zeit im Allgemeinen nicht. Hier erfüllt eine Komponente C die A/G-Spezifikation (A,G), falls immer dann, wenn C Teil eines Systems ist, das A erfüllt, dieses System auch G erfüllt. Die Verifikation von (A,G) entspricht somit nicht der Überprüfung der Formel $A \rightarrow G$ [GL94].

Die modulare A/G-Spezifikation lässt sich in temporalen Logiken mit linearem Zeitbegriff somit einfacher und direkter formulieren und überprüfen, als in temporalen Logiken mit verzweigender Zeit.

- *Entscheidungskomplexität*: Ein wesentliches Argument für die Bevorzugung temporaler Logiken mit verzweigender Zeit gegenüber linearer Zeit ist die Tatsache, dass Modelchecking für CTL effizienter als für LTL ist – die Überprüfung einer CTL-Formel hat lineare Komplexität [CES86], während LTL-Formeln exponentielle Zeit bezüglich der Formelgröße benötigen [LP85]. Da das LTL-Modelchecking-Problem PSPACE-vollständig ist [SC85], kann diese Grenze wahrscheinlich nicht verbessert werden.

Die Lage ändert sich jedoch entscheidend, wenn wir *reaktive / interaktive* Systeme betrachten [HP85, BS01b], deren Ausführung und Ausgaben von externen Eingaben abhängen – diese Systeme entsprechen den in dieser Arbeit betrachteten eingebetteten Systemen, weil eingebettete Systeme im Allgemeinen dazu dienen, die Aktionen technischer Systeme abhängig von den Eingaben an den Systemschnittstellen zur Umwelt zu steuern. Solche Systeme werden auch als *offene Systeme* bezeichnet, im Gegensatz zu geschlossenen Systemen, deren Berechnung ausschließlich von ihrem internen Zustand abhängig ist (ein interaktives System bildet erst zusammen mit einer Umgebung ein geschlossenes System [Bro95]).

Die Überlegenheit temporaler Logiken mit verzweigender Zeit gegenüber linearer Zeit mit Hinblick auf Entscheidungskomplexität der Verifikationsalgorithmen, die für geschlossene Systeme gilt, ist für das Modelchecking reaktiver/offener Systeme (auch *Modulchecking* genannt) nicht gegeben. Während das Modulchecking-Problem für LTL, wie schon für Modelchecking, PSPACE-vollständig ist, steigt die Komplexität für CTL und CTL* – das Modulchecking ist in diesem Fall EXPTIME- bzw. 2EXPTIME-vollständig und damit mindestens so komplex wie LTL-Modulchecking (oder sogar komplexer, falls PSPACE $\neq$ EXPTIME ist) [KV97b, KVW01, Var01]. Auch bei der Verwendung von Ausschnitten wie $\forall$CTL und $\forall$CTL*, oder einer Kombination aus LTL und CTL ([Jos93] definiert die Logik MCTL, die A/G-Spezifikation mit LTL-Annahmen und CTL-Garantien verwendet) wird für Modulchecking keine bessere Komplexitätsklasse als PSPACE erreicht – für $\forall$CTL* und MCTL hat Modulchecking sogar EXPSPACE-Komplexität [KV00].

Somit bietet verzweigende Zeit keine Vorteile gegenüber linearer Zeit mit Hinblick auf die Komplexität des modularen Modelcheckings.

- *Semi-formale Verifikation*: Formale Spezifikation eröffnet neben der formalen Verifikation weitere Möglichkeiten zur dynamischen Validierung, insbesondere Testfallgenerierung auf Basis der Anforderungsspezifikation sowie Generierung von Monitoren zur Laufzeitüberwachung. Hier werden die bei Systemabläufen entstehenden Simulationstraces daraufhin überprüft, ob sie die formale Spezifikation erfüllen.

  Da ein Simulationstrace eine lineare Sequenz darstellt, wird für semi-formale Qualitätssicherungstechniken der lineare Zeitbegriff genutzt [BLS06a, AKT$^+$06, TR05], [GP05, ABG$^+$05, JVP$^+$98, Dru00].

  Gegenbeispiele sind ein funktionierendes Instrument für lineare temporallogische Formeln [CV03], wobei für die wichtige Klasse der Sicherheitseigenschaften [MP95] gilt, dass für nicht zutreffende Eigenschaften stets endliche widerlegende Ausführungssequenzen existieren [KV01]. Hingegen existieren temporallogische Formeln mit verzweigender Zeit, für die keine linearen Simulationstraces als Gegenbeispiele existieren. Beispielsweise existiert für die CTL-Formel $AF\,AX\varphi$ kein lineares Gegenbeispiel [CD88]. Die dynamische Validierung ist somit grundsätzlich linear, so dass der lineare Zeitbegriff in der Spezifikation der geeignete für die semi-formale Verifikation ist.

- *Bounded Model Checking*: Beim herkömmlichen Modelchecking wird eine lineare temporallogische Eigenschaft überprüft, indem versucht wird, ein Gegenbeispiel, d. h., einen endlichen oder unendlichen Simulationstrace zu finden, der die Eigenschaft widerlegt. Existiert kein Gegenbeispiel, so ist die Eigenschaft verifiziert, wird jedoch ein Gegenbeispiel gefunden, so ist die Eigenschaft widerlegt. Das Gegenbeispiel kann oft relativ kurz sein, z. B. einige Dutzend Rechenschritte. Durch die Begrenzung der Länge des Gegenbeispiels bei der Suche kann das Modelchecking-Problem auf das Problem der Erfüllbarkeit boolescher Aussagen (SAT) reduziert werden. Diese Technik des SAT-basierten Modelcheckings wird *Bounded Model Checking (BMC)* genannt [BCCZ99, BCC$^+$03]. Sie kann BDD-basierten Modelcheckern unter Umständen an Effizienz überlegen sein [BCC$^+$99].

  Bounded Model Checking passt nicht zu verzweigender Zeit, weil verzweigende temporallogische Formeln existieren, die, wie oben erläutert, nicht durch ein lineares Gegenbeispiel widerlegt werden können. Damit ist der lineare Zeitbegriff der für BMC geeignete Zeitbegriff.

- *Verständlichkeit/Benutzbarkeit*: Die Benutzbarkeit einer temporallogischen Spezifikationsnotation hängt entscheidend von ihrer Verständlichkeit / Intuitivität ab. Entwicklungsingenieure finden den verzweigenden Zeitbegriff unintuitiv und fehleranfällig [SBF$^+$97]. So sind Notationen zur Beschreibung des Ablaufverhaltens hauptsächlich linear – beispielsweise beschreiben Message Sequence Charts [Int04, HT03] lineare Kontrollabläufe, die in begrenztem Maße Verzweigungen enthalten dürfen (was sie jedoch schnell unverständlich macht).

  Die Schwierigkeit, Formeln mit verzweigender Zeit zu verstehen, kann an einem Beispiel aus [Var01] demonstriert werden. Die LTL-Formeln $\bigcirc\Diamond\varphi$ und $\Diamond\bigcirc\varphi$ sind äquivalent und bedeuten, dass φ irgendwann in der Zukunft, angefangen bei dem nächsten Schritt, gelten soll. Für die CTL-Formeln $AF\,AX\varphi$ und $AX\,AF\varphi$ bedarf es dagegen einiger Überlegung, um herauszufinden, dass sie nicht äquivalent sind – während $AX\,AF\varphi$ dieselbe Bedeutung wie die obigen LTL-Formeln hat, fordert $AF\,AX\varphi$, dass stets irgendwann ein Zustand erreicht wird, von dem aus in jedem möglichen nächsten Schritt φ gilt – es lassen sich somit

Zustandsübergangssysteme angeben, in denen $AX\,AF\varphi$, jedoch nicht $AF\,AX\varphi$ gilt. Dieses Beispiel zeigt, dass Formeln mit verzweigender Zeit oft unintuitiv und schwierig zu verstehen sind, was die Benutzbarkeit von CTL einschränkt.

Des weiteren führt [Var01] an, dass die meisten zur formalen Verifikation verwendeten CTL-Formeln als LTL-Formeln dargestellt werden können (beispielsweise die Invarianten, die mit dem AG-Operator in CTL und dem Always-Operator $\square$ in LTL formuliert werden), so dass die CTL-Mittel zur Formulierung von Eigenschaften, die Berechnungsverzweigungen beschreiben, in der Praxis selten genutzt werden.

Zeitdomäne

Lineare temporallogische Formeln werden auf Berechnungen interpretiert, in denen jedem Zeitpunkt ein Systemzustand zugeordnet wird. Eine Berechnung ist damit eine Abbildung $\sigma : T \rightarrow S$, wobei S die Menge möglicher Systemzustände und T die *Zeitdomäne* ist. Die Wahl der Zeitdomäne ist von entscheidender Bedeutung für die Spezifikation und besonders für die Verifikation, da die Entscheidbarkeit und Entscheidungskomplexität der Verifikationsalgorithmen sowie die Auswahl verfügbarer Verifikationswerkzeuge von der Zeitdomäne abhängen.

Im Allgemeinen können für die Zeit *dichte* Domänen (z. B. reelle Zahlen) oder *diskrete* Domänen (z. B. ganze Zahlen) verwendet werden. Wir werden in dieser Arbeit durchgängig diskrete Zeitdomänen verwenden, genauer, die natürlichen Zahlen. Im Folgenden erörtern wir die für diese Entscheidung ausschlaggebenden Gründe.

- *Zeitdomäne der Ströme*: Die vorliegende Arbeit basiert auf FOCUS [BS01b] und JANUS [Bro05a]. Die hierbei verwendete Zeitdomäne für Ströme sind natürliche Zahlen, da Ströme als Abbildungen natürlicher Zahlen auf Nachrichtensequenzen formalisiert werden. Für eine Kommunikationsgeschichte, die durch einen Strom $s : \mathbb{N} \rightarrow M$ dargestellt wird, wird die zu einem Zeitpunkt $t \in \mathbb{N}$ übertragene Nachricht durch das Stromelement $s.t$ angegeben. Daher sind natürliche Zahlen als Zeitdomäne passend für die in dieser Arbeit benutzte nachrichtenstrombasierte Spezifikation.

- *Modellierungstechniken*: Zahlreiche gebräuchliche Modellierungstechniken nutzen diskrete Zeit. Wir geben eine Aufzählung einiger relevanter Modellierungstechniken ohne Anspruch auf Vollständigkeit an: Strombasierte hierarchische Spezifikation [BS01b, Bro05a, Bro06a, Bro07] verwendet zeitdiskrete Nachrichtenströme zur Verhaltensbeschreibung; die meisten Semantiken für Statecharts sind diskret [vdB94], darunter die ursprüngliche Variante [Har87] und die STATEMATE-Semantik [HN96]; ferner wird diskrete Zeit für formale Semantikvarianten von UML verwendet [SA04, DJPV05], sowie die für weitere kompositionale Echtzeitbeschreibungsnotationen [Ost99], die in [Sel04] (informal) beschriebene Laufzeitsemantik des Standards UML 2.0 ist ebenfalls diskret; schließlich beschreiben Programmiersprachen, die als Basisinstrument der Softwareentwicklung dienen, zeitdiskrete Verhaltensspezifikationen, da jede ausführbare Anweisung in einem Programm eine Mindestzeit zur Ausführung benötigt (beispielsweise mindestens einen Prozessorzyklus), die nicht beliebig klein sein kann, und damit diskret ist. Selbst für Spezifikationen mit speziellen Modellierungstechniken, die kontinuierliche Zeit nutzen, wie beispielsweise MATLAB/Simulink [Sim], und für regelungstechnische Systeme verwendet werden, wird schließlich durch einen Codegenerator [RTW] herkömmlicher Programmcode erzeugt, der, wie oben angesprochen, zeitdiskret ist.

- *Diskretisierung*: Reale Hardware/Software-Systeme arbeiten in echter Zeit, so dass eine Zustandsänderung zu jedem Zeitpunkt $t \in \mathbb{R}$ geschehen kann. Viele Modellierungs- und besonders Verifikationstechniken verwenden diskrete (meist ganzzahlige) Zeit – eine Zustandsänderung kann damit nur zu einem Zeitpunkt innerhalb eines diskreten Zeitrasters beobachtet werden. In [HMP92] wurde die Frage erörtert, ob reale Systemeigenschaften durch Betrachtung der Systemeigenschaften in diskreter Zeit überprüft werden können. Hierfür wurde der Begriff der *Digitalisierbarkeit* (engl. *digitizability*) als hinreichendes Kriterium für die Invarianz des Echtzeitverifikationsproblems unter der Zeitdomäne definiert – eine Eigenschaft φ ist für ein System S genau dann digitalisierbar, wenn gilt $S \models_{\mathbb{R}} \varphi \Leftrightarrow S \models_{\mathbb{N}} \varphi$, d. h., eine Menge $[\![S]\!]_{\mathbb{R}}$ von Systemberechnungen in dichter Zeit ist genau dann digitalisierbar, wenn jede Berechnung σ genau dann in $[\![S]\!]_{\mathbb{R}}$ ist, wenn sie auch alle Berechnungen $\sigma_{\mathbb{N}}$ enthält, die sich durch Beobachtung von σ mit fiktiven diskreten Uhren ergeben. Digitalisierbare Eigenschaften können somit ohne bedeutenden Genauigkeitsverlust in diskreter Zeit spezifiziert und analysiert werden. [HMP92] weist im weiteren Verlauf nach, dass essentielle System- und Eigenschaftsklassen digitalisierbar sind. Das vielleicht wichtigste Ergebnis ist, dass gezeitete Zustandsübergangssysteme [HMP94] digitalisierbar sind, – sie stellen eine Erweiterung des grundlegenden Berechnungsmodells der Transitionssysteme [Kel76, Pnu77] dar, und können daher Systeme erfassen, die durch gängige operationale Spezifikationsmittel wie Programmiersprachen oder Statecharts beschrieben sind, da jeder Programmschritt bzw. Statecharttransition einem Zustandsübergang in einem Transitionssystem entspricht. Deshalb ist die zeitliche Diskretisierung für solche Spezifikationsmittel unproblematisch.

- *Entscheidbarkeit und Komplexität*: Die Wahl der Zeitdomäne hat einen erheblichen Einfluss auf die Entscheidbarkeit und Komplexität der Verifikationsalgorithmen für eine temporale Logik. Dichte Zeitdomänen resultieren in höherer Komplexität und häufig Unentscheidbarkeit des Verifikationsproblems [AH91, AH93] – so sind Temporallogiken, wie MTL [Koy90], TPTL [AH94] unentscheidbar für dichte Zeit und entscheidbar für diskrete Zeit. Nur für eingeschränkte Versionen linearer und verzweigender Temporallogiken mit dichter Zeit existieren Entscheidungsverfahren, beispielsweise für MITL [AFH96], die keine genaue Angabe eines Zeitpunkts erlaubt, und TCTL [ACD93], wobei wichtige Probleme, wie Erfüllbarkeit, unentscheidbar bleiben. Somit bietet eine diskrete Zeitdomäne gegenüber einer dichten Zeitdomäne für ein und dieselbe temporale Logik im Allgemeinen Vorteile mit Hinblick auf Entscheidbarkeit und Verifikationskomplexität.

- *Verifikationstechniken*: Eine der wichtigsten Verifikationstechniken für temporallogische Spezifikationen ist Modelchecking [CGP99]. Für zeitdiskrete temporallogische Spezifikationen gibt es eine breite Basis an fortgeschrittenen Modelchecking-Werkzeugen: so verwenden SMV [McM93, McM99], NuSMV [CCGR00] und SPIN [Hol04] positive ganze Zahlen als Zeitdomäne. Solche Werkzeuge nutzen häufig etablierte und zum Teil standardisierte Spezifikationssprachen: so gibt es für TLA$^+$ [Lam02] den Modelchecker TLC [YML99]; der Explicit-State-Modelchecker SPIN verwendet PROMELA [Hol04, PROb] als Eingabesprache, und das IBM-Werkzeug RuleBase [BBDE$^+$97] nutzt die standardisierte Spezifikationsnotation PSL [PSL04].

  Die Verwendung von Spezifikationen mit dichter Zeitdomäne (z. B. reelle positive Zahlen) macht den Einsatz von spezialisierten Verifikationswerkzeugen für dichte Zeit notwendig, beispielsweise UPPAAL [LPY97] und KRONOS [Yov97]. So ermöglicht beispielsweise UPPAAL die Spezifikation temporaler Eigenschaften für gezeitete Automaten mit reeller Zeitdomäne. Dabei darf jedoch nur eine eingeschränkte Teilmenge von TCTL zur Spezifikation temporallogische Eigenschaften verwendet werden [BDL04].

Die Beschränkung auf diskrete Zeit ermöglicht den Einsatz herkömmlicher Modelchecker für gezeitete Spezifikationen. Zum einen werden Eingabenotationen etablierter Werkzeuge für quantitative zeitliche Analyse um die Angabe diskreter Zeitintervalle erweitert [BD98a] [MS04]. Ferner können gezeitete Spezifikationen unter Verwendung expliziter Tick-Ereignisse in herkömmliche Spezifikationen übersetzt werden, wie z. B. TCTL in CTL [HK97]. Schließlich gibt es die Möglichkeit, die Zeit durch explizite Zeitvariablen in den Systemzustand einzubeziehen. Diese Möglichkeit wurde unter anderem in [Lam05b, Lam05a] untersucht. Dabei wurden einige Algorithmen für verschiedene Werkzeuge (UPPAAL, TLC, SPIN, SMV) modelliert und anschließend mehrere Eigenschaften verifiziert. Ein Ziel der Untersuchung war der Vergleich der Leistung herkömmlicher zeitdiskreter Werkzeuge TLC, SPIN und SMV mit dem Modelchecker UPPAAL für Spezifikationen mit dichter Zeit. Die Leistung der Werkzeuge wurde anhand der behandelten Zustandsraumgröße und der Laufzeit verglichen. Es zeigte sich, dass die Leistung oft nicht direkt vergleichbar ist, da die Laufzeit je nach Werkzeug von unterschiedlichen Parametern abhing. So konnte TLC die Überprüfung eines der modellierten Algorithmen (Abb. 15 in [Lam05a]) immer abschließen, dagegen war UPPAAL je nach Systemparametern teils wesentlich schneller, scheiterte jedoch häufig an Arbeitsspeicherüberlauf. Bei der Überprüfung von Sicherheits- und Lebendigkeitseigenschaften für einen weiteren modellierten Algorithmus waren wiederum die herkömmlichen Modelchecker je nach Systemgröße mit einem Geschwindigkeitsfaktor von bis zu 50 entweder langsamer oder schneller als UPPAAL.

Somit bietet Modelchecking mit dichter Zeit keine prinzipiellen Leistungsvorteile gegenüber herkömmlichen zeitdiskreten Werkzeugen, hat jedoch den erheblichen Nachteil, dass es spezielle Notationen und Werkzeuge benötigt. Dagegen können zeitdiskrete Spezifikationen von herkömmlichen Werkzeugen verarbeitet werden, die von großer Verbreitung und steter Weiterentwicklung profitieren.

• *Hierarchische Dekomposition*: Auf den ersten Blick kann eine ganzzahlige Zeitdomäne Probleme bei der Modellierung hierarchischer Systeme aufwerfen, da Teilkomponenten einer Komponente häufig eine höhere interne Ausführungsgeschwindigkeit als die externe Kommunikationsgeschwindigkeit haben (beispielsweise ist die Kommunikation über Funktionsaufrufe oder gemeinsamen Speicher zwischen Softwarekomponenten auf demselben Steuergerät typischerweise schneller als die Kommunikation über einen Bus zwischen Softwarekomponenten auf verschiedenen Steuergeräten), so dass interne Zustandsänderungen im Zeitraster externer Kommunikation nicht mehr aufgelöst werden können. Dieses Problem kann jedoch in diskreter Zeit durch Verfeinerung der Zeitgranularität für die schnelleren Komponenten gelöst werden. Die Zeitdomäne bleibt diskret und kann durch natürliche Zahlen dargestellt werden – der im Verhältnis grobgranularere externe Kommunikationstakt ist dabei ein Vielfaches des internen Zeittaktes, so dass die Nachrichten nicht in jeder Zeiteinheit, sondern erst nach mehreren Zeiteinheiten versendet und empfangen werden können (mehr dazu im Kapitel 4). Diskrete Zeitdomänen stellen somit kein Hindernis bei der Komposition unterschiedlich schneller Komponenten dar, und können für die Modellierung hierarchischer Systeme genutzt werden.

- *Verteilte eingebettete Systeme*: Moderne eingebettete Systeme im Bereich Automotive (sowie Avionic u. v. m.) bestehen aus zahlreichen Steuergeräten, die kleine Computer mit Software und meist auch Betriebssystem (z. B. OSEK/VDX [OSE05]) darstellen, welche untereinander über Kommunikationsbusse (z. B. CAN [CAN91] oder FlexRay [Fle04]) mittels Nachrichten kommunizieren. Sie empfangen Werte und Nachrichten von Sensoren und anderen Steuergeräten, verarbeiten diese und versenden ihrerseits Nachrichten an Aktuatoren und andere Steuergeräte. Da alle Mikroprozessoren einen endlichen Taktzyklus und die Kommunikationsbusse eine endliche Bandbreite haben, ist die Verarbeitung und Kommunikation diskret, so dass nur endlich viele Nachrichten pro Zeiteinheit versendet, transportiert, empfangen und verarbeitet werden können. Daher ist eine diskrete Zeitdomäne für die Beschreibung solcher Systeme angemessen, da die Genauigkeit der Beschreibung nicht grundsätzlich durch die diskrete Natur der Zeit begrenzt wird und durch feinere Granularität der Zeitdomäne beliebig genau erfasst werden kann – theoretisch würde die Zeitgranularität, die einem gemeinsamen Vielfachen aller Ausführungs- und Kommunikationstakte im System entspricht, eine vollständig genaue Beschreibung zeitlicher Eigenschaften ermöglichen, allerdings um den Preis der Komplexität der Verifikation. Ferner argumentiert [Kop92], dass diskrete Zeit für die Modellierung verteilter Systeme, bei denen die Kommunikation mit der Umwelt sowie zwischen den Teilsystemen mittels Nachrichten stattfindet, mit Hinblick auf Nachrichtenaustausch, Synchronisation und Systemstabilität vorteilhaft ist. Somit eignen sich diskrete Zeitdomänen für die Betrachtung verteilter eingebetteter Systeme.

3.2.2 Grundbegriffe linearer Temporallogik

Temporallogische Formeln dienen dazu, Aussagen über Berechnungen formal zu beschreiben. Dafür werden folgende Begriffe genutzt:

- *Berechnung*: Sei $\mathcal{S}$ die Menge aller möglichen Zustände des Systems. Eine Systemberechnung $\sigma = s_0 s_1 \dots$ ist eine Sequenz von Systemzuständen, die für jeden Zeitpunkt $t \in \mathbb{N}$ den Systemzustand $s_t \in \mathcal{S}$ während der Berechnung angibt (wir verwenden natürliche Zahlen als Zeitdomäne).

- *Propositionen*: Eine Proposition $p : \mathcal{S} \to \mathbb{B}$ gibt für jeden Systemzustand $s \in \mathcal{S}$ an, ob s die durch p beschriebene Eigenschaft besitzt.

- *Markierungsfunktion*: Sei $\mathcal{P}$ eine Menge von Propositionen auf den Systemzuständen $\mathcal{S}$. Eine Markierungsfunktion (engl. labelling function) $\mu : \mathcal{S} \to \wp(P)$ liefert für jeden Zustand $s \in \mathcal{S}$ die Menge der in diesem Zustand geltenden Prädikate aus $\mathcal{P}$: $\mu(s) = \{p \in \mathcal{P} \mid p(s)\}$.

Eine temporallogische Formel kann boolesche Operatoren, temporale Operatoren und als Atome Propositionen aus $\mathcal{P}$ benutzen. Eine Formel φ gilt für ein System $\mathcal{S}$ wenn alle in diesem System möglichen Berechnungen die Formel φ erfüllen.

Wir wollen die Funktionsweise linearer Temporallogik anhand der gebräuchlichen Variante LTL erläutern.[3] Zunächst definieren wir die Syntax und Semantik von LTL in Anlehnung an

---

[3]LTL wird häufig auch als PTL (Propositional Temporal Logic) bezeichnet, falls sie (wie meistens üblich) neben temporallogischen Operatoren nur logische Operatoren der Aussagenlogik (boolesche Operatoren) verwendet. Daher werden im Weiteren die Bezeichnungen LTL und PTL synonym gebraucht.

[LP00a] und [AH93].

Die LTL-Syntax wird rekursiv definiert:

- *Boolesche Konstanten*: True und False sind Formeln.

- *Propositionen*: Jede Proposition $p \in \mathcal{P}$ ist eine Formel.

- *Boolesche Operatoren*: Sind φ und ψ Formeln, so sind $\neg\varphi$, $\varphi \wedge \psi$, $\varphi \vee \psi$, $\varphi \rightarrow \psi$, $\varphi \leftrightarrow \psi$ Formeln.

- *Temporale Operatoren*: Sind φ und ψ Formeln, so sind $\bigcirc\varphi$, $\ominus\varphi$, $\ominus\varphi$, $\Diamond\varphi$, $\Box\varphi$, $\varphi\mathcal{U}\psi$, $\ominus\varphi$, $\boxminus\varphi$, $\varphi\mathcal{S}\psi$ Formeln.

Wir definieren nun die Semantik von LTL-Formeln. Sei $\sigma = s_0\,s_1 \ldots$ eine Berechnung und $t \in \mathbb{N}$ ein Zeitpunkt. Wir schreiben $(\sigma, t) \models \varphi$, falls die Berechnung σ zum Zeitpunkt t die temporallogische Formel φ erfüllt, und $(\sigma, t) \not\models \varphi$ andernfalls. Für LTL-Formeln φ und ψ, eine Berechnung σ und eine Markierungsfunktion μ wird die Gültigkeit temporallogischer Formeln wie folgt definiert:

- Propositionen und boolesche Operatoren

Boolesche Konstanten	$(\sigma, t) \models$ True,	$(\sigma, t) \not\models$ False	
Propositionen	$(\sigma, t) \models p$	$\Leftrightarrow$	$p \in \mu(s_t)$
Negation	$(\sigma, t) \models \neg\varphi$	$\Leftrightarrow$	$(\sigma, t) \not\models \varphi$
Disjunktion	$(\sigma, t) \models \varphi \vee \psi$	$\Leftrightarrow$	$(\sigma, t) \models \varphi \vee (\sigma, t) \models \psi$

  Auf Basis der Operatoren zur Negation und Disjunktion werden weitere Operatoren zur Konjunktion, Implikation und Äquivalenz wie üblich definiert:

  $$\varphi \wedge \psi = \neg(\neg\varphi \vee \neg\psi)$$

  $$\varphi \rightarrow \psi = \neg\varphi \vee \psi$$

  $$\varphi \leftrightarrow \psi = (\varphi \wedge \psi) \vee (\neg\varphi \wedge \neg\psi)$$

- Temporale Operatoren

  Die temporalen Operatoren beziehen sich in einer Formel auf die Zustände in der Zukunft und/oder Vergangenheit des Systems bezüglich eines aktuellen Zeitpunkts. Die Operatoren für die Zukunft sowie symmetrische Operatoren für die Vergangenheit können wie in der Tabelle 3.1 formal definiert werden. Eine informale Erklärung ihrer Bedeutung wird in der Tabelle 3.2 gegeben.

  Die Operatoren $\mathcal{U}$ und $\mathcal{S}$ sind Basisoperatoren, mit deren Hilfe die Operatoren $\Diamond$, $\Box$, $\ominus$, $\boxminus$ definiert werden.

  $$\Diamond\varphi = \text{True}\mathcal{U}\varphi$$

  $$\Box\varphi = \neg\Diamond\neg\varphi = \neg(\text{True}\mathcal{U}\neg\varphi)$$

  $$\ominus\varphi = \text{True}\mathcal{S}\varphi$$

  $$\boxminus\varphi = \neg\ominus\neg\varphi = \neg(\text{True}\mathcal{S}\neg\varphi)$$

Next	$(\sigma, t) \models \bigcirc\varphi$	$\Leftrightarrow$	$(\sigma, t+1) \models \varphi$
Eventually	$(\sigma, t) \models \Diamond\varphi$	$\Leftrightarrow$	$\exists t' \geq t : (\sigma, t') \models \varphi$
Always	$(\sigma, t) \models \Box\varphi$	$\Leftrightarrow$	$\forall t' \geq t : (\sigma, t') \models \varphi$
Until	$(\sigma, t) \models \varphi\,\mathcal{U}\,\psi$	$\Leftrightarrow$	$\exists t_0 \geq t : ((\sigma, t_0) \models \psi \wedge$
			$(\forall t' \geq t : t' < t_0 \Rightarrow (\sigma, t') \models \varphi))$
Last (schwach)	$(\sigma, t) \models \ominus\varphi$	$\Leftrightarrow$	$t = 0 \vee (\sigma, t-1) \models \varphi$
Last (strikt)	$(\sigma, t) \models \ominus\varphi$	$\Leftrightarrow$	$t > 0 \wedge (\sigma, t-1) \models \varphi$
Once	$(\sigma, t) \models \Diamond\varphi$	$\Leftrightarrow$	$\exists t' \leq t : (\sigma, t') \models \varphi$
TillNow	$(\sigma, t) \models \Box\varphi$	$\Leftrightarrow$	$\forall t' \leq t : (\sigma, t') \models \varphi$
Since	$(\sigma, t) \models \varphi\,\mathcal{S}\,\psi$	$\Leftrightarrow$	$\exists t_0 \leq t : ((\sigma, t_0) \models \psi \wedge$
			$(\forall t' \leq t : t' > t_0 \Rightarrow (\sigma, t') \models \varphi))$

Tabelle 3.1: LTL – Semantik temporaler Operatoren

Wir erläutern die Nutzung von LTL-Formeln zur Spezifikation dynamischer Eigenschaften an einem kleinen Beispielsystem S, dessen Zustand aus zwei Zählern c_1 und c_2 besteht. In jedem Berechnungsschritt werden die Zähler um 1 erhöht; dabei wird der Zähler c_2 nach dem Erreichen des Werts 9 auf 0 zurückgesetzt. Somit wird der Zähler c_1 unbegrenzt inkrementiert, während der Zähler c_2 zyklisch von 0 bis 9 zählt. Eine Systemberechnung sieht wie folgt aus: $(c_1 = 0, c_2 = 0), \ldots, (c_1 = 9, c_2 = 9), (c_1 = 10, c_2 = 0), (c_1 = 11, c_2 = 1), \ldots$. Für diese Berechnung gelten folgende LTL-Eigenschaften:

- $\Box(c_1 = n \rightarrow \bigcirc(c_1 = n+1))$: Der Wert des Zählers c_1 wird in jedem Schritt um 1 erhöht.

- $\Box(c_2 = 0 \rightarrow \Diamond(c_2 = 9))$: Hat der Zähler c_2 den Wert 0, so wird er im Verlauf der folgenden Berechnung den Wert 9 annehmen.

- $\Box\big(c_2 = 0 \rightarrow ((c_2 = n \rightarrow \bigcirc(c_2 = n+1))\,\mathcal{U}\,(c_2 = 9))\big)$: Hat der Zähler c_2 den Wert 0, so wird er in jedem Berechnungsschritt um 1 erhöht, bis der Wert 9 erreicht ist.[4]

Temporallogik als Spezialfall von FOCUS-Spezifikationen Temporale Operatoren werden mithilfe der Prädikatenlogik erster Stufe definiert (Tabelle 3.1), wobei die universelle sowie existenzielle Quantifizierung von Zeitvariablen, Addition von Konstanten zu Zeitvariablen und Vergleich von Zeitvariablen verwendet werden. Dies gilt auch für Erweiterungen von LTL wie MTL (Metric Temporal Logic) [Koy90] und TPTL (Timed Propositional Temporal Logic) [AH94] oder auch für die temporale Logik erster Ordnung mit expliziten Zeitvariablen RTTL (Real-Time Temporal Logic) [Ost89, OW90]. Lineare temporale Logik stellt damit einen Ausschnitt der Prädikatenlogik erster Stufe dar.

FOCUS basiert auf der Prädikatenlogik höherer Stufe [BS01b] und subsumiert damit die Prädikatenlogik erster Stufe und folglich auch die temporale Logik. Somit können temporallogische Spezifikationen direkt in FOCUS-Spezifikationen überführt werden und stellen eine Teilmenge

---

[4]Für die praktische Verifikation dieser Formel durch Modelchecking muss n als Hilfsvariable im Modell definiert sein.

Next	$\bigcirc\varphi$ gilt, wenn φ im nächsten Berechnungszustand wahr ist.
Eventually	$\lozenge\varphi$ gilt, wenn es einen Zeitpunkt in der Zukunft gibt, zu dem φ wahr ist.
Always	$\square\varphi$ gilt, wenn ab dem aktuellen Zeitpunkt φ immer wahr ist.
Until	$\varphi\,\mathcal{U}\,\psi$ gilt, wenn es einen Zeitpunkt $t_0 \geq t$ gibt, so dass φ von t bis t_0 (ohne den Zeitpunkt t_0) und ψ zum Zeitpunkt t_0 gilt.
Last (schwach)	$\ominus\varphi$ gilt, wenn φ im vorherigen Berechnungszustand gilt oder $t = 0$ ist.
Last (strikt)	$\ominus\varphi$ gilt, wenn φ im vorherigen Berechnungszustand gilt. Es ist $\ominus\varphi = \neg\ominus\neg\varphi$. Die beiden Versionen des Last-Operators unterscheiden sich lediglich in der Behandlung des Berechnungsbeginns: während die Formel $\ominus\varphi$ mit der strikten Operatorversion für $t = 0$ nicht gilt, ist $\ominus\varphi$ zum Zeitpunkt $t = 0$ wahr.
Once	$\diamond\varphi$ gilt, wenn es einen Zeitpunkt in der Vergangenheit der Ausführungsgeschichte gibt, zu dem φ wahr ist.
TillNow	$\boxminus\varphi$ gilt, wenn bis zu dem aktuellen Zeitpunkt φ wahr gewesen ist.
Since	$\varphi\,\mathcal{S}\,\psi$ gilt, wenn es einen Zeitpunkt $t_0 \leq t$ gibt, so dass φ von t_0 bis t (ohne den Zeitpunkt t_0) und ψ zum Zeitpunkt t_0 gilt.

Tabelle 3.2: LTL – Beschreibung temporaler Operatoren

der in FOCUS formulierbaren Spezifikationen dar. Für eine Variable/Kanal/Port bzw. Komponente entspricht dabei der Wert bzw. Zustand zu einem Zeitpunkt t dem Element an der Position t des entsprechenden FOCUS-Stroms. Beispielsweise kann die obige Anforderung

$$\square(c_2 = 0 \;\rightarrow\; ((c_2 = n \;\rightarrow\; \bigcirc(c_2 = n+1))\mathcal{U}(c_2 = 9)))$$

wie folgt in FOCUS übersetzt werden:

$$\forall t \in \mathbb{N} : (c_2.t = 0 \;\Rightarrow\; \exists t_0 \geq t : ($$
$$c_2.t_0 = 9 \;\wedge\; \forall t' \in [t \ldots t_0) : (c_2.t' = n \;\Rightarrow\; c_2.(t'+1) = n+1)))$$

3.3   Grundlagen des Arbeitens mit Isabelle/HOL

In diesem Abschnitt stellen wir kurz einige Aspekte des Beweisassistenten Isabelle/HOL, die für diese Arbeit von Bedeutung sind. Eine umfangreiche Einführung in Isabelle/HOL, einschließlich der Features, die in dieser Arbeit nicht verwendet wurden, gibt das Isabelle/HOL-Tutorial [NPW02]. Weitere Einführungsmaterialien sowie praktische Übungen finden sich in [Isaa].

Isabelle ist ein generischer Beweisassistent, der mit verschiedenen Logiken instanziiert werden kann. Im Folgenden beschreiben wir ausgewählte Aspekte von Isabelle/HOL.

3.3.1   Grundlagen

Isabelle/HOL wurde in ML [MTHM97] implementiert und unterstützt funktionale Programmierung ähnlich zu ML sowie Definition und Verifikation von Prädikaten höherer Stufe. Eine Isabelle/HOL-Theorie ist eine Textdatei, die aus einem **import**-Block mit der Aufzählung der verwendeten Theorien und einen Hauptrumpf mit Definitionen und Theoremen der Theorie besteht:

theory *theory_name*
imports *theory1, theory2, . . .*
begin
Definitions and theorems.
end

Aus einer oder mehreren Theorien kann eine Isabelle-Logik gebildet werden. Eine wichtige und häufig verwendete Logik ist die Prädikatenlogik höherer Stufe HOL [Isab], die auch hier verwendet wird.

Typsystem

HOL ist eine getypte Logik, welche, ähnlich zu funktionalen Programmiersprachen wie ML, folgende Datentypen unterstützt:

- **Grundtypen**:

  Grundtypen wie *bool* und *nat*. *bool* enthält die Wahrheitswerte *True* und *False*. Der Datentyp natürlicher Zahlen *nat* ist rekursiv aufgebaut: 0 ist eine natürliche Zahl und für jede natürliche Zahl n ist der Nachfolger *Suc n = n + 1* eine natürlicher Zahl.

- **Typkonstruktoren**:

  Datentypen, die zusammen mit anderen Datentypen verwendet werden, beispielsweise *list* und *set*. So ist *nat list* der Typ einer Liste natürlicher Zahlen.

- **Funktionstypen**:

  In HOL werden Funktionen als totale Abbildungen $\tau_1 \Rightarrow \ldots \Rightarrow \tau_n$ deklariert. Dabei ist $\Rightarrow$ rechtsassoziativ: $\tau_1 \Rightarrow \tau_2 \Rightarrow \tau_3$ ist äquivalent zu $f :: \tau_1 \Rightarrow (\tau_2 \Rightarrow \tau_3)$. HOL unterstützt Currying: für eine Funktion $f :: \tau_1 \Rightarrow \tau_2 \Rightarrow \tau_3$ und ein $a \in \tau_1$ ist $f\,a$ eine Funktion vom Typ $\tau_2 \Rightarrow \tau_3$, so dass für alle $b \in \tau_2$ gilt: $(f\,a)\,b = f\,a\,b$.

- **Typvariablen**:

  Typvariablen dienen zur Definition polymorpher Typen. Beispielsweise ist eine Vergleichsfunktion *equal* :: *'a* $\Rightarrow$ *'a* $\Rightarrow$ *bool* auf jeden Datentyp anwendbar.

  Eine Typvariable gehört immer zu einer *axiomatischen Typklasse* – dies ist entweder die Basisklasse *type* oder eine Unterklasse davon. Beispielsweise bedeutet für eine Variable v die Typangabe *v::'a::order*, dass v von einem Datentyp aus der Typklasse *order* oder einer Unterklasse sein muss – dies impliziert, dass auf dem Datentyp *'a* die Relationsoperatoren $<, \leq$ sowie Ordnungsaxiome, wie Reflexivität und Transitivität, definiert sind.

  Wir verwenden folgende Anweisungen zur Deklaration neuer Datentypen.

- **datatype**

  Die Anweisung **datatype** definiert einen Datentyp mit endlich vielen Konstruktoren. Beispielsweise definiert

> **datatype** *'a list =*
> *Nil |*   ("[]")
> *Cons 'a "'a list"*   (**infixr** "#")

einen Datentyp für endliche Listen. Dieser Datentyp ist rekursiv, da der Konstruktor *Cons* eine Liste als Parameter hat, und polymorph durch die Typvariable *'a*.

- **types**

  Mit **types** können Typmakros definiert werden. Beispielsweise kann nach der Deklaration

  > **types** *NatPairSet = "(nat × nat) set"*

  die Abkürzung *NatPairSet* gleichbedeutend zu *"(nat × nat) set"* verwendet werden.

- **consts**

  Die Anweisung **consts** wird zur Deklaration von Funktionstypen verwendet. So ist der Funktionstyp für die Addition zweier natürlicher Zahlen

  > **consts** *add_nat :: "nat ⇒ nat ⇒ nat"*

  Auch Funktionstypen dürfen Typvariablen enthalten. So deklariert

  > **consts** *hd :: "'a list ⇒ 'a"*

  den Typ der Funktion, die für eine Liste ihr erstes Element zurückgibt.

Terme

In der funktionalen Programmierung entstehen Terme durch Anwendung von Funktionen auf Argumente. Ist f eine Funktion vom Typ $\tau_1 \rightarrow \tau_2$ und x eine Variable vom Typ τ_1, so ist $f\,x$ ein Term vom Typ τ_2. Isabelle/HOL unterstützt die Infixschreibweise, wie beispielsweise + für die Additionsfunktion, sowie einige Grundkonstrukte:

- Bedingte Ausdrücke

  Der Ausdruck *if b then t1 else t2* wird zu *t1* ausgewertet, wenn *b* wahr, und zu *t2*, wenn *b* falsch ist. Dabei muss *b* vom Typ *bool* sowie *t1* und *t2* typgleich sein. Beispielsweise gilt

  > $P \implies$ *(if P then x else y) = x*

- Substitution freier Variablen

  Der Ausdruck *let v=t in e* entspricht dem Ausdruck $e[^v_t]$, in dem alle freien Vorkommen von *v* durch *t* ersetzt wurden. Mehrere Substitutionen werden durch ein Semikolon getrennt: *let v_1=t_1;...;v_n=t_n in e*. So ist *let a=0; b=1 in P a b* äquivalent zu *P 0 1*.

- Fallunterscheidungen

  Der Ausdruck *case e of c_1 ⇒ e_1 | ... | c_n ⇒ e_n* wird zu e_i ausgewertet, wenn *e* von der Form c_i ist. Dieses Konstrukt ist vor allem für Datentypen nützlich, die mehrere Typkonstruktoren haben (beispielsweise mit **datatype** definierte Typen), um Terme dieses Typs in Abhängigkeit von dem Typkonstruktor zu behandeln. So gilt beispielsweise für die Länge einer Liste

  > *length xs = (case xs of [] ⇒ 0 | (y # ys) ⇒ length ys + 1)*.

Formeln

Formeln sind Terme vom Typ *bool*. HOL enthält die Grundwerte *True* und *False* und die üblichen booleschen Verknüpfungen ¬, ∧, ∨, ⟶. Die logische Äquivalenz entspricht der Gleichheit = zweier boolescher Term. Für prädikatenlogische Formeln können der Universalquantor ∀*x. P x* und der Existenzquantor ∃*x. P x* benutzt werden. Jeder Term, dessen Ergebnis boolesch ist, wie beispielsweise arithmetische Vergleichsoperatoren, ist eine Formel und kann zum Aufbau komplexerer Formeln mithilfe boolescher Verknüpfungen und Quantoren verwendet werden.

Funktionen

Die Semantik einer mit **consts** definierten Konstante kann mithilfe einer Funktionsdefinition festgelegt werden. Wir verwenden folgende Anweisungen für Funktionsdefinitionen.

- **defs**

  Die Anweisung **defs** kann nichtrekursive Funktionen definieren. Beispielsweise kann für die oben deklarierte Konstante *add_nat* mit

  > **defs** *add_nat_def* : "*add_nat a b* ≡ *a + b*"

  ihre Semantik als Addition zweier Zahlen definiert werden.

- **constdefs**

  Mit **constdefs** kann Deklaration und Definition einer Konstante zusammengefasst werden. So ist

  > **consts** *add_nat* :: "*nat* ⇒*nat* ⇒*nat*"
  > **defs** *add_nat_def* : "*add_nat a b* ≡ *a + b*"

  gleichbedeutend mit

  > **constdefs** *add_nat* :: "*nat* ⇒*nat* ⇒*nat*"
  > "*add_nat a b* ≡ *a + b*"

- **primrec**

  Funktionen auf mit **datatype** definierten Datentypen sind häufig rekursiv. Sie können mithilfe der Anweisung **primrec** durch *primitive Rekursion* definiert werden. Eine primitiv rekursive Definition legt für jeden Konstruktor eines Datentyps die rekursive Berechnungsvorschrift fest, bei der das Ergebnis stets weniger Konstruktoren als das Argument enthalten muss, so dass die Rekursion stets terminiert.

  Die mächtigere Anweisung **recdef** ermöglicht darüber hinausgehende Definitionen, ist jedoch komplizierter im Umgang. Da alle in dieser Arbeit definierten Funktionen ohne **recdef** auskommen, verzichten wir auf die Behandlung dieser Anweisung.

  Betrachten wir primitive Rekursion am Beispiel einer Funktion, die zu jedem Element einer Liste natürlicher Zahlen einen festen Summanden hinzufügt:

  > **consts** *add_nat_list* :: "*nat list* ⇒*nat* ⇒*nat list*"
  > **primrec**
  > "*add_nat_list [] n = []*"
  > "*add_nat_list (x # xs) n = (x + n) # (add_nat_list xs n)*"

Die primitiv rekursive Definition legt für jeden Konstruktor des Parameterdatentyps die Berechnungsvorschrift fest, wobei das Argument der rekursiv aufgerufenen Funktion kürzer sein muss, weil die Rekursion terminieren muss.

- **Funktionsabstraktion**

  HOL-Terme dürfen λ-Abstraktionen enthalten. Eine λ-Abstraktion definiert eine anonyme Funktion, die ähnlich wie mit **consts** deklarierte Funktionen verwendet werden darf. Beispielsweise beschreibt der Term

  λ *(x::nat) y. x + y*

  die gleiche Funktion, die oben mit *add_nat* definiert wurde.

3.3.2 Notation

Wir wollen auf wichtige Notationselemente von Isabelle/HOL eingehen, um das Verständnis der Isabelle/HOL-Ergebnisse in dieser Arbeit zu unterstützen.

Satzaufbau

Die Grundbausteine, aus denen eine Isabelle-Theorie aufgebaut ist, sind Sätze, die mit dem Schlüsselwort **theorem**, **lemma** oder **corollary** deklariert werden. Diese Schlüsselwörter sind für Isabelle gleichbedeutend und können von Benutzern nach Belieben gewählt werden. Die Grundstruktur eines Satzes ist:

theorem *<name>: "<property>"*
apply *(<tactics>)*
⋮
done

Hierbei ist *<name>* der Name des Satzes, *<property>* der boolesche Term, der die Satzaussage fomuliert, und *<tactics>* eine Isabelle-Beweistaktik. Der letzte Beweisschritt *apply <tactics> done* kann mit *by <tactics>* abgekürzt werden, wobei die Anweisung *by* zusätzlich alle Beweisziele löst, die bereits unter den Annahmen vorhanden sind (s. *assumption*-Taktik weiter unten).

Wir betrachten zunächst die Formulierung eines Satzes. Die durch einen Isabelle-Satz definierte Eigenschaft hat die Form

$[\![$ *<assumption$_1$>; ...; <assumption$_n$>* $]\!] \Longrightarrow$ *<formula>*

Die Verknüpfung "$\Longrightarrow$" zwischen Vorbedingung und Aussage des Satzes bezeichnet die Implikation in der *Meta-Logik* von Isabelle – der Kernlogik, die auf getyptem λ-Kalkül basiert (s. z. B. [Han04]). Auf ihrer Grundlage werden andere Logiken, insbesondere auch HOL, definiert. Die Meta-Implikation "$\Longrightarrow$" unterscheidet sich von der HOL-Implikation "$\longrightarrow$" darin, dass Isabelle nur Meta-Implikationen als Beweisregeln verwenden kann: so sind beispielsweise die Formeln *"A $\longrightarrow$ B"* und *"A $\Longrightarrow$ B"* logisch gleichbedeutend, jedoch kann die erste nicht direkt als Beweisregel verwendet werden.

Neben der Implikation "$\Longrightarrow$" verwendet die Metalogik einen eigenen Universalquantor "$\bigwedge$" und die Äquivalenz "$\equiv$" (vgl. z. B. Funktionsdefinitionen mit der Anweisung **def**). Der Meta-Universalquantor "$\bigwedge$" bindet eine Variable und entspricht dem Universalquantor in HOL:

lemma *atomize_all: "($\bigwedge$x. P x) $\equiv$ Trueprop ($\forall$x. P x)"*

Dieses und weitere grundlegende Ergebnisse für HOL finden sich unter anderem in der generierten Dokumentation zur HOL-Theorie [Isab].

In einem Isabelle-Satz werden alle nicht gebundenen Variablen implizit universal quantifiziert. Deshalb sind Sätze der Form "$\bigwedge x.\, P\,x$" und "$P\,x$" äquivalent und werden außerhalb des entsprechenden Satzbeweises von Isabelle automatisch ohne "$\bigwedge$"-Quantoren dargestellt. Der "$\bigwedge$"-Quantor spielt daher nur innerhalb eines Satzbeweises eine Rolle, u. a., weil mit ihm quantifizierte Variable – anders als nicht gebundene Variable – wie beim herkömmlichen $\forall$-Universalquantor instanziiert werden können, und deshalb beispielsweise für Induktionsbeweise wichtig sein können.

Satzattribute

Isabelle bietet mehrere *Attribute*, mit deren Hilfe bereits bewiesene Sätze angepasst werden können, indem ein Attribut in eckigen Klammern an den Satznamen angehängt wird. Zunächst befassen wir uns mit dem Attribut *rule_format*. Wurde ein Satz nicht im Regelformat formuliert, so kann er einfach modifiziert werden, so dass er als Beweisregel verwendet werden kann. Das Attribut *rule_format* führt folgende Umformungen durch:

	HOL-Format	Regelformat
Implikation	"$P \longrightarrow Q$"	"$P \Longrightarrow Q$"
Universelle Quantifizierung	"$\forall x.\, P\,x$"	"$\bigwedge x.\, P\,x$"

Zusätzlich macht es eventuelle Nummerierungen freier Variablen rückgängig, die bei Anwendung anderer Attribute häufig automatisch vorgenommen werden.

Betrachten wir ein Anwendungsbeispiel des Attributs *rule_format*. Die Sätze

lemma *L1:* "$\forall x.\ x < a \longrightarrow a < b \longrightarrow x < b$"
lemma *L2:* "$(\forall x \in A.\ P\,x) \longrightarrow a \in A \longrightarrow P\,a$"

die in dieser Form nicht direkt als Beweisregeln verwendet werden können, werden durch das *rule_format*-Attribut wie folgt umformuliert:

lemma *L1:* "$[\!\![\, x < a;\, a < b \,]\!\!] \Longrightarrow x < b$"
lemma *L2:* "$[\!\![\ \bigwedge x.\ x \in A \Longrightarrow P\,x;\, a \in A\ ]\!\!] \Longrightarrow P\,a$"

In dieser Darstellung können Sätze von Isabelle direkt als Beweisregeln verwendet werden.

Die Auswirkungen eines Attributs auf einen Satz können von einem Isabelle/HOL-Benutzer überprüft werden, indem der Befehl

thm *theorem_name[attribute]*

im interaktiven Modus von Isabelle eingegeben wird.

Neben *rule_format* verwenden wir weitere Attribute für Isabelle-Sätze:

- *symmetric*

  Mit dem Attribut *symmetric* wird eine Gleichheit gespiegelt, so dass eine Vereinfachungsregel der Form

  lemma *simpL1:* "$term1 = term2$"

  mittels *simpL1[symmetric]* zu "$term2 = term1$" umgeformt werden kann. Dies ist vor allem für die *simp*-Taktik nützlich. So kann der Satz

  lemma *add_mult_distrib:* "$(m + n) * k = m * k + n * k\ (k::nat)$"

sowohl in der ursprünglichen Formulierung verwendet werden, um eine Summe mit einem Faktor zu multiplizieren, als auch in der symmetrischen Formulierung *add_mult_distrib[symmetric]*, um einen gemeinsamen Faktor aus einer Summe auszuklammern.

- *simplified*

  Durch das Attribut *simplified* kann ein Satz vor der Verwendung vereinfacht werden. Beispielsweise würde der Satz

  lemma *add_trans:* *"(x::nat) < 2 + 2 $\Longrightarrow$ x < 2 + 3"*

  mit *add_trans[simplified]* in die Form *"x < 4 $\Longrightarrow$ x < 5"* gebracht. Für die Vereinfachung werden die aktuell als verfügbar deklarierten Vereinfachungsregeln verwendet (vgl. unten die *simp*-Taktik).

- *unfolded*

  Mit dem Attribut *unfolded* können Definitionen in einem Satz entfaltet werden. Beispielsweise können in dem Satz

  lemma *sqr_1:* *"let sqr = λx. x * x in sqr (add_nat x 1) = sqr x + 2 * x + 1"*

  mit *sqr_1[unfolded Let_def add_nat_def]* die Definitionen für die *let*-Anweisung und die oben definierte Funktion *add_nat* (S. 54) entfaltet werden, so dass der Satz dadurch in die Form *"(x + 1) * (x + 1) = x * x + 2 * x + 1"* gebracht wird.

- *where, of*

  Durch Attribute *where* und *of* können freie Variablen in einem Satz instanziiert werden. Betrachten wir das Kommutativgesetz für die Addition natürlicher Zahlen als Beispiel:

  lemma *nat_add_commute:* *"m + n = n + (m::nat)"*

  Er wird von Isabelle in der Form *"?m + ?n = ?n + ?m"* angezeigt – die mit Fragezeichen versehenen Variablen sind *schematische* Variablen, die bei Anwendung des Satzes für eine Beweistaktik auf Teilausdrücke des Beweisziels gematcht werden. Der Benutzer kann eine gewünschte Instanziierung jedoch auch explizit angeben. Das Attribut *of* setzt dabei die angegebenen Terme für schematische Variablen in der Reihenfolge ihres Auftretens im Satz ein. Das Attribut *where* bietet namentlichen Zugriff auf schematische Variablen. Dies wird durch folgende Instanziierungsbeispiele für den Satz *nat_add_commute* veranschaulicht:

Instanziierung	Ergebnis
nat_add_commute	*"?m + ?n = ?n + ?m"*
nat_add_commute[of x 5]	*"x + 5 = 5 + x"*
nat_add_commute[of _ k]	*"?m + k = k + ?m"*
*nat_add_commute[where m=x and n="y * 5"]*	*"x + y * 5 = y * 5 + x"*
nat_add_commute[where n=k]	*"?m + k = k + ?m"*

Beide Attribute können je nach Situation alternativ verwendet und das Ergebnis wiederum mit dem Befehl

thm *theorem_name[of / where variable_instantiations]*

angezeigt werden.

- *THEN*

Das Attribut *THEN* erlaubt es, das Ergebnis eines Satzes als Vorbedingung in einem weiteren Satzes zu verwenden. So ergibt für zwei Sätze der Form

lemma *L1:* *"A $\Longrightarrow$ B"*
lemma *L2:* *"$[\![$ B; C $]\!]$ $\Longrightarrow$ Q"*

die Anwendung des *THEN*-Attributs *L1[THEN L2]* den Satz *"$[\![$ A; C $]\!]$ $\Longrightarrow$ Q"*.

Eine häufige Anwendung des *THEN*-Attributs ist die Umwandlung einer logischen Äquivalenz in eine Implikation mithilfe der Sätze

lemma *iffD1:* *"$[\![$ Q = P; Q $]\!]$ $\Longrightarrow$ P"*
lemma *iffD2:* *"$[\![$ P = Q; Q $]\!]$ $\Longrightarrow$ P"*

aus der Theorie *HOL.thy*. Damit kann eine Äquivalenz der Form

lemma *some_equivalence:* *"(A::bool) = B"*

in eine Implikation umgewandelt werden:

Modifikation	Ergebnis
some_equivalence	*"A = B"*
some_equivalence[THEN iffD1]	*"A $\Longrightarrow$ B"*
some_equivalence[THEN iffD2]	*"B $\Longrightarrow$ A"*

- *OF*

Das Attribut *OF* dient dazu, Ergebnisse bereits bewiesener Sätze auf die Vorbedingungen eines Satzes anzuwenden. Jede auf diese Weise modifizierte Vorbedingung wird durch die Vorbedingungen des angewendeten Satzes ersetzt. So ergibt für Sätze der Form

lemma *L:* *"$[\![$ P1; P2; P3 $]\!]$ $\Longrightarrow$ Q"*
lemma *L1:* *"A $\Longrightarrow$ P1"*
lemma *L2:* *"$[\![$ B1; B2 $]\!]$ $\Longrightarrow$ P3"*

die Modifikation *L[OF L1 _ L2]* den Satz *"$[\![$ A; P2; B1; B2 $]\!]$ $\Longrightarrow$ Q"*.

Bei der Anwendung eines Satzes auf eine Vorbedingung werden freie Variablen im Satz gematcht. Beispielsweise kann der Satz

lemma *less_trans:* *"$[\![$ i < j; j < k $]\!]$ $\Longrightarrow$ i < k"*

mit dem Satz

lemma *less_3_5:* *"(3::nat) < 5"*

durch *less_trans[OF _ less_3_5]* zu *"i < 3 $\Longrightarrow$ i < 5"* instanziiert werden.

3.3.3 Beweistaktiken

Der Beweis eines Satzes in Isabelle wird durch die Anwendung von Beweistaktiken durchgeführt, die das Beweisziel umformen und schließlich lösen sollen. Eine vollständige Liste der verfügbaren Taktiken zeigt der interaktive Befehl **print_methods**. Wir wollen hier nur die am häufigsten verwendeten Taktiken betrachten.

Vereinfachung: *simp*-Taktik

Vereinfachung, oder genauer, Termumformung (engl. term rewriting), ist ein Grundpfeiler des Theorembeweisens. Der *Simplifier* ist Bestandteil von Isabelle – er führt Umformungen der Beweisziele unter Anwendung verfügbarer Umformungsregeln (engl. rewrite rules) durch. Ein Beweisziel ist bewiesen, sobald es zu *True* vereinfacht wurde.

Die Vereinfachungstaktik wird durch die Anweisung

apply *(simp <modifiers>)*

auf das aktuelle Beweisziel angewendet. Ohne Modifikatoren wendet der Simplifier einfach die aktuell verfügbaren Umformungsregeln an – die Liste der als Umformungsregeln deklarierten Sätze kann mit **print_simpset** angezeigt werden. Ein Satz wird mit

declare *theorem_name[simp]*

declare *theorem_name[simp del]*

in die Menge der Umformungsregeln hinzugefügt bzw. entfernt. Ein Satz kann auch gleich bei seiner Formulierung als Umformungsregel deklariert:

theorem *<name>[simp]: <formula>*

Wir wollen nun die Arbeitsweise des Simplifiers skizzieren. Eine Umformungsregel hat die Form:

theorem *<name>: "⟦ <pre_1>; . . . ; <pre_n> ⟧ ⟹ <left_hand_side> = <right_hand_side>"*

Eine Umformungsregel kann vom Simplifier angewendet werden, falls die eventuell vorhandenen Vorbedingungen erfüllt sind und die linke Seite der Gleichheit auf einen Teilausdruck des aktuellen Beweisziels gematcht werden kann. In diesem Fall wird der entsprechende Teilausdruck durch die rechte Seite der Umformungsregel ersetzt. Beispielsweise wird der Satz

lemma *"⟦ ⋀x. f x = g x + (n::nat) ⟧ ⟹ P (f (a + b)) = P (g (a + b) + n)"*

durch den Simplifier nach nur wenigen Umformungen gelöst. Der Simplifier matcht die linke Seite *f x* der Regel *⋀x. f x = g x + n* auf den Teilausdruck *f (a + b)*, instanziiert die universell quantifizierte Variable *x* mit *a + b* und wendet die Umformungsregel an, so dass *f (a + b)* durch *g (a + b) + n* ersetzt wird. Danach sind beide Seiten der Gleichheit gleich *P (g (a + b) + n)*. Die Gleichheit wird nun mit der Regel *"(x = x) = True"*, die in der Menge verfügbarer Umformungsregeln enthalten ist, zu *True* umgeformt, und der Satz ist damit bewiesen.

Die Vereinfachungstaktik kann mit dem Modifikator *add* zusätzliche Regeln verwenden, sowie mit *del* Regeln entfernen (dies wird benötigt, falls eine Regel den Beweis in eine unerwünschte Richtung führen würde). Der Simplifier kann mit dem *only*-Modifikator angewiesen werden, nur die mitgegebenen Regeln zu verwenden – das ist sinnvoll, wenn der Benutzer spezielle Umformungen gezielt anwenden will und der Simplifier sich nicht mit dem Versuch aufhalten soll, andere Umformungsregeln anzuwenden. So kann mit einem Satz der Form

lemma *L1: "A = B"*

durch die Anwendung des *only*-Modifikators der Satz

lemma *L: "P (f A) ⟹ P (f B)"*

direkt mit der Anweisung

by *(simp only: L1)*

bewiesen werden.

Schließlich kann der Simplifier angewiesen werden, die Annahmen nicht zu vereinfachen und/oder nicht zu verwenden. Dazu dienen folgende Modifikatoren:

- *no_asm_simp* – Annahmen nicht vereinfachen.
- *no_asm_use* – Annahmen nicht verwenden.
- *no_asm* – Annahmen weder vereinfachen noch verwenden.

Diese Modifikatoren können verwendet werden, falls die Anwendung der Annahmen zu unerwünschten Effekten, wie beispielsweise unendlicher Umformungssequenz, führen würde. So würde bei dem Satz

lemma "$\llbracket \bigwedge x.\ f\,x = g\,(f\,(x + 1)) \rrbracket \Longrightarrow f\,x = f\,x + (0::nat)$"

die Anwendung der *simp*-Taktik ohne einschränkende Modifikatoren zu einer unendlichen Schleife führen, bedingt durch die nichtterminierende rekursive Anwendung der Annahme als Umformungsregel. (Isabelle kann einfache Fälle der Nichtterminierung ausschließen – z. B. würde die Annahme "$\bigwedge x.\ f\,x = g\,(f\,x)$" kein Problem darstellen – erkennt jedoch keine komplizierteren Fälle). Hier genügt es, die Anwendung der Annahme als Umformungsregel zu unterbinden, indem die *simp*-Taktik mit dem *no_asm_use*-Modifikator ergänzt wird. Der Beweis besteht damit aus der Zeile

by *(simp (no_asm_use))*

Eine detailliertere Beschreibung der Arbeitsweise des Simplifiers findet sich in Kapiteln 3 und 9 des Tutorials [NPW02].

Annahme anwenden: *assumption*-Taktik

Befindet sich das Beweisziel unter den Annahmen, so kann es direkt mit der Taktik *assumption* bewiesen werden:

lemma *trivial:* "$\llbracket P1;\ P2;\ P3 \rrbracket \Longrightarrow P1$"
apply *assumption*
done

Die *assumption*-Taktik kann aber auch schematische Variablen matchen, die nach Anwendung einer Inferenzregel auftauchen können (s. u. *rule*-Taktik). Wenn während der Beweisführung ein Beweisziel der Form

$\llbracket P1\ a;\ P2\ b;\ P3\ c \rrbracket \Longrightarrow P2\ ?x$

entsteht, kann es ebenfalls mit der *assumption*-Taktik bewiesen werden, da sie die schematische Variable *?x* auf die passende Variable *b* matchen und die Annahme *P2 b* anwenden würde.

Inferenzregeln: Taktiken *rule, drule*

Inferenzregeln haben die Form "$P \Longrightarrow Q$" und bedeuten, dass es zum Beweis von *Q* genügt, *P* zu zeigen. Diese Vorgehensweise entspricht der Modus-Ponens-Regel

$$\frac{P \to Q \quad P}{Q}$$

Diese Umformung wird durch die Taktik *rule* realisiert. Soll ein Satz der Form

lemma *L:* "$\llbracket P1; \ldots; Pn \rrbracket \Longrightarrow Q$"

bewiesen werden, und ist ein bewiesener Satz der Form

lemma *L1:* "$\llbracket Q1; \ldots; Qm \rrbracket \Longrightarrow Q$"

vorhanden, so kann das Beweisziel *Q* des Satzes *L* auf die Vorbedingungen des Hilfssatzes *L1* zurückgeführt werden, indem es als Inferenzregel mit der *rule*-Taktik angewandt wird:

apply *(rule L1)*

Dieser Beweisschritt wandelt das Beweisziel

    1. $[\![P1; \ldots; Pn]\!] \Longrightarrow Q$

in die Beweisziele für die Annahmen der angewendeten Regel *L1* um:

    1. $[\![P1; \ldots; Pn]\!] \Longrightarrow Q1$

    $\vdots$

    m. $[\![P1; \ldots; Pn]\!] \Longrightarrow Qm$

Beispielsweise kann der Satz

    gr0_trans: "$[\![(0::nat) < m; m < n]\!] \Longrightarrow 0 < n$"

mithilfe des Satzes

    less_trans: "$[\![i < j; j < k]\!] \Longrightarrow i < k$"

bewiesen werden.[5] Der erste Beweisschritt

    apply *(rule less_trans)*

wandelt das Beweisziel in zwei Teilbeweisziele um:

    1. $[\![0 < m; m < n]\!] \Longrightarrow 0 < ?j$
    2. $[\![0 < m; m < n]\!] \Longrightarrow ?j < n$

die den Annahmen des Satzes *less_trans* entsprechen. Die *rule*-Taktik konnte die Variablen *i* und *k* aus *less_trans* direkt auf die Terme *0* und *n* im Beweisziel matchen. Die Variable *j* blieb nicht instanziiert und wurde als schematische Variable *?j* eingeführt. Die anschließende Anwendung der *assumption*-Taktik matcht *?j* auf *m* und löst das erste Beweisziel, so dass nur noch das zweite Beweisziel bleibt

    1. $[\![0 < m; m < n]\!] \Longrightarrow m < n$

das wiederum mit der *assumption*-Taktik gelöst wird.

Die Taktik *rule* dient dazu, einen Satz als *Introduktionsregel* anzuwenden, indem die Behauptung der Regel auf das Beweisziel gematcht wird. Für einige Sätze, die als Introduktionsregeln zu verwenden sind, wird ihre Bestimmung explizit dadurch angegeben, dass der Name mit einem *I* endet. So lautet die Introduktionsregel für die logische Konjunktion

    lemma *conjI:* "$[\![P; Q]\!] \Longrightarrow P \land Q$"

Mithilfe dieser Regel kann die Gültigkeit der Konjunktion $P \land Q$ bewiesen werden, indem die Gültigkeit von *P* und *Q* einzeln bewiesen wird.

Im Gegensatz zu der Taktik *rule*, die einen Satz als Introduktionsregels anwendet, wendet die *drule*-Taktik einen Satz als *Destruktionsregel* an. Dabei wird die erste Vorbedingung der Regel auf eine der vorhandenen Annahmen des Beweisziels gematcht. Diese Annahme wird dann durch die Behauptung der angewendeten Regel ersetzt. Eventuell vorhandene weitere Vorbedingungen der Regel werden als weitere Beweisziele hinzugefügt und müssen ebenfalls bewiesen werden.

Betrachten wir als Beispiel wieder den Satz

    gr0_trans: "$[\![(0::nat) < m; m < n]\!] \Longrightarrow 0 < n$"

Die Regel *less_trans:* $[\![i < j; j < k]\!] \Longrightarrow i < k$" kann auch als Destruktionsregel angewendet werden. Durch den Beweisschritt

---

[5]Die meisten Beispielsätze in diesem Abschnitt können auch mit den mächtigeren Taktiken *simp* oder *blast* direkt bewiesen werden.

apply *(drule less_trans)*

wird die erste Vorbedingung $i < j$ auf die Annahme $0 < m$ gematcht (die dritte Variable k bleibt übrig und wird, wie bei der *rule*-Taktik, als schematische Variable *?k* eingeführt). Die gematchte Annahme $0 < m$ wird entfernt und dafür die Behauptung der Regel *less_trans* als neue Annahme hinzugefügt. Die zweite Vorbedingung $j < k$ (nach dem Matchen der Regel in der Form $m < ?k$) muss ebenfalls bewiesen werden:

1. $m < n \Longrightarrow m < ?k$

2. $[\![m < n; 0 < ?k]\!] \Longrightarrow 0 < n$

Die anschließende *assumption*-Taktik matcht *?k* auf n und löst das erste Beweisziel. Das verbleibende Beweisziel

1. $[\![m < n; 0 < n]\!] \Longrightarrow 0 < n$

kann wieder mit der *assumption*-Taktik bewiesen werden.

Neben der Taktik *drule* kann ihre Variante *frule* verwendet werden. Sie unterscheidet sich von *drule* nur darin, dass die gematchte Annahme des Beweisziels nicht entfernt wird. Dies ist besonders bei Anwendung einer Destruktionsregel auf eine universal quantifizierte Aussage nützlich, die später noch gebraucht wird. Beispielsweise kann der Satz

$all\_conj\text{: }"\forall x.\ P\,x \Longrightarrow P\,a \wedge P\,b"$

durch die Anwendung der Regel *spec:* $"\forall x.\ P\,x \Longrightarrow P\,x"$ mit der Taktik *frule* gezeigt werden (für Variablen, die durch den Meta-Universalquantor $"\bigwedge"$gebunden sind, kann die Regel *meta_spec:* $"(\bigwedge x.\ PROP\,P\,x) \Longrightarrow PROP\,P\,x"$ verwendet werden). Zunächst wird die Annahme $\forall x.\ P\,x$ mit den Beweisschritten

apply *(frule spec[of _ a])*

apply *(frule spec[of _ b])*

für die Variablen a und b spezialisiert:

1. $[\![\forall x.\ P\,x; P\,a; P\,b]\!] \Longrightarrow P\,a \wedge P\,b$

Danach wird das Beweisziel mit

apply *(rule conjI)*

in die Teilbeweisziele

1. $[\![\forall x.\ P\,x; P\,a; P\,b]\!] \Longrightarrow P\,a$

2. $[\![\forall x.\ P\,x; P\,a; P\,b]\!] \Longrightarrow P\,b$

aufgespalten, die mit der *assumption*-Taktik gelöst werden können.

Ein ausführlicher Überblick über Inferenzregeln und -taktiken findet sich im Kapitel 5 des Tutorials [NPW02].

Eliminationsregeln: Taktik *erule*

Eliminationsregeln dienen zur Elimination/Umwandlung bestimmter Konstrukte in den Annahmen, wobei das Beweisziel ggf. in mehrere Beweisziele aufgespalten oder universell quantifizierte Variablen eingeführt werden können. Wie wollen an dieser Stelle nur die typischen Anwendungsbeispiele betrachten (eine ausführlichere Erläuterung findet sich in [NPW02] im Abschnitt 5.3). Eliminationsregeln werden am häufigsten angewendet, um boolesche Ausdrücke und Quantoren in Annahmen zu eliminieren. Die wichtigsten Beispiele sind:

- *Konjunktion*: Die Eliminationsregel *conjE* wandelt eine Konjunktion in zwei getrennte Annahmen um.

1. $P \wedge Q \Longrightarrow R$

wird durch die Anweisung **apply** *(erule conjE)* zu

1. $[\![\, P; Q \,]\!] \Longrightarrow R$

umgewandelt.

- *Disjunktion*: Ein Beweisziel der Form

  1. $P \vee Q \Longrightarrow R$

  wird durch die Eliminationsregel *disjE* in zwei Beweisziele aufgespalten:

  1. $P \Longrightarrow R$
  2. $Q \Longrightarrow R$

- *Implikation*: Die Regel *impE* spaltet ein Beweisziel

  1. $[\![\, P1; \ldots; Pn; P \longrightarrow Q \,]\!] \Longrightarrow R$

  in zwei Beweisziele jeweils für den linken und den rechten Teil der Implikation auf:

  1. $[\![\, P1; \ldots; Pn \,]\!] \Longrightarrow P$
  2. $[\![\, P1; \ldots; Pn; Q \,]\!] \Longrightarrow R$

  Alternativ kann hier die Destruktionsregel *mp* (Modus-Ponens) verwendet werden.

  Die Regel *impE* ist eine sogenannte *unsichere* Regel, da durch ihre Anwendung ein beweisbares Ziel unbeweisbar werden kann. Beispielsweise würde das offensichtlich wahre Beweisziel

  1. $[\![\, P; \neg P \longrightarrow Q \,]\!] \Longrightarrow P$

  durch ihre Anwendung unbeweisbar, da im ersten Schritt $\neg P$ zu zeigen wäre. Eine Liste wesentlicher sicherer und unsicherer Regeln findet sich beispielsweise im Isabelle/HOL-Intensivkurs in [Isaa].

- *Existenzquantor*: Ist eine Variable durch einen Existenzquantor in den Annahmen gebunden, so kann sie erst dann direkt referenziert werden, wenn der Existenzquantor eliminiert wurde. Die Regel *exE* transformiert ein Beweisziel der Form

  1. $[\![\, P1; \ldots; Pn; \exists x.\, P\, x \,]\!] \Longrightarrow Q$

  indem der Existenzquantor entfernt und eine neue gebundene Variable eingeführt wird, auf die nun in weiteren Beweisschritten zugegriffen werden kann:

  1. $\bigwedge x.\, [\![\, P1; \ldots; Pn; P\, x \,]\!] \Longrightarrow Q$

- *Universalquantor*: Analog zum Existenzquantor kann ein Universalquantor mit der Regel *allE* eliminiert werden. So kann das Beweisziel

  1. $\forall x.\, a < x \Longrightarrow a < n$

  mit der Anweisung **apply** *(erule allE[of _ n])* zu

  1. $a < n \Longrightarrow a < n$

  umgewandelt und dann mit der *assumption*-Taktik bewiesen werden.

  Wie schon *impE* ist die Regel *allE* unsicher, da die universal quantifizierte Aussage u. U. für mehrere Variablen benötigt wird. In diesem Fall kann stattdessen die Destruktionsregel *spec* mit der *frule* Taktik verwendet werden, so dass die Annahme nicht gelöscht wird.

Weitere Eliminationsregeln finden sich unter anderem in den Theorien *HOL.thy* und *Set.thy* der HOL-Bibliothek von Isabelle [Isab].

Introduktions-/Eliminationsregeln anwenden: *intro, elim*

Die Anwendung mehrerer aufeinander folgender Introduktions- oder Eliminationsregeln kann mit den Taktiken *intro* und *elim* abgekürzt werden. Beispielsweise müsste für das Beweisziel

> *1.* $\forall x\, y.\ x < y \longrightarrow x \leq y$

die *rule*-Taktik dreimal mit Introduktionsregeln *allI* und *impI* ausgeführt werden

> **apply** *(rule allI, rule allI, rule impI)*

Dies kann mit der *intro*-Taktik abgekürzt werden, die die angegebenen Introduktionsregeln solange möglich anwendet:

> **apply** *(intro allI impI)*

In beiden Fällen wird das Beweisziel zu

> *1.* $\bigwedge x\, y.\ x < y \Longrightarrow x \leq y$

umgeformt. Der Vorteil der *intro*-Taktik ist, dass sie die als Parameter mitgegebenen Introduktionsregeln solange anwendet, bis alle entsprechenden Konstrukte umgewandelt sind.

Die *elim*-Taktik kann, analog zur *intro*-Taktik, Eliminationsregeln auf Annahmen mehrfach anwenden. Beispielsweise können Existenzquantoren und Konjunktionen in

> *1.* $[\![\ \exists x.\ P1\ x \wedge P2\ x;\ \exists x.\ Q1\ x \wedge Q2\ x\ ]\!] \Longrightarrow R$

mit der Anweisung **apply** *(elim exE conjE)* eliminiert werden:

> *1.* $\bigwedge x\, xa.\ [\![\ P1\ x;\ P2\ x;\ Q1\ xa;\ Q2\ xa\ ]\!] \Longrightarrow R$

Die als *xa* gebundene Variable kann anschließend mit

> **apply** *(rename_tac y)*

umbenannt werden.

Regelanwendung mit Variableninstanziierung: *rule_tac, drule_tac, erule_tac*

Die Variableninstanziierung mithilfe der Attribute *where* und *of* funktioniert nicht für Variablen, die mit dem $\bigwedge$-Quantor gebunden sind – diese entstehen insbesondere durch Anwendung von Introduktions- und Eliminationsregeln. Um diese Variablen bei der Anwendung von Inferenzregeln zu referenzieren, können die *tac*-Versionen der Inferenzregeltaktiken verwendet werden. Beispielsweise kann das Beweisziel

> *1.* $\bigwedge a.\ P\ a \Longrightarrow \exists x.\ P\ x$

mit der Anweisung

> **apply** *(rule_tac x=a in exI)*

zu

> *1.* $\bigwedge a.\ P\ a \Longrightarrow P\ a$

umgewandelt werden. Die Anweisung **apply** *(rule exI[of _ a])* würde an dieser Stelle für die gebundene Variable *a* nicht das gewünschte Ergebnis liefern.

Beweisverwaltung

Isabelle erleichtert den Umgang mit großen Beweisen durch Kontrollstrukturen auf Beweistaktiken und die Möglichkeit der Umordnung von Beweiszielen.

- Kontrollstrukturen auf Taktiken: *tacticals*

  Die Anweisung **apply** kann neben einzelnen Taktiken auch mit einfachen Kontrollstrukturen auf Taktiken umgehen, indem sie nach der Art der regulären Ausdrücke die Verwendung von Operatoren zur Sequenzbildung, Wiederholung, Auswahl sowie optionaler Ausführung von Taktiken bietet:

  - Sequenz: Eine Sequenz auszuführender Taktiken kann mit dem Komma als Sequenzoperator definiert werden. Die Anweisung der Form

    apply *(<tactics$_1$>,...,<tactics$_n$>)*

    führt die Taktiken nacheinander aus und entspricht der Abfolge

    apply *(<tactics$_1$>)*
    $\vdots$
    apply *(<tactics$_n$>)*

  - Wiederholung: Wird an eine Taktik das Plus-Zeichen + angehängt, so wird diese so oft wie möglich (mindestens einmal) wiederholt. So versucht die Anweisung

    apply *<tactics>+*

    die Beweisziele nacheinander mithilfe der angegebenen Taktik zu lösen, bis alle Beweisziele gelöst sind oder sie auf ein Beweisziel stößt, das mit der angegebenen Taktik nicht gelöst werden konnte.

  - Auswahl: Eine Liste von Taktiken, die mit der vertikalen Linie / getrennt sind, gibt an, dass die Taktiken nacheinander ausprobiert werden sollen, bis eine Taktik erfolgreich angewendet werden kann oder alle Taktiken ausprobiert wurden. Die Anweisung

    apply *(<tactics$_1$> | <tactics$_2$>)*

    gibt beispielsweise an, dass zunächst die Anwendung der ersten Taktik versucht werden soll. Falls diese scheitert, soll die zweite Taktik ausprobiert werden.

  - Optionale Ausführung: Wird eine Taktik mit einem Fragezeichen ? versehen, so ist ihre Ausführung optional – falls möglich, soll sie angewendet werden, scheitert die Taktik aber, ist die Gesamtanweisung dank des Fragezeichens trotzdem erfolgreich. Beispielsweise können mit der Anweisung

    apply *(<tactics$_1$>, <tactics$_2$>?)+*

    mehrere Beweisziele gelöst werden, für deren Nachweis die erste Taktik mit eventueller anschließender Anwendung der zweiten Taktik genügt.

Betrachten wir als Beispiel den Satz

lemma *"⟦ P0; P1; P2; P3 ⟧ ⟹ P0 ∧ (P0 ⟶ P1) ∧ P1 ∧ (P1 ⟶ P2) ∧ (P2 ⟶ P3)"*

Ein Beweisskript, in dem nur der Sequenzoperator verwendet wird, besteht aus mehreren Zeilen:

apply *(rule conjI, assumption)*
apply *(rule conjI, rule impI, assumption)*

apply *(rule conjI, assumption)*
apply *(rule conjI, rule impI, assumption)*
apply *(rule impI, assumption)*

Dabei werden nur Introduktionsregeln für Konjunktion und Implikation sowie die *assumption*-Taktik verwendet. Dieser Beweis lässt sich mithilfe der Wiederholung und optionalen Ausführung in einer einzigen Zeile formulieren:

apply *((rule conjI)?, (rule impI)?, assumption)+*

Die Anweisung gibt an, dass die Regeln *conjI* falls möglich angewendet wird, anschließend falls möglich die Regel *impI* und schließlich einmal die *assumption*-Taktik. Diese Abfolge wird so oft wie möglich wiederholt – in diesem Fall, bis der Satz bewiesen ist.

• Beweisziele verschieben: Anweisungen **prefer, defer**

Entstehen im Laufe eines Beweises mehrere Beweisziele, kann es vorteilhaft sein, bestimmte Beweisziele vorzuziehen – beispielsweise um einfache Ziele sofort zu beweisen oder zweifelhafte Ziele zu überprüfen – oder nach hinten zu verschieben. Betrachten wir das Beispiel eines Beweiszustands mit drei Beweiszielen:

1. goal1
2. goal2
3. goal3

Die Anweisung **prefer** *i* zieht das Beweisziel Nummer *i* vor. So würde **prefer** *2* den Beweiszustand

1. goal2
2. goal1
3. goal3

ergeben. Die Anweisung **defer** *i* verschiebt das Beweisziel Nummer *i* an die letzte Position. Falls keine Nummer angegeben wird, wird das erste Beweisziel verschoben. Für das obige Beispiel mit den Beweiszielen *goal1, goal2, goal3* ergibt die Anweisung **defer** den Beweiszustand

1. goal2
2. goal3
3. goal1

Weitere Informationen zur Beweisverwaltung gibt der Abschnitt 5.17 in [NPW02].

Induktion: *induct*-Taktik

Die Induktionstaktik wendet eine dem Datentyp der Parametervariablen entsprechende Induktionsregel an. So wird ein Beweisziel der Form

1. P (n::nat)

durch die Anweisung *apply (induct n)* in den Basisschritt und den Induktionsschritt entsprechend der Induktionsregel *nat.induct* aufgespalten:

1. P 0
2. $\bigwedge n. P\, n \Longrightarrow P\,(Suc\, n)$

Induktionsregeln werden unter anderem bei der Definition von Datentypen mit **datatype** automatisch definiert (sie stehen dann unter dem Namen *<datatypename>.induct* zur Verfügung), so dass die *induct*-Taktik ohne weitere Vorbereitungen auf Variablen dieser Datentypen angewandt werden kann. Eine explizite Angabe der Induktionsregel ist mit *(induct <variable> rule: <induct_rule>)* möglich.

Beweistaktik für Prädikatenlogik und Mengen: *blast*

Die *blast*-Taktik ist eine automatische Taktik, die sich besonders für die Lösung prädikatenlogischer Beweisziele eignet. Anders, als der Simplifier, formt diese Taktik das Beweisziel nicht um – das Ergebnis kann nur ein Erfolg oder ein Abbruch sein.

Die *blast*-Taktik kommt mit aussagelogischen Beweiszielen zurecht, die der Simplifier oft nicht lösen kann. Auch unübersichtliche Aussagen, wie beispielsweise

lemma *bool_large:"((a = b) = ((a $\longrightarrow$ b) $\wedge$ (b $\longrightarrow$ a))) $\wedge$*
   ($\neg$(a $\wedge$ b) $\longrightarrow$ (($\neg$a $\wedge$ b) $\vee$ (a $\wedge$ $\neg$b) $\vee$ ($\neg$a $\wedge$ $\neg$b))) $\wedge$
   (c $\longrightarrow$ ((a $\wedge$ b) = (a $\wedge$ b $\wedge$ c)))"

können mit der *blast*-Taktik gelöst werden.

Die *blast*-Taktik verwendet Inferenzregeln zur Introduktion/Destruktion/Elimination, falls diese zur Lösung des Beweisziels führen können. Sie eignet sich damit auch für prädikatenlogische Aussagen, wie zum Beispiel:

lemma *predicate_blast:"[$\exists$x. P x; $\forall$x. (P x $\longrightarrow$ Q x); $\forall$x. (Q x $\longrightarrow$ ($\exists$y. R x y))] $\Longrightarrow$ $\exists$a b. R a b"*

Ferner eignet sie sich für Aussagen über Mengen, da diese in Isabelle/HOL im Wesentlichen als Prädikate implementiert sind – ein Element gehört zu einer Menge genau dann, wenn es ihr charakteristisches Prädikat erfüllt. So kann der Satz

lemma *set_blast:"[$\exists$x$\in$A. P x; $\exists$x$\in$B. Q x] $\Longrightarrow$ $\exists$x$\in$A $\cup$ B. P x $\vee$ Q x"*

durch die *blast*-Taktik ebenfalls bewiesen werden

Weitere Informationen und Beispiele zur *blast*-Taktik finden sich unter anderem in den Abschnitten 5.11 und 6.1 des Tutorials [NPW02].

Classical Reasoner

Der *Classical Reasoner* von Isabelle bietet zahlreiche automatische Beweistaktiken. Neben der oben besprochenen Taktik *blast* bietet er weitere Taktiken, die im Unterschied zu *blast* auch den Simplifier einbeziehen können.

- Taktiken *clarify, clarsimp, safe*: Die *clarify*-Taktik formt ein Beweisziel um, indem sie sichere Introduktions- und Eliminationsregeln anwendet, die das Beweisziel nicht spalten. Sie ist besonders nützlich, da sie auch dann die Umformung durchführt, wenn sie das Beweisziel nicht lösen kann. Beispielsweise wendet die *clarify*-Taktik für den Satz

  lemma *"($\exists$x. P x) $\longrightarrow$ ($\forall$x. P x $\longrightarrow$ Q x) $\longrightarrow$ ($\forall$y. (y $\in$ {x. P x} $\longrightarrow$ Q y))"*

  die notwendigen Introduktions- und Eliminationsregeln an, so dass er zu

  1. $\bigwedge$x y. [P x; $\forall$x. P x $\longrightarrow$ Q x; P y] $\Longrightarrow$ Q y"

  umgeformt wird.

  Eine Erweiterung der *clarify*-Taktik ist die *clarsimp*-Taktik, die *clarify* mit dem Simplifier kombiniert.

  Die *safe*-Taktik wendet, wie *clarify*, sichere Introduktions- und Eliminationsregeln an, und verwendet dabei auch Regeln, die das Beweisziel spalten können. Beispielsweise wird der

Satz

> **lemma** "($\exists$x. P x $\vee$ Q x) $\longrightarrow$ ($\exists$x. x $\in$ ({a. P a} $\cup${a. Q a}))"

mit **apply** *safe* bei der Elimination der Disjunktion in der Annahme in zwei Beweisziele aufgespalten:

> 1. $\bigwedge$x. P x $\Longrightarrow$ ($\exists$x. x $\in$ ({a. P a} $\cup${a. Q a}))"
> 2. $\bigwedge$x. Q x $\Longrightarrow$ ($\exists$x. x $\in$ ({a. P a} $\cup${a. Q a}))"

- Taktiken *force, auto*: Die *force*-Taktik wendet verschiedene Methoden des Classical Reasoners und den Simplifier auf das aktuelle Beweisziel an. Wie bei der *blast*-Taktik kann das Ergebnis nur Lösung oder Abbruch sein.

  Die Taktik *auto* ähnelt *force* mit Bezug auf die angewandten Werkzeuge, unterscheidet sich aber in der Vorgehensweise: zum einen bearbeitet die *auto*-Taktik alle Beweisziele, und zum anderen bricht sie für Beweisziele, die sie nicht lösen kann, nicht ab, sondern formt sie soweit wie möglich um. Sowohl *auto* als auch *force* können viel Zeit in Anspruch nehmen.

Diese und weitere Taktiken des Classical Reasoners beschreibt der Abschnitt 5.13 in [NPW02].

Weitere Taktiken

- Definitionen entfalten: *unfold*: Mit **defs** spezifizierte Funktionsdefinitionen können mit der *unfold*-Taktik entfaltet werden. Beim Entfalten einer Funktionsdefinition werden die Vorkommen des entsprechenden Funktionssymbols in allen Beweiszielen durch die Definition ersetzt. Beispielsweise wird in den Beweiszielen

  > 1. add_nat a b = add_nat b
  > 2. add_nat (add_nat a b) c = add_nat a (add_nat b c)

  durch die Anweisung **apply** *(unfold add_nat_def)* die Definition der Funktion *add_nat* entfaltet, die auf S. 54 spezifiziert wurde:

  > 1. a + b = b + a
  > 2. a + b + c = a + (b + c)

  Funktionsdefinitionen können auch als Umformungsregeln vom Simplifier verwendet werden, so dass die Anweisung **apply** *(simp only: <definition>)* oder auch **apply** *(simp add: <definition>)* ebenfalls die Entfaltung der angegebenen Definitionen in dem aktuellen Beweisziel bewirkt.

- Fallunterscheidung: *case_tac*: Mithilfe der *case_tac*-Taktik können für ein Beweisziel die Fälle unterschieden werden, dass ein boolescher Term *b* gilt oder nicht gilt. Die Anweisung **apply** *(case_tac b)* spaltet ein Beweisziel der Form $P \Longrightarrow Q$ in zwei Beweisziele auf:

  > 1. $[\![$ P; b $]\!] \Longrightarrow$ Q
  > 2. $[\![$ P; $\neg$b $]\!] \Longrightarrow$ Q

  Beispielsweise kann der Satz

  > **lemma** "$[\![$ P a; $\bigwedge$x. x $\neq$ a $\longrightarrow$ Q x $]\!] \Longrightarrow$ P x $\vee$ Q x"

  mit der Anweisung

  > **apply** *(case_tac "x = a")*

  in die Beweisziele

1. $[\![\, P\, a;\, \bigwedge x.\ x \neq a \longrightarrow Q\, x;\, x = a\,]\!] \Longrightarrow P\, x \vee Q\, x$
2. $[\![\, P\, a;\, \bigwedge x.\ x \neq a \longrightarrow Q\, x;\, x \neq a\,]\!] \Longrightarrow P\, x \vee Q\, x$

aufgespalten und anschließend mit **apply** *simp+* gelöst werden.

Wenn der Datentyp eines Terms mehrere Typkonstruktoren (wie mit **datatype** definierte Typen) besitzt, kann die *case_tac*-Taktik für diesen Term die Fälle entsprechend den Typkonstruktoren unterscheiden. So wird der Satz

lemma *"0 < n ⟹ ∃x. n = Suc x"*

durch die Anweisung

apply *(case_tac n)*

entsprechend den Konstruktoren *0* und *Suc* des Datentyps *nat* in zwei Beweisziele aufgespalten:

1. $[\![\, 0 < n;\, n = 0\,]\!] \Longrightarrow \exists x.\ n = Suc\ x$
2. $\bigwedge nat.\ [\![\, 0 < n;\, n = Suc\ nat\,]\!] \Longrightarrow \exists x.\ n = Suc\ x$

Diese können wiederum mit **apply** *simp+* gelöst werden.

- Satzannahmen erweitern: Manchmal ist es notwendig, Aussagen zu den Annahmen eines Beweisziels hinzuzufügen. Dies kann entweder geschehen, indem ein früher bewiesener Satz, oder indem eine explizit formulierte Aussage zu den Annahmen hinzugefügt wird.

  - Satz zu den Annahmen hinzufügen: *insert, cut_tac*: Die *insert*-Taktik fügt einen früher bewiesenen Satz zu den Annahmen aller Beweisziele hinzu. Dabei dürfen freie Variablen des eingefügten Satzes instanziiert werden. Betrachten wir als Beispiel den folgenden Satz:

    lemma *less_eq_le_pred. "0 < (b::nat) ⟹ (a < b) = (a ≤ b − 1)"*

    Als Hilfssatz verwenden wir den Satz *less_Suc_eq_le: "(m < Suc n) = (m ≤ n)"* mit geeignet instanziierten freien Variablen:

    apply *(insert less_eq_le_pred[of a "b − 1"])*

    Dadurch werden die Annahmen um die eingefügte Instanz von *less_eq_le_pred* erweitert:

    1. $[\![\, 0 < b;\, (a < Suc\ (b − 1)) = (a \leq b − 1)\,]\!] \Longrightarrow (a < b) = (a \leq b − 1)$

    Der durch **apply** *simp* aufgerufene Simplifier kann mit der Vorbedingung *0 < b* nun *Suc (b − 1)* zu *b* umformen und anschließend das Beweisziel lösen.

    Die Taktik *cut_tac* kann, im Unterschied zu *insert*, freie Variablen des eingefügten Satzes auch mit gebundenen Variablen instanziieren. Die Schreibweise ist analog zur Variableninstanziierung für *rule_tac*. Soll beispielsweise das Beweisziel

    1. $\bigwedge (a::nat).\ (1 \leq a) = (0 < a)$

    gelöst werden, so kann der Satz *Suc_le_eq: "(Suc m ≤ n) = (m < n)"* mit der Anweisung

    apply *(cut_tac m=0 and n=a in Suc_le_eq)*

    eingefügt werden, wobei seine freie Variable *n* mit der gebundenen Variablen *a* instanziiert wird:

    1. $\bigwedge (a::nat).\ (Suc\ 0 \leq a) = (0 < a) \Longrightarrow (1 \leq a) = (0 < a)$

    Anschließend lässt sich der Satz mit **apply** *simp* beweisen.

    Ein Unterschied zwischen der Vorgehensweise von *insert* und *cut_tac* ist, dass *insert* den gesamten Satz einschließlich der Vorbedingungen in alle Beweisziele einfügt, während *cut_tac* nur das aktuelle Beweisziel erweitert und die Vorbedingungen des hinzugefügten Satzes, falls vorhanden, als einzelne Beweisziele einfügt.

– Beweisziel hinzufügen: *subgoal_tac*: Neben einem früher bewiesenen Satz können Aussagen auch direkt zu den Annahmen eines Beweisziels hinzugefügt werden. Dazu dient die *subgoal_tac*-Taktik. Die Anweisung **apply** *(subgoal_tac b)* transformiert ein Beweisziel der Form $P \Longrightarrow Q$ zu

1. $\llbracket P; b \rrbracket \Longrightarrow Q$
2. $P \Longrightarrow b$

Die neue Aussage kann für den Beweis des aktuellen Ziels verwendet werden, muss jedoch auch selbst gezeigt werden. Beispielsweise kann der Satz

lemma *"$\llbracket P\,a; \neg P\,b; a \leq (b::'a::order) \rrbracket \Longrightarrow a < b$"*

einfach gelöst werden, wenn wir die Tatsache hinzufügen, dass *a* ungleich *b* sein muss. Der Beweis kann folgendermaßen aussehen:

apply *(subgoal_tac "a $\neq$ b")*
  prefer *2*   (* Neues Beweisziel vorziehen *)
apply *blast*   (* und lösen *)
apply *simp*   (* Den Satz mithilfe der hinzugefügten Tatsache beweisen *)

Die Taktiken *insert* und *subgoal_tac* sind in dem Abschnitt 5.16 von [NPW02] beschrieben.

Die gegebene Beschreibung der Notationselemente und Beweismethoden stellt einen Ausschnitt dar, der zum Verständnis der mithilfe von Isabelle/HOL bearbeiteten Anteile der vorliegenden Arbeit hilfreich ist. Zahlreiche weitere Definitions- und Beweismethoden werden in dem Tutorial [NPW02] beschrieben. Des Weiteren werden in dem Tutorial mehrere Fallbeispiele zum Einsatz von Isabelle/HOL ausführlich erläutert.

3.3.4 Weitere Hilfsmittel

Zum Schluss wollen wir auf eine kleine Auswahl praktischer Hilfsmittel eingehen, welche die Arbeit in Isabelle/HOL unterstützen.

Syntaktische Annotationen

Isabelle-Ausdrücke können neben dem einfachen ASCII-Text auch mathematische Symbole, griechische Buchstaben sowie hoch- und tiefgestellte Zeichen verwenden, die die Darstellung von Termen mit Notationselementen mathematischer Formeln ermöglichen und ihre Lesbarkeit damit erheblich verbessern können. Hierfür werden benamte Symbole in der Form \<*symbol*> verwendet. Beispielsweise ist

\<*exists*>\<*beta*>. \<*forall*>\<*alpha*>\<*in*>A. P \<*alpha*> \<*beta*> \<*Longrightarrow*>
\<*forall*>\<*alpha*>\<*in*>A. \<*exists*>\<*beta*>. P \<*alpha*> \<*beta*>

eine syntaktisch korrekte Formel, die von Isabelle wie folgt dargestellt wird:

$\exists\beta. \forall\alpha \in A. P\,\alpha\,\beta \Longrightarrow \forall\alpha \in A. \exists\beta. P\,\alpha\,\beta$

Hierbei existieren für viele Spezialzeichen Tastenkürzel zur bequemeren Eingabe. So kann der Pfeil $\Longrightarrow$ auch als ==> eingegeben werden – die Eingabe wird automatisch in das entsprechende Zeichen konvertiert.

Isabelle ermöglicht die Verwendung eigener syntaktischer Darstellungen für Konstantensymbole – dies sind sowohl mit **consts** definierte Funktionen, als auch Konstruktornamen der mit **datatype** definierten Datentypen. Die entsprechende Syntax wird mithilfe einer syntaktischen Annotation definiert. Diese kann gleich in der Definition oder später in einer **syntax**-Deklaration angegeben werden. So kann eine Funktion zur Addition einer natürlichen Zahl zu jeder Zahl in einer Liste folgendermaßen definiert werden:

$$\begin{aligned}
&\textbf{consts } list\_add\_nat :: "nat\ list \Rightarrow nat \Rightarrow nat\ list" \qquad (\textbf{infixl } "+_{list}"50) \\
&\textbf{primrec} \\
&\quad "[] +_{list} n = []" \\
&\quad "(x\ \#\ xs) +_{list} n = (x + n)\ \#\ (xs +_{list} n)"
\end{aligned}$$

(3.42)

Die syntaktische Annotation definiert den linksassoziativen Infix-Operator $+_{list}$ mit der Präzedenzpriorität 50, der alternativ zum Funktionsnamen verwendet werden kann. Damit sind die Terme $list\_add\_nat\ xs\ n$ und $xs +_{list} n$ gleichbedeutend.

Abschnitt 4.1 von [NPW02] beschreibt die in Isabelle verfügbaren syntaktischen Mittel, die syntaktische Annotationen sowie komplexere syntaktische Translationen ermöglichen.

Dokumentation von Theorien

Isabelle bietet umfangreiche Mittel zur Dokumentation von Theorien, darunter Strukturierung von Theoriedateien, Kommentare in Theoriedateien und schließlich Generierung von PDF- und HTML-Dokumentation.

- Strukturierung

  Theorien können in Anlehnung an LATEX-Dokumente in Kapitel, Abschnitte und Unterabschnitte gegliedert werden. Die entsprechenden Anweisungen sind **chapter**, **section**, **subsection**, **subsubsection**. Eine Sonderrolle nimmt die Anweisung **header** ein, die nur am Beginn einer Theoriedatei verwendet werden darf und der Gliederungsebene der Anweisung **section** entspricht. Eine typische Theoriedatei könnte wie folgt aussehen:

  header *{ * Theory header name * }*
  theory *theory_name*
  imports *Main*
  begin

  subsection *{ * Basic definitions * }*
  ...
  subsection *{ * Results * }*
  subsubsection *{ * Basic results * }*
  ...
  subsubsection *{ * Further results * }*
  ...
  end

- Textkommentare

  Mit der Anweisung **text** wird ein Textblock in die Theoriedatei eingefügt, der in die generierte Dokumentation übernommen wird. Auf diese Weise können Theoriedateien neben

den Isabelle/HOL-Definitionen und -Theoremen LATEX-Textblöcke enthalten, was die Erstellung ausführlicher Dokumentationen möglich macht, die direkt in Theoriedateien ein-
gebettet sind und die Darstellungsmöglichkeiten von LATEX-Dokumenten nutzen können.
Beispielsweise erzeugt der Textkommentar

> **text** *{**
> *The following example theorem applies the transitivity rule*
> *\begin{itemize}*
> *\item[] @{text "less_trans:"} @{thm less_trans[no_vars]}*
> *\end{itemize}*
> *to numbers \ensuremath{2, 3 \in \mathbb{N}}.*
> **}*

in der PDF-Dokumentation den Textblock

> The following example theorem applies the transitivity rule
>
> $less\_trans:[\![\, i < j; j < k \,]\!] \Longrightarrow i < k$
>
> to numbers $2, 3 \in \mathbb{N}$.

Dabei werden nicht nur LATEX-Befehle verwendet, sondern auch Isabelle-Antiquotations.
So erzeugt die Antiquotation @{thm less_trans[no_vars]} bei der Dokumentationsgenerie-
rung die Formulierung des Satzes *less_trans* (das Satzattribut *[no_vars]* bewirkt, dass freie
Variablen im Satz ohne vorangestellte Fragezeichen gedruckt werden).

- Generierung der Dokumentation als PDF und HTML

  Die Dokumentation für eine oder mehrere Theorien kann mithilfe des *isatool*-Werkzeugs
  generiert werden. Sie erzeugt die Dokumentation entsprechend den Einstellungen in der
  Datei *IsaMakefile* und bearbeitet Theoriedateien, die in der Datei *ROOT.ML* aufgelistet sind.

  - HTML-Dokumentation: Für jede Theoriedatei wird eine HTML-Datei erzeugt, in der
    die Definitionen und Theoreme aufgeführt werden.

  - PDF-Dokumentation: Für jede Theoriedatei wird eine LATEX-Datei erzeugt, die De-
    finitionen, Theoreme und Textkommentare enthält. Ihre Gliederung in Kapitel und
    Abschnitte wird durch die Strukturanweisungen in der Theoriedatei definiert. An-
    schließend werden die generierten LATEX-Dateien zu einem PDF-Dokument kompi-
    liert.

Eine ausführliche Beschreibung der Dokumentierung von Theorien und der Generierung der
HTML- und PDF-Dokumentation mithilfe von *isatool* liefert Abschnitt 4.2 von [NPW02] sowie
Abschnitt 2 von [WB05].

Suchfunktion für Theoreme

Isabelle/HOL bietet umfangreiche Bibliotheken von Definitionen und Sätzen. Im interaktiven
Modus ermöglicht es die Satzsuchfunktion, in allen aktuell geladenen Theorien Sätze nach be-
stimmten Kriterien zu suchen. Die Satzsuche wird über den Menüpunkt *Proof General → Find
Theorems* aufgerufen. Anschließend kann die Suchanfrage eingegeben werden. Eine typische
Suchanfrage enthält Termmuster, die auf gefundene Sätze passen sollen und/oder Ausschnitte
der Satznamen. So findet die Anfrage

> *"(_::nat) + _" name: assoc*

alle Sätze, die als Teilterm eine Summe zweier Terme vom Typ *nat* enthalten und deren Name den Bestandteil *assoc* enthält (beispielsweise wird der Satz *nat_add_assoc: "m + n + k = m + (n + k)"* in der Liste der gefundenen Sätze sein).

Die Suche kann auch mehrere Termmuster berücksichtigen. So findet die Suchanfrage

"_ div _" "_ mod _"

alle Sätze, die sowohl ganzzahlige Division als auch Modulo-Bildung enthalten.

Der Theoriename ist bei der Suche Teil des Satznamens – daher kann mit dem Namenskriterium festgelegt werden, welche Theorien bei der Suche zu berücksichtigen sind. Beispielsweise findet die Anfrage

"_ div _" "_ mod _" -name: "IntDiv."

alle Sätze, die gleichzeitig die Operatoren *div* und *mod* enthalten, und sich nicht in der Theorie *IntDiv* befinden.

Weitere Details zur Theoriesuche liefert der Abschnitt 3.1.11 in [NPW02] sowie der Abschnitt 6.2 in [Wen08].

Beweise abbrechen/aufschieben

Theorembeweise können mit den Anweisungen **oops** und **sorry** abgebrochen oder aufgeschoben werden.

- **oops**

  Die Anweisung **oops** bricht den Beweis ohne weitere Auswirkungen ab. Der Satz gilt danach als nicht bewiesen und kann später nicht verwendet werden.

- **sorry**

  Die Anweisung **sorry** bricht den Beweis zwar ab, speichert ihn jedoch mit einer besonderen Markierung als bewiesen in der Satzdatenbank von Isabelle. Mithilfe dieser Anweisung kann deshalb der Beweis eines Satzes hinausgeschoben werden, damit zunächst getestet werden kann, ob er später hilfreich sein wird. Falls ja, ist die **sorry**-Anweisung durch einen gültigen Beweis zu ersetzen, damit die Beweise, die diesen Satz verwenden, ebenfalls gültig werden.

Gegenbeispiele

Auch wenn der Schwerpunkt eines Beweisassistenten auf dem Beweisen von Sätzen liegt, ist es häufig wichtig, eine eventuell falsche Vermutung mit wenig Aufwand widerlegen zu können – damit würden Zeit und Arbeit gespart, die sonst beim Versuch aufgewendet würden, die falsche Vermutung zu beweisen. Isabelle bietet zwei Werkzeuge, um nach Gegenbeispielen für eine Formel zu suchen.

- **refute**

  Die **refute**-Anweisung sucht mithilfe eines SAT-Solvers nach endlichen Gegenmodellen für die Behauptung. Da die *blast*-Taktik ein Tableau-basiertes Lösungsverfahren einsetzt, kann **refute** tendenziell zur Überprüfung von Formeln verwendet werden, für die *blast* als Lösungstaktik geeignet wäre. So wurde der Satz *bool_large* auf Seite 67 mit dieser Taktik gezeigt. Wenn beispielsweise das letzte Vorkommen des Literals *c* durch ¬*c* ersetzt wird, dann wird die Formel ungültig. Sie kann schnell mit **refute** widerlegt werden. Die Ausgabe lautet in diesem Fall

Output:

model found!

*** Model found: ***

empty universe (no type variables in term)

c: True

b: True

a: True

Sie enthält ein Gegenmodell, für das die Formel zu *False* ausgewertet wird.

Die **refute**-Anweisung kann auch für Formeln mit Prädikaten funktionieren. Beispielsweise kann der (ungültige) Satz

lemma "$\forall y.\ \exists x.\ P\ x\ y \Longrightarrow \exists x.\ \forall y.\ P\ x\ y$"

ebenfalls mit **refute** widerlegt werden. Das Ergebnis liefert eine Belegung der Prädikats P in Form einer endlichen Relation, welche die Formel widerlegt.

- **quickcheck**

    Die **quickcheck**-Anweisung sucht nach Gegenbeispielen, indem freie Variablen mit zufälligen Werten instanziiert werden und die Formel anschließend ausgewertet wird. Daher ist sie nur für Konstrukte geeignet, für die Isabelle/HOL-Code erzeugen kann (funktioniert z. B. nicht für Existenzquantoren). Anders als **refute** kann **quickcheck** damit auch mit rekursiven Datentypen, darunter natürlichen Zahlen und Listen, umgehen. Betrachten wir als Beispiel eine Funktion, die die Summe aller Zahlen in einer Liste berechnet:

    consts $::$ *int_list_sum* $::$ *"int list* $\Rightarrow$ *int"*

    primrec

       "int_list_sum [] = 0"

       "int_list_sum (x # xs) = x + int_list_sum xs"

    Diese Funktion ist nicht injektiv, da verschiedene Listen die gleiche Summe ergeben können. Selbst für nichtleere Listen gleicher Länge stimmt folgende Vermutung nicht:

    lemma "$[\![0 < length\ xs;\ length\ xs = length\ ys;\ int\_list\_sum\ xs = int\_list\_sum\ ys\,]\!] \Longrightarrow xs = ys$"

    Die **quickcheck**-Anweisung stellen hier weder die ganzen Zahlen noch der rekursive Listendatentyp vor Probleme. Ihre Anwendung liefert schnell ein Gegenbeispiel:

    Counterexample found:

    xs = [0, -1]

    ys = [-1, 0]

    Die Gegenbeispiele sind aufgrund der randomisierten Testdatengenerierung im Allgemeinen nicht eindeutig.

Termauswertung: Anweisung **value**

Isabelle kann viele Terme mit der interaktiven Anweisung **value** auswerten. Dazu muss es für Isabelle feststellbar sein, wie die verwendeten Operatoren angewendet werden können. So muss für eine Rechenaufgabe angegeben werden, von welchem Datentyp die Zahlen sind:

value "$3*3 + 4*(4::int)$"

Bei den ausgewerteten Termen kann es sich ebenso um boolesche Formeln handeln. So liefert

value *"3∗3 + 4∗(4::int) = 5∗5"*

als Ergebnis den booleschen Wert *True*.

Die Termauswertung funktioniert auch für rekursive Datentypen. So ist das Ergebnis der Anweisung

value *"map int [0..4]"*

die Liste *[0,1,2,3,4]*. (Eine natürliche Zahl *n* wird bei der Ausgabe des Ergebnisses einer **value**-Anweisung aufgrund der induktiven Definition des Datentyps *nat* in der schwer lesbaren Form *Suc(Suc(...(Suc 0)...))* als *n*-fache Anwendung des *Suc*-Konstruktors auf 0 dargestellt. Dies kann umgangen werden, indem natürliche Zahlen vor der Ausgabe mit der Funktion *int :: nat ⇒ int* zu ganzen Zahlen konvertiert werden, die in der gewohnten Dezimaldarstellung ausgegeben werden. Für eine Liste natürlicher Zahlen kann die Funktion *int* mithilfe der Funktion *map* auf alle Listenelemente angewendet werden).

Die Termauswertung kann auch auf selbstdefinierte Operatoren zurückgreifen. Beispielsweise liefert die Anweisung

value *"map int ([0..4] +$_{list}$ 100)"*

mit der Definition (3.42) der Funktion *list_add_nat* als Ergebnis die Liste *[100,101,102,103,104]*.

Die **value**-Anweisung kann somit zur Ausführung funktionaler Programme verwendet werden, falls die dabei verwendeten Funktionen ausgewertet werden können.

Kapitel 4

Grundlagen eigenschaftsorientierter Architekturbeschreibung

In diesem Kapitel werden die Grundlagen der eigenschaftsorientierten Architekturbeschreibung behandelt. Der Abschnitt 4.1 befasst sich mit den Beschreibungsmitteln für die statische Architektur komponentenbasierter Systeme. In dem Abschnitt 4.2 werden die Mittel zur deklarativen Spezifikation dynamischer funktionaler Eigenschaften beschrieben. Der Abschnitt 4.3 befasst sich mit der Integration der Sprache ODL, die zur Formulierung struktureller Abfragen und Transformationen auf statischer Architektur dient, mit deklarativen funktionalen Spezifikationsnotationen.

4.1 ADL – Strukturbeschreibung und operationale Verhaltensbeschreibung

In diesem Abschnitt befassen wir uns mit den Beschreibungsmitteln für die Modellierung der statischen Architektur hierarchisch aufgebauter eingebetteter Systeme und für die operationale Spezifikation des Verhaltens. In dem Teilabschnitt 4.1.1 stellen wir die strukturellen Beschreibungsmittel vor. Der Teilabschnitt 4.1.2 befasst sich mit der formalen Semantik der verwendeten Modellierungsnotation.

4.1.1 Modellierungstechnik

Wir verwenden die Modellierungstechnik des CASE-Werkzeugs AUTOFOCUS [SH99, HS01b, Sch04a] als Grundlage der ADL. Die AUTOFOCUS-Modellierungstechnik erfüllt bereits die meisten der in 2.3 (1) aufgestellten Anforderungen. Die Struktur eines Systems wird durch einen Baum hierarchisch aufgebauter Komponenten beschrieben. Die Knoten des Strukturbaums sind *SSDs (System Structure Diagrams)*. Ein SSD strukturiert eine Komponente in mehrere Teilkomponenten (Strukturverfeinerung) – in der Abb. 4.1 sind es beispielsweise MainComponent und Component1. Die Blätter des Strukturbaums sind Komponenten, deren Verhalten operational durch *STDs (State Transition Diagrams)* spezifiziert wird (Verhaltensverfeinerung) – wie z. B. Automaton1_1 in der Abb. 4.1. Die Strukturbaumdarstellung von Modellen ist auch im AUTOFOCUS-Werkzeug verfügbar (Abb. 4.2). Jedem Zustandsübergang in einem STD können Aktionen zugewiesen werden, die beim Schalten des Übergangs ausgelöst werden. Eine Aktion kann

Ausgabe von Ergebnissen an Ausgabeports der Komponente und Code in der Sprache QuestF [BLS00] enthalten – einer einfachen funktionalen Sprache, mit deren Hilfe zusätzliche Datentypen sowie Funktionen auf Datentypen in *DTDs (Data Type Definitions)* definiert werden können. Somit erfüllt die AUTOFOCUS-Modellierungssprache die Anforderungen 2.3 (1a) und 2.3 (1b).

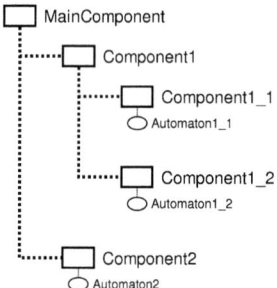

Abbildung 4.1: Strukturbaum eines AUTOFOCUS-Modells

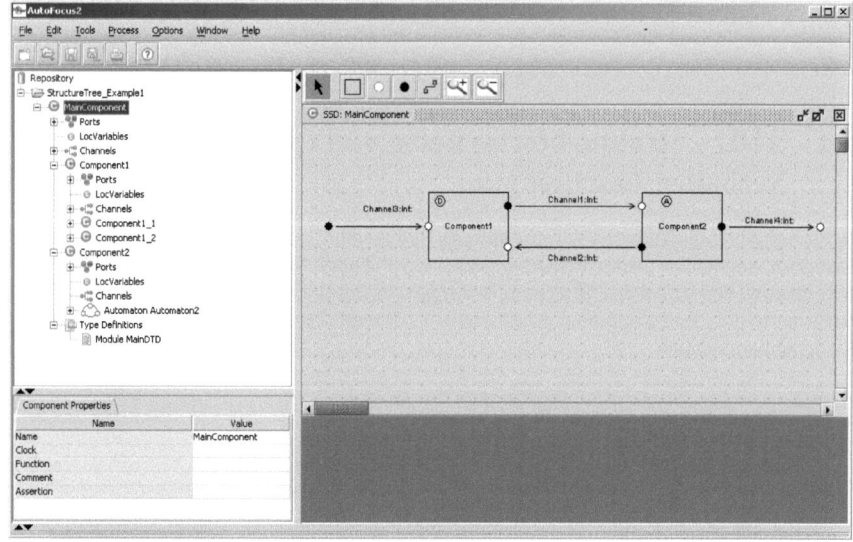

Abbildung 4.2: Strukturbaum eines AUTOFOCUS-Modells – Darstellung im Werkzeug

Die Anforderung 2.3 (1c) ist erfüllt, da die Modellierungssprache eine formale Syntax und Semantik besitzt. Die Grundlagen sowie ausgewählte Konsistenzbedingungen der AUTOFO-CUS-Modellierungssprache sind in [HSE97] zu finden. Das Metamodell/die abstrakte Syntax für AUTOFOCUS-Modelle sind in [BLSS00] beschrieben (die Abbildung 4.3 zeigt eine vereinfachte Version des Metamodellausschnitts für SSDs und STDs). [Wim05, Kapitel 4] enthält eine detailliertere Beschreibung des Metamodells und eine Formalisierung der Transitionssemantik für STDs als diskrete Transitionsgraphen.

Um die Anforderung 2.3 (1d) zu erfüllen, wird die AUTOFOCUS-Semantik derart erweitert, dass die internen Ausführungsgeschwindigkeiten von Komponenten nicht mehr dem externen Kommunikationstakt gleich sein müssen – im Weiteren nennen wir die erweiterte Semantik *Mehrtaktsemantik*, während die Semantik mit gleicher Taktung aller Komponenten als *Eintaktsemantik* bezeichnet wird; der externe Kommunikationstakt und der interne Ausführungstakt werden auch kürzer Kommunikationstakt bzw. Ausführungstakt genannt.

Die gleiche Taktung aller Komponenten führt bei der herkömmlichen Eintaktsemantik dazu, dass alle Komponenten mit der gleichen Geschwindigkeit laufen. Die erweiterte Semantik erlaubt es, dass der interne Ausführungstakt einer Komponente ein Vielfaches ihres externen Kommunikationstaktes ist – Komponenten sind damit immer noch über den Kommunikationstakt synchronisiert, können nun aber unterschiedlich schnell laufen und nur periodisch an definierten Zeitpunkten kommunizieren. Die Abbildung 4.4 zeigt zum Beispiel zwei Komponenten, deren interner Takt jeweils um den Faktor 5 ($Comp_1$) bzw. 10 ($Comp_2$) höher als der externe Kommunikationstakt ist – ihre Ausführung ist durch den Kommunikationstakt synchronisiert, die internen Ausführungsgeschwindigkeiten sind unterschiedlich.

Ein wesentlicher Gewinn der variablen internen Taktung ist die Erreichung einer tiefer gehenden Modularität. Bei der Eintaktsemantik sind alle Komponenten durch den gleichen Ausführungstakt so gekoppelt, dass die extern beobachtbare Verarbeitungsdauer einer Nachricht von der internen Struktur einer Komponente abhängig ist. So dauert die Verarbeitung einer Nachricht durch $Component_1$ auf der Abbildung 4.5 n Takte, falls jede Teilkomponente im Verarbeitungspfad einen Takt benötigt. Damit kann $Component_1$ nicht ohne weiteres durch eine andere Komponente $Component_1'$ ersetzt werden, die dieselbe Funktion berechnet, intern jedoch einen längeren Verarbeitungspfad für die Nachrichten und folglich eine längere Verarbeitungsdauer hat. Die Abhängigkeit der Verarbeitungsdauer von der internen Struktur einer Komponente behindert somit die wechselseitige Austauschbarkeit von Komponenten, die zwar funktional kompatibel sind, aber unterschiedliche interne Struktur haben. Variable interne Taktung beseitigt dieses Hindernis, weil der interne Takt an die Struktur der Komponente derart angepasst werden kann, dass die extern beobachtbare Verarbeitungsdauer unabhängig von der internen Struktur ist. Beispielsweise benötigt $Component_2$ auf der Abbildung 4.6 unabhängig von der Länge der Verarbeitungspipeline stets die Dauer von einem Kommunikationstakt zur Verarbeitung einer Nachricht – ihre Struktur kann erweitert werden, ohne dass die Umgebung dadurch beeinflusst wird.

Qualifizierung als ADL

Wir wollen nun darlegen, dass die oben beschriebene Modellierungssprache als ADL qualifiziert werden kann. Hierfür ziehen wir die Kriterien des Klassifizierungs- und Vergleichsframeworks nach [MT00] heran. Dabei ist zu berücksichtigen, dass in [MT00] ADLs vor allem mit Hinblick auf allgemeine Architekturmodellierung untersucht und spezielle Aspekte eingebetteter Systeme nicht betrachtet wurden. Trotzdem liefert das Vergleichsframework einen guten Anhaltspunkt zur Einordnung einer ADL, weil es zum einen sehr ausführlich ist, und zum anderen unterschiedlich ausgerichtete ADLs betrachtet, insbesondere die ADL MetaH, die zur Modellierung eingebetteter Systeme im Avionik-Bereich verwendet wird [BV01].

Eine Beschreibungstechnik wird als ADL in Abhängigkeit davon klassifiziert, ob und wie *Komponenten*, *Konnektoren* und *Konfigurationen* modelliert werden. Die auf AUTOFOCUS ba-

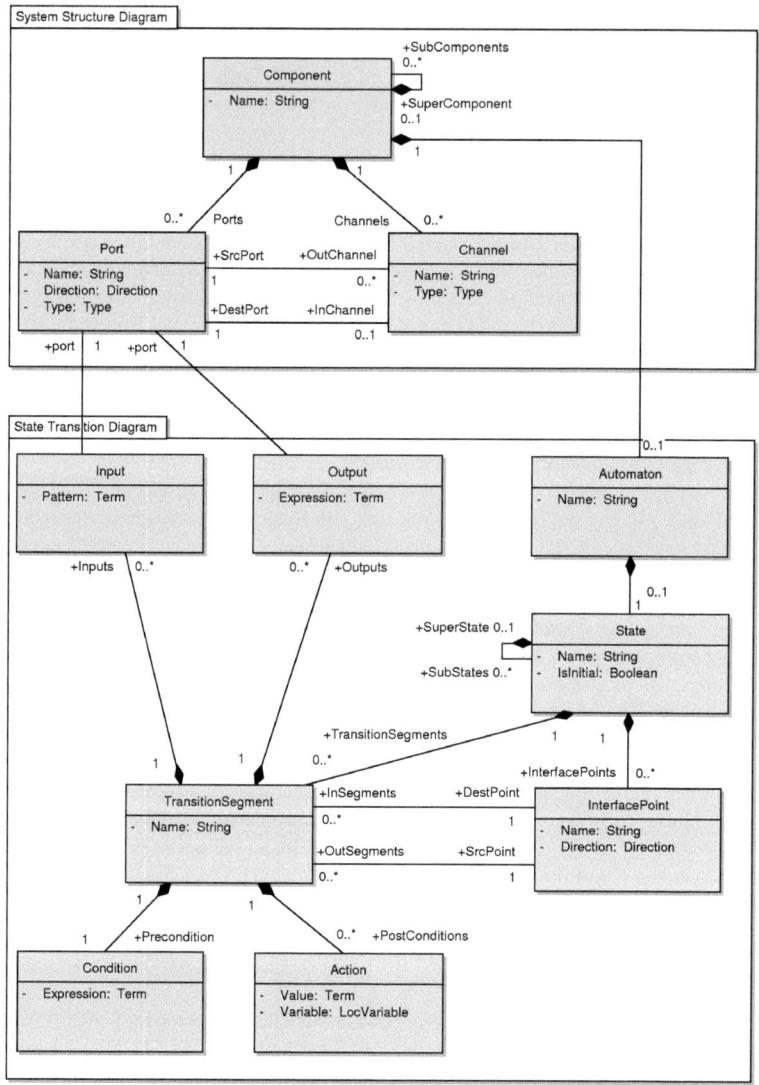

Abbildung 4.3: AUTOFOCUS-Metamodell für SSDs und STDs

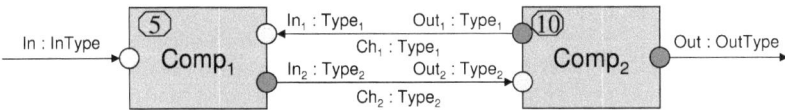

Abbildung 4.4: Synchronisierte variable Taktung

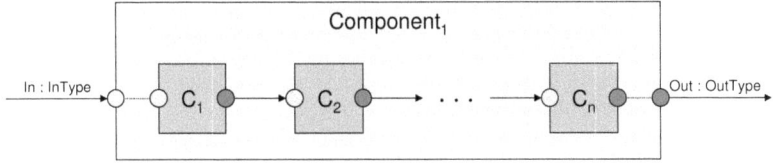

Abbildung 4.5: Pipeline-Unterstruktur mit einfachem internem Ausführungstakt

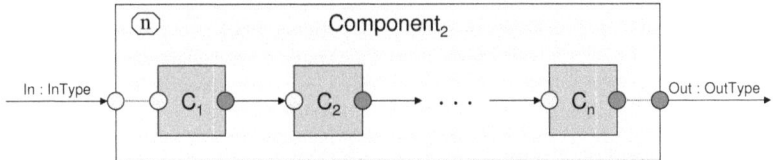

Abbildung 4.6: Pipeline-Unterstruktur mit mehrfachem internem Ausführungstakt

sierende ADL mit erweiterter Mehrtaktsemantik kann folgendermaßen bewertet werden:

1) **Komponenten.**

- *Modellierung*: Komponenten werden als First-Class-Entitäten modelliert.

- *Schnittstellen*: Die Modellierung syntaktischer Schnittstellen, einschließlich der erwarteten Nachrichtendatentypen für Ports wird unterstützt und gefordert.

- *Verhalten*: Die Semantik der Komponenten kann operational (durch STDs) spezifiziert werden. Deklarative Semantikdefinition für Verifikationstechniken wie Modelchecking ist ebenfalls möglich [PS99].

- *Constraints*: Strukturelle Constraints sowie Transformationen können mithilfe der Sprache ODL definiert werden [Sch01, SBHW05].

2) **Konnektoren.**

- *Modellierung*: Komponenten werden in AUTOFOCUS mithilfe von Kanälen verbunden. Diese können keine komplexen Interaktionsprotokolle modellieren, sondern beschränken sich auf die Spezifikation des Datentyps der übertragenen Nachrichten. Sie stellen damit keine First-Class-Entität dar. Diese Einschränkung ist durch die Zielplattform der eingebetteten Systeme begründet. In eingebetteten Systemen findet die Kommunikation zwischen einzelnen Steuergeräten über Busse statt, deren Aufgabe im Wesentlichen die schnelle und zuverlässige Übertragung der Nachrichten ist.

Kommunikationsprotokolle auf Anwendungsebene werden von Anwendungen selbst implementiert. So unterstützt die ADL MetaH, die zur Modellierung eingebetteter Systeme im Avionik-Bereich verwendet wird, keine First-Class-Modellierung von Konnektoren, wird in [MT00] dennoch als ADL klassifiziert. Als domänenspezifische Modellierungssprache beschränkt sich AUTOFOCUS ebenfalls auf die Modellierung von Konnektoren durch Kanäle, für welche keine benutzerdefinierte Verhaltensspezifikation vorgesehen ist, fordert jedoch die Spezifikation des Datentyps von Nachrichten und erzwingt dadurch syntaktische Kompatibilität zwischen den verbundenen Komponentenschnittstellen.

- *Constraints*: Strukturelle Constraints und Transformationen für Kanäle und Ports können mittels ODL definiert werden.

3) **Konfigurationen.**

- *Modellierung*: Konfigurationen werden, so wie bei MetaH und Rapide, inline über die Verbindungsstruktur von Komponenten spezifiziert.

- *Verständlichkeit*: Die Verständlichkeit der Konfigurationen wird durch die Darstellung des Modells als Strukturbaum und die Diagrammdarstellung der Komponenten- und Verbindungsstruktur mit präziser eindeutiger Semantik erreicht. In der Diagrammdarstellung kann ferner die strukturelle Abstraktionsebene durch die Wahl der darzustellenden Ebene des Strukturbaums variiert werden.

- *Kompositionalität*: Die Kompositionalität ist ein Grundprinzip der AUTOFOCUS-Modellierungssprache – Komponenten werden hierarchisch strukturiert und interagieren als Black-Boxes ausschließlich über ihre Schnittstellen mit der Umgebung. Funktional kompatible Komponenten können damit ausgetauscht werden, ohne die Funktionalität des Gesamtsystems zu beeinträchtigen. Insbesondere dient die Erweiterung der AUTOFOCUS-Semantik zur Mehrtaktsemantik, wie vorhin erläutert, zur Erreichung einer tiefer gehenden Modularität und somit zur besseren Kompositionalität.

- *Verfeinerung*: Die Verfeinerung von Konfigurationen ergibt sich direkt als strukturelle Verfeinerung von Komponenten durch hierarchische Dekomposition. Des Weiteren kann Prozessunterstützung durch ODL [Pas05] zur Überprüfung von Verfeinerungsconstraints zwischen Entwicklungsschritten genutzt werden.

- *Dynamismus*: Architekturen sind in AUTOFOCUS, wie in vielen ADLs, insbesondere in denen für eingebettete Systeme, statisch, da die Architektur automobiler eingebetteter Systeme zur Laufzeit nicht verändert wird. Daher ist struktureller Dynamismus nicht erforderlich.

- *Constraints*: Constraints auf Konfigurationen können als Constraints auf Komponenten, Kanälen und Ports mittels ODL definiert werden.

Mit Hinblick auf die Bewertungskriterien in [MT00] ist die einzige bedeutende Beschränkung der AUTOFOCUS-Modellierungstechnik, dass Konnektoren nicht als First-Class-Entität modelliert werden. Diese Beschränkung erklärt sich aus der Zweckbestimmung von AUTO-FOCUS als domänenspezifische Modellierungstechnik für eingebettete Systeme, und wird von MetaH als einziger in [MT00] betrachteter domänenspezifischer ADL für eingebettete Systeme geteilt. Damit kann die AUTOFOCUS-Modellierungssprache als ADL qualifiziert werden.

4.1.2 Formale Semantik

Wir wollen nun die Erweiterung der herkömmlichen Eintaktsemantik von AUTOFOCUS zur Mehrtaktsemantik formal definieren. Die Semantik einer Komponente wird durch ihre Zustandsübergangsfunktion definiert, die aus einem gegebenen Komponentenzustand und einer Eingabe einen neuen Komponentenzustand und die Ausgabe berechnet. Die Zustandsübergangsfunktion einer zusammengesetzten Komponente (Knoten des Strukturbaums) ergibt sich aus den Zustandsübergangsfunktionen ihrer Teilkomponenten und ihrer internen Kommunikationsstruktur. Die Zustandsübergangsfunktion einer atomaren Komponente (Blatt des Strukturbaums) wird durch ein Zustandsübergangsdiagramm (STD) spezifiziert. Die Semantik von STDs in AUTO-FOCUS wird in [Wim05, Kapitel 4] sowie [Tra09, Abschnitt 4.2] definiert, so dass wir im Weiteren für jede atomare Komponente C das Vorhandensein einer Zustandsübergangsfunktion δ_C voraussetzen, die durch ihr STD spezifiziert wird. Die formale Semantik einer Komponente als kausale stromverarbeitende Funktion ergibt sich direkt aus ihrer Zustandsübergangsfunktion. Der Übergang von Zustandsübergangsdiagrammen zu stromverarbeitenden Funktionen wird für den allgemeinen Fall gezeiteter Ströme in [Bro97b] beschrieben. Für den hier betrachteten Fall ε-zeitsynchroner AUTOFOCUS-Ströme wird der Übergang von Zustandsübergangsfunktionen zu stromverarbeitenden Funktionen im weiteren Verlauf dieses Abschnitt definiert.

Metamodell

Wir wollen einige Aspekte des Metamodells formal behandeln, die im weiteren Verlauf benötigt werden. Eine ausführliche Beschreibung des AUTOFOCUS-Metamodells findet sich in [Autc] und [Wim05, Abschnitt 4.1].

Ein AUTOFOCUS-Modell $\mathcal{M}$ besteht aus einer Menge $\mathcal{C}_{\mathcal{M}}$ von Komponenten. Jede Komponenten C kann eine beliebige aber feste Anzahl getypter Eingabeports $\mathcal{IP}_C$ und Ausgabeports $\mathcal{OP}_C$ besitzen. Komponenten kommunizieren über Kommunikationskanäle $\mathcal{CH}_{\mathcal{M}}$, die jeweils einen Ausgabeport mit einem Eingabeport verbinden. Ein Modell ist, wie in 4.1.1 beschrieben, hierarchisch aufgebaut – jede Komponente besitzt entweder Teilkomponenten (Knoten im Strukturbaum) oder eine Verhaltensspezifikation durch einen Zustandsautomaten (Blatt im Strukturbaum). Jede Komponente C außer der Wurzel des Strukturbaums besitzt genau eine Elternkomponente/Oberkomponente. Die Ober/Unter-Komponentenrelationen hängen wie folgt zusammen:

$$\forall C \in \mathcal{C}_{\mathcal{M}} : c \in \mathsf{SubComponents}(C) \quad \Leftrightarrow \quad \mathsf{SuperComponent}(c) = C \tag{4.1}$$

Ein Ausgabeport p_1 einer Komponente C kann eine feste Anzahl ausgehender Kanäle haben, deren Menge wir mit $\mathsf{OutChannels}(p_1)$ bezeichnen. Ein Eingabeport p_2 kann höchstens einen Eingabekanal haben, der mit $\mathsf{InChannel}(p_2)$ bezeichnet wird.

Die Mengen der ausgehenden bzw. eingehenden Verbindungen einer Komponente $C \in \mathcal{C}_{\mathcal{M}}$ sind

$$
\begin{aligned}
\mathcal{OCH}_C &= \{ ch \in \mathcal{CH}_{\mathcal{M}} \mid \mathsf{SourcePort}(ch) \in \mathcal{OP}_C \} \\
\mathcal{ICH}_C &= \{ ch \in \mathcal{CH}_{\mathcal{M}} \mid \mathsf{DestinationPort}(ch) \in \mathcal{IP}_C \}
\end{aligned}
\tag{4.2}
$$

Für zwei (nicht notwendigerweise verschiedene) Komponenten $C_1, C_2 \in \mathcal{C}_{\mathcal{M}}$ sind die Ports

$p_1 \in \mathcal{OP}_{C_1}$ und $p_2 \in \mathcal{IP}_{C_2}$ genau dann verbunden, wenn gilt:

$$
\begin{aligned}
\mathsf{PortsConnected}(p_1,\, p_2) \quad \Leftrightarrow \quad & \exists ch \in \mathcal{CH}_{\mathcal{M}} : \\
& \mathsf{SourcePort}(ch) = p_1 \,\wedge\, \mathsf{DestinationPort}(ch) = p_2 \,\vee \\
& \mathsf{SourcePort}(ch) = p_2 \,\wedge\, \mathsf{DestinationPort}(ch) = p_1
\end{aligned}
\tag{4.3}
$$

Zwei Komponenten sind genau dann verbunden, wenn sie durch mindestens einen Kanal verbunden sind:

$$
\begin{aligned}
\mathsf{ComponentsConnected}(C_1,\, C_2) \quad \Leftrightarrow \quad & \exists ch \in \mathcal{CH}_{\mathcal{M}} : \\
& \mathsf{SourcePort}(ch) \in \mathcal{OP}_{C_1} \,\wedge\, \mathsf{DestinationPort}(ch) \in \mathcal{IP}_{C_2} \,\vee \\
& \mathsf{SourcePort}(ch) \in \mathcal{OP}_{C_2} \,\wedge\, \mathsf{DestinationPort}(ch) \in \mathcal{IP}_{C_1}
\end{aligned}
\tag{4.4}
$$

oder alternativ

$$
\begin{aligned}
\mathsf{ComponentsConnected}(C_1,\, C_2) \quad \Leftrightarrow \quad & \\
\exists p_1 \in \mathcal{IP}_{C_1} \cup \mathcal{OP}_{C_1} \,\wedge\, \exists p_2 \in \mathcal{IP}_{C_2} \cup \mathcal{OP}_{C_2} :\; & \mathsf{PortsConnected}(p_1,\, p_2)
\end{aligned}
\tag{4.5}
$$

Eintaktsemantik

Wir behandeln nun die herkömmliche Eintaktsemantik von AUTOFOCUS (vgl. z. B. [HS01b], [Wim05, Kapitel 4], [Tra09, Abschnitt 4.2]). Zunächst beschreiben wir informell den Ablauf eines Berechnungsschritts für eine Komponente. Ein Berechnungsschritt lässt sich in folgende Teilschritte unterteilen (Abbildung 4.7):

1) **Einlesen der Eingaben:** Die im vorherigen Schritt $t - 1$ produzierten Ergebnisse werden übertragen. Falls an einem Ausgabeport keine Nachricht ausgegeben wurde (dies ist auch für $t = 0$ der Fall), wird die leere Nachricht ε als Eingabe übermittelt.

2) **Berechnung:** Alle Komponenten führen ihre Berechnungen durch. Die eingelesene Eingabe und der interne Komponentenzustand werden zur Berechnung der Ausgabe verwendet.

3) **Ausgabe:** Die berechneten Ausgabewerte werden an die Ausgabeports übergeben. Für die Umgebung sind die Ergebnisse erst im nächsten Schritt $t + 1$ sichtbar, als sie im Teilschritt (1) übertragen werden.

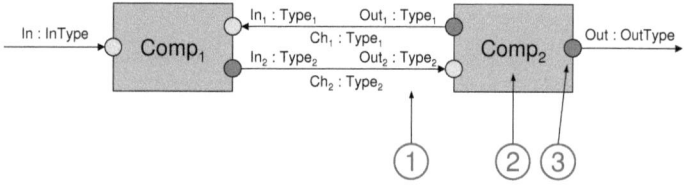

Abbildung 4.7: Teilschritte eines Berechnungsschritts

Sei C eine Komponente mit Eingabeports $\mathcal{IP}_C = \{ip_1, \ldots, ip_{n_{in}}\}$ und Ausgabeports $\mathcal{OP}_C = \{op_1, \ldots, op_{n_{out}}\}$. Ihre syntaktische Schnittstelle ist dann $(I \triangleright O)$ mit $I = \mathsf{Type}(ip_1) \times \ldots \times$

$\mathsf{Type}(ip_{n_{in}})$ und $O = \mathsf{Type}(op_1) \times \ldots \times \mathsf{Type}(op_{n_{out}})$. Wir bezeichnen mit F_C die stromverarbeitende Funktion, die das Verhalten von C beschreibt. Für jede Eingabehistorie $x \in I^{\varepsilon\omega}$ der Komponente C liefert $F_C(x).t$ ihre Ausgabe am Ende des Berechnungsschritts t.

Die Komponente selbst bestehe aus einem internen Zustand S und der zuletzt produzierten Ausgabe O. Folgende Funktionen werden für eine Komponente C verwendet:

- $\delta_C : I \times C \to C$
  Zustandsübergangsfunktion, die aus dem aktuellen Zustand der Komponente und der aktuellen Eingabe den nächsten Zustand berechnet, der den lokalen Zustand und die Ausgabe beinhaltet. (Wir verwenden eine zusammengesetzte Darstellung der Komponente als interner Zustand und Ausgabe, um die Formalisierung zu vereinfachen. Durch den Zugriff der Zustandsübergangsfunktion auf die Ausgabe wird die Ausdrucksstärke nicht verändert, denn jede Ausgabe kann von der Komponente zusätzlich in lokalen Variablen gespeichert werden, so dass jede Zustandsübergangsfunktion, die die Ausgabe bei der Berechnung berücksichtigt, durch eine äquivalente Funktion ersetzt werden kann, die entsprechende Ergebniswerte aus lokalen Variablen bezieht und nicht auf die Ausgabe zugreifen muss). Die Zustandsübergangsfunktion stellt die operationale Verhaltensspezifikation einer Komponente dar.

- $\sigma_C : C \to S$
  Funktion zur Extraktion des lokalen Zustands S der Komponente aus dem aktuellen Komponentenzustand C.

- $\rho_C : C \to O$
  Funktion zur Extraktion der berechneten Ausgabewerte O der Komponente aus dem aktuellen Komponentenzustand C.

- $\kappa_C : S \times O \to C$
  Funktion zum Aufbau der Komponente C aus dem lokalen Zustand und den Ausgabewerten. Sie ist das Gegenstück zu den Extraktionsfunktionen σ_C und ρ_C. Es gilt:

$$
\begin{aligned}
\sigma_C(\kappa_C(s,o)) &= s \\
\rho_C(\kappa_C(s,o)) &= o \\
\kappa_C(\sigma_C(c), \rho_C(c)) &= c
\end{aligned}
$$

Die Zustandsübergangsfunktion δ_C kann kanonisch zur Funktion $\Delta_C : I^{\varepsilon*} \times C \to C$ erweitert werden, die den Zustand von C nach der Verarbeitung eines beliebig langen (endlichen) Eingabestroms $s \in I^{\varepsilon*}$ berechnet. Wir verwenden eine generische Funktion $\Delta : (I \times C \to C) \times I^{\varepsilon*} \times C \to C$, die mit der Zustandsübergangsfunktion einer Komponente parametriert wird. Δ wird rekursiv über den Aufbau des Eingabestroms definiert:

$$
\begin{aligned}
\Delta(\delta_C, \langle\,\rangle, c) &= c \\
\Delta(\delta_C, m \# s, c) &= \Delta(\delta_C, s, \delta_C(m, c))
\end{aligned}
\tag{4.6}
$$

Damit liefert $\Delta(\delta_C, s, c)$ den Zustand der Komponente C nach der vollständigen Verarbeitung des Stroms s. Dieser Zustand enthält den lokalen Zustand $\sigma_C(c)$ und die Ausgabe $\rho_C(c)$.

Ähnlich zu Δ definieren wir die Funktion $\Delta^\omega : (I \times C \to C) \times I^{\varepsilon\omega} \times C \to C^\omega$, die die gesamte Geschichte der Verarbeitung eines (endlichen oder unendlichen) Stroms durch eine

Komponente berechnet, indem sie einen Eingabestrom auf den Strom der Komponentenzustände abbildet, die bei seiner Verarbeitung durchlaufen werden:

$$\Delta^\omega(\delta_C, \langle\rangle, c) \quad = \quad \langle\rangle$$
$$\Delta^\omega(\delta_C, m \# s, c) \quad = \quad \delta_C(m, c) \# \Delta^\omega(\delta_C, s, \delta_C(m, c)) \tag{4.7}$$

$\Delta^\omega(\delta_C, s, c).n$ stellt damit den Zustand der Komponente C nach der Verarbeitung des Stroms s bis einschließlich zur Position n dar, d. h., des Teilstroms $s\!\downarrow_{n+1} = \langle s.0, \ldots, s.n \rangle$. Es gilt also:

$$n < \mathsf{length}(s) \Rightarrow \Delta^\omega(\delta_C, s, c).n = \Delta(\delta_C, s\!\downarrow_{n+1}, c) \tag{4.8}$$

Für einen endlichen Strom $s \in I^{\varepsilon*}$ ist das letzte Element von $\Delta^\omega(\delta_C, s, c)$ genau der Zustand von C nach der Verarbeitung des gesamten Stroms s:

$$\Delta(\delta_C, s, c) = (\mathsf{if}\ s = \langle\rangle\ \mathsf{then}\ c\ \mathsf{else}\ \mathsf{last}(\Delta^\omega(\delta_C, s, c))) \tag{4.9}$$

Nun lässt sich F_C mithilfe von Δ^ω direkt definieren:

$$F_C \stackrel{\mathrm{def}}{=} \mathsf{map}(\rho_C, \Delta^\omega(\delta_C)) \tag{4.10}$$

Dabei ist $\Delta^\omega(\delta_C) : I^{\varepsilon\omega} \times C \to C^\omega$ die Funktion, die bei Parametrierung von Δ^ω mit δ_C durch Currying entsteht.

Wir wollen nun einige wichtige Eigenschaften der Zustandsübergangsfunktion Δ, der Zustandsstromfunktion Δ^ω sowie der davon abgeleiteten Ausgabestromspezifikation F untersuchen.

Die Länge des Zustandsstroms sowie des Ausgabestroms gleicht der Länge des Eingabestroms:

$$\mathsf{length}(F_C(input, c)) \ = \ \mathsf{length}(\Delta^\omega(\delta_C, input, c)) \ = \ \mathsf{length}(input) \tag{4.11}$$

Das Ergebnis der Verarbeitung eines konkatenierten Stroms $input_1 \frown input_2$ entspricht der Konkatenation des Ergebnisses für $input_1$ mit dem Ergebnis für $input_2$, wobei die Verarbeitung des zweiten Stroms beim Komponentenzustand beginnt, der nach der Verarbeitung des ersten Stroms erreicht wurde (Lemma *f-Exec-Stream-append* im Anhang A.1.3):

$$\Delta^\omega(\delta_C, input_1 \frown input_2, c) =$$
$$\Delta^\omega(\delta_C, input_1, c) \frown \Delta^\omega(\delta_C, input_2, \Delta(\delta_c, input_1, c)) \tag{4.12}$$

und folglich auch

$$F_C(input_1 \frown input_2, c) =$$
$$F_C(input_1, c) \frown F_C(input_2, \Delta(\delta_C, input_1, c)) \tag{4.13}$$

Die Ausführung eines Rechenschritts ist damit ein Spezialfall der Konkatenation, bei dem der zweite Eingabestrom genau ein Element enthält (Lemma *f-Exec-Stream-snoc*):

$$\Delta^\omega(\delta_C, input \frown \langle m \rangle, c) =$$
$$\Delta^\omega(\delta_C, input, c) \frown \langle \delta_C(m, \Delta(\delta_C, input, c)) \rangle \tag{4.14}$$

und damit

$$F_C(input \frown \langle m \rangle, c) = \\ F_C(input, c) \frown \langle \rho_C(\delta_C(m, \Delta(\delta_C, input, c))) \rangle \tag{4.15}$$

Analog liefert die Zustandsübergangsfunktion Δ für die Konkatenation $input_1 \frown input_2$ zweier Ströme den Zustand, der nach der Verarbeitung von $input_2$ erreicht wird, wobei die Ausführung beim Zustand beginnt, der nach der Verarbeitung von $input_1$ erreicht wurde (Lemma *f-Exec-append*):

$$\Delta(\delta_C, input_1 \frown input_2, c) = \\ \Delta(\delta_C, input_2, \Delta(\delta_C, input_1, c)) \tag{4.16}$$

Die Ausführung eines Rechenschritts entspricht wiederum der Konkatenation mit einem Strom, der genau ein Element enthält (Lemma *f-Exec-snoc*):

$$\Delta(\delta_C, input \frown \langle m \rangle, c) = \\ \delta_C(m, \Delta(\delta_C, input, c)) \tag{4.17}$$

Das Zusammenspiel der Schnittoperatoren auf Strömen mit den Stromverarbeitungsfunktionen Δ^ω und F ist ebenfalls sehr direkt. Das Abschneiden des Ergebnisstroms ab dem n-ten Element liefert dasselbe Ergebnis, wie die Verarbeitung des abgeschnittenen Eingabestroms (Lemma *f-Exec-Stream-take*):

$$\Delta^\omega(\delta_C, input, c){\downarrow}_n = \Delta^\omega(\delta_C, input{\downarrow}_n, c) \\ F_C(input, c){\downarrow}_n = F_C(input{\downarrow}_n, c) \tag{4.18}$$

Das Weglassen der ersten n Elemente des Ergebnisstroms entspricht der Verarbeitung des Eingabestroms, dessen erste n Elemente weggelassen wurden, wobei die Ausführung im Zustand beginnt, der nach der Verarbeitung der ersten n Elemente erreicht wurde (Lemma *f-Exec-Stream-drop*):

$$\Delta^\omega(\delta_C, input, c){\uparrow}_n = \Delta^\omega(\delta_C, input{\uparrow}_n, \Delta(\delta_C, input{\downarrow}_n, c)) \\ F_C(input, c){\uparrow}_n = F_C(input{\uparrow}_n, \Delta(\delta_C, input{\downarrow}_n, c)) \tag{4.19}$$

Somit können für die Betrachtung eines Berechnungsablaufs vor bzw. nach einem bestimmten Zeitpunkt die Stromschnittoperatoren auf dem Ergebnisstrom oder dem Eingabestrom genutzt werden.

Diese und weitere Eigenschaften der Stromverarbeitungsfunktionen, die bei der Formalisierung der AUTOFOCUS-Semantik verwendet werden, finden sich im Anhang A.1.3 und in der Isabelle/HOL-Theorie *AF_Stream_Exec.thy* [Tra08a].

Komposition

Die Semantik einer Komponente wird durch ihre Zustandsübergangsfunktion definiert. Die Semantik eines Modells $\mathcal{M}$ wird durch die Zustandsübergangsfunktion ihrer Wurzelkomponente $\mathcal{RC}_\mathcal{M}$ definiert. Das Modell wird nach außen durch die Schnittstelle $(I_{\mathcal{RC}_\mathcal{M}} \triangleright O_{\mathcal{RC}_\mathcal{M}})$ der Wurzelkomponente repräsentiert. Ihre Zustandsübergangsfunktion $\delta_{\mathcal{RC}_\mathcal{M}}$ wird entlang des Strukturbaums des Modells $\mathcal{M}$ aufgebaut.

Für ein Blatt C des Strukturbaums wird die Spezifikation durch einen Zustandsautomaten definiert. Der lokale Zustand S_C besteht aus dem Kontrollzustand q_C des Automaten und den lokalen Variablen LV_C: es ist $C = ((q_C, LV_C), O_C)$. Die Zustandsübergangsfunktion δ_C berechnet aus der Eingabe und dem lokalen Zustand von C den neuen lokalen Zustand und die Ausgabe.

Ein Knoten C des Strukturbaums ist eine hierarchisch aufgebaute Komponente, deren Verhalten durch die Zustandsübergangsfunktionen ihrer Teilkomponenten $\delta_{C_1}, \ldots, \delta_{C_n}$ und die Kommunikationsstruktur $\mathcal{CH}_C$, $\mathcal{IA}_C$, $\mathcal{OA}_C$ definiert wird.

Sei C eine Komponente, die aus Teilkomponenten $C_1, \ldots, C_n$ besteht. Sie soll über die syntaktische Schnittstelle $(I \triangleright O)$ mit Eingabeports $\mathcal{IP}_C = \{ip_1, \ldots, ip_{n_{in}}\}$ und Ausgabeports $\mathcal{OP}_C = \{op_1, \ldots, op_{n_{out}}\}$ verfügen. Jede Teilkomponente C_i soll analog über die syntaktische Schnittstelle $(I_i \triangleright O_i)$ mit $\mathcal{IP}_{C_i} = \{ip_{i,1}, \ldots, ip_{i,n_{in,i}}\}$ und $\mathcal{OP}_{C_i} = \{op_{i,1}, \ldots, op_{i,n_{out,i}}\}$ verfügen.

Die Kommunikationsstruktur innerhalb der Komponente C wird durch die Menge ihrer Kommunikationskanäle $\mathcal{CH}_C$ definiert, die Ausgabeports aus der Menge $\bigcup_{i=1}^{n} \mathcal{OP}_{C_i}$ mit den Eingabeports aus der Menge $\bigcup_{i=1}^{n} \mathcal{IP}_{C_i}$ verbinden, sowie durch die Anbindung der Teilkomponenten an die externe Schnittstelle der Komponente C über die Zuordnungen/Assoziationen $\mathcal{IA}_C$ und $\mathcal{OA}_C$ der extern sichtbaren Eingabeports $\mathcal{IP}_C$ und Ausgabeport $\mathcal{OP}_C$ zu den Ports der Teilkomponenten:

$$\mathcal{IA}_C \subseteq \mathcal{IP}_C \times \bigcup_{i=1}^{n} \mathcal{IP}_{C_i} \qquad\qquad \mathcal{OA}_C \subseteq \bigcup_{i=1}^{n} \mathcal{OP}_{C_i} \times \mathcal{OP}_C \qquad (4.20)$$

Dabei dürfen Eingabeports der Teilkomponenten entweder höchstens einen eingehenden Kanal besitzen oder höchstens einem Eingabeport von C zugeordnet sein, damit der Eingabewert eindeutig ist:

$$\forall p_{in} \in \bigcup_{i=1}^{n} \mathcal{IP}_{C_i} : |\{p \mid (p, p_{in}) \in \mathcal{CH}_C \lor (p, p_{in}) \in \mathcal{IA}_C\}| \in \{0, 1\} \qquad (4.21)$$

Ausgabeports dürfen dagegen sowohl mehrere ausgehende Kanäle besitzen, als auch mehreren Ausgabeports von C zugeordnet sein, um ihre Werte an mehrere Empfänger auszugeben. Die einzige Einschränkung für Ausgabeports von C ist, dass einem Ausgabeport $p \in \mathcal{OP}_C$ höchstens ein Ausgabeport einer Teilkomponente zugeordnet werden darf, damit der Ausgabewert an p eindeutig ist:

$$\forall p_{out} \in \mathcal{OP}_C : |\{p \mid (p, p_{out}) \in \mathcal{OA}_C\}| \in \{0, 1\} \qquad (4.22)$$

Wir wollen die strukturelle Beschreibung einer hierarchisch aufgebauten Komponente am Beispiel der Komponente SupComp auf der Abbildung 4.8 verdeutlichen. Die Komponente SupComp setzt sich aus den Teilkomponenten Comp$_1$, Comp$_2$ und Comp$_3$ zusammen. Ihre syntaktische Schnittstelle ist $((in_1, in_2) \triangleright (out_1, out_2))$. Nach außen ist nur diese Schnittstelle sichtbar (Abb. 4.9). Zur Beschreibung der Struktur von SupComp mit gegebenen Teilkomponenten Comp$_1$, Comp$_2$ und Comp$_3$ genügt die Spezifikation der Kommunikationsstruktur durch Kanäle $\mathcal{CH}_{SupComp}$ sowie Portzuordnungen $\mathcal{IA}_{SupComp}$ und $\mathcal{OA}_{SupComp}$:

$$\begin{aligned}
\mathcal{CH}_{SupComp} &= \{(Out_{1,1}, In_{3,1}), (Out_{1,2}, In_{2,1})\} \\
\mathcal{IA}_{SupComp} &= \{(In_1, In_{1,1}), (In_2, In_{2,2})\} \\
\mathcal{OA}_{SupComp} &= \{(Out_{3,1}, Out_1), (Out_{2,1}, Out_2)\}
\end{aligned}$$

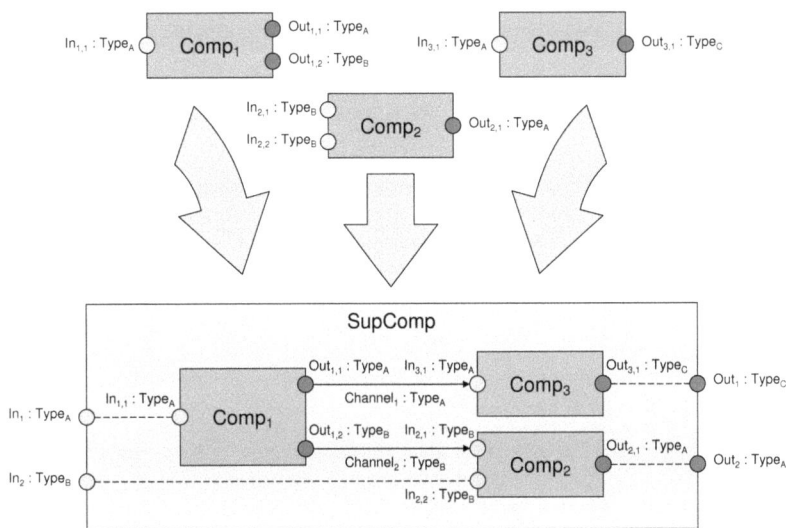

Abbildung 4.8: Komposition von Komponenten

Abbildung 4.9: Komposition von Komponenten – Black-Box-Sicht

Wir befassen uns nun mit der Semantik einer hierarchisch aufgebauten Komponente. Der lokale Zustand S_C einer hierarchisch aufgebauten Komponente C enthält Informationen über die Zustände ihrer Teilkomponenten $C_1, \ldots, C_n$ (einschließlich der Ausgabe aus dem letzten Berechnungsschritt), die zur Berechnung des nächsten Zustands notwendig sind. Dazu genügt es, dass S_C die Gesamtzustände der Teilkomponenten enthält:

$$S_C = C_1 \times \cdots \times C_n \tag{4.23}$$

Der Gesamtzustand von C setzt sich damit aus den Zuständen der Teilkomponenten und der Ausgabe zusammen:

$$C = (S_C, O_C) = (C_1 \times \cdots \times C_n, O_C) \tag{4.24}$$

Um die Zustandsübergangsfunktion δ_C zu spezifizieren, müssen wir die Kommunikationssemantik für die interne Struktur hierarchisch aufgebauter Komponenten definieren. Das wird bewerkstelligt, indem für jeden Port einer Teilkomponentenschnittstelle festgelegt wird, wie sich sein Wert aus dem Komponentenzustand nach dem letzten Berechnungsschritt und der aktuellen Komponenteneingabe ergibt. Wir bezeichnen dabei mit $\overrightarrow{p}$ den Wertestrom an einem Port p, wenn aus dem Kontext nicht hervorgeht, ob p ein Strukturelement oder einen entsprechenden Strom bezeichnet.

Zunächst behandeln wir die Ausgabeports, welche die Ergebnisse der Berechnungen einer Komponente nach außen kommunizieren. Für einen Ausgabeport p sind zwei Fälle zu unterscheiden:

1) Der Port p ist Ausgabeport einer Komponente C, deren Verhalten durch einen Zustandsautomaten spezifiziert wird. In diesem Fall ergibt sich sein Wert zum Zeitpunkt t, wie früher beschrieben (S. 84 ff.), aus dem Berechnungsergebnis von C am Ende des Berechnungsschritts t: $\forall t : p.t = \Pi_p(F_C.t)$. Für den Ausgabestrom von p gilt damit:

$$p = \mathsf{map}(\Pi_p, F_C) \qquad (4.25)$$

2) Der Port p ist Ausgabeport einer hierarchisch aufgebauten Komponente C. Dann gibt es zwei Möglichkeiten:

   a) p ist mit einem Ausgabeport p' einer Teilkomponente $c' \in \mathsf{SubComponents}(C)$ assoziiert: $(p', p) \in \mathcal{OA}_C$. In diesem Falls sind ihre Werte stets gleich: $\forall t : p.t = p'.t$, und damit sind auch ihre Ausgabeströme gleich:

   $$\overrightarrow{p} = \overrightarrow{p}' \qquad (4.26)$$

   b) p ist mit keinem Ausgabeport assoziiert. Dann ist seine Ausgabe stets leer: $\forall t : p.t = \varepsilon$ und damit:

   $$p = (\lambda t.\ \varepsilon) \qquad (4.27)$$

Nun definieren wir die Kommunikationssemantik der Eingabeports. Für einen Eingabeport p einer Komponente C sind vier Fälle zu unterscheiden:

1) Der Port p ist mit einem Kanal ch verbunden: $p = \mathsf{DestinationPort}(ch)$. Sei p_{out} der Ausgabeport, mit dem p durch ch verbunden ist: $p_{out} = \mathsf{SourcePort}(ch)$. Wie oben beschrieben, werden die Berechnungsergebnisse eines Berechnungsschritts t am Beginn des nächsten Schritts $t+1$ übertragen und stehen für die Berechnungen in diesem Schritt zur Verfügung:

   $$\forall t : p.(t+1) = ch.(t+1) = p_{out}.t$$

   Am Beginn der Systemausführung wurden noch keine Ergebnisse ausgegeben, so dass zum Zeitpunkt $t = 0$ leere Nachrichten übertragen werden: $p.0 = ch.0 = \varepsilon$. Es gilt damit:

   $$p = ch = \varepsilon \# p_{out} \qquad (4.28)$$

2) Der Port p ist mit einem Eingabeport p' der Oberkomponente $\mathsf{SuperComponent}(C)$ von C assoziiert: $(p', p) \in \mathcal{IA}_{\mathsf{SuperComponent}(C)}$. Wie bereits im Fall eines assoziierten Ausgabeports, ist der an p anliegende Wert stets gleich dem Wert an p': $\forall t : p.t = p'.t$. Für die Eingabeströme gilt damit:

   $$\overrightarrow{p} = \overrightarrow{p}' \qquad (4.29)$$

3) Die Komponente C ist Wurzelkomponente $\mathcal{RC}_{\mathcal{M}}$ des Modells $\mathcal{M}$. Der Port p ist dann Teil der Eingabeschnittstelle von $\mathcal{RC}_{\mathcal{M}}$. Wir bezeichnen die syntaktische Schnittstelle von $\mathcal{RC}_{\mathcal{M}}$ mit $(I_{\mathcal{RC}_{\mathcal{M}}} \triangleright O_{\mathcal{RC}_{\mathcal{M}}})$. In diesem Fall entspricht der übertragene Wert an p zu einem Zeitpunkt t der Systemeingabe zu diesem Zeitpunkt: $\forall t : p.t = \Pi_p(I_{\mathcal{RC}_{\mathcal{M}}})$ und damit:

$$p = \mathsf{map}(\Pi_p, I_{\mathcal{RC}_{\mathcal{M}}}) \tag{4.30}$$

4) Der Port p ist frei, d. h., er ist weder mit einem anderen Port verbunden oder assoziiert, noch Teil der Systemschnittstelle. An einem solchen Eingabeport kommen keine Eingaben an, so dass er stets leer ist: $\forall t : p.t = \varepsilon$ und damit:

$$p = (\lambda t.\ \varepsilon) \tag{4.31}$$

An dieser Stelle wollen wir anmerken, dass die Darstellung der Portassoziationen zwischen den Ports einer Komponente und den Ports ihrer Teilkomponenten im AUTOFOCUS-Werkzeug ebenso wie bei Portverbindungen durch Kanäle realisiert wird. Ihre Semantik entspricht jedoch – im Unterschied zu (echten) Kommunikationskanälen – der beschriebenen Funktionsweise der Portassoziation: die Werte der Ports aus einer Zuordnung (p_1, p_2) sind nicht mit der Verzögerung von einem Taktzyklus, sondern bereits im selben Takt gleich. Zudem können zwei Schnittstellenports innerhalb einer Komponente nicht direkt miteinander verbunden werden, was der Anforderung entspricht, die durch die Definition (4.20) von $\mathcal{IA}$ impliziert wird, dass Schnittstellenports ausschließlich mit Teilkomponentenports assoziiert werden können.

Nun definieren wir die Semantik einer hierarchisch aufgebauten Komponente C. Das Verhalten von C wird durch die Zustandsübergangsfunktionen ihrer Teilkomponenten $\delta_{C_1}, \ldots, \delta_{C_n}$ und die Kommunikationsstruktur $\mathcal{CH}_C, \mathcal{IA}_C, \mathcal{OA}_C$ definiert. Um die Zustandsübergangsfunktion δ_C zu beschreiben, definieren wir Hilfsfunktionen $\mathcal{InVal}$ und $\mathcal{OutVal}$, die sich aus der Kommunikationsstruktur von C ergeben und, da die Kommunikationsstruktur statisch ist, während einer Systemausführung konstant sind.

Die Funktion $\mathcal{InVal}_p : I_C \times S_C \to \mathsf{Type}(p)$ berechnet für einen Eingabeport $p \in \bigcup_{i=1}^{n} \mathcal{IP}_{C_i}$ einer Teilkomponente von C seinen Eingabewert ausgehend von der Kommunikationsstruktur von C und dem gegebenen lokalen Zustand sowie der gegebenen Eingabe von C. Die Funktion $\mathcal{OutVal}_p : S_C \to \mathsf{Type}(p)$ berechnet für einen Ausgabeport $p \in \mathcal{OP}_C$ der Komponente C seinen Ausgabewert ausgehend von den Ausgabeportzuordnungen $\mathcal{OA}_C$ und dem gegebenen lokalen Zustand von C.

Die Funktion $\mathcal{InVal}_p$ muss die Fälle unterscheiden, dass p entweder Zielport eines Kanals, oder mit einem Eingabeport der Oberkomponente assoziiert, oder frei ist. Im ersten Fall liefert sie den Ausgabewert am verbundenen Ausgabeport im gegebenen Komponentenzustand, im zweiten den Eingabewert am assoziierten Eingabeport von C, und im letzten Fall die leere Nachricht:

$$\mathcal{InVal}_p(i_C, s_C) \stackrel{\text{def}}{=} \begin{cases} \Pi_{p_{out}}(\rho_{C_i}(\Pi_i(s_C))) & \text{falls } (p_{out}, p) \in \mathcal{CH}_C \ \wedge \ p_{out} \in \mathcal{OP}_{C_i} \\ \Pi_{p_{in}}(i_C) & \text{falls } (p_{in}, p) \in \mathcal{IA}_C \\ \varepsilon & \text{sonst} \end{cases} \tag{4.32}$$

Der Fall, dass p zur Wurzelkomponenten $\mathcal{RC}_{\mathcal{M}}$ und damit zur Systemschnittstelle gehört, ist nicht möglich, da $\mathcal{InVal}$ nur für Ports der Teilkomponenten einer hierarchisch aufgebauten

Komponente definiert wird und somit nicht für Ports der Wurzelkomponente, die keine Oberkomponente besitzt.

Die Funktion $\mathcal{O}ut\mathcal{V}al_p$ muss lediglich die Fälle unterscheiden, dass p mit einem Ausgabeport einer Teilkomponente assoziiert ist, und dass p frei ist. Im ersten Fall liefert sie den Ausgabewert am assoziierten Ausgabeport der Teilkomponente, und im zweiten die leere Nachricht:

$$\mathcal{O}ut\mathcal{V}al_p(s_C) \overset{\text{def}}{=} \begin{cases} \Pi_{p_{out}}(\rho_{C_i}(\Pi_i(s_C))) & \text{falls } (p_{out}, p) \in \mathcal{O}\mathcal{A}_C \ \wedge \ p_{out} \in \mathcal{O}\mathcal{P}_{C_i} \\ \varepsilon & \text{sonst} \end{cases} \quad (4.33)$$

Durch die Einschränkungen (4.21) und (4.22) der Kommunikationsstruktur einer Komponente wird sichergestellt, dass in den Funktionen $\mathcal{I}n\mathcal{V}al_{p_1}$ und $\mathcal{O}ut\mathcal{V}al_{p_2}$ immer genau einer der möglichen Fälle aus der Fallunterscheidung zutrifft, und dabei für den Fall, dass p_1 bzw. p_2 nicht frei ist, genau ein anderer Port als Kommunikationspartner existiert.

Die Funktionen $\mathcal{I}n\mathcal{V}al$ und $\mathcal{O}ut\mathcal{V}al$ können punktweise auf Porttupel erweitert werden. Für ein Porttupel $P = (p_1, \ldots, p_n)$ ist

$$\mathcal{I}n\mathcal{V}al_P(i_C, s_C) \quad = \quad (\mathcal{I}n\mathcal{V}al_{p_1}(i_C, s_C), \ldots, \mathcal{I}n\mathcal{V}al_{p_n}(i_C, s_C))$$

falls P aus Eingabeports besteht, bzw.

$$\mathcal{O}ut\mathcal{V}al_P(s_C) \quad = \quad (\mathcal{O}ut\mathcal{V}al_{p_1}(s_C), \ldots, \mathcal{O}ut\mathcal{V}al_{p_n}(s_C))$$

falls P aus Ausgabeports besteht.

Wir definieren nun die Zustandsübergangsfunktion einer aus mehreren Teilkomponenten zusammengesetzten Komponente C. Die Zustandsübergangsfunktion δ_C führt einen Berechnungsschritt aus, indem alle Teilkomponenten einen Berechnungsschritt mit den Eingaben ausführen, die sich aus den Eingabewerten für C und den Ausgaben der Teilkomponenten aus dem vorherigen Berechnungsschritts zusammen mit der Kommunikationsstruktur von C ergeben. Dabei wird vorausgesetzt, dass die Ausgabeports einer jeden Komponente am Beginn des Systemlaufs leer sind, d. h., alle Ausgabeports den Initialwert ε vor dem Systemstart haben – zum Zeitpunkt der Datenübertragung (erster Teilschritt) des Berechnungsschritts für $t = 0$ gilt deshalb: $\forall C \in \mathcal{C}_M : \rho_C(C) = \varepsilon$.

Die Zustandsübergangsfunktion δ_C für eine Komponente C mit Teilkomponenten $C_1, \ldots, C_n$ und der Kommunikationsstruktur $\mathcal{C}\mathcal{H}_C, \mathcal{I}\mathcal{A}_C, \mathcal{O}\mathcal{A}_C$, aus der sich die Funktionen $\mathcal{I}n\mathcal{V}al$ und $\mathcal{O}ut\mathcal{V}al$ ergeben, lässt sich wie folgt formalisieren:

$$\delta_{S_C}(i, c) \overset{\text{def}}{=} \big(\delta_{C_1}(\mathcal{I}n\mathcal{V}al_{I_1}(i, \sigma_C(c)), \Pi_1(\sigma_C(c))),$$
$$\ldots,$$
$$\delta_{C_n}(\mathcal{I}n\mathcal{V}al_{I_n}(i, \sigma_C(c)), \Pi_n(\sigma_C(c)))\big) \quad (4.34)$$
$$\delta_C(i, c) \overset{\text{def}}{=} \kappa_C\big(\delta_{S_C}(i, c), \mathcal{O}ut\mathcal{V}al_{O_C}(\delta_{S_C}(i, c))\big)$$

Hierbei berechnet die Hilfsfunktion $\delta_{S_C} : I \times C \to S_C$ den neuen lokalen Zustand $\delta_{S_C}(i, c)$ von C, aus dem sich der neue Komponentenzustand $\delta_C(i, c)$ ergibt.

Die Zustandsübergangsfunktion für eine hierarchisch aufgebaute Komponente C berechnet somit den neuen Komponentenzustand – wie bereits die Zustandsübergangsfunktion für Komponenten, deren Verhalten durch einen Automaten spezifiziert wird – ausgehend von dem Komponentenzustand nach dem letzten Berechnungsschritt und den aktuellen Eingabewerten. Auf diese

Weise kann die Spezifikation eines hierarchisch aufgebauten Modells $\mathcal{M}$ als die Zustandsübergangsfunktion $\delta_{RC_{\mathcal{M}}}$ der Wurzelkomponente des Modells entlang des Strukturbaums konstruiert werden. Die durch das Modell $\mathcal{M}$ spezifizierte Stromverarbeitungsfunktion $F_{\mathcal{M}}$ ergibt sich nun mit der Definition (4.10) direkt aus $\delta_{RC_{\mathcal{M}}}$:

$$F_{\mathcal{M}} = \mathsf{map}(\sigma_{RC_{\mathcal{M}}}, \Delta^{\omega}(\delta_{RC_{\mathcal{M}}})) \tag{4.35}$$

Damit haben wir die Semantik für hierarchisch aufgebaute AUTOFOCUS-Modelle als Stromverarbeitungsfunktion angegeben.

Betrachten wir als Beispiel wieder die Komponente SupComp auf der Abbildung 4.8. Ihr lokaler Zustand setzt sich aus den Zuständen der Teilkomponenten zusammen: $S_{SupComp} = Comp_1 \times Comp_2 \times Comp_3$. Aus ihrer Kommunikationsstruktur $\mathcal{CH}_{SupComp}, \mathcal{IA}_{SupComp}, \mathcal{OA}_{SupComp}$ ergeben sich folgende Hilfsfunktionen zur Berechnung der Eingabe- und Ausgabewerte:

$$\mathcal{I}n\mathcal{V}al_{In_{1,1}}(i_{SupComp}, s_{SupComp}) = \Pi_{In_1}(i_{SupComp})$$
$$\mathcal{I}n\mathcal{V}al_{In_{2,1}}(i_{SupComp}, s_{SupComp}) = \Pi_{Out_{1,2}}(\rho_{Comp_1}(\Pi_{Comp_1}(s_{SupComp})))$$
$$\mathcal{I}n\mathcal{V}al_{In_{2,2}}(i_{SupComp}, s_{SupComp}) = \Pi_{In_2}(i_{SupComp})$$
$$\mathcal{I}n\mathcal{V}al_{In_{3,1}}(i_{SupComp}, s_{SupComp}) = \Pi_{Out_{1,1}}(\rho_{Comp_1}(\Pi_{Comp_1}(s_{SupComp})))$$

$$\mathcal{O}ut\mathcal{V}al_{Out_1}(s_{SupComp}) = \Pi_{Out_{3,1}}(\rho_{Comp_3}(\Pi_{Comp_3}(s_{SupComp})))$$
$$\mathcal{O}ut\mathcal{V}al_{Out_2}(s_{SupComp}) = \Pi_{Out_{2,1}}(\rho_{Comp_2}(\Pi_{Comp_2}(s_{SupComp})))$$

Die Hilfsfunktion $\delta_{S_{SupComp}}(i_{SupComp}, supComp)$ zur Berechnung des nächsten lokalen Zustands von SupComp ist:

$$\delta_{S_{SupComp}}(i_{SupComp}, supComp) = ($$
$$\delta_{Comp_1}(\mathcal{I}n\mathcal{V}al_{I_{Comp_1}}(i_{SupComp}, \sigma_{SupComp}(supComp)), \Pi_{Comp_1}(\sigma_{SupComp}(supComp))),$$
$$\delta_{Comp_2}(\mathcal{I}n\mathcal{V}al_{I_{Comp_2}}(i_{SupComp}, \sigma_{SupComp}(supComp)), \Pi_{Comp_2}(\sigma_{SupComp}(supComp))),$$
$$\delta_{Comp_3}(\mathcal{I}n\mathcal{V}al_{I_{Comp_3}}(i_{SupComp}, \sigma_{SupComp}(supComp)), \Pi_{Comp_3}(\sigma_{SupComp}(supComp))))$$

Die Zustandsübergangsfunktion für SupComp ist damit

$$\delta_{SupComp}(i_{SupComp}, supComp) = \kappa_{SupComp}($$
$$\delta_{S_{SupComp}}(i_{SupComp}, supComp), \mathcal{O}ut\mathcal{V}al_{O_{SupComp}}(\delta_{S_{SupComp}}(i_{SupComp}, SupComp)))$$

und die durch SupComp spezifizierte Stromverarbeitungsfunktion

$$F_{SupComp} = \mathsf{map}(\sigma_{SupComp}, \Delta^{\omega}(\delta_{SupComp}))$$

Kausalität

Bevor wir zur Erweiterung der AUTOFOCUS-Semantik auf die Mehrtaktsemantik übergehen, wollen wir die Kausalität der durch Komponenten dargestellten Stromsverarbeitungsfunktionen betrachten.

Bei strikter Anwendung der Definitionen schwacher und starker Kausalität (vgl. [BS01b] und Abschnitt 3.1.3) ist F_C für eine Komponente C schwach kausal, da für eine Eingabe $s{\downarrow}_t$ die Ausgabe $F_C(s){\downarrow}_t$ bereits am Ende des entsprechenden Taktes t berechnet wird:

$$I_{C,1}{\downarrow}_t = I_{C,2}{\downarrow}_t \quad \Rightarrow \quad p_{out,1}{\downarrow}_t = p_{out,2}{\downarrow}_t$$

für jeden Ausgabeport $p_{out} \in \mathcal{OP}_C$. Allerdings ist diese scheinbare Nichtstriktheit der Kausalität durch ein nicht ausreichend feines Zeitraster bei der Betrachtung der Berechnung einer Komponente bedingt. Der Berechnungsschritt einer Komponente besteht, wie oben beschrieben (S. 84 ff.), aus drei Teilschritten. Die Eingabe wird stets im ersten Teilschritt eingelesen, die Ausgabe steht dagegen erst im dritten Teilschritt zur Verfügung und kann – was für die Kausalität von entscheidender Bedeutung ist – nicht mehr im aktuellen Berechnungsschritt berücksichtigt werden. Die strikte Kausalität von F_C bei der Betrachtung der Ausgabeschnittstelle einer Komponente zeigt sich somit bei einer Verfeinerung des Zeitrasters, die die Teilschritte eines Berechnungsschritts voneinander trennt.

Sobald wir die Kommunikationssemantik von AUTOFOCUS-Modellen betrachten, tritt die strikte Kausalität bereits im Zeitraster des Kommunikationstaktes zutage. Komponenten können nur über Kanäle miteinander kommunizieren – die Ausgaben sind für sie damit erst dann verfügbar, wenn sie an den Kommunikationskanälen und damit an ihren Eingabeports anliegen. Ein Kommunikationskanal – und damit der angeschlossene Eingabeport einer Komponente – nimmt den Wert des angeschlossenen Ausgabeports bei der Übertragung der Nachricht im ersten Teilschritt eines Berechnungsschritts an. Wurde in einem Schritt t an einem Ausgabeport p_{out} ein Wert $m \in M^\varepsilon$ ausgegeben, so gilt für jeden angeschlossenen Kommunikationskanal ch und jeden darüber verbundenen Eingabeport p_{in}:

$$p_{in}.(t+1) = ch.(t+1) = p_{out}.t = m$$

Für den Berechnungsschritt zu Beginn der Systemausführung, in dem noch keine Ausgaben vorhanden sind, gilt:

$$p_{in}.0 = ch.0 = \varepsilon$$

Damit ergibt sich ein direkter Zusammenhang zwischen dem Nachrichtenstrom an einem Ausgabeport p_{out} und dem Nachrichtenstrom an allen angeschlossenen Kanälen ch (und somit an allen darüber verbundenen Eingabeports p_{in}):

$$p_{in} = ch = \varepsilon \# p_{out} \tag{4.36}$$

Für die Ausgabe einer Komponente aus der Sicht aller angeschlossenen Komponenten gilt damit

$$p_{in}\!\downarrow_{(t+1)} = (\varepsilon \# p_{out})\!\downarrow_{(t+1)} = \varepsilon \# (p_{out}\!\downarrow_t)$$

und somit ist die von angeschlossenen Komponenten beobachtete Berechnung strikt kausal:

$$I_{C,1}\!\downarrow_t = I_{C,2}\!\downarrow_t \quad \Rightarrow \quad p_{in,1}\!\downarrow_{(t+1)} = \varepsilon \# (p_{out,1}\!\downarrow_t) = \varepsilon \# (p_{out,2}\!\downarrow_t) = p_{in,2}\!\downarrow_{(t+1)} \tag{4.37}$$

Ein formaler Beweis der Kausalitätseigenschaften findet sich in der Isabelle/HOL-Formalisierung (Abschnitt A.1.3 und Theorie *AF_Stream_Exec.thy*).

Die Kommunikationssemantik von AUTOFOCUS garantiert somit strikte Kausalität von Berechnungen, so dass keine Kausalitätsanomalien, wie beispielsweise kausale Schleifen, möglich sind, die bei instantaner Datenübermittlung (perfekte Synchronie) auftreten können [Bro01].

Semantik ohne Initialzustand gegenüber Semantik mit Initialzustand

Die in diesem Abschnitt definierte AUTOFOCUS-Semantik, die im Verlauf der Arbeit verwendet wird, spiegelt die Vorstellung wider, dass eine Komponente C die aktuelle Ausgabe und den aktualisierten lokalen Zustand mithilfe ihrer Transitionsfunktion aus der aktuellen Eingabe und dem vorherigen Zustand berechnet. Der Zustandsstrom der Komponente C für einen Eingabestrom in enthält somit an jeder Stelle $n \in \mathbb{N}$ das Berechnungsergebnis $\Delta^\omega(\delta_C, in, c_{init}).n$ für die Eingabe $in.n$, wobei der vorhergehende Komponentenzustand $\Delta^\omega(\delta_C, in, c_{init}).(n-1)$ bzw. der Initialzustand c_{init} für $n = 0$ zur Berechnung herangezogen wird. Es gilt also:

$$
\begin{aligned}
\Delta^\omega(\delta_C, in, c_{init}).0 &= \delta_C(in.0, c_{init}) \\
\Delta^\omega(\delta_C, in, c_{init}).n &= \delta_C(in.n, \Delta^\omega(\delta_C, in, c_{init}).(n-1))
\end{aligned}
\tag{4.38}
$$

oder äquivalent dazu

$$
\Delta^\omega(\delta_C, in, c_{init}).n = \delta_C(in.n, \Delta^\omega(\delta_C, in, c_{init})^{\leftarrow c_{init}}.n)
\tag{4.39}
$$

wobei $s^{\leftarrow init}.n$ für einen Strom s, einen Initialwert $init$ und ein $n \in N$ den Wert an der Position $n - 1$ des Stroms für $n > 0$ bzw. den Initialwert für $n = 0$ liefert:

$$
s^{\leftarrow init}.n \stackrel{\text{def}}{=} \begin{cases} init & \text{falls } n = 0 \\ s.(n-1) & \text{sonst} \end{cases}
\tag{4.40}
$$

Die Beziehung zwischen dem Verlauf des Eingabestroms in und des Ergebnisstroms $\Delta^\omega(\delta_C, in, c_{init})$ der Systemberechnung ist auf der Abbildung 4.10(a) dargestellt. Der Ergebnisstrom enthält somit alle vom System durchlaufenen Zustände ohne den Initialzustand (wir bezeichnen diese Semantik als *Semantik ohne Initialzustand*). Die strikte Kausalität der Berechnung ergibt sich, wie weiter oben erörtert, durch die Verzögerung in den Kommunikationskanälen: eine im Berechnungsschritt n produzierte Ausgabe wird erst im nächsten Schritt $n + 1$ durch Kommunikationskanäle an Empfänger übertragen (vgl. auch Abbildung 4.11(a)).

$$
\begin{aligned}
in &= \langle m_0, m_1, m_2, m_3, \dots \rangle \\
\Delta^\omega(\delta_C, in, c_{init}) &= \langle c_0, \; c_1, \; c_2, \; c_3, \; \dots \rangle
\end{aligned}
$$

(a) Berechnungszustandsstrom gemäß (4.38) ohne Initialzustand

$$
\begin{aligned}
in &= \langle m_0, \; m_1, m_2, m_3, \dots \; \rangle \\
\Delta^{\omega init}(\delta_C, in, c_{init}) &= \langle c_{init}, c_0, \; c_1, \; c_2, \; c_3, \; \dots \rangle
\end{aligned}
$$

(b) Berechnungszustandsstrom gemäß (4.42) mit Initialzustand

Abbildung 4.10: Berechnungszustandsstrom ohne und mit Initialzustand

Eine alternative Sicht auf Systemberechnungen ergibt sich, wenn der Berechnungszustandsstrom den Initialzustand als Element an der vordersten Position enthält (wir bezeichnen diese Interpretation als *Semantik mit Initialzustand*):

$$
\begin{aligned}
\Delta^{\omega init}(\delta_C, \langle \rangle, c) &= c \\
\Delta^{\omega init}(\delta_C, m \# s, c) &= c \# \Delta^{\omega init}(\delta_C, s, \delta_C(m, c))
\end{aligned}
\tag{4.41}
$$

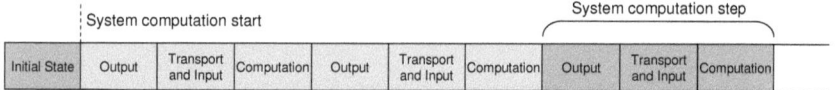

(a) Verzögerung in Kommunikationskanälen (Semantik ohne Initialzustand im Zustandsstrom)

(b) Verzögerung in Komponenten (Semantik mit Initialzustand im Zustandsstrom)

Abbildung 4.11: Systemberechnung – Gruppierung der Teilschritte zu Berechnungsschritten

Dies entspricht der Vorstellung, dass eine Komponente C den neuen lokalen Zustand und die neue Ausgabe für den nächsten Schritt mithilfe ihrer Transitionsfunktion aus der aktuellen Eingabe und dem aktuellen Zustand berechnet. Der Zustandsstrom der Komponente C für einen Eingabestrom in enthält somit für jedes $n \in \mathbb{N}$ an der Stelle $n + 1$ das Berechnungsergebnis $\Delta^{\omega init}(\delta_C, in, c_{init}).(n+1)$ für die Eingabe und den Zustand zum Zeitpunkt n, wobei der Ergebnisstrom an der Stelle $n = 0$ den Initialzustand c_{init} enthält:

$$
\begin{aligned}
\Delta^{\omega init}(\delta_C, in, c_{init}).0 &= c_{init} \\
\Delta^{\omega init}(\delta_C, in, c_{init}).(n+1) &= \delta_C(in.n, \Delta^{\omega init}(\delta_C, in, c_{init}).n)
\end{aligned}
\tag{4.42}
$$

Die Beziehung zwischen dem Verlauf des Eingabestroms in und des Ergebnisstroms $\Delta^{\omega init}(\delta_C, in, c_{init})$ der Systemberechnung für die Semantik mit Initialzustand ist auf der Abbildung 4.10(b) dargestellt. In diesem Fall wird die starke Kausalität durch die Tatsache induziert, dass aus den Eingaben und dem Zustand zum Zeitpunkt n der Ergebniszustand zum Zeitpunkt $n + 1$ berechnet wird, wobei die Übertragung der Nachrichten in dem gleichen Systemberechnungsschritt stattfindet, in dem die Nachrichten ausgegeben wurden (vgl. Abbildung 4.11(b)), so dass die Kommunikationskanäle in dieser Semantikvariante ohne Verzögerung übertragen.

Die beschriebenen Semantikvarianten unterscheiden sich vor allem darin, ob die zur Berechnung notwendige Zeiteinheit als Verzögerung der Ausgabe einer Komponente oder als Verzögerung der Ergebnisübertragung durch Kommunikationskanäle modelliert wird. Dennoch beschreiben sie identische Berechnungen und stellen lediglich unterschiedliche Sichten auf Berechnungen dar. Dies wird zum einen an der Abbildung 4.11 deutlich, die die Gruppierung der Teilschritte eines Systemberechnungsschritts in den beiden Semantikvarianten darstellt – während sich die beiden Semantiken in der Systemschrittgranularität unterscheiden, sind sie in der Zeitgranularität der Teilschritte eines Systemschritts identisch (dies gilt auch für den Beginn der Berechnung, denn der erste Ausgabe-Teilschritt in der Abbildung 4.11(b) gibt im Initialzustand leere Nachrichten aus, so dass die Belegungen der Ausgabeports und Kommunikationskanäle im anschließenden Transport-und-Eingabe-Teilschritt den leeren Belegungen im ersten Transport-und-Eingabe-Teilschritt in der Abbildung 4.11(a) entsprechen, so dass die Systemberechnungen trotz der Verschiebung in der Reihenfolge der Teilschritte identisch beginnen). Die Identität der Berechnung – bis auf die Behandlung des Initialzustands – zeigt sich auch in der Stromdarstellung der Berechnung (Lemmata *f-Exec-Stream-Init-eq-f-Exec-Stream-Cons* und *i-Exec-Stream-Init-*

eq-i-Exec-Stream-Cons im Anhang A.1.3):

$$\Delta^{\omega init}(\delta_C, \; in, \; c_{init}) \quad = \quad c_{init} \# \Delta^{\omega}(\delta_C, \; in, \; c_{init}) \qquad (4.43)$$

Diese Verschiebung des Ergebnisstroms um eine Position, wobei die vorderste Position von dem Initialzustand eingenommen wird, ist auf der Abbildung 4.10 zu sehen, die Berechnungen gemäß der Semantik ohne und mit Initialzustand einander gegenübergestellt.

Somit sind die beiden Semantiken äquivalent mit Hinblick auf die von ihnen beschriebenen Berechnungen. Die Unterschiede zwischen den Semantiken haben praktische Auswirkungen vor allem auf den Austausch von AUTOFOCUS-Modellen mit weiteren Werkzeugen (insbesondere Verifikationswerkzeugen wie Modelchecker und interaktive Theorembeweiser) und die Art und Weise, wie dynamische Eigenschaften von Modellen formal spezifiziert werden – diese Unterschiede sind durch die Tatsache bedingt, dass die Ausgabe einer Komponente in der Semantik ohne Initialzustand zum gleichen Zeitpunkt wie die Eingabe, und in der Semantik mit Initialzustand erst zum nächsten Zeitpunkt nach der Eingabe an der Komponentenschnittstelle verfügbar ist. Wir wollen einige sich daraus ergebende Aspekte der beiden Semantiken kurz beleuchten. Für die Darstellung von AUTOFOCUS-Modellen in Verifikationswerkzeugen gilt:

- Semantik ohne Initialzustand / Verzögerung in Kommunikationskanälen

  Die Semantik ohne Initialzustand ermöglicht in dem interaktiven Theorembeweiser Isabelle/HOL eine bequeme Formalisierung sowohl der Eintaktsemantik als auch der weiter in diesem Abschnitt definierten Mehrtaktsemantik für beschleunigte Komponenten. Die Semantik mit Initialzustand würde hingegen als Basis für eine Isabelle/HOL-Formalisierung der Mehrtaktsemantik höheren technischen Aufwand nach sich ziehen – daher wird sie in der Isabelle/HOL-Formalisierung gemäß (4.43) auf Grundlage der Semantik ohne Initialzustand definiert (vgl. [Tra08a], Abschnitt *Basic definitions for accelerated execution*, Funktion *i-Exec-Comp-Stream-Acc-Output-Init* u. a.).

- Semantik mit Initialzustand / Verzögerung in Komponenten

  In dem Modelchecking-Werkzeug SMV, das auch als vorrangiger Modelchecker in der aktuellen AUTOFOCUS-Version verwendet wird [PS99, Val05], entspricht die Modellierung einer Systemberechnung der Semantik mit Initialzustand, da in SMV der neue Systemzustand als Funktion des aktuellen Zustands und der aktuellen Eingabe (über die SMV-Anweisung next, vgl. [McM99]) und der Initialzustand als erster Systemzustand (über die SMV-Anweisung init) modelliert wird.

Für die Formalisierung der AUTOFOCUS-Semantik und ihre Erweiterung um die Mehrfachtaktung von Komponenten hatte die Semantik ohne Initialzustand (mit Verzögerung in Kommunikationskanälen) aus technischen Gründen wesentliche Vorteile, da die Semantik mit Initialzustand sowohl die weiter unten vorgestellte Formalisierung der Mehrtaktsemantik als auch ihre Darstellung in Isabelle/HOL deutlich erschweren würde.

Für die formale Spezifikation funktionaler Eigenschaften, die das Ergebnis einer Berechnung ausgehend von der Eingabe und dem vorherigen Zustand beschreiben, ist von Interesse, welche der Parameter der Zustandsübergangsfunktion zum gleichen Zeitpunkt wie das Berechnungsergebnis verfügbar sind. Dies ist von besonderer Bedeutung, da einige Notationen zur formalen Spezifikation dynamischer Eigenschaften (insbesondere LTL und etliche andere temporallogische Notationen), keine Möglichkeit des direkten Zugriffs auf Systemzustände zu anderen Zeitpunkten als dem aktuellen bieten – so können zwar Eigenschaften der Form $P(s.n) \rightarrow$

$P(s.(n+1))$, jedoch nicht direkt Eigenschaften der Form $P(s.n,\ s.(n+1))$ spezifiziert werden. Mit Hinblick auf diese Einschränkung ermöglichen die Semantiken ohne und mit Initialzustand die Spezifikation unterschiedlicher Arten funktionaler Eigenschaften:

- Semantik ohne Initialzustand / Verzögerung in Kommunikationskanälen

  In der Semantik ohne Initialzustand ist das Ergebnis des aktuellen Berechnungsschritts an der Schnittstelle der Komponente zum gleichen Zeitpunkt, wie die Eingabe verfügbar, so dass der Zusammenhang zwischen der Eingabe und der daraus berechneten Ausgabe (sowie dem gesamten berechneten Komponentenzustand) zu einem Zeitpunkt $t \in \mathbb{N}$ direkt spezifiziert werden kann. Gilt für die Zustandsübergangsfunktion δ_C der Komponente C und alle möglichen Eingaben in und Komponentenzustände c

  $$P(c) \quad \rightarrow \quad Q(in, \delta_C(in, c))$$

  so kann dies für jeden Zeitpunkt $t \in \mathbb{N}$ für den Ergebniszustandsstrom $res = \Delta^{\omega}(\delta_C,\ in,\ c_{init})$ wie folgt formuliert werden:

  $$P(res^{\leftarrow c_{init}}.t) \quad \rightarrow \quad Q(in.t, res.t) \tag{4.44}$$

  Ist der Zugriff auf den vorhergehenden Zustand für die zu formulierende Eigenschaft notwendig, so kann dieser durch Zwischenspeichern der letzten Werte der benötigten Elemente (z. B. der Werte lokaler Variablen) zur Verfügung gestellt werden. Ist der Zugriff auf den vorhergehenden Zustand nicht notwendig, so lässt sich der Zusammenhang zwischen der Eingabe und dem Ergebnis als

  $$Q(in.t, res.t) \tag{4.45}$$

  direkt formulieren. Als Spezialfall kann auch die Ausgabe als Funktion der Eingabe beschrieben werden:

  $$res.t = f(in.t) \tag{4.46}$$

- Semantik mit Initialzustand / Verzögerung in Komponenten

  In der Semantik mit Initialzustand ist das Ergebnis des aktuellen Berechnungsschritts an der Schnittstelle der Komponente zum nächsten Zeitpunkt nach der Eingabe verfügbar, so dass der Zusammenhang zwischen der Eingabe und der daraus berechneten Ausgabe zu einem Zeitpunkt $t \in \mathbb{N}$ nicht direkt spezifiziert werden kann. Hingegen sind die Eingabe und der Ausgangszustand zum gleichen Zeitpunkt verfügbar. Gilt für die Zustandsübergangsfunktion δ_C der Komponente C und alle möglichen Eingaben in und Komponentenzustände c

  $$P(in, c) \quad \rightarrow \quad Q(\delta_C(in, c))$$

  so kann dies für jeden Zeitpunkt $t \in \mathbb{N}$ für den Ergebniszustandsstrom $res = \Delta^{\omega init}(\delta_C,\ in,\ c_{init})$ wie folgt formuliert werden:

  $$P(in.t, res.t) \quad \rightarrow \quad Q(res.(t+1)) \tag{4.47}$$

Anders als in (4.44) ist in dieser Formulierung kein Zugriff auf den vorhergehenden Zustand notwendig. Muss allerdings ein direkter Zusammenhang zwischen der Eingabe und dem Ergebnis formuliert werden, so muss der vorherige Wert der Eingabe verfügbar sein (z. B. wiederum durch Zwischenspeicherung des letzten Eingabewerts in lokalen Variablen). Für eine Eingabe zum Zeitpunkt $t \in \mathbb{N}$ wird der Zusammenhang mit der entsprechenden Ausgabe zum Zeitpunkt $t + 1$ wie folgt formuliert:

$$Q(in^{\leftarrow \varepsilon}.(t+1), res.(t+1)) \tag{4.48}$$

Die Semantik ohne Initialzustand (mit Verzögerung in Kommunikationskanälen) kommt bei der Spezifikation insbesondere Ingenieuren entgegen, die Beschreibungen durch Datenflussdiagramme gewohnt sind, weil diese Semantik die unmittelbare Spezifikation des Zusammenhangs zwischen der Eingabe und dem Ergebnis (4.45), insbesondere auch der Ausgabe als Funktion der Eingabe (4.46) ermöglicht. Die Semantik mit Initialzustand (mit Verzögerung in Komponenten) kann bei dem Austausch von AUTOFOCUS-Modellen mit Werkzeugen günstiger sein, die den neuen Systemzustand als Funktion des aktuellen Zustands und der aktuellen Ausgabe modellieren, wie dies beispielsweise für den Modelchecker SMV über die next-Anweisung geschieht.

Somit haben, je nach Verwendungszweck, beide Semantikvarianten ihre Vor- und Nachteile, wobei wir in dieser Arbeit mit Hinblick auf die Erweiterung der AUTOFOCUS-Semantik um die Mehrfachtaktung von Komponenten sowie auf die Formalisierung der AUTOFOCUS-Semantik in Isabelle/HOL durchgehend die Semantik ohne Initialzustand (mit Verzögerung in Kommunikationskanälen) verwenden.

Mehrtaktsemantik

Wir erweitern nun die AUTOFOCUS-Semantik um die Mehrfachtaktung von Komponenten. Auf diese Weise muss eine Komponente nicht mehr zwingend die Eingabe in nur einem Ausführungstakt verarbeiten, um das Ergebnis zum nächsten Kommunikationstakt bereitzustellen, sondern hat eine festgelegte Anzahl $k \in \mathbb{N}_+$ von Ausführungstakten für eine Eingabe zur Verfügung. Für $k = 1$ entspricht die Ausführungssemantik der herkömmlichen Eintaktsemantik. Für $k > 1$ muss der Eingabestrom um den Faktor k expandiert und der Ausgabestrom um den Faktor k komprimiert werden. Wir definieren im Folgenden die Operatoren zur Expansion und Kompression von Strömen um konstante Faktoren und zeigen, wie sich Komponenten mit mehrfachem Ausführungstakt in die Kommunikationssemantik von AUTOFOCUS-Modellen integrieren.

Stromexpansion Für einen ε-zeitsynchronen Strom $s \in M^{\varepsilon\omega}$ definieren wir die *Expansion* mit einem Faktor $k \in \mathbb{N}_+$ rekursiv über den Aufbau von s:

$$\begin{aligned} \langle\rangle \odot k &= \langle\rangle \\ (m \# s) \odot k &= m \# \varepsilon^{k-1} \frown (s \odot k) \end{aligned} \tag{4.49}$$

Damit gilt für einen expandierten Strom:

$$(s \odot k).n = \text{if } n \bmod k = 0 \text{ then } s.(n \text{ div } k) \text{ else } \varepsilon \tag{4.50}$$

Die Stromexpansion zeigt Parallelen zur Multiplikation. Zunächst gilt:

$$\begin{aligned} \text{length}(s \odot k) &= \text{length}(s) * k \\ (s \odot k).(n * k) &= s.k \end{aligned} \tag{4.51}$$

Die Expansion um den Faktor 1 verändert den Strom nicht:

$$s \odot 1 \quad = \quad s \tag{4.52}$$

Ferner ist die Stromexpansion distributiv für die Konkatenation und die Schnittoperatoren auf Strömen:

$$
\begin{aligned}
(s\!\downarrow_n) \odot k &= s \odot k\!\downarrow_{(n*k)} \\
(s\!\uparrow_n) \odot k &= s \odot k\!\uparrow_{(n*k)} \\
(s_1 \frown s_2) \odot k &= s_1 \odot k \frown s_1 \odot k
\end{aligned}
\tag{4.53}
$$

Die Stromexpansion ist assoziativ:

$$s \odot a \odot b \quad = \quad s \odot (a * b) \tag{4.54}$$

Zusammen mit der Kommutativität der Multiplikation auf natürlichen Zahlen ergibt sich die Kommutativität in den Expansionsfaktoren:

$$s \odot a \odot b \quad = \quad s \odot b \odot a \tag{4.55}$$

Stromkompression Für eine Komponente C mit Mehrfachtakt, deren Ausführungstakt um einen Faktor $k \in \mathbb{N}_+$ schneller als der externe Kommunikationstakt ist, werden alle Eingabeströme um den Faktor k expandiert. Damit stehen der Komponente C für jede Nachricht m eines Eingabestroms s nun k Ausführungstakte zur Verfügung, da auf m im expandierten Strom $k-1$ leere Nachrichten folgen. Die extern beobachteten Ausgabeströme der Komponente müssen komprimiert werden, um wieder dem Kommunikationstakt zu entsprechen. Dafür definieren wir die *Kompression* eines Stroms um einen Faktor $k \in \mathbb{N}_+$ als Gegenstück zur Expansion. Im Unterschied zur Expansion, bei der keine Information verloren geht, müssen bei der Kompression k Nachrichten einer Sequenz zu *einer* Nachricht aggregiert werden.

Wir definieren zunächst eine generische Kompressionsfunktion, die einen Strom von Elementen unter Verwendung einer Aggregationsfunktion komprimiert, die als Parameter das Ergebnis der Kompression beeinflusst. Die Kompression wird nicht nur für ε-zeitsynchrone Ströme, sondern generell für zeitsynchrone Ströme definiert, die nicht notwendigerweise ein ausgezeichnetes leeres Element enthalten dürfen – auf diese Weise kann insbesondere der Strom von Komponentenzuständen aggregiert werden, für die kein ausgezeichneter leerer Zustand existieren muss.

Für einen zeitsynchronen Strom $s \in A^\omega$ von Elementen von A definieren wir die *Aggregation* mit einem Faktor $k \in \mathbb{N}_+$ und einer Aggregationsfunktion $ag : A^* \to A$ wie folgt:

$$\mathsf{aggregate}(s, k, ag) \quad \overset{\mathrm{def}}{=} \quad \lambda n.\, ag(s\!\uparrow_{(n*k)}\!\downarrow_k) \tag{4.56}$$

Der aggregierte Strom ist um den Faktor k kürzer als der Ausgangsstrom und enthält an jeder Stelle n die zu einem Element aggregierte n-te Sequenz der Länge k des Ausgangsstroms.

$$
\begin{aligned}
\mathsf{length}(\mathsf{aggregate}(s, k, ag)) &= \mathsf{length}(s) \text{ div } k \\
n < \mathsf{length}(s) \text{ div } k \Rightarrow \mathsf{aggregate}(s, k, ag).n &= \\
ag\, \langle s.(n * k),\, s.(n * k + 1),\, \ldots,\, s.(n * k + k - 1) \rangle &
\end{aligned}
\tag{4.57}
$$

Ist die Länge von s kein Vielfaches von k, so wird die letzte unvollständige Sequenz mit der Länge $\mathsf{length}(s) \bmod k$ nicht berücksichtigt. Dieser Fall spielt jedoch keine Rolle für Ausgabeströme beschleunigter Komponenten, da die Länge des zu komprimierenden Ausgabestroms gleich der Länge des expandierten Eingabestroms ist, die stets Vielfaches von k ist.

Mithilfe der generischen Kompressionsfunktion definieren wir nun die Kompression für Ströme von Nachrichten und für Ströme von Komponentenzuständen. Dafür werden entsprechende Aggregationsfunktionen benötigt.

Für eine Sequenz $s \in M^{\varepsilon*}$ von Nachrichten liefert die Funktion last_message : $M^{\varepsilon*} \to M^{\varepsilon}$ die letzte nichtleere (von ε verschiedene Nachricht) von s, falls eine solche in s vorhanden ist, bzw. ε, falls alle Nachrichten in s leer sind. Wie definieren last_message rekursiv über den Aufbau der zu aggregierenden Sequenz:

$$
\begin{aligned}
\text{last\_message}(\langle \rangle) &= \varepsilon \\
\text{last\_message}(m \# s) &= \text{if last\_message}(s) = \varepsilon \text{ then } m \text{ else last\_message}(s)
\end{aligned}
\tag{4.58}
$$

Es gilt:

$$
\begin{aligned}
&\text{last\_message}(s) = \varepsilon \quad \Leftrightarrow \\
&\quad \forall i < \text{length}(s) : \ s.i = \varepsilon \\
&\text{last\_message}(s) = m \ \wedge \ m \neq \varepsilon \quad \Leftrightarrow \\
&\quad \exists i < \text{length}(s) : \ s.i = m \ \wedge \ (\forall j : \ i < j < \text{length}(s) \ \Rightarrow \ s.j = \varepsilon)
\end{aligned}
\tag{4.59}
$$

Ferner verändert das Anhängen einer Sequenz leerer Nachricht an das Argument das Ergebnis von last_message nicht:

$$
\text{last\_message}(s \frown \varepsilon^n) = \text{last\_message}(s)
\tag{4.60}
$$

Falls die Trägermenge des Stroms ein Kreuzprodukt und die Stromelemente damit Tupel sind, so wird die last_message-Funktion punktweise angewendet. Für eine Sequenz $s \in M^{\varepsilon*}$ mit $M = A_1 \times \ldots \times A_n$ wird last_message(s) als

$$
\text{last\_message}(s) = (\text{last\_message}(\text{map}(\Pi_1, s)), \ldots, \text{last\_message}(\text{map}(\Pi_n, s)))
\tag{4.61}
$$

berechnet. Es gilt somit punktweise:

$$
\forall i \in [1 \ldots n] : \ \Pi_i(\text{last\_message}(s)) = \text{last\_message}(\text{map}(\Pi_i, s))
\tag{4.62}
$$

Die punktweise Anwendung ist notwendig, da bei der Kompression der Ausgabe einer Komponente für jeden einzelnen Port die zuletzt ausgegebene nichtleere Nachricht zu ermitteln ist, wobei die nichtleere Ausgabe an verschiedenen Ports im Allgemeinen zu unterschiedlichen Zeitpunkten während des lokalen k Takte langen Ausführungszyklus stattfinden kann.

Für Ströme, deren Elemente zu einem Datentyp gehören, der keine ausgezeichnete leere Nachricht enthalten muss, verwenden wir als Aggregationsfunktion die Funktion last : $A^* \to A$, die das letzte Element einer Sequenz zurückgibt ((3.21) auf S. 36). Im Unterschied zu last_message ist last für leere Sequenzen nicht definiert.

Wir können nun die Kompressionsfunktionen für Ströme von Nachrichten und für Ströme von Komponentenzuständen definieren. Für einen Nachrichtenstrom $s \in M^{\varepsilon\omega}$ definieren wir die Kompression um einen Faktor $k \in \mathbb{N}_+$ als Aggregation mit der Aggregationsfunktion last_message:

$$s \div k \overset{\text{def}}{=} \text{aggregate}(s, k, \text{last\_message}) \tag{4.63}$$

Der komprimierte Nachrichtenstrom wird berechnet, indem es in Teilsequenzen der Länge k aufgeteilt, und jede Teilsequenz durch die letzte nichtleere Nachricht repräsentiert wird:

$$\begin{aligned} n < \text{length}(s) \text{ div } k &\Rightarrow \\ (s \div k).n &= \text{last\_message}(\langle s.(n*k), s.(n*k+1), \ldots, s.(n*k+k-1)\rangle) \end{aligned} \tag{4.64}$$

Für einen Strom $s \in S^\omega$ von Komponentenzuständen wird die Kompressionsfunktion mit der Aggregationsfunktion last verwendet:

$$s \div_{last} k \overset{\text{def}}{=} \text{aggregate}(s, k, \text{last}) \tag{4.65}$$

Der komprimierte Strom von Zuständen wird berechnet, indem jede Teilsequenz der Länge k durch das letzte Element repräsentiert wird:

$$n < \text{length}(s) \text{ div } k \Rightarrow (s \div_{last} k).n = s.(n*k+k-1) \tag{4.66}$$

Die Stromkompression zeigt Parallelen zur Division, so wie die Stromexpansion Parallelen zur Multiplikation aufweist. Wie schon für die Expansion, verändert die Kompression mit dem Faktor 1 den Strom nicht:

$$s \div 1 = s \tag{4.67}$$

Die Kompression ist distributiv mit Konkatenation und Schnittoperatoren auf Strömen (teilweise unter der Bedingung, dass die Länge des ersten Stroms ein Vielfaches des Kompressionsfaktors ist):

$$\begin{aligned} (s\downarrow_n) \div k &= s \div k\downarrow_{(n \text{ div } k)} \\ n \bmod k = 0 \Rightarrow (s\uparrow_n) \div k &= s \div k\uparrow_{(n \text{ div } k)} \\ n \bmod k = 0 \Rightarrow (s_1 \frown s_2) \div k &= s_1 \div k \frown s_2 \div k \end{aligned} \tag{4.68}$$

Die Kompression ist assoziativ in dem Sinne, dass aufeinander folgende Kompression mit Faktoren a und b der Kompression mit dem Produkt $a * b$ entspricht:

$$s \div a \div b = s \div (a * b) \tag{4.69}$$

Aus der Kommutativität der Multiplikation natürlicher Zahlen ergibt sich die Kommutativität der Kompressionsfaktoren:

$$s \div a \div b = s \div b \div a \tag{4.70}$$

Die Expansion und Kompression mit gleichem Faktor $k \in \mathbb{N}_+$ heben sich bei sequentieller Anwendung auf:

$$s \odot k \div k = s \tag{4.71}$$

Die angegebenen Eigenschaften gelten für die Kompression mit fast allen Aggregationsfunktionen, insbesondere auch für den Kompressionsoperator $\dot{\div}_{last}$ mit der Aggregationsfunktion last. Nur wenige dieser Eigenschaften stellen Anforderungen an die Aggregationsfunktionen.[1] Eine ausführliche Darstellung der Eigenschaften der Expansions- und Kompressionsfunktionen findet sich im Anhang A.1 sowie im Abschnitt *Expanding and compressing lists and streams* der Theorie *AF_Stream* [Tra08a].

Semantik   Wir definieren nun die Mehrtaktsemantik für AUTOFOCUS. Die Ausführungssemantik von Zustandsübergangsdiagrammen sowie die Kommunikationssemantik zwischen den Teilkomponenten einer hierarchisch aufgebauten Komponente bleiben unverändert. Die Erweiterung der Semantik findet in den Schnittstellen von Komponenten statt.

Sei C eine Komponente mit internem Ausführungstakt $k \in \mathbb{N}_+$. Ihr Eingabestrom $i \in I^{\varepsilon\omega}$ wird an der Eingabeschnittstelle um den Faktor k expandiert und der berechnete Ausgabestrom $o \in O^{\varepsilon\omega}$ wird an der Ausgabeschnittstelle um den Faktor k komprimiert:

$$(F_C \cdot k)(i) \;=\; F_C(i \odot k) \div k \tag{4.72}$$

Diese Gleichheit kann aus der nachfolgenden formalen Definition der Mehrtaktsemantik abgeleitet werden. Die Ausführung einer um den Faktor $k \in \mathbb{N}_+$ beschleunigten Komponente C entspricht der Verarbeitung eines jeden Eingabeelements $i.n$ innerhalb von k Ausführungstakten, wobei die Ausgabe um den Faktor k komprimiert wird. Für eine einzelne Eingabe $m \in I$ definieren wir das Ergebnis der beschleunigten Berechnung wie folgt:

$$
\begin{aligned}
(\delta_C \cdot k)(m, c) \;&\stackrel{\text{def}}{=}\; \kappa_C\big(\\
&\mathsf{last}(\Delta^\omega(\delta_C,\, m \# \varepsilon^{k-1},\, c)), \\
&\mathsf{last\_message}(\mathsf{map}(\rho_C,\, \Delta^\omega(\delta_C,\, m \# \varepsilon^{k-1},\, c))))\big)
\end{aligned}
\tag{4.73}
$$

Für den Zustandsstrom einer beschleunigten Komponente C mit Eingabestrom i gilt (Lemmata *f-Exec-Stream-Acc-LocalState-nth* und *f-Exec-Stream-Acc-Output-nth* im Anhang A.1.3):

$$
\begin{aligned}
(\Delta^\omega \cdot k)(\delta_C,\, i,\, c).n \;&=\; \kappa_C\big(\\
&\Delta(\delta_C,\, i{\downarrow}_{n+1} \odot k,\, c), \\
&\mathsf{last\_message}(\mathsf{map}(\rho_C,\, \Delta^\omega(\delta_C,\, i.n \# \varepsilon^{k-1},\, \Delta(\delta_C,\, i{\downarrow}_n \odot k,\, c)))))\big)
\end{aligned}
\tag{4.74}
$$

Der Zustand einer beschleunigten Komponente nach der Verarbeitung eines n-ten Elements des Eingabestroms besteht damit aus dem zuletzt erreichten lokalen Zustand und den letzten nichtleeren Ausgaben an den Ausgabeports während des letzten Ausführungszyklus der Länge k. Die

---

[1]Die Anforderungen an die Aggregationsfunktionen für die Neutralität der 1, die Assoziativität und die Kommutativität der Kompression sind in den Lemmata *i-aggregate-1*, *i-aggregate-assoc* und *i-aggregate-commute* in der Theorie *AF_Stream* angegeben.

Stromverarbeitungsfunktion $(F_C \cdot k)$ einer beschleunigten Komponente C ist somit:

$(F_C \cdot k)(i, c) =$

(Definition (4.10))

$\mathsf{map}(\rho_C, (\Delta^\omega \cdot k)(\delta_C, i, c)) =$

(Lemma *f-Exec-Stream-Acc-Output-nth*)

$\lambda n.\ \mathsf{last\_message}(\mathsf{map}(\rho_C, \Delta^\omega(\delta_C, i.n \# \varepsilon^{k-1}, \Delta(\delta_C, i\!\downarrow_n \odot k, c)))) =$ (4.75)

(Lemma *f-Exec-Stream-expand-shrink-map-nth*)

$\mathsf{map}(\rho_C, \Delta^\omega(\delta_C, i \odot k, c)) \div k =$

(Definition (4.10))

$F_C(i \odot k, c) \div k$

womit (4.72) gezeigt ist. Die Spezifikation $(F_C \cdot k)$ einer Komponente C mit beschleunigtem internem Verarbeitungstakt ergibt sich somit direkt aus der Spezifikation F_C für die Eintaktsemantik durch Expansion der Eingabeströme und Kompression der Ausgabeströme um den Taktfaktor k.

Eigenschaften der Mehrtaktsemantik   Der Übergang von der Eintaktsemantik zur Mehrtaktsemantik benötigt, wie oben beschrieben, nur Anpassungen der Schnittstellen der Komponenten. Diese Anpassungen sind *lokal begrenzt* – sie sind weder nach außen für Kommunikationspartner einer beschleunigten Komponente sichtbar, noch machen sie Änderungen innerhalb einer beschleunigten Komponente selbst erforderlich. Wenn die Komponente keine externen Zeitsignale empfängt, kann sie im Allgemeinen sogar nicht feststellen, mit welchem Taktfaktor sie ausgeführt wird (sie kann zwar beobachten, dass auf jede k-te Nachricht $k-1$ leere Nachrichten folgen, dies ist aber kein sicheres Indiz für den Taktfaktor k, denn es kann sich auch um eine besondere Regelmäßigkeit in der Eingabe handeln).

Für den Entwickler eines Modells bedeutet Mehrtaktsemantik, dass für den Einsatz einer beliebigen Komponente C als beschleunigte Komponente lediglich der interne Taktfaktor $k \in \mathbb{N}_+$ angegeben werden muss – es sind keine weiteren Änderungen an der Komponente oder ihren Kommunikationspartnern notwendig. Jetzt darf die Komponente aber derart entwickelt werden, dass für die Verarbeitung einer Eingabe bis zu $n * k$ Takten statt n verwendet werden dürfen, ohne dass außerhalb der Komponente eine Verzögerung beobachtbar ist. Diese Flexibilität bietet wesentliche Vorteile mit Hinblick auf einige wichtige Aspekte der Modellierung:

• Strukturierung der Zustandsübergangsdiagramme.

In der Eintaktsemantik müssen Berechnungen, die innerhalb weniger Takte oder sogar eines Taktes abzuschließen sind, als Programmausschnitte kodiert werden, die beim Schalten einer Transition ausgeführt werden. Dies kann die Übersichtlichkeit beeinträchtigen, da die Berechnung in der Transitionsbeschriftung verborgen und nicht durch Automatenzustände strukturiert wird. Die Mehrtaktsemantik ermöglicht es, die Verarbeitung einer Eingabe auf mehrere Takte aufzuteilen, ohne dass es sich für die Kommunikationspartner der Komponente durch eine Verzögerung bemerkbar macht. Dadurch muss die Berechnung nicht mehr in der Transitionsbeschriftung untergebracht werden, sondern kann in Automatenzustände aufgeteilt werden, was strukturierter und übersichtlicher machen kann.

- Interne Struktur zusammengesetzter Komponenten – Modularität.

Die Anforderung 2.3 (1d) wird durch die Mehrtaktsemantik erfüllt, da die Verarbeitungsdauer für eine Eingabe nicht mehr durch die Länge des Verarbeitungspfades nach unten begrenzt ist. Die Mehrtaktsemantik ermöglicht dadurch eine tiefer gehende Modularität, wie in Abschnitt 4.1.1 erläutert. Insbesondere ermöglicht sie dem Entwickler, wie bereits im Fall der Zustandsübergangsdiagramme, eine flexiblere Gestaltung der Struktur einer zusammengesetzten Komponente – die Komponente kann in Teilkomponenten strukturiert werden, ohne dass die Länge der Verarbeitungspfade sich nach außen durch Verzögerungen bemerkbar macht, da ein höherer Taktfaktor eventuell längere Verarbeitungspfade ausgleichen und damit nach außen unsichtbar machen kann. Erst hierdurch wird echte Black-Box-Kapselung der Struktur einer Komponente erreicht, die in der Eintaktsemantik durch die an die Länge des Verarbeitungspfades gekoppelte Verarbeitungsdauer bedeutend beeinträchtigt wird.

Wir wollen die mit der Mehrfachtaktung von Komponenten einhergehende Flexibilität beim modularen Aufbau eines Systems genauer betrachten. Sie zeigt sich darin, wann zwei Komponenten ein beobachtbar gleiches Verhalten aufweisen, d. h., gleiche Ausgabeströme für gleiche Eingabeströme liefern. Seien C_1 und C_2 Komponente mit syntaktisch kompatiblen Schnittstellen (im Falle nicht direkt kompatibler Schnittstellen würde eine Transformation der Eingabe und Ausgabe für jede Komponente notwendig). Für die Eintaktsemantik gilt für Ausgaben s_1 und s_2 von Komponenten C_1 und C_2:

$$s_1 = s_2 \quad \Leftrightarrow$$
$$\text{length}(s_1) = \text{length}(s_2) \ \wedge \ \forall i < \text{length}(s_1) : \ s_1.i = s_2.i \tag{4.76}$$

Die Ausgaben der Komponenten müssen also zu jedem Zeitpunkt identisch sein.

In der Mehrtaktsemantik ist ein Strom s' nach der Kompression mit dem Taktfaktor $k \in \mathbb{N}_+$ einer beschleunigten Komponente genau dann gleich einem Strom s, wenn gilt (Lemma *f-shrink-eq-conv'*):

$$s' \div k = s \quad \Leftrightarrow$$
$$\text{length}(s') \text{ div } k = \text{length}(s) \ \wedge$$
$$\forall i < \text{length}(s) :$$
$$\quad \text{if } s.i = \varepsilon \text{ then } \forall j < k : \ s'.(i * k + j) = \varepsilon \tag{4.77}$$
$$\quad \text{else } \exists n < k : \ s'.(i * k + n) = s.i \ \wedge$$
$$\qquad \forall j < k : \ n < j \ \Rightarrow \ s'.(i * k + j) = \varepsilon$$

Eine Komponente zeigt damit ein nach außen als gleich beobachtetes Verhalten, wenn die Ergebnisse nicht mehr zu festen Zeitpunkten, sondern innerhalb eines bestimmten Zeitintervalls berechnet werden. Für Ausgaben s_1 und s_2 der Komponenten C_1 und C_2 mit Taktfaktoren $k_1, k_2 \in \mathbb{N}_+$ gilt (Lemma *f-shrink-eq-conv*):

$$s_1 \div k_1 = s_2 \div k_2 \quad \Leftrightarrow$$
$$\text{length}(s_1) \text{ div } k_1 = \text{length}(s_2) \text{ div } k_2 \ \wedge \tag{4.78}$$
$$\forall i < \text{length}(s_1) \text{ div } k_1 : \ \text{last\_message}(s_1 \upharpoonright_{(i*k_1)} \downharpoonright_{k_1}) = \text{last\_message}(s_2 \upharpoonright_{(i*k_2)} \downharpoonright_{k_2})$$

Die Komponenten können somit nicht nur dann das gleiche beobachtbare Verhalten zeigen, wenn sie zu jedem Zeitpunkt die gleiche Ausgabe liefern, sondern können die Ausgabe in den durch ihre Taktfaktoren festgelegten Zeitrahmen erzeugen. Sie dürfen intern sogar stellenweise unterschiedliche Ausgaben liefern, solange diese nach außen aufgrund der Aggregierung der Ausgabe nicht bemerkbar sind.

Wir wollen nun die Beweisregel für die Gleichheit der Ausgaben von zwei Komponenten angeben. Seien I_1 und I_2 die Eingabeschnittstellen der Komponenten C_1 und C_2, $f_{in,1} : I \rightarrow I_1$ und $f_{in,2} : I \rightarrow I_2$ Eingabetransformationsfunktionen, welche die Eingabe an die Schnittstellen der jeweiligen Komponenten anpassen, $f_{out,1} : O_1 \rightarrow O$ und $f_{out,2} : O_2 \rightarrow O$ Ausgabefunktionen, welche die zu betrachtende Ausgaben aus den Komponentenausgaben extrahieren. Es muss nicht notwendigerweise die gesamte Ausgabe $F(I)$ einer Komponente betrachtet werden, sondern die Ausgabefunktionen können die Ausgabe auf bestimmte Bestandteile einschränken oder sogar die Elemente der Ausgabe zu Werten eines weiteren Datentyps umwandeln (z. B. die Summe aller zu einem Zeitpunkt ausgegebenen Zahlen berechnen). Schließlich wird eine Äquivalenzrelation $\sim$ auf Zuständen von C_1 und C_2 benötigt, die besagt, dass wenn immer $\sigma_{C_1}(c_1) \sim \sigma_{C_2}(c_2)$ gilt, so werden die Komponenten C_1 und C_2 bei gleicher Eingabe in der nächsten extern beobachteten Zeiteinheit, d. h., im folgenden Kommunikationstakt, gleiche Ausgaben bezüglich der verwendeten Ausgabefunktionen liefern und sich wieder in äquivalenten Zuständen befinden (vgl. auch Definition des Prädikats *Equiv-Exec* im Anhang A.1.3):

$$
\begin{aligned}
&\sigma_{C_1}(c_1) \sim \sigma_{C_2}(c_2) \quad \Rightarrow \\
&\forall m \in I : \big(\\
&\quad \mathsf{last\_message}\big(\mathsf{map}\big(f_{out,1} \circ \rho_{C_1},\ \Delta^\omega\big(\delta_{C_1},\ f_{in,1}(m)\#\varepsilon^{k_1-1},\ c_1\big)\big)\big) \ = \\
&\quad \mathsf{last\_message}\big(\mathsf{map}\big(f_{out,2} \circ \rho_{C_2},\ \Delta^\omega\big(\delta_{C_2},\ f_{in,2}(m)\#\varepsilon^{k_2-1},\ c_2\big)\big)\big) \ \wedge \\
&\quad \sigma_{C_1}\big(\Delta\big(\delta_{C_1},\ f_{in,1}(m)\#\varepsilon^{k_1-1},\ c_1\big)\big) \ \sim \\
&\quad \sigma_{C_2}\big(\Delta\big(\delta_{C_2},\ f_{in,2}(m)\#\varepsilon^{k_2-1},\ c_2\big)\big)\big)
\end{aligned}
\tag{4.79}
$$

Die Beweisregel für die Gleichheit der Ausgaben zweier Komponenten ergibt sich nun direkt (sie kann auch induktiv über den Aufbau den Eingabe bewiesen werden: Lemma *f-Equiv-Exec-Stream-Acc-Output-eq*):

$$
\begin{aligned}
&\sigma_{C_1}(c_1) \sim \sigma_{C_2}(c_2) \quad \Rightarrow \\
&\forall i \in I^{\varepsilon\omega} : \\
&\quad \mathsf{map}\big(f_{out_1},\ (F_{C_1} \cdot k_1)(\mathsf{map}(f_{in,1},\ i), c_1)\big) \ = \\
&\quad \mathsf{map}\big(f_{out_2},\ (F_{C_2} \cdot k_2)(\mathsf{map}(f_{in,2},\ i), c_2)\big)
\end{aligned}
\tag{4.80}
$$

Die Ausgaben zweier Komponenten bezüglich gegebener Ausgabefunktionen sind also gleich, falls die Initialzustände der Komponenten äquivalent sind und die verwendete Äquivalenzrelation die Bedingung (4.79) für die verwendeten Beschleunigungsfaktoren sowie Eingabe- und Ausgabefunktionen erfüllt.

Analog bewirkt die Äquivalenz der Initialzustände von C_1 und C_2, dass sich die Komponenten zum Abschluss ihres jeweiligen Ausführungszyklus der Länge k_1 bzw. k_2 wieder in äquivalenten Zuständen befinden und somit bei Beobachtung im externen Kommunikationstakt während der gesamten Ausführung stets äquivalente Zustände erreichen (Lemma *f-Equiv-Exec-*

Stream-Acc-LocalState):

$$\sigma_{C_1}(c_1) \sim \sigma_{C_2}(c_2) \quad \Rightarrow$$
$$\forall i \in I^{\varepsilon\omega} : \forall n < \text{length}(i) :$$
$$\sigma_{C_1}\Big(\big((\Delta^\omega \cdot k_1)(\delta_{C_1}, \text{map}(f_{in,1}, i), c_1)\big).n\Big) \sim$$
$$\sigma_{C_2}\Big(\big((\Delta^\omega \cdot k_2)(\delta_{C_2}, \text{map}(f_{in,2}, i), c_2)\big).n\Big) \tag{4.81}$$

Wird die Ausführung der beschleunigten Komponenten C_1 und C_2 im Zeitraster des Kommunikationstaktes beobachtet, so sind die von ihnen durchlaufenen Zustände zu jedem Zeitpunkt n jeweils äquivalent, obwohl die während der internen Ausführungszyklen durchlaufenen Zustände durchaus nicht äquivalent zu sein brauchen und nur am Ende des Ausführungszyklus wieder äquivalent werden müssen.

Leerlaufzustände Im Zusammenhang mit der Mehrtaktsemantik gewinnen Leerlaufzustände von Komponenten eine besondere Bedeutung. Eine Komponente im Leerlauf verändert bei leerer Eingabe ihren Zustand nicht und liefert eine leere Ausgabe. Für eine beschleunigte Komponente mit einem Taktfaktor $k \in \mathbb{N}_+$ bedeutet dies: erreicht sie bei der Verarbeitung einer Eingabe während des k Takte langen Ausführungszyklus einen Leerlaufzustand, so verändern die verbleibenden Rechenschritte bis zum Ende des Ausführungszyklus ihren Zustand und ihre Ausgabe nicht. Die Konsequenz ist, dass für Komponenten, deren Berechnungen stets in einem Leerlaufzustand innerhalb eines Ausführungszyklus enden, der Taktfaktor beliebig erhöht werden darf, ohne die extern beobachtbare Ausgabe und Zustandsstrom (Berechnungsverlauf) zu verändern – die eventuell überflüssigen Berechnungsschritte haben keinen Einfluss auf das Ergebnis.

Wir behandeln nun die Leerlaufzustände von Komponenten formal. Eine Komponente C befindet sich in einem *Leerlaufzustand*, oder auch *Ruhezustand*, genau dann, wenn für eine leere Eingabe die Ausgabe leer ist und der Zustand sich nicht verändert:

$$isIdle(c) \quad \overset{\text{def}}{\Leftrightarrow} \quad \sigma_C(\delta_C(\varepsilon, c)) = \sigma_C(c) \;\wedge\; \rho_C(\delta_C(\varepsilon, c)) = \varepsilon \tag{4.82}$$

Wenn eine Komponente sich im Leerlauf befindet, so verändert sich ihr Zustand nach einer beliebigen Anzahl leerer Eingaben nicht (Lemma *f-Exec-State-Idle-replicate-NoMsg-state*):

$$isIdle(c) \quad \Rightarrow \quad \sigma_C(\Delta(\delta_C, \varepsilon^n, c)) = \sigma_C(c) \tag{4.83}$$

Die Ausgabe einer Komponente im Leerlauf, die leere Eingaben erhält, bleibt leer (Lemma *f-Exec-State-Idle-replicate-NoMsg-gr0-output*). Da die Ausgabe in dem Zeitpunkt, wo die Komponente in einen Leerlaufzustand eintritt, noch nicht leer zu sein braucht, muss die Eingabesequenz mindestens ein Element enthalten, damit die Ausgabe leer wird:

$$isIdle(c) \;\wedge\; 0 < n \quad \Rightarrow \quad \rho_C(\Delta(\delta_C, \varepsilon^n, c)) = \varepsilon \tag{4.84}$$

Zusammen mit (4.60) folgt aus den Ergebnissen (4.83) und (4.84), dass das Anhängen eines Stroms leerer Nachrichten an eine Eingabe den Komponentenzustand und die mit last_message aggregierte Ausgabe am Ende der Verarbeitung nicht verändert, falls die Verarbeitung in einem Leerlaufzustand endet. Für den Komponentenzustand gilt (Lemma *f-Exec-State-Idle-append-replicate-NoMsg-state*):

$$isIdle(\Delta(\delta_C, input, c)) \quad \Rightarrow$$
$$\sigma_C(\Delta(\delta_C, input^\frown \varepsilon^n, c)) = \sigma_C(\Delta(\delta_C, input, c)) \tag{4.85}$$

Die letzte nichtleere Nachricht des Ergebnisstroms ist ebenfalls unverändert (Lemma *State-Idle-append-replicate-NoMsg-output-last-message*):

$$isIdle(\Delta(\delta_C, input, c)) \Rightarrow$$
$$\text{last\_message}(F_C(input \frown \varepsilon^n, c)) = \text{last\_message}(F_C(input, c)) \tag{4.86}$$

Nun können wir den Satz formulieren, der für beschleunigte Komponenten besagt, dass sie das gleiche Ergebnis für jeden Taktfaktor $k \in \mathbb{N}_+$ liefern, der groß genug ist, damit die Komponente für jede Eingabe aus einem Leerlaufzustand nach höchstens k Takten wieder einen Leerlaufzustand erreicht (Lemmata *i-Exec-Stream-Acc-Output–State-Idle-all-imp-eq* und *i-Exec-Stream-Acc-LocalState–State-Idle-all-imp-eq*):

$$\big(k_0, k \in \mathbb{N}_+ \ \wedge \ k_0 \leq k \ \wedge \ isIdle(c) \ \wedge$$
$$\forall c' \in C, \ m \in I : \ isIdle(c') \ \Rightarrow \ isIdle(\Delta(\delta_C, m \# \varepsilon^{k_0-1}, c'))\big) \quad \Rightarrow \tag{4.87}$$
$$(\Delta^\omega \cdot k)(\delta_C, input, c) \ = \ (\Delta^\omega \cdot k_0)(\delta_C, input, c)$$

Daraus ergibt sich schließlich für die Ausgabeströme:

$$\big(k_0, k \in \mathbb{N}_+ \ \wedge \ k_0 \leq k \ \wedge \ isIdle(c) \ \wedge$$
$$\forall c' \in C, \ m \in I : \ isIdle(c') \ \Rightarrow \ isIdle(\Delta(\delta_C, m \# \varepsilon^{k_0-1}, c'))\big) \quad \Rightarrow \tag{4.88}$$
$$(F_C \cdot k)(input, c) \ = \ (F_C \cdot k_0)(input, c)$$

Der Begriff der Leerlaufzustände spielt aufgrund von (4.87) und (4.88) eine besondere Rolle für die Mehrtaktsemantik. Können die Berechnungen eine Komponente C derart organisiert werden, dass sie aus jedem Leerlaufzustand nach spätestens $k_0 \in \mathbb{N}_+$ Schritten wieder einen Leerlaufzustand erreicht (und ist sie bei Berechnungsbeginn im Leerlauf), dann werden ihre Berechnungsergebnisse für jeden Taktfaktor $k \geq k_0$ gleich den Berechnungen mit dem Taktfaktor k_0 sein. Deshalb ist keine genaue Bestimmung eines optimalen Taktfaktors notwendig, damit die Berechnung korrekt durchgeführt wird – der Taktfaktor k muss nur groß genug sein, damit jede Berechnung spätestens nach k Takten endet.

Automatenleerlaufzustände Für die Ermittlung der Leerlaufzustände einer Komponente C müssen im Allgemeinen alle möglichen internen Zustände von C (einschließlich der eventuell vorhandenen lokalen Variablen bzw. Teilkomponenten) überprüft werden. Dies erfordert eine dynamische Verhaltensanalyse, die insbesondere die Transitionsaktionen der Zustandsautomaten einbeziehen muss, die das Verhalten der analysierten Komponente bzw. ihrer Teilkomponenten definieren. Diese Analyse kann daher außerordentlich kompliziert und ab einer gewissen Größe und/oder Komplexität der betrachteten Komponente praktisch nicht durchführbar werden.

Wir wollen daher einen Spezialfall der Leerlaufzustände vorstellen, für den die Analyse sich auf die syntaktische Betrachtung der erwarteten Eingabe bei Automatentransitionen beschränkt und daher einfach und effizient durchgeführt werden kann. Wir bezeichnen einen Kontrollzustand q eines Zustandsautomaten A als *Automatenleerlaufzustand*, falls jede Transition mit Start in q eine nichtleere Eingabe erwartet. Eine Komponente, deren Verhalten durch einen Zustandsautomaten A definiert wird, ist damit im Automatenleerlauf, wenn sich A in einem Automatenleerlaufzustand befindet. Eine hierarchisch aufgebaute Komponente C befindet sich im Automatenleerlauf, wenn alle Teilkomponenten C_i im Automatenleerlauf sind, und ihre Ausgaben, die aufgrund der Kommunikationsstruktur von C intern an Teilkomponenten C_j übertragen werden, leer sind (andernfalls könnte eine nichtleere Ausgabe einer Teilkomponente C_i beim Eintritt in einen Leerlaufzustand eine Teilkomponente C_j aus dem Leerlauf aufwecken, so dass die Oberkomponente C nicht im Leerlauf bleiben würde).

Wir definieren nun formal den Begriff *Automatenleerlaufzustand* für Automaten. Sei A ein Automat mit der Menge Q_A der Kontrollzustände. Für jeden Kontrollzustand $q \in Q_A$ sei τ_q die Menge der Transitionen mit Quellzustand q. Für jede Transition $tr \in \tau_q$ soll das Prädikat enabled$_\varepsilon$ angeben, ob die Transition tr schalten kann, wenn die Eingabewerte an allen Eingabeports leer sind. Dann gilt:

$$stateAutIdle(q) \quad \overset{\text{def}}{\Leftrightarrow} \quad \forall tr \in \tau_q : \ \neg\text{enabled}_\varepsilon(tr) \tag{4.89}$$

Die Menge der Automatenleerlaufzustände von A bezeichnen wir mit

$$AutIdle_A \quad \overset{\text{def}}{=} \quad \{q \mid q \in Q_A \ \wedge \ stateAutIdle(q)\}$$

Für Komponenten wird der Automatenleerlauf rekursiv über den Aufbau definiert:

- Sei $C \in \mathcal{C}_\mathcal{M}$ eine Komponente, deren Verhalten durch einen Automaten A definiert wird (Blatt im Strukturbaum von $\mathcal{M}$). Dann ist C genau dann im Automatenleerlauf, wenn der aktuelle Kontrollzustand von A ein Automatenleerlaufzustand ist:

$$isAutIdle(C) \quad \overset{\text{def}}{\Leftrightarrow} \quad q_C \in AutIdle_A$$

- Sei $C \in \mathcal{C}_\mathcal{M}$ eine Komponente, die sich aus den Teilkomponenten $C_1, \ldots, C_n$ zusammensetzt (Knoten im Strukturbaum von $\mathcal{M}$). Dann ist C genau dann im Automatenleerlauf, wenn alle Teilkomponenten im Automatenleerlauf sind und die Eingaben für den nächsten Berechnungsschritt für jede Teilkomponente leer sind:

$$isAutIdle(C) \quad \overset{\text{def}}{\Leftrightarrow} \quad \forall i \in [1 \ldots n] : \ isAutIdle(C_i) \ \wedge \ \mathcal{I}n\mathcal{V}al_{I_i}(I, \sigma_C(C)) = \varepsilon$$

Die Frage, ob sich eine Komponente zu einem Zeitpunkt t im Automatenleerlaufzustand befindet, lässt sich damit einfach und effizient beantworten, da hierfür nur untersucht werden muss, ob alle Teilkomponenten sich im Automatenleerlauf befinden und all ihre Ausgaben, die im nächsten Schritt eine der Teilkomponenten erreichen, leer sind.

Jeder Automatenleerlaufzustand eine Komponente ist offensichtlich auch ein Leerlaufzustand, da eine Komponente aufgrund der Definition des Automatenleerlaufs nur dann einen Automatenleerlaufzustand verlassen und/oder eine Ausgabe produzieren kann, wenn sie eine nichtleere Eingabe bekommt. Sonst kann keine Automatentransition in der Struktur der Komponente schalten, da jede Transition aus einem Automatenleerlauszustand eine nichtleere Eingabe benötigt. Es gilt:

$$isAutIdle(C) \quad \Rightarrow \quad isIdle(C) \tag{4.90}$$

Die Umkehrung gilt im Allgemeinen nicht, da die Leerlaufeigenschaft einer Komponente von den lokalen Variablen abhängen kann (vgl. Komponente Digits2_NoIdle im Beispiel weiter unten). Automatenleerlaufzustände von Komponenten stellen damit einen gezielt eingeschränkten Spezialfall der Leerlaufzustände dar.

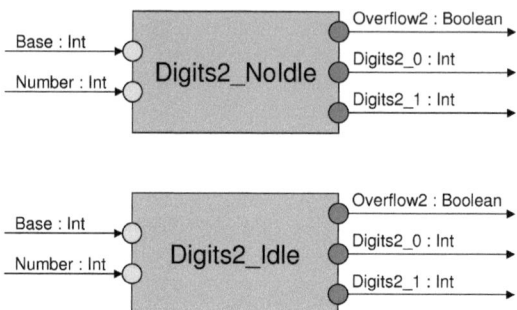

Abbildung 4.12: Komponenten ohne und mit Automatenleerlaufzustand

Wir wollen nun an einem kleinen Beispiel den Vergleich zwischen Leerlauf und Automatenleerlauf einer Komponente verdeutlichen. Die Abbildung 4.12 zeigt zwei Komponenten, die identische Funktionalität implementieren: für eine gegebene natürliche Basis $b > 1$ und eine natürliche Zahl n werden die ersten zwei Ziffern der Darstellung von n mit der Basis b berechnet. Falls $n \geq b^2$ ist, wird zusätzlich ein Überlaufflag ausgegeben (für $b = 10$ und $n = 64$ erhalten wir beispielsweise die Ausgabe (False, $4, 6$), und für $n = 128$ die Ausgabe (True, $8, 2$)).

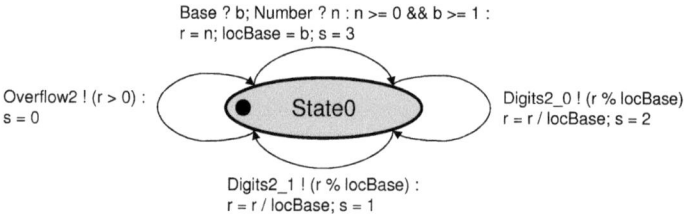

Abbildung 4.13: Verhaltensspezifikation ohne Automatenleerlaufzustand

Das Verhalten der Komponenten Digits2_NoIdle und Digits2_Idle wird jeweils durch Automaten auf Abbildungen 4.13 und 4.14 spezifiziert. Der erste der beiden Automaten speichert seine Berechnungsphase in der lokalen Variablen s, der zweite im Kontrollzustand. Obwohl beide Automaten identische Funktionalitäten definieren, ist der zweite übersichtlicher und leichter zu verstehen, weil seine Struktur die Struktur der Berechnung widerspiegelt. Die Strukturierung zeigt sich auch im Vorhandensein des Automatenleerlaufzustands Idle. Diesem Zustand entspricht beim ersten Automaten der Komponentenzustand, in dem $s = 0$ ist.

Die Bestimmung der Leerlaufzustände für die Komponenten Digits2_NoIdle und Digits2_Idle verläuft trotz identischer Funktionalität unterschiedlich. Bei Digits2_NoIdle muss für den Nachweis, dass jeder Komponentenzustand mit $s = 0$ ein Leerlaufzustand ist, für den Automaten auf Abb. 4.13 die temporallogische Invariante

$$\Box \Big((\sigma_C(C) = State0 \ \wedge \ s = 0) \ \wedge \ (Base = \varepsilon \ \wedge \ Number = \varepsilon) \ \Rightarrow$$
$$\bigcirc((\sigma_C(C) = State0 \ \wedge \ s = 0) \ \wedge \ (Digit2\_0 = \varepsilon \ \wedge \ Digit2\_1 = \varepsilon \ \wedge \ Overflow2 = \varepsilon)) \Big)$$

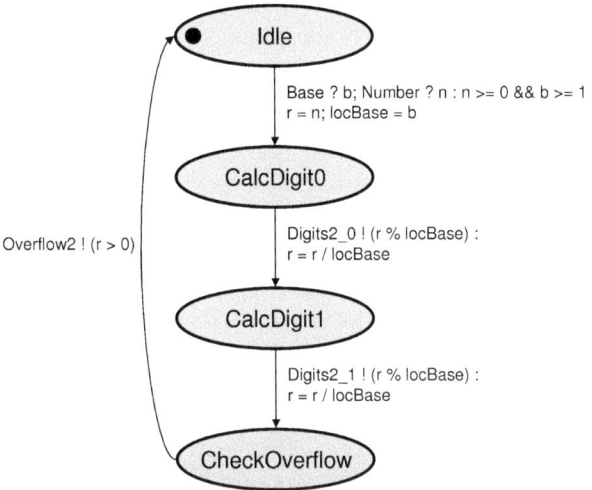

Abbildung 4.14: Verhaltensspezifikation mit Automatenleerlaufzustand

gezeigt werden.[2] Auch wenn der Nachweis für dieses Beispiel einfach ausfällt, ist im Allgemeinen eine Modelchecking-Analyse notwendig, um die Leerlaufeigenschaft für einen Komponentenzustand nachzuweisen. Für die Komponente Digits2_Idle genügt dagegen eine statische syntaktische Analyse des Automaten auf Abb. 4.14, die durch Betrachtung der Eingabeanforderungen der Transitionen herausfindet, dass der Kontrollzustand Idle der einzige Automatenleerlaufzustand ist. Die Komponente Digits2_Idle ist damit immer im Leerlauf, wenn ihr Automat im Zustand Idle ist – für dieses Beispiel charakterisiert dieser Automatenleerlaufzustand sogar alle Leerlaufzustände von Digits2_Idle, da hier die Leerlaufeigenschaft nicht von lokalen Variablen, sondern nur von dem Kontrollzustand abhängt.

Automatenleerlaufzustände können dazu dienen, Verhaltensspezifikationen, die durch Automaten definiert werden, besser zu strukturieren und auf diese Weise verständlicher und weniger fehleranfällig zu machen. Für eine beschleunigte Komponente kann durch die Analyse der Automatenleerlaufzustände ermittelt werden, wie groß ein Taktfaktor $k \in \mathbb{N}_+$ sein muss, damit jede Berechnung, die in einem Leerlaufzustand beginnt, innerhalb eines Ausführungszyklus der Länge k in einem Leerlaufzustand endet. Wird eine Komponente mit dem entsprechenden hinreichend großen Taktfaktor verwendet, so liefert sie die Berechnungsergebnisse für eine Eingabe stets im nächsten Kommunikationstakt, so dass die Berechnungsdauer für ihre Kommunikations-

---

[2]Diese LTL-Formel stellt die Formulierung für die Semantik mit Initialzustand (mit Verzögerung in Komponenten) dar, die beim Export in den SMV-Modelchecker verwendet wird. Für die Semantik ohne Initialzustand (mit Verzögerung in Kanälen) würde die entsprechende Formel auf den vorherigen Komponentenzustand zugreifen:

$$\Box\big((\sigma_C(C)^- = State0 \ \wedge \ s^- = 0) \ \wedge \ (Base = \varepsilon \ \wedge \ Number = \varepsilon) \ \Rightarrow$$
$$((\sigma_C(C) = State0 \ \wedge \ s = 0) \ \wedge \ (Digit2\_0 = \varepsilon \ \wedge \ Digit2\_1 = \varepsilon \ \wedge \ Overflow2 = \varepsilon))\big)$$

In Isabelle/HOL würde der direkte Nachweis von (4.82) für die betreffende Komponenten genügen.

partner unsichtbar ist.

Verwandte Arbeit zu Automatenleerlaufzuständen Die Idee der Automatenleerlaufzustände wurde bereits in [BGH+06] verwendet, wo der Entwurf und die Verifikation verteilter eingebetteter Systeme behandelt wird, die als Netzwerk untereinander kommunizierender Tasks beschrieben werden. Ein Task startet nur dann, wenn alle notwendigen Eingaben angekommen sind, und gibt die Ergebnisse am Ende einer Berechnung aus. Dabei wird der Komponentenschnittstelle eine Eingabeüberprüfung vorgeschaltet, die für jede Eingabe prüft, ob der Task mit dieser Eingabe starten darf, oder auf weitere Eingabewerte warten soll. Das Verhalten eines Tasks wird durch einen Automaten beschrieben. Die Leerlaufzustände des Automaten, die auf die oben beschriebene Weise syntaktisch ermittelt werden können, dienen als Start- und Endpunkte der Taskberechnungen – der Task erwartet seine Eingaben in einem Leerlaufzustand und gibt seine Ergebnisse beim Eintritt in einen Leerlaufzustand aus. In einem System mehrerer untereinander kommunizierender Tasks, deren Laufzeit je nach Eingabe unterschiedlich sein kann, werden durch dieses Ausführungsmodell kausale Abhängigkeiten zwischen Tasks bewahrt, da ein Task erst dann starten kann, wenn er die benötigten Eingaben von anderen Tasks erhalten hat.

Mehrtaktsemantik in AUTOFOCUS und Zeitverfeinerung in FOCUS

Die AUTOFOCUS-Modellierungstechnik basiert auf dem zeitsynchronen Ausschnitt von FOCUS [BS01b]. Daher besteht auch eine enge Verwandtschaft zwischen der Mehrfachtaktung von Komponenten in AUTOFOCUS und der Zeitverfeinerung in FOCUS [Bro09]. Hierbei ist ein wesentlicher Unterschied zwischen AUTOFOCUS und FOCUS, dass FOCUS-Ströme zu jedem Zeitpunkt nicht nur eine Nachricht wie in AUTOFOCUS, sondern eine endliche Nachrichtensequenz und damit mehrere Nachrichten pro Zeiteinheit enthalten dürfen (vgl. auch Abschnitt 3.1.2 S. 37 ff. sowie Definition (3.28)).

Die FOCUS-Zeitverfeinerung verwendet Operatoren COA und FINE zur Vergröberung bzw. Verfeinerung der zeitlichen Auflösung von Nachrichtenströmen. Die Vergröberung eines gezeiteten Stroms $x \in M^{\underline{\omega}}$ um den Faktor $k \in \mathbb{N}_+$ konkateniert jeweils k Nachrichtensequenzen zu einer Sequenz:[3]

$$\mathsf{COA}(k, x).t \;=\; \langle x.(t * k), \ldots, x.(t * k + k - 1) \rangle \tag{4.91}$$

Da FOCUS-Ströme Nachrichtensequenzen als Elemente enthalten, kann die Vergröberung der Zeitgranularität in FOCUS so definiert werden, dass nur die Informationen über den genaueren Zeitpunkt der Nachrichten, nicht jedoch die Nachrichten selbst verloren gehen müssen. Im Gegensatz dazu müssen bei der Zeitvergröberung eines ε-zeitsynchronen Stroms $s \in M^{\varepsilon \omega}$ in AUTOFOCUS jeweils k Nachrichten zu einer einzigen Nachricht aggregiert werden (4.64):

$$(s \div k).t \;=\; \mathsf{last\_message}(\langle s.(t * k), \ldots, s.(t * k + k - 1) \rangle)$$

Der Zeitverfeinerungsoperator liefert für den Strom x eine Menge, die alle Ströme enthält, deren Vergröberung x ergibt:

$$\mathsf{FINE}(k, x) \;=\; \{ x' \mid \mathsf{COA}(k, x') = x \} \tag{4.92}$$

---

[3]Hier ist zu beachten, dass in dieser Arbeit die natürlichen Zahlen $\mathbb{N}$ mit $0 \in \mathbb{N}$ durchgehend als Zeitdomäne der Ströme verwendet werden (vgl. Abschnitt 3.1.2), während in [BS01b] und [Bro09] die positiven natürlichen Zahlen $\mathbb{N}_+$ als Zeitdomäne genutzt werden. Daher unterscheiden sich die Stromelementpositionen in den Formeln wie (4.91) z. T. um eine Zeiteinheit von denen bei den entsprechenden Formeln in [Bro09], was jedoch keinen Einfluss auf ihre Gültigkeit hat.

Die deterministische Version DFINE des Verfeinerungsoperators setzt die zum Zeitpunkt $t \in \mathbb{N}$ enthaltene Nachricht an das Ende der Sequenz von k Stromelementen, zu denen die diese Nachricht verfeinert wird:

$$\text{DFINE}(k, x).t \;=\; \begin{cases} x.(t \text{ div } k) & \text{falls } t \text{ mod } k = k - 1 \\ \langle\rangle & \text{sonst} \end{cases} \tag{4.93}$$

Dieser Operator entspricht dem Stromexpansionsoperator $\odot$ (4.50) für ε-zeitsynchrone Ströme also in dem Aspekt, dass genau einer der möglichen verfeinerten Ströme zurückgegeben wird, jedoch platziert der Expansionsoperator $\odot$ die zum Zeitpunkt t enthaltene Nachricht an den Beginn der Sequenz, zu der diese Nachricht verfeinert wird:

$$(s \odot k).t \;=\; \begin{cases} s.(t \text{ div } k) & \text{falls } t \text{ mod } k = 0 \\ \langle\rangle & \text{sonst} \end{cases} \tag{4.94}$$

Bei den Eigenschaften der Verfeinerungsoperatoren gibt es zahlreiche Parallelen. So sind die Zeitvergröberung COA und die Stromkompression $\div$ distributiv mit Stromschnittoperatoren, wie beispielsweise mit dem Operator $\downarrow$:

$$\text{COA}(k, x\downarrow_{t*k}) \;=\; \text{COA}(k, x)\downarrow_t$$

und (4.68):

$$(s\downarrow_t) \div k \;=\; s \div k\downarrow_{(t \text{ div } k)}$$

Ferner sind die Verfeinerungs-/Vergröberungsoperatoren assoziativ:

$$\text{FINE}(a, \text{FINE}(b, x)) \;=\; \text{FINE}(a * b, x)$$
$$\text{COA}(a, \text{COA}(b, x)) \;=\; \text{COA}(a * b, x)$$

ebenso wie auch die Operatoren zur Stromexpansion/-kompression:

$$s \odot a \odot b \;=\; s \odot (a * b)$$
$$s \div a \div b \;=\; s \div (a * b)$$

Ein wesentlicher Unterschied zeigt sich darin, dass die Operatoren in FOCUS ein Verfeinerungspaar bilden:

$$\text{COA}(k, \text{FINE}(k, x)) \;=\; \{x\}$$
$$\text{FINE}(k, \text{COA}(k, x)) \;\ni\; x$$

Dagegen wird zwar die Expansion durch eine anschließende Kompression aufgehoben

$$s \odot k \div k \;=\; s$$

jedoch hat die Kompression, wie oben beschrieben, einen Informationsverlust zur Folge, so dass eine Stromkompression und anschließende Stromexpansion einander im Allgemeinen nicht mehr aufheben:

$$\exists s, k \,:\, s \div k \odot k \;\neq\; s$$

Dieser Unterschied wird grundsätzlich durch die oben bereits angesprochene Verwendung verschiedener Zeitdomänen für Ströme in AUTOFOCUS und FOCUS bedingt.

Die FOCUS-Zeitvergröberung wird in [Bro09] auch für stromverarbeitende Funktionen definiert. Eine Verhaltensspezifikation $F_C : I^{\underline{\omega}} \to \wp(O^{\underline{\omega}})$ einer Komponente C wird durch den Operator COA transformiert, indem die Eingaben zeitlich verfeinert und anschließend die Ausgaben vergröbert werden:

$$\text{COA}(F_C, k)(x) \quad = \quad \{\text{COA}(k, y) \mid \exists x' : x = \text{COA}(k, x') \wedge y \in F_C(x')\} \tag{4.95}$$

Es gilt:

$$\text{COA}(F_C, k)(x) \quad = \quad \text{COA}(k, F_C(\text{FINE}(k, x))) \tag{4.96}$$

Damit entspricht diese Transformation einer Verhaltensspezifikation in FOCUS der Transformation einer stromverarbeitenden Funktion F_C einer AUTOFOCUS-Komponente C, die um den Taktfaktor k beschleunigt wird (4.72):

$$(F_C \cdot k)(i) \quad = \quad F_C(i \odot k) \div k$$

Die unterschiedliche Funktionsweise der Vergröberungs-/Verfeinerungsoperatoren in FOCUS und AUTOFOCUS führt auch zu Unterschieden in den Auswirkungen der Zeitverfeinerung von Verhaltensspezifikationen: während COA$(F_C, k)(x)$ eine Menge ist, die sämtliche Verhaltensspezifikationen enthält, die der Verarbeitung einer der zeitlichen Verfeinerungen der Eingabe x durch F_C und anschließende Vergröberung der Ausgabe entsprechen, ist $(F_C \cdot k)$ eine Stromverarbeitungsfunktion, welche die um den Faktor k expandierte Eingabe x verarbeitet, und die Ausgabe anschließend komprimiert.

Die geschilderten Unterschiede zwischen der FOCUS-Zeitverfeinerung und der AUTOFOCUS-Mehrtaktsemantik spiegeln die verschiedenen Zielsetzungen und Mittel der Ansätze wider. Die FOCUS-Zeitverfeinerung ermöglicht die Variierung der zeitliche Auflösung von gezeiteten Nachrichtenströmen und mit ihnen von Komponentenverhalten, ohne die dabei verarbeiteten und erzeugten Nachrichten inhaltlich zu verändern – die zeitliche Verfeinerung eines Stroms enthält dabei gegebenenfalls mehrere Ströme, deren zeitliche Vergröberung den Ausgangsstrom ergibt, und die zeitliche Verfeinerung eines Verhaltens enthält alle Verhalten, die durch die Verarbeitung der Menge der zeitlich verfeinerten Eingaben und die Vergröberung der Ausgaben entstehen. Demgegenüber hat die AUTOFOCUS-Mehrtaktsemantik zum Ziel, einer Komponente mehr Zeit für die Erzeugung eines Ergebnisses zur Verfügung zu stellen, ohne den Rahmen der zeitsynchronen Kommunikationssemantik von AUTOFOCUS zu verlassen, was durch deterministische Expansion jeder Eingabenachricht m zu einer Sequenz $m\#\varepsilon^{k-1}$ und die Kompression der k internen Ausgabenachrichten zu einer externen Ausgabenachricht erreicht wird.

4.2   PDL – Deklarative Beschreibung funktionaler Eigenschaften

Dieser Abschnitt befasst sich mit der formalen Spezifikation und Validierung von Notationen zur Beschreibung funktionaler dynamischer Eigenschaften von Softwarekomponenten. In dem Abschnitt 4.2.1 wird eine Basisnotation zur Spezifikation deklarativer temporallogischer Eigenschaften und Notationen vorgestellt. Anschließend wird in dem Abschnitt 4.2.2 die Beziehung zwischen der formalen Ausführungssemantik der in 4.1 vorgestellten ADL und der in 4.2.1 verwendeten Basisnotation sowie weiteren temporallogischen Notationen beschrieben.

4.2.1 Basis-PDL

Wir erstellen Definitionen und beweisen Lemmata in Isabelle/HOL für den Umgang mit temporallogischen Operatoren und Notationen. Dies beinhaltet zusätzliche Definitionen, Operatoren und Lemmata für Intervalle/Mengen natürlicher Zahlen und temporallogische Operatoren auf Intervallen. Anschließend gehen wir auf die Beziehung zwischen den definierten Intervallen, den temporalen Operatoren und der Mehrtaktsemantik der Nachrichtenstromverarbeitung ein.

Schnittoperatoren auf Intervallen/Mengen

Für Mengen natürlicher Zahlen (im Allgemeinen: für Teilmengen linear geordneter Datentypen), definieren wir Schnittoperatoren, die eine Menge an einem Wert schneiden, so dass die Ergebnismenge nur Elemente unterhalb bzw. oberhalb des Schnittpunkts behält:

$$\downarrow\sim \; : \; \wp(\mathbb{N}) \times \mathbb{N} \to \wp(\mathbb{N})$$

$$I \downarrow\sim t \;\stackrel{\text{def}}{=}\; \{n \in I \mid n \sim t\}$$

(4.97)

wobei $\sim$ für Vergleichsoperatoren $\leq, <, \geq, >$ steht. Beispielsweise gilt

$$[1 \ldots 10] \downarrow\leq 5 \;\;\; = \;\; [1 \ldots 5]$$
$$[10 \ldots \infty) \downarrow\geq 20 \;\; = \;\; [20 \ldots \infty)$$

Schnittoperatoren sind kommutativ und distributiv bezüglich wichtiger Mengenoperationen, wie Durchschnitt und Vereinigung. Seien $\sim, \sim_1, \sim_2 \in \{\leq, <, \geq, >\}$ Vergleichsoperatoren, $I, I_1, I_2 \subseteq \mathbb{N}$ Mengen natürlicher Zahlen und $t, t_1, t_2 \in \mathbb{N}$ natürliche Zahlen. Es gilt:

$$I \downarrow\sim_1 t_1 \downarrow\sim_2 t_2 \;\; = \;\; I \downarrow\sim_2 t_2 \downarrow\sim_1 t_1$$

(4.98)

$$I_1 \cup I_2 \downarrow\sim t \;\; = \;\; I_1 \downarrow\sim t \cup I_2 \downarrow\sim t$$
$$I_1 \cap I_2 \downarrow\sim t \;\; = \;\; I_1 \downarrow\sim t \cap I_2 \downarrow\sim t$$
$$I_1 \setminus I_2 \downarrow\sim t \;\; = \;\; I_1 \downarrow\sim t \setminus I_2 \downarrow\sim t$$

(4.99)

Die sukzessive Anwendung ein und desselben Schnittoperators entspricht dem Schnitt mit dem kleinsten bzw. größten Schnittparameter:

$$I \downarrow\leq t_1 \downarrow\leq t_2 \;\; = \;\; I \downarrow\leq \mathsf{min}(t_1, t_2)$$
$$I \downarrow< t_1 \downarrow< t_2 \;\; = \;\; I \downarrow< \mathsf{min}(t_1, t_2)$$
$$I \downarrow\geq t_1 \downarrow\geq t_2 \;\; = \;\; I \downarrow\geq \mathsf{max}(t_1, t_2)$$
$$I \downarrow> t_1 \downarrow> t_2 \;\; = \;\; I \downarrow> \mathsf{max}(t_1, t_2)$$

(4.100)

Zudem sind Schnittoperatoren für strikt monotone Funktionen, wie Addition oder Multiplikation mit positiven Faktoren, distributiv bezüglich der Bildmengenbildung – die Bildmenge eines geschnittenen Intervalls ist gleich dem Schnitt der Bildmenge am Bild des Schnittpunkts. Dabei genügt die strikte Monotonie auf einer den Schnittpunkt enthaltenden Obermenge A der geschnittenen Menge I, und muss nicht zwingend für den gesamten Definitionsbereich gelten:

$$\mathsf{strict\_mono\_on}(f, A) \wedge I \subseteq A \wedge t \in A \Rightarrow$$
$$f(I) \downarrow\sim f(t) \;\; = \;\; f(I \downarrow\sim t)$$

(4.101)

Diese und weitere Ergebnisse zu Schnittoperatoren sind im Anhang A.2.1 sowie im Abschnitt *Cutting linorder and nat sets* der Theorie *SetInterval2* zu finden.

Traversierungsfunktionen und Induktion auf Intervallen

Im Folgenden werden Operatoren zum Traversieren/Abschreiten von Mengen natürlicher Zahlen definiert, die anschließend für Induktionsregeln auf Mengen natürlicher Zahlen verwendet werden.

Zunächst definieren wir Operatoren zur Ermittlung des nächsten/vorherigen Elements einer Menge bezüglich eines gegebenen Elements:

$$\text{inext, iprev} \; : \; \mathbb{N} \times \wp(\mathbb{N}) \to \mathbb{N}$$

$$\text{inext}(n, I) \;\; \overset{\text{def}}{=} \;\; \text{if } (n \in I \,\wedge\, \exists i \in I : i > n) \text{ then } \min\{i \in I \mid i > n\} \text{ else } n \qquad (4.102)$$

$$\text{iprev}(n, I) \;\; \overset{\text{def}}{=} \;\; \text{if } (n \in I \,\wedge\, \exists i \in I : i < n) \text{ then } \max\{i \in I \mid i < n\} \text{ else } n$$

Beispielsweise gilt

$$\text{inext}(t, \mathbb{N}) \;=\; t + 1$$
$$\text{inext}(10, \{n \in \mathbb{N} \mid n \bmod 2 = 0\}) \;=\; 12$$
$$\text{iprev}(t, \mathbb{N}) \;=\; \text{if } n > 0 \text{ then } n - 1 \text{ else } 0$$
$$\text{iprev}(10, \{1, 2, 3, 6, 10, 15\}) \;=\; 6$$

Die Operatoren inext und iprev geben genau das nächste bzw. vorherige Element einer Menge zurück, und überspringen keine Elemente:

$$n < k \,\wedge\, k < \text{inext}(n, I) \;\;\Rightarrow\;\; k \notin I$$
$$\text{iprev}(n, I) < k \,\wedge\, k < n \;\;\Rightarrow\;\; k \notin I \qquad (4.103)$$

Die Operatoren inext und iprev sind (fast) invers zueinander – die heben sich gegenseitig auf, falls ihr erstes Argument nicht gleich dem kleinsten bzw. größten Element der Menge ist:

$$n \neq \min(I) \;\;\Rightarrow\;\; \text{inext}(\text{iprev}(n, I), I) = n$$
$$n \neq \max(I) \,\vee\, |I| = \infty \;\;\Rightarrow\;\; \text{iprev}(\text{inext}(n, I), I) = n \qquad (4.104)$$

Da jede Menge natürlicher Zahlen ein kleinstes Element besitzt, muss in der ersten Formel der Fall $|I| = \infty$ nicht einzeln berücksichtigt werden.

Die Operatoren inext und iprev sind für strikt monotone Funktionen distributiv bezüglich der Bildmengenbildung:

$$\text{strict\_mono\_on}(f, I) \,\wedge\, n \in I \;\Rightarrow$$
$$\text{inext}(f(n), f(I)) \;=\; f(\text{inext}(n, I))$$
$$\text{strict\_mono\_on}(f, I) \,\wedge\, n \in I \;\Rightarrow \qquad (4.105)$$
$$\text{iprev}(f(n), f(I)) \;=\; f(\text{iprev}(n, I))$$

Mithilfe der Operatoren inext und iprev können nun Mengen natürlicher Zahlen abgeschritten werden. Die n-fache Anwendung des inext-Operators auf das kleinste Element ergibt das n-te Element einer nichtleeren Menge von links. Für endliche nichtleere Mengen natürlicher Zahlen, liefert die n-fache Anwendung des iprev-Operators auf das größte Element das n-te Element von rechts. Die entsprechenden Operatoren $\to, \leftarrow: \wp(\mathbb{N}) \times \mathbb{N} \to \mathbb{N}$ können rekursiv definiert werden:

$$I \to 0 \;\;\overset{\text{def}}{=}\;\; \min(I)$$
$$I \to (n + 1) \;\;\overset{\text{def}}{=}\;\; \text{inext}(I \to n, I) \qquad (4.106)$$

$$I \leftarrow 0 \quad \overset{\text{def}}{=} \quad \max(I)$$
$$I \leftarrow (n+1) \quad \overset{\text{def}}{=} \quad \mathsf{iprev}(I \leftarrow n, I) \tag{4.107}$$

Das Vorwärtstraversieren ist sowohl für endliche, als auch für unendliche Mengen natürlicher Zahlen möglich, da alle Mengen natürlicher Zahlen ein minimales Element besitzen. Das Rückwärtstraversieren ist nur für endliche Mengen möglich, da nur sie ein maximales Element besitzen.

Die Traversierungsoperatoren sind distributiv für die Bildmengenbildung mit streng monotonen Funktionen, so dass das n-te Element einer Bildmenge $f(I)$ gleich dem Bild des n-ten Elements der Menge I ist:

$$I \neq \emptyset \,\wedge\, \mathsf{strict\_mono\_on}(f, I) \;\Rightarrow$$
$$f(I) \rightarrow n \;=\; f(I \rightarrow n)$$
$$I \neq \emptyset \,\wedge\, \mathsf{strict\_mono\_on}(f, I) \,\wedge\, |I| < \infty \;\Rightarrow$$
$$f(I) \leftarrow n \;=\; f(I \leftarrow n) \tag{4.108}$$

Nun können die *Induktionsregeln* für beliebige Mengen natürlicher Zahlen auf Basis der Traversierungsoperatoren formuliert werden. Die allgemeine Regel besagt, dass zum Beweis einer Behauptung P für alle Elemente einer Menge I jede surjektive Funktion $f : \mathbb{N} \rightarrow I$ als Indexfunktion verwendet werden kann (Lemma *image-nat-induct* in A.2.2):

$$\big(P(f(0)) \,\wedge$$
$$(\forall n \in \mathbb{N} : P(f(n)) \;\Rightarrow\; P(f(n+1))) \,\wedge$$
$$(\forall x \in I : \exists n \in \mathbb{N} : x = f(n))\big) \;\Rightarrow$$
$$\forall x \in I : P(x) \tag{4.109}$$

Da Traversierungsoperatoren surjektive Abbildungen aller natürlichen Zahlen auf Teilmengen natürlicher Zahlen sind (Lemmata *inext-nth-surj-fun* und *iprev-nth-surj-fun*), kann diese Induktionsregel mit den Traversierungsoperatoren als Indexfunktionen verwendet werden. Mithilfe dieser Regel kann für das Vorwärtstraversieren einer Menge I unter Hinzunahme der Definitionen (4.106) für $I \rightarrow 0$ und $I \rightarrow (n+1)$ folgende Induktionsregel abgeleitet werden:

$$\big(P(\min(I)) \,\wedge\, (\forall x \in I : P(x) \;\Rightarrow\; P(\mathsf{inext}(x, I)))\big) \;\Rightarrow$$
$$\forall x \in I : P(x) \tag{4.110}$$

Die Induktionsregel für das Rückwärtstraversieren ist analog:

$$\big(P(\max(I)) \,\wedge\, (\forall x \in I : P(x) \;\Rightarrow\; P(\mathsf{iprev}(x, I))) \,\wedge\, |I| < \infty\big) \;\Rightarrow$$
$$\forall x \in I : P(x) \tag{4.111}$$

Intervalle für temporallogische Operatoren

Wir definieren nun Intervalle natürlicher Zahlen, die als *Zeitintervalle* für temporallogische Operatoren verwendet werden. Die Definitionen lehnen sich an die für MTL und TPTL verwendeten

Intervalle an [AH93]. Die Intervalle werden so definiert, dass sie stets nichtleer sind. Dabei verwenden wir neben den herkömmlichen/ununterbrochenen Intervallen, die alle natürlichen Zahlen zwischen der unteren und oberen Schranke enthalten, auch *Modulo-Intervalle*, welche genau diejenigen Zahlen zwischen der unteren und oberen Schranke enthalten, die den gleichen Rest bei der Division durch eine bestimmte natürliche Zahl ergeben. Die Modulo-Intervalle werden verwendet, um die Beziehung zwischen der internen Sicht einer beschleunigten Komponente auf die Eingabe-/Ausgabeströme und der externen Sicht an ihrer Kommunikationsschnittstelle zu beschreiben.

Die herkömmlichen/ununterbrochenen Intervalle werden wie folgt definiert:

$$[n\ldots] \quad \overset{\text{def}}{=} \quad [n \ldots \infty)$$

$$[\ldots n] \quad \overset{\text{def}}{=} \quad [0 \ldots n] \tag{4.112}$$

$$[n\ldots, d] \quad \overset{\text{def}}{=} \quad [n \ldots n + d]$$

Die Modulo-Intervalle werden wie folgt definiert:

$$[r, \bmod m] \quad \overset{\text{def}}{=} \quad \{x \in [r\ldots] \mid x \bmod m = r \bmod m\}$$

$$[r, \bmod m, c] \quad \overset{\text{def}}{=} \quad \{x \in [r\ldots, m * c] \mid x \bmod m = r \bmod m\} \tag{4.113}$$

Für $m = 0$ enthält ein Modulo-Intervall nur das kleinste Element r:

$$[r, \bmod 0] \quad \overset{\text{def}}{=} \quad \{r\}$$

$$[r, \bmod 0, c] \quad \overset{\text{def}}{=} \quad \{r\}$$

Wir bezeichnen die Mengen der Intervalle natürlicher Zahlen, die durch obige Definitionen beschrieben werden, wie folgt:

$$\text{iFROM} \quad \overset{\text{def}}{=} \quad \{[n\ldots] \mid n \in \mathbb{N}\}$$

$$\text{iTILL} \quad \overset{\text{def}}{=} \quad \{[\ldots n] \mid n \in \mathbb{N}\}$$

$$\text{iIN} \quad \overset{\text{def}}{=} \quad \{[n\ldots, d] \mid n, d \in \mathbb{N}\} \tag{4.114}$$

$$\text{iMOD} \quad \overset{\text{def}}{=} \quad \{[r, \bmod m] \mid r, m \in \mathbb{N}\}$$

$$\text{iMODb} \quad \overset{\text{def}}{=} \quad \{[r, \bmod m, c] \mid r, m, c \in \mathbb{N}\}$$

Die Menge aller auf diese Weise definierbaren Intervalle ist die Vereinigung dieser Intervallklassen:

$$\mathcal{IT} \quad \overset{\text{def}}{=} \quad \text{iFROM} \cup \text{iTILL} \cup \text{iIN} \cup \text{iMOD} \cup \text{iMODb}$$

$$\mathcal{IT}_\emptyset \quad \overset{\text{def}}{=} \quad \mathcal{IT} \cup \{\emptyset\} \tag{4.115}$$

Die Intervalldefinitionen sind zum Teil redundant, werden aber zur besseren Lesbarkeit beibehalten. So lassen sich folgende Intervalle als Spezialfälle mächtigerer Definitionen darstellen:

$$[\ldots n] \quad = \quad [0\ldots, n]$$

$$[n\ldots] \quad = \quad [n, \bmod 1] \tag{4.116}$$

$$[n\ldots, d] \quad = \quad [n, \bmod 1, d]$$

Insbesondere sind alle ununterbrochenen Intervalle als Modulo-Intervalle mit Divisor 1 darstellbar. Damit gelten auch folgende Beziehungen zwischen den Intervallklassen:

$$
\begin{aligned}
\text{iFROM} &\subseteq \text{iMOD} \\
\text{iTILL} &\subseteq \text{iIN} \subseteq \text{iMODb}
\end{aligned}
\tag{4.117}
$$

Die Intervallmenge $\mathcal{IT}$ wird somit von Modulo-Intervallen aufgespannt, wobei iMOD alle unendlichen und iMODb alle endlichen Intervalle beiträgt (vgl. Sätze *i-set-infinite-as-iMOD*, *i-set-finite-as-iMODb* und *i-set-as-iMOD-iMODb* in A.2.4).

Die vorher beschriebenen Operatoren zur Intervalltraversierung lassen sich leicht für die definierten Intervalle spezialisieren. Wir geben hier als Beispiel lediglich die Anwendung des inext-Operators an. Die Ergebnisse für iprev finden sich gemeinsam mit weiteren Ergebnissen zu Intervallen und Intervalloperatoren im Anhang A.2.3.

$$
\begin{aligned}
n \leq t &\Rightarrow \text{inext}(t, [n\ldots]) = t + 1 \\
t < n &\Rightarrow \text{inext}(t, [\ldots n]) = t + 1 \\
n \leq t < n + d &\Rightarrow \text{inext}(t, [n\ldots, d]) = t + 1 \\
t \in [r, \text{mod } m] &\rightarrow \text{inext}(t, [r, \text{mod } m]) = t + m \\
t \in [r, \text{mod } m, c] \wedge t < r + m * c &\Rightarrow \text{inext}(t, [r, \text{mod } m, c]) = t + m
\end{aligned}
\tag{4.118}
$$

Für die sukzessive Anwendung des inext-Operators zur Ermittlung des n-ten Elements eines Intervalls gilt:

$$
\begin{aligned}
&& [n\ldots] &\rightarrow a = n + a \\
a \leq n &\Rightarrow & [\ldots n] &\rightarrow a = a \\
a \leq d &\Rightarrow & [n\ldots, d] &\rightarrow a = n + a \\
&& [r, \text{mod } m] &\rightarrow a = r + m * a \\
a \leq c &\Rightarrow & [r, \text{mod } m, c] &\rightarrow a = r + m * a
\end{aligned}
\tag{4.119}
$$

Nun können die Induktionsregeln für alle Intervalle von den Regeln (4.110) und (4.111) abgeleitet werden. Wir geben als Beispiele die Regeln für Intervalle der Form $[n\ldots]$ und $[r, \text{mod } m]$ mit dem Vorwärtstraversierungsoperator inext an:

$$
\begin{aligned}
\big(P(n) \wedge (\forall x \in [n\ldots] : P(x) &\Rightarrow P(x+1)\big) \Rightarrow \\
\forall x \in [n\ldots] &: P(x) \\
\big(P(r) \wedge (\forall x \in [r, \text{mod } m] : P(x) &\Rightarrow P(x+m)\big) \Rightarrow \\
\forall x \in [r, \text{mod } m] &: P(x)
\end{aligned}
\tag{4.120}
$$

Arithmetische Operatoren mit Intervallen

Temporallogische Operatoren werden in vielen gängigen Notationen über Intervallen ausgewertet, die sich auf einen bestimmten Zeitpunkt beziehen. So bedeutet die Formel $\square_{[\ldots n]}\varphi$, dass die Formel φ im Intervall $[\ldots n]$ bezogen auf den aktuellen Zeitpunkt t_0 gilt: $\forall t \in [t_0 \ldots t_0 + n] : \varphi$. Der aktuelle Zeitpunkt wird also punktweise zum betrachteten Intervall $[\ldots n]$ addiert. Andere temporale Operatoren ziehen den aktuellen Zeitpunkt von dem Intervall oder das Intervall von dem aktuellen Zeitpunkt ab. Schließlich werden Intervalle bei der Behandlung der Eingabestromexpansion und der Ausgabestromkompression für die Mehrtaktsemantik mit dem Taktfaktor multipliziert bzw. dividiert. Deshalb benötigen wir eine punktweise Erweiterung arithmetischer Operatoren auf Intervalle natürlicher Zahlen.

Die Addition, Multiplikation und Division werden direkt als punktweise Anwendung der entsprechenden arithmetischen Operation definiert:

$$I + k \ \stackrel{\text{def}}{=} \ \{i + k \mid i \in I\}$$
$$I * k \ \stackrel{\text{def}}{=} \ \{i * k \mid i \in I\} \tag{4.121}$$
$$I \,/\, k \ \stackrel{\text{def}}{=} \ \{i \text{ div } k \mid i \in I\}$$

Für die Subtraktion muss beachtet werden, dass Elemente, für die sich eine negative Differenz ergibt, im Differenzintervall nicht enthalten sind, da auch die Ergebnisintervalle Teilmengen natürlicher Zahlen sind. Dies wird in den Definitionen der Subtraktionsoperatoren berücksichtigt. Es werden zwei äquivalente Definitionen formuliert, die wahlweise genutzt werden können (die Äquivalenz der Definitionen zeigt der Satz *iT-Plus-neg-conv* im Anhang A.2.4):

$$I - k \ \stackrel{\text{def}}{=} \ \{x \mid x + k \in I\}$$
$$I -' k \ \stackrel{\text{def}}{=} \ \{i - k \mid i \in (I \downarrow \geq k)\} \tag{4.122}$$

Die Subtraktion eines Intervalls von einer Konstante wird analog definiert – ein Differenzintervall $k - I$ enthält die Differenzen $k - i$ für alle Elemente $i \in I$, die nicht größer als k sind, da größere Elemente eine negative Differenz liefern und deshalb nicht berücksichtigt werden:

$$k - I \ \stackrel{\text{def}}{=} \ \{x \mid x \leq k \ \wedge \ k - x \in I\}$$
$$k -' I \ \stackrel{\text{def}}{=} \ \{k - i \mid i \in (I \downarrow \leq k)\} \tag{4.123}$$

Beide Definitionen sind wiederum äquivalent (Satz *iT-Minus-conv* im Anhang A.2.4) und können wahlweise verwendet werden.

Arithmetische Operatoren auf Intervallen aus der Intervallmenge $\mathcal{IT}$ (4.115) lassen sich dank der Wahl der Definitionen (4.112) und (4.113) sehr einfach darstellen.

Die Konstantenaddition verschiebt lediglich das kleinste Element des Intervalls:

$$\begin{aligned}
[n \ldots] + k &= [n + k \ldots] \\
[\ldots n] + k &= [k \ldots, n] \\
[n \ldots, d] + k &= [n + k \ldots, d] \\
[r, \bmod m] + k &= [r + k, \bmod m] \\
[r, \bmod m, c] + k &= [r + k, \bmod m, c]
\end{aligned} \tag{4.124}$$

Die Konstantenmultiplikation streckt ein Intervall – ununterbrochene Intervalle werden dadurch zu Modulo-Intervallen:

$$\begin{aligned}
[n \ldots] * k &= [n * k, \bmod k] \\
[\ldots n] * k &= [0, \bmod k, n] \\
[n \ldots, d] * k &= [n * k, \bmod k, d] \\
[r, \bmod m] * k &= [r * k, \bmod m * k] \\
[r, \bmod m, c] * k &= [r * k, \bmod m * k, c]
\end{aligned} \tag{4.125}$$

Die Konstantendivision staucht ein Intervall. Wir betrachten an dieser Stelle nur den Fall, dass ein Modulo-Intervall mit einem geeigneten Divisor zu einem dichteren Intervall komprimiert wird:

$$
\begin{aligned}
0 < m \wedge m \le k &\quad\Rightarrow\quad [r,\, \mathrm{mod}\, m]\, /\, k \;=\; [r\ \mathrm{div}\ k \ldots] \\
0 < k \wedge m\ \mathrm{mod}\ k = 0 &\quad\Rightarrow\quad [r,\, \mathrm{mod}\, m]\, /\, k \;=\; [r\ \mathrm{div}\ k,\, \mathrm{mod}\ (m\ \mathrm{div}\ k)]
\end{aligned}
\tag{4.126}
$$

Abgeschlossenheit   Die Intervallklasse $\mathcal{IT}_{\emptyset}$ ist unter Schnittoperatoren sowie arithmetischen Operatoren außer der Division abgeschlossen:

$$
\begin{aligned}
I \in \mathcal{IT}_{\emptyset} \wedge\ \sim\ \in \{\le, <, \ge, >\} &\quad\Rightarrow\quad I \downarrow\sim t \in \mathcal{IT}_{\emptyset} \\
I \in \mathcal{IT}_{\emptyset} \wedge\ \sim\ \in \{+, *, -\} &\quad\Rightarrow\quad I \sim k \in \mathcal{IT}_{\emptyset} \\
I \in \mathcal{IT}_{\emptyset} &\quad\Rightarrow\quad k - I \in \mathcal{IT}_{\emptyset}
\end{aligned}
\tag{4.127}
$$

Die Division ist der einzige arithmetische Operator, unter dem $\mathcal{IT}_{\emptyset}$ nicht abgeschlossen ist (vgl. Sätze *iMOD-div-mod-gr0-not-in-i-set*, *i-set-Div-not-closed* und *i-set0-Div-not-closed* in A.2.4). Es gilt:

$$
0 < k < m \wedge m\ \mathrm{mod}\ k \ne 0 \quad\Rightarrow\quad [r,\, \mathrm{mod}\, m]\, /\, k \notin \mathcal{IT}
$$

und folglich

$$
\begin{aligned}
\forall k > 1 : \exists I \in \mathcal{IT}\ :\ I\, /\, k \notin \mathcal{IT} \\
\forall k > 1 : \exists I \in \mathcal{IT}_{\emptyset}\ :\ I\, /\, k \notin \mathcal{IT}_{\emptyset}
\end{aligned}
\tag{4.128}
$$

Dies stellt für uns jedoch keine Schwierigkeit dar, weil Intervalldivision nur im Zusammenhang mit der Kompression der Ausgabeströme beschleunigter Komponenten verwendet wird. Dieser Kompression geht eine Eingabestromexpansion um den Taktfaktor voraus, welcher die Intervallmultiplikation entspricht, die jedes Intervall aus $\mathcal{IT}$ zu einem Modulo-Intervall transformiert. Die Intervalldivision ist für somit nur für Modulo-Intervalle von Interesse, deren Divisor durch den Taktfaktor teilbar ist.

Wir können für jeden Divisor $k \in \mathbb{N}_+$ Teilklassen von $\mathcal{IT}$ identifizieren, welche nur Intervalle enthalten, die bei der Division durch k in $\mathcal{IT}$ bleiben. Sei $\mathcal{IT}_{(k)}$ die Menge aller ununterbrochenen Intervalle sowie aller Modulo-Intervalle, deren Divisor ein Vielfaches von k ist:

$$
\begin{aligned}
\mathcal{IT}_{cont} &\stackrel{\mathrm{def}}{=}\ \mathsf{iFROM}\ \cup\ \mathsf{iTILL}\ \cup\ \mathsf{iIN} \\
\mathcal{IT}_{(k)} &\stackrel{\mathrm{def}}{=}\ \mathcal{IT}_{cont}\ \cup\ \{[r,\, \mathrm{mod}\, m * k]\ |\ r, m \in \mathbb{N}\}\ \cup \\
&\qquad \{[r,\, \mathrm{mod}\, m * k,\, c]\ |\ r, m, c \in \mathbb{N}\}
\end{aligned}
\tag{4.129}
$$

Die Intervallklassen $\mathcal{IT}_{(k)}$ für $k = 0$ und $k = 1$ entsprechen dabei genau allen ununterbrochenen bzw. allen Intervallen in $\mathcal{IT}$:

$$
\begin{aligned}
\mathcal{IT}_{(0)} &=\ \mathcal{IT}_{cont} \\
\mathcal{IT}_{(1)} &=\ \mathcal{IT}
\end{aligned}
\tag{4.130}
$$

Für $k \ne 1$ sind alle Intervallklassen $\mathcal{IT}_{(k)}$ echte Teilmengen von $\mathcal{IT}$

$$
k \ne 1 \quad\Rightarrow\quad \mathcal{IT}_{(k)}\ \subset\ \mathcal{IT}_{cont}
$$

Die Intervallklassen $\mathcal{IT}_{(k)}$ hängen mit der Expansion der Eingabeströme für beschleunigte Komponenten zusammen: die Stromexpansion entspricht der Multiplikation von Zeitintervallen, da für eine Komponente mit Taktfaktor $k \in \mathbb{N}_+$ die externe Sicht auf einen Eingabestrom mit einem Zeitintervall $I \in \mathcal{IT}$ der internen Sicht auf den expandierten Strom mit dem Intervall $I * k$ entspricht (vgl. Abschnitt 4.2.2). Alle Intervalle $I * m$, die durch Multiplikation eines Intervalls $I \in \mathcal{IT}$ mit einer durch k teilbaren Konstante (insbesondere mit k selbst) entstehen, sind in $\mathcal{IT}_{(k)}$ enthalten:

$$
\begin{aligned}
I \in \mathcal{IT} \,\wedge\, m \bmod k = 0 &\;\Rightarrow\; I * m \in \mathcal{IT}_{(k)} \\
I \in \mathcal{IT} &\;\Rightarrow\; I * k \in \mathcal{IT}_{(k)}
\end{aligned}
\tag{4.131}
$$

Nun können Bedingungen für die Abgeschlossenheit bezüglich der Intervalldivision formuliert werden. Dabei handelt es sich um eine eingeschränkte Abgeschlossenheit, da wir nicht Intervallklassen identifizieren, die stets unter der Division abgeschlossen sind, sondern den Zusammenhang zwischen Intervallklassen und Divisoren beschreiben, welcher gewährleistet, dass die Quotienten in der Intervallmenge $\mathcal{IT}$ verbleiben. Es gilt, dass eine Intervallklasse $\mathcal{IT}_{(k)}$ ausschließlich Intervalle enthält, die bei der Division durch jeden Teiler d von k, insbesondere k selbst, in $\mathcal{IT}$ verbleiben:

$$
\begin{aligned}
I \in \mathcal{IT}_{(k)} \,\wedge\, k \bmod d = 0 &\;\Rightarrow\; I / d \in \mathcal{IT}_{(k \,\text{div}\, d)} \\
I \in \mathcal{IT}_{(k)} \,\wedge\, k \bmod d = 0 &\;\Rightarrow\; I / d \in \mathcal{IT} \\
I \in \mathcal{IT}_{(k)} &\;\Rightarrow\; I / k \in \mathcal{IT}
\end{aligned}
\tag{4.132}
$$

Weitere Ergebnisse zu arithmetischen Operatoren auf Intervallen, darunter die Kombination mit Traversierungsoperatoren und Schnittoperatoren, finden sich im Anhang A.2.4.

Definition der Basis-PDL

Nun definieren wir die *Basis-PDL (BPDL)*, die zur Beschreibung temporallogischer Eigenschaften und zur Definition weiterer temporallogischer Notationen verwendet werden kann. Die BPDL ist hinreichend ausdrucksstark, um gängige temporallogische Notationen, wie LTL, TPTL u. a., definieren zu können. Gleichzeitig befördert der einfache Aufbau die Verständlichkeit von Eigenschaftsspezifikationen und Definitionen weiterer Spezifikationsnotationen sowie die Visualisierung temporallogischer Eigenschaften (Abschnitt 5.3).

Syntax　Die BPDL verwendet herkömmliche boolesche Operatoren, arithmetische Ausdrücke auf Zeitwerten, Intervallausdrücke und -operatoren, die vorher in diesem Abschnitt definiert wurden, sowie zwei temporale Operatoren auf Zeitintervallen, die dem Universalquantor und dem Existenzquantor auf Zeitintervallen, und damit den temporalen Operatoren *Always* und *Eventually* entsprechen. Weitere temporale Operatoren werden als Abkürzungen auf ihrer Basis definiert.
　Die grundlegende Syntax einer BPDL-Formel ist als BNF-Grammatik in Abb. 4.15 angegeben. Eine Formel ist entweder eine Zustandsformel, ein boolescher Ausdruck oder ein temporallogischer Ausdruck:

- Eine *Zustandsformel* macht eine Aussage über einen einzelnen System-/Berechnungszustand. Sie verwendet dabei keine BPDL-Ausdrucksmittel, sondern bezieht sich auf das betrachtete System und die dafür definierten Operationen, wie beispielsweise Abfrage und Vergleich der Variablenwerte einer Systemkomponente.

- Eine *gezeitete Zustandsformel* ermöglicht den Zugriff auf Zustände von Systementitäten (Port/Variable/Kontrollzustand) zu Zeitpunkten, für die eine gebundene Zeitvariable vorhanden ist, um Beziehungen zwischen Systemzuständen zu verschiedenen Zeitpunkten formulieren zu können.

- Eine *boolesche Formel* ist entweder eine Verknüpfung von BPDL-Formeln mit booleschen Operatoren, oder ein Vergleich zweier arithmetischer Ausdrücke über Zeitwerten.

- Eine *temporale Formel* besteht aus einer Formel, einem temporalen Operator, einer von ihm gebundenen Zeitvariablen, sowie einem Zeitintervall, für den die Erfüllung der Formel betrachtet wird.

Wir führen die gezeiteten Zustandsformeln zusätzlich zu den herkömmlichen Zustandsformeln vor allem dazu ein, um Aussagen formulieren zu können, für die mit herkömmlichen Zustandsformeln zusätzliche Variable zur Hinterlegung der erforderlichen Werte/Zustände zu verschiedenen Zeitpunkten benutzt werden müssten – mittels gezeiteter Zustandsformeln können solche Aussagen formuliert werden, ohne auf Implementierungsdetails, wie Zwischenspeicherung von Werten und eventuell auch die Auswahl des erforderlichen Werts aus mehreren gespeicherten Werten, eingehen zu müssen.

In booleschen und temporalen Formeln dürfen arithmetische Ausdrücke über Zeitwerten verwendet werden. Die Syntax der arithmetischen Ausdrücke über Zeitwerten wird in Abb. 4.16 aufgeführt. Arithmetische Ausdrücke werden wie folgt aufgebaut:

- Ein *Zeitwert* ist ein arithmetischer Zeitausdruck. Ein Zeitwert kann eine Konstante, eine der durch temporale Operatoren gebundenen Zeitvariablen, oder die ausgezeichnete Variable T sein, die den aktuellen Zeitpunkt angibt.

- Die Verknüpfung zweier arithmetischer Zeitausdrücke mit einem *arithmetischen Operator* ist wieder ein Zeitausdruck.

- Die *Traversierungsoperatoren* inext und iprev bilden mit einem Zeitwert und einem Intervallausdruck einen Zeitausdruck.

Die temporalen Operatoren □ und ◇ sowie die Traversierungsoperatoren inext und iprev verwenden Zeitintervalle als eines der Argumente. Hierzu dienen Intervallausdrücke, deren Aufbau in der Abb. 4.17 angegeben ist. Ein Intervallausdruck ist ein Grundintervall aus $\mathcal{IT}$, ein arithmetischer Intervallausdruck oder ein Schnitt an einem Zeitwert.

- Ein *Grundintervall* aus $\mathcal{IT}$ ist entweder ein ununterbrochenes Intervall der Form $[n \ldots]$, $[\ldots n]$, $[n \ldots, d]$ oder ein Modulo-Intervall der Form $[r, \bmod m], [r, \bmod m, c]$. Als Parameter werden konstante Werte verwendet.

- Ein *arithmetischer Intervallausdruck* ist die Verknüpfung eines Intervallausdrucks und eines arithmetischen Ausdrucks mit einem arithmetischen Operator, wie in diesem Abschnitt ab S. 119 definiert. Insbesondere kann ein Intervall mithilfe des Additions- und des Subtraktionsoperators beliebig über die Zeitachse verschoben werden.

- Ein *Intervallschnitt* ist die Begrenzung eines Intervalls durch einen Zeitpunkt mithilfe eines Intervallschnittoperators, wobei der Schnittpunkt durch einen arithmetischen Ausdruck gegeben wird.

```
formula ::=
    state_formula | /* Formula about system state */
    timed_state_formula | /* Contains value_at_time expressions */
    bool_formula |
    temp_formula;

value_at_time ::= entity time_var;

entity ::= port | variable | control_state;

bool_formula ::=
    True | False |
    un_bool_op formula |
    formula bin_bool_op formula |
    cmp_arith_expr;

un_bool_op ::= ¬;

bin_bool_op ::= ∧ | ∨ | → | ↔;

cmp_arith_expr ::=
    time_arith_expr arith_cmp_op time_arith_expr;

arith_cmp_op ::= < | > | = | ≤ | ≥;

temp_formula ::= temp_op time_var time_intvl . formula;

temp_op ::= □ | ◊; /* Always, Eventually */

time_var ::= ident;
```

Abbildung 4.15: Grundlegende Syntax der Basis-PDL

Semantik   Wir definieren nun die Semantik der BPDL-Formeln. Die Gültigkeit einer Formel φ wird für eine Berechnung $\sigma \in S^\infty$ definiert, wobei S die Menge der möglichen Zustände des betrachteten Systems/Komponente C ist. Wird die Formel φ für die Berechnung σ zum Zeitpunkt t erfüllt, so schreiben wir $(\sigma, t, \Theta) \models \varphi$, andernfalls $(\sigma, t, \Theta) \not\models \varphi$. Hier bezeichnet Θ den Zeitkontext, der für alle von temporalen Operatoren gebundenen Zeitvariablen die aktuell zugewiesenen Werte angibt – ist φ Teilformel einer Formel ψ, so kann auf diese Weise innerhalb von φ auf die Werte der außerhalb von φ in ψ gebundenen Zeitvariablen zugegriffen werden.

Wir verwenden Funktionen $\mathcal{E}_\mathcal{A}$ und $\mathcal{E}_\mathcal{I}$ zur Auswertung der arithmetischen und der Intervallausdrücke, die in der Berechnung den aktuellen Zeitpunkt und Zeitkontext berücksichtigen.

- *Arithmetische Ausdrücke*

  Die Auswertungsfunktion $\mathcal{E}_\mathcal{A}(t, \Theta, e)$ für arithmetische Ausdrücke berechnet den Wert des arithmetischen Ausdrucks e zum Zeitpunkt t unter Berücksichtigung aktueller Werte der Zeitvariablen im Zeitkontext Θ wie folgt:

  – $\mathcal{E}_\mathcal{A}(t, \Theta, c) = c$

```
time_arith_expr ::=
  basic_time_arith_expr |
  next_time_arith_expr |
  time_arith_expr + time_arith_expr |
  time_arith_expr - time_arith_expr |
  time_arith_expr * time_const |
  time_arith_expr div time_const |
  time_arith_expr mod time_const;

basic_time_arith_expr ::=
  time_const |
  time_var |
  time_current_value; /* Special variable T denoting
                         the current time value */

next_time_arith_expr ::=
  inext basic_time_arith_expr  time_intvl |
  iprev basic_time_arith_expr  time_intvl;

time_const ::= numeric_const | defined_const;

/* Constant in, e.g., decimal notation */
numeric_const ::= numeric_string;

/* Predefined numeric constant */
defined_const ::= ident;
```

Abbildung 4.16: Basis-PDL – Syntax der arithmetischen Ausdrücke

Konstanten: Konstanten werden unabhängig von dem Zeitkontext und dem aktuellen Zeitpunkt ausgewertet.

- $\mathcal{E}_{\mathcal{A}}(t,\,\Theta,\,t_i) = \Theta(t_i)$

  Zeitvariablen: Zeitvariablen werden entsprechend den Zuweisungen im Zeitkontext ausgewertet. Diese werden bei der Überprüfung temporaler Formeln zugewiesen, wie bei der Definition der Semantik temporaler Operatoren weiter unten erörtert wird.

- $\mathcal{E}_{\mathcal{A}}(t,\,\Theta,\,T) = t$

  Aktueller Zeitpunkt: Die ausgezeichnete Variable T nimmt zu jedem Zeitpunkt t den entsprechenden Wert t an.

- $\mathcal{E}_{\mathcal{A}}(t,\,\Theta,\,a_1 \sim a_2) = \mathcal{E}_{\mathcal{A}}(\Theta,\,t,\,a_1) \sim \mathcal{E}_{\mathcal{A}}(\Theta,\,t,\,a_2)$ für $\sim \in \{+,\,*,\,-,\,\mathsf{div},\,\mathsf{mod}\}$

  Arithmetische Ausdrücke: Arithmetische Ausdrücke werden entsprechend der herkömmlichen Definition arithmetischer Operatoren auf natürlichen Zahlen ausgewertet (s. a. Abschnitt 3.1.1 für Division, Modulo-Bildung und Subtraktion auf natürlichen Zahlen).

- $\mathcal{E}_{\mathcal{A}}(t,\,\Theta,\,\mathsf{inext}(e,\,I)) = \mathsf{inext}(\mathcal{E}_{\mathcal{A}}(t,\,\Theta,\,e),\,\mathcal{E}_{\mathcal{I}}(t,\,\Theta,\,I))$
  $\mathcal{E}_{\mathcal{A}}(t,\,\Theta,\,\mathsf{iprev}(e,\,I)) = \mathsf{iprev}(\mathcal{E}_{\mathcal{A}}(t,\,\Theta,\,e),\,\mathcal{E}_{\mathcal{I}}(t,\,\Theta,\,I))$

  Nächster/Vorheriger Zeitpunkt: Der nächste bzw. vorherige Zeitpunkt im Intervall I

```
time_intvl ::=
    basic_intvl |
    intvl_arith_expr |
    intvl_cut_expr;

basic_intvl ::=
    [time_const...] |
    [...time_const] |
    [time_const..., time_const] |
    [time_const, mod time_const] |
    [time_const, mod time_const, time_const];

intvl_arith_expr ::=
    time_intvl + time_arith_expr |
    time_intvl - time_arith_expr |
    time_arith_expr - time_intvl |
    time_intvl * time_const |
    time_intvl / time_const;

intvl_cut_expr ::= time_intvl  cut_op  time_arith_expr;

cut_op ::= ↓≤ | ↓< | ↓≥ | ↓>;
```

Abbildung 4.17: Basis-PDL – Syntax der Intervallausdrücke

bezüglich des durch e gegebenen Zeitpunkts wird durch die Funktionen inext bzw. iprev ermittelt (S. 116 ff.).

- *Intervallausdrücke*

  Die Auswertungsfunktion $\mathcal{E}_\mathcal{I}(t, \Theta, I)$ für Intervallausdrücke berechnet das Zeitintervall I zum Zeitpunkt t unter Berücksichtigung aktueller Werte der Zeitvariablen im Zeitkontext Θ wie folgt:

  – $\mathcal{E}_\mathcal{I}(t, \Theta, I) = I$ für $I \in \mathcal{IT}$

    Grundintervalle aus $\mathcal{IT}$: Grundintervalle sind "Konstanten" der Intervallausdrücke, und haben stets denselben Wert, da die in ihren Definitionen verwendeten Parameter $n, d, r, m, c \in \mathbb{N}$ Konstanten sind (vgl. Abb. 4.17). Damit gilt:

    $$\mathcal{E}_\mathcal{I}(t, \Theta, [n\ldots]) \quad = \quad [n\ldots]$$
    $$\mathcal{E}_\mathcal{I}(t, \Theta, [\ldots n]) \quad = \quad [\ldots n]$$
    $$\mathcal{E}_\mathcal{I}(t, \Theta, [n\ldots, d]) \quad = \quad [n\ldots, d]$$
    $$\mathcal{E}_\mathcal{I}(t, \Theta, [r, \bmod m]) \quad = \quad [r, \bmod m]$$
    $$\mathcal{E}_\mathcal{I}(t, \Theta, [n\ldots]) \quad = \quad [n\ldots]$$

  – $\mathcal{E}_\mathcal{I}(t, \Theta, I + e) = \mathcal{E}_\mathcal{I}(t, \Theta, I) + \mathcal{E}_\mathcal{A}(t, \Theta, e)$
    $\mathcal{E}_\mathcal{I}(t, \Theta, I - e) = \mathcal{E}_\mathcal{I}(t, \Theta, I) - \mathcal{E}_\mathcal{A}(t, \Theta, e)$
    $\mathcal{E}_\mathcal{I}(t, \Theta, e - I) = \mathcal{E}_\mathcal{A}(t, \Theta, e) - \mathcal{E}_\mathcal{I}(t, \Theta, I)$

Addition/Subtraktion mit arithmetischen Ausdrücken: Operatoren zur Addition und Subtraktion arithmetischer Ausdrücke können auf Intervalle wie vorher definiert (4.121, 4.122, 4.123) angewandt werden.

- $\mathcal{E}_{\mathcal{I}}(t, \Theta, I * k) = \mathcal{E}_{\mathcal{I}}(t, \Theta, I) * k$
  $\mathcal{E}_{\mathcal{I}}(t, \Theta, I / k) = \mathcal{E}_{\mathcal{I}}(t, \Theta, I) / k$

Multiplikation/Division mit Konstanten: Operatoren zur Multiplikation und Division mit Konstanten können auf Intervalle wie vorher definiert (4.121) angewandt werden.

- $\mathcal{E}_{\mathcal{I}}(t, \Theta, I \downarrow\sim e) = \mathcal{E}_{\mathcal{I}}(t, \Theta, I) \downarrow\sim \mathcal{E}_{\mathcal{A}}(t, \Theta, e)$ für $\sim \in \{\leq, <, \geq, >\}$

Schnittoperatoren: Intervalle können mithilfe der Schnittoperatoren (4.97) an einem Zeitpunkt geschnitten werden, der aus einem arithmetischen Ausdruck berechnet wird.

Mithilfe der Auswertungsfunktionen $\mathcal{E}_{\mathcal{A}}$ und $\mathcal{E}_{\mathcal{I}}$ für arithmetische Ausdrücke und Intervallausdrücke können wir die Semantik einer BPDL-Formel definieren. Seien φ, ψ BPDL-Formeln mit der Menge $\mathcal{B} = \{t_1, \ldots, t_v\}$ der durch temporale Operatoren gebundenen Zeitvariablen. Der Zeitkontext $\Theta : \mathcal{B} \rightarrow \mathbb{N}$ gibt für jede gebundene Zeitvariable $t_i \in \mathcal{B}$ einen aktuell zugewiesenen Wert an (ist eine Variable t_i in einer Formel φ nicht gebunden, so kann sie auch nicht in φ verwendet, so dass eine nicht vorhandene Wertzuweisung $\Theta(t_i)$ keine Probleme bereitet). Die BPDL-Semantik wird, wie schon für arithmetische und Intervallausdrücke, rekursiv über die Formelstruktur definiert.

- $(\sigma, t, \Theta) \models \varphi \quad \Leftrightarrow \quad \varphi(\sigma.t)$

  Zustandsformel: Eine Zustandsformel φ ist zum Zeitpunkt t erfüllt, wenn sie auf dem Berechnungszustand $\sigma.t$ gilt.

- $(\sigma, t, \Theta) \models \varphi \quad \Leftrightarrow \quad \varphi(\sigma(\Theta), \sigma.t)$

  Gezeitete Zustandsformel: Eine gezeitete Zustandsformel φ ist zum Zeitpunkt t erfüllt, wenn sie auf dem Berechnungszustand $\sigma.t$ unter Berücksichtigung der verwendeten Entitätenzustände zu anderen Zeitpunkten gilt. Die Menge $\sigma(\Theta) = \{\sigma.t_i \mid t_i \in \mathcal{B}\}$ enthält die Berechnungszustände zu den Zeitpunkten, die als Zeitvariablen in Θ enthalten sind. Der Wert einer Entität x zu einem Zeitpunkt t_i aus Θ wird aus dem Berechnungszustand zu diesem Zeitpunkt ermittelt: $x(t_i) = \sigma(x, t_i) = \Pi_x(\sigma.t_i)$.

- $(\sigma, t, \Theta) \models$ True
  $(\sigma, t, \Theta) \not\models$ False

  Boolesche Konstanten: Boolesche Konstanten werden unabhängig von dem Zeitkontext und dem aktuellen Zeitpunkt ausgewertet: True gilt in allen Berechnungszuständen, False gilt in keinem Berechnungszustand.

- $(\sigma, t, \Theta) \models \neg\varphi \quad \Leftrightarrow \quad (\sigma, t, \Theta) \not\models \varphi$

  Negation: Die Negation einer Formel φ ist genau dann gültig, wenn φ nicht gilt.

- $(\sigma, t, \Theta) \models \varphi \wedge \psi \quad \Leftrightarrow \quad (\sigma, t, \Theta) \models \varphi \ \wedge \ (\sigma, t, \Theta) \models \psi$

  Boolesche Junktionen: Die Konjunktion $\varphi \wedge \psi$ ist genau dann gültig, wenn sowohl φ als auch ψ gilt. Weitere boolesche Junktionen werden mithilfe der Standardabkürzungen mit den Operatoren $\neg$, $\wedge$ definiert:

Disjunktion: $\varphi \vee \psi = \neg(\neg\varphi \wedge \neg\psi)$

Implikation: $\varphi \to \psi = \neg\varphi \vee \psi$

Äquivalenz: $\varphi \leftrightarrow \psi = (\varphi \to \psi) \wedge (\psi \to \varphi)$

- $(\sigma, t, \Theta) \models e_1 \sim e_2 \quad \Leftrightarrow \quad \mathcal{E}_\mathcal{A}(\Theta, t, e_1) \sim \mathcal{E}_\mathcal{A}(\Theta, t, e_2)$ für $\sim \in \{<, >, =, \leq, \geq\}$

  Vergleich arithmetischer Ausdrücke: Die Formel $e_1 \sim e_2$ ist genau dann erfüllt, wenn die dem Vergleichsoperator $\sim$ entsprechende Relation für die Ergebnisse der Auswertung der arithmetischen Ausdrücke e_1 und e_2 zum Zeitpunkt t mit dem Zeitkontext Θ gilt (arithmetische Ausdrücke über Zeitwerten sind unabhängig von der Berechnung σ).

- $(\sigma, t, \Theta) \models \Box\, t_i\, I.\, \varphi \quad \Leftrightarrow \quad \forall t' \in \mathcal{E}_\mathcal{I}(t, \Theta, I) : (\sigma, t', \Theta[t_i := t']) \models \varphi$

  Always – universeller temporaler Operator: Die Formel $\Box\, t_i\, I.\, \varphi$ ist genau dann erfüllt, wenn φ für alle Zeitpunkte t_i aus I erfüllt ist, wobei der Wert von t_i in der Formel φ für arithmetische Ausdrücke zur Verfügung steht.

- $(\sigma, t, \Theta) \models \Diamond\, t_i\, I.\, \varphi \quad \Leftrightarrow \quad \exists t' \in \mathcal{E}_\mathcal{I}(t, \Theta, I) : (\sigma, t', \Theta[t_i := t']) \models \varphi$

  Eventually – existenzieller temporaler Operator: Die Formel $\Diamond\, t_i\, I.\, \varphi$ ist genau dann erfüllt, wenn φ für mindestens einen Zeitpunkt t_i aus I erfüllt ist, wobei der Wert von t_i in der Formel φ für arithmetische Ausdrücke zur Verfügung steht.

Hiermit ist die formale Syntax und Semantik der BPDL definiert.

An dieser Stelle wollen wir noch kurz auf die Schreibweise bei der Auswertung von BPDL-Formeln eingehen. Der Zeitkontext Θ ist ein Hilfskonstrukt, das bei der obigen Definition der BPDL-Semantik verwendet wird, um in einer Teilformel auf die außerhalb dieser Teilformel gebundenen Zeitvariablen zugreifen zu können. Werden vollständige Formeln betrachtet (oder auch Teilformeln, die keine außerhalb von ihnen gebundenen Zeitvariablen verwenden), so können wir auf die explizite Angabe eines Zeitkontexts verzichten und kürzer $(\sigma, t) \models \varphi$ statt $(\sigma, t, \Theta) \models \varphi$ schreiben (beispielsweise $(\sigma, t) \models \Diamond\, t_1\, [0 \ldots]. \Box\, t_2\, ([\ldots m] + t_1). \varphi$, falls φ nur auf die Zeitvariablen t_1 und t_2 zugreift). Da die Zeitvariablen in BPDL explizit sind, ist es zudem, anders als in Notationen ohne explizite Zeitvariablen wie LTL, möglich, neben der Schreibweise $(\sigma, t) \models \varphi$ die noch kürzere Schreibweise φ zu verwenden. Beispielsweise ist im Kontext einer gegebenen Berechnung σ die Semantik der BPDL-Formel $(\sigma, t) \models \Diamond\, t\, ([0 \ldots] + t_0). v = 5$ auch ohne die Angabe des Kontexts (σ, t_0) wegen der Verwendung expliziter Zeitvariablen eindeutig definiert, so dass wir die einfachere Schreibweise $\Diamond\, t\, ([0 \ldots] + t_0). v = 5$ verwenden können. Schließlich können auch die Zugriffe auf den aktuellen Zeitpunkt t (beispielsweise in Zustandsformeln oder auch durch den Ausdruck T) durch Zugriffe auf entsprechende Zeitvariablen t_i ausgedrückt werden, denn der aktuelle Zeitpunkt t entspricht stets entweder einem vorgegebenen initialen Zeitpunkt t_0, zu dem die BPDL-Formel ausgewertet wird, oder einer Zeitvariablen t_i, die von einem *Always*- oder *Eventually*-Operator gebunden ist, und deren aktueller Wert in dem Zeitkontext vorhanden ist (vgl. Definition der Semantik temporaler BPDL-Operatoren weiter oben). Somit können wir bei der Auswertung von BPDL-Formeln im Kontext einer gegebenen Berechnung σ der Kürze halber die Schreibweise ohne die Angabe des vollständigen Kontexts verwenden, da die durch den Zeitkontext Θ und den aktuellen Zeitpunkt t gegebenen Informationen aufgrund der Verwendung expliziter Zeitvariablen aus der Formel selbst ermittelt werden können.

Hilfreiche Definitionen

Nachdem wir die Grundmittel der BPDL definiert haben, wollen wir auf ihrer Basis weitere gebräuchliche temporale Operatoren sowie hilfreiche Ausdrücke für BPDL-Formeln definieren. Zunächst wollen wir Mengen-/Intervallausdrücke ergänzen:

- Intervallbeginn als arithmetischer Ausdruck

  Die BPDL-Syntax erlaubt nur die Verwendung von Konstanten für Intervalle aus $\mathcal{IT}$. Mithilfe der Intervalladdition kann der Intervallbeginn auf jeden als arithmetischer Ausdruck darstellbaren Zeitpunkt gelegt werden. Seien a ein arithmetischer Zeitausdruck und c, d, $m \in \mathbb{N}$ Konstanten. Es gilt:

  $$
  \begin{aligned}
  [a \ldots] &= [0 \ldots] + a \\
  [a \ldots, d] &= [\ldots d] + a \\
  [a, \bmod m] &= [0, \bmod m] + a \\
  [a, \bmod m, c] &= [0, \bmod m, c] + a
  \end{aligned}
  \tag{4.133}
  $$

- Einelementige Menge

  Die Menge $\{a\} = \{x \mid x = a\}$ besteht genau aus dem Element a. Einelementige Mengen können genutzt werden, um Aussagen über einen einzelnen Zeitpunkt formulieren zu können. Eine mögliche BPDL-Darstellung ist

  $$
  \{a\} = [a \ldots, 0] = [\ldots 0] + a
  \tag{4.134}
  $$

- Leere Menge

  Die leere Menge $\emptyset = \{x \mid \mathsf{False}\}$ kann als BPDL-Intervall $\emptyset = I \downarrow < 0$ dargestellt werden, wobei I beliebiges Zeitintervall ist, beispielsweise $\emptyset = [0 \ldots] \downarrow < 0$. Für die Definition der temporalen Operatoren *Next* und *Last* (s. u.) wird die Überprüfung verwendet, ob ein Zeitintervall leer ist. Die Leerheitsprüfung einer Menge kann wie folgt mithilfe temporaler Operatoren in BPDL dargestellt werden:

  $$
  \begin{aligned}
  I = \emptyset &\Leftrightarrow \Box\, t\, I.\, \mathsf{False} \\
  I \neq \emptyset &\Leftrightarrow \Diamond\, t\, I.\, \mathsf{True}
  \end{aligned}
  \tag{4.135}
  $$

Nun wollen wir weitere temporale Operatoren definieren, die temporalen Operatoren in gebräuchlichen temporallogischen Notationen wie LTL und TPTL entsprechen (vgl. [MP92], [AH94] sowie Abschnitt 3.2.2).

- Operatoren *Next* und *Last*

  Die Operatoren *Next* und *Last* werden verwendet, um Aussagen über den Berechnungszustand zum nächsten bzw. vorherigen Zeitpunkt zu formulieren. In LTL ist die Semantik dieser Operatoren wie folgt definiert:

  $$
  \begin{aligned}
  (\sigma, t) \models_{LTL} \bigcirc \varphi &\Leftrightarrow (\sigma, t+1) \models_{LTL} \varphi & \textit{Next} \\
  (\sigma, t) \models_{LTL} \ominus \varphi &\Leftrightarrow t > 0 \wedge (\sigma, t-1) \models_{LTL} \varphi & \textit{Last} \\
  (\sigma, t) \models_{LTL} \ominus \varphi &\Leftrightarrow t = 0 \vee (\sigma, t-1) \models_{LTL} \varphi & \textit{Weak Last}
  \end{aligned}
  \tag{4.136}
  $$

Die Operatoren *Next* und *Last* werden für BPDL mithilfe der Traversierungsoperatoren inext und iprev definiert:

$$
\begin{aligned}
\bigcirc\, t\, t_0\, I.\, \varphi &\;\Leftrightarrow\; \square\, t\, \{\mathsf{inext}(t_0, I)\}.\, \varphi \\
\ominus\, t\, t_0\, I.\, \varphi &\;\Leftrightarrow\; \square\, t\, \{\mathsf{iprev}(t_0, I)\}.\, \varphi
\end{aligned}
\tag{4.137}
$$

Die Formel $\bigcirc\, t\, t_0\, I.\, \varphi$ gilt zum Zeitpunkt t_0, falls φ zum Zeitpunkt $\mathsf{inext}(t_0, I)$ erfüllt ist (ist t_0 maximales Element von I oder $t_0 \notin I$ (insbesondere $I = \emptyset$), so entspricht dies der Gültigkeit der Formel φ zum Zeitpunkt t_0, vgl. Definition (4.102) von inext). Analog gilt die Formel $\ominus\, t\, t_0\, I.\, \varphi$ zum Zeitpunkt t_0, falls φ zum Zeitpunkt $\mathsf{iprev}(t_0, I)$ erfüllt ist (in dem Fall $t_0 = \mathsf{min}(I)$ oder $t_0 \notin I$ ist die Formel $\ominus\, t\, t_0\, I.\, \varphi$ erfüllt, wenn φ zum Zeitpunkt t_0 gilt).

Die starken und schwachen Versionen der Operatoren *Next* und *Last* können auf ähnliche Weise definiert werden. Die starken Versionen gelten nur dann, wenn ein größeres bzw. kleineres nächstes Element t bezüglich t_0 in I enthalten ist:

$$
\begin{aligned}
\bigcirc_s\, t\, t_0\, I.\, \varphi &\;\Leftrightarrow\; \diamond\, t\, \{\mathsf{inext}(t_0, I)\}\downarrow > t_0.\, \varphi \\
\ominus_s\, t\, t_0\, I.\, \varphi &\;\Leftrightarrow\; \diamond\, t\, \{\mathsf{iprev}(t_0, I)\}\downarrow < t_0.\, \varphi
\end{aligned}
\tag{4.138}
$$

Die schwachen Versionen hingegen sind auch dann erfüllt, wenn kein größeres bzw. kleineres nächstes Element bezüglich t_0 in I enthalten ist:

$$
\begin{aligned}
\bigcirc_w\, t\, t_0\, I.\, \varphi &\;\Leftrightarrow\; \square\, t\, \{\mathsf{inext}(t_0, I)\}\downarrow > t_0.\, \varphi \\
\ominus_w\, t\, t_0\, I.\, \varphi &\;\Leftrightarrow\; \square\, t\, \{\mathsf{iprev}(t_0, I)\}\downarrow < t_0.\, \varphi
\end{aligned}
\tag{4.139}
$$

Für unendliche Zeitintervalle I sind alle Ausprägungen des Operators *Next* äquivalent, da für jeden Zeitpunkt $t_0 \in I$ ein von t_0 verschiedenes nächstes Element in I vorhanden ist.

$$
\begin{aligned}
|I| = \infty \,\wedge\, t_0 \in I \;&\Rightarrow\; \\
(\bigcirc_w\, t\, t_0\, I.\, \varphi \,&\leftrightarrow\, \bigcirc\, t\, t_0\, I.\, \varphi)\, \wedge \\
(\bigcirc_s\, t\, t_0\, I.\, \varphi \,&\leftrightarrow\, \bigcirc\, t\, t_0\, I.\, \varphi)
\end{aligned}
\tag{4.140}
$$

- Operatoren *Until* und *Since*

Die Operatoren *Until* und *Since* sind grundlegende Operatoren in LTL, mit deren Hilfe die Operatoren *Always* und *Eventually* für die Zukunft (mit *Until*) und Vergangenheit (mit *Since*) definiert werden. Für BPDL verhält es sich umgekehrt – diese Operatoren können mithilfe der temporalen und Intervallschnittoperatoren auf einfache Weise definiert werden:

$$
\begin{aligned}
\varphi.\, t\, \mathcal{U}\, t'\, I.\, \psi &\;\Leftrightarrow\; \diamond\, t\, I.\, (\psi\, \wedge\, (\square\, t'\, (I\downarrow < t).\, \varphi)) \\
\varphi.\, t\, \mathcal{S}\, t'\, I.\, \psi &\;\Leftrightarrow\; \diamond\, t\, I.\, (\psi\, \wedge\, (\square\, t'\, (I\downarrow > t).\, \varphi))
\end{aligned}
\tag{4.141}
$$

Die Bedeutung der Operatoren kann der Definition unmittelbar entnommen werden: beispielsweise gilt die Formel $\varphi.\, t\, \mathcal{U}\, t'\, I.\, \psi$ genau dann, wenn ein Zeitpunkt $t \in I$ existiert, zu dem ψ gilt und vor dem φ durchgehend für Zeitpunkte aus I gegolten hat.

- Operatoren *Weak Until* und *Weak Since*

  Die schwachen Versionen der Operatoren *Until* und *Since* unterscheiden sich von den oben definierten Standardversionen dadurch, dass die Erfüllung der zweiten Formel ψ nicht gefordert wird, wenn die erste Formel φ auf dem gesamten Zeitintervall I gilt:

  $$
  \begin{aligned}
  \varphi.\, t \;\mathcal{W}\; t'\, I.\, \psi &\;\Leftrightarrow\; (\Box\, t\, I.\, \varphi) \;\vee\; \Diamond\, t\, I.\, (\psi \;\wedge\; (\Box\, t'\, (I \downarrow < t).\, \varphi)) \\
  \varphi.\, t \;\mathcal{B}\; t'\, I.\, \psi &\;\Leftrightarrow\; (\Box\, t\, I.\, \varphi) \;\vee\; \Diamond\, t\, I.\, (\psi \;\wedge\; (\Box\, t'\, (I \downarrow > t).\, \varphi))
  \end{aligned}
  \tag{4.142}
  $$

  Der schwache *Until*-Operator wird auch als *Wating-for* oder *Unless* und der schwache *Since*-Operator als *Back-to* bezeichnet.

- Operatoren *Release* und *Trigger*

  Die Operatoren *Release* und *Trigger* fordern, anders als die schwachen Versionen der Operatoren *Until* und *Since*, dass die zweite Formel ψ bis zu einem Zeitpunkt t gilt, an dem φ erfüllt wird, wobei ψ auch zum Zeitpunkt t gilt:

  $$
  \begin{aligned}
  \varphi.\, t \;\mathcal{R}\; t'\, I.\, \psi &\;\Leftrightarrow\; (\Box\, t\, I.\, \psi) \;\vee\; \Diamond\, t\, I.\, (\varphi \;\wedge\; (\Box\, t'\, (I \downarrow \le t).\, \psi)) \\
  \varphi.\, t \;\mathcal{T}\; t'\, I.\, \psi &\;\Leftrightarrow\; (\Box\, t\, I.\, \psi) \;\vee\; \Diamond\, t\, I.\, (\varphi \;\wedge\; (\Box\, t'\, (I \downarrow \ge t).\, \psi))
  \end{aligned}
  \tag{4.143}
  $$

- Quantor *Freeze*

  Der Quantor *Freeze*, der in TPTL definiert wurde [AH94], kann in FOCUS mithilfe der Termsubstitution dargestellt werden: eine TPTL-Formel $x.\, \varphi$ gilt für eine Berechnung σ zum Zeitpunkt t genau dann, wenn die FOCUS-Formel $\varphi[\frac{x}{t}]$ für σ gilt. In der temporalen First-Order-Logic lässt sich der Freeze-Quantor mithilfe einer ausgezeichneten Variablen now, die den aktuellen Zeitpunkt angibt, wie folgt darstellen [AH94]:

  $$
  x.\, \varphi \;\Leftrightarrow\; \forall x : (x = now \;\rightarrow\; \varphi)
  $$

  Daraus kann eine äquivalente BPDL-Darstellung direkt abgeleitet werden:

  $$
  x.\, \varphi \;\Leftrightarrow\; \Box\, x\, \{T\}.\, \varphi
  \tag{4.144}
  $$

  Der *Freeze*-Quantor wird in BPDL vor allem zur bequemeren Übersetzung von TPTL in BPDL eingeführt. Seine Funktion besteht darin, einen Zeitpunkt über eine Variable explizit zugänglich zu machen. Da dies in BPDL durch Verwendung von Zeitvariablen automatisch gegeben ist, kann der *Freeze*-Quantor auch dargestellt werden, indem jede mit dem *Freeze*-Quantor gebundene Variable x in einer Formel φ durch die Zeitvariable ersetzt wird, die von demjenigen BPDL-Quantor gebunden ist, der auch die Formel φ in der BPDL-Darstellung bindet. Ein solcher Quantor existiert auch dann, wenn die zu übersetzende TPTL-Formel von keinem temporalen Operator gebunden ist, denn in diesem Fall entspricht ihre Semantik der Behauptung, dass sie zu einem gegebenen initialen Zeitpunkt t_0 (z. B. $t = 0$) gilt, so dass sie in BPDL durch einen *Always*-Operator mit dem Zeitintervall $\{t_0\}$ gebunden werden kann. Beispielsweise wird eine TPTL-Formel $x_1.\, \Diamond x_2.\, (x_2 < x_1 + 5 \;\wedge\; \varphi)$ in die BPDL-Formel $x_1.\, \Diamond\, t_2\, [x_1 \ldots].\, x_2.\, (x_2 < x_1 + 5 \;\wedge\; \varphi)$ übersetzt, die für einen gegebenen initialen Zeitpunkt t_0 als $\Box\, t_1\, \{t_0\}.\, \Diamond\, t_2\, [t_1 \ldots].\, (t_2 < t_1 + 5 \;\wedge\; \varphi)$ ohne *Freeze*-Quantoren dargestellt werden kann.

Validierung der BPDL-Semantik

Nach der Definition zusätzlicher Operationen für BPDL wollen wir ihre Semantik validieren, indem wir die Gültigkeit wichtiger Beziehungen zwischen LTL-Operatoren für entsprechende BPDL-Operatoren mithilfe von Isabelle/HOL formal nachweisen (s. Anhang A.2.5, S. 340 ff.).

Die Beziehung zwischen den Operatoren *Until*, *Since* und den Operatoren *Always*, *Eventually*, die in LTL definiert werden, gelten für die obigen BPDL-Definitionen, so dass diese mit den Standarddefinitionen von LTL konform sind:

$$
\begin{aligned}
\Diamond\, t\, I.\, \varphi &\;\Leftrightarrow\; \mathsf{True}.\, t'\, \mathcal{U}\, t\, I.\, \varphi \\
\Diamond\, t\, I.\, \varphi &\;\Leftrightarrow\; \mathsf{True}.\, t'\, \mathcal{S}\, t\, I.\, \varphi \\
\Box\, t\, I.\, \varphi &\;\Leftrightarrow\; \neg(\Diamond\, t\, I.\, \neg\varphi)
\end{aligned}
\tag{4.145}
$$

Die schwachen Versionen der Operatoren *Until* und *Since* hängen mit den Standardversionen dieser Operatoren folgendermaßen zusammen:

$$
\begin{aligned}
\varphi.\, t\, \mathcal{W}\, t'\, I.\, \psi &\;\Leftrightarrow\; (\varphi.\, t\, \mathcal{U}\, t'\, I.\, \psi) \,\vee\, \Box\, t\, I.\, \varphi \\
\varphi.\, t\, \mathcal{B}\, t'\, I.\, \psi &\;\Leftrightarrow\; (\varphi.\, t\, \mathcal{S}\, t'\, I.\, \psi) \,\vee\, \Box\, t\, I.\, \varphi
\end{aligned}
\tag{4.146}
$$

Die Operatoren *Release* und *Until* stehen in folgender Beziehung:

$$
\varphi.\, t\, \mathcal{R}\, t'\, I.\, \psi \;\Leftrightarrow\; \neg(\neg\varphi.\, t\, \mathcal{U}\, t'\, I.\, \neg\psi)
\tag{4.147}
$$

Für den Operatoren *Trigger* gilt eine analoge Beziehung zum Operator *Since* nur für endliche Intervalle I. Dies stellt jedoch kein Problem dar, weil *Trigger* ein Vergangenheitsoperator ist, der für Intervalle verwendet wird, die durch einen aktuellen Zeitpunkt begrenzt und deshalb endlich sind:

$$
\begin{aligned}
|I| < \infty \;\Rightarrow\; & \\
\varphi.\, t\, \mathcal{T}\, t'\, I.\, \psi &\;\Leftrightarrow\; \neg(\neg\varphi.\, t\, \mathcal{S}\, t'\, I.\, \neg\psi)
\end{aligned}
\tag{4.148}
$$

Die Formalisierung in Isabelle/HOL ermöglicht die formale Überprüfung weiterer Regeln. Wir geben als Beispiel eine Umformungsregel für den Operator *Until* zum Abschreiten des betrachteten Zeitintervalls sowie eine Induktionsregel mit dem Operator *Next* an:

$$
\begin{aligned}
I \neq \emptyset \;\Rightarrow\; & \\
\varphi(t).\, t\, \mathcal{U}\, t'\, I.\, \psi(t') &\;\Leftrightarrow\; \\
\psi(\mathsf{min}(I)) \,\vee\, (\varphi(\mathsf{min}(I)) &\,\wedge\, \varphi(t).\, t\, \mathcal{U}\, t'\, (I \downarrow > \mathsf{min}(I)).\, \psi(t'))
\end{aligned}
\tag{4.149}
$$

$$
(\varphi(\mathsf{min}(I)) \,\wedge\, \Box\, t\, I.\, (\varphi(t) \,\rightarrow\, \bigcirc\, t'\, t\, I.\, \varphi(t'))) \;\Rightarrow\; \Box\, t\, I.\, \varphi(t)
\tag{4.150}
$$

Die Isabelle/HOL-Formalisierung und -Verifikation dieser und weiterer Regeln für temporale Operatoren findet sich im Anhang A.2.5 sowie in der Isabelle/HOL-Theorie *TL_Operator* [Tra08a].

Gezeitete Zustandsformeln in temporallogischen Notationen

Die Beschreibung des Zusammenhangs zwischen der Eingabe und der Ausgabe ist ein wesentlicher Aspekt der funktionalen Spezifikation einer Komponente. Hierfür ist in Spezifikationsformeln oft der Zugriff auf Eingabe- und Ausgabewerte zu unterschiedlichen Zeitpunkten notwendig – typischerweise um die Ausgabe in Abhängigkeit von einer früheren Eingabe zu beschreiben. In BPDL dienen dazu die in diesem Abschnitt beschriebenen gezeiteten Zustandsformeln (S. 122 ff.), die auf frühere Berechnungszustände des Systems zugreifen können – mit einem Ausdruck der Form $\sigma(x, t)$ kann auf den Wert/Zustand der Entität x (Port, lokale Variable oder Kontrollzustand) zum Zeitpunkt t zugegriffen werden. Diese direkte Zugriffsmöglichkeit bieten herkömmliche temporallogische Notationen wie LTL, TPTL und andere nicht – die entsprechenden Werte/Zustände müssen für einen späteren Zugriff zwischengespeichert werden, beispielsweise in lokalen Variablen einer Komponente. Um den Zugriff auf Berechnungszustände zu anderen Zeitpunkten formulieren zu können, ohne auf implementierungsnahe Details zu ihrer Zwischenspeicherung eingehen zu müssen, wollen wir – in Analogie zu dem *Freeze*-Quantor für Zeitwerte in TPTL – die Möglichkeit vorsehen, das *Speichern/Einfrieren* eines Berechnungszustands zu einem bestimmten Zeitpunkt in einer temporallogischen Formel zu deklarieren. Auf diese Weise erweiterte temporallogische Notationen bezeichnen wir mit dem zusätzlichen Symbol σ im Namen – für LTL würde beispielsweise die entsprechend erweiterte Notation mit LTL$_\sigma$ bezeichnet.

Seien φ eine PDL-Formel und $S = \{x_1, \ldots x_n\}$ die Menge aller zustandsbehafteten Entitäten, die in φ verwendet werden. Das Einfrieren eines einzelnen Werts von x_i zu einem Zeitpunkt t, zu dem die Formel φ überprüft wird, wird wie folgt deklariert:

$$(x_i(t) := x_i) \cdot \varphi \tag{4.151}$$

In der Formel φ kann nun auf den Wert von x_i zum Zeitpunkt t mit $x_i(t)$ zugegriffen werden. Das Einfrieren aller Werte aus S zu einem Zeitpunkt t wird mithilfe des *Freeze*-Quantors deklariert, angewendet auf die Zeitvariable t:

$$t \cdot \varphi \tag{4.152}$$

In der Formel φ kann nun auf den Wert einer jeden Entität $x_i \in S$ zum Zeitpunkt t mit $x_i(t)$ zugegriffen werden – die Schreibweise $t \cdot \varphi$ wird also als Abkürzung der Aufzählung aller Zustandseinfrierungen $(x_1(t) := x_1) \cdot \ldots \cdot (x_n(t) := x_n) \cdot \varphi$ verwendet. Unterstützt die verwendete PDL-Notation Operationen auf Zeitvariablen (wie TPTL), so kann die Zeitvariable t sowohl für den Zugriff auf Werte von Entitäten aus S, als auch für Operationen auf Zeitwerten benutzt werden. Falls die verwendete PDL-Notation keine Operationen auf Zeitvariablen unterstützt (wie LTL), so darf die Zeitvariable t nur für den Zugriff auf Werte von Entitäten aus S benutzt werden.

Die Semantik einer temporallogischen Formel mit eingefrorenen Zuständen wird durch Übersetzung in eine entsprechende BPDL-Formel definiert. Sei φ' eine BPDL-Formel, die durch Übersetzung von φ in BPDL entstanden ist, wobei die Ausdrücke der Form $x_i(t)$ für $x_i \in S$ nicht umgeformt wurden. Eine PDL$_\sigma$-Formel $(x_i(t) := x_i) \cdot \varphi$, in der ein einzelner Wert eingefroren ist (4.151), wird in BPDL übersetzt, indem der Zeitpunkt t mit dem *Freeze*-Quantor festgelegt wird, und jedes Vorkommen von $x_i(t)$ durch den BPDL-Ausdruck $\sigma(x_i, t)$ ersetzt wird, der den Zugriff auf den Wert von x_i zum Zeitpunkt t darstellt:

$$(x_i(t) := x_i) \cdot \varphi \quad \Leftrightarrow \quad t \cdot \varphi'\begin{bmatrix} x_i(t) \\ \sigma(x_i, t) \end{bmatrix} \tag{4.153}$$

Werden alle Werte zustandsbehafteter Entitäten $x_i \in S$ zum Zeitpunkt t eingefroren (4.152), so müssen die Ausdrücke $x_i(t)$ in φ' für alle $x_i \in S$ durch $\sigma(x_i, t)$ ersetzt werden:

$$t \cdot \varphi \quad \Leftrightarrow \quad t \cdot \varphi'[\begin{smallmatrix}x_1(t)\\\sigma(x_1,\,t)\end{smallmatrix}] \ldots [\begin{smallmatrix}x_n(t)\\\sigma(x_n,\,t)\end{smallmatrix}] \tag{4.154}$$

4.2.2 Beziehung zwischen Basis-PDL und Mehrtaktsemantik

Die Definition der Basis-PDL und insbesondere die zur Verfügung stehenden Intervalloperatoren stehen in enger Beziehung zur Mehrtaktsemantik der Architekturbeschreibungssprache AUTO-FOCUS, die im Abschnitt 4.1.2 (S. 99 ff.) definiert wurde. Wir wollen diese Beziehung mithilfe von *Stromsichten* oder *Strom-Intervall-Joins* erläutern.

Stromsichten mit Intervallen

Eine *Stromsicht* $s \bowtie I$ auf einen zeitsynchronen Strom $s \in M^\omega$ mit einem Intervall $I \subseteq \mathbb{N}$ ist ein Strom, der genau die Elemente von s enthält, deren Positionen in I enthalten sind. Das Intervall agiert als eine Art "Lochkarte", durch die der Strom beobachtet wird (Abb. 4.18).

$$
\begin{aligned}
s &= \langle m_0, m_1, m_2, m_3, m_4, m_5, m_6, m_7, m_8, m_9 \rangle \\
I &= \{\, 0, \qquad\quad 3, \qquad\quad 6, \qquad\quad 9 \,\} \\
s \bowtie I &= \langle m_0, \qquad\quad m_3, \qquad\quad m_6, \qquad\quad m_9 \rangle
\end{aligned}
$$

Abbildung 4.18: Beispiel einer Stromsicht

Formal kann die Stromsichtabbildung wie folgt dargestellt werden:

$$
\begin{aligned}
&\bowtie : M^\omega \times \wp(\mathbb{N}) \to M^\omega \\
&(s \bowtie I).n \stackrel{\text{def}}{=} s.(I \to n)
\end{aligned}
\tag{4.155}
$$

Die Stromsicht enthält an der Stelle n das Element des Stroms s, dessen Position dem n-ten Element des Intervalls I entspricht. Die Länge einer Stromsicht ergibt sich aus der Anzahl der Intervallelemente, die kleiner als die Länge des Ausgangsstroms sind; ist der Ausgangsstrom unendlich, so enthält die Sicht genauso viele Elemente, wie das Intervall I:

$$\text{length}(s \bowtie I) \quad = \quad \text{if length}(s) = \infty \text{ then } |I| \text{ else } |I \downarrow < \text{length}(s)| \tag{4.156}$$

Stromsichten mit einem leeren Strom oder einem leeren Intervall sind leer:

$$
\begin{aligned}
\text{length}(s \bowtie \emptyset) &= \langle \rangle \\
\text{length}(\langle \rangle \bowtie I) &= \langle \rangle
\end{aligned}
\tag{4.157}
$$

Die Stromsicht ist gleich dem Ausgangsstrom genau dann, wenn das Intervall den gesamten Ausgangsstrom umfasst:

$$s \bowtie I = s \quad \Leftrightarrow \quad [0 \ldots \text{length}(s)) \subseteq I \tag{4.158}$$

Insbesondere belässt auch die Sicht mit der gesamten Menge natürlicher Zahlen den Ausgangs-strom unverändert:

$$s \bowtie \mathbb{N} = s \tag{4.159}$$

Sind alle Elemente eines Intervalls I_2 größer als alle Elemente eines Intervalls I_1, so entspricht eine Stromsicht mit ihrer Vereinigung der Konkatenation der einzelnen Stromsichten, so dass die Stromsicht in diesem Fall bezüglich der Vereinigung distributiv ist:

$$|I_1| < \infty \ \wedge \ \max(I_1) < \min(I_2) \quad \Rightarrow \quad s \bowtie (I_1 \cup I_2) = (s \bowtie I_1) \frown (s \bowtie I_2) \tag{4.160}$$

Für die Stromsicht auf einen konkatenierten Strom $s_1 \frown s_2$ gilt eine ähnliche Beziehung, aller-dings wird das Intervall für die Sicht auf den zweiten Strom verschoben. Wir formulieren den Satz nur für den Fall, dass der erste Strom s_1 endlich ist (für die Konkatenation mit einem un-endlichen Strom s_1 gilt $s_1 \frown s_2 = s_1$):

$$\text{length}(s_1) < \infty \quad \Rightarrow \quad (s_1 \frown s_2) \bowtie I = (s_1 \bowtie I) \frown (s_2 \bowtie (I - \text{length}(s_1))) \tag{4.161}$$

Für die Kombination von Stromschnittoperatoren mit Stromsichten gelten folgende Bezie-hungen. Die ersten n Elemente einer Stromsicht $s \bowtie I$ entsprechen der Sicht auf den Strom s bis zur Position, die dem n-ten Element des Intervalls I entspricht:

$$(s \bowtie I){\downarrow}_n = (s{\downarrow}_{(I \to n)}) \bowtie I \tag{4.162}$$

Das Abschneiden der ersten n Elemente einer Stromsicht entspricht dem Abschneiden der ersten n Elemente des Intervalls I:

$$(s \bowtie I){\uparrow}_n = s \bowtie (I {\downarrow \geq} (I \to n)) \tag{4.163}$$

Die Sicht auf einen zugeschnittenen Strom $s{\downarrow}_n$, der nur aus den ersten n Elementen von s besteht, entspricht dem Zuschneiden der Stromsicht $s \bowtie I$ auf die Länge, die der Anzahl der Elemente in I gleich ist, die kleiner als n sind:

$$(s{\downarrow}_n) \bowtie I = (s \bowtie I){\downarrow}_{|I{\downarrow}<n|} \tag{4.164}$$

Werden die ersten n Elemente eines Stroms s weggelassen, so entspricht das für die Stromsicht dem Verschieben des Intervalls I um n Elemente nach rechts mithilfe der Intervalladdition:

$$(s{\uparrow}_n) \bowtie I = s \bowtie (I + n) \tag{4.165}$$

Stromexpansion und -kompression und Stromsichten mit Intervallen aus $\mathcal{IT}$

Wir wollen nun den Zusammenhang zwischen der Mehrtaktsemantik und den Zeitintervallen aus $\mathcal{IT}$ mithilfe der Stromsichten veranschaulichen.

Die Stromsichten mit ununterbrochenen Intervallen aus $\mathcal{IT}$ zeigen durchgehende Ausschnit-te des Stroms und entsprechen Schnittoperatoren auf Strömen (Abschnitt 3.1.2).

$$\begin{aligned}
s \bowtie [n \ldots] &= s{\uparrow}_n \\
s \bowtie [\ldots n] &= s{\downarrow}_{n+1} \\
s \bowtie [n \ldots, d] &= s{\uparrow}_n{\downarrow}_{d+1}
\end{aligned} \tag{4.166}$$

Zur Beschreibung der Beziehung zwischen Stromexpansion/-kompression und Intervallen aus $\mathcal{IT}$ definieren wir die *Nachrichtenhaltefunktion* $\longmapsto : M^{\varepsilon\omega} \times \mathbb{N}_+ \to M^{\varepsilon\omega}$, welche der Semantik der Ausgabeports einer beschleunigten Komponente entspricht – für einen Beschleunigungsfaktor $k \in \mathbb{N}_+$ teilt sie den zu verarbeitenden Strom in aufeinanderfolgende Abschnitte der Länge k und ersetzt jedes Elements an der Stelle $i \in [0 \ldots k-1]$ eines Abschnitts durch die letzte nichtleere Nachricht bis zu der Stelle i dieses Abschnitts:

$$(s \longmapsto k).n \overset{\text{def}}{=} \mathsf{last\_message}\big(s{\uparrow}_{(n-n \bmod k)}{\downarrow}_{((n \bmod k)+1)}\big) \tag{4.167}$$

Diese Funktion modelliert damit das Verhalten eines Puffers der Größe 1, der vor Beginn eines jeden Zyklus der Länge k geleert wird, und während des Zyklus jeweils die letzte eintreffende nichtleere Nachricht zwischenspeichert. Wir bezeichnen daher den Strom $s \longmapsto k$ als den mit Zykluslänge k *gepufferten* Strom s. Die letzte Nachricht eines n-ten Zyklus der Länge k in $s \longmapsto k$ ist gleich der letzten nichtleeren Nachricht in dem entsprechenden Zyklus in s und damit gleich dem n-ten Element des komprimierten Stroms $s \div k$. Es ergeben sich folgende Beziehungen zwischen der Stromkompression und der Nachrichtenhaltefunktion:

$$\begin{aligned}
(s \div k).n &= \mathsf{last}((s \longmapsto k){\uparrow}_{(n*k)}{\downarrow}_k) \\
(s \div k).n &= (s \longmapsto k).(n*k+k-1)
\end{aligned} \tag{4.168}$$

Weitere Ergebnisse zu gepufferten Strömen finden sich im Anhang A.1.2 (S. 295 ff., Funktionen *f-last-message-hold* und *i-last-message-hold*).

Wir können nun mithilfe der Nachrichtenhaltefunktion die Beziehung zwischen Stromexpansion/-kompression und den Stromsichten mit Intervallen definieren. Im Folgenden sei $k \in \mathbb{N}_+$ eine positive natürliche Zahl, $s \in M^{\varepsilon\omega}$ ein ε-zeitsynchroner Strom und $I \subseteq \mathbb{N}$ ein Zeitintervall. Es gelten folgende Beziehungen:

- Die Sicht auf einen expandierten Strom $s \odot k$ mit einem multiplizierten Intervall $I * k$ entspricht der Sicht auf den Ausgangsstrom s mit dem Intervall I (Lemma *f-join-f-expand-iT-Mult* im Anhang A.2.6):

$$(s \odot k) \bowtie (I * k) = s \bowtie I \tag{4.169}$$

- Die Sicht auf einen komprimierten Strom $s \div k$ mit einem dividierten Intervall I / k entspricht der Sicht auf den gepufferten Ausgangsstrom $s \longmapsto k$ mit dem Intervall I unter der Voraussetzung, dass I Teilmenge eines Modulo-Intervalls mit Divisor k und Divisionsrest $k-1$ ist (Lemma *f-join-f-shrink-iT-Div-mod* im Anhang A.2.6):

$$\begin{aligned}
&\forall x \in I : x \bmod k = k-1 \quad \Rightarrow \\
&(s \longmapsto k) \bowtie I = (s \div k) \bowtie (I / k)
\end{aligned} \tag{4.170}$$

Aus dem beschriebenen Zusammenhang zwischen Stromoperatoren, Intervalloperatoren und Stromsichten folgt, dass die Intervallmultiplikation und -division sowie Modulo-Intervalle aus $\mathcal{IT}$ in einer direkten Beziehung zu der Stromexpansion und -kompression in der Mehrtaktsemantik stehen:

Die Modulo-Intervalle stellen einen Zusammenhang zwischen der internen und externen Kommunikationssicht einer beschleunigten Komponente her.

Sei $k \in \mathbb{N}_+$ der Taktfaktor einer beschleunigten Komponente. Die externe Stromsicht auf einen Eingabestrom mit einem ununterbrochenen Intervall I entspricht der internen Stromsicht auf den expandierten Eingabestrom mit einem Modulo-Intervall $I * k$ (z. B.: für $I = [n\ldots]$ ist $[n\ldots] * k = [n * k, \bmod k]$):

$$
\begin{aligned}
(s \odot k) \bowtie [n * k, \bmod k] &= s \bowtie [n\ldots] \\
(s \odot k) \bowtie [n * k, \bmod k, d] &= s \bowtie [n\ldots, d] \\
(s \odot k) \bowtie [0, \bmod k] &= s \\
(s \odot k) \bowtie [0, \bmod k, n] &= s \bowtie [\ldots n]
\end{aligned}
\tag{4.171}
$$

Die interne Stromsicht mit einem Modulo-Intervall I, dessen Divisor $k \in \mathbb{N}_+$ und Divisionsrest $k - 1$ sind, auf einen mit Zykluslänge k gepufferten Ausgabestrom entspricht der externen Stromsicht auf diese Ausgabe mit dem ununterbrochenen Intervall I / k (z. B.: für $I = [n * k + k - 1, \bmod k]$ ist $[n * k + k - 1, \bmod k] / k = [(n * k + k - 1) \ \mathsf{div} \ k \ldots] = [n\ldots]$):

$$
\begin{aligned}
(s \longmapsto k) \bowtie [n * k + (k - 1), \bmod k] &= (s \div k) \bowtie [n\ldots] \\
(s \longmapsto k) \bowtie [n * k + (k - 1), \bmod k, d] &= (s \div k) \bowtie [n\ldots, d] \\
(s \longmapsto k) \bowtie [k - 1, \bmod k] &= s \div k \\
(s \longmapsto k) \bowtie [k - 1, \bmod k, n] &= (s \div k) \bowtie [\ldots n]
\end{aligned}
\tag{4.172}
$$

Diese und weitere Ergebnisse für die Isabelle/HOL-Formalisierung der Stromsichten und die Beziehung zwischen der Mehrtaktsemantik und der Basis-PDL finden sich im Anhang A.2.6 (S. 344 ff.).

Mehrtaktsemantik und temporallogische Operatoren

Wir wollen schließlich auf die temporallogische Darstellung der Beziehung zwischen der internen und externen Kommunikationssicht einer beschleunigten Komponente eingehen. Sie lässt sich sowohl in der BPDL, als auch in gebräuchlichen temporallogischen Notationen wie TPTL, MTL und LTL formulieren. Seien im Folgenden $k \in \mathbb{N}_+$ Beschleunigungsfaktor, $t \in \mathbb{N}$ ein Zeitpunkt, M eine Trägermenge, wobei $\varepsilon \notin M$, und $m \in M$ eine nichtleere Nachricht.

Wir betrachten die Ausgabe einer beschleunigten Komponente C mit internem Taktfaktor k an einem Ausgabeport p. Sei $\rho_{C,p}$ die Ausgabeextraktionsfunktion, die aus einem Zustand c der Komponente C den Ausgabeport am Port p extrahiert (in Analogie zu ρ_C, die die gesamte Ausgabe von C aus einem Komponentzustand c extrahiert).

Wir bezeichnen die interne Sicht auf den Ausgabeport p bei der Ausführung von C für eine Eingabe $input$ mit $s_p^{(int)}$:

$$
s_p^{(int)} = \mathsf{map}(\rho_{C,p}, \Delta^\omega(\delta_C, input \odot k, c))
\tag{4.173}
$$

Die um den Faktor k komprimierte externe Sicht auf den Ausgabestrom bezeichnen wir analog mit $s_p^{(ext)}$:

$$
s_p^{(ext)} = s_p^{(int)} \div k
\tag{4.174}
$$

Diese externe Sicht entspricht der Ausgabe der beschleunigten Komponente C am Ausgabeport p gemäß der Mehrtaktsemantik (4.72).

Wir wollen zunächst die BPDL-Formulierungen angeben. Die externe Ausgabe zum Zeitpunkt t ist genau dann leer, wenn alle internen Ausgaben im entsprechenden Ausführungszyklus leer sind:

$$s_p^{(ext)}.t = \varepsilon \quad \Leftrightarrow \quad \Box\ t_1\ ([\ldots k-1] + t * k).\ s_p^{(int)}.t_1 = \varepsilon \tag{4.175}$$

Eine nichtleere Nachricht m ist externe Ausgabe zum Zeitpunkt t genau dann, wenn die interne Ausgabe im entsprechenden Ausführungszyklus zu einem Zeitpunkt t_1 gleich m und anschließend bis zum Ende des Zyklus leer ist:

$$s_p^{(ext)}.t = m \quad \Leftrightarrow$$
$$\diamond\ t_1\ ([\ldots k-1] + t * k).$$
$$s^{(int)}.t_1 = m\ \wedge\ \Box\ t_2\ (([\ldots k-1] + t*k) \downarrow > t_1).\ s^{(int)}.t_2 = \varepsilon \tag{4.176}$$

Diese Eigenschaft kann auch konzise mithilfe des Operators *Since* formuliert werden:

$$s_p^{(ext)}.t = m \quad \Leftrightarrow \quad s^{(int)}.t_2 = \varepsilon.\ t_2\ \mathcal{S}\ t_1\ ([\ldots k-1] + t*k).\ s^{(int)}.t_1 = m \tag{4.177}$$

Formulierungen in TPTL und MTL   Nachdem wir die Beziehung zwischen interner und externer Kommunikation mithilfe von BPDL formuliert haben, wollen wir uns mit der Darstellung in den temporallogischen Notationen TPTL und MTL befassen. Dabei bezeichnet σ die betrachtete Systemberechnung.

Die Formulierungen in TPTL sind die folgenden:

$$s_p^{(ext)}.t = \varepsilon \quad \Leftrightarrow \quad (\sigma, t*k) \models_{TPTL} t_0 .\ \Box\ (t_1 .\ (t_1 < t_0 + k\ \rightarrow\ p = \varepsilon)) \tag{4.178}$$
$$s_p^{(ext)}.t = m \quad \Leftrightarrow \quad (\sigma, t*k) \models_{TPTL}$$
$$t_0 .\ \diamond\ (t_1 .\ (t_1 < t_0 + k\ \wedge\ p = m\ \wedge\ \bigcirc\ \Box\ t_2 .\ (t_2 < t_0 + k\ \rightarrow\ p = \varepsilon))) \tag{4.179}$$

Damit sind die TPTL-Formeln (4.178) und (4.179) an die BPDL-Formeln (4.175) und (4.176) angelehnt.

Analoge Aussagen können in MTL durch die Verwendung beschränkter Intervalle und des Operators *Since* in Anlehnung an (4.175) und (4.177) konziser formuliert werden:

$$s_p^{(ext)}.t = \varepsilon \quad \Leftrightarrow \quad (\sigma, t*k) \models_{MTL} \Box_{\leq k-1}\ p = \varepsilon \tag{4.180}$$
$$s_p^{(ext)}.t = m \quad \Leftrightarrow \quad (\sigma, t*k) \models_{MTL} \Box_{[k-1,k-1]}\ (p = \varepsilon\ \mathcal{S}_{\leq k-1}\ p = m) \tag{4.181}$$

Formulierungen in LTL mit Start/Finish-Ereignissen   Die LTL-Formulierungen haben eine besondere Bedeutung, weil verbreitete Modelchecking-Werkzeuge, wie beispielsweise SMV [McM93] oder SPIN [Hol04], LTL als Eingabesprache akzeptieren, so dass die LTL-Formulierungen für automatische formale Verifikation verwendet werden können. Da Modelchecking-Werkzeuge oft nur Zukunftsoperatoren unterstützen, wollen wir auf die Verwendung des Vergangenheitsoperators *Since* verzichten. Eine weitere erhebliche Einschränkung ist, dass LTL keine Mittel zur direkten Formulierung von Aussagen über begrenzte Intervalle bietet[4] – wir

---

[4]Ein möglicher Umweg ist die mehrfache Verwendung des *Next*-Operators. Jedoch steigt dabei die Größe der LTL-Formel mit der Größe des Zeitintervalls – beispielsweise müssen zur Darstellung der MTL-Formel $\diamond_{[\leq n]}\varphi$ als LTL-Formel $\varphi\ \vee\ \bigcirc\ (\varphi\ \vee\ \bigcirc\ (\ldots\ \vee\ \bigcirc\ \varphi)\ldots)$ je n *Next*- und n *Or*-Operatoren verwendet werden.

verwenden daher für die LTL-Formulierungen zusätzliche Annahmen, die eine Formulierung von überschaubarer Größe ermöglichen: wir nehmen an, dass am Beginn bzw. am Ende eines Ausführungszyklus der Länge k der beschleunigten Komponente ein ausgezeichnetes Ereignis stattfindet. Diese Annahme ist leicht zu erfüllen, da ein solches Ereignis mithilfe eines internen Zählers in der Komponente implementiert werden kann, der zyklisch von 0 bis $k-1$ zählt und beim Stande von 0 bzw. $k-1$ das entsprechende Ereignis auslöst.

Sei $start$ ein Ereignis, das am Beginn eines jeden Ausführungszyklus der Länge k der beschleunigten Komponente stattfindet. Die Ausgabe des Ports p der beschleunigten Komponente zu einem Zeitpunkt t ist genau dann leer, wenn die interne Ausgabe während des gesamten Ausführungszyklus bis zum Beginn des nächsten Zyklus leer ist:

$$s_p^{(ext)}.t = \varepsilon \quad \Leftrightarrow \quad (\sigma, t * k) \models_{LTL} p = \varepsilon \wedge \bigcirc (p = \varepsilon \, \mathcal{U} \, start) \tag{4.182}$$

Die Formulierung für eine nichtleere Ausgabe ist komplizierter und verwendet sechs temporale Operatoren (die MTL-Formel (4.181) verwendet dagegen nur zwei, die BPDL-Formel (4.177) kommt mit einem aus). Die externe Ausgabe zum Zeitpunkt t ist genau dann gleich m, wenn entweder gleich am Beginn des Ausführungszyklus m und anschließend nur leere Nachrichten ausgegeben werden, oder nach dem ersten Ausführungsschritt im Zyklus das Startereignis nicht eintritt, bevor m und anschließend nur leere Nachrichten ausgegeben werden:

$$
\begin{aligned}
s_p^{(ext)}.t = m \quad \Leftrightarrow \quad & (\sigma, t * k) \models_{LTL} \\
& p = m \wedge \bigcirc (p = \varepsilon \, \mathcal{U} \, start) \vee \\
& \bigcirc (\neg \, start \, \mathcal{U} \, (p = m \wedge \neg \, start \wedge \bigcirc (p = \varepsilon \, \mathcal{U} \, start)))
\end{aligned}
\tag{4.183}
$$

Sei $finish$ ein Ereignis, das am Ende eines jeden Ausführungszyklus der Länge k der beschleunigten Komponente stattfindet. Die Formel für die leere Ausgabe ähnelt der entsprechenden Formel (4.182):

$$s_p^{(ext)}.t = \varepsilon \quad \Leftrightarrow \quad (\sigma, t * k) \models_{LTL} p = \varepsilon \wedge \bigcirc (p = \varepsilon \, \mathcal{U} \, (finish \wedge p = \varepsilon)) \tag{4.184}$$

Die Formel für eine nichtleere Ausgabe verwendet statt sechs, wie in (4.183), nur vier temporale Operatoren, was für die praktische Verifikation Effizienzvorteile mit sich bringen kann. Die externe Ausgabe zum Zeitpunkt t ist genau dann gleich m, wenn entweder m am Ende des Ausführungszyklus ausgegeben wird, oder m vor dem Ende des Ausführungszyklus ausgegeben wird, und anschließend nur leere Nachrichten ausgegeben werden:

$$
\begin{aligned}
s_p^{(ext)}.t = m \quad \Leftrightarrow \quad & (\sigma, t * k) \models_{LTL} \\
& \neg \, finish \, \mathcal{U} \, (finish \wedge p = m) \vee \\
& \neg \, finish \, \mathcal{U} \, (\neg \, finish \wedge p = m \wedge \bigcirc (p = \varepsilon \, \mathcal{U} \, (finish \wedge p = \varepsilon)))
\end{aligned}
\tag{4.185}
$$

Formulierungen mit Leerlaufzuständen   Der Begriff der Leerlaufzustände einer Komponente sowie der Spezialfall der Automatenleerlaufzustände wurde im Abschnitt 4.1.2 (S. 107 ff.) erörtert. Die Leerlaufzustände spielen eine besondere Rolle im Zusammenhang mit der Mehrtaktsemantik, da eine Komponente im Leerlauf keine Zustandsänderungen und keine (nichtleeren) Ausgaben durchführt, solange sie leere Eingaben erhält (4.82). Für eine beschleunigte Komponente folgt daher, dass sie nach dem Erreichen eines Leerlaufzustands innerhalb eines internen Ausführungszyklus der Länge k, wenn $k \in \mathbb{N}_+$ ihr Taktfaktor ist, keine Zustandsänderungen und internen Ausgaben bis zum Ende des Ausführungszyklus durchführt, so dass am Ende des Ausführungszyklus ihre extern sichtbare Ausgabe und ihr Zustand gleich der Ausgabe (4.85) bzw. dem Zustand (4.86) beim Erreichen des Leerlaufzustands sind. Für die Ermittlung der Ausgabe einer beschleunigten Komponente genügt es daher, das Zeitintervall bis zum Erreichen eines Leerlaufzustands zu betrachten – dadurch können insbesondere LTL-Formeln vereinfacht werden. Außerdem genügen zur Formulierung nun für alle Notationen Zukunftsoperatoren (insbesondere wird kein *Since*-Operator wie in (4.181) verwendet) – dies ist mit Hinblick auf Verifikation mithilfe von Modelchecking-Werkzeugen vorteilhaft, weil diese häufig nur Zukunftsoperatoren unterstützen.

Für die folgenden Regeln ist die Voraussetzung stets, dass die Komponente C nach der Ausführung des (externen) Rechensschritts t sich in einem Leerlaufzustand befindet:

$$isIdle\big(\, (\Delta^\omega(\delta_C, \ input \odot k, \ c)).t \, \big) \tag{4.186}$$

Dies ist insbesondere dann der Fall, wenn der Taktfaktor groß genug gewählt ist, so dass die Komponente C die Verarbeitung einer jeden Eingabe innerhalb von k Takten abschließen kann und somit stets am Ende des internen Ausführungszyklus der Länge k sich in einem Leerlaufzustand befindet.

Im Folgenden geben wir die Formulierungen für TPTL, MTL und LTL an. Die erste vereinfachende Auswirkung zeigt sich für die leere Ausgabe: für alle drei Notationen sind die entsprechenden Formulierungen identisch, d. h., für L $\in$ {TPTL, MTL, LTL} gilt:

$$s_p^{(ext)}.t = \varepsilon \quad \Leftrightarrow \quad (\sigma, t * k) \models_L p = \varepsilon \, \mathcal{U} \, (p = \varepsilon \, \wedge \, isIdle(c)) \tag{4.187}$$

Diese Formel besagt, dass die externe Ausgabe genau dann leer ist, wenn die interne Ausgabe leer ist, bis ein Leerlaufzustand erreicht wird.

Nun werden die Regeln für eine nichtleere Ausgabe formuliert. Wir beginnen wieder mit TPTL. Die Ausgabe ist nichtleer und gleich einem Wert m, falls die m gleichzeitig mit dem Erreichen eines Leerlaufzustand ausgegeben wird, oder nach der Ausgabe von m bis zum Erreichen eines Leerlaufzustands nur leere Nachrichten ausgegeben werden. Diese zwei Fälle bilden zwei hinreichende Bedingungen:

$$s_p^{(ext)}.t = m \quad \Leftarrow \quad (\sigma, t * k) \models_{TPTL}$$
$$t_0 . \diamond t_1 . (t_1 < t_0 + k \, \wedge \, p = m \, \wedge \, isIdle(c)) \tag{4.188}$$
$$s_p^{(ext)}.t = m \quad \Leftarrow \quad (\sigma, t * k) \models_{TPTL}$$
$$t_0 . \diamond t_1 . (t_1 < t_0 + k \, \wedge \, p = m \, \wedge \, \bigcirc \, (p = \varepsilon \, \mathcal{U} \, (p = \varepsilon \, \wedge \, isIdle(c)))) \tag{4.189}$$

Die beiden hinreichenden Vorbedingungen ergeben zusammen genau die notwendige und hinreichende Bedingung:

$$s_p^{(ext)}.t = m \quad \Leftrightarrow \quad (\sigma, t * k) \models_{TPTL}$$
$$t_0 . \diamond t_1 . (t_1 < t_0 + k \, \wedge \, p = m \, \wedge \, isIdle(c)) \, \vee$$
$$t_0 . \diamond t_1 . (t_1 < t_0 + k \, \wedge \, p = m \, \wedge \, \bigcirc \, (p = \varepsilon \, \mathcal{U} \, (p = \varepsilon \, \wedge \, isIdle(c)))) \tag{4.190}$$

Die beiden *Eventually*-Teilformeln können aufgrund der Distributivität des *Eventually*-Operators mit der Disjunktion zusammengefasst werden:

$$s_p^{(ext)}.t = m \quad \Leftrightarrow \quad (\sigma, t * k) \models_{TPTL}$$
$$t_0 . \diamond t_1 . (t_1 < t_0 + k \, \wedge \, p = m \, \wedge$$
$$(isIdle(c) \, \vee \, \bigcirc \, (p = \varepsilon \, \mathcal{U} \, (p = \varepsilon \, \wedge \, isIdle(c))))) \tag{4.191}$$

Die MTL-Regeln für die Ausgabe einer nichtleeren Nachricht m werden analog formuliert. Die zwei hinreichenden Bedingungen sind:

$$s_p^{(ext)}.t = m \quad \Leftarrow \quad (\sigma, t*k) \models_{MTL} \Diamond_{[\leq k-1]} (p = m \wedge \mathit{isIdle}(c)) \tag{4.192}$$

$$s_p^{(ext)}.t = m \quad \Leftarrow \quad (\sigma, t*k) \models_{MTL}$$
$$\Diamond_{[\leq k-1]} (p = m \wedge (p = \varepsilon \, \mathcal{U}_{[\geq 1]} (p = \varepsilon \wedge \mathit{isIdle}(c)))) \tag{4.193}$$

Die beiden hinreichenden Vorbedingungen ergeben wiederum genau die notwendige und hinreichende Bedingung:

$$s_p^{(ext)}.t = m \quad \Leftrightarrow \quad (\sigma, t*k) \models_{MTL}$$
$$\Diamond_{[\leq k-1]} (p = m \wedge \mathit{isIdle}(c)) \vee$$
$$\Diamond_{[\leq k-1]} (p = m \wedge (p = \varepsilon \, \mathcal{U}_{[\geq 1]} (p = \varepsilon \wedge \mathit{isIdle}(c)))) \tag{4.194}$$

Diese Formel kann aufgrund der Distributivität des *Eventually*-Operators mit der Disjunktion wieder kürzer aufgeschrieben werden:

$$s_p^{(ext)}.t = m \quad \Leftrightarrow \quad (\sigma, t*k) \models_{MTL}$$
$$\Diamond_{[\leq k-1]} (p = m \wedge (\mathit{isIdle}(c) \vee (p = \varepsilon \, \mathcal{U}_{[\geq 1]} (p = \varepsilon \wedge \mathit{isIdle}(c))))) \tag{4.195}$$

Die LTL-Formulierungen profitieren am stärksten von der Verwendung der Leerlaufzustände gegenüber den Formulierungen (4.182)–(4.185):

- Es müssen keine zusätzlichen Start- bzw. Finish-Ereignisse in der Komponente eingeführt werden. Dadurch entfällt zusätzlicher Modellierungsaufwand und sinkt die Größe des Modells und des beim Modelchecking zu untersuchenden Zustandsraums.

- Die LTL-Formeln sind kleiner und verwenden weniger temporale Operatoren. Dadurch kann die Laufzeit des Modelcheckings stark sinken, da seine Worst-Case-Komplexität exponentiell in der Anzahl der temporalen Operatoren ist.

Die LTL-Formulierungen geben, wie bereits bei TPTL und MTL, zwei hinreichende Bedingungen für die Ausgabe einer nichtleeren Nachricht m an:

$$s_p^{(ext)}.t = m \quad \Leftarrow \quad (\sigma, t*k) \models_{LTL} \neg \, \mathit{isIdle}(c) \, \mathcal{U} \, (p = m \wedge \mathit{isIdle}(c)) \tag{4.196}$$

$$s_p^{(ext)}.t = m \quad \Leftarrow \quad (\sigma, t*k) \models_{LTL}$$
$$\neg \, \mathit{isIdle}(c) \, \mathcal{U} \, (p = m \wedge \bigcirc (p = \varepsilon \, \mathcal{U} \, (p = \varepsilon \wedge \mathit{isIdle}(c)))) \tag{4.197}$$

Die beiden Bedingungen ergeben die notwendige und hinreichende Bedingung:

$$s_p^{(ext)}.t = m \quad \Leftrightarrow \quad (\sigma, t*k) \models_{LTL}$$
$$\neg \, \mathit{isIdle}(c) \, \mathcal{U} \, (p = m \wedge \mathit{isIdle}(c)) \vee$$
$$\neg \, \mathit{isIdle}(c) \, \mathcal{U} \, (p = m \wedge \bigcirc (p = \varepsilon \, \mathcal{U} \, (p = \varepsilon \wedge \mathit{isIdle}(c)))) \tag{4.198}$$

Auch hier können die beiden Teilformeln zu einer zusammengefasst werden:

$$s_p^{(ext)}.t = m \quad \Leftrightarrow \quad (\sigma, t*k) \models_{LTL}$$
$$\neg \, \mathit{isIdle}(c) \, \mathcal{U} \, (p = m \wedge (\mathit{isIdle}(c) \vee \bigcirc (p = \varepsilon \, \mathcal{U} \, (p = \varepsilon \wedge \mathit{isIdle}(c))))) \tag{4.199}$$

Diese und weitere in der Isabelle/HOL-Formalisierung verifizierten Ergebnisse zu der Beziehung zwischen der Mehrtaktsemantik und temporalen Operatoren finden sich im Anhang A.2.7 ab S. 351.

4.3 ADL+PDL – Integration struktureller und dynamischer Beschreibungsmittel

In diesem Abschnitt behandeln wir die Integration struktureller und funktionaler Beschreibungsmittel. Im Abschnitt 4.1 befassten wir uns mit der ADL zur strukturellen Beschreibung von Systemmodellen. Die in 4.2 vorgestellte BPDL sowie mit ihren Mitteln definierbare temporallogische Notationen können zur Beschreibung dynamischer Eigenschaften konkreter in ADL spezifizierter Modelle verwendet werden. Wir wollen nun die Beschreibung dynamischer Eigenschaften *unabhängig* von einem konkreten Systemmodell ermöglichen, indem wir temporallogische Notationen mit der auf strukturellen Notationen operierenden Sprache ODL integrieren.

4.3.1 CCL-Notation für strukturelle Eigenschaften

Die *ODL* (*Operation Definition Language*) ist eine Sprache zur Spezifikation prädikatenlogischer Eigenschaften für die statische Systemarchitektur, sowie zur Definition von Strukturtransformationen [SBHW05]. Die theoretischen und technischen Grundlagen von ODL werden in [Sch01] vorgestellt, eine ausführliche Beschreibung der Sprachmittel von ODL findet sich in [Höl05] (u. a. das Typsystem) und [Tra03] (u. a. die interaktive Benutzerschnittstelle).

Wir betrachten die Teilmenge *CCL* (*Consistency Constraint Language*) der Sprache ODL. Diese Teilmenge ermöglicht die Formulierung von Eigenschaften, die keine Transformationen und interaktive Operationen verwenden.[5]
Sie entspricht somit der Prädikatenlogik erster Stufe auf Mengen von Systemstrukturelementen [Sch01, Höl05]. Da AUTOFOCUS-Modelle und damit auch sämtliche Mengen von Strukturelementen eines Modells endlich sind (und Quantifizierung über unendliche Datentypen, wie Zeichenketten, nicht erlaubt ist), terminiert stets die Auswertung von CCL-Eigenschaften.
Die Abbildung 4.19 zeigt den grundlegenden Aufbau eines CCL-Ausdrucks (die vollständige EBNF-Grammatik von ODL findet sich in [Höl05, Anhang A]). Damit bietet CCL unter anderem folgende Sprachmittel:

- *Boolesche Operationen* auf CCL-Ausdrücken.

- *Universelle und existenzielle Quantifizierung* über Strukturelemente eines Modells.

- *Abfrage struktureller Beziehungen*: Für eine durch das AUTOFOCUS-Metamodell definierte strukturelle Beziehung (beispielsweise die Beziehung Ports zwischen Komponenten und ihren Ports) kann mit einer Abfrage der Form

    ```
    is relation_name(e1,e2)
    ```

    überprüft werden, ob zwei Strukturelemente eines konkreten Modells in dieser Beziehung stehen.

- *Benamte Prädikate*: mithilfe benamter Prädikate können CCL-Ausdrücke, ähnlich zu Funktionen in herkömmlichen Programmiersprachen, definiert und später über den Namen aufgerufen werden. Beispielsweise definiert

    ```
    portTypesEqual(p1:Port, p2:Port) :=
        p1.DefinedType.Text = p2.DefinedType.Text
    ```

---

[5]Gilt für den ODL-Interpreter in der AUTOFOCUS2-Version 0.61.14 vom 19.07.2007 [Auta].

```
ccl_proposition ::=
   bool_neg ccl_proposition |
   ccl_proposition bool_op ccl_proposition |
   ccl_quantifier var : bounded_type . ccl_proposition |
   named_predicate_call |
   ccl_term;

ccl_quantifier = forall | exists;

bool_neg ::= neg;

bool_op ::= and | or | implies | equiv;

ccl_term ::=
   bool_proposition |
   ( ccl_proposition ) |
   is structural_relation;

bool_proposition ::= arith_compare_expression | true | false;

structural_relation   ::= call_expression;

named_predicate_call = call call_expression;

call_expression ::= identifier ( args );
```

Abbildung 4.19: Grundlegende Syntax eines CCL-Ausdrucks

ein benamtes Prädikat, das für zwei Ports überprüft, ob sie den gleichen Datentyp haben. Das definierte Prädikat kann später mithilfe des Schlüsselworts call aufgerufen werden:

```
forall ch:Channel.
   call portTypesEqual(ch.SourcePort, ch.DestinationPort)
```

Die Quantifizierung über Strukturelemente wird im weiteren Verlauf dieses Abschnitts eine entscheidende Rolle bei der Integration struktureller und funktionaler Beschreibungsmittel spielen.

Typsystem

Zunächst wollen wir auf das Typsystem von CCL eingehen, das unter anderem mächtige Konstrukte zur Erstellung von Produkttypen und Mengentypen bietet.

Jede Variable in CCL ist getypt und wird durch einen Ausdruck der Form

```
quantifier var_name : type . ccl_term
```

deklariert. Im anschließenden CCL-Teilausdruck ccl_term darf die deklarierte Variable nun verwendet werden. In CCL-Quantifizierungen dürfen nur *endliche* Typen verwendet werden, so dass die Auswertung einer Quantifizierung stets terminiert.[6] Ein endlicher Datentyp in ODL und CCL ist ein endlicher Basistyp (z. B. boolesche Werte), ein Modellelementtyp oder ein darauf aufbauender Datentyp:

---

[6]Unendliche Datentypen dürfen in ODL-Quantifizierungen mit dem context-Quantor verwendet werden, der die interaktive Eingabe eines Variablenwerts durch den Benutzer durchführt [Tra03].

- *Modellelemente*

  Ein jedes Strukturelement in einem AUTOFOCUS-Modell hat einen Modellelementtyp als Datentyp. Die grundlegenden Metamodellelemente zur Strukturbeschreibung sind Component, Port und Channel. Ein gesamtes AUTOFOCUS-Modell wird durch ein Project repräsentiert. Eine detaillierte Übersicht über die Metamodellelemente und ihre Beziehungen untereinander kann mithilfe des *Metamodell-Browsers*[7] des ODL-Interpreters gewonnen werden – die Abbildung 4.20 zeigt beispielsweise die Informationen, die der Metamodell-Browser für das Strukturelement Channel angibt. Wird eine Variable mit einer Anweisung der Form

  ```
  quantifier variable : ModelElementType . term
  ```

  deklariert, so kann sie jedes in dem aktuellen Modell vorhandene Strukturelement vom Typ ModelElementType repräsentieren. Beispielsweise gilt der CCL-Ausdruck

  ```
  forall c:Component. exists p:Port. is Ports(c,p)
  ```

  genau dann, wenn jede Komponente im Modell mindestens einen Port besitzt.

- *Boolesche Werte*

  Der Datentyp Boolean gehört, wie Int und String, zu den drei elementaren Datentypen in ODL, ist jedoch, anders als Zahlen und Zeichenketten, endlich und kann daher zur Deklaration von Variablen in CCL-Ausdrücken verwendet werden.

- *Eingeschränkte Typen*

  Die eingeschränkten Typen, deren Notation an die gängige Mengenbeschreibungsnotation der Form $\{x \in A \mid P(x)\}$ angelehnt ist, ermöglichen die Einschränkung eines beliebigen endlichen Typs auf Werte, die eine bestimmte Bedingung erfüllen.[8] So liefert die folgende Anweisung alle Komponenten, die mindestens eine Teilkomponente besitzen:[9]

  ```
  exists c:{c:Component | size(c.SubComponents) > 0}. true
  ```

- *Endliche Produkttypen*

  Endliche Typen können zu Produkttypen kombiniert werden, deren Elemente durch Tupel dargestellt werden. Beispielsweise verwendet folgender CCL-Ausdruck den Produkttyp (out:Port, in:Port), der Paare von Ports enthält. Die formulierte Eigenschaft besagt, dass zu jedem Kanal ein entsprechender Eingabe- und Ausgabeport vorhanden ist:

  ```
  forall ch:Channel. exists p:(out:Port, in:Port).
      (ch.SourcePort = p.out and ch.DestinationPort = p.in)
  ```

  Endliche Produkttypen dürfen beliebig verschachtelt werden. Beispielsweise verwendet der folgende Ausdruck einen Produkttyp aus zwei eingeschränkten Typen, die ihrerseits Produkttypen verwenden:

---

[7]Der Metamodell-Browsers kann im Hauptfenster des ODL-Interpreters über den Menüpunkt "Help, MM Browser" aufgerufen werden.

[8]Eingeschränkte Typen mit unendlichen Basistypen werden als unendlich betrachtet – in der aktuellen Version des ODL-Interpreters wird keine Analyse durchgeführt, ob der unendliche Basistyp durch die einschränkende Bedingung auf eine endliche Teilmenge eingeschränkt wird (wie beispielsweise die endliche Teilmenge {i:Int | 0 < i and i < 10} des unendlichen Basistyps Int).

[9]Der ODL-Interpreter verwendet als Voreinstellung nichtstrikte Auswertung ohne Zeugengenerierung: in dieser Einstellung würde das Ergebnis keine erfüllenden Belegungen der durch Quantoren gebundenen Variablen enthalten. Um alle erfüllenden Belegungen zu erhalten, sollte im Menü des ODL-Interpreters die Einstellung Evaluation Method auf Strict und Generation Method auf Both gesetzt werden.

```
forall p:(
    p1:{p:(out:Port, in:Port) | exists ch:Channel. (
        is SourcePort(ch, p.out) and is DestinationPort(ch, p.in))},
    p2:{p:(out:Port, in:Port) | exists ch:Channel. (
        is SourcePort(ch, p.out) and is DestinationPort(ch, p.in))}).(
    p.p1.in = p.p2.in implies p.p1.out = p.p2.out)
```

Dieser Ausdruck ist eine Formulierung der Eigenschaft eines gültigen AUTOFOCUS-Modells, die besagt, dass jeder Eingabeport mit höchstens einem Ausgabeport verbunden ist – stimmen für zwei Paare miteinander verbundener Ports die Eingabeports überein, dann müssen auch die Ausgabeports übereinstimmen.

- *Mengen*

  Das CCL-Typsystem bietet mehrere Konstrukte zur Definition von Mengendatentypen. Außerdem liefern mehrere Funktionen als Ergebnis Mengen zurück. Schließlich können mit dem Schlüsselwort **map** endliche totale Abbildungen definiert werden. Speziell für Mengenvariablen/-Ausdrücke ist die Funktion size verfügbar, die die Größe einer Menge zurückgibt.

  – *Teilmengen eines endlichen Typs*: Mit dem Schlüsselwort **set** wird eine Menge von Elementen eines endlichen Typs definiert:

    ```
    var_name: set bounded_type
    ```

    So liefert der Ausdruck

    ```
    exists cSet:set Component. forall c:(c1:cSet, c2:cSet).
        c.c1.SuperComponent = c.c2.SuperComponent
    ```

    alle Mengen von Komponenten mit derselben Oberkomponente.[10]

    Ein Datentyp **set** T entspricht – anders als ein eingeschränkter Typ, der eine Teilmenge des Basistyps darstellt – der Potenzmenge des Typs T, so dass seine Elemente Teilmengen von T sind.

  – *Mengenwertige Funktionen*: Die Strukturelemente eines Modells können zueinander in Relationen stehen, die durch das AUTOFOCUS-Metamodell definiert werden. Die meisten Relationen sind von dem Typ 1:1 oder 1:N. Ein *Selektorausdruck* e.rel liefert für ein Strukturelement e und eine Relation rel die mit e in Beziehung rel stehenden Modellelemente. Der Typ des Ergebnisses hängt von dem Relationstyp ab: für 1:1-Beziehungen ist das Ergebnis ein einzelnes Modellelement, für 1:N-Beziehungen wird eine endliche Menge von Modellelementen zurückgegeben. Selektorausdrücke mit mengenwertigen Ergebnissen dürfen als endliche Datentypen in Variablendeklarationen verwendet werden:

    ```
    var : (e.rel)
    ```

    Nach dieser Definition referenziert die Variable var die Menge der Modellelemente, die mit e in der Beziehung rel stehen. Für eine 1:N-Beziehungen rel entspricht somit die durch den Selektorausdruck e.rel definierte Menge dem eingeschränkten Typ

    ```
    var : {v:T | is rel(e, v)}
    ```

---

[10]Ein universeller oder existenzieller Quantor in einem Ausdruck der Form quantifier var_name: **set** bounded_type iteriert über alle Elemente der Potenzmenge des Basistyps, so dass die Auswertungszeit exponentiell mit der Kardinalität des Basistyps steigt. Die Verwendung mit dem context-Quantor ist dagegen unproblematisch, da dieser keine Iteration über die Potenzmenge des Basistyps durchführt.

wobei T der Datentyp der Elemente ist, die durch rel zu e in Beziehung gesetzt werden. Gegenüber dieser Variablendeklaration hat die Deklaration mit einem Selektorausdruck den Vorteil einer effizienteren Auswertung und einfacheren Formulierung. Der letztere Vorteil zeigt sich besonders dann, wenn der Selektorausdruck mehrere Metamodell-Beziehungen auf einmal nutzt. Beispielsweise sieht ein CCL-Ausdruck, der für eine gegebene Komponente c1 alle von ihr verschiedenen Schwesterkomponenten liefert, ohne Selektorausdrücke wie folgt aus:

```
exists supComp:{c:Component | is SubComponents(c,c1)}.
  exists c2:{c:Component | is SubComponents(supComp,c)}. neg c1=c2
```

Ein analoger CCL-Ausdruck mit Selektorausdrücken lässt sich hingegen viel einfacher formulieren:

```
exists c2:(c1.SuperComponent.SubComponents). neg c1=c2
```

– *Mengenfixpunkte*: Der Fixpunkt-Operator ermittelt eine Menge, die dem kleinsten bzw. größten Fixpunkt eines CCL-Prädikats entspricht. Beispielsweise ermittelt der folgende ODL-Ausdruck für eine vom Benutzer ausgewählte Komponente comp alle mit ihr verbundenen Komponenten, wobei auch indirekte Verbindung über andere Komponenten berücksichtigt werden:

```
/* User selection of a component having a supercomponent */
context comp:{comp:Component |
    exists c:Component. is SuperComponent(comp, c)}.
  /* Collecting the components connected with comp */
  exists connectedComponents:
  lfp compSet set c:(comp.SuperComponent.SubComponents) with (
    c=comp or /* The component comp itself */
    /* Or a component connected to one of the components
       already collected */
    exists c1:compSet.
      exists ch:(comp.SuperComponent.Channels). (
      (ch.SourcePort.Component=c1 and
       ch.DestinationPort.Component=c) or
      (ch.SourcePort.Component=c and
       ch.DestinationPort.Component=c1))
  ). true
```

Der Fixpunktoperator eignet sich auch, um mehrere Elemente, die einer Bedingung genügen, in einer Menge aufzusammeln. So wird in dem folgenden CCL-Ausdruck der Fixpunktoperator verwendet, um die Mengen der Eingabeports von Komponenten zu ermitteln; der Ausdruck ermittelt auf diese Weise alle Komponenten, die mehr als einen Eingabeport haben:

```
exists c1:Component.
  exists outSet : gfp ports set p:(c1.Ports) with (
    call isInputPort(p)).
    size(outSet) > 1
```

Hierbei benutzen wir zur besseren Lesbarkeit benamte Prädikate, die als Funktionsaufrufe für CCL-Ausdrücke dienen [Tra03, Kapitel 4]. Die hier verwendeten benamten Prädikaten werden durch folgende ODL-Anweisungen definiert:

```
isInputPort(p:Port) := (p.Direction.IsEntry = true)

isOutputPort(p:Port) := (p.Direction.IsEntry = false)
```

– *Abbildungen*: Mithilfe des Schlüsselworts **map** kann eine endliche totale Abbildung definiert werden, die jedem Elementen eines endlichen Typs jeweils ein Element eines anderen endlichen Typs zuordnet. Beispielsweise gibt die Abbildung hasSub-CompMap für jede Komponente an, ob sie Teilkomponenten besitzt:

```
exists isInputMap:
    {m : map port:Port to isInputFlag:Boolean |
      forall e:m. (
          (call isInputPort(e.port)) equiv
          (e.isInputFlag=true))}. true
```

Die Abbildungen können zusammen mit Fixpunktoperatoren sowie ODL-Konstrukten für Modelltransformationen unter anderem zur Reproduktion ganzer Modellausschnitte benutzt werden, wie [Höl05, Kapitel 6] beschreibt.

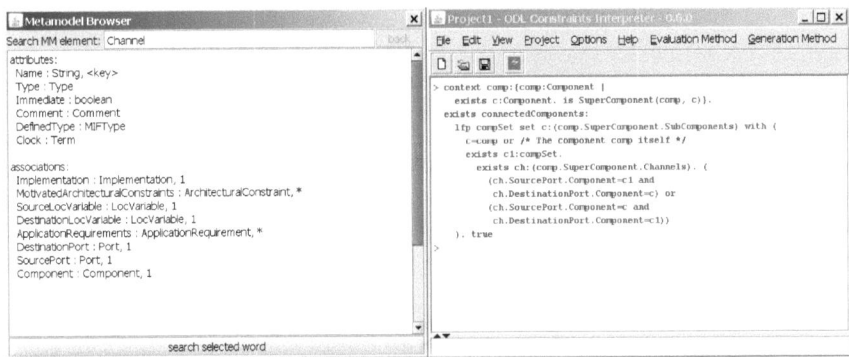

Abbildung 4.20: Metamodell-Browser des ODL-Interpreters in AUTOFOCUS

4.3.2 Integration funktionaler Notationen in CCL

Wir wollen uns nun mit der Integration eigenschaftsorientierter Notationen zur Beschreibung des dynamischen Verhaltens (PDL-Notationen) in die zur Beschreibung struktureller Eigenschaften genutzte CCL-Notation befassen. Die Integration ermöglicht es, PDL-Ausdrücke in CCL-Ausdrücken zu verwenden – auf diese Weise können PDL-Eigenschaften nicht nur über einzelne Elemente eines Modells formuliert werden, sondern auch über mehrere Modellelemente, die durch einen CCL-Ausdruck spezifiziert werden. Die Integration stellt nur geringe Anforderungen an die PDL: es ist jede PDL geeignet, die boolesche Operatoren $\land$, $\lor$, $\neg$ unterstützt – dies trifft unter anderem für alle gängigen temporallogischen Notationen zu.

Das *Grundprinzip* der Integration ist, dass Strukturelemente in PDL-Ausdrücken durch CCL-Quantoren gebunden werden können, so dass der betrachtete PDL-Ausdruck nicht nur für einen, sondern, abhängig von dem verwendeten CCL-Quantor, für alle bzw. mindestens ein Element aus dem Datentyp der Variablen definiert wird:

```
quantifier var : type . pdl_term
```
(4.200)

Hierbei dürfen als Quantoren der Universalquantor forall und der Existenzquantor exists verwendet werden, der Typ muss ein endlicher CCL-Datentyp sein, und der PDL-Term darf nur Strukturvariablen referenzieren, die bereits als einzelnes Element (beispielsweise als Parameter) oder mit einem existenziellen bzw. universellen Quantor (einschließlich der Variablen var) deklariert wurden. Um den grundlegenden Aufbau eines CCL-PDL-Ausdrucks zu beschreiben, müssen die Ableitungsregeln auf der Abbildung 4.19 um die folgende Regel für ccl_pdl_term erweitert werden:

```
ccl_pdl_term ::=
  bool_neg ccl_pdl_term |
  ccl_pdl_term bool_op ccl_pdl_term |
  ccl_quantifier var : bounded_type . ccl_pdl_term |
  ( ccl_pdl_term ) |
  pdl_op ccl_pdl_term |
  pdl_term |
  ccl_proposition;
```

$$(4.201)$$

Dabei steht pdl_term für PDL-Ausdrücke, die Strukturelemente referenzieren können, die zuvor mit einem CCL-Quantor oder als externer Parameter deklariert wurden, und pdl_op für Operatoren der verwendeten PDL-Notation, beispielsweise die temporalen Operatoren *Eventually* und *Always* – je nach verwendeter Notation können bei Bedarf auch Ableitungsregeln für k-äre PDL-Operatoren mit $k \geq 2$ hinzugefügt werden. Damit können nun integrierte CCL-PDL-Ausdrücke abgeleitet werden, die in CCL-Ausdrücken PDL-Ausdrücke zur Spezifikation funktionaler Eigenschaften enthalten.

Semantik

Die Semantik eines CCL-PDL-Ausdrucks wird durch die Instanziierung der quantifizierten Strukturvariablen und die Verbindung der sich daraus ergebenden Ausdrücke entsprechend der Standardsemantik des jeweiligen Quantors gegeben – die universelle Quantifizierung entspricht der Konjunktion aller instanziierten Ausdrücke, die existenzielle Quantifizierung entspricht der Disjunktion:

$$\text{forall } v : \text{type. pdl\_term} \quad \Leftrightarrow \quad \bigwedge_{x \in \text{type}} \left(\text{pdl\_term}\left[\begin{smallmatrix}v\\x\end{smallmatrix}\right] \right) \tag{4.202}$$

$$\text{exists } v : \text{type. pdl\_term} \quad \Leftrightarrow \quad \bigvee_{x \in \text{type}} \left(\text{pdl\_term}\left[\begin{smallmatrix}v\\x\end{smallmatrix}\right] \right) \tag{4.203}$$

Die Quantifizierung eines PDL-Ausdrucks stellt den *Basisfall* eines CCL-PDL-Ausdrucks dar, in dem sich durch die Instanziierung der quantifizierten Variablen unmittelbar ein PDL-Ausdruck ergibt. Beispielsweise definiert der folgende CCL-PDL-Ausdruck für alle Ausgabeports einer Parameterkomponente comp die LTL-Eigenschaft, dass diese Ports schließlich eine nichtleere Ausgabe liefern:

```
forall outPort:{p:(comp.Ports) | call isOutputPort(p)}. ◇ ¬ outPort = ε
```

So würde eine Instanziierung dieses Ausdrucks mit der Komponente SupComp auf Abbildung 4.9 (S. 89) den folgenden LTL-Ausdruck ergeben:

$$\Diamond \neg \text{out}_1 = \varepsilon \ \wedge \ \Diamond \neg \text{out}_2 = \varepsilon$$

Für komplexere Eigenschaften können mehrere Quantifizierungen notwendig sein. Beispielsweise sieht der CCL-PDL-Ausdruck, der eine nichtleere Ausgabe nach einer nichtleeren Eingabe fordert, wie folgt aus:

$$
\begin{aligned}
&\texttt{forall inPort:\{p:(comp.Ports) | call isInputPort(p)\}.}\\
&\quad\square((\neg \texttt{ inPort } = \varepsilon) \texttt{ implies}\\
&\qquad \texttt{exists outPort:\{p:(comp.Ports) | call isOutputPort(p)\}.}\\
&\qquad (\Diamond \neg \texttt{ outPort } = \varepsilon)
\end{aligned}
\tag{4.204}
$$

Wir wollen nun deshalb die allgemeine Vorgehensweise für die Umwandlung eines CCL-PDL-Ausdrucks in einen PDL-Ausdruck betrachten. Diese Transformation lässt sich anhand der Darstellung eines Ausdrucks als Syntaxbaum erläutern. Wir unterscheiden an dieser Stelle folgende Knoten und Blätter in dem Syntaxbaum eines CCL-PDL-Ausdrucks:

- *Knoten*:

  - CCL-Quantoren forall und exists.
  - Boolesche Operatoren
    - □ Unärer Operator neg bzw. not.
    - □ Binäre Operatoren and, or, implies, equiv.
    - □ k-äre Operatoren and, or für $k \in \mathbb{N}, k \geq 2$ als Abkürzung für die mehrfache Anwendung der binären Operatoren and, or.
  - Zusätzliche (insbesondere temporale) Operatoren der verwendeten PDL-Notation.

- *Blätter*:

  - CCL-Ausdrücke ohne PDL-Anteile.
  - PDL-Ausdrücke ohne CCL-Anteile.

Die Knoten eines CCL-PDL-Syntaxbaums enthalten unter anderem alle CCL-Operatoren, die bei der Transformation zu einem PDL-Syntaxbaum potenziell durch andere Operatoren und/oder Operatorensymbole ersetzt werden können – dies trifft sowohl für CCL-Quantoren, als auch für boolesche CCL-Operatoren zu, wie weiter unten erörtert wird.

Die Blätter eines solchen CCL-PDL-Syntaxbaums enthalten CCL-PDL-Ausdrücke, die bis auf eventuelle Variableninstanziierungen und statische Vereinfachungen nicht verändert werden. Dies sind entweder reine CCL-Ausdrücke, die statisch ausgewertet werden und somit durch boolesche Konstanten True oder False ersetzt werden können, oder PDL-Ausdrücke, die keine CCL-Anteile außer Strukturvariablen enthalten, so dass sich ihre PDL-Ausdrucksinstanzen direkt durch die Substitution der dem Ausdruck vorkommenden Strukturvariablen durch konkrete Strukturelemente ergeben.

Einleitendes Beispiel   Wir wollen die Vorgehensweise zuerst an einem Beispiel veranschaulichen. Die Abbildung 4.22 zeigt den Syntaxbaum des CCL-PDL-Ausdrucks (4.204). Die Instanz dieses CCL-PDL-Ausdrucks für die Komponente SupComp auf Abbildung 4.9 (S. 89) kann durch die entsprechende Transformation des CCL-PDL-Syntaxbaums zu einem PDL-Syntaxbaum erhalten werden. Die Transformation geschieht durch die Umwandlung der CCL-Quantoren in Konjunktionen bzw. Disjunktionen sowie Substitution der Strukturvariablen durch entsprechende Strukturelemente:

1) Im ersten Schritt wird die nichtquantifizierte Parametervariable comp durch SupComp instanziiert (Abbildung 4.23(a)).

2) Der Universalquantorknoten forall inPort:{p:(SupComp.Ports) | call isInputPort(p)} wird zu einer Konjunktion umgewandelt, wobei die quantifizierte Variable inPort in den von diesem Knoten ausgehenden Teilbäumen jeweils durch die Eingabeports in_1 und in_2 instanziiert wird (Abbildung 4.23(b)).

3) Die Existenzquantorknoten exists outPort:{p:(SupComp.Ports) | call isOutputPort(p)} werden zu Disjunktionen umgewandelt, wobei die quantifizierte Variable outPort in den von diesen zwei Knoten ausgehenden Teilbäumen jeweils durch die Ausgabeports out_1 und out_2 instanziiert wird (Abbildung 4.23(c)).

Die Transformation wird beendet, sobald alle Knoten nur boolesche und PDL-Operatoren und alle Blätter nur PDL-Ausdrücke (auch boolesche Konstanten) enthalten. Aus dem entstandenen PDL-Syntaxbaum kann nun der entsprechende PDL-Ausdruck kanonisch erzeugt werden:

$$\Box((\neg \, in_1 = \varepsilon) \; \rightarrow \; ((\Diamond \, \neg \, out_1 = \varepsilon) \; \lor \; (\Diamond \, \neg \, out_2 = \varepsilon))) \; \land$$
$$\Box((\neg \, in_2 = \varepsilon) \; \rightarrow \; ((\Diamond \, \neg \, out_1 = \varepsilon) \; \lor \; (\Diamond \, \neg \, out_2 = \varepsilon)))$$

$$(4.205)$$

Die Abbildung 4.21 zeigt einen schematischen Algorithmus zur kanonischen Erzeugung des PDL-Ausdrucks aus dem PDL-Syntaxbaum. Der PDL-Ausdruck wird rekursiv durch das Abschreiten des Syntaxbaums generiert. Das Ergebnis des Aufrufs TreeToExpr(root, bool_op_symbols) ist ein PDL-Ausdruck, der dem Syntaxbaum mit der Wurzel root entspricht, und in dem die booleschen Operatoren durch die in bool_op_symbols angegebenen Operatorensymbole dargestellt werden.

Syntaxbaumtransformation Wir wollen nun die allgemeine Transformation eines CCL-PDL-Syntaxbaums in einen PDL-Syntaxbaum schildern. Die Abbildung 4.24 skizziert den Algorithmus zur Syntaxbaumtransformation. Der Syntaxbaum wird rekursiv ausgehend von der Baumwurzel verarbeitet. Die wesentlichen Schritte der Transformation sind im Folgenden beschrieben.

T1) *Instanziierung nicht gebundener Strukturvariablen.*

Strukturvariablen, die nicht durch Quantoren gebunden sind, werden durch Strukturelemente aus dem Modell instanziiert, die als Parameter für die Instanziierung des CCL-PDL-Ausdrucks übergeben werden müssen.

T2) *Instanziierung quantifizierter Teilausdrücke.*

Teilausdrücke, die durch einen Universalquantor bzw. Existenzquantor gebunden sind, werden zur Konjunktion bzw. Disjunktion der Ausdrucksinstanzen für alle Elemente des Datentyps der quantifizierten Variablen umgewandelt. Der Quantorknoten wird durch einen Konjunktions- bzw. Disjunktionsknoten ersetzt, dessen Kinderknoten die Instanzen des quantifizierten Ausdrucks für alle Elemente des quantifizierten Datentyps darstellen.

```
function TREETOEXPR(node, bool_op_symbols)
    /* Generate a string representation from term's syntax tree
       given by node parameter as the tree root
       using boolean operator symbols in bool_op_symbols . */
    if node.arity = 1 then
        /* Extract operator symbol */
        opText :=node.opText;
        /* If the current operator is a boolean CCL operator contained in bool_op_symbols
           then replace the CCL boolean operator symbol by the corresponding
           PDL operator symbol. */
        if ∃ op_assignment ∈ bool_op_symbols: opText = op_assignment.ccl_symbol then
            opText :=op_assignment.pdl_symbol;
        end if
    end if
    if node.arity = 0 then
        /* A pure PDL term (tree leave)
           or a pure CCL term that can be evaluated statically to true or false. */
        return "(" + node.termText + ")";
    else if node.arity = 1 then
        /* An unary operator. */
        return "(" + opText + " " + TreeToExpr(node.child) + ")";
    else if node.arity = 2 then
        /* A binary operator. */
        return "(" + TreeToExpr(root.leftChild) + " " + opText +;
            " " + TreeToExpr(root.rightChild) + ")";
    else /* node.arity > 2 */
        /* For k subnodes and a k-ary operator op
           generate a string of the form (node[0] op node[1] op ... op node[k-1]). */
        text := "(" + TreeToExpr(node.childlist[0]);
        for all (i := 1; i < node.childlist.length; i := i +1) do
            text := text + " " + opText + " " + TreeToExpr(node.childlist[i]);
        end for
        text := text + ")";
        return text;
    end if
end function
```

Abbildung 4.21: Erzeugung eines textuellen PDL-Ausdrucks aus einem PDL-Syntaxbaum

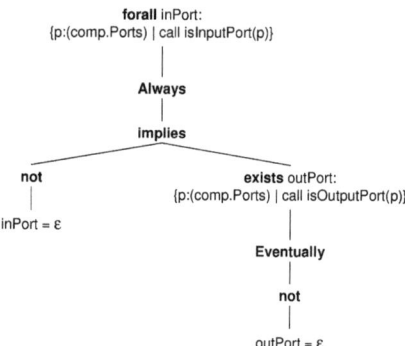

Abbildung 4.22: Syntaxbaum eines CCL-PDL-Ausdrucks

T3) *Auswertung von CCL-Ausdrücken.*

Nach der Instanziierung aller Strukturvariablen können reine CCL-Ausdrücke statisch ausgewertet werden. Jeder Knoten, dessen Teilbaum einen reinen CCL-Ausdruck darstellt, wird durch einen PDL-Knoten ersetzt, der je nach Auswertungsergebnis des CCL-Ausdrucks, die boolesche Konstante True oder False darstellt.

Der angegebene Algorithmus transformiert somit den Syntaxbaum eines CCL-PDL-Ausdrucks unter Berücksichtigung eines konkreten Strukturmodells zu einem Syntaxbaum eines PDL-Ausdrucks.

Transformation von CCL-PDL zu PDL   Mithilfe der oben beschriebenen Transformationen können wir nun die Transformation eines CCL-PDL-Ausdrucks zu einem PDL-Ausdruck für einen gegebenen Kontext struktureller Elemente definieren. Die *Instanziierungsfunktion* $\mathcal{I}$ liefert den PDL-Ausdruck $\mathcal{I}(F, M, SE, OS)$, der sich aus dem CCL-PDL-Ausdruck F durch Instanziierung mit den Strukturelementen SE in dem Modell M ergibt. Zusätzlich müssen boolesche CCL-Operatoren durch äquivalente PDL-Operatoren (beispielsweise implies durch $\rightarrow$) ersetzt werden, damit in dem resultierenden PDL-Ausdruck nur noch PDL-Operatoren verwendet werden – dies geschieht mithilfe des Parameters OS, der die Zuordnungen boolescher CCL-Operatoren zu den Symbolen der äquivalenten PDL-Operatoren enthält.

Die Instanziierung erfolgt in drei Schritten:

TF1) *CCL-PDL-Ausdruck → CCL-PDL-Syntaxbaum:*

Zu Beginn wird aus der textuellen Darstellung des CCL-PDL-Ausdrucks ein Syntaxbaum erstellt. Da es sich bei der Erzeugung von Syntaxbäumen für Ausdrücke formaler Notationen um eine grundlegende Teilfunktion von Compilern handelt, sehen wir an dieser Stelle von der Angabe des Parser-Algorithmus ab, und verweisen auf Literatur zum Compilerbau (z. B. [ASU86]) sowie auf das Werkzeug SableCC [Sab], das aus EBNF-Grammatiken für formale Notationen Java-Parser generieren kann, mit deren Hilfe für Ausdrücke dieser Notationen Syntaxbäume erzeugt werden können, um diese Ausdrücke auswerten und verarbeiten zu können. So wird SableCC in AUTOFOCUS unter anderem für den ODL-Interpreter verwendet [Pas03], und die EBNF-Grammatik von ODL [Höl05, Anhang A] dient

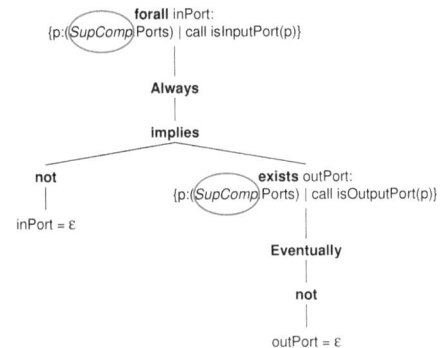

(a) Instanziierung der Parametervariablen comp

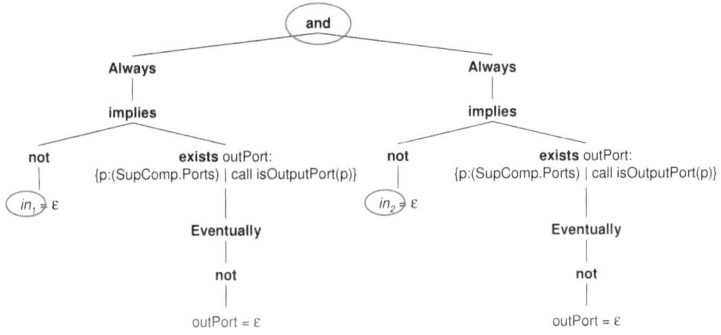

(b) Instanziierung der quantifizierten Variablen inPort

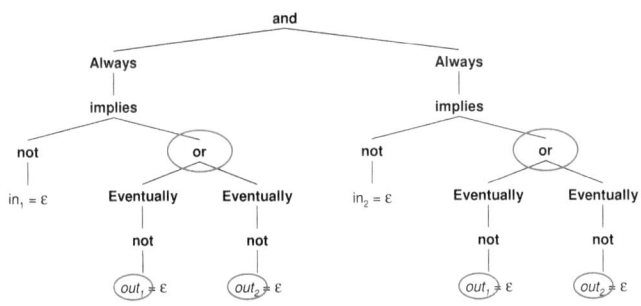

(c) Instanziierung der quantifizierten Variablen outPort

Abbildung 4.23: Transformation eines CCL-PDL-Syntaxbaums in einen PDL-Syntaxbaum

```
function TREETOPDLTREE(root, model, struct_elems)
    /* Transform a CCL-PDL syntax tree into a PDL syntax tree.
       The CCL-PDL tree is given by the root parameter as the tree root,
       the architectural model under consideration by the model parameter,
       the instantiations of unbound structural variables by struct_elems. */
    newRoot := root.clone();
    /* A dummy node required for TransformSubtree as parent node for newRoot. */
    rootParent := new Node; rootParent.setChild(newRoot); newRoot.setParent(rootParent);
    /* Substitute parameter variables by values from struct_elems. */
    for all varInst ∈ struct_elems do
        InstantiateVar(newRoot, varInst.var, varInst.elem);
    end for
    TransformSubtree(newRoot, model); newRoot := rootParent.child;
    return newRoot;
end function
procedure INSTANTIATEVAR(node, var, elem)
    /* Instantiate the structural variable var with the structural element elem
       in all nodes of the tree with root given by node. */
    if var occurs unbound in term in node then
        Substitute all occurrences of var in term in node by elem;
    end if
    for all child ∈ (subnodes of node) do
        InstantiateVar(child, var, elem);
    end for
end procedure
procedure TRANSFORMSUBTREE(node, model)
    /* Transform the CCL-PDL subtree with node as root to a PDL subtree.
       The node must have a parent node. */
    if node.opText = "forall" or node.opText = "exists" then
        /* node represents a quantified term */
        if node.opText = "forall" then
            newNode := new Conjunction node with opText = "and";
        else /* node.opText = "exists" */
            newNode := new Disjunction node with opText = "or";
        end if
        node.parent.replaceChild(node, newNode) /* Replace the old node by the new node */
        for all elem ∈ (elements of the type node.type in model) do
            /* Create a new child node for newNode */
            newChild := node.termNode.clone();
            newNode.addChild(newChild); newChild.setParent(newNode);
            InstantiateVar(newChild, node.variable, elem);
        end for
    else /* The term in node itself remains unchanged.
            The subnodes are still processed and might be modified. */
    end if
    for all child ∈ (subnodes of node) do
        TransformSubtree(child, model);
    end for
end procedure
```

Abbildung 4.24: Algorithmus zur Transformation eines CCL-PDL- in einen PDL-Syntaxbaum

für SableCC als Eingabe für die Generierung eines Parsers, mit dessen Hilfe Syntaxbäume für ODL-Ausdrücke erzeugt werden können. Auf diese Weise können auch Parser für integrierte CCL-PDL-Ausdrücke erstellt werden. Wir wollen daher o. B. d. A. annehmen, dass uns für die Transformation des CCL-PDL-Ausdrucks F eine Transformationsfunktion CCLPDLExprToTree zur Verfügung steht, die aus F einen entsprechenden CCL-PDL-Syntaxbaum erzeugt.

TF2) *CCL-PDL-Syntaxbaum $\rightarrow$ PDL-Syntaxbaum:*

Der nächste Schritt ist die Instanziierung der Strukturvariablen in F mit den Elementen aus SE und die anschließende Transformation von F zu einem reinen PDL-Ausdruck. Bei dieser Transformation werden unter anderem quantifizierte Variablen mit Strukturelementen aus mengenwertigen Elementen von SE (für Quantifizierungen der Form quantifier var : (e_-i.some_relation). some_term) sowie mit weiteren Strukturelementen aus M (für Quantifizierungen der Form quantifier var : ModelElementType. some_term, beispielsweise forall c : Component. some_term) instanziiert. Diese Transformation wird in diesem Abschnitt ab S. 150 beschrieben und mithilfe der Funktion TreeToPDLTree durchgeführt (Abbildung 4.24).

TF3) *PDL-Syntaxbaum $\rightarrow$ PDL-Ausdruck:*

Der letzte Schritt ist die Erzeugung eines PDL-Ausdrucks aus dem PDL-Syntaxbaum. Die Erzeugung kann generisch mithilfe der Funktion TreeToExpr (Abbildung 4.21) durchgeführt werden, wobei zusätzlich die booleschen CCL-Operatoren (neg, and, or, implies, equiv) ggf. durch entsprechende boolesche Operatoren der verwendeten PDL-Notation ersetzt werden müssen (beispielsweise neg durch not oder equiv durch $\leftrightarrow$).

Aus den drei oben beschriebenen Schritten zur Transformation eines CCL-PDL-Ausdrucks zu einem PDL-Ausdruck ergibt sich folgende Formulierung für die Instanziierungsfunktion:

$$\mathcal{I}(F, M, SE, OS) \stackrel{\text{def}}{=}$$
$$\text{TreeToExpr}\Big(\text{TreeToPDLTree}\big(\text{CCLPDLExprToTree}(F), M, SE\big), OS\Big) \tag{4.206}$$

Die Semantik eines CCL-PDL-Ausdrucks F für die Strukturelemente SE in einem AUTOFOCUS-Modell M wird somit durch den PDL-Ausdruck angegeben, der von der Funktion $\mathcal{I}$ als $\mathcal{I}(F, M, SE, OS)$ errechnet wird.

Weitere Vereinfachung und Optimierung von CCL-PDL-Ausdrücken

Wir wollen nun einige Optimierungen für CCL-PDL-Ausdrücke vorstellen, die kleinere und übersichtlichere PDL-Ausdrücke ergeben.

Quantifizierte Junktionen von CCL-Ausdrücken und CCL-PDL-Ausdrücken Ausdrücke der Form

```
quantifier var : type . ccl_term bin_op ccl_pdl_term
```

in denen eine boolesche Junktion zweier Ausdrücke quantifiziert wird, von denen einer einen reinen CCL-Ausdruck darstellt, können optimiert werden, indem der CCL-Ausdruck in den Datentyp der quantifizierten Variablen eingebracht wird. Hierbei kann ccl_pdl_term sowohl ein gemischter CCL-PDL-Ausdruck, als auch ein reiner PDL-Ausdruck sein. Für kommutative boolesche Operatoren $\wedge, \vee, \leftrightarrow$ habe der quantifizierte Ausdruck o. B. d. A. die Form ccl_term bin_op ccl_pdl_term. Für den nicht kommutativen Implikationsoperator wird zusätzlich der Fall ccl_pdl_-term implies ccl_term behandelt.

Seien im Weiteren P ein CCL-Ausdruck und Q ein CCL-PDL-Ausdruck.

- Universalquantor forall

  Wird eine *Implikation* universell quantifiziert, so kann der linke Teil der Implikation in den Datentyp der quantifizierten Variablen eingebracht werden, indem dieser zu einem eingeschränkten Typ umgewandelt wird:

  ```
  forall var:T. (P implies Q)
  ```

  ist äquivalent zu

  ```
  forall var:{var:T | P}. Q
  ```

  Die Korrektheit dieser Umformung kann wie folgt gezeigt werden. Die Menge T der betrachteten Strukturelemente ist endlich, weil die Quantoren forall und exists in CCL nur Variablen endlicher Datentypen binden dürfen. Daher kann T als Aufzählung seiner Elemente $T = \{t_1, \ldots, t_n\}$ für ein $n \in \mathbb{N}$ dargestellt werden. Die Menge T kann in endliche Teilmengen $T_{pos} = \{t \in T \mid P(t)\}$ und $T_{neg} = \{t \in T \mid \neg P(t)\}$ aufgespalten werden, wobei $T_{pos} \cap T_{neg} = \emptyset$ und $T_{pos} \cup T_{neg} = T$ ist. Damit gilt:

$$\forall t \in T : (P(t) \rightarrow Q(t))$$
$$\Leftrightarrow \quad \forall t \in (T_{pos} \bigcup T_{neg}) : (P(t) \rightarrow Q(t))$$
$$\Leftrightarrow \quad (\forall t \in T_{pos} : (P(t) \rightarrow Q(t))) \wedge (\forall t \in T_{neg} : (P(t) \rightarrow Q(t)))$$
$$\Leftrightarrow \quad (\bigwedge_{t \in T_{pos}} (P(t) \rightarrow Q(t))) \wedge (\bigwedge_{t \in T_{neg}} (P(t) \rightarrow Q(t)))$$
$$\Leftrightarrow \quad (\bigwedge_{t \in T_{pos}} (\text{True} \rightarrow Q(t))) \wedge (\bigwedge_{t \in T_{neg}} (\text{False} \rightarrow Q(t))) \tag{4.207}$$
$$\Leftrightarrow \quad (\bigwedge_{t \in T_{pos}} Q(t)) \wedge (\bigwedge_{t \in T_{neg}} \text{True})$$
$$\Leftrightarrow \quad \bigwedge_{t \in T_{pos}} Q(t)$$
$$\Leftrightarrow \quad \forall t \in T_{pos} : Q(t)$$
$$\Leftrightarrow \quad \forall t \in \{t \in T \mid P(t)\} : Q(t)$$

Somit kann eine universell quantifizierte Implikation wie oben angegeben transformiert werden. Die verbleibenden binären booleschen Junktionen werden wie folgt transformiert:

- *Implikation mit CCL-Ausdruck als zweites Argument:*

  Eine Implikation der Form

  ```
  forall var:T. (Q implies P)
  ```

  bei der sich der CCL-Ausdruck P im rechten Teil der Implikation befindet, kann mit der Regel $(Q \rightarrow P) \Leftrightarrow (\neg P \rightarrow \neg Q)$ zu

  ```
  forall var:T. (not P implies not Q)
  ```

  und schließlich zu

  ```
  forall var:{var:T | not P}. not Q
  ```

transformiert werden, wobei P und daher auch not P ein reiner CCL-Ausdruck ist.

– *Konjunktion:*

Eine Konjunktion der Form

```
forall var:T. (P and Q)
```

kann mit der Regel

$$\forall a \in A : (P \wedge Q) \quad \Leftrightarrow \quad (\forall a \in A : P) \wedge (\forall a \in A : Q)$$

unmittelbar zu

```
(forall var:T. P) and (forall var:T. Q)
```

transformiert werden. Dabei ist forall var:T. P ein CCL-Ausdruck, der statisch ausgewertet und dessen Ergebnis als boolesche Konstante in die obige Konjunktion eingesetzt werden kann, so dass diese, wie in der Tabelle 4.3 angegeben, vereinfacht werden kann.

– *Disjunktion:*

Eine Disjunktion kann mit der Regel $(P \vee Q) \Leftrightarrow (\neg P \rightarrow Q)$ zu einer Implikation und anschließend, wie bereits beschrieben, zu einer Quantifizierung mit einem eingeschränkten Typ transformiert werden. Eine Quantifizierung der Form

```
forall var:T. (P or Q)
```

wird somit zu

```
forall var:{var:T | not P}. Q
```

umgewandelt.

– *Äquivalenz:*

Für die Umwandlung einer universell quantifizierten Äquivalenz verwenden wir folgende Umformungsregel:

$$\forall a \in A : (P \leftrightarrow Q)$$
$$\Leftrightarrow \quad \forall a \in A : ((P \rightarrow Q) \wedge (\neg P \rightarrow \neg Q))$$
$$\Leftrightarrow \quad (\forall a \in A : (P \rightarrow Q)) \wedge (\forall a \in A : (\neg P \rightarrow \neg Q))$$

Damit kann eine Quantifizierung der Form

```
forall var:T. (P equiv Q)
```

zu

```
(forall var:T. (P implies Q)) and
(forall var:T. (not P implies not Q))
```

und – zusammen mit der oben angegebenen Umformung für universell quantifizierte Implikationen – zu

```
(forall var:{var:T | P}. Q) and
(forall var:{var:T | not P}. not Q)
```

umgewandelt werden.

Die Tabelle 4.1 fasst die optimierenden Transformationen für die universelle Quantifizierung boolescher Junktionen zusammen.

• Existenzquantor exists

Wird eine *Konjunktion* existenziell quantifiziert, so kann einer der zwei verbundenen Terme in den Datentyp der quantifizierten Variablen eingebracht werden:

```
exists var:T. (P and Q)
```

ist äquivalent zu

```
exists var:{var:T | P}. Q
```

Die Korrektheit dieser Umformung kann unter Verwendung von (4.207) gezeigt werden. Seien die Mengen T, T_{pos}, T_{neg} wie oben definiert. Es gilt:

$$
\begin{aligned}
&\exists t \in T : (P(t) \wedge Q(t)) \\
\Leftrightarrow\ &\neg\,\neg\,(\exists t \in T : (P(t) \wedge Q(t))) \\
\Leftrightarrow\ &\neg\,(\forall t \in T : \neg\,(P(t) \wedge Q(t))) \\
\Leftrightarrow\ &\neg\,(\forall t \in T : (\neg\,P(t) \vee \neg\,Q(t))) \\
\Leftrightarrow\ &\neg\,(\forall t \in T : (P(t) \rightarrow \neg\,Q(t))) \\
\Leftrightarrow\ &\neg\,(\forall t \in \{t \in T \mid P(t)\} : \neg\,Q(t) \qquad \text{(gemäß (4.207))} \\
\Leftrightarrow\ &\exists t \in \{t \in T \mid P(t)\} : \neg\,\neg\,Q(t) \\
\Leftrightarrow\ &\exists t \in \{t \in T \mid P(t)\} : Q(t)
\end{aligned}
\tag{4.208}
$$

Somit kann eine existenziell quantifizierte Konjunktion wie oben angegeben transformiert werden. Die verbleibenden binären booleschen Junktionen werden wie folgt transformiert:

- *Disjunktion:*
  Eine Disjunktion der Form
  ```
  exists var:T. (P or Q)
  ```
  kann, analog zu einer universell quantifizierten Konjunktion, mit der Regel

  $$ \exists a \in A : (P \vee Q) \quad \Leftrightarrow \quad (\exists a \in A : P) \vee (\exists a \in A.Q) $$

  zu
  ```
  (exists var:T. P) or (exists var:T. Q)
  ```
  umgeformt werden. Hierbei ist exists var:T. P wiederum ein CCL-Ausdruck, der statisch ausgewertet und dessen Ergebnis als boolesche Konstante in die obige Disjunktion eingesetzt werden kann, so dass diese, wie in der Tabelle 4.3 angegeben, vereinfacht werden kann.

- *Implikation mit CCL-Ausdruck als erstes Argument:*
  Eine Implikation der Form
  ```
  exists var:T. (P implies Q)
  ```
  kann mit der Regel $(P \rightarrow Q) \Leftrightarrow (\neg\,P \vee Q)$ zu
  ```
  exists var:T. (not P or Q)
  ```
  und mit der Transformationsregel für die Disjunktion zu
  ```
  (exists var:T. not P) or (exists var:T. Q)
  ```
  umgeformt werden.

- *Implikation mit CCL-Ausdruck als zweites Argument:*
  Wenn der CCL-Ausdruck P das zweite Argument einer Implikation ist, dann wird analog zu dem Fall verfahren, in dem P das erste Argument der Implikation ist. Der Ausdruck
  ```
  exists var:T. (Q implies P)
  ```

wird zu

```
exists var:T. (not Q or P)
```

und anschließend zu

```
(exists var:T. P) or (exists var:T. not Q)
```

umgeformt.

– *Äquivalenz:*

Für die Umwandlung einer existenziell quantifizierten Äquivalenz verwenden wir, anders als für die universelle Quantifizierung, die Regel

$$(P \leftrightarrow Q) \Leftrightarrow (P \wedge Q) \vee (\neg P \wedge \neg Q)$$

Der Ausdruck

```
exists var:T. (P equiv Q)
```

kann damit zu

```
exists var:T. ((P and Q) or (not P and not Q))
```

und, unter Anwendung der Umformungsregeln für existenziell quantifizierte Konjunktionen und Disjunktionen, zu

```
(exists var:{var:T | P}. Q) or
(exists var:{var:T | not P}. not Q)
```

umgewandelt werden.

Die Tabelle 4.2 fasst die optimierenden Transformationen für die existenzielle Quantifizierung boolescher Junktionen zusammen.

Wir wollen die Vorteile der oben beschriebenen Umformungen kurz schildern.

• Verbesserung der Strukturierung und Verständlichkeit

CCL-Anteile und PDL-Anteile werden stellenweise voneinander getrennt, wodurch rein strukturelle Anforderungen von dynamischen Anforderungen getrennt werden. Unter Umständen können strukturelle Anforderungen sogar vollständig aus dem CCL-PDL-Ausdruck herausgelöst und als separater CCL-Ausdruck formuliert werden. Beispielsweise stellt der Ausdruck

```
forall c:Component. (
  (exists p1:(c.Ports). call isOutputPort(p1)) and
  (forall p2:(c.Ports). ◇ ¬ p2 = ε))
```

in Wirklichkeit zwei unterschiedliche Anforderungen dar, von denen eine rein strukturell ist. Durch die Transformation der universell quantifizierten Konjunktion wird der Ausdruck wie folgt umformuliert:

```
(forall c1:Component.
  exists p1:(c1.Ports). call isOutputPort(p1)) and
(forall c2:Component. (forall p2:(c2.Ports). ◇ ¬ p2 = ε)))
```

Der erste Teilausdruck kann nun als separate strukturelle Anforderung herausgelöst werden, so dass nur der zweite Teilausdruck zu einem PDL-Ausdruck transformiert zu werden braucht.

- **Verkleinerung des CCL-PDL-Syntaxbaums und des PDL-Syntaxbaums**

  Viele der oben besprochenen Transformationen bewirken die Integration von CCL-Ausdrücken in den Datentyp der quantifizierten Variablen. Dies führt im Allgemeinen zur Verringerung der Knotenzahl und Vereinfachung der Struktur des CCL-PDL-Syntaxbaums. So entsteht bei der Umwandlung eines Teilausdrucks der Form

  ```
  forall var:type . ccl_term implies pdl_term
  ```

  der vier Baumknoten erzeugt (forall v:type, ccl_term, implies, pdl_term) durch die Integration des ersten Arguments der Implikation in den Variablendatentyp der Ausdruck

  ```
  forall var:{var:type | ccl_term} . pdl_term
  ```

  der lediglich zwei Baumknoten benötigt (forall v:{v:type | ccl_term} sowie pdl_term;der Operator implies wird nach der Umformung nicht mehr benötigt und ccl_term ist nun Teil des Quantorknotens und benötigt keinen separaten Knoten.)

  Die Integration von CCL-Teilausdrücken in den Variablendatentyp bewirkt zusätzlich die Verkleinerung des generierten PDL-Syntaxbaums und damit auch des generierten PDL-Ausdrucks. Der Grund dafür ist, dass für einen Ausdruck der Form

  ```
  forall var:type . ccl_term implies pdl_term
  ```

  die Anzahl der durch Quantifizierung entstehenden Knoten für die Instanzen des quantifizierten Ausdrucks pdl_term gleich der Anzahl aller Elemente vom Typ type in dem Strukturmodell ist, während in dem transformierten Ausdruck

  ```
  forall var:{var:type | ccl_term} . pdl_term
  ```

  die Anzahl der entstehenden Knoten lediglich gleich der Anzahl der Elemente ist, für die der Ausdruck ccl_term zu True ausgewertet wird – diese kann u. U. erheblich kleiner sein, als die Anzahl der Elemente des Typs type in dem Strukturmodell.

Vereinfachung boolescher Junktionen mit CCL-Ausdrücken　　Nach der Transformation eines CCL-PDL-Syntaxbaums in einen PDL-Syntaxbaum kann der entstandene Syntaxbaum unter Umständen boolesche Konstanten in booleschen Junktionen enthalten, die durch die statische Auswertung von CCL-Ausdrücken in dem Transformationsschritt (T3) (S. 152) entstanden sind. Des Weiteren können durch die oben beschriebene Optimierung quantifizierter Junktionen mit CCL-Teilausdrücken ebenfalls CCL-Ausdrücke entstehen, die statisch ausgewertet werden können. Boolesche Operatoren mit booleschen Konstanten können statisch vereinfacht werden, wodurch der PDL-Syntaxbaum und damit auch der sich daraus ergebende instanziierte PDL-Ausdruck kleiner und übersichtlicher wird. Die Tabelle 4.3 führt die hierbei einsetzbaren Vereinfachungsregeln auf, die sich aus der Semantik der booleschen Operatoren ergeben.

Boolescher Ausdruck	Quantifizierung ↦ Transformationsergebnis
Implikation (CCL-Term links)	forall var:type . (P implies Q) ↦ forall var:{var:type | P} . Q
Implikation (CCL-Term rechts)	forall var:type . (Q implies P) ↦ forall var:{var:type | not P} . not Q
Konjunktion	forall var:type . (P and Q) ↦ (forall var:type . P) and (forall var:type . Q)
Disjunktion	forall var:type . (P or Q) ↦ forall var:{var:type | not P} . Q
Äquivalenz	forall var:type . (P equiv Q) ↦ (forall var:{var:type | P} . Q) and (forall var:{var:type | not P} . not Q)

Tabelle 4.1: Optimierung universeller Quantifizierungen boolescher Ausdrücke.

Boolescher Ausdruck	Quantifizierung ↦ Transformationsergebnis
Implikation (CCL-Term links)	exists var:type . (P implies Q) ↦ (exists var:type. not P) or (exists var:type. Q)
Implikation (CCL-Term rechts)	exists var:type . (Q implies P) ↦ (exists var:type. P) or (exists var:type. not Q)
Konjunktion	exists var:type . (P and Q) ↦ exists var:{var:type | P} . Q
Disjunktion	exists var:type . (P or Q) ↦ (exists var:type . P) or (exists var:type . Q)
Äquivalenz	exists var:type . (P equiv Q) ↦ (exists var:{var:T | P}. Q) or (exists var:{var:T | not P}. not Q)

Tabelle 4.2: Optimierung existenzieller Quantifizierungen boolescher Ausdrücke.

Boolescher Ausdruck	P = True	P = False
¬ P	False	True
P ∧ Q	Q	False
P ∨ Q	True	Q
P → Q	Q	True
Q → P	True	¬ Q
P ↔ Q	Q	¬ Q

Tabelle 4.3: Vereinfachung boolescher Ausdrücke bei bekanntem Wert eines Teilausdrucks.

Kapitel 5

Anschauliche Darstellung eigenschaftsorientierter Architekturspezifikation

Dieses Kapitel beschäftigt sich mit der Konzeption der Darstellung eigenschaftsorientierter formaler Spezifikationen. In den vorhergehenden Abschnitten stellten wir formale dynamische Eigenschaftsspezifikationen mithilfe logischer Formeln dar. Nun wollen wir Mittel zur anschaulichen Spezifikation und Darstellung formaler dynamischer Eigenschaften erörtern, mit deren Hilfe die Erstellung und Anwendung formaler Spezifikationen in der Praxis einfacher und komfortabler gestaltet werden kann.

Die anschauliche Darstellung verschiedener Aspekte eines Systems ist ein essentieller Aspekt eines Entwicklungswerkzeugs. Zahlreiche Werkzeuge zur modellbasierten Softwareentwicklung nutzen graphische Darstellungen für Struktur und Verhalten des zu entwickelnden Softwaresystems, wie beispielsweise MATLAB/Simulink [Sim], ASCET [ASC], Rational Rhapsody [Rha], um nur einige zu nennen (vgl. auch [SHH+03]). Ähnlich dazu bietet das Werkzeug AUTOFOCUS graphische Darstellungsmittel für Struktur- und Verhaltensspezifikation [HSE97].

Die Abbildung 5.1 zeigt unterschiedliche Aspekte der eigenschaftsorientierten Architekturspezifikation sowie Mittel zu ihrer anschaulichen Darstellung und Bearbeitung. Die Darstellungen oberhalb der gestrichelten Linie werden durch das Werkzeug AUTOFOCUS unterstützt [HSE97, SH99, Sch04a]:

- Hierarchische Strukturbeschreibung

  Die *Systemstrukturdiagramme* (*SSD*) dienen zur hierarchischen Dekomposition von Komponenten in Teilkomponenten, zur Darstellung der externen syntaktischen Schnittstellen von Komponenten sowie zur Darstellung der Kommunikationsstruktur zwischen Komponenten mithilfe von Kommunikationskanälen.

- Operationale Spezifikation

  Die ausführbare operationale Spezifikation des Verhaltens von Komponenten wird mithilfe von *Zustandsübergangsdiagrammen* (*STDs*) definiert, die endliche Eingabe-/Ausgabe-Automaten beschreiben. Zusätzlich bietet die Werkzeugversion AUTOFOCUS2 [Auta] einen tabellarischen Editor für die Zustandsübergangsdiagramme [Lin06].

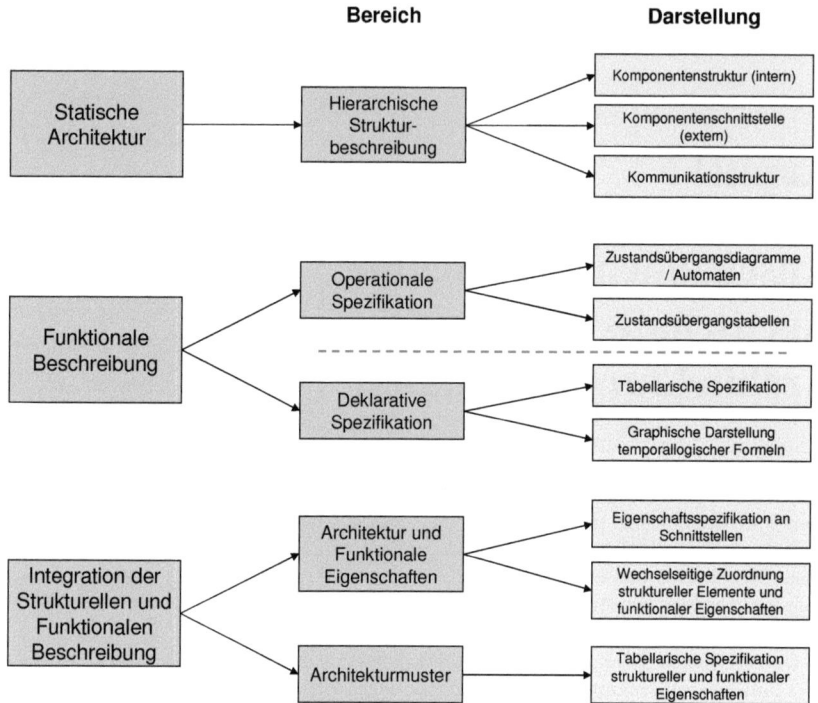

Abbildung 5.1: Darstellungsmittel für die eigenschaftsorientierte Architekturbeschreibung

Für die Bereiche der eigenschaftsorientierten Architekturbeschreibung, die unterhalb der gestrichelten Linie auf der Abbildung 5.1 aufgeführt sind, gibt es – bis auf die Annotation temporallogischer Eigenschaften für die Modelchecking-Anbindung in den textuellen Kommentaren von Strukturelementen – keine Darstellungsmittel in der aktuellen Version des AUTOFOCUS-Werkzeugs. In den folgenden Abschnitten wollen wir geeignete Darstellungsmittel konzipieren und erörtern. Der Abschnitt 5.1 behandelt die integrierte Darstellung funktionaler Spezifikation in der strukturellen Architekturspezifikation. Der Abschnitt 5.2 beschreibt die tabellarische Darstellung dynamischer Spezifikationen. Der Abschnitt 5.3 stellt die Konzeption zur graphischen Exploration temporallogischer Eigenschaften dar. Die tabellarische Spezifikation struktureller und funktionaler Eigenschaften für Architekturmuster wird in dem Kapitel 6 beschrieben.

5.1   Integrierte Darstellung struktureller und funktionaler Spezifikation

Werden für Strukturelemente in einer Architekturspezifikation mehrere funktionale Anforderungen spezifiziert, so können die funktionalen Anforderungen schnell unübersichtlich werden, wie dies beispielsweise für die Komponenten auf der Abbildung 5.2 der Fall ist. Daher wollen wir in diesem Abschnitt die anschauliche gegenseitige Zuordnung struktureller Elemente und funktionaler Eigenschaften bei der Darstellung deklarativer funktionaler Eigenschaften in den Strukturdiagrammen betrachten.

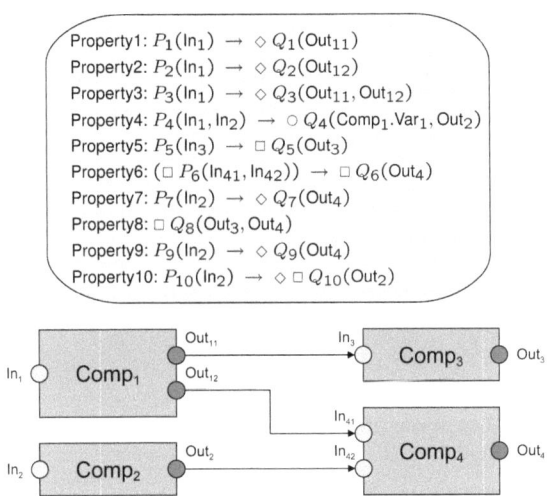

Abbildung 5.2: Anzeige funktionaler Eigenschaften in Strukturdiagrammen

Wir wollen die integrierte Darstellung struktureller und funktionaler Spezifikation in den Strukturdiagrammen an einem durchgehenden kleinen Beispiel erläutern. Die Abbildung 5.2 zeigt eine hierarchisch aufgebaute Komponente mit vier Teilkomponenten $Comp_i$, $i \in [1 \ldots 4]$, deren syntaktische Schnittstellen jeweils zwei bis drei Ports haben. Oberhalb der Strukturspezifikation befindet sich eine Liste deklarativer funktionaler Eigenschaften – die Symbole P_j und Q_j mit $j \in [1 \ldots 10]$ sind Platzhalter für Zustandsformeln über Schnittstellen der Komponenten $Comp_i$. Die Liste der funktionalen Eigenschaften kann für eine komplexere Komponente, beispielsweise mit mehr Teilkomponenten, deren Schnittstellen eventuell mehr Ports enthalten, wesentlich größer werden, wodurch die Spezifikation unübersichtlich und die Zuordnung der Eigenschaften zu den jeweiligen Strukturelementen und umgekehrt schwierig wird. Deshalb ist es für den Entwickler von Vorteil, wenn das Modellierungswerkzeug die Möglichkeit bietet, die Beziehungen zwischen struktureller und funktionaler Spezifikation anschaulich darzustellen.

Die Voraussetzung zur Darstellung der Abhängigkeiten zwischen struktureller und funktionaler Spezifikation ist, dass für jede spezifizierte funktionale Eigenschaft ermittelt wird, welche Strukturelemente sie referenziert. Dieser Schritt kann für eine Formel f und eine Menge C der betrachteten Komponenten mithilfe einer einfachen syntaktischen Analyse durchgeführt werden:

(1) Ermittlung der Menge V_f aller in f als freie Variablen vorkommenden Symbole. Diese referenzieren Ports, Kontrollzustände und lokale Variablen der betrachteten Komponenten.

(2) Ermittlung der Menge $V_{f,port}$, welche die Elemente aus V_f enthält, die Komponentenports entsprechen.

(3) Ermittlung der Zuordnung der Elemente aus V_f zu Komponenten aus C. Die Abbildung $A_{f,comp} : V_f \rightarrow C$ ordnet jedem Element in V_f die Komponente aus C zu, zu der das entsprechende Element (Port, Kontrollzustand oder lokale Variable) gehört.

Beispielsweise gilt für die vierte Eigenschaft auf der Abbildung 5.2:

$$
\begin{aligned}
V_{Property4} &= \{In_1, In_2, Comp_1.Var_1, Out_2\} \\
V_{Property4,port} &= \{In_1, In_2, Out_2\} \\
V_{Property4,comp} &= \{(In_1, Comp_1), (In_2, Comp_2), \\
&\quad (Comp_1.Var_1, Comp_1), (Out_2, Comp_2)\}
\end{aligned}
$$

Nachdem die Abhängigkeiten zwischen der strukturellen und funktionalen Spezifikation, wie oben geschildert, ermittelt sind, können sie von dem Benutzer zur besseren Übersicht über die Spezifikation genutzt werden. Sei C die Menge der betrachteten Komponenten und F die Menge der betrachteten funktionalen Spezifikationsformeln für Komponenten aus C. Mithilfe der Zuordnungsabbildungen $A_{f,comp}$ für die Spezifikationsformeln $f \in F$ können unterschiedliche Darstellungen dieser Abhängigkeiten einfach realisiert werden:

- Eigenschaften zu einer Komponente

  Für eine ausgewählte Komponente können aus der Menge der vorhandenen funktionalen Eigenschaften F diejenigen herausgesucht werden, die die funktionale Schnittstellenspezifikation dieser Komponente bilden. Sei C_i eine Komponente aus C. Die Menge F_i der Eigenschaften aus F, die die funktionale Schnittstellenspezifikation von C_i bilden, kann wie folgt ermittelt werden:

  $$
  F_i = \{f \mid \exists s \in V_f : A_{f,comp}(s) = C_i\}
  $$

  Die funktionale Schnittstellenspezifikation F_i für C_i wird also durch die Eigenschaften gebildet, welche die zur Komponente C_i gehörenden Strukturelemente referenzieren. Die Abbildung 5.3(a) zeigt zum Beispiel die Eigenschaften, die die funktionale Schnittstelle der Komponente $Comp_1$ bilden.

- Eigenschaften zu einer Menge von Strukturelementen

  Für einen oder mehrere ausgewählte Ports, die zu Schnittstellen der Komponenten aus C gehören, können aus der Menge der Spezifikationseigenschaften F diejenigen herausgesucht werden, die alle ausgewählten Ports verwenden, und somit die Beziehung zwischen den Nachrichtenströmen für diese Ports spezifizieren. Sei P die Menge der ausgewählten Ports. Die Menge F_P der Eigenschaften, die alle Ports aus P referenzieren, kann einfach ermittelt werden:

  $$
  F_P = \{f \mid P \subseteq V_{f,port}\}
  $$

  Beispielsweise zeigt die Abbildung 5.3(b) die Eigenschaften, die die funktionale Beziehung zwischen den Nachrichtenströmen an den Ports In_2 und Out_4 spezifizieren.

- Strukturelemente zu einer Menge von Eigenschaften

  Für eine oder mehrere ausgewählte funktionale Eigenschaften auf F können diejenigen Ports hervorgehoben werden, die von den ausgewählten Eigenschaften referenziert wer-

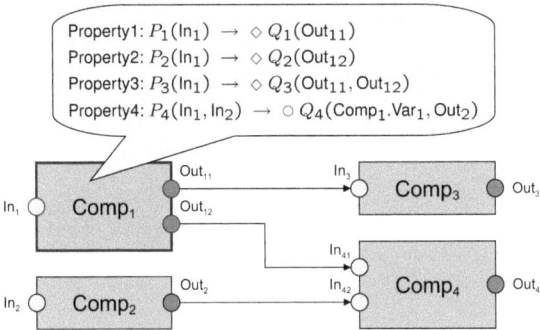

(a) Eigenschaften zu einer ausgewählten Komponente

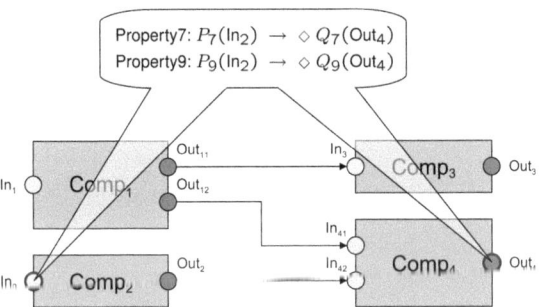

(b) Eigenschaften zu zwei ausgewählten Ports

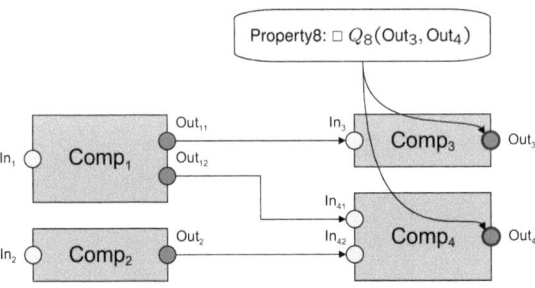

(c) Ports zu einer ausgewählten Eigenschaft

Abbildung 5.3: Anzeige funktionaler Eigenschaften in Strukturdiagrammen

den, so dass für eine Menge von Eigenschaften untersucht werden kann, welche Schnittstellen und damit Komponenten von ihnen betroffen sind. Sei F' die Menge der ausgewählten Eigenschaften. Die Menge P der Ports, die von Eigenschaften aus F' referenziert werden, lässt sich wie folgt ermitteln:

$$P_{F'} \quad = \quad \bigcup_{f \in F'} V_{f,port}$$

Die Menge der betroffenen Ports ist gleich der Vereinigung der Mengen der referenzierten Ports $V_{f,port}$ für alle ausgewählten Formeln $f \in F'$. Beispielsweise zeigt die Abbildung 5.3(c) die betroffenen Ports zur der achten Eigenschaft in der Abbildung 5.2.

Nutzen/Vorteile   Die in diesem Abschnitt vorgestellten Techniken dienen vor allem zur Übersichtlichkeit und Komplexitätsreduktion in der Spezifikationsdarstellung. Sie ermöglichen:

- Veranschaulichung der Zusammenhänge zwischen der strukturellen und der funktionalen Spezifikation.

- Gezielte Auswahl der funktionalen Eigenschaften zu bestimmten Strukturelementen sowie Auswahl/Hervorhebung der Strukturelemente zu bestimmten funktionalen Eigenschaften.

5.2   Tabellarische Spezifikation funktionaler Eigenschaften

Tabellen sind ein weit verbreitetes Mittel zur übersichtlichen Darstellung umfangreicher Zusammenhänge, insbesondere auch zur Spezifikation des Verhaltens von Softwaresystemen. Obwohl tabellarische Spezifikationen, wie auch textuelle Spezifikationen, häufig keine festgelegte Semantik haben und vor allem zur besseren Übersicht genutzt werden, kann tabellarischen Spezifikationen ohne größere Anstrengungen eine formale Basis unterlegt werden. Im Folgenden wollen wir beschreiben, wie formale funktionale Spezifikationen mithilfe von Tabellen übersichtlich erstellt werden können.

Syntax und Semantik

Zur Spezifikation funktionaler Anforderungen verwenden wir Tabellen, die in jeder Zeile eine Anforderung enthalten, spezifiziert als logische Formel (Tab. 5.1). Die Bestandteile einer Tabellenzeile sind:

- Vorbedingung/Annahme der Anforderung.

- Nachbedingung/Forderung der Anforderung.

- Optionale informale Zusatzinformationen (Bezeichnung, textueller Kommentar).

Die Tabelle 5.1 zeigt die tabellarische Spezifikation funktionaler Eigenschaften in allgemeiner Form.

Die Semantik einer tabellarischen Spezifikation, wird durch eine logische Formel gegeben, die aus der Tabelle kanonisch erzeugt werden kann. Jede Tabellenzeile wird durch eine Implikation dargestellt, in der bei Erfüllung aller Vorbedingungen die Erfüllung aller Nachbedingungen

Precondition		Postcondition		Label	Comment
Assumption 1	... *Assumption m*	*Guarantee 1*	... *Guarantee n*		
$A_{1,1}$	... $A_{1,m}$	$G_{1,1}$	... $G_{1,n}$	Label 1	Comment 1
...	... ...	...	... ...	...	...
...	... ...	...	... ...	...	...
...	... ...	...	... ...	...	...
$A_{r,1}$	... $A_{r,m}$	$G_{r,1}$	... $G_{r,n}$	Label r	Comment r

Tabelle 5.1: Tabellarische Spezifikation

der Anforderung gefordert wird. Leere Zellen werden als True interpretiert, da eine leere Bedingung stets erfüllt ist.[1] Die Konjunktion der Formeln für die einzelnen Tabellenzeilen liefert die Semantik der gesamten Tabelle:

$$\bigwedge_{i\in\{1,...,r\}} \left((\bigwedge_{j\in\{1,...,m\}} A_{i,j}) \rightarrow (\bigwedge_{k\in\{1,...,n\}} G_{i,k}) \right) \tag{5.1}$$

In der ausgeschriebenen Form dieser Formel ist die Struktur der tabellarischen Spezifikation (Tab. 5.1) erkennbar:

$$
\begin{aligned}
(A_{1,1} \wedge \ldots \wedge A_{1,m} &\rightarrow G_{1,1} \wedge \ldots \wedge G_{1,n}) \quad \wedge \\
\ldots & \qquad\qquad\qquad\qquad \wedge \\
(A_{r,1} \wedge \ldots \wedge A_{r,m} &\rightarrow G_{r,1} \wedge \ldots \wedge G_{r,n})
\end{aligned}
\tag{5.2}
$$

Somit stellt eine tabellarische Spezifikation, die wie Tabelle 5.1 gestaltet ist, eine formale Anforderungsspezifikation dar.

Eine Spezifikationstabelle bildet das syntaktische Gerüst für die Generierung einer Spezifikationsformel. Das genaue Aussehen der aus einer Tabelle generierten Formel hängt von der benutzten PDL-Notation ab, und kann an eine konkrete Notation angepasst werden – beispielsweise kann für eine Notation, die natürlichsprachliche Bezeichner für logische Operationen verwendet, anstatt des Symbols $\wedge$ ein entsprechender Bezeichner *And* verwendet werden. So wird in dem Abschnitt 7.2 (S. 241 ff.) die Vorschrift zur Erzeugung von Formeln in einer benutzerdefinierten PDL-Notation aus tabellarischen Spezifikationen angegeben. Im Allgemeinen ist auch eine Anpassung der Semantik generierter Formeln und somit der tabellarischen Spezifikation zulässig, indem beispielsweise festgelegt wird, dass die Nachbedingung nicht zum gleichen Zeitpunkt, wie die Vorbedingung, sondern innerhalb eines Zeitintervalls erfüllt werden soll (z. B. $(A_{i,1} \wedge \ldots \wedge A_{i,m} \rightarrow \Diamond_{[\leq 2]}(G_{i,1} \wedge \ldots \wedge G_{i,n}))$) oder dass der aus einer Tabelle generierten Formel der *Always*-Operator vorangestellt wird, damit die Formel eine Invariante darstellt (z. B. $\square (A_{i,1} \wedge \ldots \wedge A_{i,m} \rightarrow G_{i,1} \wedge \ldots \wedge G_{i,n}))$.

Zusammenführung gleicher Vorbedingungen Haben mehrere aufeinander folgende Zeilen einer tabellarischen Spezifikation gleiche Bestandteile in einer Vorbedingungsspalte, wie beispielsweise Tabelle 5.2, dann dürfen entsprechende Zellen mit gleichem Inhalt zusammengefasst

---

[1]Sind in den Vorbedingungen einer Tabellenzeile sowohl leere auch nichtleere Zellen enthalten, dann können leere Zellen einfach weggelassen werden, weil zusätzliche True-Werte das Ergebnis einer Konjunktion nicht verändern. Gleiches gilt für die Nachbedingungen. Sind sogar alle Nachbedingungen in einer Zeile leer, so kann die gesamte Anforderung aus dieser Zeile weggelassen werden, da die Implikation dann die Form $A_{i,1} \wedge \ldots \wedge A_{i,m} \rightarrow$ True hat und deshalb immer erfüllt ist.

werden, damit die Spezifikationstabelle kleiner und übersichtlicher wird (Tabelle 5.3). Die aus diesen Tabellen erzeugten Spezifikationsformeln sind jeweils

$$(A_1 \land B_1 \land C_1 \rightarrow G_1) \land (A_1 \land B_1 \land C_2 \rightarrow G_2) \land (A_1 \land B_2 \land C_3 \rightarrow G_3)$$

für die Tabelle 5.2 und

$$A_1 \rightarrow \big((B_1 \rightarrow ((C_1 \rightarrow G_1) \land (C_2 \rightarrow G_2))) \land (B_2 \land C_3 \rightarrow G_3)\big)$$

für die Tabelle 5.3. Diese Formeln sind äquivalent, da Implikation mit Konjunktion als Vorbedingung einer sukzessiven Anwendung der Implikation entspricht

$$a \land b \rightarrow c \quad \Leftrightarrow \quad a \rightarrow b \rightarrow c$$

und Vorbedingungen aus Implikationen ausgeklammert werden können

$$(a \land b_1 \rightarrow c_1) \land (a \land b_2 \rightarrow c_2) \quad \Leftrightarrow \quad a \rightarrow ((b_1 \rightarrow c_1) \land (b_2 \rightarrow c_2))$$

Damit sind die Spezifikationen in den Tabellen 5.2 und 5.3 äquivalent und können gleichberechtigt verwendet werden.

Precondition			Postcondition	Label	Comment
Assumption 1	*Assumption 2*	*Assumption 3*	*Guarantee 1*		
A_1	B_1	C_1	G_1	Label 1	Comment 1
A_1	B_1	C_2	G_2	Label 2	Comment 2
A_1	B_2	C_3	G_3	Label 3	Comment 3

Tabelle 5.2: Tabellarische Spezifikation mit teilweise übereinstimmenden Vorbedingungen

Precondition			Postcondition	Label	Comment
Assumption 1	*Assumption 2*	*Assumption 3*	*Guarantee 1*		
A_1	B_1	C_1	G_1	Label 1	Comment 1
		C_2	G_2	Label 2	Comment 2
	B_2	C_3	G_3	Label 3	Comment 3

Tabelle 5.3: Zusammenfassung übereinstimmender Teile der Vorbedingungen

Platzhalter in Spaltenüberschriften Die Zellen einer Spalte in einer Spezifikationstabelle können entweder vollständige Formeln, oder auch Teilformeln einer Formel enthalten, die in der Spaltenüberschrift angegeben wird. Die letztere Möglichkeit ist nützlich, wenn sich die Formeln in einer Spalte nur in bestimmten Teilen unterscheiden. Beispielsweise kann die Spezifikation in der Tabelle 5.4 durch Verwendung von Platzhaltern zur Tabelle 5.5 umgewandelt werden, indem gemeinsame Formelteile aus den Tabellenzellen in die Spaltenüberschrift verschoben werden. Dadurch wird die tabellarische Spezifikation im Allgemeinen kürzer und übersichtlicher.

Die Semantik eines Anforderungsbestandteils in der Zelle (i, j) einer Spalte i mit der Spaltenüberschrift A_i, die Platzhalter enthält, ergibt sich durch das Einsetzen der in der Zelle (i, j) enthaltenen Teilformeln in die Spaltenüberschrift A_i an die durch Platzhalter markierten Stellen.

Precondition	Postcondition	Label	Comment
Assumption 1	*Guarantee 1*		
$in \in S_1$	$P_1(out, out_1)$	Label_1	Comment 1
$in \in S_2$	$P_2(out, out_2)$	Label_2	Comment 2
$in \in S_3$	$P_3(out, out_3)$	Label_3	Comment 3

Tabelle 5.4: Tabellarische Spezifikation ohne Platzhalter in Spaltenüberschriften

Precondition	Postcondition	Label	Comment
$in \in \sim$	$\sim_1 (out, \sim_2)$		
S_1	$P_1; out_1$	Label_1	Comment 1
S_2	$P_2; out_2$	Label_2	Comment 2
S_3	$P_3; out_3$	Label_3	Comment 3

Tabelle 5.5: Tabellarische Spezifikation mit Platzhaltern in Spaltenüberschriften

Seien $p \in \mathbb{N}_+$ die Anzahl der verwendeten Platzhalter $\sim_1, \ldots, \sim_p$ und $A_{i,j,1}; \ldots; A_{i,j,p}$ die einzusetzenden Teilformeln aus der Zelle (i, j). Dann ergibt sich die Formel $A_{i,j}$ als

$$A_{i,j} = A_i[^{\sim_1}_{A_{i,j,1}}] \ldots [^{\sim_p}_{A_{i,j,p}}] \tag{5.3}$$

Die Tabellen 5.4 und 5.5 spezifizieren auf diese Weise dieselbe Formel

$$(in \in S_1 \rightarrow P_1(out, out_1)) \wedge (in \in S_2 \rightarrow P_2(out, out_2)) \wedge (in \in S_3 \rightarrow P_3(out, out_3))$$

Precondition	Postcondition	Label	Comment
$in > 0$	$\bigcirc (out = \sim)$		
true	1	Req_Positive	Falls Eingabe positiv, dann 1 ausgeben.
false	0	Req_NonPositive	Falls Eingabe nichtpositiv, dann 0 ausgeben.

Tabelle 5.6: Tabellarische Spezifikation: Boolesche Fallunterscheidung

Falls eine Tabellenüberschrift mit Platzhaltern die Form $term = \sim$ hat, so kann der Platzhalter weggelassen werden, da es sich bei dieser Spalte um eine Fallunterscheidung für $term$ handelt. Handelt es sich bei $term$ als Spezialfall um einen booleschen Ausdruck, so können bei der Erzeugung der Spezifikationsformel statt den Formulierungen $term = true$ und $term = false$ die äquivalenten direkten Formulierungen $term$ bzw. $\neg term$ verwendet werden. So spezifiziert die Tabelle 5.6 die Formel

$$(in > 0 \rightarrow \bigcirc(out = 1)) \wedge (\neg (in > 0) \rightarrow \bigcirc(out = 0))$$

Zwischenspeichern von Zuständen Ein essentieller Aspekt der funktionalen Spezifikation einer Komponente ist die Beschreibung des Zusammenhangs zwischen ihren Eingabe- und Ausgabewerten. Dabei muss in Spezifikationsformeln manchmal auf Berechnungszustände des Systems zu verschiedenen Zeitpunkten zugegriffen werden, beispielsweise auf die Eingabewerte zu Beginn einer Berechnung, um die Gültigkeit einer Spezifikationsformel bei der Ausgabe eines

Berechnungsergebnisses zu überprüfen, wobei die Ausgabe zu einem späteren Zeitpunkt als die Eingabe stattfindet. Herkömmliche temporallogische Notationen, wie LTL, bieten keine Ausdrucksmittel zur direkten Formulierung des Zugriffs auf Berechnungszustände zu verschiedenen Zeitpunkten. Solche Zugriffe können jedoch in einer ausführbaren Systemimplementierung beispielsweise mithilfe von zusätzlichen Hilfsvariablen realisiert werden, die Eingabewerte zwischenspeichern, so dass diese zum Zeitpunkt der Ausgabe für die Überprüfung der Spezifikationsformel zur Verfügung stehen.

Wenn wir bei der Spezifikation nicht auf Implementierungsdetails eingehen wollen, oder in einer Entwicklungsphase sind, in der keine ausführbare Spezifikation vorhanden ist, können wir mithilfe von PDL_σ-Notationen das Einfrieren von Berechnungszuständen zum Zeitpunkt der Eingabe formulieren (vgl. Abschnitt 4.2.1, S. 133 ff.), und auf diese Weise auf Berechnungszustände zu verschiedenen Zeitpunkten zugreifen, um den Zusammenhang zwischen Eingabe- und Ausgabewerten einer Komponente zu formulieren.

Precondition	Postcondition	Label	Comment
Input values in_1 and in_2 Freeze $in_1(t_0) := in_1$, $in_2(t_0) := in_2$	Output value out		
$A_1(in_1, in_2)$	$\circ\, P_1(in_1(t_0),\, out)$	Label_1	Comment 1
$A_2(in_1, in_2)$	$\circ\, P_2(in_2(t_0),\, out)$	Label_2	Comment 2

Tabelle 5.7: Zugriff auf Berechnungszustände zu früheren Zeitpunkten

Das Einfrieren einzelner Werte wird in der tabellarischen Darstellung formuliert, indem die entsprechenden Zuweisungen der Form $x_i(t_0) := x_i$ für die Entitäten x_i in eine Spaltenüberschrift eingetragen werden (Tabelle 5.7). Eine Tabelle mit Zustandseinfrierungen kann unmittelbar in eine Formel der entsprechenden PDL_σ-Notation übersetzt werden. Sei $s \in \mathbb{N}_+$ die Anzahl der Zustandseinfrierungen der Form $x_i(t_0) := x_i$ in einer Spezifikationstabelle. Als Zeitpunkt kann in den Spaltenüberschriften nur der Zeitpunkt gewählt werden, zu dem die durch die Tabelle definierte Formel ausgewertet wird (Zustandseinfrierungen zu weiteren Zeitpunkten können unabhängig davon in den Teilformeln in Tabellenzellen definiert werden). Sei φ die durch die Spezifikationstabelle definierte PDL-Formel ohne Deklarationen der Zustandseinfrierungen für die Entitäten x_i. Die PDL_σ-Formel, die durch die Spezifikationstabelle unter Berücksichtigung der Zustandseinfrierungen in den Spaltenüberschriften definiert wird, kann direkt erhalten werden, indem φ um die Zustandseinfrierungen $x_i(t_0) := x_i$ ergänzt wird:

$$(x_1(t_0) := x_1)\,.\,(x_2(t_0) := x_2)\,.\,\ldots\,.\,(x_s(t_0) := x_s)\,.\,\varphi \tag{5.4}$$

So definiert die Tabelle 5.7 die folgende PDL_σ-Formel:

$$(in_1(t_0) := in_1)\,.\,(in_2(t_0) := in_2)\,.\,($$
$$(A_1(in_1, in_2)\ \to\ \circ\, P_1(in_1(t_0),\, out))\ \land\ (A_2(in_1, in_2)\ \to\ \circ\, P_2(in_2(t_0),\, out)))$$

Beispiele

Wir wollen im Folgenden zwei Beispiele formaler tabellarischer Spezifikation funktionaler Eigenschaften erörtern.

Beispiel 1) Abstrakte Verhaltensspezifikation mit Fallunterscheidung   Im ersten Beispiel spezifizieren wir eine Fallunterscheidung für das Argument in einer Funktion

$$f : \mathbb{Z} \rightarrow (\mathbb{N} \cup \mathit{overflow})$$

Die Funktion soll durch eine Komponente implementiert werden, für die auf der verwendeten Abstraktionsebene nur die Zustände $Busy$ und $Ready$ unterschieden werden, auf welche später reale Implementierungszustände abgebildet werden können – diese Vorgehensweise dient der Spezifikation in frühen Entwicklungsphasen, in denen die implementierungsnahen Komponentenzustände eventuell unbekannt sind.

Die tabellarische Spezifikation unterstützt den Überblick über die zu unterscheidenden Fälle für den Komponentenzustand und die Eingabeparameter (Tabelle 5.8). Die Spaltenüberschriften enthalten Vorbedingungen und Nachbedingungen der Anforderungsspezifikation. Die Zellen einer Vorbedingungsspalte geben die zu unterscheidenden Fälle an, die Zellen einer Nachbedingungsspalte geben die entsprechenden Anforderungen an.

Die Formeln in den Spaltenüberschriften enthalten die gemeinsamen Anteile der Spezifikationsformeln in den entsprechenden Spalten sowie Platzhalter. Die einzelnen Tabellenzellen enthalten die Anteile der Spezifikationsformeln, die bei der Einsetzung für die Platzhalter in die Spaltenüberschriften die spezifizierten Anforderungen ergeben.

Somit kann die Tabelle 5.8 in die folgende MTL_σ-Formel umgewandelt werden:

$$\square\Big((in(t_0) := in) \,.\, \Big($$
$$((AbstractMode^- = Busy) \rightarrow \Diamond_{\leq 10} (AbstractMode = Ready)) \wedge$$
$$((AbstractMode^- = Ready) \rightarrow \Big($$
$$((in < 0) \rightarrow \Diamond_{\leq 1} out = 0) \wedge \qquad\qquad (5.5)$$
$$((0 \leq in < 10) \rightarrow \Diamond_{\leq 4} out = f(in(t_0))) \wedge$$
$$((10 \leq in < 20) \rightarrow \Diamond_{\leq 10} out = f(in(t_0))) \wedge$$
$$((20 < in) \rightarrow \Diamond_{\leq 1} out = overflow)\Big)\Big)$$

Da die spezifizierte Eigenschaft zu jedem Zeitpunkt gelten soll, wird der Spezifikationsformel der *Always*-Operator vorangestellt. Die Eingabe in zu dem Zeitpunkt, für den die Gültigkeit der Formel betrachtet wird, wird mit $in(t_0) := in$ festgehalten, und dann mit $in(t_0)$ abgerufen. Da das Einfrieren von Berechnungszuständen in herkömmlichen temporallogischen Notationen wie LTL, MTL, TPTL nicht direkt zur Verfügung steht, muss seine Wirkungsweise auf der Implementierungsebene durch Zwischenspeichern in zusätzlichen lokalen Variablen realisiert werden. Somit dient das Einfrieren von Berechnungszuständen zur Abstraktion von Implementierungsdetails, die für die eigentliche spezifizierte Anforderung nicht von Bedeutung und zum Zeitpunkt der Spezifikation eventuell auch unbekannt sind.

Beispiel 2) Datentypabstraktion für Fallunterscheidungen   Die tabellarische PDL-Spezifikation kann mit der Datenabstraktion durch DTDs kombiniert werden, um Anforderungen abstrakter spezifizieren zu können. Betrachten wir die Abstraktion des Vergleichs zweier Zahlen mithilfe folgender DTD-Definitionen:

```
data ComparisonResult = Less | Equal | Greater;

CompareAbs : Int -> Int -> ComparisonResult;
```

Precondition	Postcondition	Label	Comment
Component mode $AbstractMode^-$	$\Diamond_{\leq\,\sim_1} AbstractMode = Ready$		
Component input $Freeze\ in(t_0) := in$	$\Diamond_{\leq\,\sim_1}\ out = \sim_2$		
Busy	10	Req_Eventually_Ready	Wenn die Komponente beschäftigt ist, soll sie nach spätestens 10 Schritten fertig sein.
Ready $\quad in < 0$	1; 0	Req_Less0	Falls die Eingabe kleiner als 0 ist, so wird nach spätestens einem Schritt 0 als Ergebnis ausgegeben.
$0 \leq in < 10$	4; $f(in(t_0))$	Req_0to10	Falls die Eingabe zwischen 0 und 10 liegt, wird das Ergebnis nach spätestens 4 Schritten ausgegeben.
$10 \leq in \leq 20$	10; $f(in(t_0))$	Req_10to20	Falls die Eingabe zwischen 10 und 20 liegt, wird das Ergebnis nach spätestens 10 Schritten ausgegeben.
$in > 20$	1; $overflow$	Req_overflow	Falls die Eingabe über 20 liegt, wird $overflow$ ausgegeben.

Tabelle 5.8: Beispiel – Tabellarische Spezifikation einer Komponente für eine Funktion f

Precondition	Postcondition	Label	Comment
$in_1 \neq \varepsilon \wedge in_2 \neq \varepsilon$	$CompareAbs(in_1, in_2)$		
	$isGreater$		
false	ε	Req_NoInput	Falls eine Eingabe leer ist, wird kein Ergebnis berechnet.
true $\quad$ Less	False	Req_Less	Falls $in_1 < in_2$, wird False ausgegeben.
Equal	False	Req_Equal	Falls $in_1 = in_2$, wird False ausgegeben.
Greater	True	Req_Greater	Falls $in_1 > in_2$, wird True ausgegeben.

Tabelle 5.9: Beispiel – Tabellarische Spezifikation mit Datentypabstraktion

```
fun CompareAbs(x,y) =
  if x < y then Less else
  if x == y then Equal
  else Greater fi fi;
```

Diese Abstraktion kann zur übersichtlichen Spezifikation einer Vergleicher-Komponente genutzt werden die an den Eingabeports in_1 und in_2 zwei ganze Zahlen erwartet und über den Ausgabeport $isGreater$ mitteilt, ob der zweite Eingabeparameter größer als der erste ist (Tabelle 5.9). Auf diese Weise wird folgende LTL-Formel spezifiziert:

$$\Box\big((\neg(in_1 \neq \varepsilon \ \wedge \ in_2 \neq \varepsilon) \ \rightarrow \ isGreater = \varepsilon) \ \wedge$$
$$(in_1 \neq \varepsilon \ \wedge \ in_2 \neq \varepsilon) \ \rightarrow \ ($$
$$(CompareAbs(in_1, in_2) = Less \ \rightarrow isGreater = False) \ \wedge \qquad (5.6)$$
$$(CompareAbs(in_1, in_2) = Equal \ \rightarrow isGreater = False) \ \wedge$$
$$(CompareAbs(in_1, in_2) = Greater \ \rightarrow isGreater = True)))$$

Nutzen/Vorteile   Die in diesem Abschnitt vorgestellte Technik zur tabellarischen Spezifikation funktionaler Eigenschaften bietet mehrere Vorteile:

- Verbreitung

  Tabellen sind ein weit verbreitetes Spezifikations- und Darstellungsmittel , sowohl in der Informatik als auch in weiteren Ingenieurswissenschaften. Sie eignen sich deshalb insbesondere dazu, den Vertretern anderer Ingenieurswissenschaften einen leichteren Zugang zur formalen Spezifikation des Verhaltens von Softwaresystemen zu ermöglichen.

- Übersicht

  Tabellarische Spezifikation ermöglicht die Übersicht auch über umfangreiche Anforderungen:

  - Zeilenweise Anordnung der Anforderungen: Jede Zeile stellt eine einzelne Anforderung dar, die zusätzlich mit einem textuellen Kommentar versehen werden kann (vgl. Tabelle 5.1).

  - Spaltenweise Anordnung der Fallunterscheidungen: In jeder Spalte sind Alternativen für eine bestimmte Teilvorbedingung enthalten, was die Analyse der Abdeckung der möglichen Anwendungsfälle erleichtert (vgl. Tabelle 5.8).

  - Trennung konstanter und variabler Anforderungsanteile: Durch die Anwendung von Platzhaltern in Spaltenüberschriften kann die Übersichtlichkeit weiter gesteigert werden, da konstante von variablen Spezifikationsanteilen getrennt erfasst werden. Die Spezifikationen in den Tabellenzellen können damit die variablen Anteile darstellen, ohne die gemeinsamen Anteile in den Zellen wiederholen zu müssen.

- Formale Spezifikation

  Eine tabellarische formale Spezifikation kann direkt in eine formale Spezifikation als Formel übersetzt werden. Die Tabelle als verbreitetes Spezifikationsmittel dient damit als Eingabeschnittstelle für formale Anforderungsspezifikation.

5.3 Graphische Veranschaulichung funktionaler Eigenschaften

Ein inhärenter Problempunkt jedes formalen Spezifikationsprozesses ist der Übergang von der informalen zur formalen Spezifikation, da die Frage, ob die erstellte formale Spezifikation die gewünschten Anforderungen beschreibt, nur von dem Benutzer beantwortet werden kann. Die Validierung der formalen Spezifikation ist somit ein wichtiger Bestandteil eines Spezifikations- und Entwicklungsprozesses. Formal fundierte temporallogische Notationen zur Spezifikation dynamischer funktionaler Eigenschaften sind essentielles Spezifikationsmittel der eigenschaftsorientierten Architekturbeschreibung (vgl. Abschnitte 2.2, 2.3, 4.2). Wie auch viele andere Notationen zur deklarativen dynamischen Verhaltensbeschreibung, bringen temporallogische Notationen das Problem mit sich, dass bereits kurze Formeln für den menschlichen Benutzer schwierig zu verstehen sein können.

Betrachten wir als Beispiel die zwei kleinen LTL-Formeln $\square \lozenge p$ und $\lozenge \square p$. Sie unterscheiden sich äußerlich nur geringfügig, haben jedoch völlig unterschiedliche Bedeutungen. Diese Unterschiede sind mithilfe graphischer Veranschaulichungen der Formeln wesentlich einfacher zu verstehen (Abb. 5.4). Die erste Formel bedeutet, dass nach jedem Zeitpunkt t_1 in der Zukunft irgendwann p erfüllt ist (Abb. 5.4(a)), während die zweite Formel besagt, dass ab irgendeinem Zeitpunkt t_1 in der Zukunft p stets erfüllt ist (Abb. 5.4(b)). Eine anschauliche graphische Darstellung erleichtert dem Benutzer die Validierung formaler temporallogischer Spezifikation und unterstützt damit ihre Qualitätssicherung.

Das eingangs angesprochene Problem der Verständlichkeit formaler Spezifikationsnotationen wurde für temporallogische Notationen bereits früher erkannt und angegangen. So wurde mit GIL [DKM+94] eine Notation entwickelt, die temporallogische Eigenschaften graphisch spezifiziert. Ferner wurde RTSTD [FJ97] für die Spezifikation von Echtzeitanforderungen an Hardwaresysteme entwickelt. Weitere verbreitete Notationen, beispielsweise MSCs [HT03], dienen zur graphischen Darstellung exemplarischer Systemabläufe.

Im Folgenden konzipieren wir die graphische Veranschaulichung temporallogischer Formeln, um ihr Verständnis und ihre Validierung zu unterstützen. Unser Ziel ist, im Unterschied zu den oben erwähnten graphischen Spezifikationsnotationen, nicht die graphische Erstellung der Spezifikationsformeln selbst, sondern die anschauliche Darstellung und interaktive Exploration der temporallogischen Spezifikationen, damit der Entwickler auf diese Weise ein besseres Verständnis der Spezifikationen gewinnen kann.

Grundlagen graphischer Veranschaulichung temporallogischer Formeln

Die Grundlage für die graphische Veranschaulichung temporallogischer Formeln ist die graphische Darstellung von BPDL-Formeln. Formeln weiterer temporallogischer Notationen, insbesondere gängiger Notationen wie LTL und anderer, können in BPDL übersetzt werden (vgl. Abschnitte 4.2.1 und 7.2), so dass für ihre Veranschaulichung die Darstellungstechnik für BPDL benutzt werden kann.

Die Grundbausteine der graphischen Darstellung von BPDL-Formeln sind Darstellungen temporaler und boolescher Operatoren sowie Darstellung von Zeitintervallen. Die Darstellung einer BPDL-Formel wird rekursiv über die Formelstruktur aufgebaut (vgl. Abschnitt 4.2.1, S. 122 ff.). Seien p, q BPDL-Formel und $I \in \mathcal{IT}$ ein Zeitintervall.

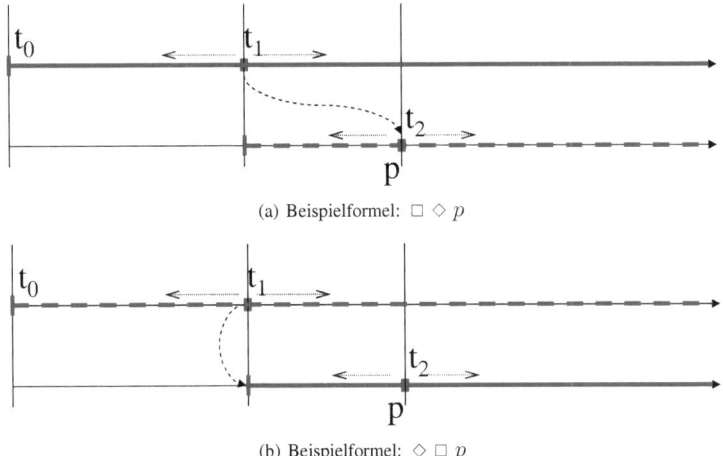

(a) Beispielformel: $\Box \Diamond p$

(b) Beispielformel: $\Diamond \Box p$

Abbildung 5.4: Einleitungsbeispiel: Veranschaulichung zweier temporallogischer Formeln

- Zeitintervalle

  Zeitintervalle werden als hervorgehobene Abschnitte auf Zeitachsen dargestellt. Die Abbildung 5.5 zeigt die Darstellung für die in BPDL definierten Zeitintervalle. Die Grenzen des Intervalls werden durch senkrechte Striche angezeigt, die enthaltenen Zeitwerte können als Punkte dargestellt oder, bei ununterbrochenen Intervallen, weggelassen werden, da in diesem Fall die im Intervall enthaltenen Werte durch die weiter unten vorgestellten Visualisierungen des zum Intervall gehörenden temporalen Operators angezeigt werden.

- Grundlegende temporale Operatoren *Always* und *Eventually*

  Temporale Operatoren werden für Formeln der Form $\Box\, t\, I.\, p$ bzw. $\Diamond\, t\, I.\, p$ als Bereiche auf Zeitachsen dargestellt, in denen die von dem Operator gebundene Formel gelten soll. Die von dem temporalen Operator gebundene Zeitvariable t wird durch einen verschiebbaren Punkt auf der Zeitachse dargestellt. Die durch den temporalen Operator gebundene Formel p kann entweder direkt auf derselben Zeitachse dargestellt werden (falls p eine reine Zustandsformel ist), oder sie wird auf einer eigenen Zeitachse dargestellt und durch eine Linie mit dem Zeitpunkt t verbunden. Falls nur die zeitliche Abhängigkeit angezeigt werden muss, wird die Linie gestrichelt dargestellt (z. B. Abbildung 5.4). Wird die gebundene Formel p durch weitere Teilformeln mit einem Operator gebildet, der seinerseits durch eine Linie dargestellt wird (beispielsweise die Implikation in $\Box(p \rightarrow \Diamond q)$), so kann die gestrichelte Linie weggelassen werden (z. B.: Abb. 5.8(a)).

  – Operator *Always*: Der *Always*-Operator für eine Formel der Form $\Box\, t\, I.\, p$ wird als durchgezogene Linie auf der Zeitachse dargestellt, die den Bereich markiert, der dem Zeitintervall I entspricht (Abb. 5.6(a)).

  – Operator *Eventually*: Der *Eventually*-Operator für eine Formel der Form $\Diamond\, t\, I.\, p$ wird als gestrichelte Linie auf der Zeitachse dargestellt, die den Bereich markiert, der dem

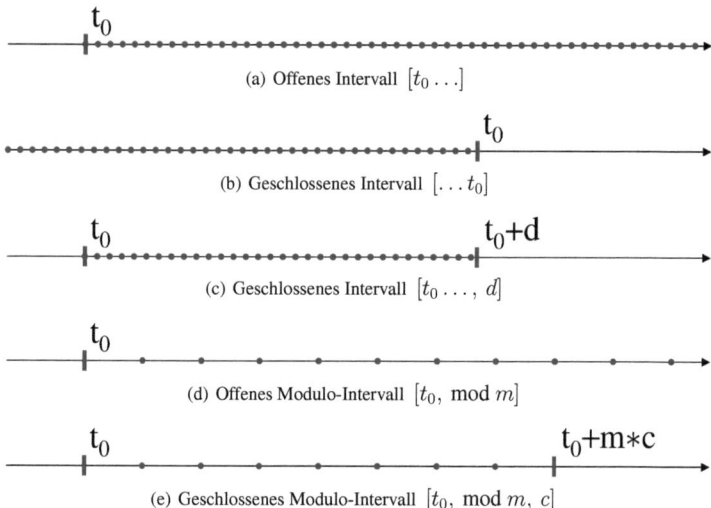

Abbildung 5.5: Visualisierung von Zeitintervallen

Zeitintervall I entspricht (Abb. 5.6(b)).

- Boolesche Operatoren

  Die booleschen Operatoren werden als graphische Verbindungen zwischen den Darstellungen der beteiligten Teilformeln dargestellt.

  – Konjunktion: Eine Konjunktion der Form $p \wedge q$ wird visualisiert, indem die Zeitachsen der Darstellungen für die Teilformeln p und q durch eine geschweifte Klammer verbunden werden (Abb. 5.7(a)).

  – Disjunktion: Eine Disjunktion der Form $p \vee q$ wird visualisiert, indem die Zeitachsen der Darstellungen für die Teilformeln p und q durch eine eckige Klammer verbunden werden (Abb. 5.7(b)). Da eine Disjunktion bereits bei Erfüllung einer Teilformel erfüllt ist, bietet die Visualisierung die Möglichkeit, Teilformeln der Disjunktion interaktiv zu deaktivieren. Auf diese Weise können die Auswirkungen der Nichterfüllung dieser Teilformeln untersucht werden. Die Abbildung 5.7(c) zeigt beispielsweise die Deaktivierung der linken Teilformel einer Konjunktion.

  – Implikation: Eine Implikation der Form $p \rightarrow q$ wird als gerichteter Pfeil zwischen den Darstellungen der Teilformeln p und q dargestellt (Abb. 5.8(a)).

  – Äquivalenz: Eine Äquivalenz der Form $p \leftrightarrow q$ wird als Doppelpfeil zwischen den Darstellungen der Teilformeln p und q dargestellt (Abb. 5.8(b)).

Die Negation bedarf einer eigenen Behandlung, da sie nicht ohne weiteres graphisch dargestellt werden kann. Daher müssen Formeln mit Negationen vor der Visualisierung umgeformt werden. Das Ziel der Umformung ist, die Negationen in der darzustellenden tem-

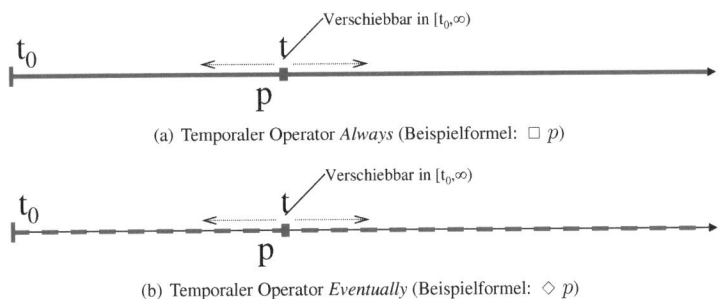

(a) Temporaler Operator *Always* (Beispielformel: $\Box \, p$)

(b) Temporaler Operator *Eventually* (Beispielformel: $\Diamond \, p$)

Abbildung 5.6: Visualisierung temporallogischer Basisoperatoren

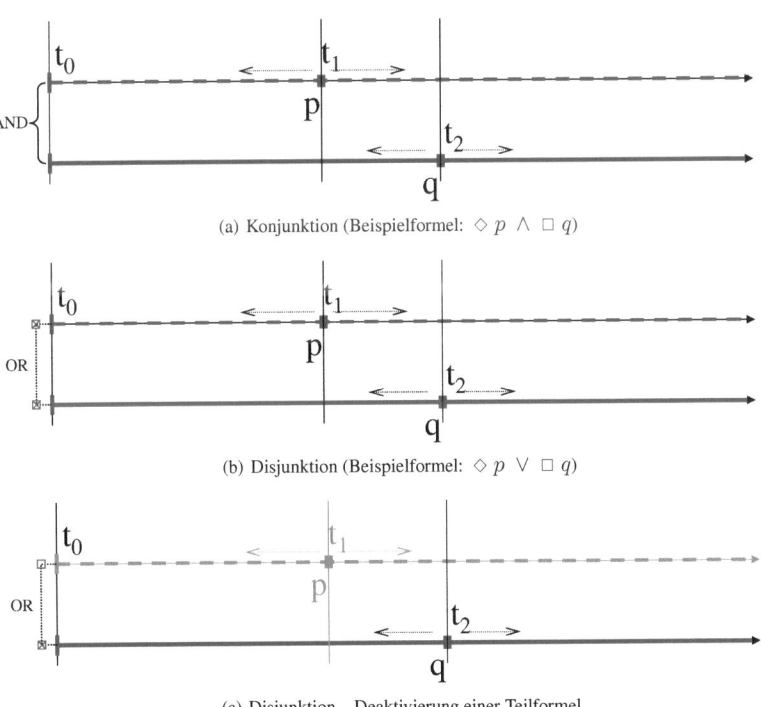

(a) Konjunktion (Beispielformel: $\Diamond \, p \, \wedge \, \Box \, q$)

(b) Disjunktion (Beispielformel: $\Diamond \, p \, \vee \, \Box \, q$)

(c) Disjunktion – Deaktivierung einer Teilformel

Abbildung 5.7: Visualisierung boolescher Operatoren: Konjunktion und Disjunktion

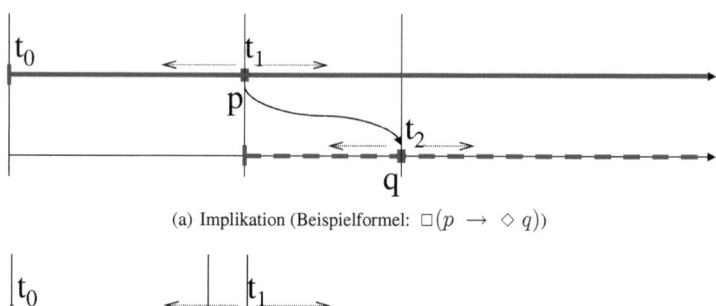

(a) Implikation (Beispielformel: $\square\,(p\ \rightarrow\ \diamond\,q)$)

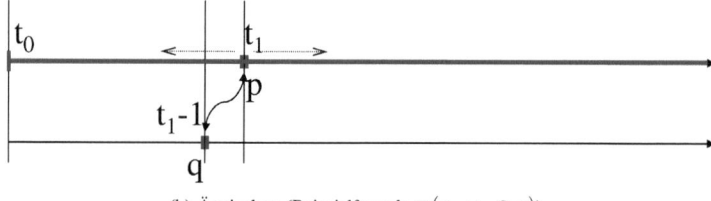

(b) Äquivalenz (Beispielformel: $\square\,(p\ \leftrightarrow\ \ominus\,p)$)

Abbildung 5.8: Visualisierung boolescher Operatoren: Implikation und Äquivalenz

porallogischen Formel nach innen (bzw. nach unten im Syntaxbaum der Formel) bis zu Zustandsformeln zu verschieben – danach enthält die Formel keine Negationen vor Teilformeln mit temporalen Operatoren. Die Transformation wird rekursiv über den Formelaufbau durchgeführt. Wir geben im Folgenden die zur Transformation benötigten Regeln zu Umwandlung einzelner temporaler und boolescher Operatoren an.

- Boolesche Operatoren: Die booleschen Operatoren werden entsprechend ihrer Standardsemantik umgeformt. Für die Konjunktion und Disjunktion gelten die De-Morgan-Gesetze:

$$\begin{aligned}
\neg\,(p\ \wedge\ q) &= \neg p\ \vee\ \neg q \\
\neg\,(p\ \vee\ q) &= \neg p\ \wedge\ \neg q
\end{aligned} \tag{5.7}$$

Die Implikation wird wie folgt umgeformt:

$$\neg\,(p\ \rightarrow\ q) = \neg\,(\neg p\ \vee\ q) = p\ \wedge\ \neg q \tag{5.8}$$

Schließlich gilt für die Äquivalenz:

$$\begin{aligned}
\neg\,(p\ \leftrightarrow\ q) &= \\
\neg\,((p\ \rightarrow\ q)\ \wedge\ (q\ \rightarrow\ p)) &= \\
\neg\,(p\ \rightarrow\ q)\ \vee\ \neg\,(q\ \rightarrow\ p) &= \\
(p\ \wedge\ \neg q)\ \vee\ (q\ \wedge\ \neg p)
\end{aligned} \tag{5.9}$$

- Temporale Operatoren: Die grundlegenden Operatoren *Always* und *Eventually* werden analog zu dem Universal- und Existenzquantor auf Mengen transformiert (s. auch Lemmata *not-iAll* und *not-iEx* im Anhang A.2.5 ab S. 340):

$$\begin{aligned}
\neg\,(\square\,t\,I.\,p) &= (\diamond\,t\,I.\,\neg p) \\
\neg\,(\diamond\,t\,I.\,p) &= (\square\,t\,I.\,\neg p)
\end{aligned} \tag{5.10}$$

Weitere temporale Operatoren werden transformiert, indem sie zuerst in eine Darstellung mithilfe der Operatoren *Always* und *Eventually* umgewandelt werden, und diese anschließend wie oben beschrieben negiert wird. Beispielsweise wird der Operator *Until* wie folgt transformiert:

$$
\begin{aligned}
\neg\, (p\,.t_1\,\mathcal{U}\,t_2\,I.\,q) &= \\
\neg\, (\Diamond\, t_1\,I.\,(q \,\wedge\, (\Box\, t_2.\,(I\downarrow < t_1).\,p))) &= \\
(\Box\, t_1\,I.\,\neg\,(q \,\wedge\, (\Box\, t_2.\,(I\downarrow < t_1).\,p))) &= \\
(\Box\, t_1\,I.\,(\neg\, q \,\vee\, \neg\,(\Box\, t_2.\,(I\downarrow < t_1).\,p))) &= \\
(\Box\, t_1\,I.\,(\neg\, q \,\vee\, (\Diamond\, t_2.\,(I\downarrow < t_1).\,\neg\, p))) &= \\
(\Box\, t_1\,I.\,(q \,\rightarrow\, (\Diamond\, t_2.\,(I\downarrow < t_1).\,\neg\, p)))
\end{aligned}
\tag{5.11}
$$

Ist p eine Zustandsformel, so ist die Transformation beendet, enthält p jedoch temporale Operatoren, so wird die Transformation fortgesetzt, bis alle Teilformeln mit temporalen Operatoren transformiert sind.

Wenn die negierte Form eines temporalen Operators wieder einem temporalen Operator entspricht, so kann diese alternativ zur Darstellung mit Basisoperatoren *Always* und *Eventually* verwendet werden. So gilt für die verschiedenen Versionen des Operators *Next*:

$$
\begin{aligned}
\neg\, (\circ\, t\, t_0\, I.\, p) &= \circ\, t\, t_0\, I.\, \neg\, p \\
\neg\, (\circ_w\, t\, t_0\, I.\, p) &= \circ_s\, t\, t_0\, I.\, \neg\, p \\
\neg\, (\circ_s\, t\, t_0\, I.\, p) &= \circ_w\, t\, t_0\, I.\, \neg\, p
\end{aligned}
\tag{5.12}
$$

Für weitere temporale Operatoren kann eine graphisch visualisierbare negierte Form analog gewonnen werden (vgl. Lemma *not-iSince* u. a. im Anhang A.2.5, S. 340 ff.).

- Darstellung weiterer temporaler Operatoren

  Weitere temporale Operatoren, die mithilfe der Basisoperatoren *Always* und *Eventually* sowie der booleschen Operatoren definiert sind, können ausgehend von ihren Definitionen visualisiert werden. Eine solche generische Visualisierung einer Formel p wird erzeugt, indem p zu einer äquivalenten Formel p' transformiert wird, die nur die Operatoren *Always* und *Eventually* verwendet – dafür werden alle von den Basisoperatoren *Always* und *Eventually* abgeleiteten temporalen Operatoren durch ihre Definitionen ersetzt (vgl. Abschnitt 4.2.1, S. 129 ff.). Anschließend kann die Darstellung mit dem Wissen über den Aufbau des darzustellenden temporalen Operators optimiert werden, indem beispielsweise Zeitachsen unter bestimmten Voraussetzungen zusammengefasst werden. Die hierbei verwendbaren Optimierungsschritte sind insbesondere:

  – Darstellung zeitlich disjunkter Teilformeln auf einer Zeitachse, z. B. Zusammenführung mehrerer Teilformeln einer Konjunktion auf einer Zeitachse.

  – Darstellung von Formeln, die durch einen punktuellen temporalen Operatoren (z. B. *Next* und *Last*) gebunden sind, auf gleicher Zeitachse wie der entsprechende temporale Operator.

  Betrachten wir das Beispiel des temporalen Operators *Until*, indem wir die LTL-Formel

  $p\,\mathcal{U}\,q$

für einen Zeitpunkt t_0 visualisieren. Zunächst wird diese Formel gemäß der LTL-Semantik zu einer äquivalenten BPDL-Formel umgewandelt:

$$p(t_2).\ t_2\ \mathcal{U}\ t_1\ I.\ q(t_1)$$

Anschließend wir die Definition des Operators *Until* entfaltet:

$$\diamond\ t_1\ [t_0\ldots].\ (p(t_1)\ \wedge\ \square\ t_2\ ([t_0\ldots]\ \downarrow<t_1).\ q(t_2))$$

Diese Formel kann nun mithilfe der oben beschriebenen graphischen Mittel visualisiert werden (Abbildung 5.9(a)).

Für weitere Operatoren, wie *WeakUntil*, *Since* u. a. können die entsprechenden Visualisierungen auf analoge Weise erzeugt werden.

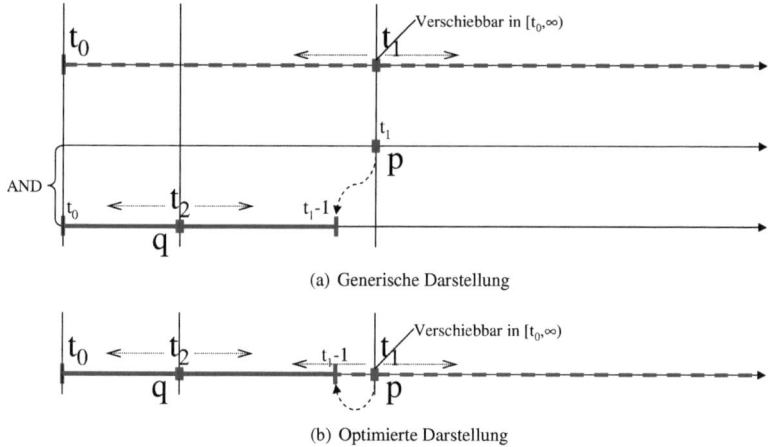

(a) Generische Darstellung

(b) Optimierte Darstellung

Abbildung 5.9: Abgeleiteter temporaler Operator *Until* (Beispielformel: $p\,\mathcal{U}\,q$)

Neben der generischen Darstellung kann die Kenntnis des Aufbaus eines temporalen Operators eine optimierte Darstellung ermöglichen. Beispielsweise kann der Operator *Until* auf einer Zeitachse dargestellt werden (Abbildung 5.9(b)), weil aufgrund seines oben gezeigten Aufbaus die in der Konjunktion verbundenen Teilformeln $p(t_1)$ und $\square\ t_2\ ([t_0\ldots]\ \downarrow<t_1).\ q(t_2))$ sich zeitlich nicht überschneiden (Zusammenführung der zweiten und dritten Zeitachse) und der linke Teil $p(t_1)$ der Konjunktion sich auf den Zeitpunkt t_1 bezieht, der von dem äußeren *Eventually*-Operator $\diamond\ t_1\ [t_0\ldots]$ gebunden ist (Zusammenführung der ersten und zweiten Zeitachse).

Ein weiteres Beispiel sind punktuelle Operatoren, wie der Operator *Next*, die sich nicht auf ein Zeitintervall, sondern auf einen konkreten Zeitpunkt beziehen. So entspricht die Formel

$$p\ \rightarrow\ \circ\circ q$$

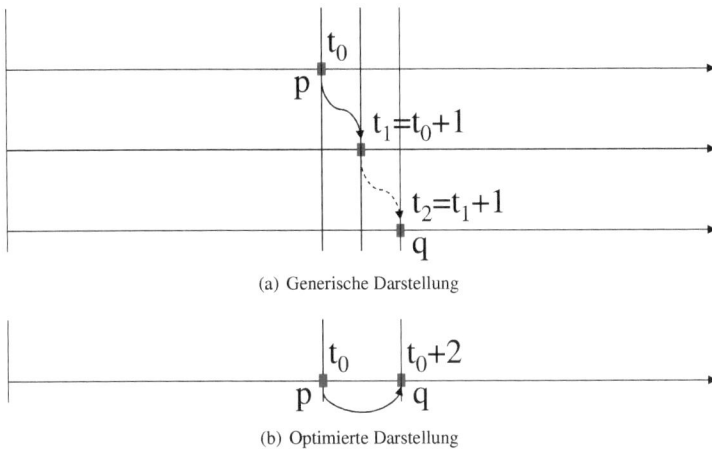

(a) Generische Darstellung

(b) Optimierte Darstellung

Abbildung 5.10: Abgeleiteter temporaler Operator *Next* (Beispielformel: $p \rightarrow \bigcirc \bigcirc q$)

zu einem Zeitpunkt t_0 der BPDL-Formel

$$p(t_0) \rightarrow \bigcirc t_1 \, t_0 \, [0\ldots]. \, (\bigcirc t_2 \, t_1 \, [0\ldots]. \, q(t_2))$$

Durch die Entfaltung der Definition des Operators *Next* erhalten wir

$$p(t_0) \rightarrow \Box \, t_1 \, \{\text{inext}(t_0, \, [0\ldots])\}. \, (\Box \, t_2 \, \{\text{inext}(t_1, \, [0\ldots])\}. \, q(t_2))$$

und schließlich

$$p(t_0) \rightarrow \Box \, t_1 \, \{t_0 + 1\}. \, (\Box \, t_2 \, \{t_1 + 1\}. \, q(t_2))$$

Die Abbildung 5.10(a) zeigt eine generische Darstellung dieser Formel. Diese Darstellung lässt sich optimieren, indem der Zeitpunkt t_2 direkt berechnet wird, was der folgenden Formulierung entspricht:

$$p(t_0) \rightarrow q(t_0 + 2)$$

In der optimierten Darstellung wird dann die dem Zeitpunkt $t_2 = t_0 + 2$ entsprechende Formel q auf derselben Achse wie p platziert, so dass eine einzige Zeitachse zur Formeldarstellung benutzt wird (Abbildung 5.10(b)).

Somit sind neben der generischen Darstellung auch speziell abgestimmte Darstellungen temporaler Operatoren möglich, die alternativ verwendet werden können.

Darstellung und interaktive Exploration

Wir wollen nun die Veranschaulichung temporallogischer Spezifikationen funktionaler Eigenschaften mithilfe der graphischen Darstellung der entsprechenden Formeln erläutern. Die wesentlichen Schritte zur Veranschaulichung einer temporallogischen Formel φ sind:

(1) *Übersetzung in BPDL*: Wenn die Formel φ in einer anderen Notation als BPDL formuliert ist, so wird sie zunächst in eine äquivalente BPDL-Formel φ' übersetzt.

(2) *Graphische Darstellung*: Aus der BPDL-Formel φ' wird eine generische graphische Visualisierung erzeugt.

(3) *Interaktive Exploration*: Der Benutzer kann mithilfe der graphischen Visualisierung die spezifizierten temporallogischen Eigenschaften analysieren.

Die ersten beiden Schritte zur Erzeugung der graphischen Darstellung einer temporallogischen Formel sind in diesem Abschnitt bereits besprochen worden. Wir wollen uns nun vorwiegend mit den Möglichkeiten der interaktiven Exploration der visualisierten Formel befassen. Die interaktive Exploration bezieht drei Bereiche ein:

- Auswahl der Zeitpunkte

  Für die Überprüfung der Gültigkeit einer temporallogischen Formel muss häufig nicht nur der Systemzustand zu einem bestimmten Zeitpunkt betrachten werden, sondern Systemzustände zu mehreren Zeitpunkten, denn die temporalen Operatoren *Always* und *Eventually* fordern die Erfüllung der gebundenen Formel für alle bzw. mindestens einen Zeitpunkt aus einer Mengen von Zeitpunkten. Das Verständnis einer temporallogischen Formel soll deshalb durch die Möglichkeit unterstützt werden, die Zeitpunkte der Erfüllung von Teilformeln einer temporallogischen Formel interaktiv zu wählen und die dadurch entstehenden Wechselwirkungen zwischen Teilformeln zu analysieren (vgl. Beispiel 5.3(1) weiter unten).

- Auswahl gültiger Teilformeln

  Für die boolesche Disjunktionen sowie abgeleitete boolesche Operatoren, wie Implikation und Äquivalenz, kann eine Formel der Form $p \sim q$ mit $\sim \in \{\vee, \rightarrow, \leftrightarrow\}$ auch dann erfüllt sein, wenn eine der Teilformeln p oder q nicht erfüllt ist. Deshalb soll dem Benutzer bei der interaktiven Exploration die Möglichkeit gegeben werden, in Disjunktionen und davon abgeleiteten booleschen Operatoren für die beteiligten Teilformeln auszuwählen, ob sie erfüllt sind oder nicht. Die Abbildung 5.7(c) zeigt beispielsweise eine visualisierte Disjunktion, in der die linke Teilformel als nicht erfüllt markiert wurde.

- Auswahl der Darstellungsvarianten

  Für Formeln mit booleschen und temporalen Operatoren existieren häufig mehrere äquivalente Darstellungen, die gleichberechtigt verwendet werden können. Obwohl logisch äquivalent, kann ihr Verständnis für einen menschlichen Benutzer je nach verwendeter Formulierungsvariante unterschiedlich leicht sein, bzw. mehr oder auch weniger der mentalen Vorstellung entsprechen, die der Anforderung zugrunde liegt. Aus diesem Grund kann die Analyse der Anforderung dadurch unterstützt werden, dass bei der Exploration einer Anforderung zwischen unterschiedlichen äquivalenten Formulierungen der Anforderungsspezifikation und damit unterschiedlichen graphischen Darstellungen der Anforderungsspezifikation gewählt werden kann.

  Wir betrachten zunächst Formulierungs- und Darstellungsalternativen für die boolesche Implikation, Disjunktion und Negation:

– Implikation: Für eine Implikation gibt es äquivalente Formulierungen sowohl unter Verwendung einer Disjunktion, als auch einer Implikation. Es gilt:

$$p \rightarrow q \quad \Leftrightarrow \quad \neg p \vee q \tag{5.13}$$

und

$$p \rightarrow q \quad \Leftrightarrow \quad \neg q \rightarrow \neg p \tag{5.14}$$

Die erste Äquivalenz entspricht der Implikationsdefinition, die zweite ergibt sich aus der Implikationsdefinition und Äquivalenzregeln für boolesche Disjunktion und Negation:

$$p \rightarrow q \quad \Leftrightarrow \quad \neg p \vee q \quad \Leftrightarrow \quad \neg \neg q \vee \neg p \quad \Leftrightarrow \quad \neg q \rightarrow \neg p$$

Das Beispiel 5.3(3) zeigt die Darstellungsalternative für eine Implikation als Disjunktion (Abbildung 5.13).

– Negation, De-Morgan-Gesetze: Für die Negation von Konjunktionen und Disjunktionen gelten die De-Morgan-Gesetze (5.7). Deshalb kann für die Darstellung eines Ausdrucks der Form $\neg (p \wedge q)$ der äquivalente Ausdruck $\neg p \vee \neg q$ und für die Darstellung eines Ausdrucks der Form $\neg (p \vee q)$ der Ausdruck $\neg p \wedge \neg q$ verwendet werden.

Dieser Regeln können auch in Kombination mit weiteren Äquivalenzregeln angewandt werden. Beispielsweise kann auf diese Weise der Ausdruck $\neg (p \wedge q)$ zu $\neg p \vee \neg q$ und anschließend $p \rightarrow \neg q$ oder äquivalent dazu $q \rightarrow \neg p$ umgeformt werden, so dass eine negierte Konjunktion wahlweise als Implikation visualisiert werden kann.

Die oben angesprochenen Darstellungsalternativen sind für die Visualisierung temporallogischer Formeln nur dann direkt anwendbar, wenn p und q Formeln ohne temporale Operatoren sind. Andernfalls müssen diese Formeln, wie früher in diesem Abschnitt beschrieben, vorher mithilfe der De-Morgan-Gesetze so umgeformt werden, dass in ihnen keine Negationen von Teilformeln mit temporalen Operatoren enthalten sind.

Ein weiterer Aspekt der Darstellung ist die Verteilung von Teilformeln einer Konjunktion $p \wedge q$ auf verschiedene Zeitachsen.

– Konjunktionen: Konjunktionen können auf verschiedene Zeitachsen aufgeteilt oder auf einer Zeitachse dargestellt werden. Es ist möglich, alle Teilformeln auf verschiedenen Zeitachsen darzustellen (generische Darstellung) oder einige Teilformeln auf einer Achse darzustellen, falls sie sich zeitlich nicht überschneiden (vgl. Abbildung 5.14 zur Darstellung des *Until*-Operators in dem Beispiel 5.3(4)).

– Temporale Operatoren und Konjunktionen: Ist eine Konjunktion von einem temporalen Operator mit einer Zeitvariablen t_i gebunden, so können einzelne Teilformeln dieser Konjunktion auf der Achse dargestellt werden, auf der sich der entsprechende Zeitpunkt t_i befindet (vgl. Darstellung der Konjunktion in dem Beispiel 5.3(4), Abbildung 5.14(c)).

Die oben beschriebenen Darstellungsalternativen können, ebenso wie verschiedene Darstellungsalternativen für temporale Operatoren (vgl. S. 181 ff.), interaktiv gewählt werden, um die Darstellung temporallogischer Spezifikationen an die Wünsche des Benutzers anzupassen.

Beispiele

Wir wollen nun einige Beispiele graphischer Veranschaulichung temporallogischer Spezifikationen betrachten.

Beispiel 1) Temporale Implikation – Anfrage-Antwort-Anforderung Das erste Beispiel zeigt eine häufig verwendete Art temporallogischer Anforderungen – eine *Anfrage-Antwort-Anforderung*, die einen Spezialfall der *temporalen Implikation* [Pnu77] darstellt. Bei temporalen Implikationen handelt es sich um Anforderungen der Form

$$Pre \;\rightarrow\; \Diamond\,Post \tag{5.15}$$

die beim Eintreten der Vorbedingung *Pre* die Erfüllung der Nachbedingung *Post* zu einem Zeitpunkt in der Zukunft fordern. Betrachten wir die MTL-Beispielspezifikation

$$\Box(p \;\rightarrow\; \Diamond(q_1 \;\wedge\; \Box_{\leq 3}\, q_2)$$

Sie fordert, dass stets beim Eintreten der Vorbedingung p in der Zukunft die Nachbedingungen q_1 und $\Box_{\leq 3}\, q_2$ zu mindestens einem Zeitpunkt erfüllt werden. Hierbei nehmen wir an, dass p, q_1 und q_2 Zustandsformeln sind, die keine temporalen Operatoren enthalten und somit keine weitergehende graphische Aufbereitung notwendig machen. Diese Spezifikation kann, wie oben beschrieben, graphisch veranschaulicht werden. Dafür übersetzen wir zunächst die Formel in BPDL:

$$\Box\, t_0\, [0 \ldots].\; \big(p(t_0) \;\rightarrow\; \Diamond\, t_1\, [t_0 \ldots].\; (q_1(t_1) \;\wedge\; \Box\, t_2\, [t_1 \ldots, 3].\; q_2(t_2))\big)$$

Die Abbildung 5.11 zeigt eine graphische Veranschaulichung dieser Formel. Da q_1 Zustandsformel ist, wurde die Darstellung optimiert, indem q_1 auf derselben Achse wie der temporale Operator *Eventually* und die durch ihn gebundene Zeitvariable t_1 platziert wurde.

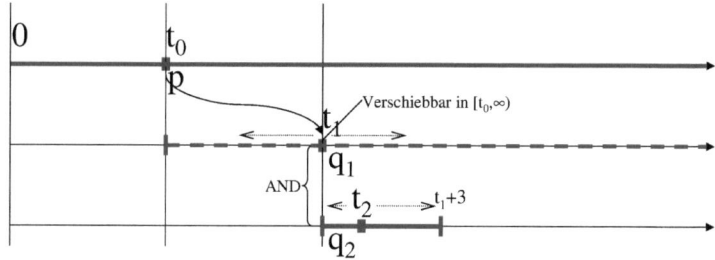

Abbildung 5.11: Visualisierung der temporallogischen Formel $\Box(p \;\rightarrow\; \Diamond(q_1 \;\wedge\; \Box_{\leq 3}\, q_2))$

Beispiel 2) Temporale Implikation: Anforderung mit Redundanz Dieses Beispiel zeigt anhand einer einfachen temporallogischen Spezifikation, wie mit Hilfe der graphischen Visualisierung eine logische Redundanz in der Formulierung der Anforderung entdeckt werden kann. Betrachten wir die temporallogische Anforderung:

$$\square(p \;\rightarrow\; (\square_{[0,5]}\, q \;\wedge\; \diamondsuit_{[1,4]}\, q))$$

Diese Anforderung stellt eine Invariante dar, die für die Vorbedingung p die Nachbedingungen $\square_{[0,5]}\, q$ und $\diamondsuit_{[1,4]}\, q$ spezifiziert. Die zweite Nachbedingung ist redundant, da $\square_{[0,5]}\, q$ stets auch $\diamondsuit_{[1,4]}\, q$ impliziert. Diese Redundanz kann mithilfe der graphischen Veranschaulichung schnell entdeckt werden (Abbildung 5.12), weil die Überdeckung der Zeitintervalle in den beiden Nachbedingungen augenfällig ist.

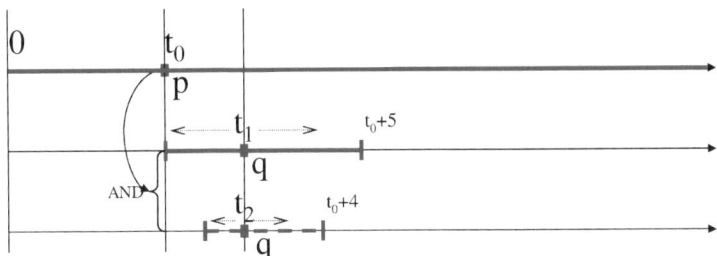

Abbildung 5.12: Visualisierung der temporallogischen Formel $\square(p \;\rightarrow\; (\square_{[0,5]}\, q \;\wedge\; \diamondsuit_{[1,4]}\, q))$

Beispiel 3) Implikation und Disjunktion: Darstellungsalternative In diesem Beispiel wird die Wahlmöglichkeit zwischen alternativen Darstellungen einer temporallogischen Spezifikation demonstriert. Die Anforderung

$$\square(p \rightarrow \diamondsuit\, q)$$

wird auf der Abbildung 5.13(a) graphisch dargestellt. Wie früher in diesem Abschnitt beschrieben, kann der Benutzer alternative Darstellungen der in der Formel enthaltenen Implikation wählen. So kann die obige Anforderung zu einer äquivalenten Formel umgeformt werden, die eine Disjunktion verwendet:

$$\square(\neg\, p \vee \diamondsuit\, q)$$

Diese Formel entspricht der in der Abbildung 5.13(b) gezeigten alternativen Visualisierung.

Beispiel 4) Temporale Implikation mit Operatoren *Next* und *Until* Wir wollen nun die Veranschaulichung einer komplexeren temporallogischen Spezifikation betrachten. Sie verwendet die auf Basisoperatoren *Always* und *Eventually* aufbauenden temporalen Operatoren *Next* und *Until* und definiert eine temporale Implikation, hier in der MTL-Notation formuliert:

$$\square(a \;\rightarrow\; \bigcirc(b\,\mathcal{U}_{\leq 9}\, c)) \tag{5.16}$$

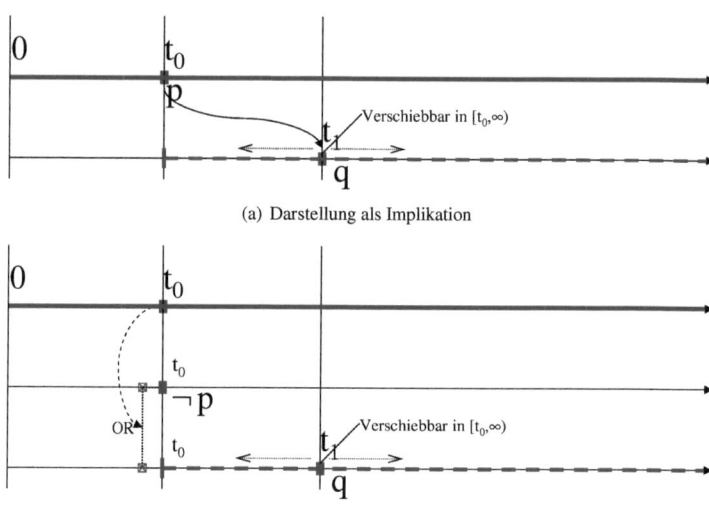

(a) Darstellung als Implikation

(b) Darstellung als Disjunktion

Abbildung 5.13: Visualisierung der temporallogischen Formel $\Box(p \to \Diamond q)$

Die Formel besagt, dass stets, wenn die Vorbedingung a erfüllt wird, dann in dem nächsten Schritt die Nachbedingung $b\,\mathcal{U}_{\leq 9}\,c$ erfüllt werden soll – diese gilt, wenn b bis zur Erfüllung von c gilt, und c nach spätestens 9 Zeitschritten eintritt.

Im Folgenden betrachten wir unterschiedliche Visualisierungen der spezifizierten MTL-Formel. Zunächst wird die MTL-Formel in BPDL übersetzt:

$$\Box\,t_0\,[0\ldots].\;\Big($$
$$a(t_0)\;\to\;\bigcirc\,t_1\,t_0\,[0\ldots].\;\Big(\tag{5.17}$$
$$b(t_3).\,t_3\,\mathcal{U}\,t_2\,[t_1\ldots,\,9].\,c(t_2)\big)\Big)$$

Nach der Entfaltung der Definitionen der abgeleiteten Operatoren *Next* und *Until* erhalten wir eine Formulierung, die nur die Basisoperatoren *Always* und *Eventually* enthält:

$$\Box\,t_0\,[0\ldots].\;\Big($$
$$a(t_0)\;\to\;\Box\,t_1\,\{t_0+1\}.\;\Big(\tag{5.18}$$
$$\Diamond\,t_2\,[t_1\ldots,\,9].\,(c(t_2)\;\wedge\;\Box\,[t_1\ldots,\,9]\downarrow<t_2.\,b(t_3))\big)\Big)$$

Aus dieser Formulierung kann eine generische Visualisierung der Spezifikation (5.16) erzeugt werden (Abbildung 5.14(a)). Die aus dem Operator *Until* hervorgegangene Konjunktion zweier Teilformeln ist auf den beiden unteren Zeitachsen dargestellt. Da die beiden Formeln sich zeitlich nicht überschneiden, können sie auf eine Zeitachse zusammengeführt werden. Des Weiteren kann der punktuelle Operator *Next* durch die Verschiebung der betroffenen Intervalle auf der Zeitachse um eine Zeiteinheit nach rechts ersetzt werden:

$$\Box\,t_0\,[0\ldots].\;\big(a(t_0)\;\to\;\big($$
$$\Diamond\,t_1\,[t_0+1\ldots,\,9].\,(c(t_1)\;\wedge\;\Box\,[t_0+1\ldots,\,9]\downarrow<t_2.\,b(t_2))\big)\big) \tag{5.19}$$

Die beiden beschriebenen Optimierungen liefern die Darstellung auf der Abbildung 5.14(b). Mit der Kenntnis der Struktur des Operators *Until* kann schließlich eine weiter optimierte Darstellung gewonnen werden – für eine Formel $p(t_1) \, . \, t_1 \, \mathcal{U} \, t_2 \, I \, . \, q(t_2)$ ist das Zeitintervall $I \downarrow < t_2$, in dem die linke Teilformel $p(t_1)$ gelten muss, immer Teilintervall des für den *Until*-Operator angegebenen Zeitintervalls I, und die rechte Teilformel $q(t_2)$ befindet sich außerhalb des zur linken Teilformel gehörenden Intervalls $I \downarrow < t_2$. Deshalb können beide Teilformeln auf derselben Zeitachse dargestellt werden, wie das zum *Until*-Operator gehörende Zeitintervall I. Die Spezifikation (5.16), deren Darstellung in der generischen Version (Abbildung 5.14(a)) fünf Zeitachsen in Anspruch nimmt, kann dadurch auf zwei Zeitachsen dargestellt werden (Abbildung 5.14(c)). Dabei sind alle vorgestellten Visualisierungen dieser Spezifikation (Abbildung 5.14) gleichberechtigt und können von dem Benutzer entsprechend seinen Wünschen alternativ ausgewählt werden.

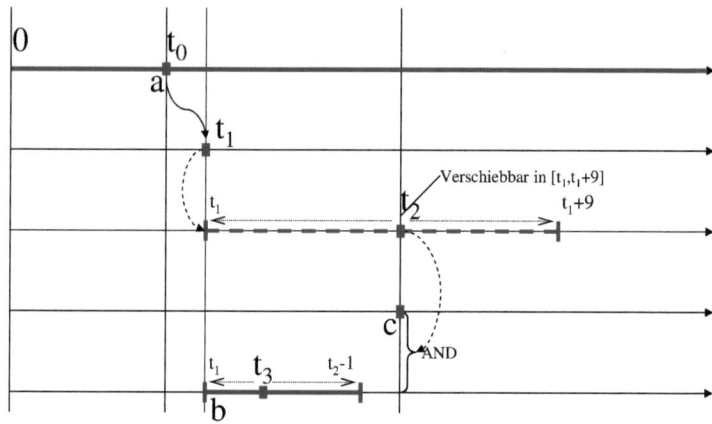

(a) Generische Visualisierung

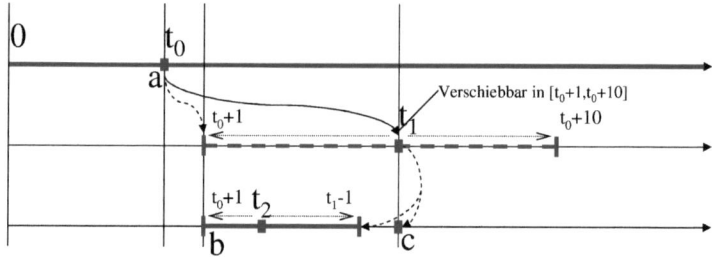

(b) Implizite Darstellung des *Next*-Operators. Zusammenfassung der Konjunktion für den *Until*-Operator.

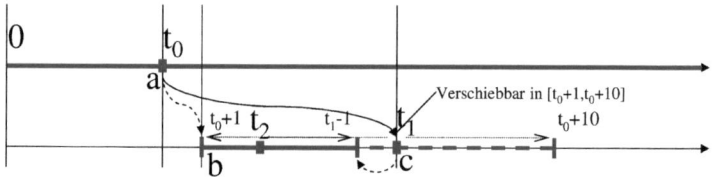

(c) Darstellung des *Until*-Operators auf einer Zeitachse.

Abbildung 5.14: Visualisierung der temporallogischen Formel $\Box(a \rightarrow \bigcirc(b\,\mathcal{U}_{\leq 9}\,c))$

Kapitel 6

Eigenschaftsorientierte Architekturmuster

Dieses Kapitel befasst sich mit eigenschaftsorientierten Architekturmustern, die zur integrierten Spezifikation struktureller und funktionaler Eigenschaften eines Systemausschnitts dienen. Sie ermöglichen damit die gleichzeitige Beschreibung der strukturellen und der Verhaltensaspekte in einer Spezifikationseinheit, die nicht von einem konkreten Modell abhängig ist, sondern selbständig spezifiziert und anschließend auf unterschiedliche Systeme und Systemausschnitte angewandt werden kann.

Der Abschnitt 6.1 stellt die Spezifikation und Anwendung der Architekturmuster vor. In dem Abschnitt 6.2 wird die Komposition von Architekturmustern besprochen. Der Abschnitt 6.3 beschreibt die Verwendung von Abstraktionsebenen in Architekturmustern.

6.1 Spezifikation und Anwendung

Dieser Abschnitt befasst sich mit der Spezifikation und Anwendung eigenschaftsorientierter Architekturmustern (im Folgenden einfach Architekturmuster oder Muster).

Syntax

Zunächst wollen wir Architekturmuster formal definieren. Ein Architekturmuster P ist ein 3-Tupel

$$P = (Sig, S, F) \tag{6.1}$$

das die Signatur Sig, die statischen, insbesondere strukturellen Anforderungen S und die funktionalen Anforderungen F enthält. Die Signatur besteht aus getypten Parametern $Sig = (v_1 : T_1, \ldots, v_{k_{sig}} : T_{k_{sig}})$ wobei die Typen T_i gültige ODL-Datentypen mit bestimmten wenigen Einschränkungen sein müssen, wie weiter unten besprochen (es dürfen beispielsweise keine Abbildungen (map) verwendet werden). Die strukturellen Anforderungen $S = (S_1, \ldots, S_{k_S})$ werden durch CCL-Ausdrücke S_i spezifiziert, die auf die Parameter v_i aus der Signatur zugreifen dürfen. Die funktionalen Anforderungen $F = (F_1, \ldots, F_{k_F})$ werden durch CCL-PDL-Ausdrücke F_i spezifiziert, die ebenfalls auf die Parameter v_i aus der Signatur zugreifen, und bei der Instanziierung des Architekturmusters für einen Systemausschnitt zu PDL-Ausdrücken instanziiert werden, die die funktionalen Anforderungen darstellen.

Wir betrachten nun die Syntax der Spezifikation eines Architekturmusters P und erläutern die Bestandteile einer Architekturmusterspezifikation. Die syntaktische Grundstruktur eines Architekturmusters ist auf der Abbildung 6.1 dargestellt. Eine Architekturmusterspezifikation besteht aus folgenden Teilen:

- *Name*

  Jedes Architekturmuster muss innerhalb eines Gültigkeitsbereichs (beispielsweise AUTO-FOCUS-Modell oder AUTOFOCUS-Bibliothek) einen eindeutigen Namen haben. Eine Musterspezifikation beginnt daher mit der Namensfestlegung:

    `pattern` <pattern name>

- *Signatur*

  Die Anwendung eines Architekturmusters besteht in seiner Instanziierung für einen ausgewählten Modellausschnitt. Dafür wird für ein Architekturmuster über seine Signatur festgelegt, welche Strukturelemente für die Instanziierung benötigt werden:

    `signature` <Structural elements for requirements>

  Die Signatur besteht aus einer Liste von getypten Bezeichnern. Als Typ kann hier jeder ODL-Typ verwendet werden, außer den speziellen Typen, die in ODL als Post-Universe-Typen bezeichnet werden, d. h., außer Abbildungen (map) und Konstrukten zur Erstellung neuer Modellelemente (new) (vgl. [Höl05]). Die Bezeichner müssen eindeutig sein. Die Signatur legt somit die Typen und Bezeichnungen der in dem Muster verwendeten Strukturelemente fest. Beispielsweise erwartet ein Muster mit der Signatur

    `signature` c:Component;

  genau eine Komponente als Parameter, ein Muster mit der Signatur

    `signature` p1:Port, p2:Port;

  genau zwei Ports und ein Muster mit der Signatur

    `signature` c:Component, ch:set Channels;

  eine Komponente und eine Menge von Kanälen als Parameter.

  Bei der Instanziierung eines Architekturmusters muss das verwendete AUTOFOCUS-Modell (Metamodellelement Project) bekannt sein. Ist es nicht durch den aktuellen Kontext vorgegeben (beispielsweise durch Vorauswahl einer Komponente, die durch Zugehörigkeit zu einem Modell das bearbeitete Modell angibt), so muss es vor der Instanziierung der in der Signatur definierten Strukturelemente ausgewählt werden. Wird keine Signatur angegeben, so muss bei der Instanziierung durch die Auswahl eines Elements vom Typ Project das AUTOFOCUS-Modell angegeben werden, auf welches das Muster angewendet wird. Auf diese Weise ist das Project-Strukturelement, das das verwendete AUTOFOCUS-Modell identifiziert, in einem Muster zugänglich, so dass strukturelle (nicht jedoch funktionale) Eigenschaften neben den in der Signatur explizit deklarierten Strukturelementen auch auf Strukturelemente zugreifen können, für die nur die Kenntnis des betreffenden Modells notwendig ist, insbesondere auf die Gesamtmengen der Komponenten, Kanäle und Ports über Quantifizierungen der Form quantifier var:type mit den Datentypen Component, Channel und Port. Dies kann notwendig sein, um strukturelle Voraussetzungen für die Anwendbarkeit eines Musters auf einen Systemausschnitt zu formulieren, beispielsweise um die strukturellen Anforderungen an die Umgebung eines Systemausschnitts zu beschreiben, die für das Muster vorausgesetzt werden.

Einen weiteren Bestandteil der Signatur bilden nichtstrukturelle Parameter für funktionale Anforderungen. Für die funktionalen Anforderungen kann es nützlich sein, die Spezifikationsformeln durch Festlegung bestimmter Formelanteile anzupassen, die sich nicht aus den Strukturelementen in der Signatur ergeben. Dabei kann es sich beispielsweise um Intervallgrenzen für temporale Operatoren (gegeben durch ganzzahlige Konstanten) oder um logische Schalter (gegeben durch boolesche Konstanten) zur Aktivierung oder Deaktivierung von Teilen der Spezifikationsformeln handeln. Die entsprechenden Formelparameter dürfen ebenfalls in der Signatur definiert werden und müssen als Datentyp einen der Basistypen Int oder Boolean haben. Beispielsweise kann in einem Muster mit der Signatur

```
signature
p1:Port, p2:Port,
i:Int, greaterFlag:Boolean;
```

die funktionale Anforderung

$$\Box[\leq i] \ (p1 \neq \varepsilon \rightarrow (p2 \neq \varepsilon \wedge (\text{greaterFlag} \rightarrow p2 > p1)))$$

spezifiziert werden, die die Intervallgrenze i und den logischen Schalter greaterFlag als Formelparameter verwendet. Bei der Instanziierung des Musters werden dann neben der Auswahl der Strukturelemente, die in der Signatur definiert sind, auch die Formelparameter eingegeben.

- *Strukturelle Anforderungen*

  Ein Architekturmuster kann strukturelle/statische Anforderungen auf den Parametern aus der Signatur spezifizieren und auf diese Weise Anforderungen an einen Systemausschnitt stellen, damit es für diesen Ausschnitt instanziiert werden darf. Diese Anforderungen werden als CCL-Ausdrücke definiert. Optional können benamte CCL-Prädikate (vgl. Abschnitt 4.3 und [Tra03]) definiert werden, die in den strukturellen Anforderungen, ähnlich zu Funktionen in Programmiersprachen, verwendet werden dürfen:

  ```
  static_requirements <structural requirements and named predicates>;
  ```

  Die Namen der benamten Prädikaten müssen innerhalb des Musters eindeutig sein. Innerhalb eines benamten Prädikats darf nur auf freie Variablen zugegriffen werden, die als Prädikatparameter in seiner Signatur deklariert wurden.

  Beispielsweise kann ein Architekturmuster für zwei Ports voraussetzen, dass sie den gleichen Nachrichtentypen besitzen und mit einem Kanal verbunden sind, der von dem ersten Port zu dem zweiten Port verläuft:

  ```
  signature p1:Port, p2:Port;
  static_requirements
    /* A named predicate */
    portTypesEqual(p1:Port, p2:Port) :=
      (p1.DefinedType.Text = p2.DefinedType.Text);
    /* Structural requirements */
    exists ch:Channel. (ch.SourcePort=p1 and ch.DestinationPort=p2);
    call portTypesEqual(p1, p2);
  ```

  Die strukturellen Anforderungen können bei der Instanziierung des Musters für einen Systemausschnitt statisch ausgewertet werden, um zu überprüfen, ob das Muster auf diesen Ausschnitt angewendet werden darf.

- *Funktionale Anforderungen*

Die funktionalen Eigenschaften, die in einem Architekturmuster enthalten sind, dienen zur Spezifikation funktionaler Anforderungen durch Instanziierung des Architekturmusters für einen Systemausschnitt. Die funktionalen Eigenschaften werden als CCL-PDL-Ausdrücke (vgl. Abschnitt 4.3) auf den Strukturelementen aus der Signatur definiert – die Anforderungen können durch Integration struktureller und funktionaler Notationen auch Anforderungen über mengenwertigen Strukturelementen aus der Signatur und somit über Mengen von Modellelementen formulieren. Die für funktionale Eigenschaften verwendete logische Notation kann dabei entweder für das gesamte Architekturmuster oder auch für einzelne funktionale Eigenschaften festgelegt werden. Die funktionalen Eigenschaften werden in dem entsprechenden Block definiert:

dynamic_requirements <PDL setting> <functional requirements>;

Anders als für strukturelle Anforderungen, können für funktionale Anforderungen nur die in der Signatur explizit deklarierten Strukturelemente verwendet werden – auf diese Weise wird sichergestellt, dass die instanziierten funktionalen Eigenschaften sich nur auf die explizit deklarierten Strukturelemente beziehen können und nicht auf weitere Elemente im AUTOFOCUS-Modell (Quantifizierungen wie forall c:Component. some_term sind damit nicht erlaubt, weil sie sich auf alle Elemente eines Modell beziehen, und nicht nur auf die strukturellen Parameter aus der Mustersignatur. Eigenschaften für ein gesamtes Modell können definiert werden, wenn die Mustersignatur über einen Parameter des Typs Project explizit die Angabe eines Modells fordert).

Beispielsweise können für ein Architekturmuster mit der Signatur

signature pIn:Port, pOut:Port, pSet:set Port;

funktionale Eigenschaften wie folgt spezifiziert werden:

```
dynamic_requirements
  set_pdl [LTL];
  □ (pIn ≠ ε → (exists p:pSet. (○ Q1(p))));
  [MTL]: □ (pIn ≠ ε → ◇[<5] Q2(pOut));
  □ (pIn ≠ ε → ◇ Q3(pOut));
```

Alle Eigenschaften spezifizieren funktionale Anforderungen für die Ports pIn und pOut aus der Mustersignatur. Die erste und die dritte Eigenschaft sind LTL-Formeln, da LTL in der ersten Zeile des Blocks als voreingestellte Spezifikationsnotation festgelegt wird. Für die zweite Eigenschaften ist MTL als Notation deklariert, so dass die Spezifikationsformel den begrenzten Operator $\diamond[< 5]$ verwenden darf.

Semantik

Die Semantik eines Architekturmusters $P = (Sig, S, F)$ ergibt sich aus der strukturellen und der funktionalen Semantik, die bei der Instanziierung des Musters Anwendung findet. Die strukturelle Semantik entspricht den Anforderungen des Architekturmusters an einen Systemausschnitt, auf den es angewendet werden darf. Die funktionale Semantik für einen Systemausschnitt ergibt sich aus den Instanzen der funktionalen Anforderungen des Architekturmusters für diesen Ausschnitt.

```
architectural_pattern ::=
  pattern pattern_name signature_def?
  structural_properties_def? functional_properties_def?

pattern_name ::= identifier;

signature_def ::= signature ccl_type_variable_list ';';

ccl_type_variable_list ::=
  ccl_type_variable_def |
  ccl_type_variable_def ',' ccl_type_variable_list;

ccl_type_variable_def ::= variable : ccl_type;

ccl_type ::= bounded_type | unbounded_type;

variable ::= identifier;


structural_properties_def ::= static_requirements
  structural_property_or_named_predicate_def*;

structural_property_or_named_predicate_def ::=
  structural_property |
  named_predicate_def;

structural_property ::= ccl_proposition ';';

named_predicate_def ::=
  identifier '(' ccl_type_variable_list ')' ':='
  ccl_proposition ';';


functional_properties_def ::= dynamic_requirements
  pdl_setting_global ';' functional_property_or_pdl_setting*;

functional_property_or_pdl_setting :=
  pdl_setting_global ';' |
  pdl_setting_local? ccl_pdl_term ';';

pdl_setting_global ::= set_pdl pdl_name;

pdl_setting_local ::= '[' pdl_name ']' ':';

pdl_name ::= identifier;
```

Abbildung 6.1: Grundlegende Syntax einer Architekturmusterdefinition

Auswahl des Systemausschnitts Die Instanziierung eines Architekturmusters P beginnt mit der Auswahl der Strukturelemente gemäß der Signatur $Sig = (v_1 : T_1, \ldots, v_{k_{Sig}} : T_{k_{Sig}})$ des Musters. Wir wollen eine ODL-Abfrage formulieren, welche die interaktive Auswahl des Systemausschnitts für die Instanziierung eines gegebenen Architekturmusters durchführt und somit die strukturelle Semantik des Architekturmusters realisiert. Seien $S = (S_1, \ldots, S_{k_S})$ die strukturellen Anforderungen von P, gegeben durch CCL-Ausdrücke $S_1, \ldots, S_{k_S}$. Da strukturelle Anforderungen benamte Hilfsprädikate verwenden dürfen, teilen wir S zur bessern Übersicht in die Teilmenge $S_{NP} = (NP_1, \ldots, NP_{k_{NP}})$ der benamten Prädikate und die Teilmenge $S_R = (R_1, \ldots, R_{k_R})$ der eigentlichen strukturellen Anforderungen, wobei $S = S_{NP} \cup S_R$ ist. Die benamten Prädikate NP_i bestehen jeweils aus einem Namen NP_Name_i und einem CCL-Ausdruck NP_Term_i. Die ODL-Abfrage zur interaktiven Auswahl der Strukturelemente zur Instanziierung des Architekturmusters P kann direkt aus seiner Signatur und seinen strukturellen Anforderungen abgeleitet werden:[1]

```
/* Named predicates: local definition */
define NP_Name_1 := (NP_Term_1).
...
define NP_Name_kNP := (NP_Term_kNP).
/* Interactive queries for signature elements */
context v_1:T_1.
...
context v_kSig:T_kSig. (
    /* Structural requirements for input values */
    R_1 and ... and R_kR)
```
(6.2)

Bei der Ausführung dieser Abfrage kann der Benutzer in k_{Sig} aufeinander folgenden Eingabedialogen die Strukturelemente bzw. Werte für die Variablen $v_1, \ldots, v_{k_{Sig}}$ auswählen (für endliche Datentypen, wie Modellelemente und Boolean) bzw. eingeben (für unendliche Datentypen, wie Int, String) (vgl. auch [Tra03]). Anschließend werden die strukturellen Anforderungen $R_1, \ldots, R_{k_R}$ ausgewertet. Erfüllen die eingegebenen Werte diese Anforderungen, so wird die Abfrage mit True als Ergebnis erfolgreich abgeschlossen, und das Architekturmuster kann für den ausgewählten Systemausschnitt instanziiert werden. Werden die strukturellen Anforderungen nicht erfüllt, so liefert die Abfrage das Ergebnis False und das Muster wird nicht instanziiert. Die ODL-Abfrage (6.2) stellt somit die strukturelle Semantik des Architekturmusters P dar.

Instanziierung der funktionalen Anforderungen Nach der Auswahl eines Systemausschnitts $SE = (e_1, \ldots, e_{k_{Sig}})$ des Modells M für das Architekturmuster P, der seiner Signatur S entspricht und die strukturellen Anforderungen $S_1, \ldots, S_{k_S}$ erfüllt, werden die funktionalen Anforderungen $F_1, \ldots, F_{k_F}$ des Musters für den ausgewählten Systemausschnitt instanziiert.

Zunächst müssen, falls vorhanden, die ganzzahligen und booleschen Formelparameter in die Spezifikationsformeln eingesetzt werden. Sei FP die Menge der Indizes, denen bei den eingegebenen Elementen SE Parameter vom Typ Int und Boolean entsprechen:

$$FP = \{j \mid T_j \in \{\text{Int}, \text{Boolean}\}\}$$
(6.3)

---

[1] Falls die Anforderungen R_i gleich benannte quantifizierte Variablen enthalten, müssen diese – aufgrund der Einschränkung in der Implementierung des ODL-Interpreters (AUTOFOCUS2, Version v0.61.14 vom 19.07.2007) – so umbenannt werden, dass alle quantifizierten Variablen paarweise verschieden sind. Ist beispielsweise R_1 = (forall p:Port. Q1(p)) und R_2 = (exists p:Port. Q2(p)), so muss die quantifizierte Variable p umbenannt werden, beispielsweise zu p1 in R_1 und p2 in R_2, damit die ODL-Abfrage (6.2) von dem ODL-Interpreter verarbeitet werden kann.

Wir bezeichnen die Indizes in FP mit $j_1, \ldots, j_{|FP|}$. Die entsprechenden Parameter v_j mit $j \in FP$ werden nun in den funktionalen Anforderungen $F_i \in F$ durch die entsprechenden Eingabewerte e_j ersetzt:

$$F_i' \quad = \quad F_i[^{v_{j_1}}_{e_{j_1}}] \ldots [^{v_{j_{|FP|}}}_{e_{j_{|FP|}}}] \tag{6.4}$$

Die Spezifikationsformeln F_i' sind CCL-PDL-Ausdrücke ohne Formelparameter in den PDL-Anteilen – diese wurden durch die eingegebenen ganzzahligen bzw. booleschen Konstanten ersetzt, so dass die PDL-Anteile jetzt durch Parser für die jeweiligen PDL-Notationen verarbeitet werden können. Damit können nun die funktionalen Anforderungen für den ausgewählten Systemausschnitt SE des Modells M instanziiert werden.

Die Instanziierung einer funktionalen Anforderung F_i' entspricht der Instanziierung eines CCL-PDL-Ausdrucks mit Strukturelementen aus SE und ggf. weiteren Elementen aus dem Modell M und der anschließenden Transformation zu einem reinen PDL-Ausdruck, wie in dem Abschnitt 4.3 beschrieben ist (S. 152 ff.). Die Instanz von F_i' ergibt sich mithilfe der Instanziierungsfunktion $\mathcal{I}$ (4.206) als $\mathcal{I}(F_i', M, SE, OS_i)$ (hierbei bezeichnet OS_i die Zuordnungen boolescher CCL-Operatoren zu äquivalenten Operatoren der PDL-Notation, die für die Spezifikationsformel F_i benutzt wird). Die funktionale Semantik der Instanz des Architekturmusters P für die Strukturelemente SE in dem Modell M ergibt sich als Konjunktion der Instanzen aller funktionalen Anforderungen des Architekturmusters:

$$\mathcal{I}(P, M, SE) \quad = \quad \bigwedge_{i \in [1 \ldots k_F]} \mathcal{I}(F_i', M, SE, OS_i) \tag{6.5}$$

Somit kann die funktionale Semantik eines Architekturmusters für einen Systemausschnitt SE eines Modells M als $\mathcal{I}(P, M, SE)$ angegeben werden.

Praktische Vorbereitung formaler Verifikation   Die funktionale Semantik eines Architekturmusters für einen Systemausschnitt kann nach (6.5) ermittelt werden, indem die funktionalen Anforderungen zu PDL-Spezifikationsformeln instanziiert werden. Wie oben geschildert, können hierbei unterschiedliche PDL-Notationen zur Beschreibung funktionaler Eigenschaften zum Einsatz kommen. Dies stellt mit Hinblick auf die Semantik einer Architekturmusterinstanz kein Problem dar, weil alle benutzten PDL-Notationen über eine formale Semantik verfügen müssen, die in BPDL definiert werden kann – damit kann die Semantik dieser Instanz auch durch BPDL-Formeln dargestellt werden und ist somit formal eindeutig definiert.

Sollen die funktionalen Eigenschaften zur formalen Verifikation mithilfe von Verifikationswerkzeugen, wie Modelchecker oder interaktive Beweisassistenten, verwendet werden, so müssen diese Eigenschaften in Spezifikationsnotationen übersetzt werden, die von den benutzten Verifikationswerkzeugen importiert werden können. Solange ein Architekturmuster nur PDL-Notationen für die funktionalen Anforderungen verwendet, die von einem einzelnen Werkzeug interpretiert werden können (beispielsweise LTL in der Notation des Modelcheckers SMV) können sämtliche Spezifikationsformeln direkt in das Eingabeformat des Werkzeugs exportiert werden. Werden bei den funktionalen Eigenschaften eines Architekturmusters hingegen mehrere PDL-Notationen benutzt, die nicht von ein und demselben Werkzeug interpretiert werden können, so müssen die Eigenschaften vor der Verifikation in Teilmengen von Eigenschaften aufgeteilt werden, die jeweils von einem Werkzeug verarbeitet werden können. Verwendet ein Architekturmuster beispielsweise LTL und SALT [BLS06b] als PDL-Notationen, so kann die Menge F

der funktionalen Anforderungen in die Teilmengen F_{LTL} und F_{SALT} aufgeteilt werden, damit die LTL- und die SALT-Anforderungen an die jeweiligen Verifikationswerkzeuge zur Weiterverarbeitung exportiert werden können. Auf diese Weise können die funktionalen Anforderungen eines Architekturmusters zur formalen Verifikation auch in dem Fall verwendet werden, dass mehrere PDL-Notationen zur Spezifikation der funktionalen Anforderungen eingesetzt werden.

Tabellarische Darstellung

Wie bereits für funktionale Anforderungen (Abschnitt 5.2) wollen wir eine tabellarische Darstellung für Architekturmuster konzipieren. Ihr Ziel ist die übersichtliche Darstellung der Blockstruktur eines Architekturmusters und der einzelnen darin spezifizierten Anforderungen. Die Tabelle 6.1 zeigt den allgemeinen Aufbau der tabellarischen Spezifikation eines Architekturmusters. Diese Darstellung kann direkt in eine Architekturmusterdefinition übersetzt werden:

```
pattern PatternName;
signature
   v1:T1, ..., vk:Tk;
static_requirements
   /* Auxiliary named predicates */
   NP_1;
   ...
   NP_kNP;
   /* Structural properties */
   R_1;
   ...
   R_kR;
dynamic_requirements
   set_pdl [PDL Name]; /* Set default PDL notation */
   F_1;
   ...
   F_kF;
```

Damit ist bei der Spezifikation eines Architekturmusters neben der textuellen Spezifikation die Verwendung einer tabellarischen Darstellung möglich, aus der eine äquivalente textuelle Spezifikation erzeugt werden kann. Die einzelnen funktionalen Anforderungen können dabei ganz oder teilweise mithilfe der tabellarischen Darstellung aus Abschnitt 5.2 spezifiziert werden.

Beispiele

Zum Abschluss dieses Abschnitts wollen wir die Spezifikation, Instanziierung/Anwendung, anschauliche Darstellung und Benutzerinteraktion bei der Anwendung von Architekturmustern anhand kleiner Beispiele erläutern.

Beispiel 1) Spezifikation und Anwendung eines Architekturmusters Zu Beginn wollen wir ein einfaches Architekturmuster spezifizieren. Die Abbildung 6.2 zeigt die Definition eines Architekturmusters, das Anfrage-Antwort-Anforderungen für Kommunikationsports einer Komponente formuliert.

Die erste Zeile legt den Musternamen fest. Die nachfolgende Musterdefinition ist, wie in diesem Abschnitt erörtert, aus drei Blöcken aufgebaut:

Pattern *PatternName*		
Signature $v_1 : T_1, \ldots, v_k : T_k$		
Label	**Property**	**Comment**
Auxiliary structural predicates		
Name 1	NP_1	Comment 1
...	...	...
Name k_{NP}	$NP_{k_{NP}}$	Comment k_{NP}
Structural properties		
Name 1	R_1	Comment 1
...	...	...
Name k_R	R_{k_R}	Comment k_R
Functional properties [PDL Name]		
Name 1	F_1	Comment 1
...	...	...
Name k_F	F_{k_F}	Comment k_F

Tabelle 6.1: Tabellarische Spezifikation eines Architekturmusters

- *Signatur*

  Das Architekturmuster erwartet als Parameter zwei Ports, eine Menge von Ports und einen ganzzahligen Parameter, der später als Parameter für einen temporalen Operator verwendet wird.

- *Strukturelle/statische Anforderungen*

  Zunächst werden in diesem Block zwei Hilfsprädikate definiert. Die benamten Prädikate isInputPort und isOutputPort ermitteln für einen Port, ob es sich um einen Eingabeport bzw. Ausgabeport handelt. Anschließend werden vier strukturelle Anforderungen spezifiziert:

  – Der Port pIn muss ein Eingabeport sein.

  – Der Port pOut muss in der Menge pSet enthalten sein.

  – Alle Ports in pSet (auch pOut) müssen Ausgabeports sein und zu derselben Komponente wie pIn gehören.

  – Der Formelparameter i, der für einen begrenzten *Eventually*-Operator in den funktionalen Anforderungen benutzt wird, muss positiv und nicht größer als 10 sein. Bei dieser Eigenschaft handelt es sich um eine statische Anforderung, die sich nicht direkt auf die Strukturelemente in der Signatur bezieht, sondern auf einen Formelparameter, der in den funktionalen Anforderungen benutzt wird.

- *Funktionale Anforderungen*

  Die erste Zeile des Blocks legt LTL als voreingestellte Spezifikationsnotation fest. Die anschließend formulierten funktionalen Anforderungen definieren drei Anfrage-Antwort-Eigenschaften. Diese sind als Invarianten mit dem temporalen Operator *Always* formuliert und haben die gleiche Vorbedingung, dass der Port pIn eine nichtleere Eingabe bekommt. Als Nachbedingungen werden folgende drei Anforderungen spezifiziert:

  – Es muss einen Port p in der Menge pSet geben, dessen Ausgabe in dem nächsten Schritt die Zustandsformel Q1 erfüllt (Q1 agiert hier, wie auch Q2 und Q3 weiter unten, lediglich als Platzhalter für Zustandsformeln, die wir nicht weiter spezifizieren).

```
pattern PortResponse;
signature
pIn:Port, pOut:Port, pSet:set Port,
i:Int;
static_requirements
        /* Auxiliary named predicates */
isInputPort(p:Port)  := (p.Direction.IsEntry = true);
isOutputPort(p:Port) := (p.Direction.IsEntry = false);
        /* Structural properties */
call isInputPort(pIn); /* pIn is input port */
exists p:pSet. p = pOut; /* pOut is in pSet */
        /* All ports in pSet are output ports
          and belong to the same component as pIn */;
forall p:pSet. (
   call isOutputPort(p) and
   p.Component = pIn.Component);
        /* Temporal operator parameter i is between 1 and 10 */
i >= 1 and i <= 10;
dynamic_requirements
set_pdl [LTL]; /* Set default PDL notation */
        /* If pIn gets a message, there is a port p from pSet
          whose output fulfils Q1 in the next step */
□ (pIn ≠ ε → (exists p:pSet. (○ Q1(p))));
        /* If pIn gets a message, then pOut outputs a message
          fulfilling Q2 after not more than i steps */
[MTL]: □ (pIn ≠ ε → ◇[<i] Q2(pOut));
        /* If pIn gets a message, then pOut eventually outputs a message
          fulfilling Q3 */
□ (pIn ≠ ε → ◇ Q3(pOut));
```

Abbildung 6.2: Beispiel – Spezifikation eines Architekturmusters

– Der Port pOut muss nach spätestens i Zeiteinheiten eine Ausgabe liefern, die Q2 erfüllt. Diese Eigenschaft verwendet MTL als Spezifikationsnotation, um den begrenzten *Eventually*-Operator benutzen zu können.

– Der Port pOut muss irgendwann eine Ausgabe liefern, die Q3 erfüllt.

Nachdem ein Architekturmuster spezifiziert ist, kann es angewandt werden, indem es für einen Systemausschnitt instanziiert wird. Betrachten wir eine Komponente C mit den Eingabeports $\mathcal{IP}_C = \{In_1, In_2\}$ und den Ausgabeports $\mathcal{OP}_C = \{Out_1, Out_2, Out_3\}$. Wir wollen das oben definierte Muster PortResponse für folgende Parameterauswahl instanziieren:

```
pIn  = In1;
pOut = Out1;
pSet = {Out1, Out2};
i    = 7;
```

Diese Parameterauswahl erfüllt die strukturellen Anforderungen des Musters. Daher kann das Muster für diesen Ausschnitt instanziiert werden. Die drei funktionalen Anforderungen ergeben durch die Instanziierung folgende Spezifikationsformeln, die die funktionale Semantik des Musters für die gegebene Parameterbelegung darstellen:

```
□  (In1 ≠ ε → ((○ Q1(Out1)) ∨ (○ Q1(Out2))));
□  (In1 ≠ ε → ◇[<7] Q2(Out1));
□  (In1 ≠ ε → ◇ Q3(Out1));
```

Beispiel 2) Tabellarische Darstellung eines Architekturmusters   In diesem Beispiel wollen
wir zur Spezifikation eines Architekturmusters eine tabellarische Darstellung benutzen. Die Tabelle 6.2 zeigt ein Architekturmuster, das eine die Weiterleitung von Nachrichten durch eine
Buskomponente spezifiziert.

Zunächst wird die Signatur des Architekturmusters definiert. Sie enthält folgende Parameter:

• Die Komponente busComp, die den Kommunikationsbus darstellt.

• Die Mengen der Eingabeports inSet und der Ausgabeports outSet der Buskomponente, auf
  die das Muster angewandt werden soll (es müssen nicht alle Ports der Buskomponente
  einbezogen werden).

• Der ganzzahlige Formelparameter i, der als Intervallgrenze temporaler Operatoren in den
  funktionalen Anforderungen des Musters verwendet wird und die maximale Verarbeitungsdauer für eine Nachricht angibt.

Anschließend werden strukturelle Hilfsprädikate und strukturelle Anforderungen spezifiziert:

• Die Hilfsprädikate isInputPort und isOutputPort ermitteln für einen Port, ob es sich um einen
  Eingabeport bzw. Ausgabeport handelt.

• Die strukturellen Anforderungen InPortsBelongToComponent und OutPortsBelongToComponent spezifizieren, dass alle ausgewählten Eingabe- und Ausgabeports in den Mengen inSet
  bzw. outSet tatsächlich zu der Buskomponente busComp gehören müssen.

• Die strukturellen Anforderungen InPortsProperDirection und OutPortsProperDirection legen
  fest, dass alle Ports die korrekte Kommunikationsrichtung haben müssen, d. h., alle Ports
  aus inSet sind Eingabeports und alle Ports aus outSet sind Ausgabeports.

Schließlich werden die funktionalen Eigenschaften für die ausgewählten Ports und die Buskomponente spezifiziert:

• Die erste Eigenschaft Input_EventuallyOutput spezifiziert, dass nach Eingang einer nichtleeren Nachricht an einem Eingabeport aus inSet nach spätestens i Schritten an jedem Ausgabeport aus outSet eine nichtleere Nachricht ausgegeben wird.

• Die zweite Eigenschaft Output_PreviouslyInput fordert, dass eine nichtleere Nachricht an
  einem Ausgabeport aus outSet nur dann ausgegeben werden kann, wenn vor nicht mehr als
  i Schritten eine nichtleere Nachricht an einem der Eingabeports aus inSet angekommen ist.

Die tabellarische Darstellung des Architekturmusters ermöglicht somit, die Spezifikation klar zu
strukturieren und mit Kommentaren zu versehen.

Pattern Bus_AssociatedPorts

Signature busComp: Component, inSet: set Port, outSet: set Port, i: Int;

Name	Property	Comment
Auxiliary structural predicates		
isInputPort	isInputPort(p:Port) := (p.Direction.IsEntry = true)	Überprüft für einen Port, ob es ein Eingabeport ist.
isOutputPort	isOutputPort(p:Port) := (p.Direction.IsEntry = false)	Überprüft für einen Port, ob es ein Ausgabeport ist.
Structural properties		
InPortsBelongToComponent	forall p:inSet. p.Component = busComp	Alle ausgewählten Eingabeports gehören der ausgewählten Komponente.
OutPortsBelongToComponent	forall p:outSet. p.Component = busComp	Alle ausgewählten Ausgabeports gehören der ausgewählten Komponente.
InPortsProperDirection	forall p:inSet. call isInputPort(p)	Die Menge der ausgewählten Eingabeports enthält tatsächlich nur Eingabeports.
OutPortsProperDirection	forall p:outSet. call isOutputPort(p)	Die Menge der ausgewählten Ausgabeports enthält tatsächlich nur Ausgabeports.
Functional properties [MTL]		
Input_EventuallyOutput	forall p1:inSet. $\Box$(p1 $\neq$ ε $\rightarrow$ forall p2:outSet. ($\Diamond_{[0..i]}$ p2 $\neq$ ε))	Falls an einem Eingabeport eine Nachricht ankommt, wird an allen Ausgabeports nach spätestens i Schritten eine Nachricht ausgegeben.
Output_PreviouslyInput	forall p2:outSet. $\Box$(p2 $\neq$ ε $\rightarrow$ exists p1:inSet. ($\Diamond_{[0..i]}$ p1 $\neq$ ε))	Wenn an einem Ausgabeport eine Nachricht ausgegeben wird, muss an mindestens einem der Eingabeports vor höchstens i Schritten eine Nachricht angekommen sein.

Tabelle 6.2: Beispiel – Architekturmuster für assoziierte Ports einer Buskomponente

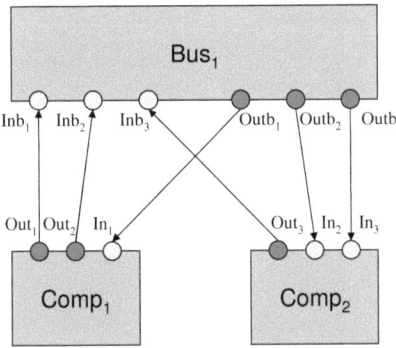

Abbildung 6.3: Beispiel – Kommunikationsbus

Beispiel 3) Benutzerinteraktion bei der Instanziierung eines Architekturmusters Nachdem wir die Spezifikation und Anwendung von Architekturmustern erörtert haben, wollen wir die Benutzerinteraktion bei der Anwendung eines Architekturmusters behandeln.

Betrachten wir die Anwendung des Architekturmusters *Bus_AssociatedPorts* aus dem Beispiel 6.1(2). Die Abbildung 6.3 zeigt ein System aus einer Buskomponente und zwei weiteren mit ihr verbundenen Komponenten. Wir wollen das Architekturmuster nun auf einen Ausschnitt dieses Systems anwenden. Die interaktive Eingabe der Musterparameter wird durch folgende ODL-Abfrage realisiert, die aus der Architekturmusterdefinition (Tab. 6.2) gemäß (6.2) erzeugt wird (dabei werden, wie bereits oben besprochen, gleich benannte quantifizierte Variablen p in den strukturellen Anforderungen so umbenannt, dass sie paarweise verschieden sind):

```
define isInputPort(p:Port) := (p.Direction.IsEntry = true).
define isOutputPort(p:Port) := (p.Direction.IsEntry = false).
context busComp: Component.
context inSet: set Port.
context outSet: set Port.
context i: Int. (
(forall p1:inSet. p1.Component=busComp) and
(forall p2:outSet. p2.Component=busComp) and
(forall p3:inSet. call isInputPort(p3)) and
(forall p4:outSet. call isOutputPort(p4)))
```
$$(6.6)$$

Den Ablauf der durch diese ODL-Abfrage realisierten Parametereingabe zeigen die Screenshots auf der Abbildung 6.4. Jeder context-Quantor bewirkt dabei die interaktive Eingabe bzw. Auswahl eines Werts für die von ihm quantifizierte Variable (vgl. auch [Tra03]). In dem gezeigten Eingabevorgang wurden die Parameter des Architekturmusters mit folgenden Werten belegt:

```
busComp = Bus1;
inSet   = {Inb1};
outSet  = {Outb2, Outb3};
i       = 4;
```

Nachdem die Werte für alle Parameter eingegeben worden sind, wird die Erfüllung der strukturellen Anforderungen überprüft. Für die angegebene Parameterauswahl werden alle Anforderungen erfüllt: alle Ports aus inSet und outSet gehören zu der ausgewählten Komponente busComp, inSet enthält nur Eingabeports und outSet enthält nur Ausgabeports. Damit wird die ODL-

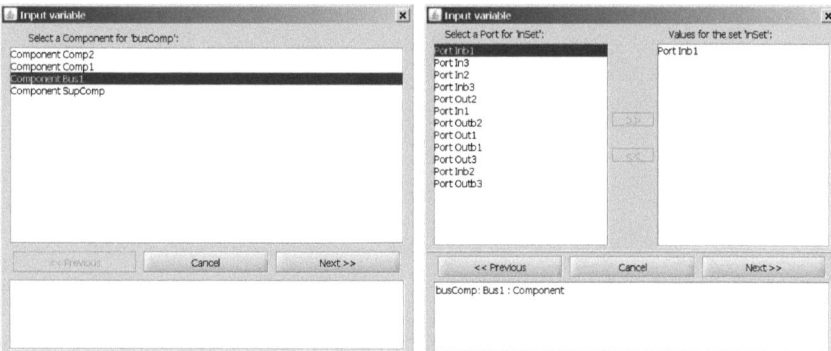

(a) Auswahl des Parameters busComp   (b) Auswahl des Parameters inSet

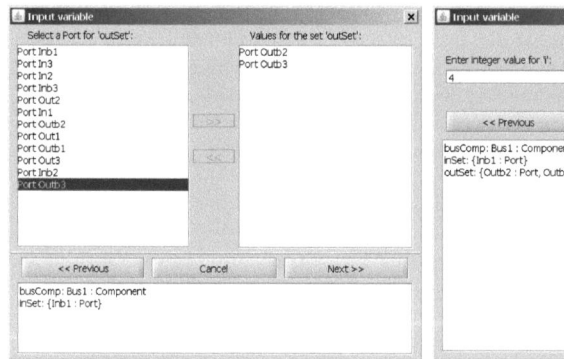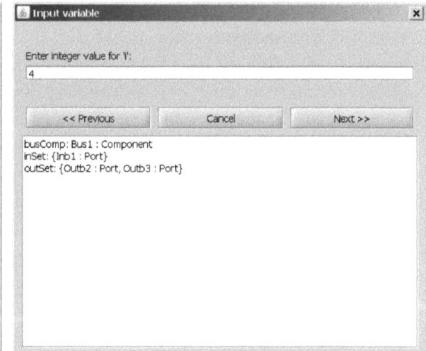

(c) Auswahl des Parameters outSet   (d) Auswahl des Parameters i

Abbildung 6.4: Interaktive Instanziierung des Architekturmusters

Abfrage erfolgreich abgeschlossen und das Muster kann mit den eingegebenen Parametern instanziiert werden, so dass folgende funktionale Anforderungen erzeugt werden:

$\Box$(Inb1 $\neq$ ε $\rightarrow$ (($\Diamond_{[0..4]}$ Outb2 $\neq$ ε) $\land$ ($\Diamond_{[0..4]}$ Outb3 $\neq$ ε)));
$\Box$(Outb2 $\neq$ ε $\rightarrow$ ($\Diamond_{[0..4]}$ Inb1 $\neq$ ε)) $\land$ $\Box$(Outb3 $\neq$ ε $\rightarrow$ ($\Diamond_{[0..4]}$ Inb1 $\neq$ ε))

Die Eingabe kann für den Benutzer durch eine leichte Modifikation der ODL-Abfrage (6.6) bequemer gestaltet werden, indem alle Architekturmusterparameter in einem einzigen Dialog eingegeben werden können, anstatt nacheinander in mehreren Dialogen eingegeben zu werden. Die Eingabe in diesem Dialog kann erst dann abgeschlossen werden, wenn alle statischen Anforderungen erfüllt sind, so dass der Benutzer unmittelbar sehen kann, ob die Parameterauswahl die statischen Anforderungen des Musters erfüllt. Dies kann erreicht werden, indem alle Parameter zu einem Produkttyp zusammengesetzt werden, der seinerseits in einen eingeschränkten Typ verpackt wird, dessen Bedingung genau die strukturellen Anforderungen bilden (diese müssen dabei syntaktisch geringfügig angepasst werden – den Bezeichnern struktureller Parameter aus der Signatur muss der Bezeichner des neu eingeführten Produkttyps vorangestellt werden, damit

auf die strukturellen Parameter, entsprechend der ODL-Syntax, korrekt zugegriffen wird). Die
entsprechende ODL-Abfrage sieht wie folgt aus:

```
define isInputPort(p:Port) := (p.Direction.IsEntry = true).
define isOutputPort(p:Port) := (p.Direction.IsEntry = false).
  context this:{
    this:( /* Auxiliary product type */
    busComp: Component,
    inSet: set Port,
    outSet: set Port,                                                    (6.7)
    i: Int) | /* Restricted type condition*/
  (forall p1:(this.inSet). p1.Component=this.busComp) and
  (forall p2:(this.outSet). p2.Component=this.busComp) and
  (forall p3:(this.inSet). call isInputPort(p3)) and
  (forall p4:(this.outSet). call isOutputPort(p4))}. true
```

Die Abbildung 6.5 zeigt den Eingabedialog, der bei der Ausführung der ODL-Abfrage (6.7)
angezeigt wird. Die eingegebenen Parameterwerte sind die gleichen, wie auf Abbildung 6.4.
Da diese Eingaben die statischen Anforderungen erfüllen, ist der *Next*-Button aktiviert und die
Eingabe kann erfolgreich abgeschlossen werden.

6.2 Komposition

In diesem Abschnitt befassen wir uns mit der Komposition von Architekturmustern.

Aspekte der Kompositionalität

Bevor wir die Komposition von Architekturmustern definieren und erläutern, wollen wir Aspekte
der Kompositionalität von Architekturmustern betrachten.

- Strukturelle Kompositionalität

  Architekturmuster sind kompositional mit Hinblick auf die strukturelle Architekturbeschreibung. Unterschiedliche Strukturelemente hierarchisch aufgebauter Komponenten dürfen als strukturelle Parameter in einer Mustersignatur ohne Einschränkungen verwendet
  werden. Damit können strukturelle und funktionale Eigenschaften, die für unterschiedliche Elemente eines hierarchisch aufgebauten Modells mittels CCL und verschiedener
  PDL-Notationen direkt formulierbar sind, auch mithilfe von Architekturmustern spezifiziert werden, ohne dass die Verwendung von Architekturmustern implizite (nicht als strukturelle Eigenschaften deklarierte) Anforderungen an den Modellaufbau stellen würde.

- Logische Kompositionalität der Anforderungen

  Architekturmuster sind kompositional mit Hinblick auf die funktionale Anforderungsspezifikation. Jede Anwendung eines Architekturmusters erstellt funktionale Anforderungen
  an einen Systemausschnitt. Nach mehreren Anwendungen eines oder mehrerer Muster
  entsprechen die instanziierten funktionalen Anforderungen der logischen Konjunktion aller bei den einzelnen Musteranwendungen instanziierten funktionalen Anforderungen. Die
  Reihenfolge der Instanziierungen spielt keine Rolle für die schließlich entstehenden Anforderungen aufgrund der Kommutativität und Assoziativität der booleschen Konjunktion.
  Außerdem unterscheiden sich funktionale Anforderungen, die durch Instanziierung von

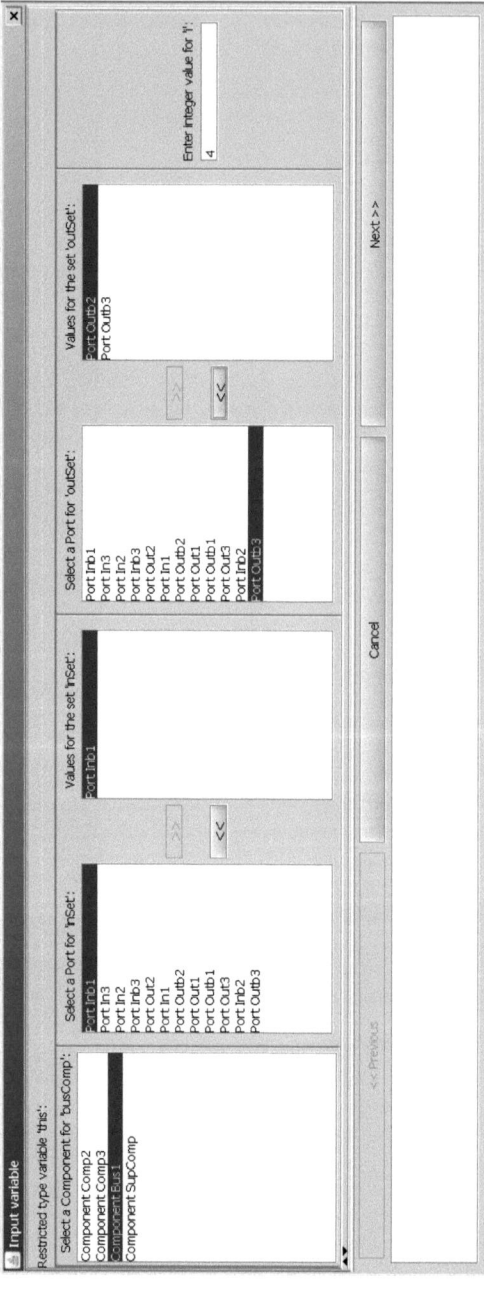

Abbildung 6.5: Interaktive Instanziierung des Architekturmusters

Architekturmustern entstehen, nicht grundsätzlich von direkt formulierten funktionalen Anforderungen, so dass direkte Spezifikation und Spezifikation durch Architekturmusterinstanziierung ohne weitere Einschränkungen kombiniert werden können, wobei die Reihenfolge der Musteranwendungen wiederum keine Rolle spielt. Somit können Architekturmuster zur Spezifikation funktionaler Eigenschaften durch Instanziierung gleichberechtigt zur direkten Formulierung funktionaler Eigenschaften verwendet werden.

• Komposition von Architekturmustern

Architekturmuster sind kompositional auf der Ebene der Architekturmuster selbst, das heißt, zwei oder mehrere Architekturmuster können zu einem neuen Architekturmuster komponiert werden. Die strukturellen und funktionalen Anforderungen des Ergebnismusters bestehen aus den Anforderungen der komponierten Muster. Die Architekturmusterkomposition wird im weiteren Verlauf dieses Abschnitts besprochen.

Komposition von Architekturmustern

Wir wollen nun die Komposition von Architekturmustern definieren. Seien $P_1 = (Sig_1, S_1, F_1)$ und $P_2 = (Sig_2, S_2, F_2)$ Architekturmuster mit den Signaturen $Sig_n = (v_{n,1}, \ldots, v_{n,k_{S_n}})$, den strukturellen Anforderungen $S_n = (S_{n,1}, \ldots, S_{n,k_{S_n}})$ und den funktionalen Anforderungen $F_n = (F_{n,1}, \ldots, F_{n,k_{S_n}})$ für $n \in \{1, 2\}$. Sei ferner $k \in \mathbb{N}$ mit $k < k_{Sig_1}$ eine natürliche Zahl, die nicht größer als die Zahl der Parameter von P_1 ist. Die Komposition dieser Architekturmuster zu einem neuen Muster P wird wie folgt formuliert:

$$P \quad = \quad P_1 \oplus P_2 \left(v_{2,i_{2,1}} = v_{1,i_{1,1}}, \ldots, v_{2,i_{2,k}} = v_{1,i_{1,k}} \right) \tag{6.8}$$

Die Zuweisungen in den Klammern legen fest, dass für jedes $j \in [1 \ldots k]$ der Parameter $v_{2,i_{2,j}}$ des Architekturmusters P_2 durch den Parameter $v_{1,i_{1,j}}$ des Architekturmusters P_1 initialisiert und dadurch in den Anforderungen von P_2 ersetzt wird. Dabei müssen alle Indizes $i_{1,j}$ und $i_{2,j}$ in den zulässigen Bereichen liegen, d. h., $\forall j \in [1 \ldots k] : i_{1,j} \in [1 \ldots k_{Sig_1}]$ und $i_{2,j} \in [1 \ldots k_{Sig_2}]$. Auch müssen die Indizes der initialisierten Parameter des zweiten Musters paarweise verschieden sein, weil unterschiedliche Parameter des ersten Musters nicht ein und demselben Parameter des zweiten Musters zugewiesen werden können, d. h., $\forall j_1, j_2 \in [1 \ldots k] : j_1 \neq j_2 \Rightarrow i_{2,j_1} \neq i_{2,j_2}$. Schließlich nehmen wir o. B. d. A. an, dass die Indizes des zweiten Architekturmusters streng monoton steigen, so dass stets $i_{2,j_1} < i_{2,j_2}$ für $j_1 < j_2$ gilt.

Bei der Komposition dieser Architekturmuster werden dem ersten Muster die Eigenschaften des zweiten Musters hinzugefügt, so dass das Ergebnismuster eine *Summe* der ursprünglichen Muster darstellt. Im Folgenden wollen wir das Ergebnis der Komposition formal definieren. Dafür definieren wir den Kompositionsoperator jeweils für die drei Bestandteile eines Architekturmusters – die Signatur, die strukturellen und die funktionalen Anforderungen.

• Signatur

Wir beginnen mit der Signatur. Seien $i'_{2,1}, \ldots, i'_{2,k'}$ diejenigen Indizes der Parameter von P_2, die nicht mit Parametern von P_1 initialisiert wurden und daher frei blieben, das heißt

$$\begin{aligned} k' &= k_{Sig_2} - k \quad \text{und} \\ \{i'_{2,1}, \ldots, i'_{2,k'}\} &= [1 \ldots k_{Sig_2}] \setminus \{i_{2,1}, \ldots, i_{2,k}\} \end{aligned} \tag{6.9}$$

Wir bereits für die Indizes $i_{2,j}$ nehmen wir an, dass $i'_{2,j_1} < i'_{2,j_2}$ für $j_1 < j_2$ ist. Wir nehmen o. B. d. A an, dass die Namen der frei gebliebenen Parameter $v_{2,i'_{2,j}}$ von P_2 sich paarweise von den Namen der Parameter von P_1 unterscheiden – andernfalls können die entsprechenden Parameter in dem Muster P_2 einfach umbenannt werden, ohne die Semantik des Musters zu verändern. Die Signatur des Ergebnismusters P kann nun wie folgt definiert werden:

$$Sig_1 \oplus Sig_2 \left(v_{2,i_{2,1}} = v_{1,i_{1,1}}, \ldots, v_{2,i_{2,k}} = v_{1,i_{1,k}} \right) \quad =$$
$$\left(v_{1,1}, \ldots, v_{1,k_{Sig_1}}, v_{2,i'_{2,1}}, \ldots, v_{2,i'_{2,k'}} \right) \tag{6.10}$$

- Strukturellen Anforderungen

Die strukturellen Anforderungen S_n des Musters P_n für $n \in \{1, 2\}$ bestehen jeweils aus den benamten Prädikaten $S_{NP_n} = (NP_{n,1}, \ldots, NP_{n,k_{NP_n}})$ und den eigentlichen strukturellen Anforderungen $S_{R_n} = (R_{n,1}, \ldots, R_{n,k_{R_n}})$, wobei $S_n = S_{NP_n} \cup S_{R_n}$ ist. Die benamten Prädikate $NP_{n,i}$ bestehen jeweils aus einem Namen $NP\_Name_{n,i}$ und einem CCL-Ausdruck $NP\_Term_{n,i}$. Für die benamten Prädikate in P_2 nehmen wir o. B. d. A. an, wie bereits für die Parameter in der Signatur, dass ihre Namen sich paarweise von den Namen der Prädikate in P_1 unterscheiden – eine Ausnahme bilden diejenigen benamten Prädikate, bei denen sowohl der Name als auch der CCL-Ausdruck mit einem Prädikat in P_1 übereinstimmen, und die daher Duplikate von Prädikaten aus P_1 sind:

$$NP_= \quad = \quad \{NP_{2,i} \in S_{NP_2} \mid \exists NP_{1,j} \in S_{NP_1} :$$
$$NP\_Name_{2,i} = NP\_Name_{1,j} \wedge NP\_Term_{2,i} = NP\_Term_{1,j}\}$$

Diese Prädikate werden bei der Komposition einfach weggelassen, da sie in P_1 bereits definiert sind, so dass die strukturellen Eigenschaften aus P_2 die entsprechenden benamten Prädikate aus P_1 verwenden können, ohne dass ihre Semantik sich dadurch ändert. Dieser Fall tritt insbesondere dann auf, wenn ein Muster mehrfach nacheinander zur Komposition verwendet wird – dann sind bei allen Kompositionen ab der zweiten alle benamten Prädikate bereits im komponierten Muster vorhanden und müssen nicht mehr hinzugefügt werden.

Wie oben angesprochen, teilen wir die statischen Anforderungen von P_2 in die benamten Prädikate $S_{NP_2} = (NP_{2,1}, \ldots, NP_{2,k_{NP_2}})$ und die eigentlichen statischen Anforderungen $S_{R_2} = (R_{2,1}, \ldots, R_{2,k_{R_2}})$ auf. Seien $i''_{2,1}, \ldots, i''_{2,k''}$ die Indizes der benamten Prädikate in P_2, die nicht zu der Duplikatteilmenge $NP_=$ gehören: $\{i''_{2,1}, \ldots, i''_{2,k''}\} = \{i \mid NP_{2,i} \in S_{NP_2} \wedge NP_{2,i} \notin NP_=\}$. Dann enthält $S_{NP'_2} = (NP_{2,i''_{2,1}}, \ldots, NP_{2,i''_{2,k''}})$ alle benamten Prädikate und strukturellen Anforderungen von P_2 ohne die benamten Prädikate aus $NP_=$. Die Komposition der strukturellen Anforderungen von P_1 und P_2 ergibt sich nun direkt als Kombination von S_1, $S_{NP'_2}$ und S_{R_2}:

$$S_1 \oplus S_2 \left(v_{2,i_{2,1}} = v_{1,i_{1,1}}, \ldots, v_{2,i_{2,k}} = v_{1,i_{1,k}} \right) \quad = \quad ($$
$$S_{1,1}, \ldots, S_{1,k_{S_1}}, NP_{2,i''_{2,1}}, \ldots, NP_{2,i''_{2,k''}}, \tag{6.11}$$
$$R_{2,1}\begin{bmatrix} v_{2,i_{2,1}} \\ v_{1,i_{1,1}} \end{bmatrix} \cdots \begin{bmatrix} v_{2,i_{2,k}} \\ v_{1,i_{1,k}} \end{bmatrix}, \ldots, R_{2,k_{R_2}}\begin{bmatrix} v_{2,i_{2,1}} \\ v_{1,i_{1,1}} \end{bmatrix} \cdots \begin{bmatrix} v_{2,i_{2,k}} \\ v_{1,i_{1,k}} \end{bmatrix})$$

Die Anforderungen aus S_1 werden unverändert übernommen, ebenso wie die benamten Prädikate aus $S_{NP'_2}$, da Definitionen benamter Prädikate unabhängig von Musterparametern sind. Die Anforderungen aus S_{R_2} müssen angepasst werden, indem die initialisierten Parameter aus Sig_2 durch die ihnen zugewiesenen Parameter aus Sig_1 ersetzt werden.

- Funktionale Anforderungen

  Die funktionalen Anforderungen stellen für die Komposition den einfachsten Bestandteil der Architekturmuster dar, weil hier alle Anforderungen aus den komponierten Mustern einfach in das Ergebnismuster übernommen werden. Die einzige notwendige Anpassung in den Anforderungen von P_2 ist die Substitution der initialisierten Parameter aus P_2 durch die entsprechenden Parameter aus P_1:

$$
\begin{aligned}
F_1 \oplus F_2 \left(v_{2,i_{2,1}} = v_{1,i_{1,1}}, \ldots, v_{2,i_{2,k}} = v_{2,i_{2,k}}\right) &= \\
\left(F_{1,1}, \ldots, F_{1,k_{F_1}}, F_{2,1}[^{v_{2,i_{2,1}}}_{v_{1,i_{1,1}}}] \ldots [^{v_{2,i_{2,k}}}_{v_{1,i_{1,k}}}], \ldots, F_{2,k_{F_2}}[^{v_{2,i_{2,1}}}_{v_{1,i_{1,1}}}] \ldots [^{v_{2,i_{2,k}}}_{v_{1,i_{1,k}}}] \right) &
\end{aligned}
\tag{6.12}
$$

Nachdem wir die Komposition für die Bestandteile eines Architekturmusters definiert haben, können wir die Architekturmusterkomposition kanonisch definieren:

$$
\begin{aligned}
P_1 \oplus P_2 \left(v_{2,i_{2,1}} = v_{1,i_{1,1}}, \ldots, v_{2,i_{2,k}} = v_{1,i_{1,k}}\right) &= \big(\\
Sig_1 \oplus Sig_2 \left(v_{2,i_{2,1}} = v_{1,i_{1,1}}, \ldots, v_{2,i_{2,k}} = v_{1,i_{1,k}}\right), & \\
S_1 \oplus S_2 \left(v_{2,i_{2,1}} = v_{1,i_{1,1}}, \ldots, v_{2,i_{2,k}} = v_{1,i_{1,k}}\right), & \\
F_1 \oplus F_2 \left(v_{2,i_{2,1}} = v_{1,i_{1,1}}, \ldots, v_{2,i_{2,k}} = v_{1,i_{1,k}}\right) \big) &
\end{aligned}
\tag{6.13}
$$

Instanziierung und Komposition

Die Komposition von Architekturmustern dient unter anderem, wie weiter unten ausgeführt, zu Wiederverwendung/Import von Mustern in anderen Mustern. Da der Anwendungszweck eines Musters seine Instanziierung für Systemausschnitte ist, wollen wir untersuchen, in welcher Beziehung die Komposition und die Instanziierung zueinander stehen.

Wir zeigen im Folgenden, dass die Komposition *distributiv* unter der Instanziierung ist, d. h., die Instanz eines komponierten Musters ist logisch äquivalent zu der Konjunktion der Instanzen der einzelnen Muster.

Seien P_1 und P_2 Architekturmuster, M ein Modell und SE ein Systemausschnitt, für den das komponierte Architekturmuster instanziiert werden soll. Weiter seien SE_1 und SE_2 Teilausschnitte von SE, die jeweils auf die Parameter der Muster P_1 und P_2 passen, wie weiter unten erläutert wird. Dann gilt:

$$
\mathcal{I}(P_1 \oplus P_2 \left(v_{2,i_{2,1}} = v_{1,i_{1,1}}, \ldots, v_{2,i_{2,k}} = v_{1,i_{1,k}}\right), M, SE) \Leftrightarrow
$$
$$
\mathcal{I}(P_1, M, SE_1) \wedge \mathcal{I}(P_2, M, SE_2)
\tag{6.14}
$$

Der Kürze halber bezeichnen wir das komponierte Muster mit P_{12}. Seine Signatur Sig_{12} ist nach (6.10, 6.9) gleich $(v_{1,1}, \ldots, v_{1,k_{Sig_1}}, v_{2,i'_{2,1}}, \ldots, v_{2,i'_{2,k'}})$. Die Größe der Signatur ist

$$
k_{Sig_{12}} = k_{Sig_1} + k_{Sig_2} - k
\tag{6.15}
$$

da sie alle k_{Sig_1} Elemente von Sig_1 sowie die $k' = k_{Sig_2} - k$ frei gebliebenen Elemente von Sig_2 enthält. Sei $SE = (e_1, \ldots, e_{k_{Sig_{12}}})$ ein Systemausschnitt, für den P_{12} instanziiert wird. Die Teilausschnitte SE_1 und SE_2 setzen sich folgendermaßen zusammen. SE_1 enthält die ersten k_{Sig_1} Elemente für P_1:

$$
SE_1 = (e_1, \ldots, e_{k_{Sig_1}})
\tag{6.16}
$$

Für SE_2 müssen die Elemente unter Berücksichtung der Zuweisungen von Parametern aus P_1 zu Parametern aus P_2 ermittelt werden. Für alle Parameter $v_{2,i_{2,j}}$ von P_2 für $j \in [1 \ldots k]$, denen ein Parameter $v_{1,i_{1,j}}$ von P_1 zugewiesen wurde, enthält SE_2 an der entsprechenden Stelle $i_{2,j}$ das Element $e_{i_{1,j}}$. An allen anderen Stellen $i'_{2,j}$ für $j \in [1 \ldots k']$ enthält SE_2 das Element $e_{k_{Sig_2}+j}$:

$$SE_2 = (e_{i_1^e}, \ldots, e_{i_{Sig_2}^e})$$

$$\forall j^e \in [1 \ldots k_{Sig_2}] : \quad i_{j^e}^e = \begin{cases} i_{1,j} & \text{falls } \exists j \in [1 \ldots k] : i_{2,j} = j^e \\ k_{Sig_1} + j & \text{sonst (d. h., } \exists j \in [1 \ldots k'] : i'_{2,j} = j^e) \end{cases} \tag{6.17}$$

Für den Beweis der Distributivität der Komposition muss die Äquivalenz der beiden Seiten von (6.14) gezeigt werden. Da die Instanziierung eines Architekturmusters gemäß (6.5) der Konjunktion der Instanzen seiner funktionalen Anforderungen entspricht, müssen wir zeigen, dass jede funktionale Anforderung $F_{n,i} \in (F_1 \cup F_2)$ für $n \in \{1, 2\}$ sowohl auf der linken als auch auf der rechten Seite von (6.14) auftaucht, wobei für die Parameter die gleichen Elemente aus SE eingesetzt werden – die Reihenfolge der Anforderungen auf beiden Seiten spielt dabei keine Rolle wegen der Kommutativität und Assoziativität der booleschen Konjunktion.

Betrachten wir die Instanziierung einer einzelnen funktionalen Anforderung F_i eines Architekturmusters P. Der erste Schritt ist das unmittelbare Einsetzen der booleschen und ganzzahligen Parameterwerte aus SE in F_i (6.4). Die sich ergebende Anforderung F'_i wird anschließend mithilfe der Instanziierungsfunktion $\mathcal{I}$ für CCL-PDL-Ausdrücke (4.206) (S. 155) instanziiert. Wir wollen hier nicht die gesamte in (4.206) beschriebene Umformung betrachten, sondern den Umstand nutzen, dass die Instanziierungsfunktion $\mathcal{I}$ äquivalente PDL-Instanzen eines CCL-PDL-Ausdrucks liefert, wenn das als Funktionsargument übergebene Modell M, die Operatorensymbole OS und die Belegungen der Parameter durch Strukturelemente gleich sind. Dies resultiert aus der Vorgehensweise der Instanziierungsfunktion $\mathcal{I}$. Zunächst wird aus dem CCL-PDL-Ausdruck ein Syntaxbaum erzeugt. Anschließend wird dieser Syntaxbaum zu einem PDL-Syntaxbaum umgewandelt, wobei zuerst alle Parameter durch die übergebenen Strukturelemente instanziiert werden (vgl. Funktion TreeToPDLTree, Abbildung 4.24, S. 154). Diese Teilumformung entspricht damit der Substitution der Parameter v_j von P durch die entsprechenden Werte e_j aus SE. Nach dieser Teilumformung entspricht der (noch nicht zu einem PDL-Baum umgeformte) Syntaxbaum somit dem Syntaxbaum eines CCL-PDL-Ausdrucks F''_i, in dem alle Parameter v_j durch die entsprechenden Werte e_j ersetzt wurden:

$$F''_i = F_i[^{v_1}_{e_1}] \ldots [^{v_{k_{Sig}}}_{e_{k_{Sig}}}] \tag{6.18}$$

Diese Substitution fasst damit das Einsetzen der booleschen und ganzzahligen Formelparameter (6.4) und das Einsetzen der Strukturelemente (4.206) in die Anforderung F_i zusammen. Wenn also der Syntaxbaum von F''_i dem CCL-PDL-Syntaxbaum von F_i bei der Verarbeitung durch TreeToPDLTree (Abbildung 4.24) nach Abschluss der for-Schleife für InstantiateVar-Aufrufe entspricht, so sind auch die sich nach der Transformation ergebenden PDL-Ausdrucksinstanzen gleich. Deshalb genügt uns der Nachweis, dass für jede funktionale Anforderung $F_{n,i}$ die sich nach der Substitution ergebenden Anforderungen $F''_{n,i}$ für die linke und die rechte Seite von (6.14) gleich sind.

Betrachten wir nun eine einzelne funktionale Anforderung $F_{n,i}$, $n \in \{1, 2\}$. Es sind zwei Fälle zu unterscheiden. Für $n = 1$ ist $F_{1,i}$ eine Anforderung aus P_1 mit $i \in [1 \ldots k_{Sig_1}]$, deren Parameter mit Werten aus SE_1 instanziiert werden. Für die rechte Seite von (6.14) gilt:

$$F''_{1,i} = F_{1,i}[^{v_{1,1}}_{e_1}] \ldots [^{v_{1,k_{Sig_1}}}_{e_{k_{Sig_1}}}] \tag{6.19}$$

In dem Kompositionsergebnis P_{12} entspricht die Anforderung $F_{1,i}$ der Anforderung $F_{12,i}$. Für die linke Seite von (6.14) ergibt sich nach dem Ersetzen der Parameter in $F_{12,i}$ durch die Werte aus SE_{12}:

$$F''_{12,i} \quad = \quad F_{12,i}[{}^{v_{1,1}}_{e_1}] \ldots [{}^{v_{1,k_{Sig_1}}}_{e_{k_{Sig_1}}}] \tag{6.20}$$

denn die Parameter und die Anforderungen aus P_1 werden bei der Komposition unverändert in das Kompositionsergebnis P_{12} übernommen. Damit ist auch $F_{12,i} = F_{1,i}$ und folglich $F''_{12,i} = F''_{1,i}$, so dass die funktionalen Anforderungen aus P_1 bei der Instanziierung sowohl für P_1 als auch für P_{12} äquivalente Anforderungsinstanzen liefern.

Für den Fall $n = 2$ betrachten wir die Anforderungen aus P_2. Hier müssen, anders als im ersten Fall, die Zuweisungen der Parameter von P_1 zu Parametern von P_2 berücksichtigt werden. Diese Zuweisungen bewirken bei der Komposition in (6.14), dass die Anforderungen $F_{2,i}$ aus P_2 in P_{12} gemäß (6.12) für alle $j \in [1 \ldots k]$ anstelle der initialisierten Parameter $v_{2,i_{2,j}}$ aus P_2 die jeweils zugewiesenen Parameter $v_{1,i_{1,j}}$ aus P_1 enthalten. Für die Anforderungen $F_{12,k_{F_1}+i}$ in P_{12}, die aus den Anforderungen $F_{2,i}$ für $i \in [1 \ldots k_{F_2}]$ entstehen, gilt also:

$$F_{12,k_{F_1}+i} \quad = \quad F_{2,i}[{}^{v_{2,i_{2,1}}}_{v_{1,i_{1,1}}}] \ldots [{}^{v_{2,i_{2,k}}}_{v_{1,i_{1,k}}}] \tag{6.21}$$

Für die Anforderungen aus P_2 ergibt sich auf der linken Seite von (6.14) beim Einsetzen der Werte e_j nach (6.18):

$$F''_{12,k_{F_1}+i} \quad = \quad F_{12,k_{F_1}+i}[{}^{v_{1,1}}_{e_1}] \ldots [{}^{v_{1,k_{Sig_1}}}_{e_{k_{Sig_1}}}][{}^{v_{2,i'_{2,1}}}_{e_{k_{Sig_1}+1}}] \ldots [{}^{v_{2,i'_{2,k'}}}_{e_{k_{Sig_{12}}}}] \tag{6.22}$$

Wir ersetzen $F_{12,k_{F_1}+i}$ gemäß (6.21):

$$F''_{12,k_{F_1}+i} \quad = \quad F_{2,i}[{}^{v_{2,i_{2,1}}}_{v_{1,i_{1,1}}}] \ldots [{}^{v_{2,i_{2,k}}}_{v_{1,i_{1,k}}}][{}^{v_{1,1}}_{e_1}] \ldots [{}^{v_{1,k_{Sig_1}}}_{e_{k_{Sig_1}}}][{}^{v_{2,i'_{2,1}}}_{e_{k_{Sig_1}+1}}] \ldots [{}^{v_{2,i'_{2,k'}}}_{e_{k_{Sig_{12}}}}] \tag{6.23}$$

Hier werden durch Substitutionen der Form $[{}^{v_{1,j}}_{e_j}]$ für $j \in \{i_{1,1}, \ldots, i_{1,k}\}$ genau diejenigen Parameter $v_{1,j}$ von P_1 durch die Werte e_j ersetzt, die vorher mit Substitutionen der Form $[{}^{v_{2,i_{2,j}}}_{v_{1,i_{1,j}}}]$ anstelle der Parameter $v_{2,i_{2,j}}$ für $j \in [1 \ldots k]$ eingesetzt wurden. Alle anderen Substitutionen $[{}^{v_{1,j}}_{e_j}]$ für $j \notin \{i_{1,1}, \ldots, i_{1,k}\}$ haben keine Auswirkungen, da die entsprechenden Parameter $v_{1,j}$ in $F_{2,i}[{}^{v_{2,i_{2,1}}}_{v_{1,i_{1,1}}}] \ldots [{}^{v_{2,i_{2,k}}}_{v_{1,i_{1,k}}}]$ nicht vorkommen. Deshalb können diese Substitutionen in (6.23) weggelassen werden, so dass nur die Substitutionen $[{}^{v_{1,j}}_{e_j}]$ für $j \in \{i_{1,1}, \ldots, i_{1,k}\}$ durchgeführt werden müssen:

$$F''_{12,k_{F_1}+i} \quad = \quad F_{2,i}[{}^{v_{2,i_{2,1}}}_{v_{1,i_{1,1}}}] \ldots [{}^{v_{2,i_{2,k}}}_{v_{1,i_{1,k}}}][{}^{v_{1,i_{1,1}}}_{e_{i_{1,1}}}] \ldots [{}^{v_{1,i_{1,k}}}_{e_{i_{1,1}}}][{}^{v_{2,i'_{2,1}}}_{e_{k_{Sig_1}+1}}] \ldots [{}^{v_{2,i'_{2,k'}}}_{e_{k_{Sig_{12}}}}] \tag{6.24}$$

In dieser Formulierung ist ersichtlich, dass auf jede Substitution $[{}^{v_{2,i_{2,j}}}_{v_{1,i_{1,j}}}]$ später eine Substitution $[{}^{v_{1,i_{1,j}}}_{e_{i_{1,j}}}]$ für $j \in [1 \ldots k]$ folgt. Zusammen haben beide Substitutionen zur Folge, dass der Parameter $v_{2,i_{2,j}}$ durch den Wert $e_{i_{1,j}}$ ersetzt wird, so dass wir schließlich folgende Formulierung erhalten, in der $F_{2,i}$ in dem Kompositionsergebnis P_{12} auf der linken Seite von (6.14) erscheint:

$$F''_{12,k_{F_1}+i} \quad = \quad F_{2,i}[{}^{v_{2,i_{2,1}}}_{e_{i_{1,1}}}] \ldots [{}^{v_{2,i_{2,k}}}_{e_{i_{1,k}}}][{}^{v_{2,i'_{2,1}}}_{e_{k_{Sig_1}+1}}] \ldots [{}^{v_{2,i'_{2,k'}}}_{e_{k_{Sig_1}+k'}}] \tag{6.25}$$

Befassen wir uns nun mit der rechten Seite von (6.14). Eine funktionale Anforderung $F_{2,i}$ aus P_2 für $i \in [1 \ldots k_{F_2}]$ wird durch Einsetzen der Werte aus SE_2 wie folgt zu $F_{2,i}''$ umgeformt:

$$F_{2,i}'' = F_{2,i}[e_{i_1^e}^{v_{2,1}}] \ldots [e_{i_{k_{Sig2}}^e}^{v_{2,k_{Sig2}}}]$$ (6.26)

Der Wert eines Elemente $e_{i_j^e}$ an der Position $j \in [1 \ldots k_{Sig2}]$ in SE wird durch (6.17) in Abhängigkeit davon festgelegt, ob der entsprechende Parameter $v_{2,j}$ von P_2 bei der Komposition durch einen Parameter von P_1 initialisiert wurde ($j \in \{i_{2,1}, \ldots, i_{2,k}\}$) oder frei geblieben ist ($j \in \{i_{2,1}', \ldots, i_{2,k'}'\}$). Wir wollen die Substitutionen in (6.26) so ordnen, dass zunächst alle Parameter $v_{2,i_{2,j}}$ für $j \in [1 \ldots k]$ und anschließend alle Parameter $v_{2,i_{2,j}'}$ für $j \in [1 \ldots k']$ substituiert werden (diese Umordnung ist zulässig, da alle substituierten Elemente paarweise verschieden sind, so dass die Reihenfolge der Substitutionen keine Rolle spielt):

$$F_{2,i}'' = F_{2,i}[e_{i_{2,1}^e}^{v_{2,i_{2,1}}}] \ldots [e_{i_{2,k}^e}^{v_{2,i_{2,k}}}] [e_{i_{2,1}^e}^{v_{2,i_{2,1}'}}] \ldots [e_{i_{2,k'}^e}^{v_{2,i_{2,k'}'}}]$$ (6.27)

Diese Formulierung wollen wir nun mithilfe von (6.17) vereinfachen. Die Werte $e_{i_{2,j}^e}$ für $j \in [1 \ldots k]$ entsprechen den Werten $e_{i_{1,j}}$ (in (6.17) entspricht dies dem Fall $j^e = i_{2,j}$, so dass trivialerweise ein $j \in [1 \ldots k]$ mit $i_{2,j} = j^e$ existiert. Entsprechend der Definition ist der Index $i_{j^e}^e$ in diesem Fall gleich $i_{1,j}$):

$$F_{2,i}'' = F_{2,i}[e_{i_{1,1}}^{v_{2,i_{2,1}}}] \ldots [e_{i_{1,k}}^{v_{2,i_{2,k}}}] [e_{i_{2,1}'}^{v_{2,i_{2,1}'}}] \ldots [e_{i_{2,k'}'}^{v_{2,i_{2,k'}'}}]$$ (6.28)

Analog entsprechen die Werte $e_{i_{2,j}'^e}$ für $j \in [1 \ldots k']$ gemäß (6.17) den Werten $e_{k_{Sig_1}+j}$. Damit erhalten wir schließlich:

$$F_{2,i}'' = F_{2,i}[e_{i_{1,1}}^{v_{2,i_{2,1}}}] \ldots [e_{i_{1,k}}^{v_{2,i_{2,k}}}] [e_{k_{Sig_1}+1}^{v_{2,i_{2,1}'}}] \ldots [e_{k_{Sig_1}+k'}^{v_{2,i_{2,k'}'}}]$$ (6.29)

Somit taucht die Anforderung $F_{2,i}$ in (6.14) sowohl auf der linken Seite (6.25) als auch auf der rechten Seite (6.29) in gleicher Form auf.

Insgesamt ergibt sich, dass die funktionalen Anforderungen aus P_1 und P_2 in (6.14) auf der linken Seite ((6.20) für P_1 und (6.25) für P_2) und auf der rechten Seite ((6.19) für P_1 und (6.29) für P_2) in gleicher Form auftauchten. Damit ist die Distributivität der Instanziierung bezüglich der Komposition von Architekturmustern in der Formulierung (6.14) gezeigt.

Auf analoge Weise kann gezeigt werden, dass die strukturelle Semantik (6.2) des Kompositionsergebnisses bis auf die Reihenfolge der strukturellen Anforderungen und der Eingaben (context-Quantoren) äquivalent zur Konjunktion der Semantiken der einzelnen komponierten Muster ist.

Die oben gezeigte Distributivität der Instanziierung unter der Komposition ist die formale Voraussetzung für die Wiederverwendung von Architekturmustern in anderen Architekturmustern durch ihren Import, der weiter unten mithilfe der Komposition definiert wird, denn sie stellt sicher, dass das Ergebnis der Instanziierung eines komponierten Architekturmusters äquivalent zum Ergebnis der einzelnen Instanziierungen des importierenden und der importierten Muster ist, so dass Architekturmuster mittels des Imports in anderen Architekturmustern ohne semantische Nebeneffekte für die entstehende funktionale Spezifikation wiederverwendet werden können.

Syntax des Imports

Wir wollen die im Abschnitt 6.1 entwickelte Syntax für die Definition von Architekturmustern um die Möglichkeit erweitern, andere Architekturmuster zu importieren, was der oben definierten Musterkomposition entspricht.

```
architectural_pattern ::=
  pattern pattern_name signature_def?
  structural_properties_def? functional_properties_def?
  import_patterns?

import_patterns ::= import_pattern*;

import_pattern ::= import defined_pattern_name
'(' import_param_list ')' ';';

defined_pattern_name ::= identifier;

import_param_list ::=
  variable? |
  variable? ',' import_param_list;
```

Abbildung 6.6: Grundlegende Syntax des Architekturmuster-Imports

Die Abbildung 6.6 zeigt die Erweiterung der grundlegenden Syntax der Architekturmusterdefinition (Abbildung 6.1) um einen Block zum Import von Architekturmustern:

import <Architectural pattern references>

Die Parameterzuweisung erfolgt durch Angabe der einzusetzenden Parameter in Klammern nach dem Architekturmusternamen. Beispielsweise importiert ein Muster mit dem Block

import PortResponse(p1,p2,,i);

das Muster PortResponse (Abb. 6.2 auf S. 200), das die Parameterliste (pIn, pOut, pSet, i) besitzt, und initialisiert die Parameter pIn, pOut, i jeweils mit den eigenen Signalelementen p1, p2, i. Durch Auslassen des dritten Parameters wird festgelegt, dass der Parameter pSet nicht initialisiert, sondern als neuer Parameter in die Signatur hinzugefügt werden soll.

Durch den Import eines Architekturmusters werden das importierende und das importierte Muster komponiert. Seien P_1 das importierende Muster, P_2 das importierte Muster, $i_{2,1}, \ldots, i_{2,k}$ die Indizes der Parameter von P_2, die durch die Importanweisung initialisiert (d. h. nicht ausgelassen wurden), und $i_{1,1}, \ldots, i_{1,k}$ die Indizes der Parameter von P_1, die in der Importanweisung angegeben wurden. Die Semantik der Importanweisung entspricht der folgenden Musterkomposition:

$$P_1 \oplus P_2 \left(v_{2,i_{2,1}} = v_{1,i_{1,1}}, \ldots, v_{2,i_{2,k}} = v_{1,i_{1,k}} \right) \tag{6.30}$$

Damit wurde die Semantik der Wiederverwendung von Architekturmustern in anderen Architekturmustern mithilfe der Musterkomposition formal definiert.

Beispiel

Wir wollen nun ein Beispiel der Verwendung von Architekturmustern in einem anderen Architekturmuster betrachten. In dem Beispiel 6.1(2) im Abschnitt 6.1 wird das Architekturmuster *Bus_AssociatedPorts* definiert (Tab. 6.2), das strukturelle und funktionale Anforderungen an die Weiterleitung von Nachrichten durch eine Buskomponente spezifiziert. Wir verwenden nun dieses Muster in einem neuen Muster, um Anforderungen an die Weiterleitung von Nachrichten durch zwei Buskomponenten zu spezifizieren, wie beispielsweise für das System auf der Abbildung 6.7.

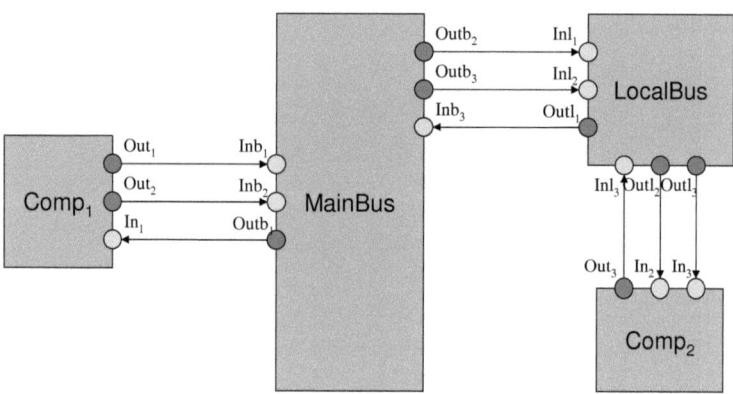

Abbildung 6.7: Beispiel – Zwei Kommunikationsbusse

Die Tabelle 6.3 zeigt das Architekturmuster *TwoBusses_AssociatedPorts*, das neben der Definition eigener Anforderungen das Architekturmuster *Bus_AssociatedPorts* wiederverwendet.
Zunächst wird die Signatur des Architekturmusters definiert. Sie enthält folgende Parameter:

- Die Komponenten busComp1 und busComp2, die die zwei Kommunikationsbusse darstellen.

- Die Mengen der Eingabeports inSet1, inSet2 und der Ausgabeports outSet1, outSet2 der Buskomponenten, auf die das Muster angewandt werden soll.

- Die ganzzahligen Formelparameter i, i1, i2 die als Intervallgrenzen temporaler Operatoren in den funktionalen Anforderungen des Musters verwendet werden und die maximale Verarbeitungsdauer für eine Nachricht angeben (i1 und i2 begrenzen die Verarbeitungsdauer durch busComp1 bzw. busComp2, und i begrenzt die gesamte Verarbeitungsdauer).

Anschließend werden strukturelle Hilfsprädikate und strukturelle Anforderungen spezifiziert:

- Das Hilfsprädikat portsConnectedDirected ermitteln für zwei Ports, ob sie durch einen Kommunikationskanal verbunden sind, wobei der Kanal von dem ersten zum zweiten Port verlaufen muss.

- Die strukturellen Anforderungen Bus1OutputPortsCorrectlyConnected und Bus2InputPorts-
CorrectlyConnected überprüfen mithilfe des zuvor definierten benamten Prädikats portsConnectedDirected, dass jeder Ausgabeports aus outSet1 mit einem Eingabeport aus inSet2, und
dass jeder Eingabeport aus inSet2 mit einem Ausgabeport aus outSet1 verbunden ist.

- Die Anforderung TotalTransmissionTimeSufficient überprüft für die ganzzahligen Formelparameter i, i1, i2, dass die durch i festgelegte gesamte Verarbeitungsdauer einer Nachricht
mindestens so groß ist, wie die Summe der Verarbeitungsdauer i1 für die erste und der
Verarbeitungsdauer i2 für die zweite Buskomponente zuzüglich eines Taktes für die Nach-
richtenübermittlung zwischen den zwei Buskomponenten.

Nach den strukturellen Anforderungen werden die funktionalen Anforderungen an das System
aus zwei Buskomponenten spezifiziert:

- Die erste Eigenschaft Input_EventuallyOutput spezifiziert, dass nach Eingang einer nichtleeren Nachricht an einem Eingabeport aus inSet1 nach spätestens i Schritten eine nichtleere
Nachricht an allen Ausgabeports aus outSet2 ausgegeben wird.

- Die zweite Eigenschaft Output_PreviouslyInput fordert, dass eine nichtleere Nachricht an
einem Ausgabeport aus outSet2 nur dann ausgegeben werden kann, wenn vor nicht mehr
als i Schritten eine nichtleere Nachricht an einem der Eingabeports aus inSet1 angekommen
ist.

Schließlich wird das Architekturmuster *Bus_AssociatedPorts* verwendet (Beispiel 6.1(2), Tabelle 6.2), indem es zweimal mit unterschiedlichen Parameterlisten importiert wird:

- Die Importanweisung Bus1_AssociatedPorts importiert das Muster *Bus_AssociatedPorts*
für die erste Buskomponente busComp1. Dadurch werden die strukturellen und funktionalen Anforderungen aus dem Muster übernommen, durch die definiert wird, dass bus-
Comp1 die Nachrichten, die an Eingabeports aus inSet1 eingehen, über die Ausgabeports
aus outSet1 nach höchstens i1 Zeitschritten weiterleiten muss.

- Die Importanweisung Bus2_AssociatedPorts spezifiziert analog die Weiterleitung von Nachrichten durch die zweite Buskomponente busComp2, wobei Nachrichten, die an Eingabeports aus inSet2 ankommen, nach höchstens i2 Zeitschritten an Ausgabeports aus outSet2
weitergeleitet werden müssen.

Die Tabelle 6.4 zeigt das Architekturmuster *TwoBusses_AssociatedPorts*, nachdem die importierten Anforderungen explizit aufgeschrieben wurden (um die Übersichtlichkeit zu verbessern, wurde die Kommentarspalte weggelassen, da die Musterdefinition ansonsten zwei Seiten
einnehmen würde). Wie oben bewiesen (6.14) erzeugen beide Architekturmusterdefinitionen (Tabellen 6.3 und 6.4) äquivalente Anforderungsinstanzen und sind somit äquivalent mit Hinblick
auf ihre Anwendung zur Anforderungsspezifikation für Ausschnitte eines Systems.

Der Import fertiger Architekturmuster in anderen Mustern ermöglicht es, einmal erstellte und
ggf. validierte Spezifikationen struktureller und funktionaler Eigenschaften auf einfache und aus
modernen Programmiersprachen gewohnte Weise des Imports von Spezifikationsmodulen wie-
derzuverwenden. Dadurch wird die Spezifikations- und ggf. Qualitätssicherungsarbeit für bereits
erstellte Muster bei neuen Architekturmustern eingespart, sowie die Architekturmusterdefinition

Pattern TwoBusses_AssociatedPorts

Signature

busComp1: Component, busComp2: Component,
inSet1: set Port, outSet1: set Port, inSet2: set Port, outSet2: set Port,
i1: Int, i2: Int, i: Int;

Name	Property	Comment
Auxiliary structural predicates		
portsConnectedDirected	portsConnectedDirected(out:Port, in:Port) := (exists ch:Channel. (ch.SourcePort = out and ch.DestinationPort = in))	Überprüft für zwei Ports, ob sie miteinander verbunden sind, wobei die Verbindung vom ersten zum zweiten Port verlaufen muss.
Structural properties		
Bus1OutputPortsCorrectlyConnected	forall p1:outSet1. exists p2:inSet2. call portsConnectedDirected(p1,p2)	Alle Ausgabeports der ersten Buskomponente sind mit einem Eingabeport der zweiten Buskomponente verbunden.
Bus2InputPortsCorrectlyConnected	forall p2:inSet2. exists p1:outSet1. call portsConnectedDirected(p1,p2)	Alle Eingabeports der zweiten Buskomponente sind mit einem Ausgabeport der ersten Buskomponente verbunden.
TotalTransmissionTimeSufficient	i >= i1 + 1 + i2	Die gesamte Übertragungsdauer der Nachrichten über die zwei Busse ist ausreichend für die Übermittlung über den ersten Bus (i1), vom ersten zum zweiten Bus (1 Takt) und über den zweiten Bus (i2).
Functional properties [MTL]		
Input_EventuallyOutput	forall p1:inSet1. $\square$(p1 $\neq$ ε $\rightarrow$ forall p2:outSet2. ($\lozenge_{[0..i]}$ p2 $\neq$ ε))	Falls an einem Eingabeport eine Nachricht ankommt, wird an allen Ausgabeports nach spätestens i Schritten eine Nachricht ausgegeben.
Output_PreviouslyInput	forall p2:outSet2. $\square$(p2 $\neq$ ε $\rightarrow$ exists p1:inSet1. ($\ominus_{[0..i]}$ p1 $\neq$ ε))	Wenn an einem Ausgabeport eine Nachricht ausgegeben wird, muss an mindestens einem der Eingabeports vor höchstens i Schritten eine Nachricht angekommen sein.
Import patterns		
Bus1_AssociatedPorts	Bus_AssociatedPorts(busComp1, inSet1, outSet1, i1)	Importiert das Architekturmuster Bus_AssociatedPorts für die erste Buskomponente.
Bus2_AssociatedPorts	Bus_AssociatedPorts(busComp2, inSet2, outSet2, i2)	Importiert das Architekturmuster Bus_AssociatedPorts für die zweite Buskomponente.

Tabelle 6.3: Beispiel – Architekturmuster für assoziierte Ports bei zwei Buskomponenten

Pattern *TwoBusses_AssociatedPorts*	
Signature	
busComp1: Component, busComp2: Component, inSet1: set Port, outSet1: set Port, inSet2: set Port, outSet2: set Port, i1: Int, i2: Int, i: Int;	
Name	**Property**
Auxiliary structural predicates	
portsConnectedDirected	portsConnectedDirected(out:Port, in:Port) := (exists ch:Channel. (ch.SourcePort = out and ch.DestinationPort = in))
isInputPort	isInputPort(p:Port) := (p.Direction.IsEntry = true)
isOutputPort	isOutputPort(p:Port) := (p.Direction.IsEntry = false)
Structural properties	
Bus1OutputPortsCorrectlyConnected	forall p1:outSet1. exists p2:inSet2. call portsConnectedDirected(p1,p2)
Bus2InputPortsCorrectlyConnected	forall p2:inSet2. exists p1:outSet1. call portsConnectedDirected(p1,p2)
TotalTransmissionTimeSufficient	i >= i1 + 1 + i2
Bus1_AssociatedPorts.InPortsBelongTo-Component	forall p:inSet1. p.Component = busComp1
Bus1_AssociatedPorts.OutPortsBelongTo-Component	forall p:outSet1. p.Component = busComp1
Bus1_AssociatedPorts.InPortsProperDirection	forall p:inSet1. call isInputPort(p)
Bus1_AssociatedPorts.OutPortsProperDirection	forall p:outSet1. call isOutputPort(p)
Bus2_AssociatedPorts.InPortsBelongTo-Component	forall p:inSet2. p.Component = busComp2
Bus2_AssociatedPorts.OutPortsBelongTo-Component	forall p:outSet2. p.Component = busComp2
Bus2_AssociatedPorts.InPortsProperDirection	forall p:inSet2. call isInputPort(p)
Bus2_AssociatedPorts.OutPortsProperDirection	forall p:outSet2. call isOutputPort(p)
Functional properties [MTL]	
Input_EventuallyOutput	forall p1:inSet1. $\square$(p1 $\neq \varepsilon \to$ forall p2:outSet2. ($\lozenge_{[0..i]}$ p2 $\neq \varepsilon$))
Output_PreviouslyInput	forall p2:outSet2. $\square$(p2 $\neq \varepsilon \to$ exists p1:inSet1. ($\diamondsuit_{[0..i]}$ p1 $\neq \varepsilon$))
Bus1_AssociatedPorts.Input_EventuallyOutput	forall p1:inSet1. $\square$(p1 $\neq \varepsilon \to$ forall p2:outSet1. ($\lozenge_{[0..i1]}$ p2 $\neq \varepsilon$))
Bus1_AssociatedPorts.Output_PreviouslyInput	forall p2:outSet1. $\square$(p2 $\neq \varepsilon \to$ exists p1:inSet1. ($\diamondsuit_{[0..i1]}$ p1 $\neq \varepsilon$))
Bus2_AssociatedPorts.Input_EventuallyOutput	forall p1:inSet2. $\square$(p1 $\neq \varepsilon \to$ forall p2:outSet2. ($\lozenge_{[0..i2]}$ p2 $\neq \varepsilon$))
Bus2_AssociatedPorts.Output_PreviouslyInput	forall p2:outSet2. $\square$(p2 $\neq \varepsilon \to$ exists p1:inSet2. ($\diamondsuit_{[0..i2]}$ p1 $\neq \varepsilon$))

Tabelle 6.4: Beispiel – Ergebnis der Musterkomposition (ohne Kommentare)

kleiner und übersichtlicher gestaltet. So muss das oben beschriebene Architekturmuster *Two-Busses_AssociatedPorts* dank der Wiederverwendung des Musters *Bus_AssociatedPorts* zahlreiche Anforderungen nicht neu definieren (dabei handelt es sich um mehrere gleichförmige Anforderungen für unterschiedliche Strukturparameter), sondern kann sie mithilfe des Imports einfach wiederverwenden.

6.3 Abstraktionsebenen

In diesem Abschnitt behandeln wir die Darstellung unterschiedlicher Abstraktionsgrade innerhalb eines Architekturmusters. Bislang wurden sämtliche in einem Architekturmuster definierten Anforderungen bei seiner Anwendung instanziiert. Es kann aber auch sinnvoll sein, abhängig von dem Entwicklungsstand des Systems nur bestimmte, möglicherweise unterschiedlich detaillierte Anforderungen aus dem Architekturmuster anzuwenden. Dies kann durch Einführung von *Abstraktionsebenen* erreicht werden.

Syntax

Die Abstraktionsebenen werden in einem Architekturmuster durch Bezeichner dargestellt, die den Namen der Abstraktionsebenen entsprechen. Mit diesen Bezeichnern kann später für jedes Element der Architekturmusterdefinition (beispielsweise Signaturparameter, funktionale Anforderung oder Importanweisung) festgelegt werden, in welchen Abstraktionsebenen dieses Element enthalten ist.

Wir erweitern zunächst die formale Definition (6.1) eines Architekturmusters um die Menge A der Abstraktionsebenen. Ein Architekturmuster P mit Abstraktionsebenen ist damit ein 4-Tupel

$$P = (Sig, S, F, A) \tag{6.31}$$

Für jedes Element x aus der Signatur, den strukturellen oder den funktionalen Anforderungen kann mit $x.levels$ die Menge der Abstraktionsebenen von P ermittelt werden, zu denen dieses Element gehört. Wird x keiner Abstraktionsebene zugewiesen, so ist x unabhängig von den Abstraktionsebenen (und somit in allen Abstraktionsebenen) verfügbar – in diesem Fall schreiben wir $x.levels = \{\epsilon\}$, wobei ϵ eine ausgezeichnete *Null*-Abstraktionsebene bezeichnet. Die herkömmliche Definition (6.1) entspricht demnach dem Spezialfall eines Architekturmusters gemäß (6.31), das keine Abstraktionsebenen ($A = \emptyset$) besitzt, so dass alle Elemente der *Null*-Abstraktionsebene zugewiesen sind.

Die Abbildung 6.8 zeigt die Erweiterung der Syntax der Architekturmusterdefinitionen aus den vorhergehenden Abschnitten 6.1 und 6.2. Jedem Element kann nun die Information vorangestellt werden, in welchen Abstraktionsebenen des Architekturmusters dieses Element verfügbar ist. Ferner können Datentypdefinitionen verwendet werden, insbesondere um Abstraktionsfunktionen auf den im Architekturmuster verwendeten Datentypen zu definieren. Eine Datentypdefinition entspricht hierbei einer DTD (eine ausführliche Dokumentation zu DTDs in AUTOFOCUS findet sich in [Val06a]).

Die Abbildung 6.9 zeigt beispielsweise eine Architekturmusterdefinition, in der zwei Abstraktionsebenen benutzt werden, um unterschiedlich verfeinerte Spezifikationen einer Anfrage-Antwort-Anforderung zu definieren. In der Abstraktionsebene Level1 wird spezifiziert, dass bei

```
architectural_pattern ::=
  pattern pattern_name signature_def?
  abstraction_levels? datatype_defs?
  structural_properties_def? functional_properties_def?
  import_patterns?

abstraction_levels ::=
  abstraction_levels abstraction_levels_list ';';

abstraction_levels_list ::=
  abstraction_level |
  abstraction_level ',' abstraction_levels_list;

abstraction_level ::= identifier;

level_setting ::= '[' abstraction_levels_list ']';

ccl_type_variable_def ::= level_setting? variable : ccl_type;

structural_property_or_named_predicate_def ::=
  level_setting? structural_property |
  level_setting? named_predicate_def;

functional_property_or_setting :=
  level_setting? pdl_setting_global ';' |
  level_setting? pdl_setting_local? ccl_pdl_term ';';

import_pattern ::= level_setting? import defined_pattern_name
  '(' import_param_list ')' ';';

datatype_defs ::= datatype_def*;

datatype_def ::= level_setting? datatype_definition DTD;
```

Abbildung 6.8: Grundlegende Syntax für Abstraktionsebenen in Architekturmustern

```
pattern PatternWithAbsLevels;
abstraction_levels
    Level1, Level2;
signature
    pIn:Port, [Level1] outSet:set Port, [Level2] pOut:Port;
[Level2] datatype_definition
    IsPositive: Int -> Bool;
    fun IsPositive(x) = (x > 0);
dynamic_requirements
    set_pdl [LTL];
    [Level1] □ (pIn ≠ ε → (exists p:outSet. ○ Q(p)));
    [Level2] □ (pIn ≠ ε → (
        (IsPositive(pIn) → ○ Q1(pOut)) ∧
        (¬ IsPositive(pIn) → ○ Q2(pOut))));
```

Abbildung 6.9: Beispiel – Architekturmuster mit Abstraktionsebenen

einer nichtleeren Eingabe an dem Port pIn auf einem der Ports aus outSet ein Wert ausgegeben werden soll, der die Bedingung Q erfüllt. Auf der Abstraktionsebene Level2 wird die Spezifikation verfeinert – zum einen muss anstatt einer Menge outSet zulässiger Ausgabeports genau ein Ausgabeport pOut angegeben werden, zum anderen muss die Ausgabe entweder die Bedingung Q1 oder Q2 erfüllen, abhängig von dem Ergebnis der Abstraktionsfunktion IsPositive für den Eingabewert an dem Port pIn.

Semantik

Eine Architekturmusterdefinition mit $k \in \mathbb{N}$ Abstraktionsebenen entspricht $k + 1$ einzelnen Architekturmusterdefinitionen: jeweils eine Definition für jede Abstraktionsebene sowie eine Definition, welche die Elemente ohne Abstraktionsebenenzuweisung enthält. Die Semantik lässt sich deshalb als Filterung der Elemente eines Architekturmusters nach Abstraktionsebenen definieren.

Wir definieren zunächst einen Filteroperator, der aus einem Tupel von Elementen diejenigen auswählt, die eine gegebene Bedingung erfüllen. Sei $t = (e_1, \ldots, e_n) \in A^n$ ein Tupel von Elementen $e_i \in A$. Das gefilterte Tupel $t_{|P}$ enthält die Elemente e_i, die die Bedingung P erfüllen, in der Reihenfolge ihres Auftretens in t:

$$t_{|P} \stackrel{\text{def}}{=} (e_{i_1}, \ldots, e_{i_{n'}}) \tag{6.32a}$$

so dass

$$\{i_1, \ldots, i_{n'}\} = \{i \in [1 \ldots n] \mid P(e_i)\} \wedge$$
$$\forall j \in [1 \ldots n' - 1] : i_j < i_{j+1} \tag{6.32b}$$

Nun können wir die Anforderungen in einem Architekturmuster nach Abstraktionsebenen auswählen. Sei $P = (Sig, S, F, A)$ ein Architekturmuster mit $k \in \mathbb{N}$ Abstraktionsebenen, d. h., $|A| = k$. P definiert $k + 1$ Architekturmuster ohne Abstraktionsebenen – jeweils eine Definition für jede der k Abstraktionsebenen $level_i \in A$, sowie eine Definition für die *Null*-Abstraktionsebene ϵ, die allen Elementen ohne Ebenenangabe zugewiesen ist, so dass diese Elemente in allen Abstraktionsebenen aus A enthalten sind. Für $l \in A \cup \{\epsilon\}$, d. h., für jede der k Abstraktionsebenen $l \in A$ sowie für $l = \epsilon$ liefert $P[l]$ die Definition dieses Architekturmusters für die Abstraktionsebene l, in der genau die Bestandteile x in P mit $l \in x.levels$ sowie alle Bestandteile x mit $\epsilon \in x.levels$ enthalten sind (wobei die beiden Teilmengen für $l = \epsilon$ übereinstimmen). Die entsprechende Filterfunktion sieht wie folgt aus:

$$LevelFilter(l) \quad = \quad \lambda x. \, (l \in x.levels \, \vee \, \epsilon \in x.levels) \qquad\qquad (6.33)$$

Nun kann das Architekturmuster P auf der Abstraktionsebene $l \in A$ wie folgt definiert werden:

$$P[l] \quad = \quad \left(Sig_{|LevelFilter(l)}, \, S_{|LevelFilter(l)}, \, F_{|LevelFilter(l)} \right) \qquad\qquad (6.34)$$

Somit wird die Semantik eines Architekturmusters P mit Abstraktionsebenen für jede Abstraktionsebene l durch $P[l]$ gegeben. Beispielsweise entspricht das Beispiel auf der Abbildung 6.9 für die Null-Abstraktionsebene ϵ der Architekturmusterdefinition

```
pattern Pattern_NullLevel;
signature pIn:Port
dynamic_requirements
  set_pdl [LTL];
```

und für die Abstraktionsebene Level2 der Definition

```
pattern Pattern_Level2;
signature
  pIn:Port, pOut:Port;
datatype definition
  IsPositive: Int -> Bool;
  fun IsPositive(x) = (x > 0);
dynamic_requirements
  set_pdl [LTL];
  □ (pIn ≠ ε → (
    (IsPositive(pIn) → ○ Q1(pOut)) ∧
    (¬ IsPositive(pIn) → ○ Q2(pOut))));
```

Verfeinerungsbeziehung zwischen Abstraktionsebenen

Ein Architekturmuster mit Abstraktionsebenen definiert, wie oben beschrieben, je ein Architekturmuster für jede Abstraktionsebene. Die unterschiedlichen Abstraktionsebenen können hierbei unterschiedlich detaillierten Spezifikationen entsprechen, wobei die detailliertere Spezifikation auf einer Abstraktionsebene l_{i_2} (bei geeigneter Wahl der Parameterbezeichner) die Verfeinerung einer weniger detaillierten Ebene l_{i_1} darstellen kann, d. h., die statischen und dynamischen Anforderungen der Ebene l_{i_2} implizieren die Anforderungen der Ebene l_{i_1}.

Wir wollen nun die Beschreibung einer Verfeinerungsbeziehung zwischen zwei Architekturmustern – und als Spezialfall zwischen zwei Abstraktionsebenen eines Architekturmusters – ermöglichen. Die Abbildung 6.10 zeigt die grundlegende Syntax einer *Architekturmuster-Verfeinerungsbeziehung*. Eine Musterverfeinerungsbeziehung besteht aus folgenden Teilen:

- *Name*

  Wie die Architekturmuster selbst, wird auch eine Verfeinerungsbeziehung durch einen eindeutigen Bezeichner identifiziert.

```
architectural_pattern_refinement ::=
pattern_refinement_relation pattern_refinement_name
refined_pattern refining_pattern structural_properties_def?

pattern_refinement_name ::= identifier;

refined_pattern ::= refined_pattern pattern_name_and_param;

refining_pattern ::= refining_pattern pattern_name_and_param;

pattern_name_and_param ::=
    defined_pattern_name '(' pattern_param_list ')' ';';

defined_pattern_name ::= identifier;

pattern_param_list ::=
    variable? |
    variable ',' pattern_param_list;
```

Abbildung 6.10: Grundlegende Syntax der Architekturmuster-Verfeinerungsbeziehung

- *Verfeinertes Muster*

  Das Architekturmuster, dessen Verfeinerung in der Verfeinerungsbeziehung formuliert wird. Das Muster wird (analog zum Import) mit Parameterbezeichnern aufgeschrieben, damit die ggf. unterschiedlichen Parameterbezeichnungen in den zwei Mustern in dieser Verfeinerungsbeziehung aneinander angepasst werden können. Anders als beim Import müssen alle Parameterbezeichner angegeben werden, damit die Gültigkeit der Verfeinerungsbeziehung nicht von eventuellen Änderungen der Parameternamen in den Architekturmustern abhängt.

- *Verfeinerndes Muster*

  Das Architekturmuster, welches das davor aufgeschriebene Muster verfeinert. Das Muster wird wiederum mit Parameterbezeichnern aufgeschrieben.

- *Statische Anforderungen*

  Die Verfeinerungsbeziehung zwischen zwei Architekturmustern, die im Allgemeinen unterschiedliche Signaturen haben, kann möglicherweise erst dann gezeigt werden, wenn bestimmte statische (insbesondere strukturelle) Anforderungen an die Musterparameter erfüllt sind. Diese Anforderungen können auf die Parameter beider Architekturmuster zugreifen.

Eine Architekturmuster-Verfeinerungsbeziehung sieht demnach wie folgt aus:

```
pattern_refinement_relation RefinementName;
refined_pattern Pattern1(u1_1,...,v1_k1);
refining_pattern Pattern2(u2_1,...,u2_k2);
static_requirements S_1,...,S_kS;
```

Wie bereits Architekturmuster, können Verfeinerungsbeziehungen zwischen Architekturmustern tabellarisch dargestellt werden. Die Tabelle 6.5 zeigt die Verfeinerungsbeziehung zwischen zwei

Mustern in allgemeiner Form. Diese kann direkt in die oben gezeigte textuelle Darstellung übersetzt werden, wobei oben die benamten Prädikate $NP_1, \ldots, NP_{k_{NP}}$ und die eigentlichen statischen Anforderungen $R_1, \ldots, R_{k_R}$ zu statischen Anforderungen $S_1, \ldots, S_{k_S}$ zusammengefasst werden.

Pattern_Refinement *RefinementName*		
Refined Pattern Pattern1($u_{1,1}, \ldots, u_{1,k_1}$)		
Refining Pattern Pattern2($u_{2,1}, \ldots, u_{2,k_2}$)		
Label	**Property**	**Comment**
Auxiliary structural predicates		
Name 1	NP_1	Comment 1
...	...	...
Name k_{NP}	$NP_{k_{NP}}$	Comment k_{NP}
Structural conditions		
Name l	R_1	Comment 1
...	...	...
Name k_R	R_{k_R}	Comment k_R

Tabelle 6.5: Tabellarische Spezifikation einer Architekturmusterverfeinerung

Wir wollen nun die Semantik einer Architekturmuster-Verfeinerungsbeziehung definieren. Seien $PR = (P_1(u_{1,1}, \ldots, u_{1,k_1}), P_2(u_{2,1}, \ldots, u_{2,k_2}), (S_1, \ldots, S_{k_S}))$ eine Architekturmuster-Verfeinerungsbeziehung zwischen den Architekturmusters P_1 und P_2, $u_{n,1}, \ldots, u_{n,k_n}$ die Parameterbezeichner für die jeweiligen Musterparameter $v_{n,1}, \ldots, v_{n,k_n}$ für $n \in \{1,2\}$, und $S_1, \ldots, S_{k_S}$ die statischen Anforderungen der Verfeinerungsbeziehung. Die Semantik dieser Verfeinerungsbeziehung entspricht der Behauptung, dass die statischen und dynamischen Anforderungen des verfeinerten Musters P_1 von den Anforderungen des verfeinernden Muster P_2 impliziert werden, wenn die statischen Voraussetzungen $S_1, \ldots, S_{k_S}$ erfüllt sind.

Um die Semantik von PR zu formulieren, werden zunächst die Parameterbezeichner $u_{n,i}$ für die Musterparameter $v_{n,i}$ in den Anforderungen der Muster P_n für $n \in \{1,2\}$ eingesetzt. Wie bereits für die Formulierung der Semantik eines Architekturmusters (Abschnitt 6.1, S. 194 ff.) teilen wir die statischen Anforderungen von P_n in die benamten Prädikate $S_{NP_n} = (NP_{n,1}, \ldots, NP_{n,k_{NP_n}})$ und die eigentlichen statischen Anforderungen $S_{R_n} = (R_{n,1}, \ldots, R_{n,k_{R_n}})$ auf. Die Musterparameter $v_{n,i}$ werden in den statischen Anforderungen S_{R_n} und den funktionalen Anforderungen F_n durch Parameterbezeichner $u_{n,i}$ für $n \in \{1,2\}$ ersetzt:

$$
\begin{aligned}
\forall i \in [1 \ldots k_{R_n}] &: R'_{n,i} = R_{n,i}[^{v_{n,1}}_{u_{n,1}}] \ldots [^{v_{n,k_n}}_{u_{n,k_n}}] \\
\forall i \in [1 \ldots k_{F_n}] &: F'_{n,i} = F_{n,i}[^{v_{n,1}}_{u_{n,1}}] \ldots [^{v_{n,k_n}}_{u_{n,k_n}}]
\end{aligned}
\tag{6.35}
$$

Die statischen Anforderungen für P_n ergeben sich als Konjunktion der Anforderungen $R'_{n,i}$:

$$
S'_n = \bigwedge_{i \in [1 \ldots k_{R_n}]} R'_{n,i}
\tag{6.36}
$$

Dabei müssen die benamten Prädikate $NP_{n,i}$ definiert sein. S'_n entspricht somit der Semantik des CCL-Ausdrucks

```
define NP_Name_n_1 := (NP_Term_n_1). ...
define NP_Name_n_kNPn := (NP_Term_n_kNPn). (
  R'_n_1 and ... and R'_n_kRn)
```

Analog dazu werden die von der Verfeinerungsbeziehung PR spezifizierten statischen Anforderungen durch

$$S = \bigwedge_{i\in[1\dots k_R]} R_i \tag{6.37}$$

dargestellt, wobei die benamten Prädikate NP_i definiert sein müssen.

Die funktionalen Anforderungen F'_n von P_n ergeben sich ebenfalls als Konjunktion der einzelnen Anforderungen:[2]

$$F'_n = \bigwedge_{i\in[1\dots k_{Fn}]} F'_{n,i} \tag{6.38}$$

Nun kann die Semantik der Verfeinerungsbeziehung PR formuliert werden. Die Verfeinerung statischer Anforderungen fordert, dass die Anforderungen von P_1 von den Anforderungen von P_2 und PR impliziert werden:

$$S \wedge S'_2 \Rightarrow S'_1 \tag{6.39}$$

Die Verfeinerung dynamischer Anforderungen fordert, dass die Anforderungen von P_1 von Anforderungen von P_2 unter der Voraussetzung der statischen Anforderungen von P_2 und PR impliziert werden:[3]

$$S \wedge S'_2 \wedge F'_2 \Rightarrow F'_1 \tag{6.40}$$

Eine Verfeinerungsbeziehung zwischen zwei Architekturmustern ist somit nachgewiesen, wenn die Implikationen (6.39) und (6.40) für diese Verfeinerungsbeziehung gezeigt werden konnten. Beispielsweise kann die Verfeinerung zwischen den Abstraktionsebenen Level1 und Level2 im Beispiel auf Abbildung 6.9 durch die folgende Verfeinerungsbeziehung beschrieben werden:

```
pattern_refinement_relation Refinement_Level1_Level2;
refined_pattern PatternWithAbsLevels[Level1](inPort, outSet);
refining_pattern PatternWithAbsLevels[Level2](inPort, outPort);
static_requirements
    exists p:outSet. p = outPort; /* outPort must be in outSet */
```

Da das Muster PatternWithAbsLevels keine statischen Anforderungen enthält, genügt hier der Nachweis der Verfeinerung für funktionale Anforderungen. Die Beweisverpflichtung hierfür ergibt sich aus (6.40):

```
exists p:outSet. p = outPort  ∧
□ (inPort ≠ ε → (
    (IsPositive(inPort) → ○ Q1(outPort)) ∧
    (¬ IsPositive(inPort) → ○ Q2(outPort))))  ⇒
    □ (inPort ≠ ε → (exists p:outSet. ○ Q(p)))
```

---

[2]Hierbei unterscheiden sich die funktionalen Anforderungen F'_n von der Instanz $\mathcal{I}(P, M, SE)$ des Architekturmusters P_n für einen Systemausschnitt SE dadurch, dass die in F_n verwendeten CCL-PDL-Ausdrücke nicht mit den in SE eventuell vorhandenen mengenwertigen Elementen instanziiert werden (vgl. Abschnitt 4.3, S. 147 ff.), sondern lediglich die Parameter $v_{n,i}$ durch die Bezeichner $u_{n,i}$ ersetzt werden, ohne dass die CCL-PDL-Ausdrücke in F_n weiter umgeformt werden.

[3]Die statischen Anforderungen S'_1 von P_1 werden von $S \wedge S'_2$ wegen (6.39) impliziert, so dass auch S'_1 beim Nachweis von F'_1 verwendet werden darf.

Um diese Behauptung zu beweisen, muss der Zusammenhang zwischen den Zustandsformeln Q und Q1 sowie Q2 bekannt sein. Da es sich hier um eine Verfeinerung handelt, betrachten wir den Fall, dass Q1 und Q2 Spezialisierungen von Q sind, so dass $Q1 \to Q$ und $Q2 \to Q$ gilt. Die obige Beweisverpflichtung lässt sich damit wie folgt vereinfachen:

```
exists p:outSet. p = outPort  ∧
□ (inPort ≠ ε →  ○ Q(outPort)))  ⇒
  □ (inPort ≠ ε → (exists p:outSet. ○ Q(p)))
```

Da outPort Element der Menge outSet ist, kann outPort in der Behauptung im Teilausdruck exists p:outSet. ○ Q(p) für die vom Existenzquantor gebundene Variable p eingesetzt werden, wodurch sich die Behauptung sofort aus der zweiten Annahme ergibt. Damit ist die Verfeinerungsbeziehung zwischen den Abstraktionsebenen Level1 und Level2 gezeigt.

Beispiel

Wir wollen nun ein Beispiel der Anforderungsspezifikation für unterschiedliche Abstraktionsebenen in einem Architekturmuster betrachten. Wir erstellen ein Architekturmuster, dass die Berechnung einer Funktion durch eine Komponente mit drei Abstraktionsgraden spezifiziert (Tabellen 6.6 und 6.7).

Zunächst werden die in dem Architekturmuster verwendeten Abstraktionsebenen definiert:

- Auf der Ebene Level1 wird lediglich gefordert, dass die Komponente bei nichtleerer Eingabe eine nichtleere Ausgabe liefert.

- Auf der Ebene Level2 werden Wortintervalle für die Ausgabe abhängig von den Wertintervallen der Eingabe spezifiziert, sowie genauere Zeitanforderungen an die Verarbeitungsdauer gestellt.

- Auf der Ebene Level3 wird die Berechnungsvorschrift genau spezifiziert.

Die Signatur des Architekturmusters definiert unterschiedliche Parameterlisten für unterschiedliche Abstraktionsebenen:

- Die Strukturelemente calcComp, in, out geben die verwendete Berechnungskomponente sowie die zur Eingabe und Ausgabe verwendeten Ports an. Diese Parameter sind für alle Abstraktionsebenen definiert.

- Der ganzzahlige Parameter i gibt die maximale Verarbeitungsdauer für die Abstraktionsebene Level1 an.

- Die ganzzahligen Parameter i1 und i2 geben die minimale bzw. maximale Verarbeitungsdauer für die Abstraktionsebenen Level2 und Level3 an.

Anschließend werden strukturelle Hilfsprädikate und strukturelle Anforderungen spezifiziert:

- Die Hilfsprädikate isInputPort und isOutputPort ermitteln für einen Port, ob es sich um einen Eingabeport bzw. Ausgabeport handelt.

- Die strukturelle Anforderung PortsBelongToComponent spezifiziert, dass die Ports in und out zu der Komponente calcComp gehören müssen.

- Die Anforderungen InPortCorrectDirection und OutPortCorrectDirection definieren, dass es sich bei in und out jeweils um einen Eingabe- bzw. Ausgabeport handeln muss.

Der nächste Block enthält Datentypdefinitionen, die in dem Architekturmuster verwendet werden:

- Die Zeile Integer_Abstractions_2[Level2] definiert den Datentyp InValueAbs zur Abstraktion der Eingabewerte auf der Abstraktionsebene Level2.

- Die Zeile Input_Abstractions_2[Level2] definiert die Abstraktionsfunktion InputAbs für Eingabewerte auf der Abstraktionsebene Level2.

Schließlich wird die funktionale Anforderung Input_EventuallyOutput auf den unterschiedlichen Abstraktionsebenen spezifiziert:

- Auf der Abstraktionsebene Level1 wird lediglich gefordert, dass bei Eingang einer nicht-leeren Eingabe nach spätestens i Berechnungsschritten eine nichtleere Ausgabe geliefert wird.

- Auf der Abstraktionsebene Level2 werden die Wertebereiche der Ausgabe eingegrenzt, indem für Wertintervalle der Eingabe, die durch die Datentypabstraktionsfunktion InputAbs definiert werden, die jeweils zulässigen Wertebereiche der Ausgabe spezifiziert werden (Tabelle 6.8). Die Ausgabe soll in dem Zeitintervall [i1 ... i2] erfolgen, wobei mithilfe des *Until*-Operators festgelegt wird, dass keine weiteren Ausgaben vor der Ausgabe des berechneten Werts erfolgen dürfen. Die temporallogische Formel, die aus der Spezifikationstabelle 6.8 erzeugt wird, ist

$$
\begin{aligned}
(\mathsf{InputAbs}(\mathsf{in}) &= \mathsf{In\_Less\_5} &\rightarrow\ &\left(\mathsf{out} = \varepsilon\,\mathcal{U}_{[\mathsf{i1},\mathsf{i2}]}\,(0 \le \mathsf{out} \wedge \mathsf{out} < 21)\right)\right) \wedge \\
(\mathsf{InputAbs}(\mathsf{in}) &= \mathsf{In\_5\_10} &\rightarrow\ &\left(\mathsf{out} = \varepsilon\,\mathcal{U}_{[\mathsf{i1},\mathsf{i2}]}\,(20 \le \mathsf{out} \wedge \mathsf{out} \le 100)\right)\right) \wedge \qquad (6.41)\\
(\mathsf{InputAbs}(\mathsf{in}) &= \mathsf{In\_Greater\_10} &\rightarrow\ &\left(\mathsf{out} = \varepsilon\,\mathcal{U}_{[\mathsf{i1},\mathsf{i2}]}\,90 < \mathsf{out})\right)
\end{aligned}
$$

Die Anforderung Input_EventuallyOutput[Level2] ergibt sich, indem dieser Formel der *Always*-Operator vorangestellt wird (Tabelle 6.7).

- Auf der Abstraktionsebene Level3 wird die genaue Berechnungsvorschrift spezifiziert (Tabelle 6.9). Die aus der Spezifikationstabelle erzeugte MTL_σ-Formel ist

$$
\begin{aligned}
\mathsf{in}(t_0) := \mathsf{in}\ .\ (&\\
(\neg \mathsf{in} \ge 0 &\rightarrow\ \left(\mathsf{out} = \varepsilon\,\mathcal{U}_{[\mathsf{i1},\mathsf{i2}]}\,\mathsf{out} = 0)\right) \wedge \qquad (6.42)\\
(\mathsf{in} \ge 0 &\rightarrow\ \left(\mathsf{out} = \varepsilon\,\mathcal{U}_{[\mathsf{i1},\mathsf{i2}]}\,\mathsf{out} = \mathsf{in}(t_0)^2 + \mathsf{in}(t_0) * \sin(\mathsf{in}(t_0)))\right)))
\end{aligned}
$$

Die Anforderung Input_EventuallyOutput[Level3] ergibt sich wiederum durch Voranstellen des *Always*-Operators (Tabelle 6.7).

Somit haben wir mithilfe von Abstraktionsebenen ein Architekturmuster spezifiziert, das Anforderungen unterschiedlicher Abstraktionsgrade umfasst.

Zum Schluss wollen wir die Verfeinerungsbeziehung zwischen den Abstraktionsebenen des Architekturmusters *Function_Calculation* spezifizieren und nachweisen.

Pattern Function_Calculation

Abstraction levels	
Level1	Auf dieser Abstraktionsebene wird nur die Anwesenheit eines Werts an dem Eingabe- und Ausgabeport betrachtet.
Level2	Auf dieser Abstraktionsebene werden Eingabe- und Ausgabewerte in Abstraktion auf bestimmte Wertebereiche betrachtet.
Level3	Hier werden keine Abstraktionen der Eingabe- und Ausgabewerte verwendet.

Signature
calcComp:Component, in:Port, out:Port, i:Int [Level1], i1:Int [Level2,Level3], i2:Int [Level2,Level3];

Name	Property	Comment
Auxiliary structural predicates		
isInputPort	isInputPort(p:Port) := (p.Direction.IsEntry = true)	Überprüft für einen Port, ob es ein Eingabeport ist.
isOutputPort	isOutputPort(p:Port) := (p.Direction.IsEntry = false)	Überprüft für einen Port, ob es ein Ausgabeport ist.
Structural properties		
PortsBelongToComponent	in.Component = calcComp and out.Component = calcComp	Sowohl in als auch out gehören zu der Komponente calcComp.
InPortCorrectDirection	call isInputPort(in)	in ist ein Eingabeport.
OutPortCorrectDirection	call isOutputPort(out)	out ist ein Ausgabeport.
Datatype definitions		
Abstraction_Intervals_2 [*Level2*]	data InValueAbs = In_Less_5 | In_5_10 | In_Greater_10;	Datentyp für die Abstraktion der Eingabewerte.
Input_Abstraction_2 [*Level2*]	fun InputAbs(x) = if x < 5 then In_Less_5 else if x <= 10 then In_5_10 else In_Greater_10 fi fi;	Die Eingabewerte werden in drei Intervalle aufgeteilt: $(-\infty, 5)$, $[5, 10]$, $(10, \infty)$.

Tabelle 6.6: Beispiel – Abstraktionsebenen in einem Architekturmuster

Pattern Function_Calculation		
Functional properties [MTL]		
Input_EventuallyOutput [Level1]	$\square$(in $\neq$ ε $\rightarrow$ $\Diamond_{[o..i]}$ out $\neq$ ε)	Auf dieser Abstraktionsebene wird lediglich gefordert, dass auf eine nichtleere Eingabe nach spätestens i Schritten eine nichtleere Ausgabe folgt.
Input_EventuallyOutput [Level2]	$\square$(Tabelle 6.8)	Auf dieser Abstraktionsebene wird gefordert, dass Eingabewerte aus bestimmten Intervallen auf Ausgabewerte aus bestimmten Intervallen abgebildet werden.
Input_EventuallyOutput [Level3]	$[MTL_\sigma]$: $\square$(Tabelle 6.9)	Auf dieser Abstraktionsebene wird die Berechnungsvorschrift spezifiziert.

Tabelle 6.7: Beispiel – Abstraktionsebenen in einem Architekturmuster (Fortsetzung): funktionale Eigenschaften

Precondition	Postcondition	Label	Comment
Input value interval InputAbs(in)	Output value interval out $= \varepsilon\, \mathcal{U}_{[i1,i2]}\, (\sim)$		
In_Less_5	$0 \leq$ out $\wedge$ out < 21	Req_0_to_5	Für Eingaben kleiner als 5 liegt die Ausgabe zwischen 0 und 21.
In_5_10	$20 \leq$ out $\wedge$ out ≤ 100	Req_5_to_10	Für Eingaben zwischen 5 und 10 liegt die Ausgabe zwischen 20 und 100.
In_Greater_10	$90 <$ out	Req_Greater_10	Für Eingaben größer als 10 ist die Ausgabe größer als 90.

Tabelle 6.8: Tabellarische Spezifikation einer Teilformel der Anforderung Input_EventuallyOutput [Level2]

Precondition	Postcondition	Label	Comment
Input value interval Freeze in(t_0) := in $0 \leq$ in	Output value interval out $= \varepsilon\, \mathcal{U}_{[i1,i2]}\, ($out $= \sim)$		
false	0	Req_Less_0	Für Eingaben kleiner als 0 ist die Ausgabe gleich 0.
true	$in(t_0)^2 + in(t_0) * \sin(in(t_0))$	Req_Ge_0	Für Eingaben größer oder gleich 0 ist die Ausgabe durch eine Formel gegeben.

Tabelle 6.9: Tabellarische Spezifikation einer Teilformel der Anforderung Input_EventuallyOutput [Level3]

Pattern_Refinement *Function_Calculation_Level1_Level2*		
Refined Pattern		
Function_Calculation[Level1](calcComp, in, out, i)		
Refining Pattern		
Function_Calculation[Level2](calcComp, in, out, i1, i2)		
Label	**Property**	**Comment**
Static conditions		
Lower_Timing_Constraint_- Correct	0 <= i1 and i1 <= i2	Die minimale Dauer i1 bis zur Ausgabe des Ergebnisses in Level2 muss zwischen 0 und der maximalen Dauer i2 liegen.
Upper_Timing_Constraint_- Correct	i2 <= i	Die maximale Dauer i2 bis zur Ausgabe des Ergebnisses in Level2 darf die maximale Dauer i in Level1 nicht übersteigen.

Tabelle 6.10: Verfeinerungsbeziehung zwischen den Abstraktionsebenen Level1 und Level2

- Abstraktionsebenen Level1 und Level2.

Die Tabelle 6.10 definiert eine Verfeinerungsbeziehung zwischen den Abstraktionsebenen Level1 und Level2. Die statischen Vorbedingungen spezifizieren dabei die Beziehung zwischen der zulässigen Verarbeitungsdauer auf diesen Abstraktionsebenen, so dass das Zeitintervall [i1 ... i2] für die Ebene Level2 in dem Zeitintervall [0 ... i] für die Ebene Level1 enthalten ist, und damit jede zulässige Verarbeitungsdauer für Level2 auch eine zulässige Verarbeitungsdauer für Level1 ist.

Für den Nachweis der Verfeinerungsbeziehung müssen die Implikationen (6.39) und (6.40) gezeigt werden. Die statischen Anforderungen (Tabelle 6.6) haben keine Abstraktionsebenen-Annotationen und sind somit für alle Abstraktionsebenen gleich – (6.39) ist deshalb trivial. Für die funktionalen Anforderungen muss gemäß (6.40) die Verfeinerung der einzigen in dem Architekturmuster spezifizierten funktionalen Eigenschaft Input_EventuallyOutput unter der Voraussetzung gezeigt werden, dass die statischen Anforderungen der Verfeinerungsbeziehung (Tabelle 6.10) und der betrachteten Abstraktionsebenen gelten. Wir müssen also unter Annahme der Erfüllung der statischen Anforderungen zeigen:

$$\text{Input\_EventuallyOutput[Level2]} \quad \Rightarrow \quad \text{Input\_EventuallyOutput[Level1]}$$

das heißt

$$(6.41) \quad \Rightarrow \quad \Box\big(\text{in} \neq \varepsilon \ \rightarrow \ \Diamond_{[0..i]}\text{out} \neq \varepsilon\big)$$

Für die drei in (6.41) in der Konjunktion zusammengeführten Teilanforderungen gilt:

- Die Vorbedingungen der Implikationen decken alle möglichen Fälle für die Eingabe in ab, so dass für jede Eingabe eine der Nachbedingungen erfüllt werden soll.
- Die Nachbedingungen haben die Form $\big(\text{out} = \varepsilon \ \mathcal{U}_{[i1,i2]} \ P_i(\text{out})\big)$ für $i \in [1 \dots 3]$, wobei P_i stets eine nichtleere Ausgabe impliziert, so dass $P_i(\text{out}) \ \rightarrow \ \text{out} \neq \varepsilon$ gilt.

Zusammen mit diesen Überlegungen folgt aus (6.41):

$$\big(\text{in} \neq \varepsilon \ \rightarrow \ \big(\text{out} = \varepsilon \ \mathcal{U}_{[i1,i2]} \ \text{out} \neq \varepsilon\big)\big)$$

Ein *Until*-Operator der Form $P \, \mathcal{U}_I \, Q$ impliziert, dass Q im Zeitintervall I eintritt (vgl. Lemma *iUntil-imp-iEx* im Anhang A.2.5 ab S. 340). Damit folgt:

$$\left(\mathsf{in} \neq \varepsilon \;\; \rightarrow \;\; \Diamond_{[i1,i2]} \; \mathsf{out} \neq \varepsilon \right)$$

Aufgrund der statischen Vorbedingungen der Verfeinerung liegen i1 und i2 zwischen 0 und i, so dass $[i1 \ldots i2] \subseteq [0 \ldots i]$ ist. Daraus folgt (Lemma *iEx-subset* im Anhang A.2.5 ab S. 340):

$$\left(\mathsf{in} \neq \varepsilon \;\; \rightarrow \;\; \Diamond_{[0,i]} \; \mathsf{out} \neq \varepsilon \right)$$

womit die funktionale Anforderung für Level1 gezeigt ist.

Die Spezifikation für Level2 stellt damit eine Verfeinerung von Level1 in dem Architekturmuster *Function_Calculation* dar.

- Abstraktionsebenen Level2 und Level3.

Die Verfeinerungsbeziehung zwischen den Abstraktionsebenen Level2 und Level3 definiert keine statischen Vorbedingungen – es wird nur eine geeignete Parameterzuordnung durch ihre Benennung spezifiziert:

```
pattern_refinement_relation Function_Calculation_Level2_Level3;
refined_pattern
    Function_Calculation[Level2](calcComp, in, out, i1, i2);
refining_pattern
    Function_Calculation[Level3](calcComp, in, out, i1, i2);
```

Die statischen Anforderungen auf den Abstraktionsebenen Level2 und Level3 sind wiederum identisch und erfüllen damit die Verfeinerungsbedingung (6.39).

Betrachten wir nun die Verfeinerung der funktionalen Anforderungen nach (6.40). Die funktionalen Anforderungen für Level2 (6.41) und für Level3 (6.42) haben den gleichen Aufbau – sie bestehen aus Teilanforderungen der Form

$$P_i(\mathsf{in}) \;\; \rightarrow \;\; \left(\mathsf{out} = \varepsilon \, \mathcal{U}_{[i1,i2]} \, Q_i(\mathsf{out}) \right)$$

wobei die Vorbedingungen P_i und Nachbedingungen Q_i stets die Wertintervalle für die Eingabe- und Ausgabewerte angeben (für die Ausgabe in Level3 wird die Berechnungsvorschrift angegeben, so dass das zulässige Wertintervall für die Ausgabe aus genau einem Wert besteht). Während es bei der Verfeinerungsbeziehung zwischen Level1 und Level2 nur um die temporallogischen Bestandteile der Anforderungen und die Anwesenheit einer Eingabe bzw. Ausgabe ging, muss für die Abstraktionsebenen Level2 und Level3 aufgrund des gleichen Aufbaus der temporallogischen Formeln nur der Zusammenhang zwischen den Werten der Eingabe und Ausgabe betrachtet werden. Für den Nachweis der Verfeinerungsrelation zwischen Level2 und Level3 genügt es zu zeigen, dass die Anforderung (6.42) in Level3 für jeden Eingabewert in eine Ausgabe out spezifiziert, die in dem durch (6.41) in Level2 spezifizierten zulässigen Wertintervall für die Ausgabe liegt. Dies bedeutet im Einzelnen folgende Verifikationsteilaufgaben für die in (6.42) definierte Berechnungsvorschrift $f(\mathsf{in}) = \mathsf{if} \; 0 \leq \mathsf{in} \; \mathsf{then} \; \mathsf{in}^2 + \mathsf{in} * \sin(\mathsf{in}) \; \mathsf{else} \; 0$:

- Nachweis für in < 5, dass $0 \leq f(\mathsf{in}) < 21$ ist.

– Nachweis für $5 \leq$ in ≤ 10, dass $20 \leq f(\text{in}) \leq 100$ ist.

– Nachweis für $10 <$ in, dass $90 < f(\text{in})$ ist.

Der Fall in < 0 ist trivial, da $f(\text{in}) = 0$ ist und damit in dem geforderten Intervall $[0, 21)$ liegt. Wir betrachtet nun den Fall $f(\text{in}) = \text{in}^2 + \text{in} * \sin(\text{in})$ für in ≥ 0. Hier hilft uns der Umstand, dass die Funktion f auf dem Intervall $[0, \infty)$ monoton steigt, was sich daraus ergibt, dass ihre Ableitung auf diesem Intervall nichtnegativ ist (für in > 0 ist sie sogar positiv, so dass f streng monoton steigt). Dies kann wie folgt gezeigt werden:

$$
\begin{aligned}
f'(\text{in}) &= 2 * \text{in} + \text{in} * \cos(\text{in}) + \sin(\text{in}) \\
&= \text{in} * (2 + \cos(\text{in})) + \sin(\text{in})
\end{aligned}
$$

Für alle reellen Zahlen $x \in \mathcal{R}$ gilt $\sin(x), \cos(x) \in [-1, 1]$. Deshalb ist $2 + \cos(\text{in}) \geq 1$ und folglich

$$
f'(\text{in}) = \text{in} * (2 + \cos(\text{in})) + \sin(\text{in}) \geq \text{in} + \sin(\text{in})
$$

Für in $= 0$ ist $f'(\text{in}) = 0$, für in $\in (0, 1]$ ist $\sin(\text{in}) > 0$ und deshalb auch in $+ \sin(\text{in}) > 0$, und für in > 1 ist in $+ \sin(\text{in}) \geq$ in $- 1 > 0$. Deshalb gilt für die Ableitung von f für in ≥ 0:

$$
f'(\text{in}) \geq \text{in} + \sin(\text{in}) \geq 0
$$

Damit steigt f monoton auf dem Intervall $[0, \infty)$. Deshalb genügt es uns, die Funktionswerte von f an den Grenzen der Eingabewertintervalle $[0, 5)$, $[5, 10]$, $(10, \infty)$ zu betrachten, da die Funktionswerte von f für alle Argumentwerte aus diesen Intervallen aufgrund der Monotonie von f zwischen den Funktionswerten für die Intervallgrenzen liegen:

– Für das Eingabewertintervall $[0, 5)$ gilt: $f(0) = 0$, $f(5) \approx 20.205$ und folglich $\forall x \in [0, 5) : f(x) \in [f(0), f(5)) \subseteq [0, 21)$. Damit ist die Anforderung $\forall x \in [0, 5) : f(x) \in [0, 21)$ erfüllt.

– Für das Eingabewertintervall $[5, 10]$ gilt: $f(5) \approx 20.205$, $f(10) \approx 94.6$ und damit $\forall x \in [5, 10] : f(x) \in [20, 100]$.

– Für das Eingabewertintervall $(10, \infty)$ gilt: $f(10) \approx 94.6$ und damit $\forall x \in (10, \infty) : f(x) \in (90, \infty)$.

Damit haben wir gezeigt, dass die Anforderung (6.42) in Level3 die Anforderung (6.41) in Level2 verfeinert. Da dies die einzige funktionale Anforderung ist, sind damit alle strukturellen und funktionalen Anforderungen in Level3 Verfeinerungen der Anforderungen in Level2, so dass die Abstraktionsebene Level3 eine Verfeinerung der Abstraktionsebene Level2 darstellt.

Anhand dieses Beispiels wurde gezeigt, wie unterschiedlich detaillierte strukturelle und funktionale Anforderungen mithilfe von Abstraktionsebenen in einem Architekturmuster spezifiziert werden können, wobei die Verfeinerungsbeziehung zwischen den Abstraktionsebenen ebenfalls spezifiziert und verifiziert werden kann.

Kapitel 7

Fallstudie

In diesem Kapitel führen wir eine Fallstudie zur formalen strukturellen und funktionalen Spezifikation eines eingebetteten Softwaresystemausschnitts aus dem Bereich Automotive durch.

Wir betrachten eine strukturell und funktional vereinfachte Version einer ACC-Steuerung (Adaptive Cruise Control, auch Abstandsregeltempomat). Zunächst stellen wir die informalen funktionalen Anforderungen und die syntaktische Schnittstelle vor (Abschnitt 7.1).[1] Anschließend entwerfen wir eine geeignete benutzerdefinierte PDL-Notation zur formalen Spezifikation der funktionalen Anforderungen und formalisieren die funktionalen Anforderungen an das ACC-System (Abschnitt 7.2). Schließlich betrachten wir die strukturelle und funktionale Verfeinerung einer Teilkomponente des spezifizierten Systems (Abschnitt 7.3).

7.1 Schnittstelle und informale Spezifikation

Wir beschreiben zunächst die Schnittstelle und die informalen Anforderungen an die zu entwerfende vereinfachte ACC-Steuerungssoftwarekomponente (im weiteren Verlauf als ACC-Komponente bezeichnet).

Die ACC-Komponente nimmt als Eingabewerte die Gas- und Bremspedalstellung, die Fahrereingaben, Fahrzeuggeschwindigkeit, sowie (vorverarbeitete) Radardaten und, wenn aktiv, errechnet aus ihnen die notwendige Zielbeschleunigung für das Fahrzeug. Die Tabelle 7.1 beschreibt die Eingabeschnittstelle und die Tabelle 7.2 die Ausgabeschnittstelle der ACC-Komponente. Hierbei werden einige Details – beispielsweise die Obergrenze für Werte der Gas- und Bremspedalstellung sowie die genaue Umrechnungsvorschrift zwischen Gaspedalstellung und gewünschter Beschleunigung – nicht näher beschrieben, da sie für uns in der betrachteten Entwicklungsphase (Architekturentwurf und funktionale Spezifikation mit einem bestimmten Abstraktionsgrad) und für die hier betrachteten funktionalen Anforderungen noch keine Rolle spielen und somit die Spezifikation unnötig vergrößern und verkomplizieren würden. Die Möglichkeit einer solchen gezielten Unterspezifikation mit Hinblick auf bestimmte Details, die erst im Laufe der späteren Entwicklung festgelegt werden, ist ein wesentlicher Aspekt der frühen formalen Anforderungsspezifikation in der eigenschaftsorientierten Architekturbeschreibung.

Die Abbildung 7.1 stellt eine architekturelle Sicht auf die ACC-Komponente und ihre Um-

---

[1]Die informale Spezifikation basiert zum Teil auf der ACC-Spezifikation, die in einem von dem Lehrstuhl für Software & Systems Engineering des Instituts für Informatik der Technischen Universität München gemeinsam mit DENSO AUTOMOTIVE Deutschland GmbH durchgeführten Projekt verwendet wurde.

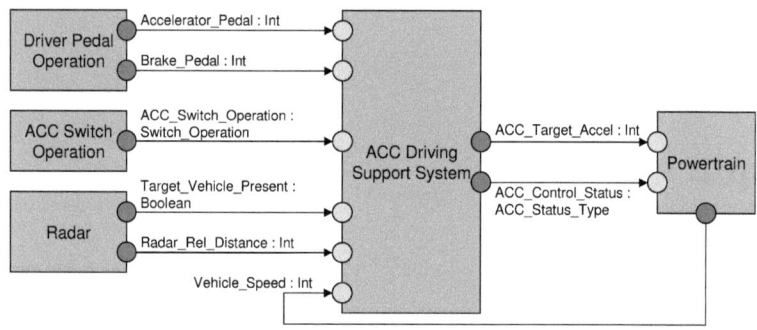

Abbildung 7.1: Systemstruktur

gebung dar.[2] Die Komponenten wie Radar und Powertrain stellen hierbei aus der Sicht der ACC-Komponente die externe Umgebung dar, die (bis auf wenige Anforderungen) nicht weiter spezifiziert wird.

Die hier betrachtete ACC-Komponente ist in einigen Punkten gegenüber komplexeren ACC-Steuerungen in modernen Fahrzeugen vereinfacht, um den Umfang der Fallstudie in einem überschaubaren Rahmen zu halten:

- Die modellierte ACC-Steuerung wird deaktiviert, sobald das Brems- oder Gaspedal betätigt werden. In realen Systemen kann demgegenüber die ACC-Steuerung bei Betätigung des Gaspedals zeitweise unterbrochen und nach Beendigung der Gaspedalbetätigung im zwischengespeicherten Zustand wieder aufgenommen werden.

- Wir betrachten einen zulässigen Geschwindigkeitsbereich zwischen 40 und 110 km/h. Moderne ACC-Steuerungen können einen wesentlich größeren zulässigen Geschwindigkeitsbereich besitzen, bis hin zur Stop & Go-Funktion, bei der das Fahrzeug in zähfließendem Verkehr allein durch die ACC-Steuerung anhalten und wieder anfahren kann.

- Reale ACC-Steuerungen müssen Fehler im System erkennen. So sollte das System eine Fehlfunktion des Radars erkennen und entsprechend darauf reagieren, beispielsweise durch Einschränkung der Funktionalität sowie Mitteilung an den Fahrer, dass eine Störung der Radarfunktion vorliegt und eine Reparatur durchgeführt werden sollte.

- Wir betrachten keine Modellierung der Rückmeldung der ACC-Steuerung an den Fahrer. Ein reales System kann dem Fahrer beispielsweise aktuelle Einstellungen (Wunschabstand, ACC-Modus) mitteilen, oder auch die Aufforderung, die Steuerung zu übernehmen, wenn der zulässige Geschwindigkeitsbereich verlassen und die ACC-Steuerung deaktiviert wird.

Wir stellen nun die funktionalen Anforderungen an die ACC-Komponente vor. Die Tabelle 7.4 führt die Anforderungen in informaler textueller Form auf. Sie können in folgende Bereiche aufgeteilt werden:

---

[2]Hier und im Weiteren werden in längeren Bezeichnern, die aus mehreren Teilwörtern bestehen, einzelne Wörter stellenweise, insbesondere in Abbildungen, zur besseren Lesbarkeit durch Unterstriche getrennt. Die entsprechenden Schreibweisen mit und ohne Unterstriche, wie z. B. AcceleratorPedal bzw. Accelerator_Pedal, werden als gleichbedeutend betrachtet.

Name	Datentyp	Beschreibung
AcceleratorPedal	Int	Ganzzahliger Wert für die Stellung des Gaspedals (0 oder leere Nachricht bedeutet – keine Beschleunigung, Werte über 0 zeigen Betätigung des Gaspedals an).
BrakePedal	Int	Ganzzahliger Wert für die Stellung des Bremspedals (0 oder leere Nachricht bedeutet – keine Bremsbeschleunigung, Werte über 0 zeigen Betätigung des Bremspedals an).
ACCSwitchOperation	SwitchOperation	Fahrereingaben über den ACC-Schalter. Darüber kann die ACC-Komponente aktiviert und deaktiviert, sowie weitere Einstellungen zu der gewünschten Geschwindigkeit und dem Abstand zum vorausfahrenden Fahrzeug vorgenommen werden.
TargetVehiclePresent	Boolean	Boolesche Flag, über den das Radarsystem mitteilt, ob ein vorausfahrendes Zielfahrzeug vorhanden ist (True – Fahrzeug vorhanden, False – kein Fahrzeug, leere Nachricht – keine Änderung gegenüber der letzten nichtleeren Nachricht).
RadarRelDistance	Int	Abstand zum vorausfahrenden Zielfahrzeug in 0.1-Meter-Schritten (d. h. ein Eingabewert 150 entspricht einem Abstand von 15 m).
VehicleSpeed	Int	Fahrzeuggeschwindigkeit in Stundenkilometern.

Tabelle 7.1: Eingabeschnittstelle der ACC-Komponente

Name	Datentyp	Beschreibung
ACCTargetAccel	Int	Berechnete Zielbeschleunigung in 0.1-m/s^2-Schritten
ACCControlStatus	ACCStatus_Type	Status der ACC-Komponente (insbesondere: deaktiviert, Modus des Nachfolgens, Modus konstanter Geschwindigkeit).

Tabelle 7.2: Ausgabeschnittstelle der ACC-Komponente

• Aktivierung/Deaktivierung

Die ACC-Steuerung kann vom Fahrer über den ACC-Schalter aktiviert bzw. deaktiviert werden (Anforderungen R1 und R2).

• Aktiver ACC-Betriebsmodus

Die ACC-Komponente arbeitet im Modus des Nachfolgens, wenn ein Zielfahrzeug existiert, und im Modus konstanter Geschwindigkeit andernfalls (Anforderungen R4 und R5).

Name	Datentyp	Beschreibung
TargetSpeed	Int	Vorgegebene oder berechnete Zielgeschwindigkeit in km/h, die zur Berechnung der Zielbeschleunigung verwendet wird.

Tabelle 7.3: Teilweise Festlegung der Schnittstellen der Teilkomponenten der ACC-Komponente

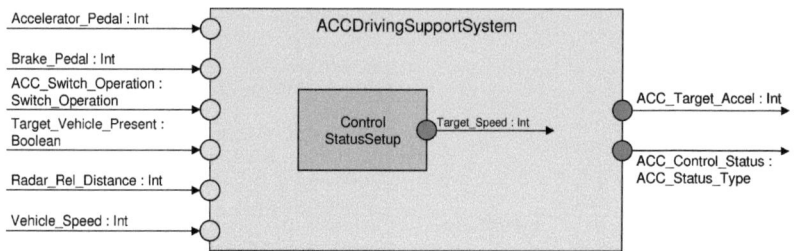

Abbildung 7.2: Teilweise Angabe der Unterstruktur der ACC-Komponente zur Formalisierung funktionaler Anforderungen

- Wertebereichsbeschränkungen

  Die ACC-Zielgeschwindigkeit und -Beschleunigung befinden sich jeweils im vorgegebenen Bereich (Anforderungen R6 und R7).

  Die ACC-Steuerung kann nur starten, wenn die Fahrzeuggeschwindigkeit in einem vorgegebenen Bereich liegt und wird deaktiviert, wenn die Geschwindigkeit diesen Bereich verlässt (Anforderungen R8 und R9).

- Weitere Anforderungen

  Die ACC-Steuerung kann nur dann Nachrichten versenden, wenn sie aktiv ist (Anforderung R3).

  Die ACC-Steuerung wird bei Betätigung des Brems- oder Gaspedals deaktiviert (Anforderung R10).

Alle Anforderungen außer R6 beziehen sich auf Eingaben und Ausgaben, die an der Schnittstelle der ACC-Komponente verfügbar sind (Abbildung 7.1, Tabellen 7.1 und 7.2). Die Anforderung R6 bezieht sich auf die ACC-Zielgeschwindigkeit, die an der Schnittstelle der ACC-Komponente nicht verfügbar ist. Daher legen wir für die ACC-Komponente fest, dass bei der strukturellen Verfeinerung der ACC-Komponente zu Teilkomponenten die ACC-Zielgeschwindigkeit als Ausgabe einer Teilkomponente verfügbar ist (Abbildung 7.2 und Tabelle 7.3)[3] – damit wird die Dekomposition der ACC-Komponente an dieser Stelle insoweit teilweise vorgenommen, wie es zur Formalisierung der funktionale Anforderungen notwendig ist.

Die vorgestellten funktionalen Anforderungen legen gezielt keine genauen Berechnungsvorschriften für die Regelung der Fahrzeugbeschleunigung und -bremsung durch die ACC-Komponente fest – diese implementierungsnäheren Einzelheiten sollen erst in späteren Entwicklungsphasen festgelegt werden, die beim Entwurf der Systemarchitektur nicht von Interesse und teilweise auch unbekannt sind (und nicht Gegenstand der vorliegenden Arbeit sind). Die Fallstudie beschäftigt sich also mit dem Architekturentwurf, der die Struktur und die funktionalen Eigenschaften des zu entwickelnden Systems bis zu einem bestimmten Detaillierungsgrad, und damit eine präzise funktionale Spezifikation ohne die Notwendigkeit einer unmittelbaren Implementierung beschreibt.

---

[3]Wir geben hier bereits den Namen der Teilkomponente an, die bei der Verfeinerung der ACC-Komponente (Abschnitt 7.3) den Ausgabeport TargetSpeed besitzen wird. Dies ist im Allgemeinen nicht notwendig, da bereits die Angabe genügt, dass eine (noch nicht näher spezifizierte) Teilkomponente diesen Port besitzen wird.

Label	Anforderung	Genauere Beschreibung
R1	ACC-Steuerung kann vom Fahrer manuell aktiviert werden.	ACC-Steuerung kann über den ACC-Schalter aktiviert werden.
R2	ACC-Steuerung kann vom Fahrer manuell deaktiviert werden.	ACC-Steuerung kann über den ACC-Schalter deaktiviert werden.
R3	ACC-Steuerung versendet Zielbeschleunigungen, nur wenn sie aktiv ist.	ACC-Steuerung versendet keine Nachrichten mit Zielbeschleunigung, wenn sie inaktiv ist. Dabei darf bereits zum Zeitpunkt der Deaktivierung keine neue Zielbeschleunigung ausgegeben werden.
R4	Nachfolgesteuerung des ACC-Systems aktivieren, falls ein Zielfahrzeug existiert.	Abstand zwischen den Fahrzeugen wird kontrolliert. Der Abstand ist abhängig von der Fahrzeuggeschwindigkeit einstellbar. Zielbeschleunigung wird auf Grundlage des Abstands und der relativen Geschwindigkeit bestimmt. Die Zielbeschleunigung wird vom Fahrerassistenz-Steuergerät und das Fahrwerk weitergeleitet, das die Antriebs- und Bremskomponenten entsprechend steuert.
R5	Modus konstanter Geschwindigkeit wird aktiviert, falls kein Zielfahrzeug existiert.	Kontrolle der Fahrzeuggeschwindigkeit mit konstanter Zielgeschwindigkeit.
R6	ACC-Zielgeschwindigkeit ist im vorgegebenen Bereich.	ACC-Zielgeschwindigkeit liegt zwischen 50 und 100 km/h.
R7	ACC-Zielbeschleunigung ist im vorgegebenen Bereich.	ACC-Zielbeschleunigung liegt zwischen -2.5 und 1.5 m/s^2.
R8	ACC kann starten, wenn die Fahrzeuggeschwindigkeit im vorgegebenen Bereich liegt.	ACC-Steuerung kann starten, falls die Fahrzeuggeschwindigkeit zwischen 40 und 110 km/h liegt.
R9	Wenn die Fahrzeuggeschwindigkeit außerhalb des vorgegebenen Bereichs liegt, wird die ACC-Steuerung deaktiviert.	ACC-Steuerung wird deaktiviert, wenn die Fahrzeuggeschwindigkeit unter 40 km/h oder über 110 km/h liegt.
R10	Bremsvorgänge und Beschleunigungsvorgänge durch den Fahrer haben Vorrang vor der ACC-Steuerung.	Wenn der Fahrer das Bremspedal oder das Gaspedal betätigt, wird die ACC-Steuerung beendet.

Tabelle 7.4: Informelle Anforderungen an die Geschwindigkeitsregelung (Cruise Control)

LTL_Formula ::=

p	/* Proposition (Zustandsformel) */
| True | False	/* Wahrheitswerte */
| $\neg \varphi$	/* Negation (NICHT) */
| $\varphi_1 \wedge \varphi_2$	/* Konjunktion (UND) */
| $\varphi_1 \vee \varphi_2$	/* Disjunktion (ODER) */
| $\varphi_1 \to \varphi_2$	/* Implikation (WENN-DANN) */
| $\bigcirc \varphi$	/* Next */
| $\Diamond \varphi$	/* Eventually */
| $\Box \varphi$	/* Always */
| $\varphi_1 \, \mathcal{U} \, \varphi_2$	/* Until */

Abbildung 7.3: LTL – Syntax

7.2 Formale funktionale Spezifikation

Wir wollen nun die funktionalen Anforderungen an die ACC-Komponente formalisieren. Als Grundlage dienen uns die informalen textuellen Anforderungen (Tab. 7.4) sowie die syntaktische Schnittstelle (Abbildungen 7.1 und 7.2), die in dem vorherigen Abschnitt 7.1 vorgestellt wurden.

Als Grundlage für formale funktionale Spezifikation verwenden wir deklarative temporallogische Notationen mit formaler Syntax und Semantik. Im Folgenden werden wir die Syntax und Semantik für zwei temporallogische Notationen formal definieren und erläutern – dabei handelt es sich um einen Ausschnitt der gebräuchlichen LTL-Notation (z. B. [MP92] und Abschnitt 3.2.2), sowie eine benutzerdefinierte Notation (die wir einfach PDL$_1$ nennen), in der die Bezeichnungen der logischen Operatoren an die natürliche Sprache angelehnt sind, und deren Semantik mit Hinblick auf bequemere Formulierung der funktionalen Eigenschaften für die Fallstudie gewählt wurde.

LTL-Notation

Wir definieren nun einen Ausschnitt von LTL, der boolesche Operatoren (bis auf die Äquivalenz) und temporale Operatoren für die Zukunft enthält. Zunächst wird die Syntax einer Formel definiert. Seien p eine Proposition, d. h., Zustandsformel auf Systemzuständen, und $\varphi, \varphi_1, \varphi_2$ LTL-Formeln. Dann ist jede der folgenden Formeln eine LTL-Formel:

- Proposition p.

- Boolesche Konstanten True, False.

- Formeln mit booleschen Operatoren $\varphi_1 \sim \varphi_2$ mit $\sim \in \{\wedge, \vee, \to\}$, sowie $\neg \varphi$.

- Temporale Formeln $\sim \varphi$ mit $\sim \in \{\bigcirc, \Diamond, \Box\}$, sowie $\varphi_1 \, \mathcal{U} \, \varphi_2$.

Die Abbildung 7.3 zeigt die LTL-Syntax als BNF-Grammatik.

Nun können wir die formale Semantik der LTL-Notation angeben, indem wir eine Auswertungsfunktion $\models_{\text{LTL}}$ für LTL-Formeln definieren, die LTL-Formeln rekursiv über den Formelaufbau in BPDL übersetzt und auf diese Weise ihre Semantik festlegt (Abbildung 7.5). Die Semantik der hier verwendeten Operatoren entspricht der Definition in dem Abschnitt 3.2.2 (wobei dort weitere Operatoren definiert werden, die in der Fallstudie nicht genutzt werden).

Benutzerdefinierte PDL-Notation

Die LTL-Notation bietet Basisoperatoren für die Formulierung temporallogischer Eigenschaften. Für Entwickler, die mit der Notation und den Operatorbezeichnungen nicht vertraut sind, können LTL-Formeln schwierig zu lesen sein. Ferner können längere Formeln und insbesondere Eigenschaften, die nicht direkt mit einem der angebotenen temporalen Operatoren darstellbar sind, auch für diejenigen unübersichtlich werden, die mit LTL vertraut sind. Daher kann es hilfreich sein, temporallogische Notationen zur Verfügung zu stellen, die natürlichsprachliche Bezeichnungen für logische und temporale Operatoren sowie eigene Operatoren für häufige Formelmuster bieten (wie beispielsweise Invariante mit Implikation der Form $\Box$ $(p \rightarrow q)$). Daher wollen wir im Folgenden eine PDL-Notation definieren, die natürlichsprachliche Operatorbezeichnungen sowie weitere Operatoren verwendet, die die Formalisierung der funktionalen Anforderungen in dieser Fallstudie erleichtern. Diese Notation nennen wir im weiteren Verlauf PDL_1.

Zunächst wird die Syntax der PDL_1 definiert. Seien p Proposition und $\beta, \varphi, \varphi_1, \varphi_2$ PDL_1-Formeln. Dann ist jede der folgenden Formeln eine PDL_1-Formel:

- Proposition p.

- Boolesche Konstanten True, False.

- Formeln mit booleschen Operatoren φ_1 **And** φ_2, φ_1 **Or** φ_2, **Not** φ.

- Temporale Formeln **Next** φ, **Always** φ, φ_1 **AsLongAs** φ_2.

- Temporale Formeln **Whenever** β **Then** φ, sowie **Whenever** β **Finally**$[d]$ φ mit optionaler Angabe der Höchstdauer $d \in \{$**VeryQuick**, **Quick**$\}$.

Die Abbildung 7.4 zeigt die PDL_1-Syntax als BNF-Grammatik.

Vor der formalen Definition der PDL_1-Semantik wollen wir die Bedeutung der PDL_1-Operatoren erläutern. Die Operatoren **Not**, **And**, **Or**, **Next** sowie **Always** entsprechen den gleich benannten LTL-Operatoren $\neg$, $\wedge$, $\vee$, $\bigcirc$ sowie $\Box$ (vgl. auch Abbildung 7.7). Weitere PDL_1-Operatoren und Sprachkonstrukte haben folgende Bedeutung:

- Operator **AsLongAs**:

   Die Formel φ_1 **AsLongAs** φ_2 spezifiziert, dass die Formel φ_1 mindestens solange gelten soll, wie φ_2 gilt, d. h., entweder immer, oder mindestens bis zu einem Zeitpunkt, an dem φ_2 nicht mehr gilt.

- Operator **Whenever Then**:

   Die Formel **Whenever** β **Then** φ spezifiziert, dass immer, wenn die Vorbedingung β gilt, auch die Nachbedingung φ gelten soll.

PDL$_1$_Formula ::=

p	/* Proposition (Zustandsformel) */
| True | False	/* Wahrheitswerte */
| **Not** φ	/* Negation */
| φ_1 **And** φ_2	/* Konjunktion */
| φ_1 **Or** φ_2	/* Disjunktion */
| **Next** φ	/* Next */
| **Always** φ	/* Always */
| φ_1 **AsLongAs** φ_2	/* φ_1, solange φ_2 */
| **Whenever** β **Then** φ	/* Immer wenn β, dann φ */
| **Whenever** β **Finally**$[d]$ φ	/* Immer wenn β, dann schließlich φ.
	Optionale Höchstdauer $d \in \{$**VeryQuick**, **Quick**$\}$ */

Abbildung 7.4: Benutzerdefinierte PDL – Syntax

- Operator **Whenever Finally**:

 Die Formel **Whenever** β **Finally** φ spezifiziert, dass immer, wenn die Vorbedingung β gilt, irgendwann, angefangen ab dem aktuellen Zeitpunkt, auch die Nachbedingung φ erfüllt sein soll. Falls der optionale Parameter $d \in \{$**VeryQuick**, **Quick**$\}$ verwendet wird (**Whenever** β **Finally**$[d]$ φ), gibt er die Höchstdauer an, nach der φ erfüllt sein soll: spätestens nach dem nächsten Schritt bei **VeryQuick** bzw. nach dem übernächsten Schritt bei **Quick**.

Wie bereits für LTL, definieren wir die Semantik der PDL$_1$-Notation durch die Definition der Auswertungsfunktion $\models_{\text{PDL}_1}$ für PDL$_1$-Formeln rekursiv über den Formelaufbau (Abbildung 7.6), die PDL$_1$-Formeln in BPDL-Formeln übersetzt.

Eine weitere Möglichkeit der Semantikdefinition neben der Übersetzung in BPDL ist die Übersetzung in eine Notation, deren Semantik bereits mittels Übersetzung in BPDL definiert ist – auf diese Weise kann der Zusammenhang zwischen den Notationen unmittelbar festgelegt und analysiert werden. So können PDL$_1$-Formeln zur Definition ihrer Semantik rekursiv über den Formelaufbau in LTL übersetzt werden, wie auf der Abbildung 7.7 gezeigt.

Die Übersetzung von PDL$_1$ in LTL verdeutlicht insbesondere die Unterschiede zwischen den beiden Notationen. Hierbei sind folgende Aspekte von Bedeutung, die die Verständlichkeit der Spezifikationen in PDL$_1$ gegenüber Spezifikationen in LTL verbessern:

- *Lesbarkeit*: In LTL werden die logischen und die temporalen Operatoren typischerweise mit Symbolen (z. B. $\wedge$ für die boolesche Konjunktion, oder $\square$ für den *Always*-Operator) oder einzelnen Buchstaben (z. B. $\mathcal{U}$ für den *Until*-Operator) bezeichnet. LTL-Formeln sind daher für Benutzer, die mit diesen Operatorsymbolen nicht vertraut sind, schwierig zu lesen. Deshalb werden in der benutzerdefinierten PDL$_1$-Notation Operatornamen verwenden, die an ihre Bezeichnungen in der natürlichen Sprache angelehnt sind, so dass die Formeln als natürlichsprachliche Sätze gelesen und auch ohne Kenntnisse der LTL-Operatorensymbole verstanden werden können (z. B. **Whenever** β **Then** φ in PDL$_1$ als Entsprechung der LTL-Formel $\square$ $(\beta \rightarrow \varphi)$)

- *Eigene Operatoren für gewünschte Formelmuster*: Die LTL-Notation bietet Basisoperatoren wie *Always*, *Eventually*, *Until* für die Formulierung temporallogischer Eigenschaften. Mit diesen Operatoren lassen sich alle in PDL_1 verwendeten Operatoren nachbilden – die entsprechenden temporallogischen Ausdrücke sind jedoch wesentlich schwieriger zu verstehen (vgl. beispielsweise die Darstellung des **AsLongAs**-Operators oder des Ausdrucks **Whenever** β **Then** φ in LTL, Abb. 7.7).

Die benutzerdefinierte PDL_1-Notation bietet hingegen genau diejenigen Operatoren, die für den konkreten Anwendungsfall hilfreich sind und verzichtet auf die nicht einzeln benötigten LTL-Operatoren – beispielsweise enthält PDL_1 keinen separaten *Eventually*-Operator, sondern bietet stattdessen das Konstrukt **Whenever** β **Finally** φ, das der LTL-Formel $\square \ (\beta \ \rightarrow \ \Diamond \ \varphi)$ entspricht und somit eine typische Anforderung darstellt, das immer beim Eintreten einer Vorbedingung β irgendwann die Nachbedingung φ erfüllt sein muss.

Die Syntax und daher auch das Aussehen von Spezifikationsformeln in LTL und PDL_1 sind unterschiedlich, dennoch sind ihre Ausdrucksstärken äquivalent, d. h., jede in PDL_1 formulierbare Eigenschaft ist in LTL formulierbar und umgekehrt. Seien $\mathcal{L}_{PDL_1}$ und $\mathcal{L}_{LTL}$ Mengen aller Formeln von PDL_1 bzw. LTL, σ eine Berechnung und $t \in \mathbb{N}$ ein Zeitpunkt. Dann gilt (Lemma *PDL1-equiv-LTL* im Anhang A.3.2 ab S. 369):

$$\forall \ \varphi \ \in \mathcal{L}_{PDL_1} : \exists \ \varphi' \in \mathcal{L}_{LTL} \ : \ ((\sigma, \ t) \models_{PDL_1} \varphi) \ \Leftrightarrow \ ((\sigma, \ t) \models_{LTL} \varphi') \tag{7.1a}$$

$$\forall \ \varphi \ \in \mathcal{L}_{LTL} \ : \exists \ \varphi' \in \mathcal{L}_{PDL_1} : \ ((\sigma, \ t) \models_{LTL} \varphi) \ \Leftrightarrow \ ((\sigma, \ t) \models_{PDL_1} \varphi') \tag{7.1b}$$

Die Teilbehauptung (7.1a) folgt daraus, dass jede PDL_1-Formel in eine äquivalente LTL-Formel entsprechend der Abbildung 7.7 übersetzt werden kann (vgl. Lemma *PDL1-as-LTL-equiv* im Anhang A.3.2 ab S. 369). Die Teilbehauptung (7.1b) ergibt sich analog dazu, weil jede LTL-Formel in eine äquivalente PDL_1-Formel übersetzt werden kann (vgl. Übersetzungsfunktion *ltl-to-pdl1* und Lemma *LTL-as-PDL1-equiv* im Anhang A.3.2 ab S. 369). Somit sind die Ausdrucksstärken beider PDL-Notationen gleich. Der wichtigere Teil dieser Tatsache ist (7.1a), denn damit kann jede in der benutzerdefinierten Notation PDL_1 formulierte funktionale Anforderung auch in der weit verbreiteten und von vielen Modelchecking-Werkzeugen (z. B. SMV und SPIN) akzeptierten LTL-Notation dargestellt und in diese auch entsprechend der Abbildung 7.7 schematisch übersetzt werden.

Spezifikationstabellen und die benutzerdefinierte PDL-Notation

Um die Spezifikation übersichtlich zu gestalten, werden wir die formalen Anforderungen zum Teil tabellarisch spezifizieren (vgl. Abschnitt 5.2). Ebenso wie die Syntax und Semantik neuer PDL-Notationen definiert werden kann, können auch für die Generierung der PDL-Spezifikationsformeln aus Spezifikationstabellen neben der Definition in dem Abschnitt 5.2 weitere benutzerdefinierte Generierungsvorschriften verwendet werden. So verwenden wir in diesem Abschnitt für Spezifikationen in PDL_1 folgende Semantik für tabellarische Spezifikationen – für eine i-te Tabellenzeile einer Tabelle T mit den Vorbedingungen/Annahmen $A_{i,1}, \ldots, A_{i,m}$ und den Nachbedingungen/Garantien $G_{i,1}, \ldots, G_{i,n}$ (vgl. Tabelle 5.1 auf S. 169) wird der folgende PDL_1-Ausdruck erzeugt:

$$F_{T,i} \ = \ \textbf{Whenever} \ A_{i,1} \ \textbf{And} \ \ldots \ \textbf{And} \ A_{i,m} \ \textbf{Then} \ G_{i,1} \ \textbf{And} \ \ldots \ \textbf{And} \ G_{i,n} \tag{7.2}$$

$(\sigma, t) \models_{LTL} p$ ⇔ $p(\sigma.t)$

$(\sigma, t) \models_{LTL} b$, für $b \in \{$True, False$\}$ ⇔ b

$(\sigma, t) \models_{LTL} \neg \varphi$ ⇔ $\neg ((\sigma, t) \models_{LTL} \varphi)$

$(\sigma, t) \models_{LTL} \varphi_1 \wedge \varphi_2$ ⇔ $((\sigma, t) \models_{LTL} \varphi_1) \wedge ((\sigma, t) \models_{LTL} \varphi_2)$

$(\sigma, t) \models_{LTL} \varphi_1 \vee \varphi_2$ ⇔ $((\sigma, t) \models_{LTL} \varphi_1) \vee ((\sigma, t) \models_{LTL} \varphi_2)$

$(\sigma, t) \models_{LTL} \varphi_1 \rightarrow \varphi_2$ ⇔ $((\sigma, t) \models_{LTL} \varphi_1) \rightarrow ((\sigma, t) \models_{LTL} \varphi_2)$

$(\sigma, t) \models_{LTL} \bigcirc \varphi$ ⇔ $\bigcirc t_1 t [0\ldots]. ((\sigma, t_1) \models_{LTL} \varphi)$

$(\sigma, t) \models_{LTL} \Diamond \varphi$ ⇔ $\Diamond t_1 [t\ldots]. ((\sigma, t_1) \models_{LTL} \varphi)$

$(\sigma, t) \models_{LTL} \Box \varphi$ ⇔ $\Box t_1 [t\ldots]. ((\sigma, t_1) \models_{LTL} \varphi)$

$(\sigma, t) \models_{LTL} \varphi_1 \mathcal{U} \varphi_2$ ⇔ $((\sigma, t_1) \models_{LTL} \varphi_1) . t_1 \mathcal{U} t_2 [t\ldots]. ((\sigma, t_2) \models_{LTL} \varphi_2)$

Abbildung 7.5: LTL – Semantik, definiert durch BPDL

$(\sigma, t) \models_{PDL_1} p$ ⇔ $p(\sigma.t)$

$(\sigma, t) \models_{PDL_1} b$, für $b \in \{$True, False$\}$ ⇔ b

$(\sigma, t) \models_{PDL_1}$ **Not** φ ⇔ $\neg ((\sigma, t) \models_{PDL_1} \varphi)$

$(\sigma, t) \models_{PDL_1} \varphi_1$ **And** φ_2 ⇔ $((\sigma, t) \models_{PDL_1} \varphi_1) \wedge ((\sigma, t) \models_{PDL_1} \varphi_2)$

$(\sigma, t) \models_{PDL_1} \varphi_1$ **Or** φ_2 ⇔ $((\sigma, t) \models_{PDL_1} \varphi_1) \vee ((\sigma, t) \models_{PDL_1} \varphi_2)$

$(\sigma, t) \models_{PDL_1}$ **Next** φ ⇔ $\bigcirc t_1 t [0\ldots]. ((\sigma, t_1) \models_{PDL_1} \varphi)$

$(\sigma, t) \models_{PDL_1}$ **Always** φ ⇔ $\Box t_1 [t\ldots]. ((\sigma, t_1) \models_{PDL_1} \varphi)$

$(\sigma, t) \models_{PDL_1} \varphi_1$ **AsLongAs** φ_2 ⇔ $((\sigma, t_1) \models_{PDL_1} \varphi_1) . t_1 \mathcal{W} t_2 [t\ldots]. \neg ((\sigma, t_2) \models_{PDL_1} \varphi_2)$

$(\sigma, t) \models_{PDL_1}$ **Whenever** β **Then** φ ⇔ $\Box t_1 [t\ldots]. (((\sigma, t) \models_{PDL_1} \beta) \rightarrow ((\sigma, t) \models_{PDL_1} \varphi))$

$(\sigma, t) \models_{PDL_1}$ **Whenever** β **Finally** φ ⇔ $\Box t_1 [t\ldots]. (((\sigma, t_1) \models_{PDL_1} \beta) \rightarrow \Diamond t_2 [t_1\ldots]. ((\sigma, t_2) \models_{PDL_1} \varphi))$

$(\sigma, t) \models_{PDL_1}$ **Whenever** β **Finally**[d] φ ⇔ $\Box t_1 [t\ldots]. (((\sigma, t_1) \models_{PDL_1} \beta) \rightarrow$
$\Diamond t_2 [t_1\ldots, \text{DurationValue}(d)]. ((\sigma, t_2) \models_{PDL_1} \varphi))$
(Es ist DurationValue(**VeryQuick**) = 1 und DurationValue(**Quick**) = 2)

Abbildung 7.6: PDL$_1$ – Semantik der benutzerdefinierten PDL, definiert durch BPDL

$$
\begin{array}{lcl}
p & \Leftrightarrow & p \\
b, \ \text{für } b \in \{\text{True}, \text{False}\} & \Leftrightarrow & b \\
\textbf{Not } \varphi & \Leftrightarrow & \neg\,\varphi \\
\varphi_1 \ \textbf{And } \varphi_2 & \Leftrightarrow & \varphi_1 \wedge \varphi_2 \\
\varphi_1 \ \textbf{Or } \varphi_2 & \Leftrightarrow & \varphi_1 \vee \varphi_2 \\
\textbf{Next } \varphi & \Leftrightarrow & \bigcirc\,\varphi \\
\textbf{Always } \varphi & \Leftrightarrow & \square\,\varphi \\
\varphi_1 \ \textbf{AsLongAs } \varphi_2 & \Leftrightarrow & (\square\,\varphi_1) \vee (\varphi_1\,\mathcal{U}\,\neg\,\varphi_2) \\
\textbf{Whenever } \beta \ \textbf{Then } \varphi & \Leftrightarrow & \square\,(\beta \rightarrow \varphi) \\
\textbf{Whenever } \beta \ \textbf{Finally } \varphi & \Leftrightarrow & \square\,(\beta \rightarrow \diamond\,\varphi) \\
\textbf{Whenever } \beta \ \textbf{Finally}[\textbf{VeryQuick}] \ \varphi & \Leftrightarrow & \square\,(\beta \rightarrow (\varphi \vee \bigcirc\,\varphi)) \\
\textbf{Whenever } \beta \ \textbf{Finally}[\textbf{Quick}] \ \varphi & \Leftrightarrow & \square\,(\beta \rightarrow (\varphi \vee \bigcirc\,(\varphi \vee \bigcirc\,\varphi))) \\
\end{array}
$$

Abbildung 7.7: PDL_1 – Semantikdefinition durch Übersetzung in LTL

Der PDL_1-Ausdruck für eine gesamte Spezifikationstabelle T mit r Zeilen wird durch die Konjunktion der Ausdrücke für die einzelnen Zeilen gegeben:

$$
F_T \quad = \quad F_{T,1} \ \textbf{And} \ \ldots \ \textbf{And} \ F_{T,r} \tag{7.3}
$$

Der Übersichtlichkeit halber werden für die Anforderungen, die aus den tabellarischen Spezifikationen entstehen, die Spezifikationsformeln für jede Tabellenzeile einzeln aufgeschrieben – dabei werden die einzelnen Spezifikationsformeln nach den Bezeichnern/Labels in den Tabellen benannt, so dass die Spezifikationsformeln den jeweils entsprechenden Zeilen in der tabellarischen Spezifikation direkt zugeordnet werden können.

Funktionale Anforderungen

Wir wollen nun die im Abschnitt 7.1 vorgestellten funktionalen Anforderungen mithilfe der oben definierten Spezifikationsnotation PDL_1 formalisieren.

Das Verhalten der ACC-Komponente hängt mit Ihrem Aktivitätszustand und ihrem Betriebsmodus zusammen. Für die Formalisierung müssen wir daher die Zustände und Modi der ACC-Komponente in abstrakter Form definieren, die noch keine Implementierung vorwegnimmt, sondern die abstrahierte Darstellung des Betriebsmodus ermöglicht. Wir definieren folgende abstrakte Modi für die ACC-Komponente:

- *Inactive*: Die ACC-Komponente ist inaktiv. Dies ist der Fall am Beginn der Systemausführung sowie nach Deaktivierung.

- *ActiveCruise*: Die ACC-Komponente ist aktiviert und im Modus konstanter Geschwindigkeit.

- *ActiveFollow*: Die ACC-Komponente ist aktiviert und im Modus des Folgens nach einem Zielfahrzeug.

Diese abstrakten Modi werden wir im Weiteren bei der Formalisierung funktionaler Anforderungen zur Angabe des Betriebsmodus der ACC-Komponente benutzen. Für eine spätere Implementierung können dann die konkreten Komponentenzustände auf die oben definierten abstrakten Modi abgebildet werden – beispielsweise könnte dem Modus *Inactive* ein bestimmter Kontrollzustand einer Teilkomponente der ACC-Komponente und dem Modus *ActiveFollow* ein bestimmter Wert einer lokalen Variablen einer Teilkomponente der ACC-Komponente entsprechen.

Wir beginnen mit den Anforderungen an die Aktivierung und Deaktivierung der ACC-Komponente – dies sind die Anforderungen R1, R2, R8, R9, R10 aus der Tabelle 7.4. Die Spezifikationstabelle 7.5 gibt einen Überblick über die Anforderungen zur Aktivierung und Deaktivierung der ACC-Komponente. Hierbei verwenden wir die Abkürzung

$$
\begin{aligned}
ACC\_Flag\_AccelOrBrake \ &= \\
AcceleratorPedal \neq \varepsilon \ \textbf{And} \ &AcceleratorPedal > 0 \ \textbf{Or} \\
BrakePedal \neq \varepsilon \ \textbf{And} \ &BrakePedal > 0
\end{aligned} \tag{7.4}
$$

die angibt, ob das Brems- oder Gaspedal betätigt wurde.

Die erste Tabellenzeile spezifiziert die Aktivierungsbedingung für die ACC-Komponente, die sich aus den Anforderungen R1 und R8 ergibt – die ACC-Komponente wird aktiviert, wenn sie vorher inaktiv war, ein Aktivierungsbefehl vom Benutzer vorliegt und die Fahrzeuggeschwindigkeit im vorgegebenen Bereich liegt. Es wird auch die Anforderung R10 berücksichtigt, dass die Betätigung des Brems- oder Gaspedals Priorität über die ACC-Steuerung hat:

$$
\begin{aligned}
Req\_Activate \ &= \\
\textbf{Whenever} \ (ACC\,AbstractMode^- &= Inactive \ \textbf{And} \\
ACC\,SwitchOperation &= Activate \ \textbf{And} \\
40 \leq VehicleSpeed \ \textbf{And} \ &VehicleSpeed \ \leq \ 110 \ \textbf{And} \\
\textbf{Not} \ ACC\_Flag\_AccelOrBrake)& \\
\textbf{Then} \ ACC\,AbstractMode &= ActiveCruise
\end{aligned} \tag{7.5}
$$

Die weiteren drei Anforderungen in der Tabelle 7.5 befassen sich mit den möglichen Abläufen zur Deaktivierung der ACC-Komponente. Die zweite Tabellenzeile entspricht der Anforderung R2, dass der Fahrer die ACC-Steuerung durch Betätigung des ACC-Schalters ausschalten kann:

$$
\begin{aligned}
Req\_Deactivate \ &= \\
\textbf{Whenever} \ ACC\,SwitchOperation &= Deactivate \\
\textbf{Then} \ ACC\,AbstractMode &= Inactive
\end{aligned} \tag{7.6}
$$

Die dritte Zeile legt fest, dass die ACC-Komponente deaktiviert wird, wenn die Fahrzeuggeschwindigkeit den vorgegebenen Geschwindigkeitsbereich verlässt (Anforderung R9):

$$
\begin{aligned}
Req\_SpeedOutsideRange\_Deactivate \ &= \\
\textbf{Whenever Not} \ (40 \ \leq \ VehicleSpeed \ \textbf{And} \ &VehicleSpeed \ \leq \ 110) \\
\textbf{Then} \ ACC\,AbstractMode &= Inactive
\end{aligned} \tag{7.7}
$$

Schließlich legt die vierte Zeile fest, dass die ACC-Komponente bei Betätigung des Brems- oder

Gaspedals deaktiviert wird (Anforderung R10):

$$
\begin{aligned}
&\mathsf{Req\_AccelOrBrake\_Deactivate} \quad = \\
&\textbf{Whenever } ACC\_Flag\_AccelOrBrake = \text{True} \\
&\textbf{Then } ACC\,AbstractMode = Inactive
\end{aligned}
\tag{7.8}
$$

Die weiteren Anforderungen gelten überwiegend für aktive Zustände der ACC-Komponente. Daher definieren wir zur bequemeren Formulierung der Anforderungen eine Abkürzung für die Bedingungen, bei deren Erfüllung die ACC-Komponente deaktiviert wird und damit eine Anforderung für einen aktiven Zustand nicht mehr erfüllt werden muss:

$$
\begin{aligned}
&ACC\_Flag\_Terminate \quad = \\
&\quad ACC\_Flag\_AccelOrBrake \ \textbf{Or} \\
&\quad \textbf{Not}\,(40 \ \leq \ VehicleSpeed \ \textbf{And} \ VehicleSpeed \ \leq \ 110)\ \textbf{Or} \\
&\quad ACC\,SwitchOperation = Deactivate
\end{aligned}
\tag{7.9}
$$

Die Anforderungen R4 und R5 spezifizieren die Bedingungen, unter denen die ACC-Komponente zwischen den Modi des Folgens und der konstanten Geschwindigkeit wechselt. Die Tabelle 7.6 beschreibt die entsprechenden Wechselbedingungen. Die erste Zeile formalisiert die Anforderung R4, dass die ACC-Komponente aus dem Modus konstanter Geschwindigkeit bei vorhandenem Zielfahrzeug in den Folgemodus übergeht:

$$
\begin{aligned}
&\mathsf{Req\_Cruise\_to\_Follow} \quad = \\
&\textbf{Whenever } (\textbf{Not } ACC\_Flag\_Terminate\ \textbf{And} \\
&\quad ACC\,AbstractMode^- = ActiveCruise\ \textbf{And}\ TargetVehiclePresent = \text{True}) \\
&\textbf{Then } ACC\,AbstractMode = ActiveFollow
\end{aligned}
\tag{7.10}
$$

Die zweite Zeile beschreibt den umgekehrten Moduswechsel aus dem Folgemodus in den Modus konstanter Geschwindigkeit, wenn kein Zielfahrzeug vorhanden ist (Anforderung R5):

$$
\begin{aligned}
&\mathsf{Req\_Follow\_to\_Cruise} \quad = \\
&\textbf{Whenever } (\textbf{Not } ACC\_Flag\_Terminate\ \textbf{And} \\
&\quad ACC\,AbstractMode^- = ActiveFollow\ \textbf{And}\ TargetVehiclePresent = \text{False}) \\
&\textbf{Then } ACC\,AbstractMode = ActiveCruise
\end{aligned}
\tag{7.11}
$$

Für beide Anforderungen wird $ACC\_Flag\_Terminate$ als Vorbedingung einbezogen, da die Anforderungen nur dann zu erfüllen sind, wenn die ACC-Komponente in dem aktuellen Schritt nicht deaktiviert wird.

Es bleiben drei Anforderungen aus der Tabelle 7.4. Die Anforderung R3 spezifiziert, dass die ACC-Komponente keine Nachrichten mit Zielbeschleunigung verschickt, wenn sie inaktiv ist, wobei der Ausgabeport ACCTargetAccel für die Zielbeschleunigung bereits in dem Schritt, an dessen Ende die ACC-Komponente inaktiv ist, leer sein muss:

$$
\begin{aligned}
&\mathsf{Req\_Inactive\_Silent} \quad = \\
&\textbf{Whenever } ACC\,AbstractMode = Inactive \\
&\textbf{Then } ACC\,TargetAccel = \varepsilon
\end{aligned}
\tag{7.12}
$$

Die Anforderung R6 legt den zulässigen Wertebereich für die Zielgeschwindigkeit fest. Da die Zielgeschwindigkeit nicht an der externen Schnittstelle der ACC-Komponente zu beobachten ist (vgl. Abbildung 7.1 und Tabelle 7.2), wurde die interne Struktur der ACC-Komponente insoweit verfeinert, dass auf die Zielgeschwindigkeit zugegriffen werden kann (vgl. Abbildung 7.2 und Tabelle 7.3):

$$
\begin{aligned}
&\text{Req\_TargetSpeed\_In\_Range} \quad = \\
&\textbf{Whenever } TargetSpeed \neq \varepsilon \\
&\quad \textbf{Then } (50 \leq TargetSpeed \textbf{ And } TargetSpeed \leq 100)
\end{aligned}
\tag{7.13}
$$

Schließlich legt die Anforderung R7 legt den zulässigen Wertebereich für die Zielbeschleunigung fest (die ganzzahligen Ausgabewerte entsprechen Zehnteln m/s², d. h., eine Ausgabe n entspricht $n * 0.1 m/s^2$):

$$
\begin{aligned}
&\text{Req\_TargetAccel\_In\_Range} \quad = \\
&\textbf{Whenever } ACC\,TargetAccel \neq \varepsilon \\
&\quad \textbf{Then } (-25 \leq ACC\,TargetAccel \textbf{ And } ACC\,TargetAccel \leq 15)
\end{aligned}
\tag{7.14}
$$

Somit formalisierten wir die funktionalen Anforderungen aus Abschnitt 7.1 an die ACC-Komponente mithilfe der benutzerdefinierten Spezifikationsnotation PDL$_1$.

Funktionale Anforderungen in LTL

Nachdem wir die Formalisierung der funktionalen Anforderungen an die ACC-Komponente mithilfe der PDL$_1$-Notation erörtert haben, wollen wir äquivalente Formulierungen in der LTL-Notation angeben, die als temporallogische Notation verbreitet ist, und von Modelchecking-Werkzeugen (wie z. B. SMV, SPIN) akzeptiert wird.

Die Abkürzungen $ACC\_Flag\_AccelOrBrake$ und $ACC\_Flag\_Terminate$ werden analog zu PDL$_1$ definiert:

$$
\begin{aligned}
&ACC\_Flag\_AccelOrBrake_{LTL} \quad = \\
&AcceleratorPedal \neq \varepsilon \wedge AcceleratorPedal > 0 \vee \\
&BrakePedal \neq \varepsilon \wedge BrakePedal > 0
\end{aligned}
\tag{7.15}
$$

$$
\begin{aligned}
&ACC\_Flag\_Terminate_{LTL} \quad = \\
&ACC\_Flag\_AccelOrBrake \vee \\
&\neg\,(40 \leq VehicleSpeed \wedge VehicleSpeed \leq 110) \vee \\
&ACC\,SwitchOperation = Deactivate
\end{aligned}
\tag{7.16}
$$

Im Folgenden listen wir zu jeder oben spezifizierten funktionalen Anforderung eine äquivalente LTL-Formulierung auf, wobei wir zu jeder Anforderung die Bezeichnung und den Verweis auf die PDL$_1$-Formulierung sowie die zugrunde liegenden textuellen Anforderungen angeben.

Precondition				Postcondition	Label	Comment
Previous Mode $AbstractMode^-$	ACC Switch Operation $ACCSwitchOperation$	Vehicle Speed Range $40 \leq VehicleSpeed$ **And** $VehicleSpeed \leq 110$	Pedal Flag $ACC\_Flag\_AccelOrBrake$	New Mode $AbstractMode$		
$Inactive$	$Activate$	True	False	$Active\,Cruise$	Req_Activate	Anforderungen R1, R8, R10: Bedingungen für die Aktivierung der ACC-Komponente.
	$Deactivate$			$Inactive$	Req_Deactivate	Anforderung R2: Die ACC-Komponente kann über den ACC-Schalter deaktiviert werden.
		False		$Inactive$	Req_SpeedOutsideRange_Deactivate	Anforderung R9: Deaktivierung der ACC-Komponente, falls Fahrzeuggeschwindigkeit außerhalb des vorgegebenen Bereichs.
			True	$Inactive$	Req_AccelOrBrake_Deactivate	Anforderung R10: Deaktivierung der ACC-Komponente bei Betätigung des Brems- oder Gaspedals.

Tabelle 7.5: Tabellarische Spezifikation – Aktivierung und Deaktivierung der ACC-Komponente

Precondition			Postcondition	Label	Comment
Termination Flag $ACC\_Flag\_Terminate$	Previous Mode $AbstractMode^-$	Target Vehicle Flag $TargetVehiclePresent$	New Mode $AbstractMode$		
False	$Active\,Cruise$	True	$Active\,Follow$	Req_Cruise_to_Follow	Anforderung R4: Wechsel aus dem Modus konstanter Geschwindigkeit in den Folgemodus, falls ein Zielfahrzeug vorhanden ist.
	$Active\,Follow$	False	$Active\,Cruise$	Req_Follow_to_Cruise	Anforderung R5: Wechsel aus dem Folgemodus in den Modus konstanter Geschwindigkeit, falls kein Zielfahrzeug vorhanden ist.

Tabelle 7.6: Tabellarische Spezifikation – Wechsel zwischen Folgemodus und Modus konstanter Geschwindigkeit

- Anforderung Req_Activate (7.5), textuelle Anforderungen R1, R8, R10:

$$
\begin{aligned}
\text{Req\_Activate}_{\text{LTL}} \quad = \\
\Box\big((ACC\,Abstract\,Mode^{-} = Inactive \;\wedge \\
ACC\,Switch\,Operation = Activate \;\wedge \\
40 \leq Vehicle\,Speed \;\wedge\; Vehicle\,Speed \;\leq\; 110 \;\wedge \\
\neg\,ACC\_Flag\_Accel\,Or\,Brake_{LTL}) \;\rightarrow \\
ACC\,Abstract\,Mode = Active\,Cruise\big)
\end{aligned}
\tag{7.17}
$$

- Anforderung Req_Deactivate (7.6), textuelle Anforderung R2:

$$
\begin{aligned}
\text{Req\_Deactivate}_{\text{LTL}} \quad = \\
\Box\big(ACC\,Switch\,Operation = Deactivate \;\rightarrow \\
ACC\,Abstract\,Mode = Inactive\big)
\end{aligned}
\tag{7.18}
$$

- Anforderung Req_SpeedOutsideRange_Deactivate (7.7), textuelle Anforderung R9:

$$
\begin{aligned}
\text{Req\_SpeedOutsideRange\_Deactivate}_{\text{LTL}} \quad = \\
\Box\big((Vehicle\,Speed < 40 \;\vee\; 110 < Vehicle\,Speed) \;\rightarrow \\
ACC\,Abstract\,Mode = Inactive\big)
\end{aligned}
\tag{7.19}
$$

- Anforderung Req_AccelOrBrake_Deactivate (7.8), textuelle Anforderung R10:

$$
\begin{aligned}
\text{Req\_AccelOrBrake\_Deactivate}_{\text{LTL}} \quad = \\
\Box\big(ACC\_Flag\_Accel\,Or\,Brake_{LTL} = \text{True} \;\rightarrow \\
ACC\,Abstract\,Mode = Inactive\big)
\end{aligned}
\tag{7.20}
$$

- Anforderung Req_Cruise_to_Follow (7.10), textuelle Anforderung R4:

$$
\begin{aligned}
\text{Req\_Cruise\_to\_Follow}_{\text{LTL}} \quad = \\
\Box\big((\neg\,ACC\_Flag\_Terminate_{LTL} \;\wedge \\
ACC\,Abstract\,Mode^{-} = Active\,Cruise \;\wedge \\
Target\,Vehicle\,Present = \text{True}) \;\rightarrow \\
ACC\,Abstract\,Mode = Active\,Follow\big)
\end{aligned}
\tag{7.21}
$$

- Anforderung Req_Follow_to_Cruise (7.11), textuelle Anforderung R5:

$$
\begin{aligned}
\text{Req\_Follow\_to\_Cruise}_{\text{LTL}} \quad = \\
\Box\big((\neg\,ACC\_Flag\_Terminate_{LTL} \;\wedge \\
ACC\,Abstract\,Mode^{-} = Active\,Follow \;\wedge \\
Target\,Vehicle\,Present = \text{False}) \;\rightarrow \\
ACC\,Abstract\,Mode = Active\,Cruise\big)
\end{aligned}
\tag{7.22}
$$

- Anforderung Req_Inactive_Silent (7.12), textuelle Anforderung R3:

$$\text{Req\_Inactive\_Silent}_{LTL} \quad = \\ \square \big(ACC\,AbstractMode = Inactive \quad \rightarrow \\ ACC\,TargetAccel = \varepsilon \big) \tag{7.23}$$

- Anforderung Req_TargetSpeed_In_Range (7.13), textuelle Anforderung R6:

$$\text{Req\_TargetSpeed\_In\_Range}_{LTL} \quad = \\ \square \big(TargetSpeed \neq \varepsilon \quad \rightarrow \\ (50 \leq TargetSpeed \;\wedge\; TargetSpeed \leq 100) \big) \tag{7.24}$$

- Anforderung Req_TargetAccel_In_Range (7.14), textuelle Anforderung R7:

$$\text{Req\_TargetAccel\_In\_Range}_{LTL} \quad = \\ \square \big(ACC\,TargetAccel \neq \varepsilon \quad \rightarrow \\ (-25 \leq ACC\,TargetAccel \;\wedge\; ACC\,TargetAccel \leq 15) \big) \tag{7.25}$$

Die oben aufgeführten LTL-Formulierungen sind äquivalent zu den jeweiligen PDL$_1$-Formulierungen. Die entsprechenden Beweise finden sich im Anhang A.3.3 ab S. 375, sowie in der generierten Dokumentation für die Isabelle/HOL-Theorien zur Fallstudie [Tra08a].

Assume/Guarantee-Verifikation

Wir wollen nun an einem kleinen Beispiel zeigen, wie formale Verifikation für deklarativ spezifizierte funktionale Anforderungen in Entwicklungsphasen funktionieren kann, in denen das Verhalten noch nicht ausführbar spezifiziert ist (wie z. B. durch Zustandsautomaten oder Code), und damit insbesondere in Entwurfsphasen vor der Erstellung einer Implementierung. Dafür verwenden wir den A/G-Verifikationsstil, bei dem die Behauptung/Garantie ausgehend von gegebenen Annahmen gezeigt wird.

Anforderung Wir betrachten als Beispiel die Anforderung, dass die ACC-Komponente nach Deaktivierung keine Nachrichten mit Zielbeschleunigung versendet, solange sie nicht wieder aktiviert wird:

$$\text{Req\_Silent\_After\_Deactivated} \quad = \\ \textbf{Whenever } ACC\,SwitchOperation = Deactivate \\ \textbf{Then } (ACC\,TargetAccel = \varepsilon \; \textbf{AsLongAs} \\ \textbf{Not } ACC\,SwitchOperation = Activate) \tag{7.26}$$

Dabei muss die Kommunikationsstille bereits in dem Schritt eintreten, in dem die ACC-Komponente deaktiviert wird.

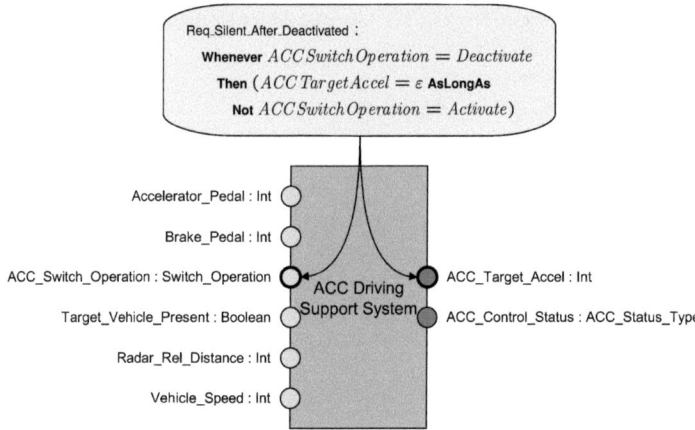

Abbildung 7.8: Integrierten Darstellung struktureller und funktionaler Spezifikation – Struktur-elemente zur Eigenschaft Req_Silent_After_Deactivated

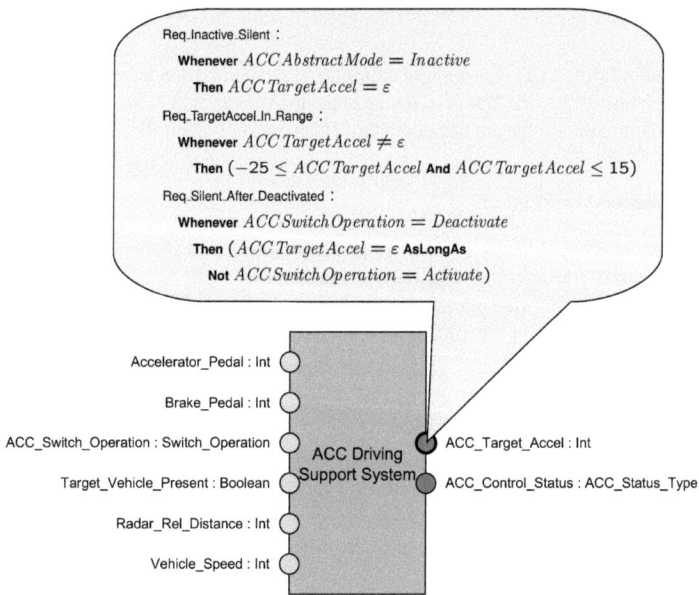

Abbildung 7.9: Integrierten Darstellung struktureller und funktionaler Spezifikation – Eigen-schaften zu dem Ausgabeport ACCTargetAccel

Integrierte Darstellung struktureller und funktionaler Spezifikation   Die Abbildung 7.8 zeigt in einer integrierten Darstellung struktureller und funktionaler Spezifikation (vgl. Abschnitt 5.1), welche Strukturelemente der Schnittstelle der ACC-Komponente unmittelbar mit der Anforderung Req_Silent_After_Deactivated (7.26) zusammenhängen. Für die hervorgehobenen Ports ACCSwitchOperation und ACCTargetAccel kann ihrerseits angezeigt werden, von welchen Eigenschaften diese Strukturelemente referenziert werden. So zeigt die Abbildung 7.8, welche Eigenschaften den Port ACCTargetAccel betreffen – in dieser Auswahl ist beispielsweise die Eigenschaft Req_Inactive_Silent (7.12) enthalten, die wir bei der Verifikation verwenden werden. Auf diese Weise leistet die integrierte Darstellung der strukturellen und funktionalen Spezifikation Unterstützung bei der Auswahl der funktionalen Eigenschaften für die Verifikation der Anforderung Req_Silent_After_Deactivated.

Graphische Veranschaulichung   Wir wollen die oben aufgestellte temporallogische Anforderung graphisch veranschaulichen, wie in dem Abschnitt 5.3 beschrieben. Dafür übersetzen wir die Spezifikationsformel zunächst in BPDL, wobei wir nur die Basisoperatoren *Eventually* und *Always* verwenden. Wir verwenden der Übersichtlichkeit halber folgende Abkürzungen für Aktivierung, Deaktivierung und Kommunikationsstille zu einem Zeitpunkt $t \in \mathbb{N}$:

$$
\begin{aligned}
deactivate(t) &:= & ACC\,Switch\,Operation(t) = Deactivate \\
activate(t) &:= & ACC\,Switch\,Operation(t) = Activate \\
is\_silent(t) &:= & ACC\,Target\,Accel(t) = \varepsilon
\end{aligned}
\qquad (7.27)
$$

Damit lässt sich die Eigenschaft (7.26) wie folgt in BPDL formulieren (vgl. auch Lemma *Req-Silent-After-Deactivated-BPDL-conv2* im Anhang A.3.3 ab S. 378):

$$
\begin{aligned}
\text{Req\_Silent\_After\_Deactivated}_{\text{BPDL}} \;=\; & \\
\square\, t_1\, [0\ldots].\; \big(deactivate(t_1) \;\rightarrow\; & \\
(\square\, t_2\, [t_1\ldots].\; is\_silent(t_2)) \;\vee\; & \\
(\lozenge\, t_3\, [t_1\ldots].\; (activate(t_3) \;\wedge\; (\square\, t_2\, [t_1\ldots]\, {\downarrow}{<}\, t_3.\; is\_silent(t_2)))) \big)
\end{aligned}
\qquad (7.28)
$$

Die Abbildung 7.10 zeigt eine graphische Veranschaulichung der Eigenschaft (7.26), die sich auf Basis der äquivalenten BPDL-Formulierung (7.28) ergibt.

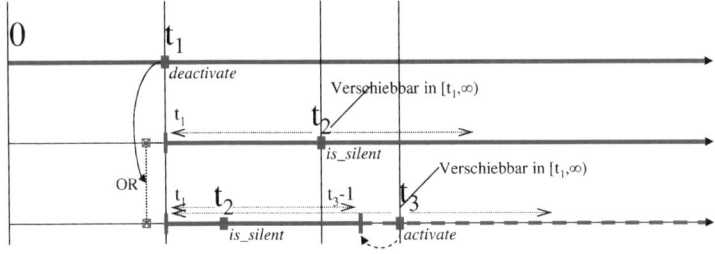

Abbildung 7.10: Visualisierung der Formel Req_Silent_After_Deactivated

Verifikation   Für den Beweis werden wir eine zusätzliche Anforderung benutzen, die von einer späteren Implementierung der ACC-Komponente erfüllt werden muss: die ACC-Komponente aktiviert sich nicht von selbst, d. h., ist die ACC-Komponente inaktiv und bekommt sie kein Aktivierungssignal, so bleibt sie inaktiv:

$$
\begin{aligned}
\text{Req\_Inactivity\_Persists} \quad = \\
\textbf{Whenever } (ACC\,Abstract\,Mode^{\frown} = Inactive \textbf{ And} \\
\textbf{Not } ACC\,Switch\,Operation = Activate) \\
\textbf{Then } ACC\,Abstract\,Mode = Inactive
\end{aligned} \tag{7.29}
$$

Durch Verwendung dieser Eigenschaft ist in der Vorbedingung von (7.26) keine Überprüfung notwendig, ob die ACC-Komponente aktiv war – war sie bereits inaktiv, und kommt an dem Eingabeport *ACCSwitchOperation* eine Deaktivierungsnachricht an, so kann auf diesem Port keine Aktivierungsnachricht gleichzeitig ankommen, und die ACC-Komponente bleibt auch nach dem aktuellen Schritt inaktiv.

Um die Eigenschaft Req_Silent_After_Deactivated (7.26) zu beweisen, formulieren und zeigen wir zunächst die Eigenschaft, dass die ACC-Komponente nach einer Deaktivierung inaktiv bleibt, solange keine Aktivierungsnachricht ankommt:

$$
\begin{aligned}
\text{Req\_Inactive\_After\_Deactivated} \quad = \\
\textbf{Whenever } ACC\,Switch\,Operation = Deactivate \\
\textbf{Then } (ACC\,Abstract\,Mode = Inactive \textbf{ AsLongAs} \\
\textbf{Not } ACC\,Switch\,Operation = Activate)
\end{aligned} \tag{7.30}
$$

Diese Eigenschaft folgt aus Req_Deactivate (7.6) und Req_Inactivity_Persists (7.29):

- Nach Ankunft der Deaktivierungsnachricht ist die ACC-Komponente inaktiv (Req_Deactivate (7.6)).

- Sobald die ACC-Komponente inaktiv ist, bleibt sie weiterhin nach jedem Schritt inaktiv, in dem keine Aktivierungsnachricht ankommt (Req_Inactivity_Persists (7.29)). Somit ergibt sich induktiv, dass die ACC-Komponente inaktiv bleibt, solange keine Aktivierungsnachricht ankommt.

Nun können wir Req_Silent_After_Deactivated (7.26) unmittelbar zeigen. Kommt eine Deaktivierungsnachricht an, so bleibt die ACC-Komponente inaktiv, solange keine Aktivierungsnachricht ankommt (Req_Inactive_After_Deactivated (7.30)). Gemäß Req_Inactive_Silent (7.12) verschickt sie in diesem Zeitraum keine Nachrichten mit Zielbeschleunigung.

Somit haben wir die Anforderung Req_Silent_After_Deactivated in der Assume/Guarantee-Vorgehensweise gezeigt, indem wir deklarativ spezifizierte Eigenschaften der ACC-Komponente für einen Beweis verwendeten, ohne eine ausführbare Spezifikation oder weitere Anforderungen für die ACC-Komponente angeben zu müssen.

Eine Isabelle/HOL-Formalisierung des A/G-Beweises der Eigenschaft Req_Silent_After_Deactivated sowie weitere Eigenschaften und Beweise findet sich im Anhang A.3.3 ab S. 381 sowie in der generierten Dokumentation für die Isabelle/HOL-Theorien zur Fallstudie [Tra08a].

7.3 Strukturelle und funktionale Verfeinerung

Nachdem die syntaktische Schnittstelle und eine Reihe funktionaler Eigenschaften der ACC-Komponente formal spezifiziert wurden, wollen wir die strukturelle und funktionale Verfeinerung der ACC-Komponente erörtern. Dabei werden wir ihre Dekomposition in drei Teilkomponenten einschließlich der weiteren Verfeinerung einer der Teilkomponenten, sowie die Verfeinerung ausgewählter funktionaler Eigenschaften betrachten.

Strukturverfeinerung der ACC-Komponente

Wir wollen zunächst die Hauptkomponente ACCDrivingSupportSystem (Abbildung 7.1) in Teilkomponenten aufteilen. Die Funktionalität der ACC-Komponente lässt sich in drei Bereiche unterteilen, die wir jeweils einer Teilkomponente zuordnen:

- ControlStatusSetup: Verarbeitung der Fahrereingaben und Bestimmung des Betriebsmodus (unter Berücksichtung der Fahrereingaben über den ACC-Schalter, eventueller Fahrerpedalbetätigungen und des Vorhandenseins eines Zielfahrzeugs).

- TargetAccelerationComputation: Berechnung der Zielbeschleunigung (ausgehend von dem aktuellen Betriebsmodus, weiteren Fahrereinstellungen (z. B. gewünschter Abstand zu einem Zielfahrzeug), der Fahrzeuggeschwindigkeit und dem Abstand bis zum Zielfahrzeug, falls eines vorhanden ist).

- Arbitration: Entscheidung auf Grundlage des Betriebsmodus, ob eine Ausgabe erfolgen darf und, falls ja, die Ausgabe der berechneten Werte und des aktuellen Status der ACC-Komponente.

Die Abbildung 7.11 zeigt die oben beschriebene strukturelle Verfeinerung der ACC-Komponente. Die ACC-Komponente läuft mit einem internen Taktfaktor 3 (der Taktfaktor wird in der linken oberen Ecke der Komponente angezeigt), so dass sie für die Verarbeitung einer Eingabe drei Rechenschritte zur Verfügung hat – damit kann die ACC-Komponente die aus den Eingaben und dem letzten Zustand berechnete Ausgabe im nächsten Kommunikationstakt ausgeben, ohne dass die Länge des internen Verarbeitungspfades aus drei Komponenten extern durch eine Verzögerung sichtbar wird (vgl. auch Abschnitte 2.2 und 4.1.1).

Neben der Aufteilung in Teilkomponenten befasst sich die strukturelle Verfeinerung mit der internen Kommunikationsstruktur der ACC-Komponente, d. h., mit Kommunikationskanälen zwischen den Teilkomponenten und den Zuordnungen der internen Kommunikationsports zu der externen Schnittstelle der ACC-Komponente (Abbildung 7.11). Beispielsweise bekommt die Komponente TargetAccelerationComputation, die für die Berechnung der Beschleunigung zuständig ist, die Zielgeschwindigkeit (TargetSpeed) über einen Kommunikationskanal von der Komponente ControlStatusSetup, während die aktuelle Fahrzeuggeschwindigkeit (VehicleSpeed), aufgrund der Zuordnung des internen Eingabeports zu dem entsprechenden externen Eingabeport, direkt von der externen Eingabeschnittstelle der ACC-Komponente kommt.

Verfeinerung der Datentypen

An der Schnittstelle und innerhalb der ACC-Komponente werden Nachrichten-Datentypen verwendet, die in dem Abschnitt 7.2 dank des höheren Abstraktionsgrads nicht ausführlich definiert werden mussten. Nun müssen diese Datentypen genauer definiert werden, bevor wir die

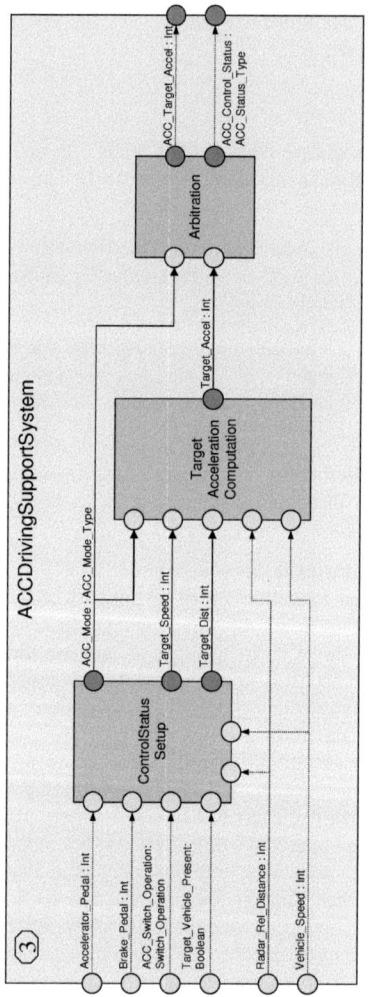

Abbildung 7.11: Strukturverfeinerung der ACC-Komponente

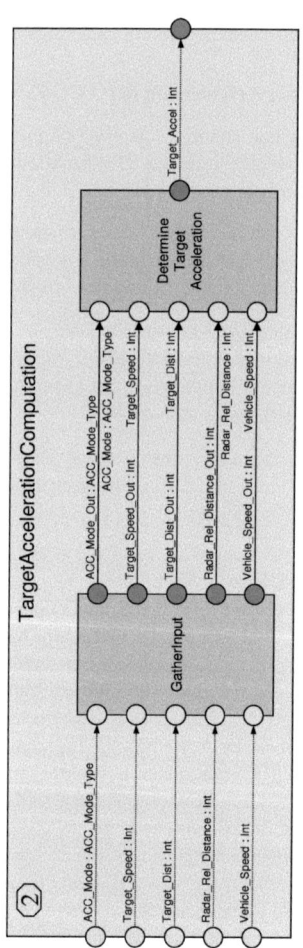

Abbildung 7.12: Strukturverfeinerung der Komponente zur Berechnung der Zielbeschleunigung

funktionale Verfeinerung der ACC-Komponente angehen. Dabei handelt es sich um folgende Datentypen:

- SwitchOperation:

  Die ACC-Komponente erhält über den ACC-Schalter Benutzereingaben für das ACC-System, wie Ein-/Ausschalten und Einstellungen der gewünschten Geschwindigkeit und des gewünschten Abstands. Der Datentyp SwitchOperation definiert die entsprechenden Befehle, die als Eingaben von der ACC-Komponente verarbeitet werden:

  - Activate: Aktivierungssignal. Wenn nicht bereits aktiv, wird die ACC-Komponente aktiviert, falls die Aktivierungsbedingungen erfüllt sind (vgl. Anforderung Req_Activate (7.5) und Tabelle 7.5).

  - Deactivate: Deaktivierungssignal. Nach Empfang dieses Signals ist die ACC-Komponente inaktiv.

  - DistanceChange: Folgeabstand ändern. Wenn die ACC-Komponente aktiv ist, bewirkt dieses Signal, dass der gewünschte Abstand bis zu einem Zielfahrzeug für den Folgemodus in mehreren Schritten zyklisch verändert wird (beispielsweise zwischen Einstellungen kurz, mittel, lang).

  - SpeedIncrease: Erhöhung der gewünschten Geschwindigkeit. Wenn die ACC-Komponente aktiv ist, wird bei Empfang dieser Nachricht die gewünschte Geschwindigkeit für den Modus konstanter Geschwindigkeit um einen festen Betrag erhöht (z. B. 1 oder 5 km/h), jedoch bis zur definierten Höchstgrenze von 100 km/h.

  - SpeedDecrease: Verringerung der gewünschten Geschwindigkeit. Analog zu SpeedIncrease wird bei Empfang dieser Nachricht, die gewünschte Geschwindigkeit verringert, jedoch bis zur definierten unteren Grenze von 50 km/h.

- ACCMode_Type:

  Nach jeder nichtleeren Eingabe ermittelt die Komponente ControlStatusSetup den aktuellen Betriebsmodus des ACC-Systems, speichert ihn in ihrem internen Zustand (z. B. als lokale Variable) und leitet ihn an die Teilkomponenten TargetAccelerationComputation und Arbitration weiter. Der Datentyp definiert folgende Werte:

  - Off: ACC-Komponente ist inaktiv.

  - Cruise: ACC-Komponente ist aktiv und befindet sich im Modus konstanter Geschwindigkeit.

  - Follow: ACC-Komponente ist aktiv und befindet sich im Folgemodus.

In dem betrachteten System lassen sich die internen Modi den abstrakten Modi der ACC-Komponente direkt zuordnen (so entspricht der interne Modus Off dem abstrakten Modus Inactive der ACC-Komponente und der Modus Follow dem abstrakten Modus ActiveFollow), im Allgemeinen muss dies jedoch nicht so sein – insbesondere könnte die ACC-Komponente intern mehr Modi unterscheiden (beispielsweise einen Modus, der einem im Lauf befindlichen Aktivierungsvorgang entspricht, während dessen die Komponente nach außen noch inaktiv ist, intern aber bereits die Ausführung der ACC-Steuerung vorbereitet).

• ACCStatus_Type:

Wenn die ACC-Komponente aktiv ist, teilt sie mit jeder Ausgabe auch den aktuellen Status mit, der sich aus dem zuletzt berechneten Modus ergibt:

– Status_Off:
Wird ausgegeben, wenn die ACC-Komponente im aktuellen Schritt deaktiviert wurde. Anschließend erfolgt keine Ausgabe, bis die Komponente wieder aktiviert wird.

– Status_Cruise:
Wird ausgegeben, wenn die ACC-Komponente sich im Modus konstanter Geschwindigkeit befindet.

– Status_Follow:
Wird ausgegeben, wenn die ACC-Komponente sich im Folgemodus befindet.

Funktionale Verfeinerung der ACC-Komponente

In dem Abschnitt 7.2 wurde eine Reihe funktionaler Eigenschaften der ACC-Komponente mithilfe der deklarativen temporallogischen Notation PDL_1 formal beschrieben. Wir wollen nun die Verfeinerung einiger dieser Eigenschaften betrachten; dabei werden für die oben aufgeführten Teilkomponenten der ACC-Komponente funktionale Anforderungen spezifiziert, aus denen sich die Erfüllung der Anforderungen für die gesamte ACC-Komponente ergibt. Dafür werden wir drei Eigenschaften exemplarisch betrachten:

• Deaktivierung (Anforderung R1):
Die Anforderung Req_Deactivate (7.6) spezifiziert, dass die ACC-Komponente beim Empfang einer Deaktivierungsnachricht deaktiviert wird. Diese Anforderung wird zu einer Anforderung an die Komponenten ControlStatusSetup und Arbitration verfeinert.

• Zielgeschwindigkeit im vorgegebenen Bereich (Anforderung R6):
Die Anforderung Req_TargetSpeed_In_Range (7.13) legt fest, dass die intern in der ACC-Komponente zur Berechnung verwendete ACC-Zielgeschwindigkeit zwischen 50 und 100 km/h liegen soll. Diese Anforderung wird zu einer Anforderung an die Komponente ControlStatusSetup verfeinert.

• Zielbeschleunigung im vorgegebenen Bereich (Anforderung R7):
Die Anforderung Req_TargetAccel_In_Range (7.14) definiert, dass die von der ACC-Komponente ausgegebene Zielbeschleunigung zwischen -2.5 und 1.5 m/s^2 liegen soll. Diese Anforderung wird zu Anforderungen an die Komponenten ControlStatusSetup, TargetAccelerationComputation und Arbitration verfeinert.

Leerlaufzustände   Wir wollen zur besseren Strukturierung der Berechnung und damit auch zur bequemeren und anschaulicheren Formulierung der funktionalen Eigenschaften festlegen, dass die Teilkomponenten der ACC-Komponente stets mit ihrer Ausgabe einen Leerlaufzustand erreichen (vgl. Abschnitt 4.1.2, S. 107 ff.). Damit gilt für jede der Teilkomponenten ControlStatusSetup, TargetAccelerationComputation und Arbitration, dass sie bei einer nichtleeren Ausgabe in einen Leerlaufzustand gelangen, in dem sie keine Berechnung und Ausgabe bis zur nächsten nichtleeren Eingabe durchführen. Seien $c \in \{$ ControlStatusSetup, TargetAccelerationComputation, Arbitration $\}$ eine der Teilkomponenten sowie *in* und *out* ihre Eingabe- bzw. Ausgabeschnittstelle. Dann gilt:

> **Whenever** $out \neq \varepsilon$
>
> **Then** $(isIdle(c)$ **And Next** ($\qquad\qquad\qquad\qquad\qquad\qquad$ (7.31)
>
> $(isIdle(c)$ **And** $out = \varepsilon)$ **AsLongAs** $in = \varepsilon)))$

Eine Eingabe der ACC-Komponente wird damit bearbeitet, bis alle Teilkomponenten eine Ausgabe liefern. Da die Kommunikationsstruktur der ACC-Komponente keine Rückkopplungen zwischen ihren Teilkomponenten enthält, gelangt auch sie nach Ausgabe der Berechnungsergebnisse der Teilkomponenten in einen Leerlaufzustand. Wir gehen davon aus, dass die Berechnung jeder Teilkomponente genau einen Schritt benötigt (dies kann bei Bedarf durch Verwendung von Taktfaktoren für die Teilkomponenten erreicht werden), so dass die komplette Berechnung durch drei Teilkomponenten der ACC-Komponente genau drei interne Zeitschritte benötigt. Durch die Verwendung des Taktfaktors 3 für die ACC-Komponente dauert ihre Berechnung für eine Eingabe genau einen externen Zeitschritt, wobei sie mit der Ausgabe einen Leerlaufzustand erreicht. Seien *in* und *out* die Eingabe- bzw. Ausgabeschnittstelle der ACC-Komponente. Dann gilt:

> **Whenever** $out \neq \varepsilon$
>
> **Then** $(isIdle(ACC\,Driving\,Support\,System)$ **And Next** ($\qquad\qquad$ (7.32)
>
> $(isIdle(ACC\,Driving\,Support\,System)$ **And** $out = \varepsilon)$ **AsLongAs** $in = \varepsilon)))$

Die Berechnungen jeder der Teilkomponente sind damit bei der Ausgabe abgeschlossen, und die ACC-Komponente befindet sich nach Ausgabe der Teilkomponente Arbitration am Ende des internen Ausführungszyklus von drei Takten, wie auch ihre Teilkomponenten, in einem Leerlaufzustand. Zu Beginn der Systemausführung befindet sich die ACC-Komponente in ihrem Initialzustand, der ebenfalls ein Leerlaufzustand sein muss (weil eine Berechnung der ACC-Komponente nicht ohne eine nichtleere externe Eingabe beginnen soll). Damit befindet sich die ACC-Komponente vor jedem internen Ausführungszyklus von drei Takten und entsprechend vor jeder externen Eingabe in einem Leerlaufzustand, in dem bei Empfang einer nichtleeren Eingabe die Berechnung beginnen und zum Ende des Ausführungszyklus abgeschlossen werden kann.

Verfeinerung funktionaler Eigenschaften   Wir wollen nun die Verfeinerung der ausgewählten funktionalen Eigenschaften der ACC-Komponente betrachten.

- Deaktivierung (Anforderung R1):

  Wir betrachten zunächst eine Anforderung, für die der Zusammenhang zwischen dem Systemzustand der Verfeinerung und den abstrahierten Zuständen der ACC-Komponente verwendet wird. Die Anforderung Req_Deactivate (7.6) fordert die Deaktivierung der ACC-Komponente beim Empfang einer Deaktivierungsnachricht. Dabei wird für die Spezifikation der Anforderung die Abstraktion des Zustands der ACC-Komponente zu Betriebsmodi Inactive, ActiveFollow und ActiveCruise verwendet. Die abstrahierten Modi müssen für die Verfeinerung der Anforderung auf die Teilkomponenten der ACC-Komponente übertragen werden. Bei der Definition des Datentyps ACCMode_Type oben in diesem Abschnitt wurde die Zuordnung der Werte Off, Cruise, Follow jeweils zu den abstrahierten Modi Inactive, ActiveCruise, ActiveFollow festgelegt. Damit gilt:

$$
\begin{aligned}
&\textbf{Whenever } ControlStatusSetup.ACCMode = \mathit{Off} \\
&\quad\textbf{Then } ACCAbstractMode = Inactive \textbf{ And} \\
&\textbf{Whenever } ControlStatusSetup.ACCMode = Cruise \\
&\quad\textbf{Then } ACCAbstractMode = ActiveCruise \textbf{ And} \\
&\textbf{Whenever } ControlStatusSetup.ACCMode = Follow \\
&\quad\textbf{Then } ACCAbstractMode = ActiveFollow
\end{aligned}
\tag{7.33}
$$

Wir formulieren nun eine Anforderung an die Komponente ControlStatusSetup, die die Anforderung Req_Deactivate (7.6) impliziert:

$$
\begin{aligned}
&\textbf{Whenever } ControlStatusSetup.ACCSwitchOperation = Deactivate \\
&\quad\textbf{Then } (ControlStatusSetup.ACCMode = \mathit{Off} \textbf{ And} \\
&\quad isIdle(ControlStatusSetup))
\end{aligned}
\tag{7.34}
$$

Daraus ergibt sich die Anforderung Req_Deactivate auf folgende Weise:

– Erhält die Teilkomponente ControlStatusSetup über den Eingabeport ACCSwitchOperation die Nachricht Deactivate, so setzt sie, gemäß (7.34), den Betriebsmodus ACCMode auf den Wert Off und geht in einen Leerlaufzustand über.

– Die ACC-Komponente läuft mit internem Taktfaktor 3, so dass die Eingabeströme um den Faktor 3 expandiert werden und daher nur die erste Nachricht in einem Ausführungstakt nichtleer sein kann (dies gilt für jeden Taktfaktor $k > 1$). Die nichtleere Nachricht Deactivate konnte nur im ersten Ausführungstakt eines Ausführungszyklus empfangen werden, so dass während der verbleibenden zwei Takte die Eingabe der Teilkomponente ControlStatusSetup leer ist und sie daher im Leerlaufzustand bleibt (vgl. (4.83) auf S. 107). Damit befindet sich die Teilkomponente ControlStatusSetup am Ende des Ausführungszyklus im Leerlaufzustand, weshalb unverändert ACCMode = Off gilt.

– Für die externe Sicht des Ausführungszustands der beschleunigten ACC-Komponente ist der letzte Zustand in dem internen Ausführungszyklus relevant (vgl. (4.73) und (4.74) ab S. 103). In diesem Zustand gilt ACCMode = Off. Nach (7.33) ergibt sich somit ACCAbstractMode = Inactive und folglich die Anforderung Req_Deactivate (7.6).

Damit haben wir die Anforderung Req_Deactivate (7.6) an die ACC-Komponente als Folge aus den Eigenschaften ihrer Teilkomponenten gezeigt.

• ACC-Zielgeschwindigkeit (Anforderung R6):

Als Nächstes wird eine Anforderung betrachtet, für die Annahmen über die strukturelle Verfeinerung der ACC-Komponente gemacht wurden. Die Anforderung Req_Target-Speed_In_Range (7.13) bezieht sich auf einen nur intern in der ACC-Komponente verfügbaren Wert, nämlich die ACC-Zielgeschwindigkeit. Um diese Anforderung formalisieren zu können, wurde in dem Abschnitt 7.1 eine teilweise strukturelle Verfeinerung der

ACC-Komponente festgelegt (Abbildung 7.2 und Tabelle 7.3), indem angenommen wurde, dass in der strukturellen Verfeinerung der ACC-Komponente eine Teilkomponente die Zielgeschwindigkeit über einen Ausgabeport TargetSpeed ausgibt – auf diese Weise konnte die Zielgeschwindigkeit in einer Spezifikationsformel referenziert werden (7.13). Offensichtlich erfüllt die in diesem Abschnitt durchgeführte strukturelle Verfeinerung der ACC-Komponente diese Forderung, da die Teilkomponente ControlStatusSetup einen Ausgabeport TargetSpeed besitzt, über den die Zielgeschwindigkeit an weitere Teilkomponenten mitgeteilt wird (Abb. 7.11). Die Formulierung der Anforderung Req_TargetSpeed_In_Range durch die Spezifikationsformel (7.13) kann damit für die strukturelle Verfeinerung der ACC-Komponente unverändert übernommen werden.

- ACC-Zielbeschleunigung (Anforderung R7):

Schließlich wollen wir eine Anforderung betrachten, die die Weiterleitung einer berechneten Zielbeschleunigung innerhalb der verfeinerten ACC-Komponente bis zu ihrer Schnittstelle einbezieht. Die Anforderung Req_TargetAccel_In_Range (7.14) spezifiziert den zulässigen Wertebereich, in dem jeder ausgegebene Wert für die Zielbeschleunigung liegen soll. Wir wollen nun Anforderungen an die einzelnen Teilkomponenten der verfeinerten ACC-Komponente (Abb. 7.11) spezifizieren, die diese Anforderung implizieren. Eine Eingabe an die ACC-Komponente wird durch ihre Teilkomponenten in der unten dargestellten Reihenfolge verarbeitet:

1) Statuskomponente ControlStatusSetup.

Die Verarbeitung beginnt im ersten Schritt eines internen Ausführungszyklus der Länge 3 der ACC-Komponente. Wie weiter oben ausgeführt, befindet sich die ACC-Komponente (und alle Teilkomponenten) im Leerlauf. Ist die Eingabe leer, so bleibt die ACC-Komponente im Leerlauf und liefert keine Ausgaben, so dass die Anforderung Req_TargetAccel_In_Range (7.14) automatisch erfüllt wird, weil die ausgegebene Zielbeschleunigung nur bei nichtleerer Ausgabe überprüft wird. Ist zumindest eine der Eingaben nichtleer, so ermittelt die Statuskomponente ControlStatusSetup im ersten Takt des internen Ausführungszyklus auf Grundlage der Eingaben an die ACC-Komponente, in welchem Betriebsmodus sich die ACC-Komponente befindet und gibt diesen ggf. mit weiteren zur Berechnung benötigten Werten (z. B. Zielgeschwindigkeit) an andere Teilkomponenten aus.

2) Berechungskomponente TargetAccelerationComputation.

Die Teilkomponente TargetAccelerationComputation ist die eigentliche Komponente, auf die sich die Anforderung Req_TargetAccel_In_Range (7.14) bezieht, denn sie berechnet die ACC-Zielbeschleunigung ausgehend von dem ACC-Betriebsmodus sowie der Zielgeschwindigkeit (für den Modus konstanter Geschwindigkeit) bzw. dem Zielabstand (für den Folgemodus) und leitet sie an die Arbitrierungskomponente weiter. Falls der ACC-Betriebsmodus gleich Off ist, so ist die Ausgabe dieser Teilkomponente unerheblich, da sie von der Arbitrierungskomponente Arbitration aufgrund der Inaktivität der ACC-Komponente nicht zur Ausgabe weitergeleitet wird, so dass die Ausgabe der ACC-Komponente entsprechend der Anforderung Req_Inactive_Silent (7.12) leer bleibt.

Um die Anforderung Req_TargetAccel_In_Range (7.14) zu erfüllen, muss die Ausgabe der Teilkomponente TargetAccelerationComputation in dem vorgegebenen Wertebereich liegen, falls die ACC-Komponente aktiv ist, und die Ausgabe deshalb tatsächlich an die Schnittstelle der ACC-Komponente weitergeleitet wird:

Whenever $(ACC\,Mode = Follow$ **Or** $ACC\,Mode = Cruise)$
Then $(-25 \leq Target\,Accel$ **And** $Target\,Accel \leq 15)$ (7.35)

Hierbei wird die Berechnung durch diese Teilkomponente beim Empfang des aktuellen ACC-Betriebsmodus von der Statuskomponente ControlStatusSetup durchgeführt – da letztere die Ausgabe im ersten Takt eines Ausführungszyklus der ACC-Komponente liefert, empfängt und verarbeitet die Teilkomponente TargetAccelerationComputation diese Eingabe im zweiten Takt des Ausführungszyklus.

3) Arbitrierungskomponente Arbitration.
Der letzte Verarbeitungsschritt bei der Berechnung der Zielbeschleunigung ist die Entscheidung durch die Teilkomponente Arbitration, ob die berechnete Zielbeschleunigung ausgegeben werden darf – dies ist dann der Fall, wenn der von der Statuskomponente ControlStatusSetup ermittelte Betriebsmodus gleich Follow oder Cruise ist. Um den zuletzt ermittelten Betriebsmodus in einer Spezifikationsformel verwenden zu können, muss er in Arbitration lokal zwischengespeichert werden – dies kann mithilfe einer lokalen Variablen oder auch eines Kontrollzustandswechsels erfolgen. Wir nehmen im Folgenden an, dass wir über eine lokale Variable ACCMode_LastValue vom Typ ACCMode_Type den zuletzt von der Arbitrierungskomponente empfangenen ACC-Betriebsmodus referenzieren können (analog könnte auch auf den Kontrollzustand der Arbitrierungskomponente zugegriffen werden). Für die Betrachtung der korrekten Weitergabe der berechneten Zielbeschleunigung genügt es, für diese Variable festzulegen, dass der Wert des in einem Takt empfangenen Betriebsmodus in diesem und dem nächsten Takt verfügbar ist (dies reicht aus, da die berechnete Zielbeschleunigung aufgrund der internen Kommunikationsstruktur der ACC-Komponente (Abb. 7.11) einen Schritt nach dem Betriebsmodus ankommt):

Whenever $ACC\,Mode \neq \varepsilon$
Then $(ACC\,Mode\_Last\,Value = ACC\,Mode$ **And** (7.36)
Next $(ACC\,Mode\_Last\,Value = ACC\,Mode\_Last\,Value^-))$

Nun können wir die Entscheidung der Arbitrierungskomponente über die Weiterleitung der ACC-Zielbeschleunigung an die Ausgabe der ACC-Komponente formulieren. Die über den Eingabeport TargetAccel empfangene ACC-Zielbeschleunigung wird über den Ausgabeport ACCTargetAccel an die Schnittstelle der ACC-Komponente weitergeleitet, wenn der aktuelle ACC-Betriebsmodus gleich Follow oder Cruise ist, ansonsten wird keine Zielbeschleunigung ausgegeben:

Whenever $(ACC\,Mode\_Last\,Value = Follow$ **Or**
$ACC\,Mode\_Last\,Value = Cruise)$
Then $ACC\,Target\,Accel = Target\,Accel$ **And** (7.37)
Whenever $(ACC\,Mode\_Last\,Value = Off)$
Then $ACC\,Target\,Accel = \varepsilon$

Nun können wir die Erfüllung der Anforderung Req_TargetAccel_In_Range (7.14) durch die verfeinerte ACC-Komponente zeigen. Die Arbitrierungskomponente Arbitration gibt im dritten Takt eines internen Ausführungszyklus der ACC-Komponente eine nichtleere Zielbeschleunigung nur dann aus, wenn der ACC-Betriebsmodus Follow oder Cruise ist (7.37). In diesem Fall erfüllt die von der Teilkomponente TargetAccelerationComputation berechnete Zielbeschleunigung die Anforderung (7.35) und liegt damit in dem vorgegebenen Wertebereich zwischen -2.5 und 1.5 m/s^2. Ferner zieht die Arbitrierungskomponente im dritten Takt des Ausführungszyklus der ACC-Komponente gemäß (7.36) den gleichen ACC-Betriebsmodus heran, wie die Berechnungskomponente TargetAccelerationComputation im zweiten Takt des Ausführungszyklus. Damit gilt für die Ausgabe der Zielbeschleunigung durch die ACC-Komponente im dritten Takt des Ausführungszyklus:

$$
\begin{aligned}
&\textbf{Whenever } (ACC\,Mode\_Last\,Value = Follow \textbf{ Or} \\
&\quad ACC\,Mode\_Last\,Value = Cruise) \\
&\quad \textbf{Then } (-25 \leq ACC\,Target\,Accel \textbf{ And } ACC\,Target\,Accel \leq 15) \textbf{ And} \\
&\textbf{Whenever } ACC\,Mode\_Last\,Value = Off \\
&\quad \textbf{Then } ACC\,Target\,Accel = \varepsilon
\end{aligned}
\tag{7.38}
$$

Das bedeutet, dass immer, wenn die Ausgabe der ACC-Komponente am Port ACCTargetAccel nichtleer ist, sie im vorgegebenen Wertebereich liegt, und damit impliziert (7.38) die Anforderung Req_TargetAccel_In_Range (7.14).

Somit haben wir die formale Verfeinerung von drei funktionalen Anforderungen an die ACC-Komponente durchgeführt, bei der sich die geforderten funktionalen Eigenschaften der ACC-Komponente ausgehend von den Eigenschaften der Teilkomponenten der strukturellen Verfeinerung der ACC-Komponente zeigen lassen.

Verfeinerung einer Teilkomponente der ACC-Komponente

Wir wollen nun die weitere Verfeinerung der ACC-Komponente am Beispiel der strukturellen und funktionalen Verfeinerung ihrer Teilkomponente TargetAccelerationComputation zeigen. Diese Teilkomponente ist für die Berechnung der ACC-Zielbeschleunigung ausgehend von den aktuellen Eingabewerten (z. B. Zielgeschwindigkeit) und dem durch die Teilkomponente ControlStatusSetup ermittelten Betriebszustand zuständig. Diese Werte kommen aufgrund der unterschiedlich langen Verarbeitungswege bis zur Eingabeschnittstelle der Teilkomponente TargetAccelerationComputation (Abb. 7.11) mit zeitlichem Versatz an. Zudem kann es vorkommen, dass für einige Eingabewerte, wie z. B. die Fahrzeuggeschwindigkeit, nicht für jeden Berechnungszyklus ein neuer Wert vorliegt, so dass bei leerer Eingabe auf einem Eingabeport auf den zuletzt empfangenen Wert zurückgegriffen werden soll. Deshalb wollen wir die Komponente TargetAccelerationComputation in zwei Teilkomponenten verfeinern, die sich die Aufgaben der Zwischenspeicherung der notwendigen Eingabewerte und der Berechnung der ACC-Zielbeschleunigung teilen:

- GatherInput: Entgegennahme und Zwischenspeicherung der eingehenden Werte. Die Werte werden immer dann an die Berechnungskomponente DetermineTargetAcceleration weitergeleitet, wenn an dem Eingabeport ACCMode eine nichtleere Nachricht mit dem aktuellen Betriebsmodus ankommt.

- DetermineTargetAcceleration: Berechnung der ACC-Zielbeschleunigung auf Grundlage der Eingabewerte (Zielabstand, Zielgeschwindigkeit u. a.) abhängig von dem aktuellen Betriebsmodus. Eine Zielbeschleunigung wird genau dann ausgegeben, wenn an dem Eingabeport ACCMode eine nichtleere Nachricht mit dem Wert Follow oder Cruise ankommt.

Die Abbildung 7.12 zeigt die oben beschriebene strukturelle Verfeinerung der Teilkomponente TargetAccelerationComputation der ACC-Komponente. Die Teilkomponente läuft mit einem internen Taktfaktor 2, so dass sie zwei Rechenschritte für die Verarbeitung einer Eingabe hat – im ersten Schritt werden neue Eingaben von der Teilkomponente GatherInput entgegengenommen und zwischengespeichert, im zweiten berechnet die Teilkomponente DetermineTargetAcceleration eine Zielbeschleunigung und gibt sie aus, falls eine Nachricht für den aktuellen Betriebsmodus mit dem Wert Follow oder Cruise empfangen wurde.

Wir wollen nun wesentliche funktionale Eigenschaften der Verfeinerung der Komponente TargetAccelerationComputation formal spezifizieren. Wir beginnen mit den Anforderungen an die Teilkomponente GatherInput. Sie hat folgende Aufgaben:

- Zwischenspeicherung und Ausgabe:

  Die Eingaben an allen Eingabeports müssen im lokalen Zustand zwischengespeichert werden, damit stets ein Wert zur Ausgabe an die Teilkomponente DetermineTargetAcceleration verfügbar ist, selbst wenn in einem Schritt kein entsprechender Eingabewert einging. Wir nehmen dazu an, dass die Komponente GatherInput für jeden der fünf Eingabeports eine lokale Variable gleichen Datentyps zur Speicherung des letzten nichtleeren Eingabewerts besitzt (mit Initialwert Off für ACCMode_LastValue und 0 für die anderen Variablen). Die Tabelle 7.7 zeigt die Zuordnungen der Eingabeports, Ausgabeports und lokalen Variablen zueinander, die jeweils zur Annahme, Zwischenspeicherung und Weiterleitung eines Eingabewerts für die Berechnung der Zielbeschleunigung dienen.

Eingabeport	Lokale Variable	Ausgabeport
ACCMode	ACCMode_LastValue	ACCMode_Out
TargetSpeed	TargetSpeed_LastValue	TargetSpeed_Out
TargetDist	TargetDist_LastValue	TargetDist_Out
RadarRelDistance	RadarRelDistance_LastValue	RadarRelDistance_Out
VehicleSpeed	VehicleSpeed_LastValue	VehicleSpeed_Out

Tabelle 7.7: Ports und lokale Variablen der Komponente GatherInput zur Zwischenspeicherung und Weiterleitung der Eingaben für die Komponente DetermineTargetAcceleration

Zur formalen Spezifikation der Weiterleitung definieren wir das Architekturmuster *ValueForwarding_With_LocalVariables* (Tabelle 7.8). Das Muster nimmt als Parameter eine Komponente und eine Menge von Tupeln entgegen, wobei jedes Tupel aus einem Eingabeport, einer lokalen Variablen und einem Ausgabeport dieser Komponente besteht. Es definiert folgende strukturelle Anforderungen an die ausgewählten Strukturelemente:

- Zugehörigkeit zur ausgewählten Komponente: Die Eigenschaften *InPortsBelongToComponent*, *OutPortsBelongToComponent*, *VariablesBelongToComponent* fordern, dass alle Ports und Variablen in den Tupeln der Menge portVarTuples zu der ausgewählten Komponente comp gehören.

– Korrekte Richtung der Ports: Die Eigenschaften *InPortsProperDirection* und *Out-PortsProperDirection* fordern, dass die für die Parameter pIn bzw. pOut in den Tupeln ausgewählten Ports tatsächlich Eingabeports bzw. Ausgabeports sind.

– Datentypkompatibilität: Schließlich fordert die Eigenschaft *PortsAndVariablesEqual-Type*, dass für jedes Tupel die dafür ausgewählten Ports und die lokale Variable den gleichen Datentyp haben.

Für einen Systemausschnitt, der den oben aufgeführten statischen Anforderungen genügt, werden bei Anwendung dieses Architekturmusters folgende funktionale Eigenschaften instanziiert:

– Speicherung der Eingaben in lokalen Variablen: Die Anforderung *Input_StoreInVariable* spezifiziert für alle Tupel aus der Menge portVarTuples, dass bei Eingang einer nichtleeren Nachricht diese in der lokalen Variablen gespeichert wird.

– Korrekte Ausgabe gespeicherter Werte: Die Anforderung *Output_EqualStoredValue* spezifiziert für alle Tupel aus der Menge portVarTuples, dass bei Ausgabe einer nichtleeren Nachricht diese dem in der lokalen Variablen gespeicherten Wert gleich ist.

Nun kann das Architekturmuster *ValueForwarding_With_LocalVariables* zur Definition der funktionalen Anforderungen an die Teilkomponente GatherInput verwendet werden, die die Zwischenspeicherung der Eingabewerte spezifiziert. Wir instanziieren das Architekturmuster mit comp = GatherInput, und einer Tupelmenge portVarTuples aus fünf Tupeln, wobei jedes Tupel genau einer Zeile der Tabelle 7.7 entspricht und die in der jeweiligen Zeile angegebenen Ports und die lokale Variable enthält. Durch Instanziierung entstehen zwei funktionale Anforderungen, die aus jeweils fünf durch logische Konjunktion verbundenen Einzelanforderungen (eine für jedes Tupel) bestehen. Wir betrachten zur Erläuterung zunächst die Einzelanforderung für die Zielgeschwindigkeit mit dem entsprechenden Tupel (TargetSpeed, TargetSpeed_LastValue, TargetSpeed_Out). Durch Instanziierung der Eigenschaft *Input_StoreInVariable* entsteht für dieses Tupel die Anforderung:

$$
\begin{aligned}
&\textbf{Whenever } TargetSpeed \neq \varepsilon \\
&\quad \textbf{Then } TargetSpeed\_LastValue = TargetSpeed
\end{aligned} \tag{7.39}
$$

Die Anforderungen für die anderen Tupel sehen analog aus, so dass sich durch Instanziierung der Eigenschaft *Input_StoreInVariable* folgende Anforderung für die Teilkomponente GatherInput ergibt:

$$
\begin{aligned}
&\textbf{Whenever } ACCMode \neq \varepsilon \\
&\quad \textbf{Then } ACCMode\_LastValue = ACCMode \textbf{ And} \\
&\textbf{Whenever } TargetSpeed \neq \varepsilon \\
&\quad \textbf{Then } TargetSpeed\_LastValue = TargetSpeed \textbf{ And} \\
&\textbf{Whenever } TargetDist \neq \varepsilon \\
&\quad \textbf{Then } TargetDist\_LastValue = TargetDist \textbf{ And} \\
&\textbf{Whenever } RadarRelDistance \neq \varepsilon \\
&\quad \textbf{Then } RadarRelDistance\_LastValue = RadarRelDistance \textbf{ And}
\end{aligned} \tag{7.40}
$$

Pattern *ValueForwarding_With_LocalVariables*

Signature comp: Component, portVarTuples: set (pIn:Port, var:LocVariable, pOut:Port)

Name	Property	Comment
Auxiliary structural predicates		
isInputPort	isInputPort(p:Port) := (p.Direction.IsEntry = true)	Überprüft für einen Port, ob es ein Eingabeport ist.
isOutputPort	isOutputPort(p:Port) := (p.Direction.IsEntry = false)	Überprüft für einen Port, ob es ein Ausgabeport ist.
Structural properties		
InPortsBelongToComponent	forall t:portVarTuples. t.pIn.Component = comp	Alle ausgewählten Eingabeports gehören der ausgewählten Komponente.
OutPortsBelongToComponent	forall t:portVarTuples. t.pOut.Component = comp	Alle ausgewählten Ausgabeports gehören der ausgewählten Komponente.
VariablesBelongToComponent	forall t:portVarTuples. t.var.Component = comp	Alle ausgewählten lokalen Variablen gehören der ausgewählten Komponente.
InPortsProperDirection	forall t:portVarTuples. call isInputPort(t.pIn)	Alle als pIn ausgewählten Ports sind Eingabeports.
OutPortsProperDirection	forall t:portVarTuples. call isOutputPort(t.pOut)	Alle als pOut ausgewählten Ports sind Ausgabeports.
PortsAndVariablesEqualType	forall p:portVarPairs. t.pIn.DefinedType.Text = t.var.DefinedType.Text and t.var.DefinedType.Text = t.pOut.DefinedType.Text	In allen ausgewählten Tupeln haben die Ports und die Variable den gleichen Datentyp.
Functional properties [PDL_1]		
Input_StoreInVariable	forall t:portVarTuples. Whenever t.pIn $\neq \varepsilon$ Then t.var = t.pIn	Für jedes ausgewählte Tupel aus Eingabeport, lokaler Variablen und Ausgabeport gilt: kommt eine nichtleere Nachricht an dem Eingabeport an, so wird sie in der lokalen Variablen gespeichert (der alte Wert wird überschrieben, so dass immer die zuletzt empfangene nichtleere Nachricht in der Variablen vorgehalten wird).
Output_EqualStoredValue	forall t:portVarTuples. Whenever t.pOut $\neq \varepsilon$ Then t.pOut = t.var	Für jedes ausgewählte Tupel aus Eingabeport, lokaler Variablen und Ausgabeport gilt: wird eine nichtleere Nachricht an dem Ausgabeport ausgegeben, so ist sie gleich dem in der lokalen Variablen gespeicherten Wert.

Tabelle 7.8: Architekturmuster – Speicherung eingehender Nachrichten in lokalen Variablen

Whenever $VehicleSpeed \neq \varepsilon$
Then $VehicleSpeed\_LastValue = VehicleSpeed$

Diese Anforderung besagt für jeden Eingabeport der Teilkomponente GatherInput, dass bei Eingang einer nichtleeren Nachricht diese in der lokalen Variablen gespeichert wird, die diesem Port bei der Instanziierung des Architekturmusters zugewiesen wurde.

Die Instanziierung der zweiten funktionalen Eigenschaft *Output_EqualStoredValue* ergibt auf analoge Weise folgende Anforderung:

$$
\begin{aligned}
&\textbf{Whenever } ACCMode\_Out \neq \varepsilon \\
&\quad \textbf{Then } ACCMode\_Out = ACCMode\_LastValue \textbf{ And} \\
&\textbf{Whenever } TargetSpeed\_Out \neq \varepsilon \\
&\quad \textbf{Then } TargetSpeed\_Out = TargetSpeed\_LastValue \textbf{ And} \\
&\textbf{Whenever } TargetDist\_Out \neq \varepsilon \\
&\quad \textbf{Then } TargetDist\_Out = TargetDist\_LastValue \textbf{ And} \\
&\textbf{Whenever } RadarRelDistance\_Out \neq \varepsilon \\
&\quad \textbf{Then } RadarRelDistance\_Out = RadarRelDistance\_LastValue \textbf{ And} \\
&\textbf{Whenever } VehicleSpeed\_Out \neq \varepsilon \\
&\quad \textbf{Then } VehicleSpeed\_Out = VehicleSpeed\_LastValue
\end{aligned}
\tag{7.41}
$$

Diese Anforderung besagt für jeden Ausgabeport der Teilkomponente GatherInput, dass bei nichtleerer Ausgabe die ausgegebene Nachricht gleich dem Wert der lokalen Variablen ist, die diesem Port bei der Instanziierung des Architekturmusters zugewiesen wurde.

Somit haben wir mithilfe des Architekturmusters *ValueForwarding_With_LocalVariables* spezifiziert, dass die Teilkomponente GatherInput bei der Weiterleitung der Eingaben an die Teilkomponente DetermineTargetAcceleration nur korrekte Werte zwischenspeichert und ausgibt.

- Ausgabe bei Eingang des Betriebsmodus:

  Wir wollen nun die auslösende Bedingung für die Weiterleitung der Eingabewerte an die Teilkomponente DetermineTargetAcceleration spezifizieren. Eine Berechnung der Zielbeschleunigung kann genau dann durchgeführt werden, wenn der aktuelle Betriebsmodus, der von der Statuskomponente ControlStatusSetup ermittelt wurde, an dem Eingabeport ACCMode eingeht. Daher benutzen wir den Eingang einer nichtleeren Nachricht auf diesem Eingabeport als auslösendes Ereignis für die Weiterleitung der Eingabewerte zur Berechnung der Zielbeschleunigung. Um diese Anforderung formal zu spezifizieren, definieren wir das Architekturmuster *TriggerPort_OutputValues* (Tabelle 7.9). Das Architekturmuster legt für eine Komponente und einen ihrer Eingabeports fest, dass sämtliche Ausgabeports der Komponente genau dann nichtleere Nachrichten ausgeben, wenn der ausgewählte Eingabeport eine nichtleere Nachricht erhält. Es definiert folgende strukturelle Anforderungen:

  - Zugehörigkeit zur ausgewählten Komponente: Die Eigenschaft *TriggerPortBelongsToComponent* fordert, dass der ausgewählte Port triggerPort zur ausgewählten Komponente comp gehört.

- Korrekte Richtung des Ports: Die Eigenschaft *TriggerPortIsInputPort* fordert, dass der ausgewählte Port triggerPort ein Eingabeport ist.

Für eine Komponente und einen Port, die den oben aufgeführten statischen Anforderungen genügen, werden bei Anwendung des Architekturmusters folgende funktionale Eigenschaften instanziiert:

- Ausgabe bei nichtleerer Eingabe: Die Anforderung *WhenTriggered_OutputValues* spezifiziert, dass bei nichtleerer Eingabe an dem Eingabeport triggerPort alle Ausgabeports der Komponente nichtleere Ausgaben liefern.

- Ausgabe nur bei nichtleerer Eingabe: Die Anforderung *Output_OnlyWhenTriggered* spezifiziert, dass ein Ausgabeport der Komponente nur dann eine nichtleere Ausgabe liefern kann, wenn eine nichtleere Eingabe an dem Port triggerPort eingegangen ist.

Nun kann mithilfe des Architekturmusters *TriggerPort_OutputValues* spezifiziert werden, dass die Eingabewerte genau dann an die Teilkomponente DetermineTargetAcceleration weitergeleitet werden, wenn an dem Eingabeport ACCMode eine nichtleere Nachricht eingeht. Dazu instanziieren wir dieses Muster mit den Parametern comp = GatherInput und triggerPort = ACCMode. Die Abbildung 7.13 zeigt den Eingabedialog zur Architekturmusterinstanziierung, der durch die folgende ODL-Abfrage erzeugt wird (zur bequemeren Parametereingabe wird eine optimierte ODL-Abfrage benutzt, die durch die im Beispiel 6.1(3) (S. 203 ff.) beschriebene Modifikation erhalten werden kann, vgl. auch ODL-Abfrage (6.7)):

```
define isInputPort(p:Port) := (p.Direction.IsEntry = true).
define isOutputPort(p:Port) := (p.Direction.IsEntry = false).
context this:{ /* Auxiliary product type */
    this:(comp:Component, triggerPort:Port) |        (7.42)
    /* Restricted type condition */
    this.triggerPort.Component = this.comp and
    call isInputPort(this.triggerPort)}. true
```

Durch die Instanziierung ergeben sich zwei funktionale Anforderungen an die Teilkomponente GatherInput. Die Eigenschaft *WhenTriggered_OutputValues* wird zu folgender Anforderung instanziiert:

Whenever $ACCMode \neq \varepsilon$

Then ($ACCMode\_Out \neq \varepsilon$ **And** $TargetSpeed\_Out \neq \varepsilon$ **And**

$TargetDist\_Out \neq \varepsilon$ **And** $RadarRelDistance\_Out \neq \varepsilon$ **And**   (7.43)

$VehicleSpeed\_Out \neq \varepsilon$)

Dadurch wird spezifiziert, dass bei nichtleerer Eingabe an dem Port ACCMode alle Ausgabeports der Komponente GatherInput eine nichtleere Ausgabe liefern müssen.

Die zweite Eigenschaft *Output_OnlyWhenTriggered* wird zu folgender Spezifikationsformel instanziiert (die Vorbedingung ist – anders als in vorherigen Anforderungen – eine Disjunktion, da in der Eigenschaft *Output_OnlyWhenTriggered* des Architekturmusters ein exists-Quantor verwendet wird):

Whenever ($ACCMode\_Out \neq \varepsilon$ **Or** $TargetSpeed\_Out \neq \varepsilon$ **Or**

$TargetDist\_Out \neq \varepsilon$ **Or** $RadarRelDistance\_Out \neq \varepsilon$ **Or**

$VehicleSpeed\_Out \neq \varepsilon$)   (7.44)

Then $ACCMode \neq \varepsilon$

Diese Anforderung stellt sicher, dass eine Ausgabe tatsächlich nur bei nichtleerer Eingabe an dem Port ACCMode erfolgt.

Auf diese Weise haben wir mithilfe des Architekturmusters *TriggerPort_OutputValues* spezifiziert, dass die Teilkomponente GatherInput die Eingaben genau dann an die Teilkomponente DetermineTargetAcceleration weiterleitet, wenn sie an dem Eingabeport ACCMode eine nichtleere Nachricht erhält.

Somit haben wir die funktionalen Anforderungen an die Teilkomponente GatherInput zur Zwischenspeicherung und korrekten Weiterleitung von Eingabewerten an die Teilkomponente DetermineTargetAcceleration formal spezifiziert.

Wir wollen nun funktionale Anforderungen an die Teilkomponente DetermineTargetAcceleration definieren, aus denen sich die Erfüllung der Anforderung (7.35) für die Komponente TargetAccelerationComputation und somit auch die Erfüllung der Anforderung Req_TargetAccel_In_-Range (7.14) für die ACC-Komponente ergibt. Die Teilkomponente DetermineTargetAcceleration gibt immer dann eine ACC-Zielbeschleunigung aus, wenn sie an dem Eingabeport ACCMode als Betriebsmodus Follow oder Cruise und an allen anderen Eingabeports nichtleere Nachrichten erhält. Die ausgegebene Zielbeschleunigung liegt dann im vorgegebenen Bereich zwischen -2.5 und 1.5 m/s²:

$$
\begin{aligned}
&\textbf{Whenever } ((ACCMode = Follow \textbf{ Or } ACCMode = Cruise) \textbf{ And} \\
&ACCMode \neq \varepsilon \textbf{ And } TargetSpeed \neq \varepsilon \textbf{ And } TargetDist \neq \varepsilon \textbf{ And} \\
&RadarRelDistance \neq \varepsilon \textbf{ And } VehicleSpeed \neq \varepsilon) \\
&\textbf{Then } (-25 \leq TargetAccel \textbf{ And } TargetAccel \leq 15)
\end{aligned}
\tag{7.45}
$$

Diese Eigenschaft genügt zusammen mit den Eigenschaften der Komponente GatherInput, um die Erfüllung der Anforderung (7.35) für die Komponente TargetAccelerationComputation (Abbildung 7.12) zu zeigen. Wir nehmen für den Beweis gemäß der Vorbedingung in (7.35) an, dass die Komponente TargetAccelerationComputation an dem Eingabeport ACCMode den Wert Follow oder Cruise als Betriebsmodus erhält. Die Komponente TargetAccelerationComputation hat einen internen Taktfaktor 2, so dass sie für jede Eingabe zwei Rechenschritte zur Verfügung hat. Eine Eingabe wird in der unten dargestellten Reihenfolge durch ihre Teilkomponenten verarbeitet:

1) Eingabewertekomponente GatherInput:

   In dem ersten Berechnungsschritt des internen Ausführungszyklus der Länge 2 erhält die Teilkomponente GatherInput an dem Eingabeport ACCMode den Wert Follow oder Cruise und damit eine nichtleere Nachricht. Gemäß der Auslösebedingung (7.43) leitet sie alle Eingabewerte an die Teilkomponente DetermineTargetAcceleration weiter. Dabei ist der über den Ausgabeport ACCMode_Out ausgegebene Betriebsmodus gleich dem an dem Eingabeport ACCMode eingegangenen Betriebsmodus, da er gemäß (7.40) unverändert abgelegt und gemäß (7.41) unverändert ausgegeben wird.

2) Berechnungskomponente DetermineTargetAcceleration:

   In dem zweiten Berechnungsschritt erhält die Teilkomponente DetermineTargetAcceleration die Eingaben von der Teilkomponente GatherInput. Dabei ist der Betriebsmodus, wie eben abgeleitet, gleich Follow oder Cruise. Des Weiteren sind alle Ausgaben von GatherInput am Ende des vorherigen Schritts gemäß (7.43) nichtleer, so dass alle aktuellen Eingaben von DetermineTargetAcceleration nichtleer sind. Damit ist die Vorbedingung der Eigenschaft

Pattern *TriggerPort_OutputValues*		
Signature comp:Component, triggerPort:Port		
Name	**Property**	**Comment**
Auxiliary structural predicates		
isInputPort	isInputPort(p:Port) := (p.Direction.IsEntry = true)	Überprüft für einen Port, ob es ein Eingabeport ist.
isOutputPort	isOutputPort(p:Port) := (p.Direction.IsEntry = false)	Überprüft für einen Port, ob es ein Ausgabeport ist.
Structural properties		
TriggerPortBelongs-ToComponent	triggerPort.Component = comp	Der ausgewählte Eingabeport gehört der ausgewählten Komponente.
TriggerPortIsInputPort	call isInputPort(triggerPort)	Der ausgewählte Triggerport ist ein Eingabeport.
Functional properties [PDL$_1$]		
WhenTriggered_Output-Values	**Whenever** triggerPort $\neq \varepsilon$ **Then** (forall p:{p:(comp.Ports) | call isOutputPort(p)}. p $\neq \varepsilon$)	Kommt an dem Triggerport eine nichtleere Nachricht an, so geben alle Ausgabeports nichtleere Nachrichten aus.
Output_OnlyWhen-Triggered	**Whenever** (exists p:{p:(comp.Ports) | call isOutputPort(p)}. p $\neq \varepsilon$) **Then** triggerPort $\neq \varepsilon$	Ein Ausgabeport kann nur dann eine nichtleere Nachricht ausgeben, wenn an dem Triggerport eine nichtleere Nachricht ankommt.

Tabelle 7.9: Architekturmuster – Ausgabe der gespeicherten Werte bei nichtleerer Eingabe auf dem Triggerport

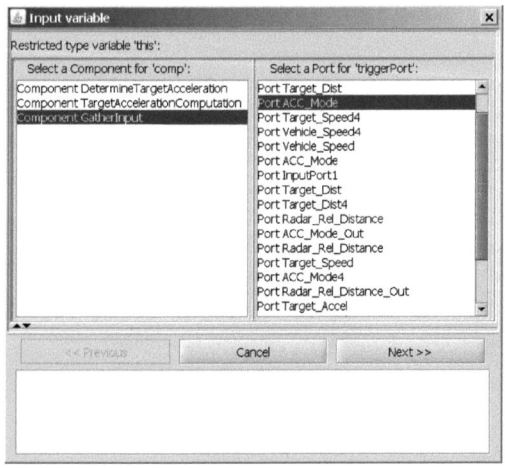

Abbildung 7.13: Interaktive Instanziierung des Architekturmusters *TriggerPort_OutputValues*

(7.45) erfüllt, und DetermineTargetAcceleration liefert am Ende dieses Berechnungsschritts eine Zielbeschleunigung zwischen -2.5 und 1.5 m/s^2.

Daher wird unter der Vorbedingung, dass der eingegebene Betriebsmodus gleich Follow oder Cruise ist, am Ende eines Ausführungszyklus der Länge 2 der Komponente TargetAcceleration-Computation eine berechnete Zielbeschleunigung zwischen -2.5 und 1.5 m/s^2 über den Ausgabeport TargetAccel ausgegeben. Somit konnten wir die Erfüllung der Anforderung (7.35) an die Komponente TargetAccelerationComputation ausgehend von den Eigenschaften ihrer Teilkomponenten zeigen, aus der sich die Erfüllung der Anforderung Req_TargetAccel_In_Range (7.14) für die ACC-Komponente ergibt.

Kapitel 8

Zusammenfassung und Ausblick

In der vorliegenden Arbeit befassten wir uns mit Beschreibungsmitteln für die logische Architektur von Softwaresystemen mit besonderem Hinblick auf eingebettete Systeme im Automobilbereich. Nun wollen wir ein Fazit ziehen. In dem Abschnitt 8.1 werden die Ergebnisse der Arbeit zusammengefasst. In dem Abschnitt 8.2 geben wir einen Ausblick auf zukünftige Arbeiten zur Weiterentwicklung der erarbeiteten Ergebnisse.

8.1 Zusammenfassung

Der Schwerpunkt der Arbeit lag auf der Entwicklung von Konzepten und Mitteln zur eigenschaftsorientierten Beschreibung der logischen Architektur eingebetteter Systeme, die neben der strukturellen und operationalen Systemspezifikation die formal fundierte Spezifikation funktionaler Eigenschaften in frühen Systementwicklungsphasen (insbesondere Grob- und Feinentwurf) mit wählbarem Abstraktionsgrad und unabhängig von einer operationalen Verhaltensspezifikation ermöglichen. Diese formale Spezifikation kann im weiteren Verlauf der Systementwicklung zum einen als präzise Schnittstellenbeschreibung der Systemkomponenten dienen, und zum anderen zur frühen formalen Verifikation bestimmter Systemeigenschaften noch vor der operationalen Implementierung des Systems verwendet werden, und damit zur Qualitätssicherung bereits zu einem Zeitpunkt, zu dem konventionelle Qualitätssicherung durch Testverfahren noch nicht möglich ist. Ein wichtiger Vorteil dieser beiden Aspekte gegenüber informalen oder semi-formalen Spezifikationsmitteln ist, dass sie zwar eine grundsätzlich präzisere Vorgehensweise bei der Systementwicklung möglich machen, sie jedoch nicht fest vorschreiben, sondern vielmehr neue Wege eröffnen, die zusätzlich zur traditionellen Entwicklung verfügbar sind:

- Eine formale Spezifikation funktionaler Eigenschaften kann zusätzlich zur konventionellen informalen Spezifikation durch Texte/Diagramme verwendet werden. Die formale und informale Spezifikation ergänzen in diesem Fall einander: während die formale Spezifikation die Missverständnisse und fehlende Präzision der informalen ausräumt, dient die informale als Kommentar zur formalen Spezifikation, die ihr Verständnis erleichtert.

- Eine formale Spezifikation kann zur Unterstützung der konventionellen Qualitätssicherungsverfahren verwendet werden, beispielsweise durch Generierung von Testfällen aus einer deklarativen funktionalen Spezifikation.

• Eine formale Spezifikation kann schließlich zur formalen Verifikation ausgewählter Systemeigenschaften verwendet werden. Dabei können je nach Form der formalen Spezifikation sowie Entwicklungsstand des Systems unterschiedliche Verifikationsverfahren (beispielsweise Theorembeweisen, Modelchecking, SAT-Solving u. v. m.) eingesetzt werden.

Die oben aufgeführten Möglichkeiten, die durch eine formale Spezifikation funktionaler Eigenschaften eröffnet werden, können je nach Anforderungen an das zu entwickelnde System und insbesondere an die zu erzielende Qualität unabhängig voneinander für das Gesamtsystem oder ausgewählte Teilsysteme sowie für ausgewählte Aspekte des Verhaltens angewendet werden, so dass die formale Spezifikation flexibel in verschiedenen Ausbaustufen mit Hinblick auf den Spezifikations- sowie gegebenenfalls Verifikationsaufwand und die angestrebte Systemqualität eingesetzt werden kann.

Wir wollen nun die Ergebnisse der Arbeit im Einzelnen erörtern. Die Hauptbeiträge der Arbeit sind:

• Erweiterung der Modellierungstechnik für das AUTOFOCUS-Entwicklungswerkzeug zur Unterstützung der modularen Entwicklung der logischen Architektur eingebetteter Systeme sowie Entwicklung einer formalen Semantik für die erweiterte Modellierungstechnik.

• Entwicklung eines Frameworks zur formalen Definition und Validierung temporallogischer Notationen zur deklarativen Spezifikation dynamischer funktionaler Eigenschaften.

• Entwicklung des Konzepts der eigenschaftsorientierten Architekturmuster für die integrierte Spezifikation struktureller und funktionaler Eigenschaften.

• Konzeption von Darstellungsmitteln zur Veranschaulichung deklarativer funktionaler Spezifikationen.

Diese und weitere Ergebnisse wollen wir im Folgenden darstellen.

Logische Architektur   Die Zielsetzung der Arbeit war die Erarbeitung der Beschreibungsmittel für die logische Architektur eingebetteter Systeme. Eingangs wird in dem Kapitel 2 eine Analyse der Anforderungen an Architekturbeschreibungsmittel vorgenommen und die sich daraus ergebenden Entwurfsentscheidungen aufgeführt. Als wesentliche Eigenschaften der Architekturbeschreibungsmittel wurden folgende Aspekte identifiziert:

• Hierarchische modulare Beschreibung der Systemstruktur und Möglichkeit einer operationalen Verhaltensbeschreibung.

• Deklarative Beschreibung funktionaler Eigenschaften zur Verhaltensspezifikation ohne die Notwendigkeit einer vollständigen operationalen Systemspezifikation.

• Formale Semantik der strukturellen und funktionalen Beschreibungsmittel zur Gewährleistung der Eindeutigkeit und Präzision von Spezifikationen.

• Integrierte Spezifikation struktureller und funktionaler Eigenschaften zur Spezifikation unabhängig von einem konkreten Systemmodell.

• Mittel zur anschaulichen Darstellung und Bearbeitung struktureller und funktionaler Spezifikationen.

Diese und weitere Aspekte dienten als Anforderungen an Architekturbeschreibungsmittel im weiteren Verlauf der Arbeit.

Formale Grundlagen   Eine wesentliche Anforderung an die Beschreibungsmittel für die Struktur und insbesondere das Verhalten war die formale Fundierung (vgl. Abschnitt 2.2). Die formalen Grundlagen der Beschreibungsmittel für das Verhalten eines Systems werden in dem Kapitel 3 behandelt.

Das in der Arbeit verwendete Berechnungsmodell betrachtet jede Komponente als eine stromverarbeitende Funktion, die das Komponentenverhalten durch die Abbildung der Ströme von Eingaben auf Ströme von Ausgaben spezifiziert. Der Abschnitt 3.1 befasst sich mit den formalen Grundlagen der nachrichtenstrombasierten Spezifikation. Dabei werden insbesondere Nachrichtenströme, Operatoren auf Strömen und stromverarbeitende Funktionen behandelt.

Eine weitere Anforderung war die Möglichkeit der Spezifikation ausgewählter Verhaltensaspekte ohne die Notwendigkeit einer vollständigen (z. B. operationalen) Verhaltensspezifikation. Diese Unterspezifikation wird durch die Verwendung deklarativer temporallogischer Spezifikationsnotationen ermöglicht. Hierfür beschreibt der Abschnitt 3.2 die Grundbegriffe temporaler Logik. Temporallogische Notationen können unterschiedliche Zeitbegriffe (linear vs. verzweigend) und Zeitdomänen (diskret vs. dicht) verwenden. Zu Beginn des Abschnitts werden daher die Vorund Nachteile der verschiedenen Zeitbegriffe und Zeitdomänen im Kontext der vorliegenden Arbeit diskutiert und die Auswahl der linearen Temporallogik mit ganzzahliger Zeitdomäne zur Verwendung im weiteren Verlauf der Arbeit begründet. Anschließend wird die Funktionsweise der linearen Temporallogik am Beispiel der verbreiteten LTL-Notation vorgestellt.

Die formale Fundierung der Beschreibungsmittel zur Verhaltensspezifikation, insbesondere die Formalisierung der AUTOFOCUS-Ausführungssemantik sowie die Definition und formale Validierung deklarativer temporallogischer Notationen, wurde durch Formalisierung in dem interaktiven Beweisassistenten Isabelle/HOL und anschließende Verifikation einer Anzahl von Eigenschaften unterstützt (vgl. Anhang A). Die für diese Arbeit relevanten Aspekte von Isabelle/HOL mit Hinblick auf Bearbeitung von Theorien, insbesondere Definition neuer Datentypen und Funktionen sowie das Beweisen von Theoremen, werden in dem Abschnitt 3.3 erläutert.

Grundlagen eigenschaftsorientierter Architekturbeschreibung   Die erweiterte formale Semantik des AUTOFOCUS-Werkzeugs zur Unterstützung der modularen Entwicklung der logischen Architektur eingebetteter Systeme, die deklarative Spezifikation funktionaler Eigenschaften sowie die integrierte Spezifikation struktureller und funktionaler Eigenschaften von Systemen/Komponenten wurden als wesentliche Anforderungen an Architekturbeschreibungsmittel für eingebettete Systeme identifiziert (vgl. Abschnitt 2.2) und sind, neben der Konzeption der Mittel zur anschaulichen Spezifikationsdarstellung, die wichtigsten Ergebnisse dieser Arbeit. Die hierfür notwendigen Grundlagen der eigenschaftsorientierten Architekturbeschreibung werden in dem Kapitel 4 formal beschrieben.

Die Beschreibungsmittel für die logische Systemarchitektur und die operationale Verhaltensspezifikation bauen auf der Modellierungsnotation des AUTOFOCUS-Werkzeugs auf. Der Abschnitt 4.1 stellt zunächst die in AUTOFOCUS verfügbaren strukturellen Beschreibungsmittel vor (4.1.1). Anschließend wird die Ausführungssemantik von AUTOFOCUS-Modellen formalisiert und um die Möglichkeit der Mehrfachtaktung von Komponenten erweitert (4.1.2). Die Semantik einer Komponente wird dabei durch eine stromverarbeitende Funktion definiert, die aus dem Strom von Eingaben den Strom von Ausgaben berechnet. Die Formalisierung der erweiterten

AUTOFOCUS-Semantik wurde durch Formalisierung und Beweis einer Anzahl von Eigenschaften in Isabelle/HOL unterstützt [Tra08a] – der Anhang A.1 enthält eine Auswahl von Definitionen und als Lemmata formalisierten Eigenschaften für die AUTOFOCUS-Semantik.

In dem Abschnitt 4.2 befassen wir uns mit den Grundlagen zur deklarativen Spezifikation funktionaler Eigenschaften von Systemen/Komponenten. Im Abschnitt 4.2.1 werden die Syntax und die formale Semantik der einfach aufgebauten und ausdrucksstarken temporallogischen Basisnotation BPDL definiert. Die BPDL-Notation dient vor allem zur Definition der formalen Semantik weiterer temporallogischer Notationen, die zur deklarativen Spezifikation funktionaler Eigenschaften verwendet werden können. Die BPDL-Definition einer Notation ist die Grundlage zum einen für die Analyse und Verifikation ihrer Eigenschaften sowie der Beziehungen zu anderen Notationen, und zum anderen für die graphische Veranschaulichung der Spezifikationsformeln (vgl. Abschnitt 5.3). Im Abschnitt 4.2.2 wird der Zusammenhang zwischen der erweiterten AUTOFOCUS-Semantik und der BPDL sowie weiterer verbreiteter temporallogischer Notationen geschildert. Die formale Definition und die Verifikation der Eigenschaften von BPDL wurden, wie bereits für die AUTOFOCUS-Semantik, durch eine Formalisierung in Isabelle/HOL unterstützt [Tra08a]. Der Anhang A.2 enthält eine Auswahl von Definitionen und als Lemmata formalisierten Eigenschaften der BPDL. Zudem werden in der Isabelle/HOL-Formalisierung der Spezifikationsnotationen für die Fallstudie (Kapitel 7) die Semantik zweier Notationen durch BPDL definiert und mehrere Eigenschaften dieser Notationen formal verifiziert (Anhang A.3).

Der Abschnitt 4.3 beschäftigt sich mit der Integration struktureller und deklarativer funktionaler Notationen – diese bildet die Grundlage für die Spezifikation funktionaler Eigenschaften eines Systemausschnitts unabhängig von einem konkreten Modell, so dass eine Spezifikation sowohl strukturelle als auch funktionale Anforderungen in einer Spezifikationseinheit definieren kann, und später für verschiedene Modellausschnitte instanziiert werden kann (vgl. Kapitel 6). Hierfür wird die CCL-Notation, die zur Beschreibung struktureller Eigenschaften eines Modells dient [Sch01], um die Möglichkeit erweitert, PDL-Ausdrücke in CCL-Ausdrücken zu verwenden und dadurch PDL-Spezifikationsformeln durch Instanziierung für konkrete Systemausschnitte zu erzeugen.

Anschauliche Darstellung eigenschaftsorientierter Architekturspezifikation   Strukturelle und funktionale Systemspezifikationen können mit steigender Größe schnell unübersichtlich und schwierig handhabbar werden, so dass ihre Veranschaulichung als eine Anforderung an die Spezifikationsmittel identifiziert wurde (Abschnitt 2.2). Die Konzeption anschaulicher Darstellungsmittel für Spezifikationen gehört deshalb zu wichtigen Ergebnissen dieser Arbeit. Wie in der Einführung zum Kapitel 5 dargelegt, unterstützt das AUTOFOCUS-Werkzeug (wie auch weitere Modellierungswerkzeuge, z. B. ASCET und MATLAB/Simulink) die graphische Darstellung der hierarchischen Systemstruktur sowie die graphische Darstellung von Zustandsautomaten zur operationalen Verhaltensbeschreibung. Die anschauliche Darstellung deklarativer funktionaler Spezifikationen wird hingegen von aktuellen AUTOFOCUS-Versionen (und ebenso von vielen weiteren Modellierungswerkzeugen) nicht unterstützt. Daher bestand unsere Aufgabe vor allem in der Konzeption von Darstellungsmitteln für deklarative funktionale Spezifikationen.

Die Übersicht über die deklarative funktionale Spezifikation eines Teilsystems/einer Komponente kann mit steigender Anzahl von Spezifikationsformeln schnell verloren gehen. Dabei beziehen sich die einzelnen Anforderungen nicht selten auf bestimmte Elemente des Teilsystems, wie Ausschnitte der Schnittstelle oder bestimmte Teilkomponenten. Die anschauliche gegenseitige Zuordnung struktureller Elemente und funktionaler Spezifikationsformeln kann die

Bearbeitung der Spezifikation dank der dadurch entstehenden Strukturierung und Systematisierung der funktionalen Spezifikation erleichtern. Der Abschnitt 5.1 entwickelt hierfür einfache und wirksame Vorgehensweisen zur gegenseitigen Zuordnung von Anforderungen und strukturellen Elementen zueinander, mit deren Hilfe sowohl die funktionalen Eigenschaften eines oder mehrerer Strukturelemente (und damit auch funktionale Zusammenhänge zwischen mehreren Strukturelementen), als auch die von einer funktionalen Eigenschaft beeinflussten Strukturelemente automatisch bestimmt und angezeigt werden können.

Tabellen sind ein verbreitetes Mittel zur übersichtlichen Darstellung unterschiedlicher Zusammenhänge, und können insbesondere die Erstellung und Bearbeitung von Spezifikationen unterstützen. Der Abschnitt 5.2 entwickelt eine tabellarische Notation, die für alle deklarativen Spezifikationsnotationen geeignet ist, welche die booleschen Standardoperatoren (Konjunktion, Disjunktion, Implikation, Negation) ausdrücken können, insbesondere auch für gängige temporallogische Notationen. Für die entwickelte tabellarische Notation wird eine Vorschrift zur Übersetzung tabellarischer Spezifikationen in Spezifikationsformeln angegeben, so dass diese tabellarische Notation über eine definierte formale Semantik verfügt.

Der Übergang von der informalen zur formalen Spezifikation ist ein inhärenter Problempunkt eines Entwicklungsprozesses, denn nur ein Benutzer/Entwickler kann die Frage beantworten, ob die erstellte formale Spezifikation die gewünschten Anforderungen richtig beschreibt. In dem Abschnitt 5.3 wird eine graphische Darstellung zur Veranschaulichung und interaktiven Exploration temporallogischer Spezifikationen konzipiert, mit deren Hilfe der Benutzer/Entwickler ein besseres Verständnis einer temporallogischen Spezifikation gewinnen kann, wodurch ihre Erstellung, Bearbeitung und Validierung unterstützt werden soll. Die graphische Veranschaulichung kann für jede temporallogische Notation genutzt werden, die in die BPDL-Notation übersetzt werden kann.

Eigenschaftsorientierte Architekturmuster Bei der Spezifikation und Entwicklung unterschiedlicher Systeme und Teilsysteme müssen häufig ähnliche Probleme gelöst werden, insbesondere auch ähnliche Anforderungen spezifiziert werden. Das Kapitel 6 entwickelt dafür das Konzept der eigenschaftsorientierten Architekturmuster.

Ein eigenschaftsorientiertes Architekturmuster ermöglicht die formale deklarative Spezifikation struktureller und funktionaler Anforderungen unabhängig von einem konkreten Systemmodell: es besteht aus strukturellen Anforderungen an einen Systemausschnitt und aus (von konkreten Systemmodellen unabhängigen) funktionalen Anforderungen – diese können für jeden Systemausschnitt, der die strukturellen Anforderungen erfüllt, zu konkreten funktionalen Anforderungen instanziiert werden. Auf diese Weise können Muster von Struktur und Funktionalität in einer Spezifikationseinheit definiert und später auf verschiedene Systemausschnitte und Systeme angewendet werden, um Instanzen dieser Anforderungsspezifikation für konkrete Systemausschnitte zu erhalten. Die Syntax und Semantik der Architekturmuster sowie ihre Instanziierung für konkrete Systemausschnitte werden in dem Abschnitt 6.1 beschrieben.

Ein wichtiger Aspekt von Spezifikationsmodulen ist die Möglichkeit der Komposition – auf diese Weise können bereits erstellte Spezifikationen in weiteren Spezifikationen beispielsweise durch Import wiederverwendet werden. Der Abschnitt 6.2 definiert die Komposition für Architekturmuster und untersucht wesentliche Eigenschaften der Komposition mit Hinblick auf die Architekturmusterinstanziierung. Mithilfe der Komposition können Architekturmuster in anderen Architekturmustern importiert und so wiederverwendet werden.

Die Entwicklung eines Systems beinhaltet die Verfeinerung struktureller und funktionaler

Anforderungen von abstrakteren zu immer detaillierteren Spezifikationen. Der Abschnitt 6.3 definiert Abstraktionsebenen für Architekturmuster – mit ihrer Hilfe können in einem Architekturmuster Anforderungen unterschiedlicher Abstraktionsgrade definiert werden, so dass bei der Instanziierung der gewünschte Abstraktionsgrad durch Auswahl einer Abstraktionsebene des Architekturmusters gewählt werden kann. Ferner können Verfeinerungsbezierungen sowohl zwischen unterschiedlichen Abstraktionsebenen eines Architekturmusters als auch zwischen unterschiedlichen Architekturmustern definiert und verifiziert werden.

Fallstudie   Nachdem die Grundlagen eigenschaftsorientierter Architekturbeschreibung (Kapitel 4), die Mittel zu ihrer anschaulichen Darstellung (Kapitel 5) sowie Architekturmuster zur integrierten Spezifikation struktureller und funktionaler Eigenschaften (Kapitel 6) beschrieben wurden, wurde die Anwendung der erarbeiteten Konzepte in einer praktischen Fallstudie am Beispiel eines vereinfachten ACC-Steuerungssystems demonstriert (Kapitel 7).

Zunächst werden in dem Abschnitt 7.1 die Anforderungen an die ACC-Steuerung in informaler textueller Form sowie die syntaktische Schnittstelle spezifiziert. Zusätzlich werden die gegenüber realen ACC-Steuerungssystemen vorgenommenen Vereinfachungen benannt.

In dem Abschnitt 7.2 führen wir ausgehend von der informalen Anforderungsspezifikation in dem Abschnitt 7.1 eine formale Spezifikation der funktionalen Anforderungen an das ACC-System durch. Dazu werden zuerst zwei temporallogischen Spezifikationsnotationen definiert – die verbreitete LTL-Notation sowie die speziell für diese Fallstudie erstellte benutzerdefinierte Notation PDL$_1$. Die Spezifikationsnotationen werden in Isabelle/HOL formalisiert und ihre jeweiligen Eigenschaften sowie die Beziehung zwischen den Notationen verifiziert (Anhang A.3, Abschnitte A.3.1 und A.3.2). Dann werden die funktionalen Anforderungen an die ACC-Steuerung in PDL$_1$ sowie in LTL formal spezifiziert. Anschließend wird eine zusätzliche funktionale Anforderung spezifiziert und ausgehend von den zuvor formalisierten funktionalen Anforderungen mithilfe der Assume/Guarantee-Verifikation bewiesen. Bei der Erstellung formaler Spezifikationsformeln wird sowohl die tabellarische Darstellung als auch die graphische Veranschaulichung temporallogischer Formeln verwendet. Eine Absicherung wird durch Formalisierung der Spezifikationsformeln und der A/G-Verifikation in Isabelle/HOL durchgeführt (Anhang A.3.3).

Der Abschnitt 7.3 beschreibt eine formale Verfeinerung des ACC-Systems. Zunächst wird es strukturell in Teilkomponenten verfeinert. Danach wird am Beispiel ausgewählter Anforderungen die funktionale Verfeinerung durchgeführt, in deren Verlauf insbesondere eigenschaftsorientierte Architekturmuster zur Spezifikation der verfeinerten Anforderungen verwendet werden.

Somit haben wir in der vorliegenden Arbeit Konzepte zur eigenschaftsorientierten Spezifikation der logischen Architektur mit Hinblick auf eingebettete Systeme erarbeitet und ihre Anwendung an einer praktischen Fallstudie demonstriert.

8.2   Zukünftige Arbeiten

Die vorliegende Arbeit befasste sich vor allem mit Beschreibungsmitteln für die Spezifikation der logischen Architektur eingebetteter Softwaresysteme. Für den praktischen Einsatz der konzipierten Beschreibungsmittel in der Entwicklung eingebetteter Softwaresysteme spielt die Werkzeugunterstützung eine entscheidende Rolle – ein wichtiger Aspekt der zukünftigen Arbeiten ist daher die Werkzeugunterstützung für die erarbeiteten Konzepte. Ein weiterer Aspekt ist die Weiterentwicklung der in dieser Arbeit beschriebenen Spezifikationsmittel.

Wir wollen die Möglichkeiten der Weiterentwicklungen in den oben angesprochenen Arbeits-bereichen im weiteren Verlauf dieses Abschnitts erörtern.

Werkzeugunterstützung

In den Kapiteln 4, 5 und 6 haben wir Konzepte für die eigenschaftsorientierte Architekturspezifi-kation erarbeitet und ihre Anwendung im Kapitel 7 an einer praktischen Fallstudie demonstriert. Für die praktische modellbasierte Entwicklung von Systemarchitekturen sowie die Spezifikati-on funktionaler Eigenschaften ist Werkzeugunterstützung von essentieller Bedeutung. Deshalb wollen wir die Realisierbarkeit der Werkzeugunterstützung für die ausgearbeiteten Konzepte zur eigenschaftsorientierten Architekturspezifikation darlegen. Dabei geht es uns nicht um die ge-naue technische Umsetzung in einem Entwicklungswerkzeug (z. B. AUTOFOCUS) oder ihre de-taillierte Planung, da dies den Rahmen der Arbeit sprengen würde. Vielmehr wollen wir hier die Konzeption der Werkzeugunterstützung als Teil der zukünftigen Weiterentwicklungen skizzie-ren. Dabei wollen wir systematisch vorgehen, indem wir die in Kapiteln 4, 5 und 6 erarbeiteten Konzepte nacheinander betrachten und ihre mögliche Realisierung erörtern.

Grundlagen eigenschaftsorientierter Architekturbeschreibung   Wir beginnen mit den Grundlagen der eigenschaftsorientierten Architekturbeschreibung (Kapitel 4). Diese behandeln die Modellierungstechnik zur strukturellen und operationalen Systemspezifikation (ADL, Ab-schnitt 4.1), die Grundlagen der deklarativen funktionalen Spezifikation (PDL, Abschnitt 4.2) sowie die zur Definition und Anwendung eigenschaftsorientierter Architekturmuster notwendige Integration struktureller und deklarativer funktionaler Notationen (ADL+PDL, Abschnitt 4.3).

- ADL – strukturelle und operationale Spezifikation.

  In dem Abschnitt 4.1 wurde die auf AUTOFOCUS aufbauende Modellierungstechnik zur Beschreibung der statischen strukturellen Systemarchitektur und ihre Semantik für die ope-rationale Verhaltensspezifikation – einschließlich der Mehrtaktsemantik zur beschleunig-ten Ausführung innerhalb einzelner Komponenten – formal definiert. Mit Hinblick auf die praktische Realisierung gilt:

  – Die existierenden Versionen des AUTOFOCUS-Modellierungswerkzeugs [Autb, Auta] unterstützen die strukturelle Spezifikation der Systemarchitektur (vgl. Abschnitt 4.1.1) und operationale Verhaltensspezifikation im Rahmen der Eintaktsemantik (vgl. Ab-schnitt 4.1.2, ab S. 84).

  – Die Eintaktsemantik und die Erweiterung zur Mehrtaktsemantik, welche die beschleu-nigte interne Taktung einer Komponente unterstützt, wurde im Abschnitt 4.1.2 (S. 99 ff.) formal definiert. Ferner wurde in Isabelle/HOL unter anderem eine formale De-finition der Mehrtaktsemantik erstellt, die Beweise für endliche und unendliche Be-rechnungen sowie ausführbare Simulationen für endliche Berechnungen ermöglicht (Anhang A.1.3, S. 298 ff. und Isabelle/HOL-Theorie *AF-Stream-Exec* in [Tra08a]).

  Die Implementierung der Konzepte im Abschnitt 4.1, die auf der existierenden Modellie-rungstechnik des AUTOFOCUS-Werkzeugs aufbauen, erfordert deshalb im Wesentlichen nur die Umsetzung der in aktuellen AUTOFOCUS-Versionen nicht vorhandenen Möglich-keit zur Mehrfachtaktung von Komponenten, die in Isabelle/HOL bereits formalisiert wur-de und für endliche Berechnungen simuliert werden kann (vgl. Anhang A.1.3, S. 308 ff.).

• PDL – deklarative funktionale Spezifikation.

Der Abschnitt 4.2 befasste sich mit den Grundlagen zur deklarativen Spezifikation funktionaler Eigenschaften einer Systemarchitektur. Hierzu wurde eine ausdrucksstarke Basisnotation BPDL formal definiert (Abschnitt 4.2.1), welche die deklarative Spezifikation funktionaler Eigenschaften sowie die Definition weiterer (insbesondere temporallogischer) Notationen zur Spezifikation funktionaler Eigenschaften ermöglicht.

Um funktionale Spezifikationsnotationen definieren und benutzen zu können, muss das verwendete Modellierungswerkzeug (hier am Beispiel von AUTOFOCUS) folgende Möglichkeiten bieten:

– BPDL-Unterstützung: Formalsprachliche Definition der BPDL, welche die Spezifikation und die Verarbeitung von BPDL-Ausdrücken unterstützt. Für die Erstellung der dazu notwendigen Parser können existierende und in AUTOFOCUS bereits verwendete Werkzeuge (z. B. SableCC [Sab]) eingesetzt werden. Die Semantik der BPDL wurde im Abschnitt 4.2.1 sowie in Isabelle/HOL (vgl. Anhang A.2) definiert.

– PDL-Definition: Möglichkeit zur Definition der Syntax von PDL-Notationen als BNF-Grammatiken sowie zur Definition ihrer Semantik durch Abbildung auf BPDL. Hierfür können sowohl eigene (z. B. mithilfe von SableCC erstellte) Parser verwendet werden, als auch eine universelle Möglichkeit zur Definition einer PDL-Notation als spezieller Datentyp für PDL-Formeln angeboten werden. Letztere Möglichkeit wurde in Isabelle/HOL bei der Formalisierung der Spezifikationsnotationen PDL$_1$ und LTL (Abschnitt 7.2) für die Fallstudie demonstriert (vgl. Anhang A.3.1, A.3.2). Die Semantik einer PDL kann in diesem Fall direkt durch Angabe einer Funktion erfolgen, die eine PDL-Formel rekursiv über den Formelaufbau in eine BPDL-Formel (oder auch eine andere zuvor definierte PDL) übersetzt. Die praktische Realisierung für das AUTOFOCUS-Werkzeug sollte ohne Schwierigkeiten möglich sein, da es mit QuestF [BLS00] eine funktionale Sprache bietet, die ähnlich zu Isabelle/HOL zur Definition einer PDL-Notation als spezieller Datentyp verwendet werden kann – hierbei wollen wir jedoch, aus weiter oben erörterten Gründen, nicht auf eine konkrete technische Realisierung und Planung eingehen, wie beispielsweise die Frage, ob ein separates AUTOFOCUS-Programmmodul mit eigenem QuestF-Dialekt für PDL-Notationen zu erstellen wäre, oder die vorhandene QuestF-Version verwendet werden kann.

– Export in Isabelle/HOL: Um die Eigenschaften einer PDL formal nachweisen und Zusammenhänge mit anderen PDL-Notationen zeigen zu können, muss die Möglichkeit existieren, die Syntax und Semantik einer definierten PDL in eine Isabelle/HOL-Theoriedatei exportieren zu können. Dies kann in dem Fall, dass die Syntax einer PDL-Notation als eigener Datentyp für PDL-Formeln und ihre Semantik durch eine Funktion zur Abbildung auf die BPDL (oder optional auf andere PDLs) definiert wird, durch direkte Übersetzung dieser PDL-Definition (ggf. mit syntaktischen Anpassungen an Isabelle/HOL) in eine entsprechende Definition in Isabelle/HOL erfolgen, wie dies beispielsweise bei der (manuellen) Isabelle/HOL-Formalisierung der PDL$_1$ in der Fallstudie durchgeführt wurde (vgl. Abschnitt 7.2 und Anhang A.3.2 ab S. 367).

– Export von PDL-Eigenschaften in Verifikationswerkzeuge: Sollen formale Eigenschaften eines AUTOFOCUS-Modells verifiziert werden, so muss der Export von

Spezifikationsformeln in Isabelle/HOL und in spezialisierte Verifikationswerkzeuge unterstützt werden, wie dies beispielsweise bereits in der aktuellen AUTOFOCUS-Version für den Export von LTL-Formeln in den Modelchecker SMV der Fall ist [Val05].

Die Implementierung der Konzepte im Abschnitt 4.2 umfasst somit die Unterstützung der Definition und Anwendung von PDLs sowie den Export von PDL-Formeln zur Weiterverarbeitung in Verifikationswerkzeugen. Wie oben dargelegt, sind die benötigten Erweiterungen realisierbar und für Spezialfälle (wie beispielsweise Unterstützung und Export von LTL-Eigenschaften) bereits vorhanden.

- ADL+PDL – Integration struktureller und dynamischer Beschreibungsmittel.

In dem Abschnitt 4.3 wurde die Integration von Notationen zur Beschreibung struktureller und funktionaler Eigenschaften von AUTOFOCUS-Modellen behandelt, um dadurch deklarative Beschreibungen funktionaler Eigenschaften unabhängig von einem konkreten Modell zu ermöglichen. Zur Realisierung der hierfür notwendigen technischen Integration von PDL-Notationen in die CCL-Notation, die zur Beschreibung strukturellen Modelleigenschaften verwendet wird, müssen folgende Funktionalitäten implementiert werden:

- Syntaktische Verarbeitung von CCL-PDL-Ausdrücken: Um CCL-PDL-Ausdrücke, die sowohl strukturelle CCL-Anteile als auch funktionale PDL-Anteile enthalten, verwenden zu können, müssen diese eingegeben und syntaktisch verarbeitet werden können. Die Syntax eines CCL-PDL-Ausdrucks wurde in dem Abschnitt 4.3.2 (S. 147 ff.) definiert. Die CCL-PDL-Grammatik unterscheidet sich von der in AUTOFOCUS bereits verwendeten CCL-Grammatik [Höl05] lediglich durch die zusätzliche Ableitungsregel (4.201) (S. 148), die das Einbinden von PDL-Teilausdrücken in CCL-Ausdrücke ermöglicht. Die Realisierung der syntaktischen Verarbeitung von CCL-PDL-Ausdrücken würde daher durch eine einfache Erweiterung der CCL-Grammatik (und anschließende Generierung eines entsprechenden Parsers durch SableCC) ermöglicht. Eine zusätzliche syntaktische Verarbeitung der PDL-Teilausdrücke wäre ebenfalls auf Grundlage der Funktionalität zur Definition und Anwendung von benutzerdefinierten PDLs (s. weiter oben) möglich.

- Semantische Auswertung von CCL-PDL-Ausdrücken: Die Instanziierung eines CCL-PDL-Ausdrucks für einen Systemausschnitt eines konkreten Modells ergibt einen PDL-Ausdruck, der die Semantik des CCL-PDL-Ausdrucks für diesen Systemausschnitt darstellt und eine funktionale Eigenschaft des Modells spezifiziert. Die Vorgehensweise zur Instanziierung eines CCL-PDL-Ausdrucks wurde in dem Abschnitt 4.3.2 (S. 148 ff.) ausführlich beschrieben, so dass die semantische Auswertung von CCL-PDL-Ausdrücken auf dieser Grundlage realisiert werden kann.

Die Konzepte aus dem Abschnitt 4.3 können somit auf Grundlage und als Erweiterungen der Funktionalitäten des AUTOFOCUS-Werkzeugs realisiert werden.

Anschauliche Darstellung eigenschaftsorientierter Architekturspezifikation Das Kapitel 5 konzipierte Hilfsmittel zur anschaulichen Darstellung der eigenschaftsorientierten Architekturspezifikation, insbesondere zur Spezifikation und Veranschaulichung dynamischer funktionaler Eigenschaften sowie ihrer Zuordnung zu Strukturelementen einer Architekturspezifikation. Die anschauliche Darstellung spielt eine wesentliche Rolle bei der Entwicklung einer Systemarchitektur, weil diese den Entwickler bei der Spezifikation und dem Verständnis der strukturellen und funktionalen Systemeigenschaften unterstützt und deshalb zur Qualitätssteigerung und Fehlervermeidung beiträgt. Die Werkzeugunterstützung für anschauliche Spezifikationsdarstellung ist daher von erheblicher Bedeutung.

Wie in der Einführung zum Kapitel 5 erörtert, werden wichtige Funktionalitäten zur Veranschaulichung der Architekturspezifikation – beispielsweise eine graphische Darstellung der Systemstruktur durch SSDs sowie eine graphische und tabellarische Darstellung der Zustandsübergangsfunktionen durch STDs – bereits von existierenden AUTOFOCUS-Versionen unterstützt (vgl. auch Abbildung 5.1 auf S. 164). Die Realisierbarkeit der noch nicht unterstützten Funktionalitäten wollen wir in diesem Abschnitt darlegen.

- Integrierte Darstellung struktureller und funktionaler Spezifikation.

Der Abschnitt 5.1 betrachtete die anschauliche gegenseitige Zuordnung struktureller Elemente und deklarativer funktionaler Eigenschaften in einer eigenschaftsorientierten Architekturspezifikation. Hierbei handelt es sich um die Möglichkeit, einerseits für ausgewählte Strukturelemente die zugehörigen funktionalen Eigenschaften aus der Menge aller spezifizierten Eigenschaften, und andererseits die zu einer funktionalen Eigenschaft gehörenden Strukturelemente zu ermitteln und anzuzeigen.

Aus technischer Implementierungssicht handelt es sich deshalb im Wesentlichen um Filterfunktionen, die für eine N:M-Beziehung zwischen einer Menge S der Strukturelemente und einer Menge F der funktionalen Eigenschaften die zu einem Element $s \in S$ in Beziehung stehenden Elemente $f \in F$ und umgekehrt auswählen können. Die Vorgehensweise zur Ermittlung der in Beziehung stehenden Strukturelemente und funktionalen Anforderungen wurde in dem Abschnitt 5.1 beschrieben, so dass eine Implementierung auf dieser Grundlage erfolgen kann. Für die Anzeige der dadurch ermittelten Strukturelemente bzw. funktionalen Eigenschaften können anschließend unterschiedliche visuelle Möglichkeiten, wie beispielsweise farbliche Hervorhebung im Strukturdiagramm, Aufzählung in einer Liste u. a., verwendet werden.

- Tabellarische Spezifikation funktionaler Eigenschaften.

Der Abschnitt 5.2 befasste sich mit tabellarischer Spezifikation deklarativer funktionaler Eigenschaften. Dabei wurden die Syntax und Semantik einer tabellarischen Spezifikation formal definiert.

Die tabellarische Erfassung gehört zu einem weit verbreiteten Instrument zur übersichtlichen Gestaltung der Dateneingabe und wurde auch in AUTOFOCUS beispielsweise zur Bearbeitung der Zustandsübergangsfunktionen für Automaten (STDs) verwendet. Die praktische Realisierung der tabellarischen Spezifikation für deklarative funktionale Anforderungen sollte daher ohne größeren Aufwand möglich sein. Die Übersetzung einer tabellarischen Spezifikation in eine PDL-Formel wurde durch die Semantikdefinition in dem Abschnitt 5.2 beschrieben und ist damit ebenfalls implementierbar.

- Graphische Veranschaulichung deklarativer funktionaler Eigenschaften.

In dem Abschnitt 5.3 wurde die graphische Veranschaulichung temporallogischer Formeln behandelt. Als Grundlage wurde eine graphische Darstellung für Formeln in der BPDL-Notation konzipiert. Anschließend wurde die Vorgehensweise zur Veranschaulichung für

Formeln in anderen PDL-Notationen beschrieben, bei der eine PDL-Formel zunächst in BPDL übersetzt wird, und danach die BPDL-Formel visualisiert wird. Für die graphische Veranschaulichung temporallogischer funktionaler Spezifikationen werden folgende Funktionalitäten benötigt:

- Graphische Visualisierung: Für die Visualisierung einer temporallogischen Formel wird diese, falls nicht schon in BPDL formuliert, in eine BPDL-Formel übersetzt. Die BPDL-Formel kann danach graphisch visualisiert werden – in dem Abschnitt 5.3 (S. 176 ff.) wird hierfür die graphische Visualisierung für alle BPDL-Operatoren und -Zeitintervalle beschrieben. Eine vergleichbare Form der Visualisierung temporallogischer Eigenschaften existiert bereits, mit den in Abschnitt 5.3 genannten Unterschieden zur BPDL-Visualisierung, für die RTSTD-Notation [FL01]. Die Realisierung einer graphischen Veranschaulichung für BPDL sollte damit ebenfalls möglich sein.

- Interaktive Exploration: Als zweiter Bestandteil der graphischen Veranschaulichung temporallogischer Spezifikationen wurde die interaktive Exploration der visualisierten Formeln in dem Abschnitt 5.3 (S. 183 ff.) vorgestellt und anhand einiger Beispiele demonstriert (vgl. Beispiele 5.3(3) und 5.3(4), S. 187 ff.). Hierbei erweitert die interaktive Exploration die graphische Veranschaulichung im Wesentlichen um Funktionalitäten zur Auswahl aus mehreren äquivalenten Darstellungen einer Formel sowie zur Festlegung und Variation bestimmter Zeitpunkte für temporale Operatoren, um ein besseres Verständnis der Spezifikation zu unterstützen. Diese Erweiterungen bauen unmittelbar auf der graphischen Visualisierung der Formeln auf, und ihre Realisierung sollte keine größeren technischen Probleme bereiten.

Eigenschaftsorientierte Architekturmuster In dem Kapitel 6 entwarfen wir eigenschaftsorientierte Architekturmuster zur integrierten Spezifikation struktureller und funktionaler Eigenschaften, die unabhängig von einem konkreten System definiert werden können. Dabei wurden Syntax und Semantik der Architekturmuster für ihre Spezifikation und Anwendung (Abschnitt 6.1), die Komposition (Abschnitt 6.2) sowie die Verwendung von Abstraktionsebenen (Abschnitt 6.3) erarbeitet.

- Spezifikation und Anwendung.

Der Abschnitt 6.1 beschrieb die Grundlagen zur Spezifikation und Anwendung von Architekturmustern. Er definierte die Syntax der Architekturmuster als BNF-Grammatik (S. 191 ff.) und anschließend ihre Semantik (S. 194 ff.), welche die Instanziierung eines Architekturmusters zu strukturellen und funktionalen Eigenschaften für einen konkreten Systemausschnitt definiert, und auf der im Abschnitt 4.3 beschriebenen Integration struktureller und funktionaler Notationen basiert (deren Realisierbarkeit weiter oben in diesem Abschnitt besprochen wurde). Auch die Semantik einer tabellarischen Darstellung (S. 198 ff.) wurde festgelegt. Somit wurden für alle dem Abschnitt 6.1 behandelten Funktionalitäten formal fundierte Beschreibungen und Vorgehensweisen angegeben, auf deren Grundlage eine Realisierung dieser Funktionalitäten erfolgen kann.

- Komposition.

In dem Abschnitt 6.2 wurde die Komposition eigenschaftsorientierter Architekturmuster behandelt, die insbesondere die Wiederverwendung von Mustern in anderen Mustern ermöglicht. Dabei wird die Vorgehensweise zur Komposition zweier Architekturmuster (S. 207 ff.) sowie die Syntax der Verwendung der Komposition zum Import von Architekturmustern in anderen Architekturmustern (S. 213 ff.) definiert. Eine Unterstützung der Architekturmusterkomposition kann auf Grundlage dieser Beschreibungen realisiert werden.

• Abstraktionsebenen.

Der Abschnitt 6.3 befasste sich mit der Darstellung unterschiedlicher Abstraktionsgrade innerhalb eines Architekturmusters durch die Definition von Abstraktionsebenen. Hierfür wurde die Syntax der Architekturmuster um die Möglichkeit zur Definition von Abstraktionsebenen erweitert und ihre Semantik festgelegt, indem die Vorgehensweise zur Bestimmung der Architekturmustersemantik für jede in ihm definierte Abstraktionsebene angegeben wurde. Auch wurde die Syntax und Semantik zur Definition von Verfeinerungsbeziehungen zwischen Abstraktionsebenen sowie Architekturmustern definiert. Auf dieser Grundlage kann somit die Funktionalität zur Verwendung von Abstraktionsebenen in Architekturmustern sowie von Verfeinerungsbeziehungen zwischen Abstraktionsebenen und Architekturmustern realisiert werden.

Somit wurde für die erarbeiteten Konzepte zur Spezifikation und Darstellung der logischen Architektur eingebetteter Systeme die Realisierbarkeit der Werkzeugunterstützung dargelegt.

Weiterentwicklung der Beschreibungsmittel

Zusätzlich zur Werkzeugunterstützung für die erarbeiteten Konzepte ist die Erweiterung der Spezifikations- und Darstellungsmittel eine weitere Entwicklungsrichtung. Wir wollen im Folgenden einige Vorschläge für zukünftige Erweiterungen vorstellen.

Grundlagen eigenschaftsorientierter Architekturbeschreibung Das Kapitel 4 befasste sich mit den Beschreibungsmitteln für die strukturelle/statische Architekturspezifikation sowie für die operationale und deklarative Verhaltensspezifikation.

In dem Abschnitt 4.1 wurde eine wesentliche Erweiterung der Ausführungssemantik des strikt kausalen Ausschnitts der AUTOFOCUS-Modellierungstechnik vorgestellt. Mit dieser Erweiterung sehen wir die AUTOFOCUS-Modellierungstechnik als grundsätzlich genügend ausdrucksstark an, um die logische Architektur und das operationale Verhalten eingebetteter Systeme spezifizieren zu können. Die zukünftigen Arbeiten können sich vor allem mit der Integration schwach kausaler Beschreibungsmittel in den hier verwendeten Ausschnitt der AUTO-FOCUS-Modellierungstechnik befassen, wie beispielsweise den Datenflussdiagrammen (DFDs) [ZBF⁺05], die in AUTOFOCUS2 bereits vorhanden sind – hier liegt der Schwerpunkt daher nicht auf einer (Neu-)Entwicklung, sondern auf einer fundierten und in Isabelle/HOL formal abgesicherten Integration dieser Beschreibungsmittel in den strikt kausalen Ausschnitt der Modellierungstechnik.

Der Abschnitt 4.2 befasste sich mit Beschreibungsmitteln zur deklarativen Spezifikation funktionaler Eigenschaften. Es wurde eine einfach aufgebaute ausdrucksstarke Basisnotation BPDL formal definiert und im Rahmen der Fallstudie (Kapitel 7) zur Erstellung benutzerdefinierter Spezifikationsnotationen verwendet. Die Weiterentwicklung kann sowohl die Erweiterung des BPDL-Sprachumfangs – z. B. um reguläre Ausdrücke, wie sie in PSL/Sugar [EF02] oder SALT

[BLS06b] verwendet werden – als auch die Definition und ggf. formale Validierung weiterer Spezifikationsnotationen (und damit ihre Bereitstellung im PDL-Framework) betreffen, wie dies in der Fallstudie im Abschnitt 7.2 für LTL und die benutzerdefinierte Notation PDL_1 durchgeführt wurde. Ferner ist die Verwendung szenarienbasierter Notationen – wie z. B. der MSCs [Int04, HT03] oder auch der in AUTOFOCUS bereits vorhandenen EETs [BHKS97, HSE97] – die in temporallogische Notationen übersetzbar sind [vLW98, KHP+05, Bon05], eine mögliche zukünftige Entwicklung. Die Spezifikation zulässiger Schnittstelleninteraktionen/-protokolle durch Schnittstellenautomaten [dAH01a] stellt ebenso eine interessante Weiterentwicklungsmöglichkeit dar.

Anschauliche Darstellung eigenschaftsorientierter Architekturspezifikation   In dem Kapitel 5 wurden Mittel zur anschaulichen Darstellung der funktionalen Eigenschaften eines Systems konzipiert.

Mit Hinblick auf zukünftige Arbeiten ist die im Abschnitt 5.3 entworfene graphische Veranschaulichung deklarativer funktionaler Eigenschaften besonders interessant. Die möglichen Richtungen für Weiterentwicklungen sind Veranschaulichung neuer Sprachkonstrukte bei eventuellen Erweiterungen des BPDL-Sprachumfangs, und der Entwurf weiterer Darstellungsformen (z. B. alternative graphische Darstellungen [DKM+94] oder auch andere, stärker an die textuelle Spezifikationsformel angelehnte Darstellungen [LV98, JMS06]). Auch kann die Möglichkeit der benutzerdefinierten Anpassung oder sogar Definition eigener graphischer Veranschaulichungen realisiert werden, so dass unterschiedliche Darstellungsmittel zur Veranschaulichung verwendet werden können.

Eigenschaftsorientierte Architekturmuster   In dem Kapitel 6 definierten wir eigenschaftsorientierte Architekturmuster zur integrierten Spezifikation struktureller und funktionaler Eigenschaften. Eine kleinere Verbesserung der aktuellen Definition würde darin bestehen, neben der Verwendung vordefinierter Datentypen für Parameter in der Mustersignatur auch die Verwendung benutzerdefinierter Typen, insbesondere der Aufzählungstypen zu ermöglichen. Ein größerer Weiterentwicklungsschritt besteht darin, die Spezifikation und Instanziierung der Architekturmuster in Isabelle/HOL zu formalisieren und dadurch die maschinell unterstützte formale Analyse zu ermöglichen, beispielsweise zur Verifikation der Verfeinerungsbeziehung zwischen unterschiedlichen Abstraktionsebenen eines Architekturmusters.

Praktische Anwendung – Fallstudien

Das Kapitel 7 beschreibt anhand einer praxisnahen Fallstudie die Anwendung der in dieser Arbeit erarbeiteten Konzepte. Für zukünftige Arbeiten existieren mehrere Entwicklungsrichtungen. Zum einen wäre die Bearbeitung einer umfangreicheren Fallstudie interessant, um die Skalierbarkeit der entwickelten Konzepte zu untersuchen. Des Weiteren könnte der Entwicklungsprozess bis zur Erstellung einer operationalen Verhaltensspezifikation auf Modellierungsebene (beispielsweise in AUTOFOCUS) durchgeführt werden, um den gesamten Entwicklungsprozess von der formalen deklarativen Spezifikation der Anforderungen an das Gesamtsystem über strukturelle und funktionale Verfeinerung bis zu einer ausführbaren Spezifikation zu betrachten. Anschließend wäre eine formale Verifikation der Anforderungen an das Gesamtsystem von Interesse: diese kann sowohl unterschiedliche Entwicklungsphasen umfassen – beispielsweise formale

Verifikation von Verfeinerungsschritten im Laufe der Systementwicklung, oder auch die Verifikation der zu Beginn der Entwicklung formalisierten Anforderungen an das Gesamtsystem unmittelbar für die ausführbare operationale Spezifikation – als auch die Anwendung unterschiedlicher Verifikationsverfahren, wie beispielsweise Modelchecking und interaktive Verifikation in Isabelle/HOL.

Somit haben wir Konzepte zur eigenschaftsorientierten Beschreibung und anschaulichen Darstellung der logischen Architektur eingebetteter Systeme erarbeitet, diese in einer praktischen Fallstudie angewendet, und Vorschläge für zukünftige Weiterentwicklungen vorgestellt.

Anhang A

Ströme und temporale Logik in Isabelle/HOL

Dieser Anhang enthält einen Auszug der Isabelle/HOL-Formalisierung der AUTOFOCUS-Mehrtaktsemantik, der Basisnotation BPDL, sowie der PDL-Notationen und funktionalen Anforderungen für die Fallstudie. Die vollständige Formalisierung findet sich in den Isabelle/HOL-Theoriedateien sowie in der aus den Theoriedateien generierten Dokumentation [Tra08a].

Die Tabelle A.1 führt die Teiltheorien des Frameworks für die Spezifikation und Validierung temporallogischer Notationen für die erweiterte AUTOFOCUS-Mehrtaktsemantik auf. Das Framework enthält eine Formalisierung der Mehrtaktsemantik (A.1), eine Theoriebibliothek zur Deklaration und formalen Validierung temporallogischer Notationen (A.2) sowie ausgewählte Eigenschaften der Mehrtaktsemantik im Zusammenhang mit temporallogischen Notationen (A.2.6). Ferner enthält das Framework mehrere Hilfstheorien mit Eigenschaften arithmetischer Operationen auf natürlichen Zahlen und einer Erweiterung der Listentheorie um unendliche Listen.

Theoriedatei	Inhalt
Util_Nat	Zusätzliche Ergebnisse zu (Un-)Gleichungen für natürliche Zahlen.
Util_NatInf	Zusätzliche Definitionen und Ergebnisse für natürliche Zahlen mit Unendlichkeit.
Util_Div	Zusätzliche Ergebnisse zu ganzzahliger Division auf natürlichen Zahlen, insbesondere: – Gleichungen und Ungleichungen. – Division und Modulo-Bildung zusammen mit Addition, Subtraktion und Multiplikation.
List2	Ergebnisse für endliche und unendliche Listen: – Theorie unendlicher Listen (aufgebaut analog zur Theorie *List.thy* für endliche Listen in der HOL-Bibliothek von Isabelle). – Ergebnisse zum Zusammenspiel endlicher und unendlicher Listen. – Zusätzliche Ergebnisse für endliche und unendliche Listen.

List_Prefix2	Präfix-Relation auf Listen: – Zusätzliche Definitionen und Ergebnisse für die Präfixrelation auf endlichen Listen. – Infimum-Operator für die Präfixrelation auf endlichen Listen. – Endliche Präfixe unendlicher Listen.
AF_Stream	Zeitsynchrone Nachrichtenströme: – Definition zeitsynchroner Nachrichtenströme mithilfe endlicher und unendlicher Listen. – Definitionen und Ergebnisse für Expansion und Kompression von Strömen.
AF_Stream_Exec	Verarbeitung von Nachrichtenströmen: – Verarbeitung von Nachrichtenströmen durch Komponenten mit Transitionsfunktionen zur Verhaltensspezifikation. – Beschleunigte Stromverarbeitung mit der Mehrtaktsemantik. – Leerlaufzustände beschleunigter Komponenten. – Ergebnisse zur Verhaltensäquivalenz beschleunigter Komponenten mit Hinblick auf die Relation zwischen Eingabe und Ausgabe.
SetInterval2	Zusätzliche Definitionen und Ergebnisse für Intervalle/Mengen: – Zusätzliche Ergebnisse für Operationen auf Mengen. – Intervallschnittoperatoren für Intervalle/Mengen auf linear geordneten Datentypen (d. h., Abschneiden aller Elemente kleiner bzw. größer als ein gegebener Wert). – Traversieren von Intervallen/Mengen natürlicher Zahlen. – Aufzählen der Elemente beliebiger Intervalle/Mengen natürlicher Zahlen. – Induktion über Elemente beliebiger Intervalle/Mengen natürlicher Zahlen mithilfe der Traversierungsfunktionen.
InfiniteSet2	Zusätzliche Definitionen und Ergebnisse für Mengenoperationen, deren Ergebnis eine unendlich große Zahl sein kann.
TL_Interval	Zeitintervalle für temporallogische Operatoren: – Definition spezieller Intervalle über natürlichen Zahlen für temporallogische Operatoren. – Mengenoperatoren auf Zeitintervallen. – Intervallschnittoperatoren für Zeitintervalle. – Traversierungsfunktionen und Induktion auf Zeitintervallen.

TL_IntOperator	Arithmetische Operatoren für Zeitintervalle: – Addition/Subtraktion einer Konstante zu/von einem Intervall. – Multiplikation/Division eines Intervalls mit/durch eine Konstante. – Subtraktion eines Intervalls von einer Konstante. – Abgeschlossenheit bestimmter Zeitintervallmengen gegenüber Intervallschnittoperatoren und arithmetischen Operatoren auf Intervallen.
TL_Operator	Temporallogische Operatoren auf Intervallen.
TL_AF_Stream	Zusammenspiel zeitsynchroner Nachrichtenströme, Zeitintervalle und temporallogischer Operatoren: – Sichten/Joins von Strömen mit Zeitintervallen. – Zusammenhang zwischen der Stromexpansion/Kompression und der Multiplikation/Division der Zeitintervalle mit Konstanten.
TL_AF_Stream_Exec	Zusammenspiel der AUTOFOCUS-Ausführungssemantik und der temporallogischen Operatoren: – Temporallogische Eigenschaften für Semantik ohne bzw. mit Initialzustand (Verzögerung in Kanälen bzw. Komponenten). – Temporallogische Eigenschaften der Mehrtaktsemantik – Formulierungen für begrenzte Intervalle, für unbegrenzte Intervalle mit Start/Finish-Ereignissen, sowie für Leerlaufzustände.

Tabelle A.1: Struktur des Isabelle/HOL-Frameworks für Ströme und temporale Logik

Die Abbildung A.1 zeigt den Abhängigkeitsgraphen des erarbeiteten Isabelle/HOL-Frameworks. Der Graph berücksichtigt sowohl die in Isabelle/HOL enthaltenen Basislogiken *Pure* und *HOL-Main* (mit zusätzlichen Theoriedateien *List_Prefix*, *Nat_Infinity*, *Infinite_Set*), als auch die Theoriedateien des Frameworks, die in der Tabelle A.1 aufgeführt sind.

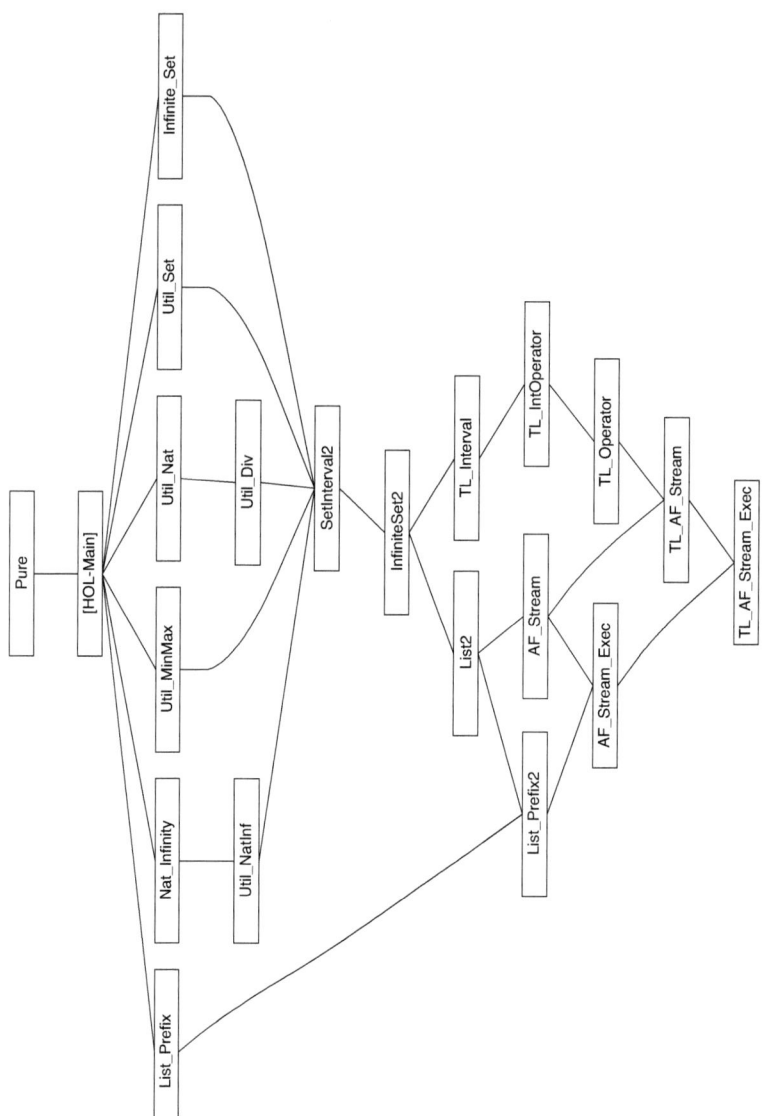

Abbildung A.1: Strukturgraph des Isabelle/HOL-Frameworks für Ströme und temporale Logik

A.1 Ströme von Nachrichten

Datentypdefinitionen

Datentyp der Nachrichten für ε-zeitsynchrone Ströme:
>**datatype**
>'a message-af = NoMsg | Msg 'a
>
>**syntax** (latex)
>NoMsg :: 'a (ε)
>Msg   :: 'a (Msg)
>
>Endliche Ströme:
>**types**
>'a fstream-af = 'a message-af list
>
>Unendliche Ströme:
>**types**
>'a ilist = nat $\Rightarrow$ 'a
>**types**
>'a istream-af = 'a message-af ilist

A.1.1 Expansion von Strömen

Expansion endlicher sowie unendlicher Ströme um einen natürlichen Faktor.
>**consts**
>f-expand :: 'a fstream-af $\Rightarrow$ nat $\Rightarrow$ 'a fstream-af (**infixl** $\odot_f$ 100)
>i-expand :: 'a istream-af $\Rightarrow$ nat $\Rightarrow$ 'a istream-af (**infixl** $\odot_i$ 100)
>
>**primrec**
>f-expand-Nil: [] $\odot_f$ k = []
>f-expand-Cons: (x # xs) $\odot_f$ k = (
> if 0 < k then x # $\varepsilon^{k - Suc\ 0}$ @ (xs $\odot_f$ k) else [])
>**defs**
>i-expand-def : i-expand $\equiv$ λf k n. (
> if k = 0 then ε else
> if n mod k = 0 then f (n div k) else ε)

Expansion endlicher Ströme

>**lemma** f-expand-0: xs $\odot_f$ 0 = []
>
>**lemma** f-expand-1: xs $\odot_f$ Suc 0 = xs
>
>**lemma** f-expand-one: 0 < k $\Longrightarrow$ [a] $\odot_f$ k = a # $\varepsilon^{k - Suc\ 0}$
>
>**lemma** f-expand-length: length (xs $\odot_f$ k) = length xs $*$ k

lemma f-expand-Cons:
$$0 < k \implies (x \# xs) \odot_f k = x \# \varepsilon^{k - Suc\ 0} @ (xs \odot_f k)$$

lemma f-expand-append: $\bigwedge$ys. $(xs @ ys) \odot_f k = xs \odot_f k @ (ys \odot_f k)$

lemma f-expand-nth-mult[rule-format, OF conjI]:
$\forall n.\ n < length\ xs \wedge 0 < k \longrightarrow xs \odot_f k\ !\ (n * k) = xs\ !\ n$

lemma f-expand-nth-if: $\bigwedge$n. $n < length\ xs * k \implies$
$(xs \odot_f k)\ !\ n = (if\ n\ mod\ k = 0\ then\ xs\ !\ (n\ div\ k)\ else\ \varepsilon)$

corollary f-expand-nth-mod-eq-0:
$[\![\ n < length\ xs * k;\ n\ mod\ k = 0\ ]\!] \implies (xs \odot_f k)\ !\ n = xs\ !\ (n\ div\ k)$

corollary f-expand-nth-mod-neq-0:
$[\![\ n < length\ xs * k;\ 0 < n\ mod\ k\ ]\!] \implies (xs \odot_f k)\ !\ n = \varepsilon$

lemma f-expand-take-mult: $\bigwedge$n k. $xs \odot_f k \downarrow (n * k) = (xs \downarrow n) \odot_f k$

lemma f-expand-take-mod:
$n\ mod\ k = 0 \implies xs \odot_f k \downarrow n = xs \downarrow (n\ div\ k) \odot_f k$

lemma f-expand-drop-mult:
$xs \odot_f k \uparrow (n * k) = (xs \uparrow n) \odot_f k$

lemma f-expand-drop-mod:
$n\ mod\ k = 0 \implies xs \odot_f k \uparrow n = xs \uparrow (n\ div\ k) \odot_f k$

lemma f-expand-assoc: $xs \odot_f a \odot_f b = xs \odot_f (a * b)$

lemma f-expand-commute: $xs \odot_f a \odot_f b = xs \odot_f b \odot_f a$

lemma f-expand-eq-conv:
$0 < k \implies (xs \odot_f k = ys \odot_f k) = (xs = ys)$

lemma f-expand-eq-conv':
$(xs \odot_f k = xs') =$
$(length\ xs * k = length\ xs' \wedge$
$(\forall i<length\ xs'.\ xs'\ !\ i = (if\ i\ mod\ k = 0\ then\ xs\ !\ (i\ div\ k)\ else\ \varepsilon)))$

Expansion unendlicher Ströme

lemma i-expand-0: $f \odot_i 0 = (\lambda n.\ \varepsilon)$

lemma i-expand-1: $f \odot_i Suc\ 0 = f$

lemma i-expand-gr0:

$0 < k \implies f \odot_i k = (\lambda n.\ \text{if } n \bmod k = 0 \text{ then } f\,(n \text{ div } k) \text{ else } \varepsilon)$

lemma i-expand-nth-mult: $0 < k \implies (f \odot_i k)\,(n * k) = f\,n$

lemma i-expand-nth-if:
$0 < k \implies (f \odot_i k)\,n = (\text{if } n \bmod k = 0 \text{ then } f\,(n \text{ div } k) \text{ else NoMsg})$

corollary i-expand-nth-mod-eq-0:
$[\![\,0 < k;\ n \bmod k = 0\,]\!] \implies (f \odot_i k)\,n = f\,(n \text{ div } k)$

corollary i-expand-nth-mod-neq-0:
$0 < n \bmod k \implies (f \odot_i k)\,n = \varepsilon$

lemma i-expand-i-take-mult: $f \odot_i k \Downarrow (n * k) = f \Downarrow n \odot_f k$

lemma i-expand-i-take-mod:
$n \bmod k = 0 \implies f \odot_i k \Downarrow n = f \Downarrow (n \text{ div } k) \odot_f k$

lemma i-expand-i-drop-mult: $f \odot_i k \Uparrow (n * k) = f \Uparrow n \odot_i k$

lemma i-expand-i-drop-mod:
$n \bmod k = 0 \implies f \odot_i k \Uparrow n = f \Uparrow (n \text{ div } k) \odot_i k$

lemma i-expand-assoc: $f \odot_i a \odot_i b = f \odot_i (a * b)$

lemma i-expand-commute: $f \odot_i a \odot_i b = f \odot_i b \odot_i a$

lemma i-expand-i-append: $(xs \frown f) \odot_i k = xs \odot_f k \frown (f \odot_i k)$

lemma i-expand-eq-conv:
$0 < k \implies (f \odot_i k = g \odot_i k) = (f = g)$

lemma i-expand-eq-conv$'$:
$0 < k \implies (f \odot_i k = f') =$
$(\forall i.\ f'\,i = (\text{if } i \bmod k = 0 \text{ then } f\,(i \text{ div } k) \text{ else } \varepsilon))$

A.1.2   Kompression von Strömen

Kompression endlicher sowie unendlicher Ströme um einen natürlichen Faktor.

Aggregierung endlicher und unendlicher Listen

Aggregierung einer Liste mit einer Aggregationsfunktion als Parameter. Eine wählbare konstante Anzahl von Elementen der Ausgangsliste wird zu einem Element der Ergebnisliste aggregiert.

    consts
        f-aggregate :: $'a \text{ list} \Rightarrow \text{nat} \Rightarrow ('a \text{ list} \Rightarrow {'a}) \Rightarrow {'a} \text{ list}$
        i-aggregate :: $'a \text{ ilist} \Rightarrow \text{nat} \Rightarrow ('a \text{ list} \Rightarrow {'a}) \Rightarrow {'a} \text{ ilist}$

defs
f-aggregate-def : f-aggregate s k ag ≡ map ag (list-slice s k)
i-aggregate-def : i-aggregate s k ag ≡ λn. ag (s ⇑ (n * k) ⇓ k)

lemma f-aggregate-nth:
n < length xs div k ⟹
(f-aggregate xs k ag) ! n = ag (xs ↑ (n * k) ↓ k)

lemma i-aggregate-nth:
(i-aggregate f k ag) n = ag (f ⇑ (n * k) ⇓ k)

Letzte Nachricht einer Sequenz

Funktion zur Ermittlung der letzten nichtleeren Nachricht eines endlichen Stroms.
consts
last-message :: 'a fstream-af ⟹ 'a message-af
primrec
last-message [] = ε
last-message (x # xs) = (
   if last-message xs = ε then x else last-message xs)

lemma last-message-Nil: last-message [] = ε

lemma last-message-one: last-message [m] = m

lemma last-message-NoMsg-conv:
(last-message xs = ε) = (∀i<length xs. xs ! i = ε)

lemma last-message-append: ⋀xs.
last-message (xs @ ys) = (
   if last-message ys = ε then last-message xs else last-message ys)

corollary last-message-append-replicate-NoMsg:
last-message (xs @ εⁿ) = last-message xs

lemma last-messageI:
⟦ m ≠ ε; i < length xs; xs ! i = m;
⋀j. ⟦ i < j; j < length xs ⟧ ⟹ xs ! j = ε ⟧
⟹ last-message xs = m

lemma last-message-conv:
m ≠ ε ⟹
(last-message xs = m) =
(∃i<length xs.
   xs ! i = m ∧ (∀j<length xs. i < j ⟶ xs ! j = ε))

lemma last-message-conv-if:
(last-message xs = m) =

(if m = ε then ∀ i<length xs. xs ! i = ε else
∃ i<length xs.
xs ! i = m ∧ (∀ j<length xs. i < j ⟶ xs ! j = ε))

Definition der Kompressionsfunktionen

Die Kompressionsfunktionen für endliche und unendliche Funktionen entsprechen der Aggregierung von Strömen, wobei jeder aggregierte Stromausschnitt durch seine letzte nichtleere Nachricht oder, falls alle Nachrichten leer waren, durch eine leere Nachricht repräsentiert wird.

> **consts**
> f-shrink :: ′a fstream-af ⟹ nat ⟹ ′a fstream-af (**infixl** $\div_f$ 100)
> i-shrink :: ′a istream-af ⟹ nat ⟹ ′a istream-af (**infixl** $\div_i$ 100)
> **defs**
> f-shrink-def : f-shrink xs k ≡ f-aggregate xs k last-message
> i-shrink-def : i-shrink f k ≡ i-aggregate f k last-message

Kompression endlicher Ströme

> **lemma** f-shrink-0: xs $\div_f$ 0 = []

> **lemma** f-shrink-1: xs $\div_f$ Suc 0 = xs

> **lemma** f-shrink-Nil: [] $\div_f$ k = []

> **lemma** f-shrink-length: length (xs $\div_f$ k) = length xs div k

> **lemma** f-shrink-empty-conv: 0 < k ⟹ (xs $\div_f$ k = []) = (length xs < k)

> **lemma** f-shrink-Cons:
> ⟦ 0 < k; length xs = k ⟧ ⟹ (xs @ ys) $\div_f$ k = last-message xs # (ys $\div_f$ k)

> **lemma** f-shrink-eq-f-shrink-take:
> xs ↓ (length xs div k * k) $\div_f$ k = xs $\div_f$ k

> **lemma** f-shrink-nth:
> n < length xs div k ⟹ (xs $\div_f$ k) ! n = last-message (xs ↑ (n * k) ↓ k)

> **lemma** f-shrink-take-nth:
> ⋀xs m. ⟦ n < length xs div k; n < m div k ⟧ ⟹ (xs ↓ m) $\div_f$ k ! n = xs $\div_f$ k ! n

> **lemma** f-shrink-hd:
> ⟦ 0 < k; k ≤ length xs ⟧ ⟹ hd (xs $\div_f$ k) = last-message (xs ↓ k)

> **lemma** f-shrink-append-mod:
> length xs mod k = 0 ⟹ (xs @ ys) $\div_f$ k = xs $\div_f$ k @ (ys $\div_f$ k)

> **lemma** f-shrink-last-message[rule-format]:

length xs mod k = 0 $\longrightarrow$ last-message $(xs \div_f k)$ = last-message xs

lemma f-shrink-f-expand-id: $0 < k \implies xs \odot_f k \div_f k = xs$

corollary f-expand-f-shrink-id-mod-0:
$\llbracket$ length xs mod k = 0;
$\bigwedge i.\ \llbracket\ i < $ length xs; $0 < i$ mod k $\rrbracket \implies xs\ !\ i = \varepsilon\ \rrbracket \implies$
$xs \div_f k \odot_f k = xs$

lemma f-shrink-take-mult: $xs \downarrow (n * k) \div_f k = xs \div_f k \downarrow n$

lemma f-shrink-take:
$xs \downarrow n \div_f k = xs \div_f k \downarrow (n$ div $k)$

lemma f-shrink-drop-mult: $xs \uparrow (n * k) \div_f k = xs \div_f k \uparrow n$

lemma f-shrink-drop-mod:
n mod k = 0 $\implies xs \uparrow n \div_f k = xs \div_f k \uparrow (n$ div $k)$

lemma f-shrink-eq-conv:
$(xs \div_f k1 = ys \div_f k2) =$
(length xs div k1 = length ys div k2 $\wedge$
$(\forall i<$length xs div k1.
  last-message $(xs \uparrow (i * k1) \downarrow k1) =$ last-message $(ys \uparrow (i * k2) \downarrow k2)))$

lemma f-shrink-eq-conv':
$(xs' \div_f k = xs) =$
(length xs' div k = length xs $\wedge$
$(\forall i<$length xs.
  if xs $!\ i = \varepsilon$ then $(\forall j<k.\ xs'\ !\ (i * k + j) = \varepsilon)$
  else $(\exists n<k.\ xs'\ !\ (i * k + n) = xs\ !\ i\ \wedge$
        $(\forall j<k.\ n < j \longrightarrow xs'\ !\ (i * k + j) = \varepsilon))))$

lemma f-shrink-assoc: $xs \div_f a \div_f b = xs \div_f (a * b)$

lemma f-shrink-commute: $xs \div_f a \div_f b = xs \div_f b \div_f a$

Kompression unendlicher Ströme

lemma i-shrink-0: $f \div_i 0 = (\lambda x.\ \varepsilon)$

lemma i-shrink-1: $f \div_i$ Suc $0 = f$

lemma i-shrink-nth: $(f \div_i k)$ n = last-message $(f \Uparrow (n * k) \Downarrow k)$

lemma i-shrink-hd: $(f \div_i k)$ 0 = last-message $(f \Downarrow k)$

lemma i-shrink-Cons:

$[\![\, 0 < k;\ \text{length } xs = k \,]\!] \Longrightarrow (xs \frown f) \div_i k = [\text{last-message } xs] \frown (f \div_i k)$

lemma i-shrink-i-append-mod:
length xs mod $k = 0 \Longrightarrow (xs \frown f) \div_i k = xs \div_f k \frown (f \div_i k)$

lemma i-shrink-i-expand-id: $0 < k \Longrightarrow f \odot_i k \div_i k = f$

lemma i-shrink-i-take-mult: $0 < k \Longrightarrow f \Downarrow (n * k) \div_f k = f \div_i k \Downarrow n$

lemma i-shrink-i-take:
$f \Downarrow n \div_f k = f \div_i k \Downarrow (n \text{ div } k)$

lemma i-shrink-i-drop-mult: $f \Uparrow (n * k) \div_i k = f \div_i k \Uparrow n$

lemma i-shrink-i-drop-mod:
$n \text{ mod } k = 0 \Longrightarrow f \Uparrow n \div_i k = f \div_i k \Uparrow (n \text{ div } k)$

lemma i-shrink-eq-conv:
$(f \div_i k1 = g \div_i k2) =$
$(\forall i.\ \text{last-message } (f \Uparrow (i * k1) \Downarrow k1) =$
$\quad \text{last-message } (g \Uparrow (i * k2) \Downarrow k2))$

lemma i-shrink-eq-conv:
$(f \div_i k1 = g \div_i k2) =$
$(\forall i.\ \text{last-message } (f \Uparrow (i * k1) \Downarrow k1) =$
$\quad \text{last-message } (g \Uparrow (i * k2) \Downarrow k2))$

lemma i-shrink-assoc: $f \div_i a \div_i b = f \div_i (a * b)$

lemma i-shrink-commute: $f \div_i a \div_i b = f \div_i b \div_i a$

Zyklisches Behalten der letzten Nachricht

Die Funktionen *f_last_message_hold* und *i_last_message_hold* beschreiben für endliche bzw. unendliche Ströme die Semantik eines Ausgabeports einer beschleunigten Komponente mit Taktfaktor k, der am Beginn eines jeden Ausführungszyklus der Länge k leer ist und während des Zyklus die jeweils letzte im Zyklus erzeugte nichtleere Nachricht enthält. Die Funktionen beschreiben damit die Semantik eines Puffers der Größe 1, der am Beginn eines jeden Zyklus die leere Nachricht als Initialwert enthält.

Zunächst definieren wir die Funktion *last_message_hold*, die für einen endlichen Strom s zu jedem Zeitpunkt $t < \text{length}(s)$ die letzte nichtleere Nachricht bis zu diesem Zeitpunkt liefert, und damit genau die Semantik eines Puffers der Größe 1 beschreibt. Dafür verwenden wir die Hilfsfunktion *last_message_hold_init*, die die Semantik eines Puffers mit beliebigem Initialwert definiert.

consts
last-message-hold-init :: $'$a fstream-af $\Rightarrow$ $'$a message-af $\Rightarrow$ $'$a fstream-af
primrec

last-message-hold-init [] m = []
last-message-hold-init (x # xs) m =
(if x = ε then m else x) #
(last-message-hold-init xs (if x = ε then m else x))
constdefs
last-message-hold :: 'a fstream-af ⟹ 'a fstream-af
last-message-hold xs ≡ last-message-hold-init xs ε

lemma last-message-hold-init-length:
⋀m. length (last-message-hold-init xs m) = length xs
lemma last-message-hold-init-nth:
⋀i m. i < length xs ⟹
(last-message-hold-init xs m) ! i = last-message (m # xs ↓ Suc i)
lemma last-message-hold-init-append[rule-format]:
⋀xs m. last-message-hold-init (xs @ ys) m =
last-message-hold-init xs m @ last-message-hold-init ys (last-message (m # xs))

lemma last-message-hold-length: length (last-message-hold xs) = length xs
lemma last-message-hold-Nil: last-message-hold [] = []
lemma last-message-hold-one: last-message-hold [x] = [x]
lemma last-message-hold-nth:
i < length xs ⟹ last-message-hold xs ! i = last-message (xs ↓ Suc i)
lemma last-message-hold-last:
xs ≠ [] ⟹ last (last-message-hold xs) = last-message xs

lemma last-message-hold-snoc:
last-message-hold (xs @ [x]) =
last-message-hold xs @ [if x = ε then last-message xs else x]
lemma last-message-hold-append:
last-message-hold (xs @ ys) =
last-message-hold xs @ last-message-hold-init ys (last-message xs)
lemma last-message-hold-append':
last-message-hold (xs @ ys) =
last-message-hold xs @ tl (last-message-hold (last-message xs # ys))

lemma last-message-last-message-hold:
last-message (last-message-hold xs) = last-message xs
lemma last-message-hold-idem:
last-message-hold (last-message-hold xs) = last-message-hold xs

consts
f-last-message-hold :: 'a fstream-af ⟹ nat ⟹ 'a fstream-af (**infixl** ⟼_f 100)
i-last-message-hold :: 'a istream-af ⟹ nat ⟹ 'a istream-af (**infixl** ⟼_i 100)
defs
f-last-message-hold-def : f-last-message-hold xs k ≡
list-unslice (map last-message-hold (list-slice2 xs k))
i-last-message-hold-def : i-last-message-hold f k ≡
λn. last-message (f ⇑ (n − n mod k) ⇓ Suc (n mod k))

lemma f-last-message-hold-length: length $(xs \longmapsto_f k)$ = length xs

lemma f-last-message-hold-append-mod:

length xs mod k = 0 $\Longrightarrow$ $(xs @ ys) \longmapsto_f k = xs \longmapsto_f k @ (ys \longmapsto_f k)$

lemma f-last-message-hold-nth[rule-format]:

$\forall$ n. n < length xs $\longrightarrow$ xs $\longmapsto_f$ k ! n = last-message $(xs \uparrow (n \text{ div } k * k) \downarrow \text{Suc } (n \bmod k))$

lemma f-last-message-hold-idem: xs $\longmapsto_f$ k $\longmapsto_f$ k = xs $\longmapsto_f$ k

lemma f-shrink-nth-eq-f-last-message-hold-last:

n < length xs div k $\Longrightarrow$ xs $\div_f$ k ! n = last $(xs \longmapsto_f k \uparrow (n * k) \downarrow k)$

lemma f-shrink-nth-eq-f-last-message-hold-nth:

n < length xs div k $\Longrightarrow$ xs $\div_f$ k ! n = xs $\longmapsto_f$ k ! $(n * k + k - \text{Suc } 0)$

lemma i-last-message-hold-nth:

$(f \longmapsto_i k)$ n = last-message $(f \Uparrow (n - n \bmod k) \Downarrow \text{Suc } (n \bmod k))$

lemma i-last-message-hold-i-append-mod:

length xs mod k = 0 $\Longrightarrow$ $(xs \frown f) \longmapsto_i k = (xs \longmapsto_f k) \frown (f \longmapsto_i k)$

lemma i-last-message-hold-idem: f $\longmapsto_i$ k $\longmapsto_i$ k = f $\longmapsto_i$ k

lemma i-shrink-nth-eq-i-last-message-hold-nth:

0 < k $\Longrightarrow$ $(f \div_i k)$ n = $(f \longmapsto_i k)$ $(n * k + k - \text{Suc } 0)$

lemma i-shrink-nth-eq-i-last-message-hold-last:

0 < k $\Longrightarrow$ $(f \div_i k)$ n = last $(f \longmapsto_i k \Uparrow (n * k) \Downarrow k)$

Kompression endlicher und unendlicher Listen

Listen können, anders als Ströme, Elemente von Datentypen enthalten, die kein ausgezeichnetes leeres Element ε enthalten. Als Aggregationsfunktion für die Kompression wird einfach die
Abbildung einer Sequenz auf ihr letztes Element verwendet.

consts

f-shrink-last :: $'a$ list $\Rightarrow$ nat $\Rightarrow$ $'a$ list (**infixl** $\div_{fl}$ 100)

i-shrink-last :: $'a$ ilist $\Rightarrow$ nat $\Rightarrow$ $'a$ ilist (**infixl** $\div_{il}$ 100)

defs

f-shrink-last-def :

f-shrink-last xs k $\equiv$ f-aggregate xs k last

i-shrink-last-def :

i-shrink-last f k $\equiv$ i-aggregate f k last

Die Listenkompression hat ähnliche Eigenschaften wie die Stromkompression, insbesondere bei den Konkatenationsoperatoren, Schnittoperatoren sowie Assoziativität und Kommutativität. Im Folgenden geben wir einige Eigenschaften an, in denen Listenkompression sich von der
Stromkompression unterscheidet.

lemma f-shrink-last-Cons:

$[\![0 < k; \text{length } xs = k]\!] \Longrightarrow (xs @ ys) \div_{fl} k = \text{last } xs \# (ys \div_{fl} k)$

lemma f-shrink-last-nth:

n < length xs div k $\Longrightarrow$ (xs $\div_{fl}$ k) ! n = xs ! (n $*$ k + k − Suc 0)

corollary f-shrink-last-nth′:
n < length xs div k $\Longrightarrow$ (xs $\div_{fl}$ k) ! n = xs ! (Suc n $*$ k − Suc 0)

lemma f-shrink-last-hd:
$[\![$ 0 < k; k $\leq$ length xs $]\!]$ $\Longrightarrow$ hd (xs $\div_{fl}$ k) = xs ! (k − Suc 0)

lemma f-shrink-last-last:
length xs mod k = 0 $\Longrightarrow$ last (xs $\div_{fl}$ k) = last xs

Die Kompression unendlicher Listen ist nur für Kompressionsfaktoren größer als 0 wohldefiniert.
lemma i-shrink-last-nth: 0 < k $\Longrightarrow$ (f $\div_{il}$ k) n = f (n $*$ k + k − Suc 0)

lemma i-shrink-last-nth′: 0 < k $\Longrightarrow$ (f $\div_{il}$ k) n = f (Suc n $*$ k − Suc 0)

lemma i-shrink-last-hd: (f $\div_{il}$ k) 0 = last (f $\Downarrow$ k)

lemma i-shrink-last-Cons:
$[\![$ 0 < k; length xs = k $]\!]$ $\Longrightarrow$ (xs $\frown$ f) $\div_{il}$ k = [last xs] $\frown$ (f $\div_{il}$ k)

Die Kompression eines Nachrichtenstroms mit der Funktion *f_shrink* (bzw. *i_shrink*) entspricht der Kompression des mit *f_last_message_hold* gepufferten Stroms durch die Funktion *i_shrink_last*.
lemma f-shrink-eq-f-last-message-hold-shrink-last:
xs $\div_f$ k = xs $\longmapsto_f$ k $\div_{fl}$ k
lemma i-shrink-eq-i-last-message-hold-shrink-last:
0 < k $\Longrightarrow$ f $\div_i$ k = f $\longmapsto_i$ k $\div_{il}$ k

A.1.3 Stromverarbeitung

Dieser Abschnitt enthält Ergebnisse zur Verarbeitung von Nachrichtenströmen durch Komponenten mit Zustandsübergangsfunktionen, die den nächsten Zustand und die Ausgabe aus dem aktuellen Zustand und der Eingabe berechnen.

Grundlegende Definitionen

types
 (′a, ′in) Port-Input-Value = ′a $\Rightarrow$ ′in message-af
types
 (′comp, ′a) Port-Output-Value = ′comp $\Rightarrow$ ′a message-af
types
 (′comp, ′state) Comp-Local-State = ′comp $\Rightarrow$ ′state
types
 (′comp, ′input) Comp-Trans-Fun = ′input $\Rightarrow$ ′comp $\Rightarrow$ ′comp

Ergebniszustand einer Komponente nach der Verarbeitung eines endlichen Nachrichtenstroms.

consts f-Exec-Comp ::
  ('comp, 'input) Comp-Trans-Fun $\Rightarrow$ 'input list $\Rightarrow$ 'comp $\Rightarrow$ 'comp
primrec
  f-Exec-Nil: f-Exec-Comp trans-fun [] c = c
  f-Exec-Cons: f-Exec-Comp trans-fun (x#xs) c = f-Exec-Comp trans-fun xs (trans-fun x c)

Zustandsstrom einer Komponente (ohne den Initialzustand im Strom) bei der Verarbeitung eines endlichen Nachrichtenstroms.
consts
  f-Exec-Comp-Stream ::
    ('comp, 'input) Comp-Trans-Fun $\Rightarrow$ 'input list $\Rightarrow$ 'comp $\Rightarrow$ 'comp list
primrec
  f-Exec-Stream-Nil: f-Exec-Comp-Stream trans-fun [] c = []
  f-Exec-Stream-Cons: f-Exec-Comp-Stream trans-fun (x # xs) c =
  (trans-fun x c) # (f-Exec-Comp-Stream trans-fun xs (trans-fun x c))

Zustandsstrom einer Komponente (mit dem Initialzustand im Strom) bei der Verarbeitung eines unendlichen Nachrichtenstroms.
consts
  f-Exec-Comp-Stream-Init ::
    ('comp, 'input) Comp-Trans-Fun $\Rightarrow$ 'input list $\Rightarrow$ 'comp $\Rightarrow$ 'comp list
primrec
  f-Exec-Stream-Init-Nil: f-Exec-Comp-Stream-Init trans-fun [] c = [c]
  f-Exec-Stream-Init-Cons: f-Exec-Comp-Stream-Init trans-fun (x # xs) c =
  c # (f-Exec-Comp-Stream-Init trans-fun xs (trans-fun x c))

Zustandsstrom einer Komponente (ohne den Initialzustand im Strom) bei der Verarbeitung eines unendlichen Nachrichtenstroms.
consts i-Exec-Comp-Stream ::
  ('comp, 'input) Comp-Trans-Fun $\Rightarrow$ 'input ilist $\Rightarrow$ 'comp $\Rightarrow$ 'comp ilist
defs i-Exec-Comp-Stream-def :
  i-Exec-Comp-Stream $\equiv$ λtrans-fun input c n.
  f-Exec-Comp trans-fun (input $\Downarrow$ Suc n) c

Zustandsstrom einer Komponente (mit dem Initialzustand im Strom) bei der Verarbeitung eines endlichen Nachrichtenstroms.
consts i-Exec-Comp-Stream-Init ::
  ('comp, 'input) Comp-Trans-Fun $\Rightarrow$ 'input ilist $\Rightarrow$ 'comp $\Rightarrow$ 'comp ilist
defs i-Exec-Comp-Stream-Init-def :
  i-Exec-Comp-Stream-Init $\equiv$ λtrans-fun input c n.
  f-Exec-Comp trans-fun (input $\Downarrow$ n) c

Grundlegende Ergebnisse

lemma f-Exec-Stream-length[rule-format]:
  $\forall$ c. length (f-Exec-Comp-Stream trans-fun xs c) = length xs

lemma f-Exec-eq-f-Exec-Stream-last[rule-format]:

$\forall$ c. f-Exec-Comp trans-fun xs c = last (c # (f-Exec-Comp-Stream trans-fun xs c))

corollary f-Exec-eq-f-Exec-Stream-last2[rule-format]:
xs $\neq$ [] $\Longrightarrow$
f-Exec-Comp trans-fun xs c = last (f-Exec-Comp-Stream trans-fun xs c)

corollary f-Exec-eq-f-Exec-Stream-last-if:
f-Exec-Comp trans-fun xs c = (if xs = [] then c else last (f-Exec-Comp-Stream trans-fun xs c))

lemma f-Exec-Stream-nth:
$\bigwedge$n c. n < length xs $\Longrightarrow$
f-Exec-Comp-Stream trans-fun xs c ! n = f-Exec-Comp trans-fun (xs $\downarrow$ Suc n) c

lemma f-Exec-Stream-nth2:
n $\leq$ length xs $\Longrightarrow$
(c # f-Exec-Comp-Stream trans-fun xs c) ! n = f-Exec-Comp trans-fun (xs $\downarrow$ n) c

lemma i-Exec-Stream-nth:
i-Exec-Comp-Stream trans-fun input c n = f-Exec-Comp trans-fun (input $\Downarrow$ Suc n) c

lemma i-Exec-Stream-nth-Suc:
i-Exec-Comp-Stream trans-fun input c (Suc n) =
trans-fun (input (Suc n)) (i-Exec-Comp-Stream trans-fun input c n)

lemma f-Exec-Stream-append[rule-format]:$\forall$ c.
f-Exec-Comp-Stream trans-fun (xs @ ys) c =
(f-Exec-Comp-Stream trans-fun xs c) @
(f-Exec-Comp-Stream trans-fun ys (f-Exec-Comp trans-fun xs c))

lemma f-Exec-Stream-snoc:
f-Exec-Comp-Stream trans-fun (xs @ [x]) c =
f-Exec-Comp-Stream trans-fun xs c @
[trans-fun x (f-Exec-Comp trans-fun xs c)]

corollary f-Exec-append[rule-format]:
f-Exec-Comp trans-fun (xs @ ys) c =
f-Exec-Comp trans-fun ys (f-Exec-Comp trans-fun xs c)

lemma f-Exec-snoc:
f-Exec-Comp trans-fun (xs @ [x]) c =
trans-fun x (f-Exec-Comp trans-fun xs c)

lemma i-Exec-Stream-append:
i-Exec-Comp-Stream trans-fun (xs $\frown$ input) c =
f-Exec-Comp-Stream trans-fun xs c $\frown$
i-Exec-Comp-Stream trans-fun input (f-Exec-Comp trans-fun xs c)

corollary i-Exec-Stream-Cons:
i-Exec-Comp-Stream trans-fun ([x] $\frown$ input) c =

[trans-fun x c] ⌢
i-Exec-Comp-Stream trans-fun input (trans-fun x c)

theorem f-Exec-Stream-take:
(f-Exec-Comp-Stream trans-fun xs c) ↓ n =
f-Exec-Comp-Stream trans-fun (xs ↓ n) c

theorem i-Exec-Stream-take:
(i-Exec-Comp-Stream trans-fun xs c) ⇓ n =
f-Exec-Comp-Stream trans-fun (xs ⇓ n) c

theorem f-Exec-Stream-drop:
(f-Exec-Comp-Stream trans-fun xs c) ↑ n =
f-Exec-Comp-Stream trans-fun (xs ↑ n)
(f-Exec-Comp trans-fun (xs ↓ n) c)

theorem i-Exec-Stream-drop:
(i-Exec-Comp-Stream trans-fun f c) ⇑ n =
i-Exec-Comp-Stream trans-fun (f ⇑ n)
(f-Exec-Comp trans-fun (f ⇓ n) c)

lemma f-Exec-Stream-expand-aggregate-map-take:
f-aggregate (map f (f-Exec-Comp-Stream trans-fun (xs ⊙$_f$ k) c)) k ag ↓ n =
f-aggregate (map f (f-Exec-Comp-Stream trans-fun ((xs ↓ n) ⊙$_f$ k) c)) k ag

lemma i-Exec-Stream-expand-aggregate-map-take:
0 < k ⟹
i-aggregate (f ∘ (i-Exec-Comp-Stream trans-fun (input ⊙$_i$ k) c)) k ag ⇓ n =
f-aggregate (map f (f-Exec-Comp-Stream trans-fun ((input ⇓ n) ⊙$_f$ k) c)) k ag

lemma f-Exec-Stream-expand-aggregate-map-drop:
f-aggregate (map f (f-Exec-Comp-Stream trans-fun (xs ⊙$_f$ k) c)) k ag ↑ n =
f-aggregate (map f (f-Exec-Comp-Stream trans-fun ((xs ↑ n) ⊙$_f$ k) (
f-Exec-Comp trans-fun ((xs ↓ n) ⊙$_f$ k) c))) k ag

lemma i-Exec-Stream-expand-aggregate-map-drop:
0 < k ⟹
i-aggregate (f ∘ (i-Exec-Comp-Stream trans-fun (input ⊙$_i$ k) c)) k ag ⇑ n =
i-aggregate (f ∘ (i-Exec-Comp-Stream trans-fun ((input ⇑ n) ⊙$_i$ k) (
f-Exec-Comp trans-fun ((input ⇓ n) ⊙$_f$ k) c))) k ag

lemma f-Exec-Stream-expand-aggregate-map-nth:
⟦ 0 < k; n < length xs ⟧ ⟹
f-aggregate (map f (f-Exec-Comp-Stream trans-fun (xs ⊙$_f$ k) c)) k ag ! n =
ag (map f (f-Exec-Comp-Stream trans-fun (xs ! n # ε$^{k - Suc\ 0}$)
(f-Exec-Comp trans-fun (xs ↓ n ⊙$_f$ k) c)))

lemma i-Exec-Stream-expand-aggregate-map-nth:
0 < k ⟹

i-aggregate $(f \circ (\text{i-Exec-Comp-Stream trans-fun (input } \odot_i k) \, c))$ k ag n =
ag (map f (f-Exec-Comp-Stream trans-fun (input n $\#$ $\varepsilon^{k \, - \, Suc \, 0}$)
(f-Exec-Comp trans-fun ((input $\Downarrow$ n) $\odot_f$ k) c)))

corollary f-Exec-Stream-expand-shrink-map-nth:
$[\![\, 0 < k; \, n < \text{length xs} \,]\!] \Longrightarrow$
(map f (f-Exec-Comp-Stream trans-fun (xs $\odot_f$ k) c)) $\div_f$ k ! n =
last-message (map f (f-Exec-Comp-Stream trans-fun (xs ! n $\#$ $\varepsilon^{k \, - \, Suc \, 0}$)
(f-Exec-Comp trans-fun (xs $\downarrow$ n $\odot_f$ k) c)))

corollary i-Exec-Stream-expand-shrink-map-nth:
$0 < k \Longrightarrow$
$((f \circ (\text{i-Exec-Comp-Stream trans-fun (input } \odot_i k) \, c)) \div_i k) \, n =$
last-message (map f (f-Exec-Comp-Stream trans-fun (input n $\#$ $\varepsilon^{k \, - \, Suc \, 0}$)
(f-Exec-Comp trans-fun (input $\Downarrow$ n $\odot_f$ k) c)))

lemma f-Exec-Stream-expand-snoc:
$[\![\, 0 < k; \, n < \text{length xs} \,]\!] \Longrightarrow$
f-Exec-Comp-Stream trans-fun (xs $\odot_f$ k) c $\uparrow$ (n $*$ k) $\downarrow$ k =
f-Exec-Comp-Stream trans-fun (xs ! n $\#$ $\varepsilon^{k \, - \, Suc \, 0}$)
(f-Exec-Comp trans-fun (xs $\downarrow$ n $\odot_f$ k) c)

theorem f-Exec-Stream-causal:
xs $\downarrow$ n = ys $\downarrow$ n $\Longrightarrow$
(f-Exec-Comp-Stream trans-fun xs c) $\downarrow$ n =
(f-Exec-Comp-Stream trans-fun ys c) $\downarrow$ n

theorem i-Exec-Stream-causal:
f $\Downarrow$ n = g $\Downarrow$ n $\Longrightarrow$
(i-Exec-Comp-Stream trans-fun f c) $\Downarrow$ n =
(i-Exec-Comp-Stream trans-fun g c) $\Downarrow$ n

Komponentenausführung mit Initialzustand im Zustandsstrom.
lemma f-Exec-Stream-Init-length[rule-format]:
$\forall$ c. length (f-Exec-Comp-Stream-Init trans-fun xs c) = Suc (length xs)

lemma f-Exec-eq-f-Exec-Stream-Init-last[rule-format]:
$\forall$ c. f-Exec-Comp trans-fun xs c = last (f-Exec-Comp-Stream-Init trans-fun xs c)
corollary f-Exec-take-eq-last-f-Exec-Stream-Init-take:
f-Exec-Comp trans-fun (xs $\downarrow$ n) c =
last (f-Exec-Comp-Stream-Init trans-fun (xs $\downarrow$ n) c)

lemma f-Exec-Stream-Init-eq-f-Exec-Stream-Cons[rule-format]:
$\forall$ c. f-Exec-Comp-Stream-Init trans-fun xs c = c $\#$ f-Exec-Comp-Stream trans-fun xs c
lemma i-Exec-Stream-Init-eq-i-Exec-Stream-Cons:
i-Exec-Comp-Stream-Init trans-fun input c = [c] $\frown$ i-Exec-Comp-Stream trans-fun input c
corollary f-Exec-Stream-Init-tl-eq-f-Exec-Stream:
tl (f-Exec-Comp-Stream-Init trans-fun xs c) = f-Exec-Comp-Stream trans-fun xs c

corollary f-Exec-Stream-Init-eq-f-Exec-Stream-Cons-output:
output-fun c = ε $\Longrightarrow$
map output-fun (f-Exec-Comp-Stream-Init trans-fun xs c) =
ε # map output-fun (f-Exec-Comp-Stream trans-fun xs c)
corollary i-Exec-Stream-Init-eq-i-Exec-Stream-Cons-output:
output-fun c = ε $\Longrightarrow$
output-fun ∘ i-Exec-Comp-Stream-Init trans-fun input c =
$[\varepsilon]$ ⌢ (output-fun ∘ i-Exec-Comp-Stream trans-fun input c)

lemma f-Exec-Stream-Init-nth:
n $\leq$ length xs $\Longrightarrow$
f-Exec-Comp-Stream-Init trans-fun xs c ! n = f-Exec-Comp trans-fun (xs ↓ n) c
lemma f-Exec-Stream-Init-nth-0: f-Exec-Comp-Stream-Init trans-fun xs c ! 0 = c
lemma f-Exec-Stream-Init-nth-Suc-eq-f-Exec-Stream-nth:
f-Exec-Comp-Stream-Init trans-fun xs c ! (Suc n) = f-Exec-Comp-Stream trans-fun xs c ! n
lemma i-Exec-Stream-Init-nth:
i-Exec-Comp-Stream-Init trans-fun input c n = f-Exec-Comp trans-fun (input ⇓ n) c
lemma i-Exec-Stream-Init-nth-0: i-Exec-Comp-Stream-Init trans-fun input c 0 = c
lemma i-Exec-Stream-Init-nth-Suc-eq-i-Exec-Stream-nth:
i-Exec-Comp-Stream-Init trans-fun input c (Suc n) = i-Exec-Comp-Stream trans-fun input c n

theorem f-Exec-Stream-Init-strictly-causal:
xs ↓ n = ys ↓ n $\Longrightarrow$
(f-Exec-Comp-Stream-Init trans-fun xs c) ↓ Suc n =
(f-Exec-Comp-Stream-Init trans-fun ys c) ↓ Suc n
theorem i-Exec-Stream-Init-strictly-causal:
input1 ⇓ n = input2 ⇓ n $\Longrightarrow$
(i-Exec-Comp-Stream-Init trans-fun input1 c) ⇓ Suc n =
(i-Exec-Comp-Stream-Init trans-fun input2 c) ⇓ Suc n

Funktionen *f-Stream-Previous* und *i-Stream-Previous* liefern für einen endlichen bzw. unendlichen Strom und eine Position *n* das jeweils vorherige Element bzw. einen Initialwert für die
Position $n = 0$.
consts f-Stream-Previous :: 'value list $\Rightarrow$ 'value $\Rightarrow$ nat $\Rightarrow$ 'value
defs f-Stream-Previous-def :
f-Stream-Previous xs init n $\equiv$
case n of
0 $\Rightarrow$ init |
Suc n' $\Rightarrow$ xs ! n'
consts i-Stream-Previous :: 'value ilist $\Rightarrow$ 'value $\Rightarrow$ nat $\Rightarrow$ 'value
defs i-Stream-Previous-def :
i-Stream-Previous f init n $\equiv$
case n of
0 $\Rightarrow$ init |
Suc n' $\Rightarrow$ f n'

syntax (xsymbols)
-f-Stream-Previous :: 'value list $\Rightarrow$ 'value $\Rightarrow$ nat $\Rightarrow$ 'value (-$\overset{\leftarrow '}{-}$ - [1000, 10, 100] 100)
-i-Stream-Previous :: 'value ilist $\Rightarrow$ 'value $\Rightarrow$ nat $\Rightarrow$ 'value (-$\overset{\leftarrow}{-}$ - [1000, 10, 100] 100)

translations

$\text{xs}^{\leftarrow' init}\ n \rightleftharpoons$ f-Stream-Previous xs init n

$\text{f}^{\leftarrow init}\ n \rightleftharpoons$ i-Stream-Previous f init n

lemma f-Stream-Previous-nth-if: $\text{xs}^{\leftarrow' init}\ n = (\text{if } n = 0 \text{ then init else xs } !\ (n - \text{Suc } 0))$
lemma i-Stream-Previous-nth-if: $\text{f}^{\leftarrow init}\ n = (\text{if } n = 0 \text{ then init else f } (n - \text{Suc } 0))$

lemma f-Stream-Previous-Cons: $\text{xs}^{\leftarrow' init}\ n = (\text{init } \#\ \text{xs}) !\ n$
lemma i-Stream-Previous-Cons: $\text{f}^{\leftarrow init}\ n = ([\text{init}] \frown \text{f})\ n$

lemma f-Stream-Previous-0: $\text{xs}^{\leftarrow' init}\ 0 = \text{init}$
lemma i-Stream-Previous-0: $\text{f}^{\leftarrow init}\ 0 = \text{init}$

lemma f-Stream-Previous-Suc: $\text{xs}^{\leftarrow' init}\ (\text{Suc } n) = \text{xs } !\ n$
lemma i-Stream-Previous-Suc: $\text{f}^{\leftarrow init}\ (\text{Suc } n) = \text{f } n$

Zusammenhang zwischen Stromverarbeitung ohne und mit Initialzustand im Ergebnisstrom: Formulierung mithilfe von *f-Stream-Previous* und *i-Stream-Previous*.

    lemma f-Exec-Stream-Previous-f-Exec-Stream-Init:
    f-Exec-Comp-Stream-Init trans-fun xs c !\ n =
    (f-Exec-Comp-Stream trans-fun xs c)$^{\leftarrow' c}\ n$
    lemma i-Exec-Stream-Previous-i-Exec-Stream-Init:
    i-Exec-Comp-Stream-Init trans-fun input c n =
    (i-Exec-Comp-Stream trans-fun input c)$^{\leftarrow c}\ n$

Bei der Stromverarbeitung wird das Ergebnis zu einem Zeitpunkt n aus dem vorherigen Zustand ($n - 1$ bzw. Initialzustand für $n = 0$) und der aktuellen Eingabe berechnet.

    lemma i-Exec-Stream-nth-0:
    (i-Exec-Comp-Stream trans-fun input c) 0 = trans-fun (input 0) c
    lemma i-Exec-Stream-nth-gr0-calc:
    $0 < n \Longrightarrow$
    (i-Exec-Comp-Stream trans-fun input c) n =
    trans-fun (input n) ((i-Exec-Comp-Stream trans-fun input c) $(n - 1)$)
    lemma i-Exec-Stream-nth-calc-Previous:
    i-Exec-Comp-Stream trans-fun input c n =
    trans-fun (input n) ((i-Exec-Comp-Stream trans-fun input c)$^{\leftarrow c}\ n$)

Bei der Stromverarbeitung mit Initialzustand im Zustandsstrom wird das Ergebnis zu einem Zeitpunkt $n > 0$ aus dem vorherigen Zustand und der vorherigen Ausgabe (zum Zeitpunkt $n - 1$) berechnet. Für $n = 0$ ist als Ergebnis der Initialzustand im Zustandsstrom enthalten.

    lemma i-Exec-Stream-Init-nth-0: i-Exec-Comp-Stream-Init trans-fun input c 0 = c
    lemma i-Exec-Stream-Init-nth-gr0-calc:
    $0 < n \Longrightarrow$
    i-Exec-Comp-Stream-Init trans-fun input c n =
    trans-fun (input $(n - 1)$) (i-Exec-Comp-Stream-Init trans-fun input c $(n - 1)$)

Eine weitere mögliche Interpretation ist, dass das Ergebnis zum nächsten Zeitpunkt $n + 1$ aus dem aktuellen Zustand und Eingabe berechnet wird.

lemma i-Exec-Stream-Init-nth-Plus1-calc:
  i-Exec-Comp-Stream-Init trans-fun input c $(n + 1)$ =
  trans-fun (input n) (i-Exec-Comp-Stream-Init trans-fun input c n)

Präfixe bei Stromverarbeitung.
lemma f-Exec-Stream-prefix:
  xs $\leq$ ys $\Longrightarrow$
  f-Exec-Comp-Stream trans-fun xs c $\leq$
  f-Exec-Comp-Stream trans-fun ys c

theorem f-Exec-Stream-prefix-causal:
  n $\leq$ length (xs $\sqcap$ ys) $\Longrightarrow$
  f-Exec-Comp-Stream trans-fun xs c $\downarrow$ n =
  f-Exec-Comp-Stream trans-fun ys c $\downarrow$ n

Verbundene Ströme

Wenn ein Ausgabeport p mit einem Kanal ch verbunden ist, so gilt für jeden Zeitpunkt t, dass die am Ende des Ausführungstaktes erzeugte und über p ausgegebene Nachricht am Beginn des nächsten Taktes $t + 1$ übertragen wird. Daher zeigt sich die Verbindung zwischen einem Ausgabeport p und einem Kanal dadurch, dass die Kommunikationsgeschichte/der Strom des Kanals gleich dem Stroms des Ausgabeports mit vorangestellter leerer Nachricht ist: $ch = \bar{\varepsilon} \# p$.

consts
  f-Streams-Connected :: $'a$ fstream-af $\Rightarrow$ $'a$ fstream-af $\Rightarrow$ bool
  i-Streams-Connected :: $'a$ istream-af $\Rightarrow$ $'a$ istream-af $\Rightarrow$ bool

defs
  f-Streams-Connected-def :
    f-Streams-Connected outS inS $\equiv$ inS = ε # outS
  i-Streams-Connected-def :
    i-Streams-Connected outS inS $\equiv$ inS = $[\varepsilon]$ $\frown$ outS

lemma f-Streams-Connected-nth-conv-if:
  f-Streams-Connected outS inS =
  (length inS = Suc (length outS) $\wedge$
  ($\forall$i<length inS. inS ! i = (if i = 0 then ε else outS ! (i $-$ Suc 0))))
lemma i-Streams-Connected-nth-conv-if:
  i-Streams-Connected outS inS =
  ($\forall$i. inS i = (if i = 0 then ε else outS (i $-$ Suc 0)))

lemma f-Exec-Stream-Init-eq-output-channel:
  $[\![$ output-fun c = ε;
    f-Streams-Connected
      (map output-fun (f-Exec-Comp-Stream trans-fun xs c))
      channel $]\!]$
  $\Longrightarrow$ map output-fun (f-Exec-Comp-Stream-Init trans-fun xs c) = channel

lemma i-Exec-Stream-Init-eq-output-channel:
⟦ output-fun c = ε;
  i-Streams-Connected
  (output-fun ∘ (i-Exec-Comp-Stream trans-fun input c))
  channel ⟧
⟹ output-fun ∘ (i-Exec-Comp-Stream-Init trans-fun input c) = channel

lemma f-Exec-Stream-output-causal:
⟦ xs ↓ n = ys ↓ n;
  output1 = map portOutput-fun (f-Exec-Comp-Stream trans-fun xs c);
  output2 = map portOutput-fun (f-Exec-Comp-Stream trans-fun ys c) ⟧
⟹ output1 ↓ n = output2 ↓ n
lemma i-Exec-Stream-output-causal:
⟦ f ⇓ n = g ⇓ n;
  output1 = portOutput-fun ∘ i-Exec-Comp-Stream trans-fun f c;
  output2 = portOutput-fun ∘ i-Exec-Comp-Stream trans-fun g c ⟧
⟹ output1 ⇓ n = output2 ⇓ n

lemma f-Exec-Stream-Init-output-strictly-causal:
⟦ xs ↓ n = ys ↓ n;
  output1 = map output-fun (f-Exec-Comp-Stream-Init trans-fun xs c);
  output2 = map output-fun (f-Exec-Comp-Stream-Init trans-fun ys c) ⟧
⟹ output1 ↓ Suc n = output2 ↓ Suc n
lemma i-Exec-Stream-Init-output-strictly-causal:
⟦ input1 ⇓ n = input2 ⇓ n;
  output1 = output-fun ∘ i-Exec-Comp-Stream-Init trans-fun input1 c;
  output2 = output-fun ∘ i-Exec-Comp-Stream-Init trans-fun input2 c ⟧
⟹ output1 ⇓ Suc n = output2 ⇓ Suc n

lemma f-Exec-Stream-Connected-strictly-causal:
⟦ xs ↓ n = ys ↓ n;
  f-Streams-Connected
  (map portOutput-fun (f-Exec-Comp-Stream trans-fun xs c))
  channel1;
  f-Streams-Connected
  (map portOutput-fun (f-Exec-Comp-Stream trans-fun ys c))
  channel2 ⟧
⟹ channel1 ↓ Suc n = channel2 ↓ Suc n
lemma i-Exec-Stream-Connected-strictly-causal:
⟦ f ⇓ n = g ⇓ n;
  i-Streams-Connected
  (portOutput ∘ (i-Exec-Comp-Stream trans-fun f c))
  channel1;
  i-Streams-Connected
  (portOutput ∘ (i-Exec-Comp-Stream trans-fun g c))
  channel2 ⟧
⟹ channel1 ⇓ Suc n = channel2 ⇓ Suc n

Für die Stromverarbeitung mit Initialzustand im Ergebnisstrom definiert die Verbindung eines Ausgabeports mit einem Eingabeport (über einen Kanal), dass ihre Werte stets übereinstimmen – die Verzögerung um einen Schritt kommt dadurch zustande, dass die Ausgabe einen Schritt nach der Eingabe ausgegeben wird.

consts
  f-Streams-Connected-Init :: $'a$ fstream-af $\Rightarrow$ $'a$ fstream-af $\Rightarrow$ bool
  i-Streams-Connected-Init :: $'a$ istream-af $\Rightarrow$ $'a$ istream-af $\Rightarrow$ bool
defs
  f-Streams-Connected-Init-def : f-Streams-Connected-Init outS inS $\equiv$ inS $=$ outS
  i-Streams-Connected-Init-def : i-Streams-Connected-Init outS inS $\equiv$ inS $=$ outS

lemma f-Streams-Connected-Init-nth-conv:
  f-Streams-Connected-Init outS inS $=$
  (length inS $=$ length outS $\wedge$ ($\forall i<$length inS. inS ! i $=$ outS ! i))
lemma i-Streams-Connected-Init-nth-conv:
  i-Streams-Connected-Init outS inS $=$
  ($\forall i$. inS i $=$ outS i)

lemma f-Exec-Stream-Init-eq-output-channel2:
  $[\![$ output-fun c $= \varepsilon$;
    f-Streams-Connected-Init
      (map output-fun (f-Exec-Comp-Stream-Init trans-fun xs c))
      channel $]\!]$
  $\Longrightarrow$ map output-fun (f-Exec-Comp-Stream-Init trans-fun xs c) $=$ channel
lemma i-Exec-Stream-Init-eq-output-channel2:
  $[\![$ output-fun c $= \varepsilon$;
    i-Streams-Connected-Init
      (output-fun $\circ$ (i-Exec-Comp-Stream-Init trans-fun input c))
      channel $]\!]$
  $\Longrightarrow$ output-fun $\circ$ (i-Exec-Comp-Stream-Init trans-fun input c) $=$ channel

lemma f-Exec-Stream-Connected-Init-strictly-causal:
  $[\![$ xs $\downarrow$ n $=$ ys $\downarrow$ n;
    f-Streams-Connected-Init
      (map output-fun (f-Exec-Comp-Stream-Init trans-fun xs c))
      channel1;
    f-Streams-Connected-Init
      (map output-fun (f-Exec-Comp-Stream-Init trans-fun ys c))
      channel2 $]\!]$
  $\Longrightarrow$ channel1 $\downarrow$ Suc n $=$ channel2 $\downarrow$ Suc n
lemma i-Exec-Stream-Connected-Init-strictly-causal:
  $[\![$ input1 $\Downarrow$ n $=$ input2 $\Downarrow$ n;
    i-Streams-Connected-Init
      (portOutput $\circ$ (i-Exec-Comp-Stream-Init trans-fun input1 c))
      channel1;
    i-Streams-Connected-Init
      (portOutput $\circ$ (i-Exec-Comp-Stream-Init trans-fun input2 c))
      channel2 $]\!]$
  $\Longrightarrow$ channel1 $\Downarrow$ Suc n $=$ channel2 $\Downarrow$ Suc n

Zusätzliches Ergebnis: Falls der Komponentenzustand im Zustandsstrom zu verschiedenen Zeitpunkten bezüglich eines gegebenen Prädikats unterschiedlich ist, so existiert (mindestens) ein Zeitpunkt, an dem eine entsprechende Zustandsänderung stattfindet.

lemma i-State-Change-exists-set:

⟦ n1 ≤ n2; n1 ∈ I; n2 ∈ I;

¬ P (i-Exec-Comp-Stream trans-fun input c n1);

P (i-Exec-Comp-Stream trans-fun input c n2) ⟧

⟹ ∃n∈I. n1 ≤ n ∧ n < n2 ∧

¬ P (i-Exec-Comp-Stream trans-fun input c n) ∧

P (i-Exec-Comp-Stream trans-fun input c (inext n I))

lemma i-State-Change-exists:

⟦ n1 ≤ n2;

¬ P (i-Exec-Comp-Stream trans-fun input c n1);

P (i-Exec-Comp-Stream trans-fun input c n2) ⟧

⟹ ∃n≥n1. n < n2 ∧

¬ P (i-Exec-Comp-Stream trans-fun input c n) ∧

P (i-Exec-Comp-Stream trans-fun input c (Suc n))

Komponenten mit Mehrfachtakt

Eine Komponente mit Taktfaktor k verarbeitet einen Strom s, indem sie jede Nachricht $s.i$ nicht einen, sondern k Takte lang verarbeitet. Dies entspricht der Verarbeitung der Sequenz $s.i \# \varepsilon^{k-1}$ und der anschließenden Aggregierung der Ausgabesequenz zu einer Nachricht. Als Aggregationsfunktion wird hierbei die bereits definierte Funktion last_message verwendet, die die letzte nichtleere Nachricht liefert, bzw. eine leere Nachricht, falls die Sequenz nur leere Nachrichten enthält. Theoretisch können auch andere Aggregationsfunktionen verwendet werden, beispielsweise die erste nichtleere Nachricht der Sequenz oder eine numerische Aggregationsfunktion für numerische Ausgaben. Die einzige Anforderung an sie ist, dass sie für einen Ausgabeport von Typ T endliche Sequenzen der Länge k von Elementen vom Typ T auf einen Wert vom Typ T abbildet.

Die Ausführung einer Mehrfachtaktkomponente wird formalisiert, indem die Eingabeströme um den Faktor k erweitert und die Ausgabeströme um den Faktor k komprimiert werden.

Beobachtbare Verhaltensäquivalenz   Das Prädikat *Equiv_Exec* für zwei Komponenten c_1 und c_2 mit dazugehörigen Ausführungstaktfaktoren, Transitionsfunktionen, Extraktionsfunktionen für Ausgabe und lokalen Zustand, sowie einem Äquivalenzprädikat für lokale Zustände, ist genau dann für eine Eingabenachricht m wahr, wenn gilt: falls beide Komponenten in äquivalenten lokalen Zuständen sind, so liefern sie bei der Verarbeitung des um jeweilige Ausführungstaktfaktoren erweiterten Stroms ⟨m⟩ gleiche (aggregierte) Ausgaben und gelangen wieder in äquivalente lokale Zustände.

consts

Equiv-Exec ::

′input ⟹

(′state1 ⟹ ′state2 ⟹ bool) ⟹ (∗ Equivalence predicate for local states ∗)

('comp1, 'state1) Comp-Local-State $\Rightarrow$
('comp2, 'state2) Comp-Local-State $\Rightarrow$
('input, 'input1) Port-Input-Value $\Rightarrow$ (* Input adaptor for first component *)
('input, 'input2) Port-Input-Value $\Rightarrow$ (* Input adaptor for second component *)
('comp1, 'output) Port-Output-Value $\Rightarrow$
('comp2, 'output) Port-Output-Value $\Rightarrow$
('comp1, 'input1 message-af) Comp-Trans-Fun $\Rightarrow$
('comp2, 'input2 message-af) Comp-Trans-Fun $\Rightarrow$
nat $\Rightarrow$ nat $\Rightarrow$ 'comp1 $\Rightarrow$ 'comp2 $\Rightarrow$ bool

defs
 Equiv-Exec-def :
 Equiv-Exec
  m equiv-states
   localState1 localState2 input-fun1 input-fun2 output-fun1 output-fun2
   trans-fun1 trans-fun2 k1 k2 c1 c2 $\equiv$
  equiv-states (localState1 c1) (localState2 c2) $\longrightarrow$ (
   last-message (map output-fun1 (
    f-Exec-Comp-Stream trans-fun1 (input-fun1 m $\#\ \varepsilon^{k1\ -\ Suc\ 0}$) c1)) =
   last-message (map output-fun2 (
    f-Exec-Comp-Stream trans-fun2 (input-fun2 m $\#\ \varepsilon^{k2\ -\ Suc\ 0}$) c2)) $\wedge$
   equiv-states
    (localState1 (f-Exec-Comp trans-fun1 (input-fun1 m $\#\ \varepsilon^{k1\ -\ Suc\ 0}$) c1))
    (localState2 (f-Exec-Comp trans-fun2 (input-fun2 m $\#\ \varepsilon^{k2\ -\ Suc\ 0}$) c2)))

consts
 Equiv-Exec-stable ::
  ('state1 $\Rightarrow$ 'state2 $\Rightarrow$ bool) $\Rightarrow$ (* Equivalence predicate for local states *)
  ('comp1, 'state1) Comp-Local-State $\Rightarrow$
  ('comp2, 'state2) Comp-Local-State $\Rightarrow$
  ('input, 'input1) Port-Input-Value $\Rightarrow$ (* Input adaptor for first component *)
  ('input, 'input2) Port-Input-Value $\Rightarrow$ (* Input adaptor for second component *)
  ('comp1, 'output) Port-Output-Value $\Rightarrow$
  ('comp2, 'output) Port-Output-Value $\Rightarrow$
  ('comp1, 'input1 message-af) Comp-Trans-Fun $\Rightarrow$
  ('comp2, 'input2 message-af) Comp-Trans-Fun $\Rightarrow$
  nat $\Rightarrow$ nat $\Rightarrow$ 'comp1 $\Rightarrow$ 'comp2 $\Rightarrow$ bool

defs
 Equiv-Exec-stable-def :
 Equiv-Exec-stable
  equiv-states localState1 localState2 input-fun1 input-fun2 output-fun1 output-fun2
  trans-fun1 trans-fun2 k1 k2 c1 c2 $\equiv$
 $\forall$ input m.
  Equiv-Exec m
   equiv-states localState1 localState2 input-fun1 input-fun2 output-fun1 output-fun2
   trans-fun1 trans-fun2 k1 k2
   (f-Exec-Comp trans-fun1 (map input-fun1 input $\odot_f$ k1) c1)
   (f-Exec-Comp trans-fun2 (map input-fun2 input $\odot_f$ k2) c2)

lemma Equiv-Exec-equiv-statesI:
$\llbracket$ equiv-states (localState1 c1) (localState2 c2);
Equiv-Exec
  m equiv-states
    localState1 localState2 input-fun1 input-fun2 output-fun1 output-fun2
    trans-fun1 trans-fun2 k1 k2 c1 c2 $\rrbracket \implies$
equiv-states
    (localState1 (f-Exec-Comp trans-fun1 (input-fun1 m $\#$ $\varepsilon^{k1 - Suc\,0}$) c1))
    (localState2 (f-Exec-Comp trans-fun2 (input-fun2 m $\#$ $\varepsilon^{k2 - Suc\,0}$) c2))

lemma Equiv-Exec-output-eqI:
$\llbracket$ equiv-states (localState1 c1) (localState2 c2);
Equiv-Exec
  m equiv-states
    localState1 localState2 input-fun1 input-fun2 output-fun1 output-fun2
    trans-fun1 trans-fun2 k1 k2 c1 c2 $\rrbracket \implies$
last-message (map output-fun1 (
    f-Exec-Comp-Stream trans-fun1 (input-fun1 m $\#$ $\varepsilon^{k1 - Suc\,0}$) c1)) $=$
last-message (map output-fun2 (
    f-Exec-Comp-Stream trans-fun2 (input-fun2 m $\#$ $\varepsilon^{k2 - Suc\,0}$) c2))

Reflexivität, Symmetrie und Transitivität von *Equiv_Exec*.
lemma Equiv-Exec-refl:
$\llbracket$ $\bigwedge$c. equiv-states (localState c) (localState c) $\rrbracket \implies$
Equiv-Exec
  m equiv-states
  localState localState input-fun input-fun output-fun output-fun
  trans-fun trans-fun k k c c

lemma Equiv-Exec-sym[rule-format]:
$\llbracket$ $\forall$c1 c2.
  equiv-states (localState1 c1) (localState2 c2) $=$
  equiv-states (localState2 c2) (localState1 c1) $\rrbracket \implies$
Equiv-Exec
  m equiv-states
  localState1 localState2 input-fun1 input-fun2 output-fun1 output-fun2
  trans-fun1 trans-fun2 k1 k2 c1 c2 $=$
Equiv-Exec
  m equiv-states
  localState2 localState1 input-fun2 input-fun1 output-fun2 output-fun1
  trans-fun2 trans-fun1 k2 k1 c2 c1

lemma Equiv-Exec-sym2:
$\llbracket$ equiv-states-sym $=$ (λs1 s2. equiv-states s2 s1) $\rrbracket \implies$
Equiv-Exec
  m equiv-states
  localState1 localState2 input-fun1 input-fun2 output-fun1 output-fun2
  trans-fun1 trans-fun2 k1 k2 c1 c2 $=$

Equiv-Exec
  m equiv-states-sym
  localState2 localState1 input-fun2 input-fun1 output-fun2 output-fun1
  trans-fun2 trans-fun1 k2 k1 c2 c1

lemma Equiv-Exec-trans-ex:
  ⟦ Equiv-Exec
    m equiv-states12
    localState1 localState2 input-fun1 input-fun2 output-fun1 output-fun2
    trans-fun1 trans-fun2 k1 k2 c1 c2;
    Equiv-Exec
    m equiv-states23
    localState2 localState3 input-fun2 input-fun3 output-fun2 output-fun3
    trans-fun2 trans-fun3 k2 k3 c2 c3 ⟧ ⟹
    ∃ equiv-states13. Equiv-Exec
    m equiv-states13
    localState1 localState3 input-fun1 input-fun3 output-fun1 output-fun3
    trans-fun1 trans-fun3 k1 k3 c1 c3

Das Prädikat *Exec_Equal_State* zeigt für eine Zustandsextraktionsfunktion und eine Transitionsfunktion an, dass Komponenten, die den gleichen Zustand gemäß dieser Zustandsextraktionsfunktion haben, für gleiche Eingaben mit der gegebenen Transitionsfunktion gleiche Ergebnisse (extrahierter Komponentenzustand und Ausgabe) liefern.

consts
  Exec-Equal-State ::
    ('comp, 'state) Comp-Local-State ⟹
    ('comp, 'input message-af) Comp-Trans-Fun ⟹ bool

defs
  Exec-Equal-State-def :
  Exec-Equal-State localState trans-fun ≡
    ∀ c1 c2 m. localState c1 = localState c2 ⟶ trans-fun m c1 = trans-fun m c2
lemma Exec-Equal-StateD:
  ⟦ Exec-Equal-State localState trans-fun;
    localState c1 = localState c2 ⟧ ⟹
    trans-fun m c1 = trans-fun m c2

lemma f-Exec-Equal-State:
  ⋀c1 c2. ⟦ Exec-Equal-State localState trans-fun;
    localState c1 = localState c2; xs ≠ [] ⟧ ⟹
    f-Exec-Comp trans-fun xs c1 = f-Exec-Comp trans-fun xs c2

lemma f-Exec-Stream-Equal-State:
  ⟦ Exec-Equal-State localState trans-fun;
    localState c1 = localState c2 ⟧ ⟹
    f-Exec-Comp-Stream trans-fun xs c1 = f-Exec-Comp-Stream trans-fun xs c2

lemma i-Exec-Stream-Equal-State:
  ⟦ Exec-Equal-State localState trans-fun;

localState c1 = localState c2] $\Longrightarrow$
i-Exec-Comp-Stream trans-fun input c1 =
i-Exec-Comp-Stream trans-fun input c2

Leerlaufzustände Eine Komponente befindet sich in einem *Leerlaufzustand*, falls sie bei Verarbeitung einer leeren Eingabe im gleichen Zustand verbleibt und leere Ausgabe liefert.
consts
  State-Idle ::
  ('comp, 'state) Comp-Local-State $\Rightarrow$ ('comp $\Rightarrow$ 'output message-af) $\Rightarrow$
  ('comp, 'input message-af) Comp-Trans-Fun $\Rightarrow$ 'state $\Rightarrow$ bool

defs
  State-Idle-def : State-Idle localState output-fun trans-fun state $\equiv$
  $\forall$ c. localState c = state $\longrightarrow$
  localState (trans-fun ε c) = state $\wedge$
  output-fun (trans-fun ε c) = ε

lemma State-Idle-step[rule-format]:
  [State-Idle localState output-fun trans-fun (localState c)] $\Longrightarrow$
  State-Idle localState output-fun trans-fun (
  localState (trans-fun ε c))

lemma f-Exec-State-Idle-replicate-NoMsg-state[rule-format]:
  $\bigwedge$c. State-Idle localState output-fun trans-fun (localState c) $\Longrightarrow$
  localState (f-Exec-Comp trans-fun ε^n c) = localState c

lemma f-Exec-State-Idle-replicate-NoMsg-output[rule-format]:
  [State-Idle localState output-fun trans-fun (localState c);
  output-fun c = ε] $\Longrightarrow$
  output-fun (f-Exec-Comp trans-fun ε^n c) = ε

lemma f-Exec-Stream-State-Idle-replicate-NoMsg-output[rule-format]:
  [State-Idle localState output-fun trans-fun (localState c)] $\Longrightarrow$
  map output-fun (f-Exec-Comp-Stream trans-fun ε^n c) = ε^n

corollary f-Exec-State-Idle-append-replicate-NoMsg-state:
  [State-Idle localState output-fun trans-fun (
  localState (f-Exec-Comp trans-fun xs c))] $\Longrightarrow$
  localState (f-Exec-Comp trans-fun (xs @ ε^n) c) =
  localState (f-Exec-Comp trans-fun xs c)

corollary f-Exec-State-Idle-append-replicate-NoMsg-gr0-output:
  [State-Idle localState output-fun trans-fun (
  localState (f-Exec-Comp trans-fun xs c)); 0 < n] $\Longrightarrow$
  output-fun (f-Exec-Comp trans-fun (xs @ ε^n) c) = ε

corollary f-Exec-Stream-State-Idle-append-replicate-NoMsg-gr0-output:
  [State-Idle localState output-fun trans-fun (

localState (f-Exec-Comp trans-fun xs c)) $]\!]\Longrightarrow$
map output-fun (f-Exec-Comp-Stream trans-fun (xs @ ε^n) c) =
map output-fun (f-Exec-Comp-Stream trans-fun xs c) @ ε^n

lemma State-Idle-append-replicate-NoMsg-output-last-message:
$[\!]$ State-Idle localState output-fun trans-fun (
  localState (f-Exec-Comp trans-fun xs c)) $]\!]\Longrightarrow$
last-message (map output-fun (f-Exec-Comp-Stream trans-fun (xs @ ε^n) c)) =
last-message (map output-fun (f-Exec-Comp-Stream trans-fun xs c))

lemma State-Idle-append-replicate-NoMsg-output-Msg-eq-last-message:
$[\!]$ State-Idle localState output-fun trans-fun (
  localState (f-Exec-Comp trans-fun xs c));
  output-fun (f-Exec-Comp trans-fun xs c) $\neq \varepsilon$;
  xs $\neq$ [] $]\!]\Longrightarrow$
last-message (map output-fun (f-Exec-Comp-Stream trans-fun (xs @ ε^n) c)) =
output-fun (f-Exec-Comp trans-fun xs c)

Ist die Komponente nicht im Leerlauf und gelangt sie nach Verarbeitung einer Anzahl leerer Eingaben in einen Leerlaufzustand, so gibt es (genau) einen wohldefinierten Zeitpunkt, bis zu dem die Komponente nicht im Leerlauf war und nach dem die Komponente im Leerlauf ist, solange die Eingaben leer sind.

lemma State-Idle-imp-exists-state-change2:
$[\!]\neg$ State-Idle localState output-fun trans-fun (localState c);
  State-Idle localState output-fun trans-fun (localState (f-Exec-Comp trans-fun ε^n c)) $]\!]\Longrightarrow$
$\exists$ i<n. (
  ($\forall$ j$\leq$i. $\neg$ State-Idle localState output-fun trans-fun
    (localState (f-Exec-Comp trans-fun ε^i c))) $\wedge$
  ($\forall$ j$\leq$n. i < j $\longrightarrow$ State-Idle localState output-fun trans-fun
    (localState (f-Exec-Comp trans-fun ε^j c)))))

Beschleunigte Stromverarbeitung

Definitionen für beschleunigte Stromverarbeitung.
consts f-Exec-Comp-Stream-Acc-Output ::
nat $\Rightarrow$ (* Acceleration factor *)
('comp $\Rightarrow$ 'output message-af) $\Rightarrow$ (* Output extraction function *)
('comp, 'input message-af) Comp-Trans-Fun $\Rightarrow$ 'input fstream-af $\Rightarrow$ 'comp $\Rightarrow$
'output fstream-af

consts f-Exec-Comp-Stream-Acc-LocalState ::
nat $\Rightarrow$ (* Acceleration factor *)
('comp $\Rightarrow$ 'state) $\Rightarrow$ (* Local state extraction function *)
('comp, 'input message-af) Comp-Trans-Fun $\Rightarrow$ 'input fstream-af $\Rightarrow$ 'comp $\Rightarrow$
'state list

consts i-Exec-Comp-Stream-Acc-Output ::
nat $\Rightarrow$ (* Acceleration factor *)

$(\,'\text{comp} \Rightarrow \,'\text{output message-af}) \Rightarrow (* \text{ Output extraction function } *)$
$(\,'\text{comp}, \,'\text{input message-af}) \text{ Comp-Trans-Fun} \Rightarrow \,'\text{input istream-af} \Rightarrow \,'\text{comp} \Rightarrow$
$'\text{output istream-af}$

consts i-Exec-Comp-Stream-Acc-LocalState ::
  nat $\Rightarrow (* \text{ Acceleration factor } *)$
  $(\,'\text{comp} \Rightarrow \,'\text{state}) \Rightarrow (* \text{ Local state extraction function } *)$
  $(\,'\text{comp}, \,'\text{input message-af}) \text{ Comp-Trans-Fun} \Rightarrow \,'\text{input istream-af} \Rightarrow \,'\text{comp} \Rightarrow$
  $'\text{state ilist}$

defs
  f-Exec-Comp-Stream-Acc-Output-def :
  f-Exec-Comp-Stream-Acc-Output k output-fun trans-fun xs c $\equiv$
  (map output-fun (f-Exec-Comp-Stream trans-fun (xs $\odot_f$ k) c)) $\div_f$ k

defs
  f-Exec-Comp-Stream-Acc-LocalState-def :
  f-Exec-Comp-Stream-Acc-LocalState k localState trans-fun xs c $\equiv$
  (map localState (f-Exec-Comp-Stream trans-fun (xs $\odot_f$ k) c)) $\div_{fl}$ k

defs
  i-Exec-Comp-Stream-Acc-Output-def :
  i-Exec-Comp-Stream-Acc-Output k output-fun trans-fun input c $\equiv$
  (output-fun $\circ$ (i-Exec-Comp-Stream trans-fun (input $\odot_i$ k) c)) $\div_i$ k

defs
  i-Exec-Comp-Stream-Acc-LocalState-def :
  i-Exec-Comp-Stream-Acc-LocalState k localState trans-fun input c $\equiv$
  (localState $\circ$ (i-Exec-Comp-Stream trans-fun (input $\odot_i$ k) c)) $\div_{il}$ k

Die Ausgabe einer beschleunigten Komponente entspricht zu jedem Zeitpunkt dem letzten
Wert in der gepufferten unkomprimierten Ausgabe der Komponente.

lemma f-Exec-Stream-Acc-Output-eq-last-message-hold:
  f-Exec-Comp-Stream-Acc-Output k output-fun trans-fun xs c =
  (map output-fun (f-Exec-Comp-Stream trans-fun (xs $\odot_f$ k) c)) $\longmapsto_f$ k $\div_{fl}$ k
lemma i-Exec-Stream-Acc-Output-eq-last-message-hold: $0 < k \Longrightarrow$
  i-Exec-Comp-Stream-Acc-Output k output-fun trans-fun f c =
  (output-fun $\circ$ (i-Exec-Comp-Stream trans-fun (f $\odot_i$ k) c)) $\longmapsto_i$ k $\div_{il}$ k

lemma f-Exec-Stream-Acc-Output-length:
  $0 < k \Longrightarrow$
  length (f-Exec-Comp-Stream-Acc-Output k output-fun trans-fun xs c) = length xs

lemma f-Exec-Stream-Acc-Output-1:
  f-Exec-Comp-Stream-Acc-Output (Suc 0) output-fun trans-fun xs c =
  map output-fun (f-Exec-Comp-Stream trans-fun xs c)

lemma f-Exec-Stream-Acc-LocalState-1:
  f-Exec-Comp-Stream-Acc-LocalState (Suc 0) localState trans-fun xs c =

map localState (f-Exec-Comp-Stream trans-fun xs c)

lemma f-Exec-Stream-Acc-Output-take:
f-Exec-Comp-Stream-Acc-Output k output-fun trans-fun xs c $\downarrow$ n =
f-Exec-Comp-Stream-Acc-Output k output-fun trans-fun (xs $\downarrow$ n) c

lemma f-Exec-Stream-Acc-Output-drop:
f-Exec-Comp-Stream-Acc-Output k output-fun trans-fun xs c $\uparrow$ n =
f-Exec-Comp-Stream-Acc-Output k output-fun trans-fun (xs $\uparrow$ n) (
 f-Exec-Comp trans-fun (xs $\downarrow$ n $\odot_f$ k) c)

lemma f-Exec-Stream-Acc-Output-append:
f-Exec-Comp-Stream-Acc-Output k output-fun trans-fun (xs @ ys) c =
f-Exec-Comp-Stream-Acc-Output k output-fun trans-fun xs c @
f-Exec-Comp-Stream-Acc-Output k output-fun trans-fun ys (
 f-Exec-Comp trans-fun (xs $\odot_f$ k) c)

lemma f-Exec-Stream-Acc-Output-Cons:
$0 < k \Longrightarrow$
f-Exec-Comp-Stream-Acc-Output k output-fun trans-fun (x # xs) c =
last-message (map output-fun (f-Exec-Comp-Stream trans-fun (x # $\varepsilon^{k\,-\,Suc\,0}$) c)) #
f-Exec-Comp-Stream-Acc-Output k output-fun trans-fun xs (
 f-Exec-Comp trans-fun (x # $\varepsilon^{k\,-\,Suc\,0}$) c)

lemma f-Exec-Stream-Acc-Output-snoc:
$0 < k \Longrightarrow$
f-Exec-Comp-Stream-Acc-Output k output-fun trans-fun (xs @ [x]) c =
f-Exec-Comp-Stream-Acc-Output k output-fun trans-fun xs c @
[last-message (map output-fun (f-Exec-Comp-Stream trans-fun (x # $\varepsilon^{k\,-\,Suc\,0}$) (
 f-Exec-Comp trans-fun (xs $\odot_f$ k) c)))]

lemma f-Exec-Stream-Acc-Output-one:
$0 < k \Longrightarrow$
f-Exec-Comp-Stream-Acc-Output k output-fun trans-fun [x] c =
[last-message (map output-fun (f-Exec-Comp-Stream trans-fun (x # $\varepsilon^{k\,-\,Suc\,0}$) c))]

lemma i-Exec-Stream-Acc-Output-append:
i-Exec-Comp-Stream-Acc-Output k output-fun trans-fun (xs $\frown$ input) c =
f-Exec-Comp-Stream-Acc-Output k output-fun trans-fun xs c $\frown$
i-Exec-Comp-Stream-Acc-Output k output-fun trans-fun input (
 f-Exec-Comp trans-fun (xs $\odot_f$ k) c)

lemma i-Exec-Stream-Acc-Output-Cons:
$0 < k \Longrightarrow$
i-Exec-Comp-Stream-Acc-Output k output-fun trans-fun ([x] $\frown$ input) c =
[last-message (map output-fun (f-Exec-Comp-Stream trans-fun (x # $\varepsilon^{k\,-\,Suc\,0}$) c))] $\frown$

lemma f-Exec-Stream-Acc-Output-nth:
$\llbracket\, 0 < k;\ n < length\ xs\, \rrbracket \Longrightarrow$

f-Exec-Comp-Stream-Acc-Output k output-fun trans-fun xs c ! n =
last-message (map output-fun (
  f-Exec-Comp-Stream trans-fun (xs ! n # $\varepsilon^{k\,-\,Suc\,0}$) (
    f-Exec-Comp trans-fun (xs ↓ n ⊙$_f$ k) c)))

lemma i-Exec-Stream-Acc-Output-nth:
  $0 < k \Longrightarrow$
  i-Exec-Comp-Stream-Acc-Output k output-fun trans-fun input c n =
  last-message (map output-fun (
    f-Exec-Comp-Stream trans-fun (input n # $\varepsilon^{k\,-\,Suc\,0}$) (
      f-Exec-Comp trans-fun (input ⇓ n ⊙$_f$ k) c)))

corollary i-Exec-Stream-Acc-Output-nth-f-nth:
  $0 < k \Longrightarrow$
  i-Exec-Comp-Stream-Acc-Output k output-fun trans-fun input c n =
  f-Exec-Comp-Stream-Acc-Output k output-fun trans-fun (input ⇓ Suc n) c ! n

lemma f-Exec-Stream-Acc-LocalState-nth:
  ⟦ $0 < k$; $n < $ length xs ⟧ $\Longrightarrow$
  f-Exec-Comp-Stream-Acc-LocalState k localState trans-fun xs c ! n =
  localState (f-Exec-Comp trans-fun (xs ↓ Suc n ⊙$_f$ k) c)

lemma i-Exec-Stream-Acc-LocalState-nth:
  $0 < k \Longrightarrow$
  i-Exec-Comp-Stream-Acc-LocalState k localState trans-fun input c n =
  localState (f-Exec-Comp trans-fun (input ⇓ Suc n ⊙$_f$ k) c)

lemma f-Exec-Stream-Acc-Output-causal:
  xs ↓ n = ys ↓ n $\Longrightarrow$
  f-Exec-Comp-Stream-Acc-Output k output-fun trans-fun xs c ↓ n =
  f-Exec-Comp-Stream-Acc-Output k output-fun trans-fun ys c ↓ n

lemma i-Exec-Stream-Acc-Output-causal:
  input1 ⇓ n = input2 ⇓ n $\Longrightarrow$
  i-Exec-Comp-Stream-Acc-Output k output-fun trans-fun input1 c ⇓ n =
  i-Exec-Comp-Stream-Acc-Output k output-fun trans-fun input2 c ⇓ n

lemma f-Exec-Stream-Acc-Output-Connected-strictly-causal:
  ⟦ xs ↓ n = ys ↓ n;
   f-Streams-Connected
    (f-Exec-Comp-Stream-Acc-Output k output-fun trans-fun xs c)
    channel1;
   f-Streams-Connected
    (f-Exec-Comp-Stream-Acc-Output k output-fun trans-fun ys c)
    channel2 ⟧
  $\Longrightarrow$ channel1 ↓ Suc n = channel2 ↓ Suc n

lemma i-Exec-Stream-Acc-Output-Connected-strictly-causal:
  ⟦ input1 ⇓ n = input2 ⇓ n;

i-Streams-Connected
(i-Exec-Comp-Stream-Acc-Output k output-fun trans-fun input1 c)
channel1;
i-Streams-Connected
(i-Exec-Comp-Stream-Acc-Output k output-fun trans-fun input2 c)
channel2 ⟧
⟹ channel1 ⇓ Suc n = channel2 ⇓ Suc n

Regeln zum Beweisen der Äquivalenz der Ausführung unterschiedlicher Komponenten bezüglich einer bestimmten Ausgabeprojektion/Ausgabeextraktionsfunktion. Es ist möglich, dass zwei Komponenten auf bestimmten Ausgabeports gleiche Ergebnisse liefern, während sich die Ergebnisse auf anderen Ausgabeports unterscheiden.

Die Äquivalenz der Nachrichtenverarbeitung für zwei Komponenten wird auf Ausgabeströmen bezüglich einer Ausgabeextraktionsfunktion definiert. Eine notwendige Vorbedingung hierbei ist, dass die Äquivalenz der Nachrichtenverarbeitung *Equiv_Exec* während der gesamten Stromverarbeitung immer noch korrekt ermittelt wird, d. h., dass die Äquivalenz lokaler Zustände nicht nur am Anfang, sondern auch nach einer bereits verarbeiteten Eingabe die äquivalente Verarbeitung einer darauffolgenden Nachricht impliziert (*Equiv_Exec_stable*).

Äquivalenz der Komponentenzustände während der Ausführung.
lemma f-Equiv-Exec-Stream-Acc-LocalState:
⟦ $0 < k1; 0 < k2$;
equiv-states (localState1 c1) (localState2 c2);
Equiv-Exec-stable
equiv-states localState1 localState2
input-fun1 input-fun2 output-fun1 output-fun2
trans-fun1 trans-fun2 k1 k2 c1 c2;
(∗ equiv-states relation implies equivalent executions
not only at the beginning but also after processing an input ∗)
i < length input ⟧ ⟹
equiv-states
(f-Exec-Comp-Stream-Acc-LocalState k1 localState1 trans-fun1 (map input-fun1 input) c1 ! i)
(f-Exec-Comp-Stream-Acc-LocalState k2 localState2 trans-fun2 (map input-fun2 input) c2 ! i)

Gleichheit der Ausgabenströme bezüglich der verwendeten Ausgabeextraktionsfunktion.
lemma f-Equiv-Exec-Stream-Acc-Output-eq:
⟦ $0 < k1; 0 < k2$;
equiv-states (localState1 c1) (localState2 c2);
Equiv-Exec-stable
equiv-states localState1 localState2
input-fun1 input-fun2 output-fun1 output-fun2 trans-fun1 trans-fun2 k1 k2 c1 c2 ⟧ ⟹
f-Exec-Comp-Stream-Acc-Output k1 output-fun1 trans-fun1 (map input-fun1 input) c1 =
f-Exec-Comp-Stream-Acc-Output k2 output-fun2 trans-fun2 (map input-fun2 input) c2

lemma i-Equiv-Exec-Stream-Acc-LocalState:
⟦ $0 < k1; 0 < k2$;
equiv-states (localState1 c1) (localState2 c2);
Equiv-Exec-stable
equiv-states localState1 localState2

input-fun1 input-fun2 output-fun1 output-fun2
trans-fun1 trans-fun2 k1 k2 c1 c2 ⟧ ⟹
equiv-states
(i-Exec-Comp-Stream-Acc-LocalState k1 localState1 trans-fun1 (input-fun1 ∘ input) c1 i)
(i-Exec-Comp-Stream-Acc-LocalState k2 localState2 trans-fun2 (input-fun2 ∘ input) c2 i)

lemma i-Equiv-Exec-Stream-Acc-Output-eq:
⟦ 0 < k1; 0 < k2;
equiv-states (localState1 c1) (localState2 c2);
Equiv-Exec-stable
equiv-states localState1 localState2
input-fun1 input-fun2 output-fun1 output-fun2 trans-fun1 trans-fun2 k1 k2 c1 c2 ⟧ ⟹
i-Exec-Comp-Stream-Acc-Output k1 output-fun1 trans-fun1 (input-fun1 ∘ input) c1 =
i-Exec-Comp-Stream-Acc-Output k2 output-fun2 trans-fun2 (input-fun2 ∘ input) c2

Regeln mit Leerlaufzuständen.
lemma f-Exec-Stream-Acc-LocalState--State-Idle-nth[rule-format]:
⋀c i.
⟦ 0 < l; l ≤ k; Exec-Equal-State localState trans-fun;
∀n≤i. State-Idle localState output-fun trans-fun (
f-Exec-Comp-Stream-Acc-LocalState l localState trans-fun xs c ! n);
i < length xs ⟧ ⟹
f-Exec-Comp-Stream-Acc-LocalState k localState trans-fun xs c ! i =
f-Exec-Comp-Stream-Acc-LocalState l localState trans-fun xs c ! i

lemma i-Exec-Stream-Acc-LocalState--State-Idle-nth[rule-format]:
⟦ 0 < l; l ≤ k; Exec-Equal-State localState trans-fun;
∀n≤i. State-Idle localState output-fun trans-fun (
i-Exec-Comp-Stream-Acc-LocalState l localState trans-fun input c n) ⟧ ⟹
i-Exec-Comp-Stream-Acc-LocalState k localState trans-fun input c i =
i-Exec-Comp-Stream-Acc-LocalState l localState trans-fun input c i

corollary f-Exec-Stream-Acc-LocalState--State-Idle-eq[rule-format]:
⟦ 0 < l; l ≤ k; Exec-Equal-State localState trans-fun;
∀n<length xs. State-Idle localState output-fun trans-fun (
f-Exec-Comp-Stream-Acc-LocalState l localState trans-fun xs c ! n) ⟧ ⟹
f-Exec-Comp-Stream-Acc-LocalState k localState trans-fun xs c =
f-Exec-Comp-Stream-Acc-LocalState l localState trans-fun xs c

corollary i-Exec-Stream-Acc-LocalState--State-Idle-eq[rule-format]:
⟦ 0 < l; l ≤ k; Exec-Equal-State localState trans-fun;
∀n. State-Idle localState output-fun trans-fun (
i-Exec-Comp-Stream-Acc-LocalState l localState trans-fun input c n) ⟧ ⟹
i-Exec-Comp-Stream-Acc-LocalState k localState trans-fun input c =
i-Exec-Comp-Stream-Acc-LocalState l localState trans-fun input c

lemma f-Exec-Stream-Acc-Output--State-Idle-nth[rule-format]:
⟦ 0 < l; l ≤ k; Exec-Equal-State localState trans-fun;
∀n≤i. State-Idle localState output-fun trans-fun (

f-Exec-Comp-Stream-Acc-LocalState l localState trans-fun xs c ! n);
i < length xs ⟧ ⟹
f-Exec-Comp-Stream-Acc-Output k output-fun trans-fun xs c ! i =
f-Exec-Comp-Stream-Acc-Output l output-fun trans-fun xs c ! i

lemma i-Exec-Stream-Acc-Output--State-Idle-nth[rule-format]:
⟦ 0 < l; 1 ≤ k; Exec-Equal-State localState trans-fun;
∀n≤i. State-Idle localState output-fun trans-fun (
i-Exec-Comp-Stream-Acc-LocalState l localState trans-fun input c n) ⟧ ⟹
i-Exec-Comp-Stream-Acc-Output k output-fun trans-fun input c i =
i-Exec-Comp-Stream-Acc-Output l output-fun trans-fun input c i

lemma f-Exec-Stream-Acc-Output--State-Idle-eq[rule-format]:
⟦ 0 < l; 1 ≤ k; Exec-Equal-State localState trans-fun;
∀n<length xs. State-Idle localState output-fun trans-fun (
f-Exec-Comp-Stream-Acc-LocalState l localState trans-fun xs c ! n) ⟧ ⟹
f-Exec-Comp-Stream-Acc-Output k output-fun trans-fun xs c =
f-Exec-Comp-Stream-Acc-Output l output-fun trans-fun xs c

lemma i-Exec-Stream-Acc-Output--State-Idle-eq[rule-format]:
⟦ 0 < l; 1 ≤ k; Exec-Equal-State localState trans-fun;
∀n. State-Idle localState output-fun trans-fun (
i-Exec-Comp-Stream-Acc-LocalState l localState trans-fun input c n) ⟧ ⟹
i-Exec-Comp-Stream-Acc-Output k output-fun trans-fun input c =
i-Exec-Comp-Stream-Acc-Output l output-fun trans-fun input c

Genügt eine Anzahl l von Schritten, um aus jedem Leerlaufzustand einen Leerlaufzustand zu erreichen, dann wird die Verarbeitung einer jeden Eingabe mit einem Beschleunigungsfaktor $k \geq l$ stets in einem Leerlaufzustand enden.

lemma f-Exec-Stream-Acc-LocalState--State-Idle-all[rule-format]:
⋀c xs. ⟦ 0 < l; 1 ≤ k;
State-Idle localState output-fun trans-fun (localState c);
∀c m. State-Idle localState output-fun trans-fun (localState c) ⟶
State-Idle localState output-fun trans-fun (
localState (f-Exec-Comp trans-fun (m # $\varepsilon^{l - Suc\ 0}$) c));
i < length xs ⟧ ⟹
State-Idle localState output-fun trans-fun (
f-Exec-Comp-Stream-Acc-LocalState k localState trans-fun xs c ! i)

lemma i-Exec-Stream-Acc-LocalState--State-Idle-all[rule-format]:
⟦ 0 < l; 1 ≤ k;
State-Idle localState output-fun trans-fun (localState c);
∀c m. State-Idle localState output-fun trans-fun (localState c) ⟶
State-Idle localState output-fun trans-fun (
localState (f-Exec-Comp trans-fun (m # $\varepsilon^{l - Suc\ 0}$) c)) ⟧ ⟹
State-Idle localState output-fun trans-fun (
i-Exec-Comp-Stream-Acc-LocalState k localState trans-fun xs c i)

Falls l Schritte genügen, um aus jedem Leerlaufzustand einen Leerlaufzustand zu erreichen, und ist die Ausgabe durch den von *localState* extrahierten lokalen Zustand und die Eingabe eindeutig bestimmt, dann ist das Verarbeitungsergebnis mit einem Beschleunigungsfaktor $k \geq l$ für jeden Eingabestroms gleich dem Verarbeitungsergebnis mit Beschleunigungsfaktor l.

lemma i-Exec-Stream-Acc-Output--State-Idle-all-imp-eq[rule-format]:
⟦ $0 < l$; $l \leq k$; Exec-Equal-State localState trans-fun;
State-Idle localState output-fun trans-fun (localState c);
$\forall$ c m. State-Idle localState output-fun trans-fun (localState c) $\longrightarrow$
State-Idle localState output-fun trans-fun (
localState (f-Exec-Comp trans-fun (m # $\varepsilon^{l - Suc\ 0}$) c)) ⟧ $\Longrightarrow$
i-Exec-Comp-Stream-Acc-Output k output-fun trans-fun input c =
i-Exec-Comp-Stream-Acc-Output l output-fun trans-fun input c

Gleiches gilt für den Strom der durchlaufenen lokalen Komponentenzustände.

lemma i-Exec-Stream-Acc-LocalState--State-Idle-all-imp-eq[rule-format]:
⟦ $0 < l$; $l \leq k$; Exec-Equal-State localState trans-fun;
State-Idle localState output-fun trans-fun (localState c);
$\forall$ c m. State-Idle localState output-fun trans-fun (localState c) $\longrightarrow$
State-Idle localState output-fun trans-fun (
localState (f-Exec-Comp trans-fun (m # $\varepsilon^{l - Suc\ 0}$) c)) ⟧ $\Longrightarrow$
i-Exec-Comp-Stream-Acc-LocalState k localState trans-fun xs c =
i-Exec-Comp-Stream-Acc-LocalState l localState trans-fun xs c

A.2 Temporale Logik auf Intervallen

A.2.1 Schnittoperatoren auf Intervallen/Mengen

Schneiden eines Intervalls an einem Punkt, d. h., Behalten aller Elemente, die größer/größer gleich/kleiner/kleiner gleich als der Schnittpunkt sind.

consts
cut-le :: $'a$::linorder set $\Rightarrow$ $'a$ $\Rightarrow$ $'a$ set (**infixl** $\downarrow\leq$ 100)
cut-less :: $'a$::linorder set $\Rightarrow$ $'a$ $\Rightarrow$ $'a$ set (**infixl** $\downarrow<$ 100)

defs
cut-le-def: $I \downarrow\leq t \equiv \{ x \in I.\ x \leq t \}$
cut-less-def: $I \downarrow< t \equiv \{ x \in I.\ x < t \}$

consts
cut-ge :: $'a$::linorder set $\Rightarrow$ $'a$ $\Rightarrow$ $'a$ set (**infixl** $\downarrow\geq$ 100)
cut-greater :: $'a$::linorder set $\Rightarrow$ $'a$ $\Rightarrow$ $'a$ set (**infixl** $\downarrow>$ 100)

defs
cut-ge-def: $I \downarrow\geq t \equiv \{ x \in I.\ t \leq x \}$
cut-greater-def: $I \downarrow> t \equiv \{ x \in I.\ t < x \}$

lemma cut-le-mem-iff: $x \in I \downarrow\leq t = (x \in I \wedge x \leq t)$
lemma cut-less-mem-iff: $x \in I \downarrow< t = (x \in I \wedge x < t)$
lemma cut-ge-mem-iff: $x \in I \downarrow\geq t = (x \in I \wedge t \leq x)$
lemma cut-greater-mem-iff: $x \in I \downarrow> t = (x \in I \wedge t < x)$

lemma i-cut-commute-disj: $\llbracket$
cut-op1 = op $\downarrow<$ $\vee$ cut-op1 = op $\downarrow\leq$ $\vee$
cut-op1 = op $\downarrow>$ $\vee$ cut-op1 = op $\downarrow\geq$;
cut-op2 = op $\downarrow<$ $\vee$ cut-op2 = op $\downarrow\leq$ $\vee$
cut-op2 = op $\downarrow>$ $\vee$ cut-op2 = op $\downarrow\geq$ $\rrbracket$ $\Longrightarrow$
cut-op2 (cut-op1 I t1) t2 = cut-op1 (cut-op2 I t2) t1

lemma
cut-less-Un: $(A \cup B) \downarrow< t = A \downarrow< t \cup B \downarrow< t$ **and**
cut-le-Un: $(A \cup B) \downarrow\leq t = A \downarrow\leq t \cup B \downarrow\leq t$ **and**
cut-greater-Un: $(A \cup B) \downarrow> t = A \downarrow> t \cup B \downarrow> t$ **and**
cut-ge-Un: $(A \cup B) \downarrow\geq t = A \downarrow\geq t \cup B \downarrow\geq t$

lemma
cut-less-Int: $(A \cap B) \downarrow< t = A \downarrow< t \cap B \downarrow< t$ **and**
cut-le-Int: $(A \cap B) \downarrow\leq t = A \downarrow\leq t \cap B \downarrow\leq t$ **and**
cut-greater-Int: $(A \cap B) \downarrow> t = A \downarrow> t \cap B \downarrow> t$ **and**
cut-ge-Int: $(A \cap B) \downarrow\geq t = A \downarrow\geq t \cap B \downarrow\geq t$

lemma
cut-less-Diff: $(A - B) \downarrow< t = A \downarrow< t - B \downarrow< t$ **and**
cut-le-Diff: $(A - B) \downarrow\leq t = A \downarrow\leq t - B \downarrow\leq t$ **and**
cut-greater-Diff: $(A - B) \downarrow> t = A \downarrow> t - B \downarrow> t$ **and**
cut-ge-Diff: $(A - B) \downarrow\geq t = A \downarrow\geq t - B \downarrow\geq t$

lemma cut-cut-le: $i \downarrow \leq a \downarrow \leq b = i \downarrow \leq \min a\ b$
lemma cut-cut-less: $i \downarrow < a \downarrow < b = i \downarrow < \min a\ b$
lemma cut-cut-ge: $i \downarrow \geq a \downarrow \geq b = i \downarrow \geq \max a\ b$
lemma cut-cut-greater: $i \downarrow > a \downarrow > b = i \downarrow > \max a\ b$

lemma cut-le-cut-greater-ident:
  $t2 \leq t1 \implies I \downarrow \leq t1 \cup I \downarrow > t2 = I$
lemma cut-less-cut-ge-ident:
  $t2 \leq t1 \implies I \downarrow < t1 \cup I \downarrow \geq t2 = I$
lemma cut-le-cut-ge-ident:
  $t2 \leq t1 \implies I \downarrow \leq t1 \cup I \downarrow \geq t2 = I$

lemma cut-less-cut-greater-ident:
  $[\![\, t2 \leq t1; I \cap \{t1..t2\} = \{\} \,]\!] \implies I \downarrow < t1 \cup I \downarrow > t2 = I$
corollary cut-less-cut-greater-ident':
  $t \notin I \implies I \downarrow < t \cup I \downarrow > t = I$

Für natürliche Zahlen gelten einfache Beziehungen zwischen Schnittoperatoren mit strikten und nichtstrikten Vergleichsoperatoren:
lemma nat-cut-le-less-conv: $I \downarrow \leq t = I \downarrow < \text{Suc } t$
lemma nat-cut-less-le-conv: $0 < t \implies I \downarrow < t = I \downarrow \leq (t - \text{Suc } 0)$
lemma nat-cut-ge-greater-conv: $I \downarrow \geq \text{Suc } t = I \downarrow > t$
lemma nat-cut-greater-ge-conv: $0 < t \implies I \downarrow > (t - \text{Suc } 0) = I \downarrow \geq t$

Intervallschnittoperatoren sind distributiv mit strikt monotonen Funktionen, d. h., das Bild einer Menge I von Elementen des Typs T, die an einer Stelle $t \in T$ geschnitten wurde, entspricht dem Schnitt ihres Bildes am Bild von t.
lemma cut-less-image: $[\![\, \text{strict-mono-on } f\ A; I \subseteq A; n \in A \,]\!] \implies$
  $(f \ ` I) \downarrow < f\ n = f \ ` (I \downarrow < n)$
lemma cut-le-image: $[\![\, \text{strict-mono-on } f\ A; I \subseteq A; n \in A \,]\!] \implies$
  $(f \ ` I) \downarrow \leq f\ n = f \ ` (I \downarrow \leq n)$
lemma cut-greater-image: $[\![\, \text{strict-mono-on } f\ A; I \subseteq A; n \in A \,]\!] \implies$
  $(f \ ` I) \downarrow > f\ n = f \ ` (I \downarrow > n)$
lemma cut-ge-image: $[\![\, \text{strict-mono-on } f\ A; I \subseteq A; n \in A \,]\!] \implies$
  $(f \ ` I) \downarrow \geq f\ n = f \ ` (I \downarrow \geq n)$

A.2.2   Induktion über beliebige natürliche Intervalle/Mengen

Traversieren von Intervallen

Dieser Abschnitt beschreibt Funktionen zum Traversieren/Abschreiten von Intervallen/Mengen natürlicher Zahlen und definiert anschließend Induktionsregeln für Mengen natürlicher Zahlen.

Funktionen zur Bestimmung des nächsten/vorherigen Elements einer Menge

Die Funktionen *inext* und *iprev* sind Verallgemeinerungen der Nachfolger- und Vorgängerfunktion auf beliebige Teilmengen natürlicher Zahlen.

consts
inext :: nat $\Rightarrow$ nat set $\Rightarrow$ nat
iprev :: nat $\Rightarrow$ nat set $\Rightarrow$ nat
defs
inext-def : inext n I $\equiv$ (
  if (n $\in$ I $\wedge$ (I $\downarrow>$ n $\neq$ {}))
  then iMin (I $\downarrow>$ n)
  else n)
iprev-def : iprev n I $\equiv$ (
  if (n $\in$ I $\wedge$ (I $\downarrow<$ n $\neq$ {}))
  then Max (I $\downarrow<$ n)
  else n)

lemma inext-UNIV: inext n UNIV = Suc n
lemma iprev-UNIV: iprev n UNIV = n $-$ Suc 0

lemma not-in-inext-fix: n $\notin$ I $\Longrightarrow$ inext n I = n
lemma not-in-iprev-fix: n $\notin$ I $\Longrightarrow$ iprev n I = n

lemma inext-Max: finite I $\Longrightarrow$ inext (Max I) I = Max I
lemma iprev-iMin: iprev (iMin I) I = iMin I

lemma inext-closed: n $\in$ I $\Longrightarrow$ inext n I $\in$ I
lemma iprev-closed: n $\in$ I $\Longrightarrow$ iprev n I $\in$ I

Die Funktionen *inext* und *iprev* liefern das am wenigsten entfernte nächste/vorherige Element – es liegen keine Elemente zwischen *n* $\in$ *I* und *inext n I*.
  lemma inext-min-step: $[\![$ n $<$ k; k $<$ inext n I $]\!]$ $\Longrightarrow$ k $\notin$ I
  corollary inext-min-step2: $\neg(\exists$ k$\in$I. n $<$ k $\wedge$ k $<$ inext n I)
  lemma iprev-min-step: $[\![$ iprev n I $<$ k; k $<$ n $]\!]$ $\Longrightarrow$ k $\notin$ I
  corollary iprev-min-step2: $\neg(\exists$ x$\in$I. iprev n I $<$ x $\wedge$ x $<$ n)

Die Funktionen *inext* und *iprev* sind invers für alle Elemente außer dem größten bzw. kleinsten Element der betrachteten Menge.
  lemma inext-iprev: iMin I $\neq$ n $\Longrightarrow$ inext (iprev n I) I = n
  lemma iprev-inext:
    infinite I $\vee$ n $\neq$ Max I $\Longrightarrow$ iprev (inext n I) I = n

  lemma inext-image:
    $[\![$ n $\in$ I; strict-mono-on f I $]\!]$ $\Longrightarrow$ inext (f n) (f ' I) = f (inext n I)
  lemma iprev-image:
    $[\![$ n $\in$ I; strict-mono-on f I $]\!]$ $\Longrightarrow$ iprev (f n) (f ' I) = f (iprev n I)

  lemma inext-image2:
    strict-mono f $\Longrightarrow$ inext (f n) (f ' I) = f (inext n I)
  lemma iprev-image2:
    strict-mono f $\Longrightarrow$ iprev (f n) (f ' I) = f (iprev n I)

  lemma inext-predicate-change-exists:

⟦ a ≤ b; a ∈ I; b ∈ I; ¬ P a; P b ⟧
⟹ ∃n∈I. a ≤ n ∧ n < b ∧ ¬ P n ∧ P (inext n I)
lemma iprev-predicate-change-exists:
⟦ a ≤ b; a ∈ I; b ∈ I; ¬ P b; P a ⟧
⟹ ∃n∈I. a < n ∧ n ≤ b ∧ ¬ P n ∧ P (iprev n I)

Funktionen zur Bestimmung des n-ten Elements einer Menge

Die Funktion *inext_nth* bestimmt das n-te Element einer endlichen Menge, beginnend mit dem kleinsten Element.

    consts
        inext-nth :: nat set ⟹ nat ⟹ nat
    primrec
        inext-nth I 0 = iMin I
        inext-nth I (Suc n) = inext (inext-nth I n) I
    syntax (xsymbols)
        inext-nth :: nat set ⟹ nat ⟹ nat ((- → -) [100, 100] 60)

lemma inext-nth-closed: I ≠ {} ⟹ I → n ∈ I

lemma inext-nth-image:
    ⟦ I ≠ {}; strict-mono-on f I ⟧ ⟹ (f ' I) → n = f (I → n)

lemma inext-nth-mono: a ≤ b ⟹ I → a ≤ I → b

lemma inext-nth-card-Max:
    ⟦ finite I; I ≠ {}; card I ≤ Suc n ⟧ ⟹ I → n = Max I

lemma inext-nth-card-append:
    ⟦ finite A; A ≠ {}; B ≠ {}; Max A < iMin B ⟧ ⟹
    (A ∪ B) → n = (if n < card A then A → n else B → (n − card A))

Die Funktion *iprev_nth* bestimmt das n-te Element einer endlichen Menge, beginnend mit dem größten Element.

    consts
        iprev-nth :: nat set ⟹ nat ⟹ nat
    primrec
        iprev-nth I 0 = Max I
        iprev-nth I (Suc n) = iprev (iprev-nth I n) I
    syntax (xsymbols)
        iprev-nth :: nat set ⟹ nat ⟹ nat ((- ← -) [100, 100] 60)

lemma iprev-nth-closed: ⟦ finite I; I ≠ {} ⟧ ⟹ I ← n ∈ I

lemma iprev-nth-image:
    ⟦ finite I; I ≠ {}; strict-mono-on f I ⟧ ⟹ (f ' I) ← n = f (I ← n)

lemma iprev-nth-mono: a ≤ b ⟹ I ← b ≤ I ← a

lemma iprev-nth-card-iMin:
⟦ finite I; I ≠ {}; card I ≤ Suc n ⟧ ⟹ I ← n = iMin I

Induktion über Intervalle mit *inext* **und** *iprev*

Definition der Surjektivität einer Abbildung:
    constdefs
    surj-fun :: ('a ⟹ 'b) ⟹ 'a set ⟹ 'b set ⟹ bool
    surj-fun f A B ≡ ∀ b∈B. ∃ a∈A. b = f a

Jede surjektive Abbildung natürlicher Zahlen auf eine Menge *I* kann als Indexfunktion für induktive Beweise verwendet werden.
    lemma image-nat-induct:
    ⟦ P (f 0); ⋀n. P (f n) ⟹ P (f (Suc n)); surj-fun f UNIV I; a ∈ I ⟧ ⟹ P a

Die Funktionen *inext_nth* und *iprev_nth* sind surjektiv:
    lemma inext-nth-surj-fun:surj-fun (λn. I → n) UNIV I
    lemma iprev-nth-surj-fun: finite I ⟹ surj-fun (λn. I ← n) UNIV I

Die Induktionsregel *image_nat_induct* kann daher mit *inext_nth* und *iprev_nth* als Indexfunktionen verwendet werden. Da 0 durch *inext_nth* auf das kleinste Element abgebildet wird, und ein $(n + 1)$-tes Element durch die Anwendung von *inext* auf das n-te Element ermittelt werden kann, sieht die Induktionsregel für *inext_nth* wie folgt aus:
    lemma inext-induct:
    ⟦ P (iMin I); ⋀n. ⟦ n ∉ I, P n ⟧ ⟹ P (inext n I); n ∈ I ⟧ ⟹ P n

Analog wird die Induktionsregel für *iprev_nth* formuliert:
    lemma iprev-induct:
    ⟦ P (Max I); ⋀n. ⟦ n ∈ I; P n ⟧ ⟹ P (iprev n I); finite I; n ∈ I ⟧ ⟹ P n

A.2.3   Intervalle für temporale Logik

Grundlegende Definitionen und Ergebnisse

Als Trägermenge für Zeitintervalle wird die Menge der natürlichen Zahlen verwendet.
    types Time = nat
    types iT = Time set

    consts
    iFROM :: Time ⟹ iT ([-....])
    iTILL :: Time ⟹ iT ([....-])
    iIN   :: Time ⟹ nat ⟹ iT ([-....,-])
    iMOD :: Time ⟹ nat ⟹ iT ([-, mod -])
    iMODb :: Time ⟹ nat ⟹ nat ⟹ iT ([-, mod -, -])
    defs
    iFROM-def : [n. . .] ≡ {n..}

iTILL-def : $[\ldots n] \equiv \{..n\}$
iIN-def : $[n\ldots,d] \equiv \{n..n+d\}$
iMOD-def : $[r, \bmod m] \equiv$
  $\{$ x. x mod m = r mod m $\wedge$
    $r \leq x\}$
iMODb-def : $[r, \bmod m, c] \equiv$
  $\{$ x. x mod m = r mod m $\wedge$
    $r \leq x \wedge x \leq r + m * c\}$

lemma iFROM-iff: $x \in [n\ldots] = (n \leq x)$
lemma iTILL-iff: $x \in [\ldots n] = (x \leq n)$
lemma iIN-iff: $x \in [n\ldots,d] = (n \leq x \wedge x \leq n + d)$
lemma iMOD-iff: $x \in [r, \bmod m] = (x \bmod m = r \bmod m \wedge r \leq x)$
lemma iMODb-iff: $x \in [r, \bmod m, c] =$
$(x \bmod m = r \bmod m \wedge r \leq x \wedge x \leq r + m * c)$

Die Intervalldefinitionen sind derart gewählt, dass sie stets nicht leer sind:
lemma iFROM-not-empty: $[n\ldots] \neq \{\}$
lemma iTILL-not-empty: $[\ldots n] \neq \{\}$
lemma iIN-not-empty: $[n\ldots,d] \neq \{\}$
lemma iMOD-not-empty: $[r, \bmod m] \neq \{\}$
lemma iMODb-not-empty: $[r, \bmod m, c] \neq \{\}$

Spezialfälle von Intervallen.
lemma iFROM-0: $[0\ldots] = \mathrm{UNIV}$
lemma iTILL-0: $[\ldots 0] = \{0\}$
lemma iIN-0: $[n\ldots,0] = \{n\}$
lemma iMOD-0: $[r, \bmod 0] = [r\ldots,0]$
lemma iMODb-mod-0: $[r, \bmod 0, c] = [r\ldots,0]$

lemma iIN-0-iTILL-conv: $[0\ldots,n] = [\ldots n]$
lemma iMOD-1: $[r, \bmod \mathrm{Suc}\ 0] = [r\ldots]$
lemma iMODb-mod-1: $[r, \bmod \mathrm{Suc}\ 0, c] = [r\ldots,c]$

Intervalle mit Schnittoperatoren

lemma iFROM-cut-le:
$[n\ldots] \downarrow\leq t = ($if $t < n$ then $\{\}$ else $[n\ldots,t{-}n])$
lemma iTILL-cut-le:
$[\ldots n] \downarrow\leq t = ($if $t \leq n$ then $[\ldots t]$ else $[\ldots n])$
lemma iIN-cut-le:
$[n\ldots,d] \downarrow\leq t = ($if $t < n$ then $\{\}$ else
  if $t \leq n{+}d$ then $[n\ldots,t{-}n]$ else $[n\ldots,d])$
lemma iMOD-cut-le:
$[r, \bmod m] \downarrow\leq t = ($if $t < r$ then $\{\}$ else $[r, \bmod m, (t - r)$ div $m])$
lemma iMODb-cut-le:
$[r, \bmod m, c] \downarrow\leq t = ($if $t < r$ then $\{\}$ else
  if $t < r + m * c$ then $[r, \bmod m, (t - r)$ div $m]$ else $[r, \bmod m, c])$

lemma iFROM-cut-less:
  $[n...] \downarrow < t = (\text{if } t \leq n \text{ then } \{\} \text{ else } [n...,t - \text{Suc } n])$
lemma iTILL-cut-less:
  $[...n] \downarrow < t = (\text{if } n < t \text{ then } [...n] \text{ else}$
  $\text{if } t = 0 \text{ then } \{\} \text{ else } [...t - \text{Suc } 0])$
lemma iIN-cut-less:
  $[n...,d] \downarrow < t = (\text{if } t \leq n \text{ then } \{\} \text{ else}$
  $\text{if } t \leq n + d \text{ then } [n...,t - \text{Suc } n] \text{ else } [n...,d])$
lemma iMOD-cut-less:
  $[r, \text{mod } m] \downarrow < t = (\text{if } t \leq r \text{ then } \{\} \text{ else } [r, \text{mod } m, (t - \text{Suc } r) \text{ div } m])$
lemma iMODb-cut-less:
  $[r, \text{mod } m, c] \downarrow < t = (\text{if } t \leq r \text{ then } \{\} \text{ else}$
  $\text{if } r + m * c < t \text{ then } [r, \text{mod } m, c] \text{ else } [r, \text{mod } m, (t - \text{Suc } r) \text{ div } m])$

lemma iFROM-cut-ge:
  $[n...] \downarrow \geq t = (\text{if } n \leq t \text{ then } [t...] \text{ else } [n...])$
lemma iTILL-cut-ge:
  $[...n] \downarrow \geq t = (\text{if } n < t \text{ then } \{\} \text{ else } [t...,n-t])$
lemma iIN-cut-ge:
  $[n...,d] \downarrow \geq t = (\text{if } t < n \text{ then } [n...,d] \text{ else}$
  $\text{if } t \leq n+d \text{ then } [t...,n+d-t] \text{ else } \{\})$
lemma iMOD-cut-ge:
  $[r, \text{mod } m] \downarrow \geq t = (\text{if } t \leq r \text{ then } [r, \text{mod } m] \text{ else if } m = 0 \text{ then } \{\}$
  $\text{else } [t + m - \text{Suc } ((t - \text{Suc } r) \text{ mod } m), \text{mod } m])$
lemma iMODb-cut-ge:
  $[r, \text{mod } m, c] \downarrow \geq t = (\text{if } t \leq r \text{ then } [r, \text{mod } m, c] \text{ else if } r + m * c < t \text{ then } \{\}$
  $\text{else } [t + m - \text{Suc } ((t - \text{Suc } r) \text{ mod } m), \text{mod } m, c - (t + m - \text{Suc } r) \text{ div } m])$

lemma iFROM-cut-greater:
  $[n...] \downarrow > t = (\text{if } n \leq t \text{ then } [\text{Suc } t...] \text{ else } [n...])$
lemma iTILL-cut-greater:
  $[...n] \downarrow > t = (\text{if } n \leq t \text{ then } \{\} \text{ else } [\text{Suc } t...,n - \text{Suc } t])$
lemma iIN-cut-greater:
  $[n...,d] \downarrow > t = (\text{if } t < n \text{ then } [n...,d] \text{ else}$
  $\text{if } t < n+d \text{ then } [\text{Suc } t...,n + d - \text{Suc } t] \text{ else } \{\})$
lemma iMOD-cut-greater:
  $[r, \text{mod } m] \downarrow > t = (\text{if } t < r \text{ then } [r, \text{mod } m] \text{ else}$
  $\text{if } m = 0 \text{ then } \{\} \text{ else } [t + m - (t - r) \text{ mod } m, \text{mod } m])$
lemma iMODb-cut-greater:
  $[r, \text{mod } m, c] \downarrow > t = (\text{if } t < r \text{ then } [r, \text{mod } m, c] \text{ else if } r + m * c \leq t \text{ then } \{\}$
  $\text{else } [t + m - (t - r) \text{ mod } m, \text{mod } m, c - \text{Suc } ((t-r) \text{ div } m)])$

Kardinalität von Intervallen

Die Isabelle/HOL-Funktion *card* : $'a\ set \Rightarrow nat$ gibt für eine endliche Menge die Anzahl ihrer Elemente zurück. Die mit *card* berechnete Kardinalität einer unendlichen Menge ist gleich 0, da *card* immer eine natürliche Zahl liefern muss und somit keine Unendlichkeit als Ergebnis liefern kann.

lemma iFROM-card: card [n. . .] = 0
lemma iTILL-card: card [. . . n] = Suc n
lemma iIN-card: card [n. . . ,d] = Suc d
lemma iMOD-0-card: card [r, mod 0] = Suc 0
lemma iMOD-card: 0 < m ⟹ card [r, mod m] = 0
lemma iMODb-mod-0-card: card [r, mod 0, c] = Suc 0
lemma iMODb-card: 0 < m ⟹ card [r, mod m, c] = Suc c

Traversieren der Intervalle mit Funktionen *inext* und *iprev*

lemma iFROM-inext: t ∈ [n. . .] ⟹ inext t [n. . .] = Suc t
lemma iFROM-iprev: n < t ⟹ iprev t [n. . .] = t − Suc 0

lemma iTILL-inext: t < n ⟹ inext t [. . . n] = Suc t
lemma iTILL-iprev: t ∈ [. . . n] ⟹ iprev t [. . . n] = t − Suc 0

lemma iIN-inext: ⟦ n ≤ t; t < n + d ⟧ ⟹ inext t [n. . . ,d] = Suc t
lemma iIN-iprev: ⟦ n < t; t ≤ n + d ⟧ ⟹ iprev t [n. . . ,d] = t − Suc 0

lemma iMOD-inext: t ∈ [r, mod m] ⟹ inext t [r, mod m] = t + m
lemma iMOD-iprev: ⟦ t ∈ [r, mod m]; r < t ⟧ ⟹ iprev t [r, mod m] = t − m

lemma iMODb-inext: ⟦ t ∈ [r, mod m, c]; t < r + m ∗ c ⟧ ⟹
inext t [r, mod m, c] = t + m
lemma iMODb-iprev: ⟦ t ∈ [r, mod m, c]; r < t ⟧ ⟹
iprev t [r, mod m, c] = t − m

lemma iFROM-inext-nth : [n. . .] → a = n + a
lemma iTILL-inext-nth: a ≤ n ⟹ [. . . n] → a = a
lemma iIN-inext-nth : a ≤ d ⟹ [n. . . ,d] → a = n + a
lemma iMOD-inext-nth: [r, mod m] → a = r + m ∗ a
lemma iMODb-inext-nth: a ≤ c ⟹ [r, mod m, c] → a = r + m ∗ a

lemma iTILL-iprev-nth: a ≤ n ⟹ [. . . n] ← a = n − a
lemma iIN-iprev-nth: a ≤ d ⟹ [n. . . ,d] ← a = n + d − a
lemma iMODb-iprev-nth: a ≤ c ⟹ [r, mod m, c] ← a = r + m ∗ (c − a)

Induktion über Intervalle

lemma iFROM-induct:
⟦ P n; ⋀k. ⟦ k ∈ [n. . .]; P k ⟧ ⟹ P (Suc k);
a ∈ [n. . .] ⟧ ⟹ P a
lemma iTILL-induct:
⟦ P 0; ⋀k. ⟦ k ∈ [. . . n]; k ≠ n; P k ⟧ ⟹ P (Suc k);
a ∈ [. . . n] ⟧ ⟹ P a

lemma iIN-induct:
⟦ P n; ⋀k. ⟦ k ∈ [n. . .,d]; k ≠ n + d; P k ⟧ ⟹ P (Suc k);
a ∈ [n. . .,d] ⟧ ⟹ P a
lemma iMOD-induct:
⟦ P r; ⋀k. ⟦ k ∈ [r, mod m]; P k ⟧ ⟹ P (k + m);
a ∈ [r, mod m] ⟧ ⟹ P a
lemma iMODb-induct:
⟦ P r; ⋀k. ⟦ k ∈ [r, mod m, c]; k ≠ r + m ∗ c; P k ⟧ ⟹ P (k + m);
a ∈ [r, mod m, c] ⟧ ⟹ P a

A.2.4 Arithmetische Operatoren auf Intervallen

Addition und Multiplikation mit Konstanten

consts
iT-Plus :: iT ⟹ Time ⟹ iT (**infixl** ⊕ 55)
iT-Mult :: iT ⟹ Time ⟹ iT (**infixl** ⊗ 55)
defs
iT-Plus-def : I ⊕ k ≡ (λn.(n+k))‘I
iT-Mult-def : I ⊗ k ≡ (λn.(n∗k))‘I

lemma iT-Plus-mem-iff: x ∈ (I ⊕ k) = (k ≤ x ∧ (x − k) ∈ I)
lemma iT-Plus-mem-iff2: x + k ∈ (I ⊕ k) = (x ∈ I)

lemma iT-Mult-mem-iff:
0 < k ⟹ x ∈ (I ⊗ k) = (x mod k = 0 ∧ x div k ∈ I)
lemma iT-Mult-mem-iff2:
0 < k ⟹ x ∗ k ∈ (I ⊗ k) = (x ∈ I)

lemma iT-Plus-Un: (A ∪ B) ⊕ k = (A ⊕ k) ∪ (B ⊕ k)
lemma iT-Mult-Un: (A ∪ B) ⊗ k = (A ⊗ k) ∪ (B ⊗ k)
lemma iT-Plus-Int: (A ∩ B) ⊕ k = (A ⊕ k) ∩ (B ⊕ k)
lemma iT-Mult-Int: 0 < k ⟹ (A ∩ B) ⊗ k = (A ⊗ k) ∩ (B ⊗ k)

lemma iT-Plus-commute: I ⊕ a ⊕ b = I ⊕ b ⊕ a
lemma iT-Mult-commute: I ⊗ a ⊗ b = I ⊗ b ⊗ a
lemma iT-Plus-assoc: I ⊕ a ⊕ b = I ⊕ (a + b)
lemma iT-Mult-assoc: I ⊗ a ⊗ b = I ⊗ (a ∗ b)
lemma iT-Plus-Mult-distrib: I ⊕ n ⊗ m = I ⊗ m ⊕ n ∗ m

lemma iT-Plus-0: I ⊕ 0 = I
lemma iT-Mult-0: I ≠ {} ⟹ I ⊗ 0 = [. . . 0]
lemma iT-Mult-1: I ⊗ Suc 0 = I

lemma iFROM-add: [n. . .] ⊕ k = [n+k. . .]
lemma iTILL-add: [. . . i] ⊕ k = [k. . . ,i]
lemma iIN-add: [n. . .,d] ⊕ k = [n+k. . . ,d]
lemma iMOD-add: [r, mod m] ⊕ k = [r + k, mod m]

lemma iMODb-add: $[r, \bmod m, c] \oplus k = [r + k, \bmod m, c]$

lemma iFROM-mult: $[n\ldots] \otimes k = [\,n * k, \bmod k\,]$
lemma iTILL-mult: $[\ldots n] \otimes k = [\,0, \bmod k, n\,]$
lemma iIN-mult: $[n\ldots,d] \otimes k = [\,n * k, \bmod k, d\,]$
lemma iMOD-mult: $[r, \bmod m] \otimes k = [\,r * k, \bmod m * k\,]$
lemma iMODb-mult: $[r, \bmod m, c] \otimes k = [\,r * k, \bmod m * k, c\,]$

Subtraktion von Konstanten

Die Subtraktion einer Konstante entspricht der Addition der negierten Konstante. Da natürliche Zahlen gegenüber der Negation nicht abgeschlossen sind, und natürliche Konstanten daher nicht negiert werden können, wird die Subtraktion einer Konstante von einem Intervall als eigenständiger Operator implementiert.

Wir definieren zwei Implementierungen des Subtraktionsoperators, die untereinander austauschbar sind, so dass je nach Verwendungszweck die besser geeignete Version verwendet werden kann.

consts
  iT-Plus-neg1 :: iT $\Rightarrow$ Time $\Rightarrow$ iT (**infixl** $\oplus-$ 55)
  iT-Plus-neg2 :: iT $\Rightarrow$ Time $\Rightarrow$ iT (**infixl** $\oplus''-$ 55)
defs
  iT-Plus-neg1-def : $I \oplus- k \equiv \{x.\ x + k \in I\}$
  iT-Plus-neg2-def : $I \oplus'- k \equiv (\lambda n.(n-k)) \ ' \ (I \downarrow\geq k)$

lemma iT-Plus-neg-mem-iff: $(x \in I \oplus- k) = (x + k \in I)$
lemma iT-Plus-neg-mem-iff2: $k \leq x \Longrightarrow (x - k \in I \oplus- k) = (x \in I)$

Die beiden Definitionen des Subtraktionsoperators sind äquivalent.
lemma iT-Plus-neg-conv: $I \oplus- k = I \oplus'- k$

Die Subtraktion einer Konstante k berücksichtigt für eine Menge I nur diejenigen Elemente, die nicht kleiner als k sind. Kleinere Elemente würden bei der Subtraktion negative Ergebnisse liefern und können deshalb kein Element einer Teilmenge natürlicher Zahlen sein.
lemma iT-Plus-neg-cut-eq: $t \leq k \Longrightarrow (I \downarrow\geq t) \oplus- k = I \oplus- k$

lemma iT-Plus-neg-assoc: $(I \oplus- a) \oplus- b = I \oplus- (a + b)$
lemma iT-Plus-neg-commute: $I \oplus- a \oplus- b = I \oplus- b \oplus- a$

lemma iT-Plus-Plus-neg-assoc:
  $b \leq a \Longrightarrow I \oplus a \oplus- b = I \oplus (a - b)$
lemma iT-Plus-Plus-neg-assoc2:
  $a \leq b \Longrightarrow I \oplus a \oplus- b = I \oplus- (b - a)$
lemma iT-Plus-neg-Mult-distrib:
  $0 < m \Longrightarrow i \oplus- n \otimes m = i \otimes m \oplus- n * m$

lemma iT-Plus-neg-Plus-le-inverse:
  $k \leq i\text{Min } I \Longrightarrow I \oplus- k \oplus k = I$

lemma iT-Plus-Plus-neg-inverse: $I \oplus k \oplus- k = I$
thm iT-Plus-Plus-neg-assoc[OF le-refl]

lemma iT-Plus-neg-Un: $(A \cup B) \oplus- k = (A \oplus- k) \cup (B \oplus- k)$
lemma iT-Plus-neg-Int: $(A \cap B) \oplus- k = (A \oplus- k) \cap (B \oplus- k)$

lemma iFROM-add-neg: $[n\ldots] \oplus- k = [n{-}k\ldots]$
lemma iTILL-add-neg: $[\ldots n] \oplus- k = ($
 if $k \leq n$ then $[\ldots n{-}k]$ else $\{\}$)
lemma iIN-add-neg: $[n\ldots,d] \oplus- k = ($
 if $k \leq n$ then $[n{-}k\ldots,d]$
 else if $k \leq n + d$ then $[\ldots n{+}d{-}k]$ else $\{\}$)
lemma iMOD-add-neg: $[r, mod\ m] \oplus- k = ($
 if $k \leq r$ then $[r - k, mod\ m]$
 else if $0 < m$ then $[(m + r\ mod\ m - k\ mod\ m)\ mod\ m, mod\ m]$ else $\{\}$)
lemma iMODb-add-neg: $[r, mod\ m, c] \oplus- k = ($
 if $k \leq r$ then $[r - k, mod\ m, c]$
 else if $k \leq r + m * c$ then
 $[(m + r\ mod\ m - k\ mod\ m)\ mod\ m, mod\ m, (r + m * c - k)\ div\ m]$
 else $\{\}$)

Subtraktion eines Intervalls von einer Konstante

Die Subtraktion eines Intervalls von einer Konstante entspricht der Betrachtung der Vergangenheit vor einem bestimmten Zeitpunkt für einen temporallogischen Operator.

Wie bereits für die Subtraktion einer Konstante von einem Intervall definieren wir zwei austauschbare Versionen des Subtraktionsoperators.

consts
 iT-Minus1 :: Time $\Rightarrow$ iT $\Rightarrow$ iT (**infixl** $\ominus$ 55)
 iT-Minus2 :: Time $\Rightarrow$ iT $\Rightarrow$ iT (**infixl** $\ominus''$ 55)
defs
 iT-Minus1-def : $k \ominus I \equiv \{x.\ x \leq k \wedge (k - x) \in I\}$
 iT-Minus2-def : $k \ominus' I \equiv (\lambda x.\ k - x)\ {}^{\backprime}\ (I \downarrow{\leq} k)$

lemma iT-Minus-mem-iff: $(x \in k \ominus I) = (x \leq k \wedge k - x \in I)$

Die beiden Definitionen des Subtraktionsoperators sind äquivalent.
lemma iT-Minus-conv: $k \ominus I = k \ominus' I$

Die Subtraktion eines Intervalls I von einer Konstante k berücksichtigt nur die Elemente von I, die nicht größer als k sind. Größere Elemente würden bei der Subtraktion negative Ergebnisse liefern und können deshalb kein Element einer Teilmenge natürlicher Zahlen sein.
lemma iT-Minus-cut-eq: $k \leq t \Longrightarrow k \ominus (I \downarrow{\leq} t) = k \ominus I$

lemma iT-Minus-Max:
 $[\![\,I \neq \{\};\ iMin\ I \leq k\,]\!] \Longrightarrow Max\ (k \ominus I) = k - (iMin\ I)$
lemma iT-Minus-Min:
 $[\![\,I \neq \{\};\ iMin\ I \leq k\,]\!] \Longrightarrow iMin\ (k \ominus I) = k - (Max\ (I \downarrow{\leq} k))$

lemma iT-Minus-Minus-eq:
$\llbracket$ finite I; Max I $\leq$ k $\rrbracket$ $\Longrightarrow$ k $\ominus$ (k $\ominus$ I) $=$ I
lemma iT-Minus-Minus: a $\ominus$ (b $\ominus$ I) $=$ (I $\downarrow\leq$ b) $\oplus$ a $\oplus-$ b

lemma iT-Minus-Plus-commute:
n $\leq$ k $\Longrightarrow$ k $\ominus$ (I $\oplus$ n) $=$ (k $-$ n) $\ominus$ I
lemma iT-Minus-Plus-assoc:
$\llbracket$ finite I; Max I $\leq$ k $\rrbracket$ $\Longrightarrow$ (k $\ominus$ I) $\oplus$ n $=$ (k $+$ n) $\ominus$ I

lemma iT-Minus-Un: k $\ominus$ (A $\cup$ B) $=$ (k $\ominus$ A) $\cup$ (k $\ominus$ B)
lemma iT-Minus-Int: k $\ominus$ (A $\cap$ B) $=$ (k $\ominus$ A) $\cap$ (k $\ominus$ B)

lemma iFROM-sub: k $\ominus$ [n. . .] $=$ (if n $\leq$ k then [. . . k$-$n] else $\{\}$)
lemma iTILL-sub: k $\ominus$ [. . . n] $=$ (if n $\leq$ k then [k$-$n. . . ,n] else [. . . k])
lemma iIN-sub: k $\ominus$ [n. . . ,d] $=$ (
   if n $+$ d $\leq$ k then [k$-$(n$+$d). . . ,d]
   else if n $\leq$ k then [. . . k$-$n] else $\{\}$)
lemma iMOD-sub: k $\ominus$ [r, mod m] $=$ (
   if r $\leq$ k then [(k $-$ r) mod m, mod m, (k $-$ r) div m] else $\{\}$)
lemma iMODb-sub: k $\ominus$ [r, mod m, c] $=$ (
   if r $+$ m $*$ c $\leq$ k then [k $-$ r $-$ m $*$ c, mod m, c] else
   if r $\leq$ k then [(k $-$ r) mod m, mod m, (k $-$ r) div m] else $\{\}$)

Division durch Konstanten

consts
   iT-Div :: iT $\Rightarrow$ Time $\Rightarrow$ iT (**infixl** $\oslash$ 55)
defs
   iT-Div-def : I $\oslash$ k $\equiv$ (λn.(n div k))'I

lemma iT-Div-1: I $\oslash$ Suc 0 $=$ I

lemma iT-Div-mem-iff:
   0 $<$ k $\Longrightarrow$ x $\in$ (I $\oslash$ k) $=$ ($\exists$ y $\in$ I. y div k $=$ x)
lemma iT-Div-mem-iff2:
   0 $<$ k $\Longrightarrow$ x div k $\in$ (I $\oslash$ k) $=$ ($\exists$ y $\in$ I. y div k $=$ x div k)

lemma iT-Div-Un: (A $\cup$ B) $\oslash$ k $=$ (A $\oslash$ k) $\cup$ (B $\oslash$ k)
lemma not-iT-Div-Int:
   $\neg$ ($\forall$ k A B. (A $\cap$ B) $\oslash$ k $=$ (A $\oslash$ k) $\cap$ (B $\oslash$ k))

lemma iT-Div-assoc:I $\oslash$ a $\oslash$ b $=$ I $\oslash$ (a $*$ b)
lemma iT-Div-commute: I $\oslash$ a $\oslash$ b $=$ I $\oslash$ b $\oslash$ a

lemma iT-Mult-Div-self: 0 $<$ k $\Longrightarrow$ I $\otimes$ k $\oslash$ k $=$ I
lemma iT-Mult-Div:
   $\llbracket$ 0 $<$ d; k mod d $=$ 0 $\rrbracket$ $\Longrightarrow$ I $\otimes$ k $\oslash$ d $=$ I $\otimes$ (k div d)

lemma iT-Plus-Div-distrib-mod-less:
$\forall x \in I.\ x \bmod m + n \bmod m < m \Longrightarrow I \oplus n \oslash m = I \oslash m \oplus n \operatorname{div} m$

lemma iFROM-div:
$0 < k \Longrightarrow [n \ldots] \oslash k = [n \operatorname{div} k \ldots]$
lemma iTILL-div:
$0 < k \Longrightarrow [\ldots n] \oslash k = [\ldots n \operatorname{div} k]$
lemma iIN-div:
$0 < k \Longrightarrow [n \ldots, d] \oslash k =$
$[n \operatorname{div} k \ldots, d \operatorname{div} k + (n \bmod k + d \bmod k) \operatorname{div} k]$
corollary iIN-div-mod-eq-0:
$[\![\ 0 < k;\ n \bmod k = 0\ ]\!] \Longrightarrow [n \ldots, d] \oslash k = [n \operatorname{div} k \ldots, d \operatorname{div} k]$

Die Division eines Modulo-Intervalls $[r, \bmod m]$ durch k liefert ein Modulo-Intervall, falls $k \geq m$ oder m durch k teilbar ist (für $k \geq m$ liefert sie ein ununterbrochenes Intervall als Spezialfall eines Modulo-Intervalls für den Divisor 1):
lemma iMOD-div-ge:
$[\![\ 0 < m;\ m \leq k\ ]\!] \Longrightarrow [r, \bmod m] \oslash k = [r \operatorname{div} k \ldots]$
corollary iMOD-div-self:
$0 < m \Longrightarrow [r, \bmod m] \oslash m = [r \operatorname{div} m \ldots]$
lemma iMOD-div:
$[\![\ 0 < k;\ m \bmod k = 0\ ]\!] \Longrightarrow$
$[r, \bmod m] \oslash k = [r \operatorname{div} k, \bmod (m \operatorname{div} k)]$

lemma iMODb-div-ge:
$[\![\ 0 < m;\ m \leq k\ ]\!] \Longrightarrow$
$[r, \bmod m, c] \oslash k = [r \operatorname{div} k \ldots, (r + m * c) \operatorname{div} k - r \operatorname{div} k]$
corollary iMODb-div-self:
$0 < m \Longrightarrow [r, \bmod m, c] \oslash m = [r \operatorname{div} m \ldots, c]$
thm iMODb-div-ge[OF - le-refl]
lemma iMODb-div:
$[\![\ 0 < k;\ m \bmod k = 0\ ]\!] \Longrightarrow$
$[r, \bmod m, c] \oslash k = [r \operatorname{div} k, \bmod (m \operatorname{div} k), c]$

Die Division eines Modulo-Intervalls $[r, \bmod m]$ durch k liefert kein Modulo-Intervall, falls $0 < k < m$ und m durch k nicht teilbar ist.
lemma iMOD-div-mod-gr0-not-ex:
$[\![\ 0 < k;\ k < m;\ 0 < m \bmod k\ ]\!] \Longrightarrow$
$\neg\ (\exists r'\, m'.\ [r', \bmod m'] = [r, \bmod m] \oslash k)$

Intervallschnittoperatoren und arithmetische Operatoren auf Intervallen

lemma
iT-Plus-cut-le2: $(I \oplus k) \downarrow\leq (t + k) = (I \downarrow\leq t) \oplus k$ **and**
iT-Plus-cut-less2: $(I \oplus k) \downarrow< (t + k) = (I \downarrow< t) \oplus k$ **and**
iT-Plus-cut-ge2: $(I \oplus k) \downarrow\geq (t + k) = (I \downarrow\geq t) \oplus k$ **and**
iT-Plus-cut-greater2: $(I \oplus k) \downarrow> (t + k) = (I \downarrow> t) \oplus k$

lemma iT-Plus-cut-le: $(I \oplus k) \downarrow \leq t = (\text{if } t < k \text{ then } \{\} \text{ else } I \downarrow \leq (t - k) \oplus k)$
lemma iT-Plus-cut-less: $(I \oplus k) \downarrow < t = I \downarrow < (t - k) \oplus k$
lemma iT-Plus-cut-ge: $(I \oplus k) \downarrow \geq t = I \downarrow \geq (t - k) \oplus k$
lemma iT-Plus-cut-greater: $(I \oplus k) \downarrow > t = (\text{if } t < k \text{ then } I \oplus k \text{ else } I \downarrow > (t - k) \oplus k)$

lemma
iT-Mult-cut-le2: $0 < k \Longrightarrow (I \otimes k) \downarrow \leq (t * k) = (I \downarrow \leq t) \otimes k$ **and**
iT-Mult-cut-less2: $0 < k \Longrightarrow (I \otimes k) \downarrow < (t * k) = (I \downarrow < t) \otimes k$ **and**
iT-Mult-cut-ge2: $0 < k \Longrightarrow (I \otimes k) \downarrow \geq (t * k) = (I \downarrow \geq t) \otimes k$ **and**
iT-Mult-cut-greater2: $0 < k \Longrightarrow (I \otimes k) \downarrow > (t * k) = (I \downarrow > t) \otimes k$

lemma iT-Mult-cut-le: $0 < k \Longrightarrow (I \otimes k) \downarrow \leq t = (I \downarrow \leq (t \text{ div } k)) \otimes k$
lemma iT-Mult-cut-less: $0 < k \Longrightarrow (I \otimes k) \downarrow < t =$
   $(\text{if } t \text{ mod } k = 0 \text{ then } (I \downarrow < (t \text{ div } k)) \text{ else } I \downarrow < \text{Suc } (t \text{ div } k)) \otimes k$
lemma iT-Mult-cut-ge: $0 < k \Longrightarrow (I \otimes k) \downarrow \geq t =$
   $(\text{if } t \text{ mod } k = 0 \text{ then } (I \downarrow \geq (t \text{ div } k)) \text{ else } I \downarrow \geq \text{Suc } (t \text{ div } k)) \otimes k$
lemma iT-Mult-cut-greater: $0 < k \Longrightarrow (I \otimes k) \downarrow > t = (I \downarrow > (t \text{ div } k)) \otimes k$

lemma iT-Plus-neg-cut-le2: $k \leq t \Longrightarrow (I \oplus - k) \downarrow \leq (t - k) = (I \downarrow \leq t) \oplus - k$
lemma iT-Plus-neg-cut-less2: $(I \oplus - k) \downarrow < (t - k) = (I \downarrow < t) \oplus - k$
lemma iT-Plus-neg-cut-ge2: $(I \oplus - k) \downarrow \geq (t - k) = (I \downarrow \geq t) \oplus - k$
lemma iT-Plus-neg-cut-greater2: $k \leq t \Longrightarrow (I \oplus - k) \downarrow > (t - k) = (I \downarrow > t) \oplus - k$

lemma iT-Plus-neg-cut-le: $(I \oplus - k) \downarrow \leq t = I \downarrow \leq (t + k) \oplus - k$
lemma iT-Plus-neg-cut-less: $(I \oplus - k) \downarrow < t = I \downarrow < (t + k) \oplus - k$
lemma iT-Plus-neg-cut-ge: $(I \oplus - k) \downarrow \geq t = I \downarrow \geq (t + k) \oplus - k$
lemma iT-Plus-neg-cut-greater: $(I \oplus - k) \downarrow > t = I \downarrow > (t + k) \oplus - k$

lemma iT-Minus-cut-le2: $t \leq k \Longrightarrow (k \ominus I) \downarrow \leq (k - t) = k \ominus (I \downarrow \geq t)$
lemma iT-Minus-cut-less2: $(k \ominus I) \downarrow < (k - t) = k \ominus (I \downarrow > t)$
lemma iT-Minus-cut-ge2: $(k \ominus I) \downarrow \geq (k - t) = k \ominus (I \downarrow \leq t)$
lemma iT-Minus-cut-greater2: $t \leq k \Longrightarrow (k \ominus I) \downarrow > (k - t) = k \ominus (I \downarrow < t)$

lemma iT-Minus-cut-le: $(k \ominus I) \downarrow \leq t = k \ominus (I \downarrow \geq (k - t))$
lemma iT-Minus-cut-less: $(k \ominus I) \downarrow < t = (\text{if } t \leq k \text{ then } k \ominus (I \downarrow > (k - t)) \text{ else } k \ominus I)$
lemma iT-Minus-cut-ge: $(k \ominus I) \downarrow \geq t = (\text{if } t \leq k \text{ then } k \ominus (I \downarrow \leq (k - t)) \text{ else } \{\})$
lemma iT-Minus-cut-greater: $(k \ominus I) \downarrow > t = k \ominus (I \downarrow < (k - t))$

lemma iT-Div-cut-le2:
   $0 < k \Longrightarrow (I \oslash k) \downarrow \leq (t \text{ div } k) = I \downarrow \leq (t - t \text{ mod } k + (k - \text{Suc } 0)) \oslash k$
lemma iT-Div-cut-less2:
   $0 < k \Longrightarrow (I \oslash k) \downarrow < (t \text{ div } k) = I \downarrow < (t - t \text{ mod } k) \oslash k$
lemma iT-Div-cut-ge2:
   $0 < k \Longrightarrow (I \oslash k) \downarrow \geq (t \text{ div } k) = I \downarrow \geq (t - t \text{ mod } k) \oslash k$
lemma iT-Div-cut-greater2:
   $0 < k \Longrightarrow (I \oslash k) \downarrow > (t \text{ div } k) = I \downarrow > (t - t \text{ mod } k + (k - \text{Suc } 0)) \oslash k$

lemma iT-Div-cut-le: $0 < k \Longrightarrow (I \oslash k) \downarrow \leq t = I \downarrow \leq (t * k + (k - \text{Suc } 0)) \oslash k$
lemma iT-Div-cut-less: $0 < k \Longrightarrow (I \oslash k) \downarrow < t = I \downarrow < (t * k) \oslash k$

lemma iT-Div-cut-ge: $0 < k \Longrightarrow (I \oslash k) \downarrow\geq t = I \downarrow\geq (t * k) \oslash k$
lemma iT-Div-cut-greater: $0 < k \Longrightarrow (I \oslash k) \downarrow> t = I \downarrow> (t * k + (k - \text{Suc } 0)) \oslash k$

Traversierungsfunktion *inext* mit arithmetischen Operatoren auf Intervallen

lemma iT-Plus-inext: inext $(n + k) (I \oplus k) = (\text{inext } n \, I) + k$
lemma iT-Mult-inext: inext $(n * k) (I \otimes k) = (\text{inext } n \, I) * k$
lemma iT-Plus-neg-inext: $k \leq n \Longrightarrow$ inext $(n - k) (I \oplus- k) = \text{inext } n \, I - k$
lemma iT-Minus-inext: $[\![\, k \ominus I \neq \{\}; n \leq k \,]\!] \Longrightarrow$ inext $(k - n) (k \ominus I) = k - \text{iprev } n \, I$

lemma iT-Plus-inext-nth: $I \neq \{\} \Longrightarrow (I \oplus k) \rightarrow n = (I \rightarrow n) + k$
lemma iT-Mult-inext-nth: $I \neq \{\} \Longrightarrow (I \otimes k) \rightarrow n = (I \rightarrow n) * k$
lemma iT-Plus-neg-inext-nth: $I \oplus- k \neq \{\} \Longrightarrow (I \oplus- k) \rightarrow n = (I \downarrow\geq k \rightarrow n) - k$
lemma iT-Minus-inext-nth: $k \ominus I \neq \{\} \Longrightarrow (k \ominus I) \rightarrow n = k - ((I \downarrow\leq k) \leftarrow n)$

lemma iT-Div-ge-inext-nth:
   $[\![\, I \neq \{\}; \forall x \in I. \, \forall y \in I. \, x < y \longrightarrow x + k \leq y \,]\!] \Longrightarrow$
   $(I \oslash k) \rightarrow n = (I \rightarrow n) \text{ div } k$
lemma iT-Div-mod-inext-nth:
   $[\![\, I \neq \{\}; \forall x \in I. \, \forall y \in I. \, x \bmod k = y \bmod k \,]\!] \Longrightarrow$
   $(I \oslash k) \rightarrow n = (I \rightarrow n) \text{ div } k$

Kardinalität von Intervallen mit arithmetischen Operatoren

lemma iT-Plus-card: card $(i \oplus k) = \text{card } i$
lemma iT-Mult-card: $0 < k \Longrightarrow$ card $(i \otimes k) = \text{card } i$
lemma iT-Plus-neg-card: card $(i \oplus- k) = \text{card } (i \downarrow\geq k)$
lemma iT-Minus-card: card $(k \ominus i) = \text{card } (i \downarrow\leq k)$
lemma iT-Div-card:
   $\bigwedge i. [\![\, 0 < d; \text{finite } i; \text{Max } i \text{ div } d \leq n \,]\!] \Longrightarrow$
   card $(i \oslash d) = (\sum k \leq n.$
      if $i \cap [k * d \ldots, d - \text{Suc } 0] = \{\}$ then 0 else Suc 0)

Für Intervalle, auf denen die Division durch k injektiv ist (beispielsweise $[r, \bmod m]$ mit $k \leq m$), ist die Kardinalität des Quotienten gleich der Kardinalität des Ausgangsintervalls:
   lemma iT-Div-card-inj-on: inj-on $(\lambda n. \, n \text{ div } k) \, I \Longrightarrow$ card $(I \oslash k) = \text{card } I$

Intervallklassen – Mengen von Intervallen

Mengen von Intervallen, die durch $[n \ldots]$, $[\ldots n]$, $[n \ldots, d]$, $[r, \bmod m]$ oder $[r, \bmod m, c]$ definiert werden können.

Grundlegende Definitionen und Ergebnisse

consts
iFROM-set :: (nat set) set
iTILL-set :: (nat set) set
iIN-set   :: (nat set) set
iMOD-set :: (nat set) set
iMODb-set :: (nat set) set
defs
iFROM-set-def : iFROM-set $\equiv$ {[n...] |n. True}
iTILL-set-def : iTILL-set $\equiv$ {[...n] |n. True}
iIN-set-def   : iIN-set $\equiv$ {[n...,d] |n d. True}
iMOD-set-def : iMOD-set $\equiv$ {[r, mod m] |r m. True}
iMODb-set-def : iMODb-set $\equiv$ {[r, mod m, c] |r m c. True}

consts
iMOD2-set :: (nat set) set
iMODb2-set :: (nat set) set
defs
iMOD2-set-def : iMOD2-set $\equiv$ {[r, mod m] |r m. 2 $\leq$ m}
iMODb2-set-def : iMODb2-set $\equiv$ {[r, mod m, c] |r m c. 2 $\leq$ m $\wedge$ 1 $\leq$ c}

Die Menge der Intervalle, die durch $[n\ldots]$, $[\ldots n]$, $[n\ldots, d]$, $[r, \text{mod } m]$ oder $[r, \text{mod } m, c]$ definiert werden können. Diese Definition ist nicht minimal, da die vereinigten Mengen von Intervallen nicht disjunkt sind.
consts
i-set :: (nat set) set
defs
i-set-def : i-set $\equiv$ iFROM-set $\cup$ iTILL-set $\cup$ iIN-set $\cup$ iMOD-set $\cup$ iMODb-set

Eine minimale Definition von *i_set*. Die vereinigten Mengen sind disjunkt.
consts
i-set-min :: (nat set) set
defs
i-set-min-def : i-set-min $\equiv$ iFROM-set $\cup$ iIN-set $\cup$ iMOD2-set $\cup$ iMODb2-set

Die Mengen *i_set* und *i_set_min* sind äquivalent:
lemma i-set-min-eq: i-set = i-set-min

Die Definition von *i_set_min* ist minimal, d. h., ihre Bestandteile sind disjunkt.
lemma i-set-min-is-minimal-let:
let s1 = iFROM-set; s2= iIN-set; s3= iMOD2-set; s4= iMODb2-set in
s1 $\cap$ s2 = {} $\wedge$ s1 $\cap$ s3 = {} $\wedge$ s1 $\cap$ s4 = {} $\wedge$
s2 $\cap$ s3 = {} $\wedge$ s2 $\cap$ s4 = {} $\wedge$ s3 $\cap$ s4 = {}

Menge *i_set* der Intervalle, um die leere Menge erweitert.
consts
i-set0 :: (nat set) set
defs
i-set0-def : i-set0 $\equiv$ insert {} i-set

Alle unendlichen Intervalle aus *i_set* sind in der Form $[r, \bmod m]$ darstellbar:

lemma i-set-infinite-as-iMOD:
  $[\![\, I \in \text{i-set}; \text{infinite } I \,]\!] \implies \exists\, r\, m.\ I = [r, \bmod m]$

Alle endlichen Intervalle aus *i_set* sind in der Form $[r, \bmod m, c]$ darstellbar:

lemma i-set-finite-as-iMODb:
  $[\![\, I \in \text{i-set}; \text{finite } I \,]\!] \implies \exists\, r\, m\, c.\ I = [r, \bmod m, c]$

Alle Intervalle aus *i_set* sind durch ein endliches oder unendliches Modulo-Intervall darstellbar.

lemma i-set-as-iMOD-iMODb:
  $I \in \text{i-set} \implies (\exists\, r\, m.\ I = [r, \bmod m]) \lor (\exists\, r\, m\, c.\ I = [r, \bmod m, c])$

Abgeschlossenheit unter Schnittoperatoren

lemma i-set-cut-le-ge-closed-disj:
  $[\![\, I \in \text{i-set}; t \in I; \text{cut-op} = \text{op } \downarrow\leq\ \lor\ \text{cut-op} = \text{op } \downarrow\geq\ ]\!]$
  $\implies \text{cut-op } I\ t \in \text{i-set}$

lemma i-set0-cut-closed-disj:
  $[\![\, I \in \text{i-set0};$
    $\text{cut-op} = \text{op } \downarrow\leq\ \lor\ \text{cut-op} = \text{op } \downarrow\geq\ \lor$
    $\text{cut-op} = \text{op } \downarrow<\ \lor\ \text{cut-op} = \text{op } \downarrow>\ ]\!]$
  $\implies \text{cut-op } I\ t \in \text{i-set0}$

Abgeschlossenheit unter arithmetischen Operatoren

lemma i-set-Plus-closed: $I \in \text{i-set} \implies I \oplus k \in \text{i-set}$
lemma i-set-Mult-closed: $I \in \text{i-set} \implies I \otimes k \in \text{i-set}$

Die Menge *i_set* ist nur unter bestimmten Bedingungen abgeschlossen unter der Subtraktion einer Konstante und Subtraktion eines Intervalls von einer Konstante.

lemma i-set-Plus-neg-closed:
  $[\![\, I \in \text{i-set}; \exists\, x{\in}I.\ k \leq x\ ]\!] \implies I \oplus- k \in \text{i-set}$

lemma i-set-Minus-closed:
  $[\![\, I \in \text{i-set}; \text{iMin } I \leq k\ ]\!] \implies k \ominus I \in \text{i-set}$

lemma i-set0-Plus-closed: $I \in \text{i-set0} \implies I \oplus k \in \text{i-set0}$
lemma i-set0-Mult-closed: $I \in \text{i-set0} \implies I \otimes k \in \text{i-set0}$
lemma i-set0-Plus-neg-closed: $I \in \text{i-set0} \implies I \oplus- k \in \text{i-set0}$
lemma i-set0-Minus-closed: $I \in \text{i-set0} \implies k \ominus I \in \text{i-set0}$

Abgeschlossenheit unter Division

Die Mengen *i_set* und *i_set0* sind nicht abgeschlossen unter der Division durch eine Konstante.

lemma iMOD-div-mod-gr0-not-in-i-set:
  $[\![\, 0 < k; k < m; 0 < m \bmod k\ ]\!] \implies [r, \bmod m] \oslash k \notin \text{i-set}$

lemma i-set-Div-not-closed: $\text{Suc } 0 < k \implies \exists\, s{\in}\text{i-set}.\ s \oslash k \notin \text{i-set}$

lemma i-set0-Div-not-closed: Suc $0 < k \Longrightarrow \exists s \in$i-set0. s $\oslash$ k $\notin$ i-set0

Für jedes $k \in \mathbb{N}$ gibt es Teilmengen von *i_set*, deren Elemente bei Division durch k in *i_set* bleiben. Wir definieren die Teilmengen *i_set_cont* und *i_set_mult* von *i_set*. Die Menge *i_set_cont* enthält alle ununterbrochenen Intervalle natürlicher Zahlen.

consts
    i-set-cont :: (nat set) set
inductive i-set-cont
intros
    i-set-cont-FROM[intro!]: [n. . .] $\in$ i-set-cont
    i-set-cont-TILL[intro!]: [. . . n] $\in$ i-set-cont
    i-set-cont-IN[intro!]:   [n. . .,d] $\in$ i-set-cont

Die Menge *i_set_mult(k)* enthält für ein festes $k \in \mathbb{N}$ zusätzlich zu den ununterbrochenen Intervallen alle Modulo-Intervalle, deren Divisor ein Vielfaches von k ist.

consts i-set-mult :: nat $\Rightarrow$ (nat set) set
inductive i-set-mult k
intros
    i-set-mult-FROM[intro!]: [n. . .] $\in$ i-set-mult k
    i-set-mult-TILL[intro!]: [. . . n] $\in$ i-set-mult k
    i-set-mult-IN[intro!]:   [n. . .,d] $\in$ i-set-mult k
    i-set-mult-MOD[intro!]: [r, mod m$*$k] $\in$ i-set-mult k
    i-set-mult-MODb[intro!]: [r, mod m$*$k, c] $\in$ i-set-mult k

Die Intervallmengen *i_set_cont* und *i_set_mult* sind Teilmengen von *i_set*:
lemma i-set-cont-subset-i-set: i-set-cont $\subseteq$ i-set
lemma i-set-mult-subset-i-set: i-set-mult k $\subseteq$ i-set

Die Menge *i_set_mult(0)* enthält genau alle ununterbrochenen Intervalle:
lemma i-set-mult-0-eq-i-set-cont: i-set-mult 0 = i-set-cont

Die Menge *i_set_mult(1)* entspricht *i_set*:
lemma i-set-mult-1-eq-i-set: i-set-mult (Suc 0) = i-set

Für $k \neq 1$ sind *i_set_mult(k)* echte Teilmengen von *i_set*:
lemma i-set-mult-neq1-subset-i-set: k $\neq$ Suc 0 $\Longrightarrow$ i-set-mult k $\subset$ i-set

Das Produkt eines Intervalls I und eines Faktors $m \in \mathbb{N}$ ist Element der Mengen *i_set_mult(k)*, für die m ein Vielfaches von k ist, insbesondere auch Element von *i_set_mult(m)*:
lemma i-set-mod-0-mult-in-i-set-mult:
    ⟦ s $\in$ i-set; m mod k = 0 ⟧ $\Longrightarrow$ s $\otimes$ m $\in$ i-set-mult k
lemma i-set-self-mult-in-i-set-mult:
    I $\in$ i-set $\Longrightarrow$ I $\otimes$ k $\in$ i-set-mult k

Ein Intervall aus *i_set_mult(k)* ergibt bei der Division durch einen Teiler d von k, insbesondere auch k selbst, ein Intervall aus *i_set*:
lemma i-set-mult-mod-0-div:
    ⟦ s $\in$ i-set-mult k; k mod d = 0 ⟧ $\Longrightarrow$ s $\oslash$ d $\in$ i-set-mult (k div d)
corollary i-set-mult-mod-0-div-i-set:

$[\![\ s \in$ i-set-mult k; k mod d $= 0\ ]\!] \Longrightarrow s \oslash d \in$ i-set

corollary i-set-mult-div-self-i-set:

$[\![\ s \in$ i-set-mult k $\ ]\!] \Longrightarrow s \oslash k \in$ i-set

A.2.5   Temporallogische Operatoren auf Intervallen natürlicher Zahlen

Grundlegende Definitionen

consts
  iAll   :: iT $\Rightarrow$ (Time $\Rightarrow$ bool) => bool   — Always
  iEx   :: iT $\Rightarrow$ (Time $\Rightarrow$ bool) => bool   — Eventually
defs
  iAll-def : iAll I P $\equiv \forall$t$\in$I. P t
  iEx-def : iEx I P $\equiv \exists$t$\in$I. P t
syntax (xsymbols)
  -iAll :: Time $\Rightarrow$ iT $\Rightarrow$ (Time $\Rightarrow$ bool) $\Rightarrow$ bool (($3\square$ - -./ -) [0, 0, 10] 10)
  -iEx :: Time $\Rightarrow$ iT $\Rightarrow$ (Time $\Rightarrow$ bool) $\Rightarrow$ bool (($3\diamond$ - -./ -) [0, 0, 10] 10)

consts
  iNext   :: Time $\Rightarrow$ iT $\Rightarrow$ (Time $\Rightarrow$ bool) $\Rightarrow$ bool   — Next
  iLast   :: Time $\Rightarrow$ iT $\Rightarrow$ (Time $\Rightarrow$ bool) $\Rightarrow$ bool   — Last
defs
  iNext-def : iNext t0 I P $\equiv$ P (inext t0 I)
  iLast-def : iLast t0 I P $\equiv$ P (iprev t0 I)
syntax (xsymbols)
  -iNext :: Time $\Rightarrow$ Time $\Rightarrow$ iT $\Rightarrow$ (Time $\Rightarrow$ bool) $\Rightarrow$ bool (($3\bigcirc$ - - -./ -) [0, 0, 10] 10)
  -iLast :: Time $\Rightarrow$ Time $\Rightarrow$ iT $\Rightarrow$ (Time $\Rightarrow$ bool) $\Rightarrow$ bool (($3\ominus$ - - -./ -) [0, 0, 10] 10)

consts
  iNextWeak   :: Time $\Rightarrow$ iT $\Rightarrow$ (Time $\Rightarrow$ bool) $\Rightarrow$ bool   — Weak Next
  iNextStrong :: Time $\Rightarrow$ iT $\Rightarrow$ (Time $\Rightarrow$ bool) $\Rightarrow$ bool   — Strong Next
  iLastWeak   :: Time $\Rightarrow$ iT $\Rightarrow$ (Time $\Rightarrow$ bool) $\Rightarrow$ bool   — Weak Last
  iLastStrong :: Time $\Rightarrow$ iT $\Rightarrow$ (Time $\Rightarrow$ bool) $\Rightarrow$ bool   — Strong Last
defs
  iNextWeak-def   : iNextWeak t0 I P $\equiv (\square$ t {inext t0 I} $\downarrow>$ t0. P t)
  iNextStrong-def : iNextStrong t0 I P $\equiv (\diamond$ t {inext t0 I} $\downarrow>$ t0. P t)
  iLastWeak-def   : iLastWeak t0 I P $\equiv (\square$ t {iprev t0 I} $\downarrow<$ t0. P t)
  iLastStrong-def : iLastStrong t0 I P $\equiv (\diamond$ t {iprev t0 I} $\downarrow<$ t0. P t)
syntax (xsymbols)
  -iNextWeak   :: Time $\Rightarrow$ Time $\Rightarrow$ iT $\Rightarrow$ (Time $\Rightarrow$ bool) $\Rightarrow$ bool
    (($3\bigcirc_W$ - - -./ -) [0, 0, 10] 10)
  -iNextStrong :: Time $\Rightarrow$ Time $\Rightarrow$ iT $\Rightarrow$ (Time $\Rightarrow$ bool) $\Rightarrow$ bool
    (($3\bigcirc_S$ - - -./ -) [0, 0, 10] 10)
  -iLastWeak   :: Time $\Rightarrow$ Time $\Rightarrow$ iT $\Rightarrow$ (Time $\Rightarrow$ bool) $\Rightarrow$ bool
    (($3\ominus_W$ - - -./ -) [0, 0, 10] 10)
  -iLastStrong :: Time $\Rightarrow$ Time $\Rightarrow$ iT $\Rightarrow$ (Time $\Rightarrow$ bool) $\Rightarrow$ bool
    (($3\ominus_S$ - - -./ -) [0, 0, 10] 10)

consts
iUntil :: iT $\Rightarrow$ (Time $\Rightarrow$ bool) $\Rightarrow$ (Time $\Rightarrow$ bool) $\Rightarrow$ bool — Until
iSince :: iT $\Rightarrow$ (Time $\Rightarrow$ bool) $\Rightarrow$ (Time $\Rightarrow$ bool) $\Rightarrow$ bool — Since
defs
iUntil-def : iUntil I P Q $\equiv \diamond$ t I. Q t $\wedge$ ($\square$ t' (I $\downarrow$< t). P t')
iSince-def : iSince I P Q $\equiv \diamond$ t I. Q t $\wedge$ ($\square$ t' (I $\downarrow$> t). P t')
syntax (xsymbols)
-iUntil :: Time $\Rightarrow$ Time $\Rightarrow$ iT $\Rightarrow$ (Time $\Rightarrow$ bool) $\Rightarrow$ (Time $\Rightarrow$ bool) $\Rightarrow$ bool
  ((-./ - ($3\mathcal{U}$ - -)./ -) [10, 0, 0, 0, 10] 10)
-iSince :: Time $\Rightarrow$ Time $\Rightarrow$ iT $\Rightarrow$ (Time $\Rightarrow$ bool) $\Rightarrow$ (Time $\Rightarrow$ bool) $\Rightarrow$ bool
  ((-./ - ($3\mathcal{S}$ - -)./ -) [10, 0, 0, 0, 10] 10)

consts
iWeakUntil :: iT $\Rightarrow$ (Time $\Rightarrow$ bool) $\Rightarrow$ (Time $\Rightarrow$ bool) $\Rightarrow$ bool — Weak Until
iWeakSince :: iT $\Rightarrow$ (Time $\Rightarrow$ bool) $\Rightarrow$ (Time $\Rightarrow$ bool) $\Rightarrow$ bool — Weak Since/Back-to
defs
iWeakUntil-def : iWeakUntil I P Q $\equiv$ ($\square$ t I. P t) $\vee$ ($\diamond$ t I. Q t $\wedge$ ($\square$ t' (I $\downarrow$< t). P t'))
iWeakSince-def : iWeakSince I P Q $\equiv$ ($\square$ t I. P t) $\vee$ ($\diamond$ t I. Q t $\wedge$ ($\square$ t' (I $\downarrow$> t). P t'))
syntax (xsymbols)
-iWeakUntil :: Time $\Rightarrow$ Time $\Rightarrow$ iT $\Rightarrow$ (Time $\Rightarrow$ bool) $\Rightarrow$ (Time $\Rightarrow$ bool) $\Rightarrow$ bool
  ((-./ - ($3\mathcal{W}$ - -)./ -) [10, 0, 0, 0, 10] 10)
-iWeakSince :: Time $\Rightarrow$ Time $\Rightarrow$ iT $\Rightarrow$ (Time $\Rightarrow$ bool) $\Rightarrow$ (Time $\Rightarrow$ bool) $\Rightarrow$ bool
  ((-./ - ($3\mathcal{B}$ - -)./ -) [10, 0, 0, 0, 10] 10)

consts
iRelease :: iT $\Rightarrow$ (Time $\Rightarrow$ bool) $\Rightarrow$ (Time $\Rightarrow$ bool) $\Rightarrow$ bool — Release
iTrigger :: iT $\Rightarrow$ (Time $\Rightarrow$ bool) $\Rightarrow$ (Time $\Rightarrow$ bool) $\Rightarrow$ bool — Trigger
defs
iRelease-def : iRelease I P Q $\equiv$ ($\square$ t I. Q t) $\vee$ ($\diamond$ t I. P t $\wedge$ ($\square$ t' (I $\downarrow\leq$ t). Q t'))
iTrigger-def : iTrigger I P Q $\equiv$ ($\square$ t I. Q t) $\vee$ ($\diamond$ t I. P t $\wedge$ ($\square$ t' (I $\downarrow\geq$ t). Q t'))
syntax (xsymbols)
-iRelease :: Time $\Rightarrow$ Time $\Rightarrow$ iT $\Rightarrow$ (Time $\Rightarrow$ bool) $\Rightarrow$ (Time $\Rightarrow$ bool) $\Rightarrow$ bool
  ((-./ - ($3\mathcal{R}$ - -)./ -) [10, 0, 0, 0, 10] 10)
-iTrigger :: Time $\Rightarrow$ Time $\Rightarrow$ iT $\Rightarrow$ (Time $\Rightarrow$ bool) $\Rightarrow$ (Time $\Rightarrow$ bool) $\Rightarrow$ bool
  ((-./ - ($3\mathcal{T}$ - -)./ -) [10, 0, 0, 0, 10] 10)

Grundlegende Ergebnisse

Konversionen zwischen temporalen Operatoren:

lemma iAll-False[simp]: ($\square$ t I. False) = (I = {})
lemma iEx-True[simp]: ($\diamond$ t I. True) = (I $\neq$ {})

Die Operatoren *Next* und *Last* können mithilfe des Basisoperators *Always* und der Schrittfunktionen inext, iprev definiert werden:
lemma
iNext-iff   : ($\bigcirc$ t t0 I. P t) = ($\square$ t [. . . 0] $\oplus$ (inext t0 I). P t) **and**
iLast-iff   : ($\ominus$ t t0 I. P t) = ($\square$ t [. . . 0] $\oplus$ (iprev t0 I). P t)

Die starken und schwachen Versionen der Operatoren *Next* und *Last* können folgendermaßen dargestellt werden:

lemma iNextWeak-iff : $(\bigcirc_W t\ t0\ I.\ P\ t) = ((\bigcirc t\ t0\ I.\ P\ t) \vee (I \downarrow > t0 = \{\}) \vee t0 \notin I)$

lemma iNextStrong-iff : $(\bigcirc_S t\ t0\ I.\ P\ t) = ((\bigcirc t\ t0\ I.\ P\ t) \wedge (I \downarrow > t0 \neq \{\}) \wedge t0 \in I)$

lemma iLastWeak-iff : $(\ominus_W t\ t0\ I.\ P\ t) = ((\ominus t\ t0\ I.\ P\ t) \vee (I \downarrow < t0 = \{\}) \vee t0 \notin I)$

lemma iLastStrong-iff : $(\ominus_S t\ t0\ I.\ P\ t) = ((\ominus t\ t0\ I.\ P\ t) \wedge (I \downarrow < t0 \neq \{\}) \wedge t0 \in I)$

lemma iAll-singleton: $(\Box t'\ \{t\}.\ P\ t') = P\ t$

lemma iEx-singleton: $(\Diamond t'\ \{t\}.\ P\ t') = P\ t$

lemma iUntil-singleton: $(P\ t0.\ t0\ \mathcal{U}\ t1\ \{t\}.\ Q\ t1) = Q\ t$

lemma iSince-singleton: $(P\ t0.\ t0\ \mathcal{S}\ t1\ \{t\}.\ Q\ t1) = Q\ t$

lemma iAll-iEx-conv: $(\Box t\ I.\ P\ t) = (\neg (\Diamond t\ I.\ \neg P\ t))$

lemma iEx-iAll-conv: $(\Diamond t\ I.\ P\ t) = (\neg (\Box t\ I.\ \neg P\ t))$

lemma iUntil-iEx-conv: $(\text{True. } t'\ U\ t\ I.\ Q\ t) = (\Diamond t\ I.\ Q\ t)$

lemma iSince-iEx-conv: $(\text{True. } t'\ S\ t\ I.\ Q\ t) = (\Diamond t\ I.\ Q\ t)$

lemma iRelease-iAll-conv: $(\text{False. } t'\ \mathcal{R}\ t\ I.\ P\ t) = (\Box t\ I.\ P\ t)$

lemma iTrigger-iAll-conv: $(\text{False. } t'\ \mathcal{T}\ t\ I.\ P\ t) = (\Box t\ I.\ P\ t)$

lemma iWeakUntil-iUntil-conv: $(P\ t'.\ t'\ \mathcal{W}\ t\ I.\ Q\ t) = ((P\ t'.\ t'\ \mathcal{U}\ t\ I.\ Q\ t) \vee (\Box t\ I.\ P\ t))$

lemma iWeakSince-iSince-conv: $(P\ t'.\ t'\ \mathcal{B}\ t\ I.\ Q\ t) = ((P\ t'.\ t'\ \mathcal{S}\ t\ I.\ Q\ t) \vee (\Box t\ I.\ P\ t))$

lemma iRelease-iWeakUntil-conv: $(P\ t'\ t'\ \mathcal{R}\ t\ I.\ Q\ t) = (Q\ t'.\ t'\ \mathcal{W}\ t\ I.\ (Q\ t \wedge P\ t))$

lemma iRelease-iUntil-conv: $(P\ t'.\ t'\ \mathcal{R}\ t\ I.\ Q\ t) = ((\Box t\ I.\ Q\ t) \vee (Q\ t'.\ t'\ \mathcal{U}\ t\ I.\ (Q\ t \wedge P\ t)))$

lemma iTrigger-iWeakSince-conv: $(P\ t'.\ t'\ \mathcal{T}\ t\ I.\ Q\ t) = (Q\ t'.\ t'\ \mathcal{B}\ t\ I.\ (Q\ t \wedge P\ t))$

lemma iTrigger-iSince-conv: $(P\ t'.\ t'\ \mathcal{T}\ t\ I.\ Q\ t) = ((\Box t\ I.\ Q\ t) \vee (Q\ t'.\ t'\ \mathcal{S}\ t\ I.\ (Q\ t \wedge P\ t)))$

lemma iRelease-not-iUntil-conv: $(P\ t'.\ t'\ \mathcal{R}\ t\ I.\ Q\ t) = (\neg (\neg P\ t'.\ t'\ \mathcal{U}\ t\ I.\ \neg Q\ t))$

Der Operator *Trigger* ist ein Vergangenheitsoperator – er wird daher für Intervalle verwendet, die durch einen aktuellen Zeitpunkt begrenzt und somit endlich sind (für unendliche Intervalle gilt das folgende Lemma nicht):

lemma iTrigger-not-iSince-conv: finite $I \Longrightarrow (P\ t'.\ t'\ \mathcal{T}\ t\ I.\ Q\ t) = (\neg (\neg P\ t'.\ t'\ \mathcal{S}\ t\ I.\ \neg Q\ t))$

Negation temporaler Operatoren:

lemma not-iAll: $(\neg (\Box t\ I.\ P\ t)) = (\Diamond t\ I.\ \neg P\ t)$

lemma not-iEx: $(\neg (\Diamond t\ I.\ P\ t)) = (\Box t\ I.\ \neg P\ t)$

lemma not-iNext: $(\neg (\bigcirc t\ t0\ I.\ P\ t)) = (\bigcirc t\ t0\ I.\ \neg P\ t)$

lemma not-iNextWeak: $(\neg (\bigcirc_W t\ t0\ I.\ P\ t)) = (\bigcirc_S t\ t0\ I.\ \neg P\ t)$

lemma not-iNextStrong: $(\neg (\bigcirc_S t\ t0\ I.\ P\ t)) = (\bigcirc_W t\ t0\ I.\ \neg P\ t)$

lemma not-iLast: $(\neg (\ominus t\ t0\ I.\ P\ t)) = (\ominus t\ t0\ I.\ \neg P\ t)$

lemma not-iLastWeak: $(\neg (\ominus_W t\ t0\ I.\ P\ t)) = (\ominus_S t\ t0\ I.\ \neg P\ t)$

lemma not-iLastStrong: $(\neg (\ominus_S t\ t0\ I.\ P\ t)) = (\ominus_W t\ t0\ I.\ \neg P\ t)$

lemma not-iUntil:

$(\neg (P \ t1. \ t1 \ \mathcal{U} \ t2 \ I. \ Q \ t2)) =$
$(\Box \ t \ I. \ (Q \ t \longrightarrow (\Diamond \ t' \ (I \downarrow < t). \ \neg P \ t')))$
lemma not-isince:
$(\neg (P \ t1. \ t1 \ \mathcal{S} \ t2 \ I. \ Q \ t2)) =$
$(\Box \ t \ I. \ (Q \ t \longrightarrow (\Diamond \ t' \ (I \downarrow > t). \ \neg P \ t')))$

lemma not-iWeakUntil:
$(\neg (P \ t1. \ t1 \ \mathcal{W} \ t2 \ I. \ Q \ t2)) =$
$((\Box \ t \ I. \ (Q \ t \longrightarrow (\Diamond \ t' \ (I \downarrow < t). \ \neg P \ t'))) \wedge (\Diamond \ t \ I. \ \neg P \ t))$
lemma not-iWeakSince:
$(\neg (P \ t1. \ t1 \ \mathcal{B} \ t2 \ I. \ Q \ t2)) =$
$((\Box \ t \ I. \ (Q \ t \longrightarrow (\Diamond \ t' \ (I \downarrow > t). \ \neg P \ t'))) \wedge (\Diamond \ t \ I. \ \neg P \ t))$

lemma not-iRelease:
$(\neg (P \ t'. \ t' \ \mathcal{R} \ t \ I. \ Q \ t)) =$
$((\Diamond \ t \ I. \ \neg Q \ t) \wedge (\Box \ t \ I. \ P \ t \longrightarrow (\Diamond \ t \ I \downarrow \leq t. \ \neg Q \ t)))$
lemma not-iTrigger:
$(\neg (P \ t'. \ t' \ \mathcal{T} \ t \ I. \ Q \ t)) =$
$((\Diamond \ t \ I. \ \neg Q \ t) \wedge (\Box \ t \ I. \ \neg P \ t \vee (\Diamond \ t \ I \downarrow \geq t. \ \neg Q \ t)))$

Einige Implikationsergebnisse für temporale Operatoren:
lemma iAll-imp-iEx: $I \neq \{\} \Longrightarrow \Box \ t \ I. \ P \ t \Longrightarrow \Diamond \ t \ I. \ P \ t$

lemma iUntil-imp-iEx: $P \ t1. \ t1 \ \mathcal{U} \ t2 \ I. \ Q \ t2 \Longrightarrow \Diamond \ t \ I. \ Q \ t$
lemma iSince-imp-iEx: $P \ t1. \ t1 \ \mathcal{S} \ t2 \ I. \ Q \ t2 \Longrightarrow \Diamond \ t \ I. \ Q \ t$

lemma iall-mp: $[\![\ \Box \ t \ I. \ P \ t \longrightarrow Q \ t; \ \Box \ t \ I. \ P \ t \ ]\!] \Longrightarrow \Box \ t \ I. \ Q \ t$
lemma iex-mp: $[\![\ \Box \ t \ I. \ P \ t \longrightarrow Q \ t; \ \Diamond \ t \ I. \ P \ t \ ]\!] \Longrightarrow \Diamond \ t \ I. \ Q \ t$

lemma iUntil-imp:
$[\![\ P1 \ t1. \ t1 \ \mathcal{U} \ t2 \ I. \ Q \ t2; \ \Box \ t \ I. \ P1 \ t \longrightarrow P2 \ t \ ]\!] \Longrightarrow P2 \ t1. \ t1 \ \mathcal{U} \ t2 \ I. \ Q \ t2$
lemma iSince-imp:
$[\![\ P1 \ t1. \ t1 \ \mathcal{S} \ t2 \ I. \ Q \ t2; \ \Box \ t \ I. \ P1 \ t \longrightarrow P2 \ t \ ]\!] \Longrightarrow P2 \ t1. \ t1 \ \mathcal{S} \ t2 \ I. \ Q \ t2$

lemma iMin-imp-iUntil:
$[\![\ I \neq \{\}; \ Q \ (iMin \ I) \ ]\!] \Longrightarrow P \ t'. \ t' \mathcal{U} \ t \ I. \ Q \ t$
lemma Max-imp-iSince:
$[\![\ \text{finite} \ I; \ I \neq \{\}; \ Q \ (Max \ I) \ ]\!] \Longrightarrow P \ t'. \ t' \mathcal{S} \ t \ I. \ Q \ t$

Intervalleigenschaften der temporalen Operatoren:
lemma iAll-subset: $[\![\ A \subseteq B; \ \Box \ t \ B. \ P \ t \ ]\!] \Longrightarrow \Box \ t \ A. \ P \ t$
lemma iEx-subset: $[\![\ A \subseteq B; \ \Diamond \ t \ A. \ P \ t \ ]\!] \Longrightarrow \Diamond \ t \ B. \ P \ t$

lemma iUntil-append: $[\![\ \text{finite} \ A; \ Max \ A \leq iMin \ B \ ]\!] \Longrightarrow$
$P \ t1. \ t1 \ U \ t2 \ A. \ Q \ t2 \Longrightarrow P \ t1. \ t1 \ U \ t2 \ (A \cup B). \ Q \ t2$
lemma iSince-prepend: $[\![\ \text{finite} \ A; \ Max \ A \leq iMin \ B \ ]\!] \Longrightarrow$
$P \ t1. \ t1 \ S \ t2 \ B. \ Q \ t2 \Longrightarrow P \ t1. \ t1 \ S \ t2 \ (A \cup B). \ Q \ t2$

lemma

iAll-union: $[\![\Box\, t\, A.\ P\, t;\ \Box\, t\, B.\ P\, t]\!] \implies \Box\, t\, (A \cup B).\ P\, t$ **and**

iAll-inter: $(\Box\, t\, A.\ P\, t) \vee (\Box\, t\, B.\ P\, t) \implies \Box\, t\, (A \cap B).\ P\, t$

lemma iEx-union: $(\Diamond\, t\, A.\ P\, t) \vee (\Diamond\, t\, B.\ P\, t) \implies \Diamond\, t\, (A \cup B).\ P\, t$

Umformungsregeln zum Abschreiten des betrachteten Zeitintervalls für Operatoren *Until* und *Since*.

lemma iUntil-next: $I \neq \{\} \implies$

$(P\, t'.\ t'\, U\, t\, I.\ Q\, t) =$

$(Q\ (iMin\ I) \vee (P\ (iMin\ I) \wedge (P\, t'.\ t'\, U\, t\, (I \downarrow > (iMin\ I)).\ Q\, t)))$

lemma iSince-prev: $[\![$ finite $I;\ I \neq \{\}]\!] \implies$

$(P\, t'.\ t'\, S\, t\, I.\ Q\, t) =$

$(Q\ (Max\ I) \vee (P\ (Max\ I) \wedge (P\, t'.\ t'\, S\, t\, (I \downarrow < Max\ I).\ Q\, t)))$

Induktive Regeln mit Operatoren *Next* und *Last*:

lemma iNext-induct:

$[\![P\ (iMin\ I);\ \Box\, t\, I.\ (P\, t \longrightarrow (\bigcirc\, t'\, t\, I.\ P\, t'))]\!] \implies \Box\, t\, I.\ P\, t$

lemma iLast-induct:

$[\![P\ (Max\ I);\ \Box\, t\, I.\ (P\, t \longrightarrow (\ominus\, t'\, t\, I.\ P\, t'));\ \text{finite}\ I]\!] \implies \Box\, t\, I.\ P\, t$

Für unendliche Zeitintervalle sind alle Versionen des Operators *Next* äquivalent:

lemma infin-imp iNextWeak iNextStrong-eq-iNext.

$[\![$ infinite $I;\ t0 \in I]\!] \implies ((\bigcirc_W\, t\, t0\, I.\ P\, t) = (\bigcirc\, t\, t0\, I.\ P\, t)) \wedge ((\bigcirc_S\, t\, t0\, I.\ P\, t) = (\bigcirc\, t\, t0\, I.\ P\, t))$

Temporale Operatoren und arithmetische Operatoren auf Zeitintervallen.

Regeln für den *Always*-Operator (analoge Regeln gelten für den *Eventually*-Operator).

lemma iT-Plus-iAll-conv: $(\Box\, t\, I \oplus k.\ P\, t) = (\Box\, t\, I.\ P\, (t + k))$

lemma iT-Mult-iAll-conv: $(\Box\, t\, I \otimes k.\ P\, t) = (\Box\, t\, I.\ P\, (t * k))$

lemma iT-Plus-neg-iAll-conv: $(\Box\, t\, I \oplus-\, k.\ P\, t) = (\Box\, t\, (I \downarrow \geq k).\ P\, (t - k))$

lemma iT-Minus-iAll-conv: $(\Box\, t\, k \ominus I.\ P\, t) = (\Box\, t\, (I \downarrow \leq k).\ P\, (k - t))$

lemma iT-Div-iAll-conv: $(\Box\, t\, I \oslash k.\ P\, t) = (\Box\, t\, I.\ P\, (t\ \text{div}\ k))$

Regeln für den *Until*-Operator (analoge Regeln gelten für die Operatoren *WeakUntil*, *Since*, *WeakSince*, *Release*, *Trigger*).

lemma iT-Plus-iUntil-conv: $(P\, t1.\ t1\, U\, t2\, (I \oplus k).\ Q\, t2) = (P\, (t1 + k).\ t1\, U\, t2\, I.\ Q\, (t2 + k))$

lemma iT-Mult-iUntil-conv: $(P\, t1.\ t1\, U\, t2\, (I \otimes k).\ Q\, t2) = (P\, (t1 * k).\ t1\, U\, t2\, I.\ Q\, (t2 * k))$

lemma iT-Plus-neg-iUntil-conv:

$(P\, t1.\ t1\, U\, t2\, (I \oplus-\, k).\ Q\, t2) = (P\, (t1 - k).\ t1\, U\, t2\, (I \downarrow \geq k).\ Q\, (t2 - k))$

lemma iT-Minus-iUntil-conv:

$(P\, t1.\ t1\, U\, t2\, (k \ominus I).\ Q\, t2) = (P\, (k - t1).\ t1\, S\, t2\, (I \downarrow \leq k).\ Q\, (k - t2))$

lemma iT-Div-iUntil-conv: $(P\, t1.\ t1\, U\, t2\, (I \oslash k).\ Q\, t2) = (P\, (t1\ \text{div}\ k).\ t1\, U\, t2\, I.\ Q\, (t2\ \text{div}\ k))$

A.2.6   Nachrichtenströme und temporale Operatoren auf Intervallen

Joins von Strömen und Intervallen

Wir definieren *Joins* von Strömen mit Intervallen. Ein Join liefert für einen Strom s seine *Sicht* mit einem Intervall I, die genau diejenigen Elemente des Stroms enthält, deren Positionen in I enthalten sind. Die Stromsicht ähnelt damit einem inneren Join in Datenbanken.

> **consts**
> f-join :: 'a list $\Rightarrow$ iT $\Rightarrow$ 'a list   (**infixl** $\bowtie_f$ 100)
> i-join :: 'a ilist $\Rightarrow$ iT $\Rightarrow$ 'a ilist   (**infixl** $\bowtie_i$ 100)
> i-f-join :: 'a ilist $\Rightarrow$ iT $\Rightarrow$ 'a list   (**infixl** $\bowtie_{i-f}$ 100)

> **consts**
> f-join-aux :: 'a list $\Rightarrow$ nat $\Rightarrow$ iT $\Rightarrow$ 'a list
> **primrec**
> f-join-aux [] n I = []
> f-join-aux (x # xs) n I =
>   (if n $\in$ I then [x] else []) @ f-join-aux xs (Suc n) I

> **defs**
> f-join-def : xs $\bowtie_f$ I $\equiv$ f-join-aux xs 0 I
> i-join-def : f $\bowtie_i$ I $\equiv$ λn. (f (I $\rightarrow$ n))
> i-f-join-def : f $\bowtie_{i-f}$ I $\equiv$ f $\Downarrow$ Suc (Max I) $\bowtie_f$ I

Grundlegende Ergebnisse

Joins endlicher Ströme mit endlichen und unendlichen Intervallen.

lemma f-join-length: length (xs $\bowtie_f$ I) = card (I $\downarrow<$ length xs)

lemma f-join-nth: n < length (xs $\bowtie_f$ I) $\Longrightarrow$ (xs $\bowtie_f$ I) ! n = xs ! (I $\rightarrow$ n)

lemma f-join-nth2: n < card (I $\downarrow<$ length xs) $\Longrightarrow$ (xs $\bowtie_f$ I) ! n = xs ! (I $\rightarrow$ n)

lemma f-join-empty: xs $\bowtie_f$ {} = []

lemma f-join-Nil: [] $\bowtie_f$ I = []

lemma f-join-Nil-conv: (xs $\bowtie_f$ I = []) = (I $\downarrow<$ length xs = {})

lemma f-join-Nil-conv': (xs $\bowtie_f$ I = []) = ($\forall$i<length xs. i $\notin$ I)

lemma f-join-all-conv: (xs $\bowtie_f$ I = xs) = ({..<length xs} $\subseteq$ I)

corollary f-join-UNIV: xs $\bowtie_f$ UNIV = xs

lemma f-join-union:
  ⟦ finite A; Max A < iMin B ⟧ $\Longrightarrow$ xs $\bowtie_f$ (A $\cup$ B) = xs $\bowtie_f$ A @ (xs $\bowtie_f$ B)

lemma f-join-append:
  (xs @ ys) $\bowtie_f$ I = xs $\bowtie_f$ I @ ys $\bowtie_f$ (I $\oplus-$ (length xs))

lemma take-f-join-if:
  (xs $\bowtie_f$ I) $\downarrow$ n = (if n < card (I $\downarrow<$ length xs) then xs $\bowtie_f$ (I $\downarrow<$ (I $\rightarrow$ n)) else xs $\bowtie_f$ I)

lemma drop-f-join-if:
  (xs $\bowtie_f$ I) $\uparrow$ n = (if n < card (I $\downarrow<$ length xs) then xs $\bowtie_f$ (I $\downarrow\geq$ (I $\rightarrow$ n)) else [])

lemma f-join-take: xs $\downarrow$ n $\bowtie_f$ I = xs $\bowtie_f$ (I $\downarrow<$ n)

lemma f-join-drop: xs $\uparrow$ n $\bowtie_f$ I = xs $\bowtie_f$ (I $\oplus$ n)

lemma cut-less-eq-imp-f-join-eq:
A $\downarrow<$ length xs $=$ B $\downarrow<$ length xs $\implies$ xs $\bowtie_f$ A $=$ xs $\bowtie_f$ B

Joins unendlicher Ströme mit unendlichen Intervallen.
lemma i-join-nth: $(f \bowtie_i I)$ n $=$ f $(I \to n)$
lemma i-join-UNIV: f $\bowtie_i$ UNIV $=$ f
lemma i-join-union:
$[\![$ finite A; Max A $<$ iMin B; B $\neq \{\}]\!] \implies$
f $\bowtie_i (A \cup B) = (f \Downarrow \text{Suc (Max A)} \bowtie_f A) \frown (f \bowtie_i B)$
lemma i-join-i-append:
infinite I $\implies (xs \frown f) \bowtie_i I = (xs \bowtie_f I) \frown (f \bowtie_i (I \oplus- \text{length xs}))$

lemma i-take-i-join: infinite I $\implies$ f $\bowtie_i$ I $\Downarrow$ n $=$ f $\Downarrow (I \to n) \bowtie_f$ I
lemma i-drop-i-join: I $\neq \{\} \implies$ f $\bowtie_i$ I $\Uparrow$ n $=$ f $\bowtie_i (I \downarrow \geq (I \to n))$
lemma i-join-i-take: f $\Downarrow$ n $\bowtie_f$ I $=$ f $\bowtie_i$ I $\Downarrow$ card $(I \downarrow< n)$
lemma i-join-i-drop: I $\neq \{\} \implies$ f $\Uparrow$ n $\bowtie_i$ I $=$ f $\bowtie_i (I \oplus n)$

Joins unendlicher Ströme mit endlichen Intervallen.
lemma i-f-join-length: finite I $\implies$ length $(f \bowtie_{i-f} I) =$ card I
lemma i-f-join-nth: n $<$ card I $\implies$ f $\bowtie_{i-f}$ I ! n $=$ f $(I \to n)$
lemma i-f-join-empty: f $\bowtie_{i-f} \{\} = []$

lemma i-f-join-union:
$[\![$ finite A; finite B; Max A $<$ iMin B $]\!] \implies$
f $\bowtie_{i-f} (A \cup B) =$ f $\bowtie_{i-f}$ A @ f $\bowtie_{i-f}$ B

lemma take-i-f-join-if:
finite I $\implies$ f $\bowtie_{i-f}$ I $\downarrow$ n $=$ (if n $<$ card I then f $\bowtie_{i-f} (I \downarrow< (I \to n))$ else f $\bowtie_{i-f}$ I)
lemma drop-i-f-join-if:
finite I $\implies$ f $\bowtie_{i-f}$ I $\uparrow$ n $=$ (if n $<$ card I then f $\bowtie_{i-f} (I \downarrow \geq (I \to n))$ else $[]$)
lemma i-f-join-i-drop:
finite I $\implies$ f $\Uparrow$ n $\bowtie_{i-f}$ I $=$ f $\bowtie_{i-f} (I \oplus n)$

lemma i-take-i-join-eq-i-f-join:
infinite I $\implies$ f $\bowtie_i$ I $\Downarrow$ n $=$ f $\bowtie_{i-f} (I \downarrow< (I \to n))$

Joins mit Intervallen aus *TL_Interval*
Dieser Abschnitt enthält Ergebnisse zu Zusammenhängen zwischen Strömen und Intervallen
für temporale Logik (A.2.3) sowie arithmetischen Operatoren auf Intervallen (A.2.4).

Joins mit ununterbrochenen Intervallen $[n \ldots]$, $[\ldots n]$ und $[n \ldots, d]$.
lemma f-join-iFROM: xs $\bowtie_f [n \ldots] =$ xs $\uparrow$ n
lemma i-join-iFROM: f $\bowtie_i [n \ldots] =$ f $\Uparrow$ n

lemma f-join-iIN: xs $\bowtie_f [n \ldots, d] =$ xs $\uparrow$ n $\downarrow$ Suc d
lemma i-f-join-iIN: f $\bowtie_{i-f} [n \ldots, d] =$ f $\Uparrow$ n $\Downarrow$ Suc d

lemma f-join-iTILL: xs $\bowtie_f$ $[\dots n]$ = xs $\downarrow$ (Suc n)
lemma i-f-join-iTILL: f $\bowtie_{i-f}$ $[\dots n]$ = f $\Downarrow$ Suc n

Stromexpansion und Intervallmultiplikation mit Konstanten.
lemma f-join-f-expand-iT-Mult:
   $0 < k \Longrightarrow$ xs $\odot_f$ k $\bowtie_f$ (I $\otimes$ k) = xs $\bowtie_f$ I
lemma i-join-i-expand-iT-Mult:
   $[\![$ 0 < k; I $\neq$ {} $]\!] \Longrightarrow$ f $\odot_i$ k $\bowtie_i$ (I $\otimes$ k) = f $\bowtie_i$ I
lemma i-f-join-i-expand-iT-Mult:
   $[\![$ 0 < k; finite I $]\!] \Longrightarrow$ f $\odot_i$ k $\bowtie_{i-f}$ (I $\otimes$ k) = f $\bowtie_{i-f}$ I

Stromkompression und Intervalldivision mit Konstanten.
lemma f-join-f-shrink-iT-Plus-iT-Div-mod:
   $[\![$ 0 < k; $\forall$ x$\in$I. x mod k = 0 $]\!] \Longrightarrow$
   (xs $\longmapsto_f$ k) $\bowtie_f$ (I $\oplus$ (k − 1)) = xs $\div_f$ k $\bowtie_f$ (I $\oslash$ k)
lemma i-join-i-shrink-iT-Plus-iT-Div-mod:
   $[\![$ 0 < k; I $\neq$ {}; $\forall$ x$\in$I. x mod k = 0 $]\!] \Longrightarrow$
   (f $\longmapsto_i$ k) $\bowtie_i$ (I $\oplus$ (k − 1))= f $\div_i$ k $\bowtie_i$ (I $\oslash$ k)
lemma i-f-join-i-shrink-iT-Plus-iT-Div-mod:
   $[\![$ 0 < k; finite I; $\forall$ x$\in$I. x mod k = 0 $]\!] \Longrightarrow$
   (f $\longmapsto_i$ k) $\bowtie_{i-f}$ (I $\oplus$ (k − 1))= f $\div_i$ k $\bowtie_{i-f}$ (I $\oslash$ k)

lemma f-join-f-shrink-iT-Div-mod:
   $[\![$ 0 < k; $\forall$ x$\in$I. x mod k = k − 1 $]\!] \Longrightarrow$
   (xs $\longmapsto_f$ k) $\bowtie_f$ I = xs $\div_f$ k $\bowtie_f$ (I $\oslash$ k)
lemma i-join-i-shrink-iT-Div-mod:
   $[\![$ 0 < k; I $\neq$ {}; $\forall$ x$\in$I. x mod k = k − 1 $]\!] \Longrightarrow$
   (f $\longmapsto_i$ k) $\bowtie_i$ I= f $\div_i$ k $\bowtie_i$ (I $\oslash$ k)
lemma i-f-join-i-shrink-iT-Div-mod:
   $[\![$ 0 < k; finite I; $\forall$ x$\in$I. x mod k = k − 1 $]\!] \Longrightarrow$
   (f $\longmapsto_i$ k) $\bowtie_{i-f}$ I = f $\div_i$ k $\bowtie_{i-f}$ (I $\oslash$ k)

Stromexpansion und Joins mit Modulo-Intervallen $[r,\ \mathrm{mod}\ m]$ und $[r,\ \mathrm{mod}\ m,\ c]$.
lemma f-join-f-expand-iMOD:
   $0 < k \Longrightarrow$ xs $\odot_f$ k $\bowtie_f$ [n $*$ k, mod k] = xs $\bowtie_f$ [n$\dots$]
corollary f-join-f-expand-iMOD-0:
   $0 < m \Longrightarrow$ xs $\odot_f$ m $\bowtie_f$ [0, mod m] = xs
lemma f-join-f-expand-iMODb:
   $0 < k \Longrightarrow$ xs $\odot_f$ k $\bowtie_f$ [n $*$ k, mod k, d] = xs $\bowtie_f$ [n$\dots$,d]
corollary f-join-f-expand-iMODb-0:
   $0 < m \Longrightarrow$ xs $\odot_f$ m $\bowtie_f$ [0, mod m, n] = xs $\bowtie_f$ [$\dots$ n]

lemma i-join-i-expand-iMOD:
   $0 < k \Longrightarrow$ f $\odot_i$ k $\bowtie_i$ [n $*$ k, mod k] = f $\bowtie_i$ [n$\dots$]
corollary i-join-i-expand-iMOD-0:
   $0 < k \Longrightarrow$ f $\odot_i$ k $\bowtie_i$ [0, mod k] = f
lemma i-join-i-expand-iMODb:
   $0 < k \Longrightarrow$ f $\odot_i$ k $\bowtie_i$ [n $*$ k, mod k, d] = f $\bowtie_i$ [n$\dots$,d]
corollary i-join-i-expand-iMODb-0:

$0 < k \implies f \odot_i k \bowtie_i [0, \bmod\, k, n] = f \bowtie_i [\ldots n]$

lemma i-f-join-i-expand-iMODb:
$\quad 0 < k \implies f \odot_i k \bowtie_{i-f} [n * k, \bmod\, k, d] = f \bowtie_{i-f} [n\ldots,d]$
corollary i-f-join-i-expand-iMODb-0:
$\quad 0 < k \implies f \odot_i k \bowtie_{i-f} [0, \bmod\, k, n] = f \bowtie_{i-f} [\ldots n]$

Stromkompression und Joins mit Modulo-Intervallen $[r, \bmod\, m]$ und $[r, \bmod\, m, c]$.
lemma f-join-f-shrink-iMOD:
$\quad 0 < k \implies (xs \longmapsto_f k) \bowtie_f [n * k + (k - 1), \bmod\, k] = xs \div_f k \bowtie_f [n\ldots]$
corollary f-join-f-shrink-iMOD-0:
$\quad 0 < k \implies (xs \longmapsto_f k) \bowtie_f [k - 1, \bmod\, k] = xs \div_f k$
lemma f-join-f-shrink-iMODb:
$\quad 0 < k \implies (xs \longmapsto_f k) \bowtie_f [n * k + (k - 1), \bmod\, k, d] = xs \div_f k \bowtie_f [n\ldots,d]$
corollary f-join-f-shrink-iMODb-0:
$\quad 0 < k \implies (xs \longmapsto_f k) \bowtie_f [k - 1, \bmod\, k, n] = xs \div_f k \bowtie_f [\ldots n]$

lemma i-join-i-shrink-iMOD:
$\quad 0 < k \implies (f \longmapsto_i k) \bowtie_i [n * k + (k - 1), \bmod\, k] = f \div_i k \bowtie_i [n\ldots]$
corollary i-join-i-shrink-iMOD-0:
$\quad 0 < k \implies (f \longmapsto_i k) \bowtie_i [k - 1, \bmod\, k] = f \div_i k$

lemma i-f-join-i-shrink-iMODb:
$\quad 0 < k \implies (f \longmapsto_i k) \bowtie_{i-f} [n * k + (k - 1), \bmod\, k, d] = f \div_i k \bowtie_{i-f} [n\ldots,d]$
corollary i-f-join-i-shrink-iMODb-0:
$\quad 0 < k \implies (f \longmapsto_i k) \bowtie_{i-f} [k - 1, \bmod\, k, n] = f \div_i k \bowtie_{i-f} [\ldots n]$

Ströme und temporale Operatoren

In einem expandierten Strom gilt für eine Nachricht m an einer Stelle $n * k$ genau dann ein Prädikat P, wenn dieser für die Nachricht an der Stelle n im Ausgangsstrom gilt.
$\quad$ **lemma** iT-Mult-iAll-i-expand-nth-iff:
$\quad\quad 0 < k \implies (\Box\, t\, (I \otimes k).\, P\, ((f \odot_i k)\, t)) = (\Box\, t\, I.\, P\, (f\, t))$

Ein komprimierter Strom enthält an der Stelle n eine leere Nachricht ε genau dann, wenn der Ausgangsstrom zwischen den Positionen $n * k$ und $n * k + k - 1$ ausschließlich leere Nachrichten enthält:
$\quad$ **lemma** i-shrink-eq-NoMsg-iAll-conv2:
$\quad\quad 0 < k \implies ((s \div_i k)\, t = \varepsilon) = (\Box\, tl\, [\ldots k - 1] \oplus (t * k).\, s\, tl = \varepsilon)$

Ein komprimierter Strom enthält an der Stelle n eine nichtleere Nachricht m genau dann, wenn der Ausgangsstrom zwischen den Positionen $n * k$ und $n * k + k - 1$ an einer Stelle die Nachricht m und anschließend nur leere Nachrichten enthält. Dieser Zusammenhang kann auf verschiedene Weisen formuliert werden. Wir verwenden Formulierungen mit einem Kleiner-Gleich-Operator, mit Intervallschnittoperatoren sowie mit einem Since-Operator. Alle Formulierungen können je nach Situation alternativ verwendet werden – die Formulierung mit dem Kleiner-Gleich-Operator wird zum Beweis entsprechender TPTL-Eigenschaften verwendet, während die Formulierung mit dem Since-Operator für die gleiche MTL-Eigenschaft verwendet wird.

lemma i-shrink-eq-Msg-iEx-iAll-conv2:
$[\![\, 0 < k;\, m \neq \varepsilon \,]\!] \Longrightarrow$
$((s \div_i k)\, t = m) =$
$(\Diamond\, t1\, [\ldots k - 1] \oplus (t * k).\, s\, t1 = m \wedge$
$\quad (\Box\, t2\, [1\ldots] \oplus t1\, .\, t2 \leq t * k + k - 1 \longrightarrow s\, t2 = \varepsilon))$

lemma i-shrink-eq-Msg-iEx-iAll-cut-greater-conv2:
$[\![\, 0 < k;\, m \neq \varepsilon \,]\!] \Longrightarrow$
$((s \div_i k)\, t = m) =$
$(\Diamond\, t1\, [\ldots k - 1] \oplus (t * k).\, s\, t1 = m \wedge$
$\quad (\Box\, t2\, ([\ldots k - 1] \oplus (t * k)) \downarrow > t1.\, s\, t2 = \varepsilon))$

lemma i-shrink-eq-Msg-iSince-conv2:
$[\![\, 0 < k;\, m \neq \varepsilon \,]\!] \Longrightarrow$
$((s \div_i k)\, t = m) =$
$(s\, t2 = \varepsilon.\, t2\, \mathcal{S}\, t1\, [\ldots k - 1] \oplus (t * k).\, s\, t1 = m)$

Die Eigenschaften komprimierter Ströme lassen sich mithilfe der Zyklusstart/Zyklusende-Ereignisse formulieren, ohne beschränkte Intervalle zu verwenden. Die entsprechenden Ereignisse können beispielsweise als das Erreichen ausgewählter Werte eines internen Zählers implementiert werden.

Steht ein Ereignis zur Verfügung, das den Beginn eines jeden Ausführungszyklus der Länge k anzeigt, so gelten folgende Eigenschaften:

lemma i-shrink-eq-NoMsg-iAll-start-event-conv:
$[\![\, 0 < k;\, \bigwedge t.\, \text{event } t = (t \bmod k = 0);\, t0 = t * k \,]\!] \Longrightarrow$
$((s \div_i k)\, t = \varepsilon) =$
$(s\, t0 = \varepsilon \wedge (\bigcirc\, t'\, t0\, [0\ldots].\, (s\, t1 = \varepsilon.\, t1\, \mathcal{U}\, t2\, ([0\ldots] \oplus t').\, \text{event } t2)))$

lemma i-shrink-eq-Msg-iUntil-start-event-conv:
$[\![\, 0 < k;\, m \neq \varepsilon;\, \bigwedge t.\, \text{event } t = (t \bmod k = 0);\, t0 = t * k \,]\!] \Longrightarrow$
$((s \div_i k)\, t = m) = ($
$(s\, t0 = m \wedge (\bigcirc\, t'\, t0\, [0\ldots].\, (s\, t1 = \varepsilon.\, t1\, \mathcal{U}\, t2\, ([0\ldots] \oplus t').\, \text{event } t2))) \vee$
$(\bigcirc\, t'\, t0\, [0\ldots].\, (\neg\, \text{event } t1.\, t1\, \mathcal{U}\, t2\, ([0\ldots] \oplus t').\, ($
$s\, t2 = m \wedge \neg\, \text{event } t2 \wedge (\bigcirc\, t''\, t2\, [0\ldots].$
$\quad (s\, t3 = \varepsilon.\, t3\, \mathcal{U}\, t4\, ([0\ldots] \oplus t'').\, \text{event } t4))))))$

Steht ein Ereignis zur Verfügung, welches das Ende eines jeden Ausführungszyklus der Länge k anzeigt, dann gelten folgende Eigenschaften:

lemma i-shrink-eq-NoMsg-iAll-finish-event-conv:
$[\![\, 1 < k;\, \bigwedge t.\, \text{event } t = (t \bmod k = k - 1);\, t0 = t * k \,]\!] \Longrightarrow$
$((s \div_i k)\, t = \varepsilon) =$
$(s\, t0 = \varepsilon \wedge (\bigcirc\, t'\, t0\, [0\ldots].\, (s\, t1 = \varepsilon.\, t1\, \mathcal{U}\, t2\, ([0\ldots] \oplus t').\, (\text{event } t2 \wedge s\, t2 = \varepsilon))))$

lemma i-shrink-eq-Msg-iUntil-finish-event-conv:
$[\![\, 1 < k;\, m \neq \varepsilon;\, \bigwedge t.\, \text{event } t = (t \bmod k = k - 1);\, t0 = t * k \,]\!] \Longrightarrow$
$((s \div_i k)\, t = m) = ($
$(\neg\, \text{event } t1.\, t1\, \mathcal{U}\, t2\, ([0\ldots] \oplus t0).\, \text{event } t2 \wedge s\, t2 = m) \vee$
$(\neg\, \text{event } t1.\, t1\, \mathcal{U}\, t2\, ([0\ldots] \oplus t0).\, (\neg\, \text{event } t2 \wedge s\, t2 = m \wedge ($
$\bigcirc\, t'\, t2\, [0\ldots].\, (s\, t3 = \varepsilon.\, t3\, \mathcal{U}\, t4\, ([0\ldots] \oplus t').\, \text{event } t4 \wedge s\, t4 = \varepsilon)))))$

Eigenschaften der Stromexpansion und -kompression in TPTL und MTL

Die oben aufgeführten Eigenschaften komprimierter Ströme können in TPTL, MTL und unter bestimmten Bedingungen auch in LTL ausgedrückt werden. Hierbei sind Operatoren und logische Verknüpfungen mit einem Strich gekennzeichnet, damit sie in Isabelle/HOL von den eingebauten Operatoren unterschieden werden können. Der Zugriff auf den aktuellen Zustand in einer Berechnung s erfolgt über anonyme Funktionen der Form $\lambda s.p(s)$ – eine Zustandsformel, die besagt, dass zum aktuellen Zeitpunkt für eine Variable x die Formel p gilt, sieht wie folgt aus: $\lambda s.p(x)$. Beispielsweise wird die LTL-Formel $\Box x = a \;\to\; \bigcirc x = b$ in der LTL-Definition in Isabelle/HOL als $\Box''(\lambda x.x = a) \;\to'\; \bigcirc''(\lambda x.x = b)$ geschrieben.

TPTL-Formulierungen:
lemma TPTL-i-shrink-eq-NoMsg-iAll-conv-let:
$0 < k \Longrightarrow$
let nomsg $= {}'(\lambda x.\ x = \varepsilon)$ in
$((s \div_i k)\ t = \varepsilon) =$
$(s \models_{tptl} (t * k)\ (t0.\ \Box'(t1.\ (''(\mathrm{Var}'\,t1 <'\mathrm{Var}'\,t0 +'\mathrm{Const}'\,k) \longrightarrow '\mathrm{nomsg}))))$
lemma TPTL-i-shrink-eq-Msg-iSince-conv-let:
$[\![\ 0 < k;\ m \neq \varepsilon\ ]\!] \Longrightarrow$
let
msg $= {}'(\lambda x.\ x = m);$
nomsg $= {}'(\lambda x.\ x = \varepsilon)$
in
$((s \div_i k)\ t = m) =$
$(s \models_{tptl} (t * k)\ (t0.\ \Diamond'(t1.\ ($
$''(\mathrm{Var}'\,t1 <'\mathrm{Var}'\,t0 +'\mathrm{Const}'\,k) \wedge '\mathrm{msg} \wedge '$
$\cap'\sqcap'(t2.\ (''(\mathrm{Var}'\,t2 <'\mathrm{Var}'\,t0\ |\ '\mathrm{Const}'\,k)\quad |\,'\mathrm{nomsg}))))))$

MTL-Formulierungen:
lemma MTL-i-shrink-eq-NoMsg-iAll-conv-let:
$0 < k \Longrightarrow$
let nomsg $= {}'(\lambda x.\ x = \varepsilon)$ in
$((s \div_i k)\ t = \varepsilon) =$
$(s \models_{mtl} (t * k)\ \Box'[\leq k - 1]\ \mathrm{nomsg})$
lemma MTL-i-shrink-eq-Msg-iSince-conv-let:
$[\![\ 0 < k;\ m \neq \varepsilon\ ]\!] \Longrightarrow$
let
msg $= {}'(\lambda x.\ x = m);$
nomsg $= {}'(\lambda x.\ x = \varepsilon)$
in
$((s \div_i k)\ t = m) =$
$(s \models_{mtl} (t * k)$
$\Box'[k - 1; k - 1]\ (\mathrm{nomsg}\ S'[\leq k - 1]\ \mathrm{msg}))$

Die beschriebenen Eigenschaften können in LTL formuliert werden, falls der abrufbare Komponentenzustand die Information zur Verfügung stellt, ob ein Ausführungszyklus der Länge k der beschleunigten Komponente in dem aktuellen Zeitpunkt beginnt bzw. endet.

Für den Fall, das der Komponentenzustand die Information über den Beginn eines Ausführungszyklus enthält, gelten folgende LTL-Eigenschaften für die Ausgabe einer beschleunigten Komponente:

lemma PTL-i-shrink-eq-NoMsg-iAll-start-event-conv-let:

$\llbracket 0 < k; t0 = t * k \rrbracket \Longrightarrow$

let

  event-fun $= \lambda t.\ (t \bmod k = 0)$;

  computation $= \lambda t.\ (s\ t, \text{event-fun } t)$;

  nomsg $= {}'(\lambda(x,e).\ x = \varepsilon)$;

  event $= {}'(\lambda(x,e).\ e)$

in

$((s \div_i k)\ t = \varepsilon) =$

computation $\models_{ptl}$ t0 nomsg $\wedge' \bigcirc'$ (nomsg U' event)

lemma PTL-i-shrink-eq-Msg-iUntil-start-event-conv-let:

$\llbracket 0 < k; m \neq \varepsilon; t0 = t * k \rrbracket \Longrightarrow$

let

  event-fun $= \lambda t.\ (t \bmod k = 0)$;

  computation $= \lambda t.\ (s\ t, \text{event-fun } t)$;

  msg $= {}'(\lambda(x,e).\ x = m)$;

  nomsg $= {}'(\lambda(x,e).\ x = \varepsilon)$;

  event $= {}'(\lambda(x,e).\ e)$

in

$((s \div_i k)\ t = m) =$

computation $\models_{ptl}$ t0

msg $\wedge' \bigcirc'$ (nomsg U' event) $\vee'$

$\bigcirc' ((\neg' \text{event})\ U'\ (\text{msg} \wedge' \neg' \text{event} \wedge' (\bigcirc' (\text{nomsg U' event}))))$

Stellt der Komponentenzustand die Information über das Ende eines Ausführungszyklus zur Verfügung, so gelten folgende LTL-Eigenschaften:

lemma PTL-i-shrink-eq-NoMsg-iAll-finish-event-conv-let:

$\llbracket 1 < k; t0 = t * k \rrbracket \Longrightarrow$

let

  event-fun $= \lambda t.\ (t \bmod k = k - 1)$;

  computation $= \lambda t.\ (s\ t, \text{event-fun } t)$;

  nomsg $= {}'(\lambda(x,e).\ x = \varepsilon)$;

  event $= {}'(\lambda(x,e).\ e)$

in

$((s \div_i k)\ t = \varepsilon) =$

computation $\models_{ptl}$ t0 nomsg $\wedge' \bigcirc'$ (nomsg U' (event $\wedge'$ nomsg))

lemma PTL-i-shrink-eq-Msg-iUntil-finish-event-conv-let:

$\llbracket 1 < k; m \neq \varepsilon; t0 = t * k \rrbracket \Longrightarrow$

let

  event-fun $= \lambda t.\ (t \bmod k = k - 1)$;

  computation $= \lambda t.\ (s\ t, \text{event-fun } t)$;

  msg $= {}'(\lambda(x,e).\ x = m)$;

  nomsg $= {}'(\lambda(x,e).\ x = \varepsilon)$;

  event $= {}'(\lambda(x,e).\ e)$

in

$((s \div_i k)\ t = m) = ($

computation $\models_{ptl}$ t0

$((\neg' \text{event})\ U'\ (\text{event} \wedge' \text{msg})) \vee'$

$((\neg' \text{event})\ U'\ (\neg' \text{event} \wedge' \text{msg} \wedge' \bigcirc' (\text{nomsg U' (event} \wedge' \text{nomsg}))))))$

A.2.7 Temporale Operatoren und Stromverarbeitung durch beschleunigte Komponenten

Unter Anwendung der im vorherigen Abschnitt A.2.6 (S. 347 ff.) aufgeführten Ergebnisse können die temporallogischen Regeln für die Ausführung und die Ausgabe bei beschleunigten Komponenten hergeleitet werden.

Ergebnisse mit beschränkten Intervallen

Die folgenden Ergebnisse verwenden beschränkte Intervalle für temporallogische Operatoren und sind daher für Notationen wie TPTL und MTL geeignet.

lemma i-Exec-Comp-Stream-Acc-Output--eq-NoMsg-iAll-conv:
$0 < k \Longrightarrow$
$((\text{i-Exec-Comp-Stream-Acc-Output k output-fun trans-fun input c}) \, t = \varepsilon) =$
$(\Box \, t1 \, [t * k \ldots ,k - \text{Suc } 0].$
$\quad (\text{output-fun} \circ \text{i-Exec-Comp-Stream trans-fun (input} \odot_i k) \, c) \, t1 = \varepsilon)$

lemma i-Exec-Comp-Stream-Acc-Output--eq-Msg-iEx-iAll-cut-greater-conv:
$[\![\, 0 < k; \, m \neq \varepsilon; \, s = (\text{output-fun} \circ \text{i-Exec-Comp-Stream trans-fun (input} \odot_i k) \, c) \,]\!] \Longrightarrow$
$((\text{i-Exec-Comp-Stream-Acc-Output k output-fun trans-fun input c}) \, t = m) =$
$(\Diamond \, t1 \, [t * k \ldots ,k - \text{Suc } 0]. \, (\text{s } t1 = m \, \wedge$
$\quad (\Box \, t2 \, [t * k \ldots ,k - \text{Suc } 0] \downarrow > t1 . \, \text{s } t2 = \varepsilon)))$

lemma i-Exec-Comp-Stream-Acc-Output--eq-Msg-iSince-conv:
$[\![\, 0 < k; \, m \neq \varepsilon; \, s = (\text{output-fun} \circ \text{i-Exec-Comp-Stream trans-fun (input} \odot_i k) \, c) \,]\!] \Longrightarrow$
$((\text{i-Exec-Comp-Stream-Acc-Output k output-fun trans-fun input c}) \, t = m) =$
$(\text{s } t2 = \varepsilon . \, t2 \, \mathcal{S} \, t1 \, [t * k \ldots ,k - \text{Suc } 0]. \, \text{s } t1 = m)$

lemma i-Exec-Comp-Stream-Acc-Output--eq-iAll-iSince-conv:
$[\![\, 0 < k; \, s = (\text{output-fun} \circ \text{i-Exec-Comp-Stream trans-fun (input} \odot_i k) \, c) \,]\!] \Longrightarrow$
$((\text{i-Exec-Comp-Stream-Acc-Output k output-fun trans-fun input c}) \, t = m) =$
$((m = \varepsilon \longrightarrow (\Box \, t1 \, [t * k \ldots ,k - \text{Suc } 0]. \, \text{s } t1 = \varepsilon)) \, \wedge$
$\quad ((m \neq \varepsilon \longrightarrow (\text{s } t2 = \varepsilon . \, t2 \, \mathcal{S} \, t1 \, [t * k \ldots ,k - \text{Suc } 0]. \, \text{s } t1 = m))))$

Ergebnisse mit unbeschränkten Intervallen und Start/Finish-Ereignissen

Die folgenden Ergebnisse verwenden unbeschränkte Intervalle für temporallogische Operatoren und sind daher für Notationen wie LTL geeignet. Hierbei wird ein zusätzliches regelmäßiges Ereignis verwendet, dass am Beginn bzw. am Ende eines jeden Ausführungszyklus der beschleunigten Komponente (beispielsweise mithilfe eines lokalen Zählers) erzeugt wird.

lemma i-Exec-Comp-Stream-Acc-Output--eq-NoMsg-iAll-start-event-conv:
$[\![\, 0 < k; \, \bigwedge t. \, \text{event } t = (t \bmod k = 0); \, t0 = t * k;$
$\quad s = (\text{output-fun} \circ \text{i-Exec-Comp-Stream trans-fun (input} \odot_i k) \, c) \,]\!] \Longrightarrow$
$((\text{i-Exec-Comp-Stream-Acc-Output k output-fun trans-fun input c}) \, t = \varepsilon) =$
$(\text{s } t0 = \varepsilon \, \wedge \, (\bigcirc \, t' t0 \, [0 \ldots]. \, (\text{s } t1 = \varepsilon. \, t1 \, \mathcal{U} \, t2 \, [0 \ldots] \oplus t'. \, \text{event } t2)))$

lemma i-Exec-Comp-Stream-Acc-Output--eq-Msg-iUntil-start-event-conv:
$[\![\, 0 < k; \, m \neq \varepsilon; \, \bigwedge t. \, \text{event } t = (t \bmod k = 0); \, t0 = t * k;$
$\quad s = (\text{output-fun} \circ \text{i-Exec-Comp-Stream trans-fun (input} \odot_i k) \, c) \,]\!] \Longrightarrow$
$((\text{i-Exec-Comp-Stream-Acc-Output k output-fun trans-fun input c}) \, t = m) = ($
$\text{s } t0 = m \, \wedge \, (\bigcirc \, t' t0 \, [0 \ldots]. \, (\text{s } t1 = \varepsilon. \, t1 \, \mathcal{U} \, t2 \, ([0 \ldots] \oplus t'). \, \text{event } t2))) \, \vee$

$(\bigcirc t' t0\ [0\ldots]$. $(\neg$ event t1. t1 $\mathcal{U}$ t2 $([0\ldots] \oplus t')$. (
   s t2 $= m \wedge \neg$ event t2 $\wedge (\bigcirc t'' t2\ [0\ldots]$.
   (s t3 $= \varepsilon$. t3 $\mathcal{U}$ t4 $([0\ldots] \oplus t'')$. event t4$))))))$

lemma i-Exec-Comp-Stream-Acc-Output--eq-NoMsg-iAll-finish-event-conv:
   $[\![$ Suc 0 $<$ k; $\bigwedge$ t. event t $= (t \bmod k = k - $ Suc 0$)$; t0 $= t * k$;
   s $= ($output-fun $\circ$ i-Exec-Comp-Stream trans-fun (input $\odot_i$ k) c$)$ $]\!] \Longrightarrow$
   $(($i-Exec-Comp-Stream-Acc-Output k output-fun trans-fun input c$)$ t $= \varepsilon) =$
   (s t0 $= \varepsilon \wedge (\bigcirc t' t0\ [0\ldots]$. (s t1 $= \varepsilon$. t1 $\mathcal{U}$ t2 $[0\ldots] \oplus t'$. event t2 $\wedge$ s t2 $= \varepsilon)))$
lemma i-Exec-Comp-Stream-Acc-Output--eq-Msg-iUntil-finish-event-conv:
   $[\![$ 0 $<$ k; m $\neq \varepsilon$; $\bigwedge$ t. event t $= (t \bmod k = k - $ Suc 0$)$; t0 $= t * k$;
   s $= ($output-fun $\circ$ i-Exec-Comp-Stream trans-fun (input $\odot_i$ k) c$)$ $]\!] \Longrightarrow$
   $(($i-Exec-Comp-Stream-Acc-Output k output-fun trans-fun input c$)$ t $= m) =$
   $((\neg$ event t1. t1 $\mathcal{U}$ t2 $([0\ldots] \oplus t0)$. event t2 $\wedge$ s t2 $= m) \vee$
   $(\neg$ event t1. t1 $\mathcal{U}$ t2 $([0\ldots] \oplus t0)$. $(\neg$ event t2 $\wedge$ s t2 $= m \wedge ($
   $\bigcirc t' t2\ [0\ldots]$. (s t3 $= \varepsilon$. t3 $\mathcal{U}$ t4 $([0\ldots] \oplus t')$. event t4 $\wedge$ s t4 $= \varepsilon)))))$

Ergebnisse mit Leerlaufzuständen

Die folgenden Ergebnisse verwenden sowohl beschränkte als auch unbeschränkte Intervalle für temporallogische Operatoren und sind daher, je nach verwendeten Intervallen, für Notationen wie LTL oder wie MTL, TPTL geeignet. Hierbei wird vorausgesetzt, dass die betrachtete Komponente im Laufe des Ausführungszyklus einen Leerlaufzustand erreicht.
   lemma i-Exec-Comp-Stream-Acc-Output--eq-NoMsg-State-Idle-conv:
   $[\![$ 0 $<$ k;
   State-Idle localState output-fun trans-fun (
      i-Exec-Comp-Stream-Acc-LocalState k localState trans-fun input c t);
   t0 $= t * k$;
   s $=$ i-Exec-Comp-Stream trans-fun (input $\odot_i$ k) c $]\!] \Longrightarrow$
   (i-Exec-Comp-Stream-Acc-Output k output-fun trans-fun input c t $= \varepsilon) =$
   (output-fun (s t1) $= \varepsilon$. t1 $\mathcal{U}$ t2 $([0\ldots] \oplus t0)$. (
      output-fun (s t2) $= \varepsilon \wedge$ State-Idle localState output-fun trans-fun (localState (s t2))))

Formulierungen mit beschränkten Intervallen (geeignet für MTL, TPTL u. a.).
   lemma i-Exec-Comp-Stream-Acc-Output--eq-Msg-State-Idle-conv2:
   $[\![$ Suc 0 $<$ k;
   State-Idle localState output-fun trans-fun (
      i-Exec-Comp-Stream-Acc-LocalState k localState trans-fun input c t);
   m $\neq \varepsilon$;
   t0 $= t * k$;
   s $=$ i-Exec-Comp-Stream trans-fun (input $\odot_i$ k) c $]\!] \Longrightarrow$
   (i-Exec-Comp-Stream-Acc-Output k output-fun trans-fun input c t $= m) =$
   $(\diamondsuit$ t1 $[0\ldots, k - $ Suc 0$] \oplus t0$. (
      output-fun (s t1) $= m \wedge$
      (State-Idle localState output-fun trans-fun (localState (s t1)) $\vee$
      $(\bigcirc$ t2 t1 $[0\ldots]$.
      ((output-fun (s t3) $= \varepsilon$. t3 $\mathcal{U}$ t4 $([0\ldots] \oplus t2)$.
      (output-fun (s t4) $= \varepsilon \wedge$

State-Idle localState output-fun trans-fun (localState (s t4)))))))))

lemma i-Exec-Comp-Stream-Acc-Output--eq-Msg-State-Idle-conv2′:

$\llbracket$ Suc 0 < k;

  State-Idle localState output-fun trans-fun (

    i-Exec-Comp-Stream-Acc-LocalState k localState trans-fun input c t);

  m ≠ ε;

  t0 = t ∗ k;

  s = i-Exec-Comp-Stream trans-fun (input $\odot_i$ k) c $\rrbracket$ $\Longrightarrow$

(i-Exec-Comp-Stream-Acc-Output k output-fun trans-fun input c t = m) =

(($\Diamond$ t1 [0..., k − Suc 0] $\oplus$ t0. (

    output-fun (s t1) = m ∧ State-Idle localState output-fun trans-fun (localState (s t1)))) ∨

($\Diamond$ t1 [0..., k − Suc 0] $\oplus$ t0. (

    ((output-fun (s t1) = m) ∧

    ($\bigcirc$ t2 t1 [0...].

      ((output-fun (s t3) = ε. t3 $\mathcal{U}$ t4 ([0...] $\oplus$ t2).

      (output-fun (s t4) = ε ∧

      State-Idle localState output-fun trans-fun (localState (s t4)))))))))))

lemma i-Exec-Comp-Stream-Acc-Output--eq-iAll-iUntil-State-Idle-conv2:

$\llbracket$ Suc 0 < k;

  State-Idle localState output-fun trans-fun (

    i-Exec-Comp-Stream-Acc-LocalState k localState trans-fun input c t);

  t0 = t ∗ k;

  s = i-Exec-Comp-Stream trans-fun (input $\odot_i$ k) c $\rrbracket$ $\Longrightarrow$

(i-Exec-Comp-Stream-Acc-Output k output-fun trans-fun input c t = m) = (

(m − ε $\longrightarrow$

  (output-fun (s t1) = ε. t1 $\mathcal{U}$ t2 ([0...] $\oplus$ t0). (

  output-fun (s t2) = ε ∧ State-Idle localState output-fun trans-fun (localState (s t2)))))) ∧

(m ≠ ε $\longrightarrow$

  ($\Diamond$ t1 [0..., k − Suc 0] $\oplus$ t0. (

  output-fun (s t1) = m ∧

  (State-Idle localState output-fun trans-fun (localState (s t1)) ∨

  ($\bigcirc$ t2 t1 [0...].

    ((output-fun (s t3) = ε. t3 $\mathcal{U}$ t4 ([0...] $\oplus$ t2).

    (output-fun (s t4) = ε ∧

    State-Idle localState output-fun trans-fun (localState (s t4)))))))))))))

Formulierungen mit unbeschränkten Intervallen (geeignet für LTL u. a.).

lemma i-Exec-Comp-Stream-Acc-Output--eq-Msg-State-Idle-conv:

$\llbracket$ Suc 0 < k;

  State-Idle localState output-fun trans-fun (

    i-Exec-Comp-Stream-Acc-LocalState k localState trans-fun input c t);

  m ≠ ε;

  t0 = t ∗ k;

  s = i-Exec-Comp-Stream trans-fun (input $\odot_i$ k) c $\rrbracket$ $\Longrightarrow$

(i-Exec-Comp-Stream-Acc-Output k output-fun trans-fun input c t = m) =

(((¬ State-Idle localState output-fun trans-fun (localState (s t2))). t2 $\mathcal{U}$ t1 [0...] $\oplus$ t0.

  (output-fun (s t1) = m ∧

  (State-Idle localState output-fun trans-fun (localState (s t1)) ∨

$(\bigcirc$ t3 t1 $[0\ldots])$.
$((\text{output-fun} \ (\text{s t4}) = \varepsilon.$ t4 $\mathcal{U}$ t5 $([0\ldots] \oplus$ t3$)$.
(output-fun $(\text{s t5}) = \varepsilon \wedge$
State-Idle localState output-fun trans-fun (localState $(\text{s t5})))))))))))$
lemma i-Exec-Comp-Stream-Acc-Output--eq-Msg-State-Idle-conv':
$[\![$ Suc $0 < $ k;
State-Idle localState output-fun trans-fun (
i-Exec-Comp-Stream-Acc-LocalState k localState trans-fun input c t);
m $\neq \varepsilon$;
t0 $=$ t $*$ k;
s $=$ i-Exec-Comp-Stream trans-fun (input $\odot_i$ k) c $]\!] \Longrightarrow$
(i-Exec-Comp-Stream-Acc-Output k output-fun trans-fun input c t $=$ m) $=$
$(((\neg$ State-Idle localState output-fun trans-fun (localState $(\text{s t2})))$. t2 $\mathcal{U}$ t1 $[0\ldots] \oplus$ t0.
(output-fun $(\text{s t1}) =$ m $\wedge$ State-Idle localState output-fun trans-fun (localState $(\text{s t1})))))$ $\vee$
$((\neg$ State-Idle localState output-fun trans-fun (localState $(\text{s t2})))$. t2 $\mathcal{U}$ t1 $[0\ldots] \oplus$ t0.
(output-fun $(\text{s t1}) =$ m $\wedge$
$(\bigcirc$ t3 t1 $[0\ldots])$.
$((\text{output-fun} \ (\text{s t4}) = \varepsilon.$ t4 $\mathcal{U}$ t5 $([0\ldots] \oplus$ t3$)$.
(output-fun $(\text{s t5}) = \varepsilon \wedge$ State-Idle localState output-fun trans-fun (localState $(\text{s t5}))))))))))$

lemma i-Exec-Comp-Stream-Acc-Output--eq-iUntil-State-Idle-conv:
$[\![$ Suc $0 < $ k;
State-Idle localState output-fun trans-fun (
i-Exec-Comp-Stream-Acc-LocalState k localState trans-fun input c t);
t0 $=$ t $*$ k;
s $=$ i-Exec-Comp-Stream trans-fun (input $\odot_i$ k) c $]\!] \Longrightarrow$
(i-Exec-Comp-Stream-Acc-Output k output-fun trans-fun input c t $=$ m) $=$ (
(m $= \varepsilon \longrightarrow$
(output-fun $(\text{s t1}) = \varepsilon.$ t1 $\mathcal{U}$ t2 $([0\ldots] \oplus$ t0). (
output-fun $(\text{s t2}) = \varepsilon \wedge$ State-Idle localState output-fun trans-fun (localState $(\text{s t2})))))$ $\wedge$
(m $\neq \varepsilon \longrightarrow$
$(((\neg$ State-Idle localState output-fun trans-fun (localState $(\text{s t2})))$. t2 $\mathcal{U}$ t1 $[0\ldots] \oplus$ t0.
(output-fun $(\text{s t1}) =$ m $\wedge$
(State-Idle localState output-fun trans-fun (localState $(\text{s t1}))$ $\vee$
$(\bigcirc$ t3 t1 $[0\ldots])$.
$((\text{output-fun} \ (\text{s t4}) = \varepsilon.$ t4 $\mathcal{U}$ t5 $([0\ldots] \oplus$ t3$)$.
(output-fun $(\text{s t5}) = \varepsilon \wedge$
State-Idle localState output-fun trans-fun (localState $(\text{s t5}))))))))))))))$

Hinreichende Bedingungen für die Ausgabe einer nichtleeren Nachricht:
corollary i-Exec-Comp-Stream-Acc-Output--eq-Msg-State-Idle-iEx-imp1:
$[\![$ Suc $0 < $ k;
State-Idle localState output-fun trans-fun (
i-Exec-Comp-Stream-Acc-LocalState k localState trans-fun input c t);
m $\neq \varepsilon$;
t0 $=$ t $*$ k;
s $=$ i-Exec-Comp-Stream trans-fun (input $\odot_i$ k) c;
$(\diamondsuit$ t1 $[0\ldots,$ k $-$ Suc $0] \oplus$ t0. (
output-fun $(\text{s t1}) =$ m $\wedge$

State-Idle localState output-fun trans-fun (localState (s t1)))) $]\!] \Longrightarrow$
i-Exec-Comp-Stream-Acc-Output k output-fun trans-fun input c t = m
corollary i-Exec-Comp-Stream-Acc-Output--eq-Msg-State-Idle-iEx-imp2:
$[\![$ Suc 0 < k;
  State-Idle localState output-fun trans-fun (
    i-Exec-Comp-Stream-Acc-LocalState k localState trans-fun input c t);
  m ≠ ε;
  t0 = t * k;
  s = i-Exec-Comp-Stream trans-fun (input ⊙$_i$ k) c;
  ◇ t1 [0..., k − Suc 0] ⊕ t0. (
    ((output-fun (s t1) = m) ∧
    (◯ t2 t1 [0...].
    ((output-fun (s t3) = ε. t3 $\mathcal{U}$ t4 ([0...] ⊕ t2).
    (output-fun (s t4) = ε ∧
      State-Idle localState output-fun trans-fun (localState (s t4)))))))))) $]\!] \Longrightarrow$
i-Exec-Comp-Stream-Acc-Output k output-fun trans-fun input c t = m

lemma i-Exec-Comp-Stream-Acc-Output--eq-Msg-State-Idle-iUntil-imp1:
$[\![$ Suc 0 < k;
  State-Idle localState output-fun trans-fun (
    i-Exec-Comp-Stream-Acc-LocalState k localState trans-fun input c t);
  m ≠ ε;
  t0 = t * k;
  s = i-Exec-Comp-Stream trans-fun (input ⊙$_i$ k) c;
  (¬ State-Idle localState output-fun trans-fun (localState (s t2))). t2 $\mathcal{U}$ t1 [0...] ⊕ t0.
  (output-fun (s t1) = m ∧
    State-Idle localState output-fun trans-fun (localState (s t1))) $]\!] \Longrightarrow$
i-Exec-Comp-Stream-Acc-Output k output-fun trans-fun input c t = m
lemma i-Exec-Comp-Stream-Acc-Output--eq-Msg-State-Idle-iUntil-imp2:
$[\![$ Suc 0 < k;
  State-Idle localState output-fun trans-fun (
    i-Exec-Comp-Stream-Acc-LocalState k localState trans-fun input c t);
  m ≠ ε;
  t0 = t * k;
  s = i-Exec-Comp-Stream trans-fun (input ⊙$_i$ k) c;
  (¬ State-Idle localState output-fun trans-fun (localState (s t2))). t2 $\mathcal{U}$ t1 [0...] ⊕ t0.
  (output-fun (s t1) = m ∧
  (◯ t3 t1 [0...].
  ((output-fun (s t4) = ε. t4 $\mathcal{U}$ t5 ([0...] ⊕ t3).
    (output-fun (s t5) = ε ∧
      State-Idle localState output-fun trans-fun (localState (s t5))))))))) $]\!] \Longrightarrow$
i-Exec-Comp-Stream-Acc-Output k output-fun trans-fun input c t = m

Ergebnisse für Notationen LTL, MTL, TPTL

TPTL-Formulierungen:
  lemma TPTL-i-Exec-Comp-Stream-Acc-Output--eq-NoMsg-iAll-conv:
    0 < k $\Longrightarrow$

let
  int-exec = i-Exec-Comp-Stream trans-fun (input $\odot_i$ k) c;
  int-out = output-fun ∘ int-exec;
  ext-out = i-Exec-Comp-Stream-Acc-Output k output-fun trans-fun input c;
  nomsg = $'(\lambda x.\ x = \varepsilon)$
in
(ext-out t = ε) =
(int-out $\models_{tptl}$ (t ∗ k) (t0. $\Box'$ (t1. (
  $''($Var$'$t1 $<'$ Var$'$t0 $+'$ Const$'$k) $\longrightarrow'$ nomsg))))
lemma TPTL-i-Exec-Comp-Stream-Acc-Output--eq-Msg-iEx-iAll-conv:
⟦ 0 < k; m ≠ ε ⟧ $\Longrightarrow$
let
  int-exec = i-Exec-Comp-Stream trans-fun (input $\odot_i$ k) c;
  int-out = output-fun ∘ int-exec;
  ext-out = i-Exec-Comp-Stream-Acc-Output k output-fun trans-fun input c;
  msg = $'(\lambda x.\ x = m)$;
  nomsg = $'(\lambda x.\ x = \varepsilon)$
in
(ext-out t = m) =
(int-out $\models_{tptl}$ (t ∗ k) (t0. $\Diamond'$ (t1. (
  $''($Var$'$t1 $<'$ Var$'$t0 $+'$ Const$'$k) $\wedge'$ msg $\wedge'$
  ∘$'$ $\Box'$ (t2. ($''($Var$'$t2 $<'$ Var$'$t0 $+'$ Const$'$k) $\longrightarrow'$ nomsg))))))

TPTL-Formulierungen mit Leerlaufzuständen:
lemma TPTL-i-Exec-Comp-Stream-Acc-Output--eq-NoMsg-State-Idle-conv:
⟦ 0 < k;
  State-Idle localState output-fun trans-fun
    (i-Exec-Comp-Stream-Acc-LocalState k localState trans-fun input c t) ⟧ $\Longrightarrow$
let
  int-exec = i-Exec-Comp-Stream trans-fun (input $\odot_i$ k) c;
  ext-out = i-Exec-Comp-Stream-Acc-Output k output-fun trans-fun input c;
  nomsg = $'(\lambda x.$ output-fun x = $\varepsilon)$;
  idle = $'(\lambda x.$ State-Idle localState output-fun trans-fun (localState x))
in
(ext-out t = ε) =
(int-exec $\models_{tptl}$ (t ∗ k) (nomsg U$'$ (nomsg $\wedge'$ idle)))
lemma TPTL-i-Exec-Comp-Stream-Acc-Output--eq-Msg-State-Idle-conv:
⟦ 1 < k; m ≠ ε;
  State-Idle localState output-fun trans-fun
    (i-Exec-Comp-Stream-Acc-LocalState k localState trans-fun input c t) ⟧ $\Longrightarrow$
let
  int-exec = i-Exec-Comp-Stream trans-fun (input $\odot_i$ k) c;
  int-out = output-fun ∘ int-exec;
  ext-out = i-Exec-Comp-Stream-Acc-Output k output-fun trans-fun input c;
  msg = $'(\lambda x.$ output-fun x = m);
  nomsg = $'(\lambda x.$ output-fun x = $\varepsilon)$;
  idle = $'(\lambda x.$ State-Idle localState output-fun trans-fun (localState x))
in
(ext-out t = m) =

$(\text{int-exec} \models_{tptl} (t * k) (t0. \lozenge' t1. ($
$''(\text{Var}' t1 <' \text{Var}' t0 +' \text{Const}' k) \wedge' \text{msg} \wedge' (\text{idle} \vee' \circ' (\text{nomsg } U' (\text{nomsg} \wedge' \text{idle})))))))$

Eine äquivalente Formulierung mit verteilter Disjunktion:

lemma TPTL-i-Exec-Comp-Stream-Acc-Output--eq-Msg-State-Idle-conv':

$\llbracket 1 < k; m \neq \varepsilon;$
State-Idle localState output-fun trans-fun
(i-Exec-Comp-Stream-Acc-LocalState k localState trans-fun input c t) $\rrbracket \implies$
let
int-exec = i-Exec-Comp-Stream trans-fun (input $\odot_i$ k) c;
int-out = output-fun $\circ$ int-exec;
ext-out = i-Exec-Comp-Stream-Acc-Output k output-fun trans-fun input c;
($*$ Explicit typing to disambiguate the lemma expression and thus
to reduce number of possible syntax trees and with it the parsing time:
$'(\lambda x. m = \varepsilon)$ is equivalent to (TPTLAtom $(\lambda x. m = \varepsilon))$,
but the latter produces only one syntax tree. $*$)
msg   = TPTLAtom $(\lambda x. \text{output-fun } x = m)$;
nomsg = TPTLAtom $(\lambda x. \text{output-fun } x = \varepsilon)$;
idle = TPTLAtom $(\lambda x. \text{State-Idle localState output-fun trans-fun (localState x)})$
in
$(\text{ext-out } t = m) =$
$(\text{int-exec} \models_{tptl} (t * k) ($
$(t0. \lozenge' t1. (''(\text{Var}' t1 <' \text{Var}' t0 +' \text{Const}' k) \wedge' \text{msg} \wedge' \text{idle})) \vee'$
$(t0. \lozenge' t1. (''(\text{Var}' t1 <' \text{Var}' t0 +' \text{Const}' k) \wedge' \text{msg} \wedge' \circ' (\text{nomsg } U' (\text{nomsg} \wedge' \text{idle})))))))$

lemma TPTL-i-Exec-Comp-Stream-Acc-Output--eq-iAll-iUntil-State-Idle-conv:

$\llbracket 1 \backsim k,$
State-Idle localState output-fun trans-fun
(i-Exec-Comp-Stream-Acc-LocalState k localState trans-fun input c t) $\rrbracket \implies$
let
int-exec = i-Exec-Comp-Stream trans-fun (input $\odot_i$ k) c;
int-out = output-fun $\circ$ int-exec;
ext-out = i-Exec-Comp-Stream-Acc-Output k output-fun trans-fun input c;
($*$ Explicit typing to disambiguate the lemma expression and thus
to reduce number of possible syntax trees and with it the parsing time:
$'(\lambda x. m = \varepsilon)$ is equivalent to (TPTLAtom $(\lambda x. m = \varepsilon))$,
but the latter produces only one syntax tree. $*$)
m-eq-NoMsg = TPTLAtom $(\lambda x. m = \varepsilon)$;
m-neq-NoMsg = TPTLAtom $(\lambda x. m \neq \varepsilon)$;
msg   = TPTLAtom $(\lambda x. \text{output-fun } x = m)$;
nomsg = TPTLAtom $(\lambda x. \text{output-fun } x = \varepsilon)$;
idle = TPTLAtom $(\lambda x. \text{State-Idle localState output-fun trans-fun (localState x)})$
in
$(\text{ext-out } t = m) =$
$(\text{int-exec} \models_{tptl} (t * k) ($
$(\text{m-eq-NoMsg} \longrightarrow'$
$(\text{nomsg } U' (\text{nomsg} \wedge' \text{idle}))) \wedge'$
$(\text{m-neq-NoMsg} \longrightarrow' ($
$(t0. \lozenge' t1. (''(\text{Var}' t1 <' \text{Var}' t0 +' \text{Const}' k) \wedge' \text{msg} \wedge'$
$(\text{idle} \vee' \circ' (\text{nomsg } U' (\text{nomsg} \wedge' \text{idle}))))))))))$

Hinreichende Bedingungen für die Ausgabe einer nichtleeren Nachricht:

lemma TPTL-i-Exec-Comp-Stream-Acc-Output--eq-Msg-State-Idle-iEx-imp1:

$\llbracket$ $1 < k$; $m \neq \varepsilon$;

State-Idle localState output-fun trans-fun

  (i-Exec-Comp-Stream-Acc-LocalState k localState trans-fun input c t) $\rrbracket$ $\Longrightarrow$

let

  int-exec $=$ i-Exec-Comp-Stream trans-fun (input $\odot_i$ k) c;

  ext-out $=$ i-Exec-Comp-Stream-Acc-Output k output-fun trans-fun input c;

  msg $\ = \ '(\lambda x.\ \text{output-fun}\ x = m)$;

  idle $= \ '(\lambda x.\ \text{State-Idle localState output-fun trans-fun (localState x)})$

in

$(\text{int-exec} \models_{tptl} (t * k)\ (t0.\ \Diamond' t1.\ (''(\text{Var}' t1 <' \text{Var}' t0 +' \text{Const}' k) \wedge' \text{msg} \wedge' \text{idle}))) \longrightarrow$

$(\text{ext-out}\ t = m)$

lemma TPTL-i-Exec-Comp-Stream-Acc-Output--eq-Msg-State-Idle-iEx-imp2:

$\llbracket$ $1 < k$; $m \neq \varepsilon$;

State-Idle localState output-fun trans-fun

  (i-Exec-Comp-Stream-Acc-LocalState k localState trans-fun input c t) $\rrbracket$ $\Longrightarrow$

let

  int-exec $=$ i-Exec-Comp-Stream trans-fun (input $\odot_i$ k) c;

  ext-out $=$ i-Exec-Comp-Stream-Acc-Output k output-fun trans-fun input c;

  msg $\ = \ '(\lambda x.\ \text{output-fun}\ x = m)$;

  nomsg $= \ '(\lambda x.\ \text{output-fun}\ x = \varepsilon)$;

  idle $= \ '(\lambda x.\ \text{State-Idle localState output-fun trans-fun (localState x)})$

in

$(\text{int-exec} \models_{tptl} (t * k)\ (t0.\ \Diamond' t1.\ ($

$''(\text{Var}' t1 <' \text{Var}' t0 +' \text{Const}' k) \wedge' \text{msg} \wedge' \circ' (\text{nomsg}\ U'(\text{nomsg} \wedge' \text{idle}))))) \longrightarrow$

$(\text{ext-out}\ t = m)$

MTL-Formulierungen:

lemma MTL-i-Exec-Comp-Stream-Acc-Output--eq-NoMsg-iAll-conv:

$0 < k \Longrightarrow$

let

  int-exec $=$ i-Exec-Comp-Stream trans-fun (input $\odot_i$ k) c;

  int-out $=$ output-fun $\circ$ int-exec;

  ext-out $=$ i-Exec-Comp-Stream-Acc-Output k output-fun trans-fun input c;

  nomsg $= \ '(\lambda x.\ x = \varepsilon)$

in

$(\text{ext-out}\ t = \varepsilon\ ) =$

$(\text{int-out} \models_{mtl} (t * k)\ \Box'[\leq k - 1]\ \text{nomsg})$

lemma MTL-i-Exec-Comp-Stream-Acc-Output--eq-Msg-iSince-conv:

$\llbracket$ $0 < k$; $m \neq \varepsilon$ $\rrbracket$ $\Longrightarrow$

let

  int-exec $=$ i-Exec-Comp-Stream trans-fun (input $\odot_i$ k) c;

  int-out $=$ output-fun $\circ$ int-exec;

  ext-out $=$ i-Exec-Comp-Stream-Acc-Output k output-fun trans-fun input c;

  msg $\ = \ '(\lambda x.\ x = m)$;

  nomsg $= \ '(\lambda x.\ x = \varepsilon)$

in

(ext-out t = m) =
(int-out $\models_{mtl}$ (t ∗ k) $\Box'$[k − 1;k − 1] (nomsg S′[≤k − 1] msg))
lemma MTL-i-Exec-Comp-Stream-Acc-Output--eq-iAll-iSince-conv:
0 < k ⟹
let
  int-exec = i-Exec-Comp-Stream trans-fun (input $\odot_i$ k) c;
  int-out = output-fun ∘ int-exec;
  ext-out = i-Exec-Comp-Stream-Acc-Output k output-fun trans-fun input c;
  m-eq-NoMsg = ′(λx. m = ε);
  m-neq-NoMsg = ′(λx. m ≠ ε);
  msg = ′(λx. x = m);
  nomsg = ′(λx. x = ε)
in
(ext-out t = m) =
(int-out $\models_{mtl}$ (t ∗ k) (
  (m-eq-NoMsg ⟶′($\Box'$[≤k − 1] nomsg)) ∧′
  (m-neq-NoMsg ⟶′($\Box'$[k − 1;k − 1] (nomsg S′[≤k − 1] msg)))))

MTL-Formulierungen mit Leerlaufzuständen:
lemma MTL-i-Exec-Comp-Stream-Acc-Output--eq-NoMsg-State-Idle-conv:
⟦ 0 < k;
  State-Idle localState output-fun trans-fun
    (i-Exec-Comp-Stream-Acc-LocalState k localState trans-fun input c t) ⟧ ⟹
let
  int-exec = i-Exec-Comp-Stream trans-fun (input $\odot_i$ k) c;
  ext-out = i-Exec-Comp-Stream-Acc-Output k output-fun trans-fun input c;
  nomsg = ′(λx. output-fun x = ε);
  idle = ′(λx. State-Idle localState output-fun trans-fun (localState x))
in
(ext-out t = ε) =
(int-exec $\models_{mtl}$ (t ∗ k) (nomsg U′[≥0] (nomsg ∧′idle)))
lemma MTL-i-Exec-Comp-Stream-Acc-Output--eq-Msg-State-Idle-conv:
⟦ 1 < k; m ≠ ε;
  State-Idle localState output-fun trans-fun
    (i-Exec-Comp-Stream-Acc-LocalState k localState trans-fun input c t) ⟧ ⟹
let
  int-exec = i-Exec-Comp-Stream trans-fun (input $\odot_i$ k) c;
  int-out = output-fun ∘ int-exec;
  ext-out = i-Exec-Comp-Stream-Acc-Output k output-fun trans-fun input c;
  msg = ′(λx. output-fun x = m);
  nomsg = ′(λx. output-fun x = ε);
  idle = ′(λx. State-Idle localState output-fun trans-fun (localState x))
in
(ext-out t = m) =
(int-exec $\models_{mtl}$ (t ∗ k) ($\Diamond'$[≤k − 1]
  (msg ∧′(idle ∨′(nomsg U′[≥1] (nomsg ∧′idle))))))
Eine äquivalente Formulierung mit verteilter Disjunktion:
lemma MTL-i-Exec-Comp-Stream-Acc-Output--eq-Msg-State-Idle-conv′:
⟦ 1 < k; m ≠ ε;

State-Idle localState output-fun trans-fun
  (i-Exec-Comp-Stream-Acc-LocalState k localState trans-fun input c t)] $\Longrightarrow$
let
int-exec = i-Exec-Comp-Stream trans-fun (input $\odot_i$ k) c;
int-out = output-fun $\circ$ int-exec;
ext-out = i-Exec-Comp-Stream-Acc-Output k output-fun trans-fun input c;
msg   = $'(\lambda$x. output-fun x = m);
nomsg = $'(\lambda$x. output-fun x = ε);
idle = $'(\lambda$x. State-Idle localState output-fun trans-fun (localState x))
in
(ext-out t = m) =
(int-exec $\models_{mtl}$ (t $*$ k) (
  ($\Diamond'[\leq$k $-$ 1] (msg $\wedge'$ idle)) $\vee'$
  ($\Diamond'[\leq$k $-$ 1] (msg $\wedge'$ (nomsg U$'[\geq$1] (nomsg $\wedge'$ idle)))))))
lemma MTL-i-Exec-Comp-Stream-Acc-Output--eq-iAll-iUntil-State-Idle-conv:
[1 < k;
State-Idle localState output-fun trans-fun
  (i-Exec-Comp-Stream-Acc-LocalState k localState trans-fun input c t)] $\Longrightarrow$
let
int-exec = i-Exec-Comp-Stream trans-fun (input $\odot_i$ k) c;
int-out = output-fun $\circ$ int-exec;
ext-out = i-Exec-Comp-Stream-Acc-Output k output-fun trans-fun input c;
($*$ Explicit typing to disambiguate the lemma expression and thus
  to reduce number of possible syntax trees and with it the parsing time:
  $'(\lambda$x. m = ε) is equivalent to (MTLAtom (λx. m = ε)),
  but the latter produces only one syntax tree.
$*$)
m-eq-NoMsg = MTLAtom (λx. m = ε);
m-neq-NoMsg = MTLAtom (λx. m $\neq$ ε);
msg   = MTLAtom (λx. output-fun x = m);
nomsg = MTLAtom (λx. output-fun x = ε);
idle = MTLAtom (λx. State-Idle localState output-fun trans-fun (localState x))
in
(ext-out t = m) =
(int-exec $\models_{mtl}$ (t $*$ k) (
  (m-eq-NoMsg $\longrightarrow'$
  (nomsg U$'[\geq$0] (nomsg $\wedge'$ idle))) $\wedge'$
  (m-neq-NoMsg $\longrightarrow'$ (
    ($\Diamond'[\leq$k $-$ 1] (msg $\wedge'$ (idle $\vee'$ nomsg U$'[\geq$1] (nomsg $\wedge'$ idle)))))))))

Hinreichende Bedingungen für die Ausgabe einer nichtleeren Nachricht:
lemma MTL-i-Exec-Comp-Stream-Acc-Output--eq-Msg-State-Idle-iEx-imp1:
[1 < k; m $\neq$ ε;
State-Idle localState output-fun trans-fun
  (i-Exec-Comp-Stream-Acc-LocalState k localState trans-fun input c t)] $\Longrightarrow$
let
int-exec = i-Exec-Comp-Stream trans-fun (input $\odot_i$ k) c;
ext-out = i-Exec-Comp-Stream-Acc-Output k output-fun trans-fun input c;
msg   = $'(\lambda$x. output-fun x = m);

idle = $'(\lambda x$. State-Idle localState output-fun trans-fun (localState x))
in
(int-exec $\models_{mtl}$ (t $*$ k) ($\Diamond'[\leq k - 1]$ (msg $\wedge'$ idle))) $\longrightarrow$
(ext-out t = m)
lemma MTL-i-Exec-Comp-Stream-Acc-Output--eq-Msg-State-Idle-iEx-imp2:
$\llbracket$ 1 < k; m $\neq \varepsilon$;
State-Idle localState output-fun trans-fun
(i-Exec-Comp-Stream-Acc-LocalState k localState trans-fun input c t) $\rrbracket \Longrightarrow$
let
int-exec = i-Exec-Comp-Stream trans-fun (input $\odot_i$ k) c;
ext-out = i-Exec-Comp-Stream-Acc-Output k output-fun trans-fun input c;
msg   = $'(\lambda x$. output-fun x = m);
nomsg = $'(\lambda x$. output-fun x = ε);
idle = $'(\lambda x$. State-Idle localState output-fun trans-fun (localState x))
in
(int-exec $\models_{mtl}$ (t $*$ k) ($\Diamond'[\leq k - 1]$ (msg $\wedge'$ (nomsg U$'[\geq 1]$ (nomsg $\wedge'$ idle)))))) $\longrightarrow$
(ext-out t = m)

LTL-Formulierungen mit Start/Finish-Ereignissen:

lemma PTL-i-Exec-Comp-Stream-Acc-Output--eq-NoMsg-iAll-start-event-conv:
$\llbracket$ 0 < k; $\bigwedge$t. event t = (t mod k = 0); t0 = t $*$ k $\rrbracket \Longrightarrow$
let
ext-out = i-Exec-Comp-Stream-Acc-Output k output-fun trans-fun input c;
int-exec = λi. (i-Exec-Comp-Stream trans-fun (input $\odot_i$ k) c i, event i);
event$'$ = $'(\lambda x$. snd x);
nomsg = $'(\lambda x$. output-fun (fst x) = ε)
in
(ext-out t = ε) =
(int-exec $\models_{ptl}$ t0 (nomsg $\wedge' \bigcirc'$ (nomsg U$'$ event$'$)))
lemma PTL-i-Exec-Comp-Stream-Acc-Output--eq-Msg-iUntil-start-event-conv:
$\llbracket$ 0 < k; m $\neq \varepsilon$; $\bigwedge$t. event t = (t mod k = 0); t0 = t $*$ k $\rrbracket \Longrightarrow$
let
ext-out = i-Exec-Comp-Stream-Acc-Output k output-fun trans-fun input c;
int-exec = λi. (i-Exec-Comp-Stream trans-fun (input $\odot_i$ k) c i, event i);
event$'$ = $'(\lambda x$. snd x);
nomsg = $'(\lambda x$. output-fun (fst x) = ε);
msg = $'(\lambda x$. output-fun (fst x) = m)
in
(ext-out t = m) =
(int-exec $\models_{ptl}$ t0 (
(msg $\wedge' \bigcirc'$ (nomsg U$'$ event$'$)) $\vee'$
($\bigcirc'((\neg'$ event$')$ U$'$ (msg $\wedge' \neg'$ event$' \wedge' \bigcirc'$ (nomsg U$'$ event$'$))))))
lemma PTL-i-Exec-Comp-Stream-Acc-Output--eq-NoMsg-iAll-finish-event-conv:
$\llbracket$ 1 < k; $\bigwedge$t. event t = (t mod k = k - 1); t0 = t $*$ k $\rrbracket \Longrightarrow$
let
ext-out = i-Exec-Comp-Stream-Acc-Output k output-fun trans-fun input c;
int-exec = λi. (i-Exec-Comp-Stream trans-fun (input $\odot_i$ k) c i, event i);
event$'$ = $'(\lambda x$. snd x);
nomsg = $'(\lambda x$. output-fun (fst x) = ε)

in

(ext-out $t = \varepsilon$) =

(int-exec $\models_{ptl}$ t0 (nomsg $\wedge'\bigcirc'$ (nomsg U' (event' $\wedge'$ nomsg))))

lemma PTL-i-Exec-Comp-Stream-Acc-Output--eq-Msg-iUntil-finish-event-conv:

$[\![$ 0 < k; m $\neq \varepsilon$; $\bigwedge$t. event t = (t mod k = k − 1); t0 = t ∗ k $]\!] \Longrightarrow$

let

    ext-out = i-Exec-Comp-Stream-Acc-Output k output-fun trans-fun input c;

    int-exec = λi. (i-Exec-Comp-Stream trans-fun (input $\odot_i$ k) c i, event i);

    event' = '(λx. snd x);

    nomsg = '(λx. output-fun (fst x) = ε);

    msg = '(λx. output-fun (fst x) = m)

in

(ext-out t = m) =

(int-exec $\models_{ptl}$ t0 (

    ((¬' event') U' (event' $\wedge'$ msg)) $\vee'$

    ((¬' event') U' ((¬' event') $\wedge'$ msg $\wedge'\bigcirc'$ (nomsg U' (event' $\wedge'$ nomsg)))))))

LTL-Formulierungen mit Leerlaufzuständen:

lemma PTL-i-Exec-Comp-Stream-Acc-Output--eq-NoMsg-State-Idle-conv:

$[\![$ 0 < k; State-Idle localState output-fun trans-fun

    (i-Exec-Comp-Stream-Acc-LocalState k localState trans-fun input c t);

t0 = t ∗ k $]\!] \Longrightarrow$

let

    ext-out = i-Exec-Comp-Stream-Acc-Output k output-fun trans-fun input c;

    int-exec = i-Exec-Comp-Stream trans-fun (input $\odot_i$ k) c;

    nomsg = '(λx. output-fun x = ε);

    idle = '(λx. State-Idle localState output-fun trans-fun (localState x))

in

(ext-out t = ε) =

(int-exec $\models_{ptl}$ t0 (nomsg U' (nomsg $\wedge'$ idle)))

lemma PTL-i-Exec-Comp-Stream-Acc-Output--eq-Msg-State-Idle-conv:

$[\![$ 1 < k; State-Idle localState output-fun trans-fun

    (i-Exec-Comp-Stream-Acc-LocalState k localState trans-fun input c t);

m $\neq \varepsilon$; t0 = t ∗ k $]\!] \Longrightarrow$

let

    ext-out = i-Exec-Comp-Stream-Acc-Output k output-fun trans-fun input c;

    int-exec = i-Exec-Comp-Stream trans-fun (input $\odot_i$ k) c;

    nomsg = '(λx. output-fun x = ε);

    msg = '(λx. output-fun x = m);

    idle = '(λx. State-Idle localState output-fun trans-fun (localState x))

in

(ext-out t = m) =

(int-exec $\models_{ptl}$ t0 ((¬' idle) U' (msg $\wedge'$ (idle $\vee'\bigcirc'$ (nomsg U' (nomsg $\wedge'$ idle))))))

Eine äquivalente Formulierung mit verteilter Disjunktion:

lemma PTL-i-Exec-Comp-Stream-Acc-Output--eq-Msg-State-Idle-conv':

$[\![$ 1 < k; State-Idle localState output-fun trans-fun

    (i-Exec-Comp-Stream-Acc-LocalState k localState trans-fun input c t);

m $\neq \varepsilon$; t0 = t ∗ k $]\!] \Longrightarrow$

let

ext-out = i-Exec-Comp-Stream-Acc-Output k output-fun trans-fun input c;
int-exec = i-Exec-Comp-Stream trans-fun (input $\odot_i$ k) c;
nomsg = $'(\lambda x.\ \text{output-fun } x = \varepsilon)$;
msg = $'(\lambda x.\ \text{output-fun } x = m)$;
idle = $'(\lambda x.\ \text{State-Idle localState output-fun trans-fun (localState } x))$
in
(ext-out t = m) =
(int-exec $\models_{ptl}$ t0 (
$((\neg'\text{idle})\ U'\ (\text{msg} \wedge'\text{idle})) \vee'$
$((\neg'\text{idle})\ U'\ (\text{msg} \wedge'\bigcirc'\ (\text{nomsg } U'\ (\text{nomsg} \wedge'\text{idle}))))))$
lemma PTL-i-Exec-Comp-Stream-Acc-Output--eq-iUntil-State-Idle-conv:
$[\![\ 1 < k;\ \text{State-Idle localState output-fun trans-fun}$
    (i-Exec-Comp-Stream-Acc-LocalState k localState trans-fun input c t);
    t0 = t * k $]\!] \Longrightarrow$
let
ext-out = i-Exec-Comp-Stream-Acc-Output k output-fun trans-fun input c;
int-exec = i-Exec-Comp-Stream trans-fun (input $\odot_i$ k) c;
m-eq-NoMsg = $'(\lambda x.\ m = \varepsilon)$;
m-neq-NoMsg = $'(\lambda x.\ m \neq \varepsilon)$;
nomsg = $'(\lambda x.\ \text{output-fun } x = \varepsilon)$;
msg = $'(\lambda x.\ \text{output-fun } x = m)$;
idle = $'(\lambda x.\ \text{State-Idle localState output-fun trans-fun (localState } x))$
in
(ext-out t = m) =
(int-exec $\models_{ptl}$ t0 (
(m-eq-NoMsg $\longrightarrow'$
    (nomsg U' (nomsg $\wedge'$ idle))) $\wedge'$
(m-neq-NoMsg $\longrightarrow'$
    $((\neg'\text{idle})\ U'\ (\text{msg} \wedge'\ (\text{idle} \vee'\bigcirc'\ (\text{nomsg } U'\ (\text{nomsg} \wedge'\text{idle})))))))))$

Hinreichende Bedingungen für die Ausgabe einer nichtleeren Nachricht:
lemma PTL-i-Exec-Comp-Stream-Acc-Output--eq-Msg-State-Idle-iUntil-imp1:
$[\![\ 1 < k;\ m \neq \varepsilon;$
    State-Idle localState output-fun trans-fun
    (i-Exec-Comp-Stream-Acc-LocalState k localState trans-fun input c t) $]\!] \Longrightarrow$
let
int-exec = i-Exec-Comp-Stream trans-fun (input $\odot_i$ k) c;
ext-out = i-Exec-Comp-Stream-Acc-Output k output-fun trans-fun input c;
msg = $'(\lambda x.\ \text{output-fun } x = m)$;
idle = $'(\lambda x.\ \text{State-Idle localState output-fun trans-fun (localState } x))$
in
(int-exec $\models_{ptl}$ (t * k) $((\neg'\text{idle})\ U'\ (\text{msg} \wedge'\text{idle}))) \longrightarrow$
(ext-out t = m)
lemma PTL-i-Exec-Comp-Stream-Acc-Output--eq-Msg-State-Idle-iUntil-imp2:
$[\![\ 1 < k;\ m \neq \varepsilon;$
    State-Idle localState output-fun trans-fun
    (i-Exec-Comp-Stream-Acc-LocalState k localState trans-fun input c t) $]\!] \Longrightarrow$
let
int-exec = i-Exec-Comp-Stream trans-fun (input $\odot_i$ k) c;

ext-out $=$ i-Exec-Comp-Stream-Acc-Output k output-fun trans-fun input c;

msg $= '(\lambda x.$ output-fun $x = m);$

nomsg $= '(\lambda x.$ output-fun $x = \varepsilon);$

idle $= '(\lambda x.$ State-Idle localState output-fun trans-fun (localState x))

in

(int-exec $\models_{ptl}$ (t $*$ k) $((\neg'\text{idle})\ U'(\text{msg} \wedge' \bigcirc'(\text{nomsg}\ U'(\text{nomsg} \wedge'\text{idle}))))) \longrightarrow$

(ext-out t $= m$)

A.3   Fallstudie

A.3.1   LTL – Definition und Validierung

Definition der Syntax und Semantik von LTL (mit Zukunftsoperatoren) und Validierung der Semantik.

LTL – Definition

Die Syntax einer LTL-Formel.
datatype $'$a ltl-formula1 =

LTLAtom	$'$a $\Rightarrow$ bool	($'$- [60] 60)
| LTLAtomPrev	$'$a $\Rightarrow$ bool $'$a	((-)$^{\leftarrow\,-}$ [60] 60)
| LTLNot	$'$a ltl-formula1	($\neg'$- [40] 40)
| LTLAnd	$'$a ltl-formula1 $'$a ltl-formula1	((- $\wedge'$-) [35, 36] 35)
| LTLOr	$'$a ltl-formula1 $'$a ltl-formula1	((- $\vee'$-) [30, 31] 30)
| LTLImp	$'$a ltl-formula1 $'$a ltl-formula1	((- $\longrightarrow'$-) [26, 25] 25)
| LTLEquiv	$'$a ltl-formula1 $'$a ltl-formula1	((- $\longleftrightarrow'$-) [26, 25] 25)
| LTLNext	$'$a ltl-formula1	(($\bigcirc'$-) [50] 50)
| LTLAlways	$'$a ltl-formula1	(($\square'$-) [50] 50)
| LTLEventually	$'$a ltl-formula1	(($\diamond'$-) [50] 50)
| LTLUntil	$'$a ltl-formula1 $'$a ltl-formula1	((- U$'$-) [50, 51] 50)

Die Semantik einer LTL-Formel wird rekursiv über den Formelaufbau definiert.
consts
  ltl-valid1 :: (nat $\Rightarrow$ $'$a) $\rightarrow$ nat $\rightarrow$ $'$a ltl-formula1 $\Rightarrow$ bool
  ((- $\models_{ltl}$ - -) [80,80] 80)
primrec
  (s $\models_{ltl}$ t ($'$a)) = a (s t)
  (s $\models_{ltl}$ t (a$^{\leftarrow\ init}$)) = a (s$^{\leftarrow\ init}$ t)
  (s $\models_{ltl}$ t ($\neg'$f)) = ($\neg$(s $\models_{ltl}$ t f))
  (s $\models_{ltl}$ t (f1 $\wedge'$ f2)) = ((s $\models_{ltl}$ t f1) $\wedge$ (s $\models_{ltl}$ t f2))
  (s $\models_{ltl}$ t (f1 $\vee'$ f2)) = ((s $\models_{ltl}$ t f1) $\vee$ (s $\models_{ltl}$ t f2))
  (s $\models_{ltl}$ t (f1 $\longrightarrow'$ f2)) = ((s $\models_{ltl}$ t f1) $\longrightarrow$ (s $\models_{ltl}$ t f2))
  (s $\models_{ltl}$ t (f1 $\longleftrightarrow'$ f2)) = ((s $\models_{ltl}$ t f1) = (s $\models_{ltl}$ t f2))
  (s $\models_{ltl}$ t ($\bigcirc'$f)) = ($\bigcirc$ t1 t [0...]. s $\models_{ltl}$ t1 f)
  (s $\models_{ltl}$ t ($\square'$f)) = ($\square$ t1 [0...] $\oplus$ t. (s $\models_{ltl}$ t1 f))
  (s $\models_{ltl}$ t ($\diamond'$f)) = ($\diamond$ t1 [0...] $\oplus$ t. (s $\models_{ltl}$ t1 f))
  (s $\models_{ltl}$ t (f1 U$'$f2)) = ((s $\models_{ltl}$ t1 f1). t1 $\mathcal{U}$ t2 [0...] $\oplus$ t. (s $\models_{ltl}$ t2 f2))

Abkürzungen für LTL-Formeln, die boolesche Konstanten True und False darstellen.
consts
  LTLTrue :: $'$a ltl-formula1
  LTLFalse :: $'$a ltl-formula1
defs
  LTLTrue-def : LTLTrue $\equiv$ $'$(λx. True)
  LTLFalse-def : LTLFalse $\equiv$ $'$(λx. False)
lemma
  LTLTrue-conv[simp]: (s $\models_{ltl}$ t LTLTrue) = True **and**

LTLFalse-conv[simp]: $(s \models_{ltl} t \, \text{LTLFalse}) = \text{False}$

LTL – Grundlegende Ergebnisse

lemma ALWAYS-0-imp: $s \models_{ltl} 0 \, (\Box' f) \Longrightarrow s \models_{ltl} t \, (\Box' f)$
lemma EVENTUALLY-ALWAYS-conv: $(\neg (s \models_{ltl} t \, (\Diamond'(\neg' f)))) = (s \models_{ltl} t \, (\Box' f))$
lemma UNTIL-EVENTUALLY-conv: $(s \models_{ltl} t \, (\text{LTLTrue U}' f)) = (s \models_{ltl} t \, (\Diamond' f))$
lemma NEXT-imp-EVENTUALLY: $s \models_{ltl} t \, (\bigcirc' f) \Longrightarrow s \models_{ltl} t \, (\Diamond' f)$

Zugriff auf den letzten Berechnungszustand, d. h., Berechnungszustand vor Ausführung eines Rechenschritts.
lemma LTL-PrevState-Prev-conv: $(s \models_{ltl} t \, (a^{\leftarrow \, init})) = a \, (\text{if } t = 0 \text{ then init else } s \, (t - 1))$
lemma LTL-prevstate-Stream-Previous-conv: $(s \models_{ltl} t \, a^{\leftarrow \, init}) = (a \, (s^{\leftarrow \, init} t))$

LTL – Validierung
Validierung der LTL-Semantik gemäß den Axiomen nach [LP00a].
lemma LTL-F0: $s \models_{ltl} t \, \Box' f \Longrightarrow s \models_{ltl} t \, f$
lemma LTL-F1: $s \models_{ltl} t \, \Box' (\bigcirc' (\neg' f) \longleftrightarrow' (\neg' \bigcirc' f))$
lemma LTL-F2: $s \models_{ltl} t \, \Box' (\bigcirc' (f \longrightarrow' g) \longrightarrow' ((\bigcirc' f) \longrightarrow' (\bigcirc' g)))$
lemma LTL-F3: $s \models_{ltl} t \, \Box' ((\Box' (f \longrightarrow' g)) \longrightarrow' ((\Box' f) \longrightarrow' (\Box' g)))$
lemma LTL-F4: $s \models_{ltl} t \, (\Box' f \longrightarrow' (\Box' \bigcirc' f))$
lemma LTL-F5: $s \models_{ltl} t \, ((\Box' (f \longrightarrow' \bigcirc' f)) \longrightarrow' ((f \longrightarrow' \Box' f)))$
lemma LTL-F6: $s \models_{ltl} t \, (\Box' ((f \, U' g) \longleftrightarrow' g \vee' (f \wedge' \bigcirc' (f \, U' g))))$
lemma LTL-F7: $s \models_{ltl} t \, \Box' (f \, U' g \longrightarrow' \Diamond' g)$

Ausgewählte Sätze und Regeln des Beweissystems für LTL.
lemma LTL-MP: $[\![s \models_{ltl} t \, f; \, s \models_{ltl} t \, (f \longrightarrow' g)]\!] \Longrightarrow s \models_{ltl} t \, g$

lemma LTL-And-commute:
$(s \models_{ltl} t \, (f1 \wedge' f2)) = (s \models_{ltl} t \, (f2 \wedge' f1))$
lemma LTL-And-assoc:
$(s \models_{ltl} t \, ((f1 \wedge' f2) \wedge' f3)) = (s \models_{ltl} t \, (f1 \wedge' f2 \wedge' f3))$
lemma LTL-ALWAYS-And-distrib:
$(s \models_{ltl} t \, (\Box' (f1 \wedge' f2))) = (s \models_{ltl} t \, (\Box' f1 \wedge' \Box' f2))$
lemma LTL-EVENTUALLY-Or-distrib:
$(s \models_{ltl} t \, (\Diamond' (f1 \vee' f2))) = (s \models_{ltl} t \, (\Diamond' f1 \vee' \Diamond' f2))$

lemma LTL-RULE-TRNS:
$[\![s \models_{ltl} t \, \Box' (f1 \longrightarrow' f2); \, s \models_{ltl} t \, \Box' (f2 \longrightarrow' f3)]\!] \Longrightarrow$
$s \models_{ltl} t \, \Box' (f1 \longrightarrow' f3)$
lemma LTL-RULE-R3:
$s \models_{ltl} t \, \Box' (f1 \longleftrightarrow' f2) \Longrightarrow$
$(s \models_{ltl} t \, \Box' (f1 \longrightarrow' f2)) \wedge s \models_{ltl} t \, \Box' (f2 \longrightarrow' f1)$
lemma LTL-RULE-R4:
$[\![s \models_{ltl} t \, \Box' (f1 \longrightarrow' g); \, s \models_{ltl} t \, \Box' (f2 \longrightarrow' g)]\!] \Longrightarrow$
$s \models_{ltl} t \, \Box' ((f1 \vee' f2) \longrightarrow' g)$
lemma LTL-RULE-R5:

$[\![$ s $\models_{ltl}$ t $\square'$ (f $\longrightarrow'$ g1); s $\models_{ltl}$ t $\square'$ (f $\longrightarrow'$ g2) $]\!] \Longrightarrow$
s $\models_{ltl}$ t $\square'$ (f $\longrightarrow'$ (g1 $\wedge'$ g2))
lemma LTL-RULE-R6:
$[\![$ s $\models_{ltl}$ t $\square'$ (f1 $\longrightarrow'$ f2); s $\models_{ltl}$ t $\square'$ (f2 $\longrightarrow'$ f1) $]\!] \Longrightarrow$
s $\models_{ltl}$ t $\square'$ (f1 $\longleftrightarrow'$ f2)
lemma LTL-RULE-R7:
s $\models_{ltl}$ t $\square'$ (f1 $\longrightarrow'$ (f2 $\longrightarrow'$ f3)) $\Longrightarrow$
s $\models_{ltl}$ t $\square'$ (f1 $\wedge'$ f2 $\longrightarrow'$ f3)

Induktionsregel:
lemma LTL-RULE-CI:
s $\models_{ltl}$ t $\square'$ (f $\longrightarrow'$ $\bigcirc'$ f) $\Longrightarrow$
s $\models_{ltl}$ t $\square'$ (f $\longrightarrow'$ $\square'$ f)

A.3.2 Benutzerdefinierte PDL – Definition und Validierung

Definition der Syntax und Semantik der benutzerdefinierten Notation PDL$_1$, Validierung der Semantik und Übersetzung zwischen LTL und PDL$_1$.

PDL$_1$ – Definition

Datentyp und Auswertungsfunktion für Zeitdauerkonstanten für PDL$_1$-Operatoren.
datatype PDL1-Eventually-Duration = VeryQuick | Quick
consts PDL1-Eventually-Duration-Value :: PDL1-Eventually-Duration $\Rightarrow$ nat
primrec
  PDL1-Eventually-Duration-Value VeryQuick = 1
  PDL1-Eventually-Duration-Value Quick = 2

Die Syntax einer PDL$_1$-Formel.

datatype $'$a pdl1-formula =		
PDL1Atom	$'$a $\Rightarrow$ bool	(` - [60] 60)
| PDL1AtomPrev	$'$a $\Rightarrow$ bool $'$a	((-)$^{\leftarrow\,-}$ [60] 60)
| PDL1Not	$'$a pdl1-formula	(**Not** - [40] 40)
| PDL1And	$'$a pdl1-formula $'$a pdl1-formula	((- **And** -) [35, 36] 35)
| PDL1Or	$'$a pdl1-formula $'$a pdl1-formula	((- **Or** -) [30, 31] 30)
| PDL1Next	$'$a pdl1-formula	((**Next** -) [26] 25)
| PDL1Always	$'$a pdl1-formula	((**Always** -) [26] 25)
| PDL1AsLongAs	$'$a pdl1-formula $'$a pdl1-formula	((- **AsLongAs** -) [26, 25] 25)
| PDL1WheneverThen	$'$a pdl1-formula $'$a pdl1-formula	
((**Whenever** - **Then** -) [26, 25] 25)		
| PDL1WheneverFinally	$'$a pdl1-formula $'$a pdl1-formula	
((**Whenever** - **Finally** -) [26, 25] 25)		
| PDL1WheneverFinally2	$'$a pdl1-formula PDL1-Eventually-Duration $'$a pdl1-formula	
((**Whenever** - **Finally**[-] -) [26, 25] 25)		

Die Semantik einer PDL$_1$-Formel wird rekursiv über den Formelaufbau definiert.
consts
pdl1-valid :: (nat $\Rightarrow$ $'$a) $\Rightarrow$ nat $\Rightarrow$ $'$a pdl1-formula $\Rightarrow$ bool

$((- \models_{pdl1} - -) [80,80]\ 80)$

primrec

$(s \models_{pdl1} t\ (`\ a)) = a\ (s\ t)$

$(s \models_{pdl1} t\ a^{\leftarrow init}) = a\ (s^{\leftarrow init}\ t)$

$(s \models_{pdl1} t\ (\textbf{Not}\ f)) = (\neg(s \models_{pdl1} t\ f))$

$(s \models_{pdl1} t\ (f1\ \textbf{And}\ f2)) = ((s \models_{pdl1} t\ f1) \wedge (s \models_{pdl1} t\ f2))$

$(s \models_{pdl1} t\ (f1\ \textbf{Or}\ f2)) = ((s \models_{pdl1} t\ f1) \vee (s \models_{pdl1} t\ f2))$

$(s \models_{pdl1} t\ (\textbf{Next}\ f)) = (\bigcirc t1\ t\ [0\ldots].\ s \models_{pdl1} t1\ f)$

$(s \models_{pdl1} t\ (f1\ \textbf{AsLongAs}\ f2)) = ((s \models_{pdl1} t1\ f1).\ t1\ \mathcal{W}\ t2\ ([0\ldots] \oplus t).\ \neg\ (s \models_{pdl1} t2\ f2))$

$(s \models_{pdl1} t\ (\textbf{Always}\ f)) = (\square\ t1\ [0\ldots] \oplus t.\ (s \models_{pdl1} t1\ f))$

$(s \models_{pdl1} t\ (\textbf{Whenever}\ b\ \textbf{Then}\ f)) = (\square\ t1\ [0\ldots] \oplus t.\ ((s \models_{pdl1} t1\ b) \longrightarrow s \models_{pdl1} t1\ f))$

$(s \models_{pdl1} t\ (\textbf{Whenever}\ b\ \textbf{Finally}\ f)) =$

    $(\square\ t1\ [0\ldots] \oplus t.\ ((s \models_{pdl1} t1\ b) \longrightarrow (\lozenge\ t2\ [0\ldots] \oplus t1.\ s \models_{pdl1} t2\ f)))$

$(s \models_{pdl1} t\ (\textbf{Whenever}\ b\ \textbf{Finally}[d]\ f)) =$

    $(\square\ t1\ [0\ldots] \oplus t.\ ((s \models_{pdl1} t1\ b) \longrightarrow$

        $(\lozenge\ t2\ [0\ldots,\text{PDL1-Eventually-Duration-Value}\ d] \oplus t1.\ s \models_{pdl1} t2\ f)))$

Abkürzungen für PDL_1-Formeln, die boolesche Konstanten True und False darstellen.

consts

  PDL1True :: $'a$ pdl1-formula

  PDL1False :: $'a$ pdl1-formula

defs

  PDL1True-def : PDL1True $\equiv$ `$(\lambda x.\ \text{True})$

  PDL1False-def : PDL1False $\equiv$ `$(\lambda x.\ \text{False})$

lemma

  PDL1True-conv[simp]: $(s \models_{pdl1} t\ \text{PDL1True}) = \text{True}$ **and**

  PDL1False-conv[simp]: $(s \models_{pdl1} t\ \text{PDL1False}) = \text{False}$

PDL_1 – Grundlegende Ergebnisse

Zugriff auf den letzten Berechnungszustand, d. h., Berechnungszustand vor Ausführung eines Rechenschritts.

  lemma PDL1-PrevState-Prev-conv: $(s \models_{pdl1} t\ (a^{\leftarrow init})) = a\ (\text{if } t = 0 \text{ then init else } s\ (t-1))$

  lemma PDL-prevstate-Stream-Previous-conv: $(s \models_{pdl1} t\ a^{\leftarrow init}) = (a\ (s^{\leftarrow init}\ t))$

Darstellung des PDL_1-Operators **AsLongAs** in BPDL mit den Basisoperatoren *Always* und *Eventually*.

  lemma PDL1-as-long-as-conv:

  $(s \models_{pdl1} t\ (f1\ \textbf{AsLongAs}\ f2)) =$

  $((\square\ t1\ ([0\ldots] \oplus t).\ s \models_{pdl1} t1\ f1) \vee$

  $(\lozenge\ t2\ ([0\ldots] \oplus t).\ ((\neg\ s \models_{pdl1} t2\ f2) \wedge (\square\ t1\ ([0\ldots] \oplus t)\ \downarrow< t2.\ s \models_{pdl1} t1\ f1))))$

PDL_1 – Validierung

Validierung der PDL_1-Semantik mit Bezug auf LTL.

  lemma PDL1-always-LTL:

  $[\![\ \bigwedge t.\ (s \models_{pdl1} t\ f) = (s \models_{ltl} t\ f')\ ]\!] \Longrightarrow$

$(s \models_{pdl1} t \ (\textbf{Always} \ f)) = (s \models_{ltl} t \ (\Box' f'))$
lemma PDL1-as-long-as-LTL:
$[\![\bigwedge t. \ (s \models_{pdl1} t \ f1) = (s \models_{ltl} t \ f1'); \bigwedge t. \ (s \models_{pdl1} t \ f2) = (s \models_{ltl} t \ f2')]\!] \implies$
$(s \models_{pdl1} t \ (f1 \ \textbf{AsLongAs} \ f2)) = (s \models_{ltl} t \ ((f1' U'(\neg' f2')) \vee'(\Box' f1')))$
lemma PDL1-whenever-then-LTL:
$[\![\bigwedge t. \ (s \models_{pdl1} t \ f) = (s \models_{ltl} t \ f'); \bigwedge t. \ (s \models_{pdl1} t \ b) = (s \models_{ltl} t \ b')]\!] \implies$
$(s \models_{pdl1} t \ \textbf{Whenever} \ b \ \textbf{Then} \ f) = (s \models_{ltl} t \ \Box'(b' \longrightarrow' f'))$
lemma PDL1-whenever-finally-LTL:
$[\![\bigwedge t. \ (s \models_{pdl1} t \ f) = (s \models_{ltl} t \ f'); \bigwedge t. \ (s \models_{pdl1} t \ b) = (s \models_{ltl} t \ b')]\!] \implies$
$(s \models_{pdl1} t \ \textbf{Whenever} \ b \ \textbf{Finally} \ f) = (s \models_{ltl} t \ \Box'(b' \longrightarrow' \Diamond' f'))$
lemma PDL1-whenever-finally-veryquick-LTL:
$[\![\bigwedge t. \ (s \models_{pdl1} t \ f) = (s \models_{ltl} t \ f'); \bigwedge t. \ (s \models_{pdl1} t \ b) = (s \models_{ltl} t \ b')]\!] \implies$
$(s \models_{pdl1} t \ \textbf{Whenever} \ b \ \textbf{Finally}[\text{VeryQuick}] \ f) = (s \models_{ltl} t \ \Box'(b' \longrightarrow'(f' \vee'(\bigcirc' f'))))$
lemma PDL1-whenever-finally-quick-LTL:
$[\![\bigwedge t. \ (s \models_{pdl1} t \ f) = (s \models_{ltl} t \ f'); \bigwedge t. \ (s \models_{pdl1} t \ b) = (s \models_{ltl} t \ b')]\!] \implies$
$(s \models_{pdl1} t \ \textbf{Whenever} \ b \ \textbf{Finally}[\text{Quick}] \ f) = (s \models_{ltl} t \ \Box'(b' \longrightarrow'(f' \vee' \bigcirc'(f' \vee'(\bigcirc' f')))))$

Übersetzung zwischen PDL₁ und LTL

Die Semantik der benutzerdefinierten PDL₁ kann nicht nur durch die oben angegebene Übersetzung in BPDL, sondern auch durch Übersetzung in eine andere bereits definierte PDL-Notation wie LTL definiert werden.

Hilfsfunktion zur Übersetzung von PDL₁-Formeln mit Zeitdauerangaben *Quick* und *Very-Quick*:

consts
pdl1-eventually-duration-to-ltl :: PDL1-Eventually-Duration $\Rightarrow$ $'$a ltl-formula1 $\Rightarrow$ $'$a ltl-formula1
primrec
pdl1-eventually-duration-to-ltl VeryQuick f = $(f \vee'(\bigcirc' f))$
pdl1-eventually-duration-to-ltl Quick f = $(f \vee'(\bigcirc'(f \vee'(\bigcirc' f))))$

Übersetzungsfunktion:
consts
pdl1-to-ltl :: $'$a pdl1-formula $\Rightarrow$ $'$a ltl-formula1
primrec
pdl1-to-ltl $(`a) = '$a
pdl1-to-ltl $(a^{\leftarrow \ init}) = (a^{\leftarrow \ init})$
pdl1-to-ltl $(\textbf{Not} \ f) = (\neg' \text{pdl1-to-ltl} \ f)$
pdl1-to-ltl $(f1 \ \textbf{And} \ f2) = (\text{pdl1-to-ltl} \ f1 \wedge' \text{pdl1-to-ltl} \ f2)$
pdl1-to-ltl $(f1 \ \textbf{Or} \ f2) = (\text{pdl1-to-ltl} \ f1 \vee' \text{pdl1-to-ltl} \ f2)$
pdl1-to-ltl $(\textbf{Next} \ f) = (\bigcirc'(\text{pdl1-to-ltl} \ f))$
pdl1-to-ltl $(f1 \ \textbf{AsLongAs} \ f2) = ((\Box'(\text{pdl1-to-ltl} \ f1)) \vee'((\text{pdl1-to-ltl} \ f1) \ U'(\neg'(\text{pdl1-to-ltl} \ f2))))$
pdl1-to-ltl $(\textbf{Always} \ f) = (\Box'(\text{pdl1-to-ltl} \ f))$
pdl1-to-ltl $(\textbf{Whenever} \ b \ \textbf{Then} \ f) = (\Box'(\text{pdl1-to-ltl} \ b \longrightarrow' \text{pdl1-to-ltl} \ f))$
pdl1-to-ltl $(\textbf{Whenever} \ b \ \textbf{Finally} \ f) = (\Box'(\text{pdl1-to-ltl} \ b \longrightarrow' \Diamond' \text{pdl1-to-ltl} \ f))$
pdl1-to-ltl $(\textbf{Whenever} \ b \ \textbf{Finally}[d] \ f) =$
    $(\Box'(\text{pdl1-to-ltl} \ b \longrightarrow'(\text{pdl1-eventually-duration-to-ltl} \ d \ (\text{pdl1-to-ltl} \ f))))$

Eine PDL₁-Formel und ihre Übersetzung in LTL sind äquivalent:

lemma PDL1-as-LTL-equiv[rule-format]: $\bigwedge$f. $\forall$t. $((s \models_{pdl1} t\ f) = (s \models_{ltl} t\ (pdl1\text{-to-ltl } f)))$

Ebenso wie Formeln aus PDL_1 in LTL, können LTL-Formeln in PDL_1 übersetzt werden (dabei werden die speziellen Sprachkonstrukte, wie **Whenever** b **Then** f, jedoch nicht verwendet).

consts

ltl-to-pdl1 :: $'$a ltl-formula1 $\Rightarrow$ $'$a pdl1-formula

primrec

ltl-to-pdl1 $('a) = \text{`} a$

ltl-to-pdl1 $(a^{\leftarrow\ init}) = (a^{\leftarrow\ init})$

ltl-to-pdl1 $(\neg' f) = (\textbf{Not}$ ltl-to-pdl1 f$)$

ltl-to-pdl1 $(f1 \wedge' f2) = ($ltl-to-pdl1 f1 **And** ltl-to-pdl1 f2$)$

ltl-to-pdl1 $(f1 \vee' f2) = ($ltl-to-pdl1 f1 **Or** ltl-to-pdl1 f2$)$

ltl-to-pdl1 $(f1 \longrightarrow' f2) = (($**Not** ltl-to-pdl1 f1$)$ **Or** ltl-to-pdl1 f2$)$

ltl-to-pdl1 $(f1 \longleftrightarrow' f2) = ($

(ltl-to-pdl1 f1 **And** ltl-to-pdl1 f2) **Or**

((**Not** ltl-to-pdl1 f1) **And** (**Not** ltl-to-pdl1 f2)))

ltl-to-pdl1 $(\bigcirc' f) = ($**Next** ltl-to-pdl1 f$)$

ltl-to-pdl1 $(\square' f) = ($**Always** ltl-to-pdl1 f$)$

ltl-to-pdl1 $(\lozenge' f) = ($**Not** (**Always Not** ltl-to-pdl1 f)$)$

ltl-to-pdl1 $(f1\ U' f2) = ($

(ltl-to-pdl1 f1 **AsLongAs** (**Not** ltl-to-pdl1 f2)) **And**

(**Not** (**Always Not** ltl-to-pdl1 f2)))

Eine LTL-Formel und ihre Übersetzung in PDL_1 sind äquivalent:

lemma LTL-as-PDL1-equiv[rule-format]: $\bigwedge$f. $\forall$t. $((s \models_{ltl} t\ f) = (s \models_{pdl1} t\ (\text{ltl-to-pdl1 } f)))$

Obwohl PDL_1 und LTL zum Teil unterschiedliche Operatoren verwenden (insbesondere verwendet PDL_1 einen **AsLongAs**-Operator und besitzt keinen *Until*-Operator) sind ihre Ausdrucksstärken äquivalent, d. h., die Mengen der durch PDL_1 und LTL darstellbaren Eigenschaften sind gleich:

lemma PDL1-equiv-LTL:

$(\forall\,(f :: \text{`}a\ pdl1\text{-formula}).\ \exists\,(f' :: \text{`}a\ ltl\text{-formula1}).\ ((s \models_{pdl1} t\ f) = (s \models_{ltl} t\ f'))) \wedge$

$(\forall\,(f :: \text{`}a\ ltl\text{-formula1}).\ \exists\,(f' :: \text{`}a\ pdl1\text{-formula}).\ ((s \models_{ltl} t\ f) = (s \models_{pdl1} t\ f')))$

A.3.3 Funktionale Eigenschaften der ACC-Komponente

Datentypdefinitionen

datatype ACCAbstractMode-type = Inactive | ActiveCruise | ActiveFollow

datatype ACC-Switch-Operation-type =

Activate | Deactivate | DistanceChange | SpeedIncrease | SpeedDecrease

datatype ACCControlStatus-type = Status-Off | Status-Cruise | Status-Follow

record ACC-Component-Input-type =

Accelerator-Pedal   :: nat message-af

Brake-Pedal   :: nat message-af

ACC-Switch-Operation :: ACC-Switch-Operation-type message-af

Target-Vehicle-Present :: bool message-af

Radar-Rel-Distance   :: nat message-af
Vehicle-Speed   :: int message-af
record ACC-Component-Output-type =
ACC-Target-Accel   :: int message-af
ACC-Control-Status   :: ACCControlStatus-type message-af

Signatur der Abstraktionsfunktion für den Zustand der ACC-Komponente sowie der Zugriffs-funktionen für Ausgabeports.

consts getState-AbstractMode-ACC-Component   :: $'$compState $\Rightarrow$ ACCAbstractMode-type
consts getOutput-ACC-Target-Accel-ACC-Component :: $'$compState $\Rightarrow$ int message-af
consts getOutput-ACC-Control-Status-ACC-Component ::
$'$compState $\Rightarrow$ ACCControlStatus-type message-af

Eine konkrete Definition der obigen Funktionen kann erst angegeben werden, wenn eine Verfeinerung der ACC-Komponente durch einen Automaten oder Teilkomponenten spezifiziert wird. Für die Spezifikation der funktionalen Eigenschaften der ACC-Komponente sind diese Definitionen jedoch nicht notwendig, sondern erst bei der Betrachtung dieser Eigenschaften für eine konkrete Verfeinerung der ACC-Komponente und den Nachweis ihrer Erfüllung durch die verfeinerte ACC-Komponente.

types $'$compState ACC-Computation-State-type = ACC-Component-Input-type $\times$ $'$compState
types $'$compState ACC-Computation-type = nat $\Rightarrow$ $'$compState ACC-Computation-State-type

Abkürzungen zur bequemeren Formulierung der funktionalen Eigenschaften.

consts ACC-Flag-AccelOrBrake :: $'$compState ACC-Computation-State-type $\Rightarrow$ bool
consts ACC-Flag-Terminate   :: $'$compState ACC-Computation-State-type $\Rightarrow$ bool
defs ACC-Flag-AccelOrBrake-def . ACC-Flag-AccelOrBrake = λ(input,state). (
(Accelerator-Pedal input $\neq \varepsilon \wedge$ the-af (Accelerator-Pedal input) > 0) $\wedge$
(Brake-Pedal input $\neq \varepsilon \wedge$ the-af (Brake-Pedal input) > 0))
defs ACC-Flag-Terminate-def : ACC-Flag-Terminate $\equiv \lambda$(input,state).
(ACC-Flag-AccelOrBrake (input, state) $\vee$
(ACC-Switch-Operation input = Msg Deactivate))

Signatur des Initialzustands der ACC-Komponente. Eine vollständige Definition kann an dieser Stelle nicht gegeben werden, da die Strukturverfeinerung der ACC-Komponente hier nicht spezifiziert ist.

consts Initial-ACC-Computation-State :: $'$compState ACC-Computation-State-type

Definitionen für die Teilkomponenten ACC-Control-Status-Setup, die für die Anforderung R6 (Wertebereich für die Zielgeschwindigkeit) benötigt werden.

Signatur der Funktion zum Zugriff auf den Ausgabeport TargetSpeed der Teilkomponente ControlStatusSetup der ACC-Komponente. Eine vollständige Definition kann an dieser Stelle wiederum nicht gegeben werden, da die Strukturverfeinerung der ACC-Komponente hier nicht spezifiziert ist.

consts getOutput-ACC-Target-Speed :: $'$compState $\Rightarrow$ int message-af

types ($'$input, $'$compState) ACC-ControlStatusSetup-Computation-State-type = $'$input $\times$ $'$compState
types ($'$input, $'$compState) ACC-ControlStatusSetup-Computation-type =
nat $\Rightarrow$ ($'$input, $'$compState) ACC-ControlStatusSetup-Computation-State-type

Funktionale Eigenschaften – Formale Spezifikation

Anforderungen R1 und R8.

consts Req-Activate :: $'$compState ACC-Computation-State-type pdl1-formula
defs Req-Activate-def :
 Req-Activate ≡
 let
  init = Initial-ACC-Computation-State;
  ACC-Vehicle-Speed-neq-NoMsg = (λ(input,state). Vehicle-Speed input $\neq$ ε);
  ACC-Vehicle-Speed-ge-40 = (λ(input,state). 40 $\leq$ the-af (Vehicle-Speed input));
  ACC-Vehicle-Speed-le-110 = (λ(input,state). the-af (Vehicle-Speed input) $\leq$ 110);
  ACC-Switch-Operation-eq-Activate =
   (λ(input,state). ACC-Switch-Operation input = Msg Activate);
  mode-eq-Inactive = (λ(input,state). getState-AbstractMode-ACC-Component state = Inactive);
  mode-eq-ActiveCruise =
   (λ(input,state). getState-AbstractMode-ACC-Component state = ActiveCruise)
 in
  Whenever (mode-eq-Inactive$^{\leftarrow init}$ **And**
  $'$(ACC-Switch-Operation-eq-Activate) **And**
  $'$(ACC-Vehicle-Speed-neq-NoMsg) **And**
  $'$(ACC-Vehicle-Speed-ge-40) **And** $'$(ACC-Vehicle-Speed-le-110) **And**
  Not $'$(ACC-Flag-AccelOrBrake))
  Then $'$(mode-eq-ActiveCruise)

Anforderung R2.

consts Req-Deactivate :: $'$compState ACC-Computation-State-type pdl1-formula
defs Req-Deactivate-def :
 Req-Deactivate ≡
 let
  ACC-Switch-Operation-eq-Deactivate =
   (λ(input,state). ACC-Switch-Operation input = Msg Deactivate);
  mode-eq-Inactive = (λ(input,state). getState-AbstractMode-ACC-Component state = Inactive)
 in
  Whenever $'$(ACC-Switch-Operation-eq-Deactivate)
  Then $'$(mode-eq-Inactive)

Anforderung R3.

consts Req-Inactive-Silent :: $'$compState ACC-Computation-State-type pdl1-formula
defs Req-Inactive-Silent-def :
 Req-Inactive-Silent ≡
 let
  mode-eq-Inactive = (λ(input,state). getState-AbstractMode-ACC-Component state = Inactive);
  ACC-Target-Accel-eq-NoMsg =
   (λ(input,state). getOutput-ACC-Target-Accel-ACC-Component state = ε)
 in
  Whenever $'$(mode-eq-Inactive)
  Then $'$(ACC-Target-Accel-eq-NoMsg)

Anforderung R4.

consts Req-Cruise-to-Follow :: 'compState ACC-Computation-State-type pdl1-formula
defs Req-Cruise-to-Follow-def:
  Req-Cruise-to-Follow ≡
  let
    init = Initial-ACC-Computation-State;
    mode-eq-Cruise =
      (λ(input,state). getState-AbstractMode-ACC-Component state = ActiveCruise);
    mode-eq-Follow =
      (λ(input,state). getState-AbstractMode-ACC-Component state = ActiveFollow);
    ACC-Target-Vehicle-Present-eq-True = (λ(input,state). Target-Vehicle-Present input = Msg True)
  in
  Whenever (
    Not '(ACC-Flag-Terminate) **And** mode-eq-Cruise$^{\leftarrow init}$ **And**
    '(ACC-Target-Vehicle-Present-eq-True))
  Then '(mode-eq-Follow)

Anforderung R5.
consts Req-Follow-to-Cruise :: 'compState ACC-Computation-State-type pdl1-formula
defs Req-Follow-to-Cruise-def :
  Req-Follow-to-Cruise ≡
  let
    init = Initial-ACC-Computation-State;
    mode-eq-Cruise =
      (λ(input,state). getState-AbstractMode-ACC-Component state = ActiveCruise);
    mode-eq-Follow =
      (λ(input,state). getState-AbstractMode-ACC-Component state = ActiveFollow);
    ACC-Target-Vehicle-Present-eq-False = (λ(input,state). Target-Vehicle-Present input = Msg False)
  in
  Whenever (
    Not '(ACC-Flag-Terminate) **And** mode-eq-Follow$^{\leftarrow init}$ **And**
    '(ACC-Target-Vehicle-Present-eq-False))
  Then ('(mode-eq-Cruise))

Anforderung R6.
consts Req-TargetSpeed-in-range ::
  ('input,'compState) ACC-ControlStatusSetup-Computation-State-type pdl1-formula
defs Req-TargetSpeed-in-range-def :
  Req-TargetSpeed-in-range ≡
  let
    ACC-Target-Speed-neq-NoMsg = (λ(input,state). getOutput-ACC-Target-Speed state $\neq \varepsilon$);
    ACC-Target-Speed-ge-50 = (λ(input,state). $50 \leq$ the-af (getOutput-ACC-Target-Speed state));
    ACC-Target-Speed-le-100 = (λ(input,state). the-af (getOutput-ACC-Target-Speed state) ≤ 100)
  in
  Whenever '(ACC-Target-Speed-neq-NoMsg)
  Then ('(ACC-Target-Speed-ge-50) **And** '(ACC-Target-Speed-le-100))

Anforderung R7.
consts Req-TargetAccel-in-range :: 'compState ACC-Computation-State-type pdl1-formula
defs Req-TargetAccel-in-range-def :

Req-TargetAccel-in-range ≡
let
ACC-Target-Accel-neq-NoMsg =
  (λ(input,state). getOutput-ACC-Target-Accel-ACC-Component state ≠ ε);
ACC-Target-Accel-ge-minus-25 =
  (λ(input,state). −25 ≤ the-af (getOutput-ACC-Target-Accel-ACC-Component state));
ACC-Target-Accel-le-15 =
  (λ(input,state). the-af (getOutput-ACC-Target-Accel-ACC-Component state) ≤ 15)
in
Whenever '(ACC-Target-Accel-neq-NoMsg)
Then ('(ACC-Target-Accel-ge-minus-25) **And** '(ACC-Target-Accel-le-15))

Anforderung R9.
consts Req-SpeedOutsideRange-Deactivate :: '$compState ACC-Computation-State-type pdl1-formula
defs Req-SpeedOutsideRange-Deactivate-def :
Req-SpeedOutsideRange-Deactivate ≡
let
ACC-Vehicle-Speed-neq-NoMsg = (λ(input,state). Vehicle-Speed input ≠ ε);
ACC-Vehicle-Speed-ge-40 = (λ(input,state). 40 ≤ the-af (Vehicle-Speed input));
ACC-Vehicle-Speed-le-110 = (λ(input,state). the-af (Vehicle-Speed input) ≤ 110);
mode-eq-Inactive = (λ(input,state). getState-AbstractMode-ACC-Component state = Inactive)
in
Whenever ('(ACC-Vehicle-Speed-neq-NoMsg) **And**
Not ('(ACC-Vehicle-Speed-ge-40) **And** '(ACC-Vehicle-Speed-le-110)))
Then '(mode-eq-Inactive)

Anforderung R10.
consts Req-AccelOrBrake-Deactivate :: '$compState ACC-Computation-State-type pdl1-formula
defs Req-AccelOrBrake-Deactivate-def :
Req-AccelOrBrake-Deactivate ≡
let
mode-eq-Inactive = (λ(input,state). getState-AbstractMode-ACC-Component state = Inactive)
in
Whenever '(ACC-Flag-AccelOrBrake)
Then '(mode-eq-Inactive)

Zusätzliche Annahme über die korrekte Ausführung: ist die ACC-Komponente inaktiv und erhält sie keine Aktivierungsnachricht, so bleibt sie inaktiv.
consts Req-Inactivity-Persists :: '$compState ACC-Computation-State-type pdl1-formula
defs Req-Inactivity-Persists-def :
Req-Inactivity-Persists ≡
let
init = Initial-ACC-Computation-State;
ACC-Switch-Operation-eq-Activate =
  (λ(input,state). ACC-Switch-Operation input = Msg Activate);
mode-eq-Inactive = (λ(input,state). getState-AbstractMode-ACC-Component state = Inactive)
in
Whenever (mode-eq-Inactive$^{\leftarrow init}$ **And Not** '(ACC-Switch-Operation-eq-Activate))
Then '(mode-eq-Inactive)

Äquivalenz zwischen Anforderungen in PDL$_1$ und LTL

Anforderungen R1 und R8.

   lemma Req-Activate-LTL-conv:

    let

     init = Initial-ACC-Computation-State;

     ACC-Vehicle-Speed-neq-NoMsg = (λ(input,state). Vehicle-Speed input $\neq \varepsilon$);

     ACC-Vehicle-Speed-ge-40 = (λ(input,state). $40 \leq$ the-af (Vehicle-Speed input));

     ACC-Vehicle-Speed-le-110 = (λ(input,state). the-af (Vehicle-Speed input) ≤ 110);

     ACC-Switch-Operation-eq-Activate =

      (λ(input,state). ACC-Switch-Operation input = Msg Activate);

     mode-eq-Inactive = (λ(input,state). getState-AbstractMode-ACC-Component state = Inactive);

     mode-eq-ActiveCruise =

      (λ(input,state). getState-AbstractMode-ACC-Component state = ActiveCruise)

    in

    (s::('compState ACC-Computation-type)) $\models_{pdl1}$ t (

    Whenever (mode-eq-Inactive$^{\leftarrow\ init}$ **And**

    '(ACC-Switch-Operation-eq-Activate) **And**

    '(ACC-Vehicle-Speed-neq-NoMsg) **And**

    '(ACC-Vehicle-Speed-ge-40) **And** '(ACC-Vehicle-Speed-le-110) **And**

    Not '(ACC-Flag-AccelOrBrake))

    Then '(mode-eq-ActiveCruise)

) =

    ((s::('compState ACC-Computation-type)) $\models_{ltl}$ t (

    $\Box$' ((mode-eq-Inactive$^{\leftarrow\ init}$ $\wedge$'

    '(ACC-Switch-Operation-eq-Activate) $\wedge$'

    '(ACC-Vehicle-Speed-neq-NoMsg) $\wedge$'

    '(ACC-Vehicle-Speed-ge-40) $\wedge$' '(ACC-Vehicle-Speed-le-110) $\wedge$'

    $\neg$' '(ACC-Flag-AccelOrBrake)) $\longrightarrow$'

    '(mode-eq-ActiveCruise))))

Anforderung R2.

lemma Req-Deactivate-LTL-conv:

  let

   ACC-Switch-Operation-eq-Deactivate =

    (λ(input,state). ACC-Switch-Operation input = Msg Deactivate);

   mode-eq-Inactive = (λ(input,state). getState-AbstractMode-ACC-Component state = Inactive)

  in

  (s::('compState ACC-Computation-type)) $\models_{pdl1}$ t (

  Whenever '(ACC-Switch-Operation-eq-Deactivate)

  Then '(mode-eq-Inactive)

) =

  ((s::('compState ACC-Computation-type)) $\models_{ltl}$ t (

  $\Box$' (

  '(ACC-Switch-Operation-eq-Deactivate) $\longrightarrow$'

  '(mode-eq-Inactive))))

Anforderung R3.

lemma Req-Inactive-Silent-LTL-conv:

let

mode-eq-Inactive = $(\lambda(\text{input},\text{state}).$ getState-AbstractMode-ACC-Component state = Inactive);

ACC-Target-Accel-eq-NoMsg =

$(\lambda(\text{input},\text{state}).$ getOutput-ACC-Target-Accel-ACC-Component state = $\varepsilon)$

in

$(\text{s}::('\text{compState ACC-Computation-type})) \models_{pdll} \text{t}\ ($

Whenever $'(\text{mode-eq-Inactive})$

Then $'(\text{ACC-Target-Accel-eq-NoMsg})$

$) =$

$((\text{s}::('\text{compState ACC-Computation-type})) \models_{ltl} \text{t}\ ($

$\square'\,($

$(\ '(\text{mode-eq-Inactive}) \longrightarrow'$

$'(\text{ACC-Target-Accel-eq-NoMsg})\ ))))$

Anforderung R4.

lemma Req-Cruise-to-Follow-LTL-conv:

let

init = Initial-ACC-Computation-State;

mode-eq-Cruise =

$(\lambda(\text{input},\text{state}).$ getState-AbstractMode-ACC-Component state = ActiveCruise);

mode-eq-Follow =

$(\lambda(\text{input},\text{state}).$ getState-AbstractMode-ACC-Component state = ActiveFollow);

ACC-Target-Vehicle-Present-eq-True = $(\lambda(\text{input},\text{state}).$ Target-Vehicle-Present input = Msg True)

in

$(\text{s}::('\text{compState ACC-Computation-type})) \models_{pdll} \text{t}\ ($

Whenever $($

Not $'(\text{ACC-Flag-Terminate})$ **And** mode-eq-Cruise$^{\leftarrow\ init}$ **And**

$'(\text{ACC-Target-Vehicle-Present-eq-True}))$

Then $'(\text{mode-eq-Follow})$

$) =$

$((\text{s}::('\text{compState ACC-Computation-type})) \models_{ltl} \text{t}\ ($

$\square'\,(($

$(\neg'\ '(\text{ACC-Flag-Terminate})) \wedge' \text{mode-eq-Cruise}^{\leftarrow\ init} \wedge'$

$'(\text{ACC-Target-Vehicle-Present-eq-True})) \longrightarrow'$

$'(\text{mode-eq-Follow}))))$

Anforderung R5.

lemma Req-Follow-to-Cruise-LTL-conv:

let

init = Initial-ACC-Computation-State;

mode-eq-Cruise =

$(\lambda(\text{input},\text{state}).$ getState-AbstractMode-ACC-Component state = ActiveCruise);

mode-eq-Follow =

$(\lambda(\text{input},\text{state}).$ getState-AbstractMode-ACC-Component state = ActiveFollow);

ACC-Target-Vehicle-Present-eq-False = $(\lambda(\text{input},\text{state}).$ Target-Vehicle-Present input = Msg False)

in

$(\text{s}::('\text{compState ACC-Computation-type})) \models_{pdll} \text{t}\ ($

Whenever $($

Not $'(\text{ACC-Flag-Terminate})$ **And** mode-eq-Follow$^{\leftarrow\ init}$ **And**

'(ACC-Target-Vehicle-Present-eq-False))
Then ('(mode-eq-Cruise))
) =
((s::('compState ACC-Computation-type)) $\models_{ltl}$ t (
□'((
(¬' '(ACC-Flag-Terminate)) ∧' mode-eq-Follow$\leftarrow$ *init* ∧'
'(ACC-Target-Vehicle-Present-eq-False)) ⟶'
'(mode-eq-Cruise))))

Anforderung R6.
lemma Req-TargetSpeed-in-range-LTL-conv:
let
ACC-Target-Speed-neq-NoMsg = (λ(input,state). getOutput-ACC-Target-Speed state ≠ ε);
ACC-Target-Speed-ge-50 = (λ(input,state). 50 ≤ the-af (getOutput-ACC-Target-Speed state));
ACC-Target-Speed-le-100 = (λ(input,state). the-af (getOutput-ACC-Target-Speed state) ≤ 100)
in
(s::(('input,'compState) ACC-ControlStatusSetup-Computation-type)) $\models_{pdll}$ t (
Whenever '(ACC-Target-Speed-neq-NoMsg)
Then ('(ACC-Target-Speed-ge-50) **And** '(ACC-Target-Speed-le-100))
) =
(s::(('input,'compState) ACC-ControlStatusSetup-Computation-type)) $\models_{ltl}$ t (
□'(
'(ACC-Target-Speed-neq-NoMsg) ⟶'
('(ACC-Target-Speed-ge-50) ∧' '(ACC-Target-Speed-le-100))))

Anforderung R7.
lemma Req-TargetAccel-in-range-LTL-conv:
let
ACC-Target-Accel-neq-NoMsg =
(λ(input,state). getOutput-ACC-Target-Accel-ACC-Component state ≠ ε);
ACC-Target-Accel-ge-minus-25 =
(λ(input,state). −25 ≤ the-af (getOutput-ACC-Target-Accel-ACC-Component state));
ACC-Target-Accel-le-15 =
(λ(input,state). the-af (getOutput-ACC-Target-Accel-ACC-Component state) ≤ 15)
in
(s::('compState ACC-Computation-type)) $\models_{pdll}$ t (
Whenever '(ACC-Target-Accel-neq-NoMsg)
Then ('(ACC-Target-Accel-ge-minus-25) **And** '(ACC-Target-Accel-le-15))
) =
((s::('compState ACC-Computation-type)) $\models_{ltl}$ t (
□'(
'(ACC-Target-Accel-neq-NoMsg) ⟶'
('(ACC-Target-Accel-ge-minus-25) ∧' '(ACC-Target-Accel-le-15)))))

Anforderung R9.
lemma Req-SpeedOutsideRange-Deactivate-LTL-conv:
let
ACC-Vehicle-Speed-neq-NoMsg = (λ(input,state). Vehicle-Speed input ≠ ε);
ACC-Vehicle-Speed-ge-40 = (λ(input,state). 40 ≤ the-af (Vehicle-Speed input));

ACC-Vehicle-Speed-le-110 = (λ(input,state). the-af (Vehicle-Speed input) ≤ 110);
mode-eq-Inactive = (λ(input,state). getState-AbstractMode-ACC-Component state = Inactive)
in
(s::('compState ACC-Computation-type)) ⊨$_{pdl1}$ t (
  Whenever ('(ACC-Vehicle-Speed-neq-NoMsg) **And**
  Not ('(ACC-Vehicle-Speed-ge-40) **And** '(ACC-Vehicle-Speed-le-110)))
  Then '(mode-eq-Inactive)
) =
((s::('compState ACC-Computation-type)) ⊨$_{ltl}$ t (
  □'(
   ('(ACC-Vehicle-Speed-neq-NoMsg) ∧'
   ¬' ('(ACC-Vehicle-Speed-ge-40) ∧' '(ACC-Vehicle-Speed-le-110))) ⟶'
   '(mode-eq-Inactive))))

Anforderung R10.
lemma Req-AccelOrBrake-Deactivate-LTL-conv:
let
  mode-eq-Inactive = (λ(input,state). getState-AbstractMode-ACC-Component state = Inactive)
in
(s::('compState ACC-Computation-type)) ⊨$_{pdl1}$ t (
  Whenever '(ACC-Flag-AccelOrBrake)
  Then '(mode-eq-Inactive)
) =
((s::('compState ACC-Computation-type)) ⊨$_{ltl}$ t (
  □'(
   '(ACC-Flag-AccelOrBrake) ⟶'
   '(mode-eq-Inactive))))

Zusätzliche funktionale Eigenschaften

Wird die ACC-Komponente deaktiviert, so bleibt sie inaktiv, solange keine Aktivierungsnachricht ankommt.

  consts Req-Inactive-After-Deactivated :: 'compState ACC-Computation-State-type pdl1-formula
  defs Req-Inactive-After-Deactivated-def :
  Req-Inactive-After-Deactivated ≡
  let
   ACC-Switch-Operation-eq-Activate =
   (λ(input,state). ACC-Switch-Operation input = Msg Activate);
   ACC-Switch-Operation-eq-Deactivate =
   (λ(input,state). ACC-Switch-Operation input = Msg Deactivate);
   mode-eq-Inactive = (λ(input,state). getState-AbstractMode-ACC-Component state = Inactive)
  in
  Whenever '(ACC-Switch-Operation-eq-Deactivate)
  Then ('(mode-eq-Inactive) **AsLongAs Not** '(ACC-Switch-Operation-eq-Activate))

Wird die ACC-Komponente deaktiviert, so versendet sie – nach dem Schritt, in dem die Deaktivierungsnachricht angekommen war – keine Nachrichten, solange keine Aktivierungsnachricht
ankommt. Hierbei wird keine Aussage über das Verhalten nach einer eventuellen Ankunft einer

Aktivierungsnachricht gemacht, u. a., weil eine Aktivierungsnachricht nicht in jedem Fall auch zur Aktivierung führt (vgl. Anforderung *Req-Activate*).

consts Req-Silent-After-Deactivated :: 'compState ACC-Computation-State-type pdl1-formula
defs Req-Silent-After-Deactivated-def :
  Req-Silent-After-Deactivated ≡
  let
    ACC-Switch-Operation-eq-Activate =
      (λ(input,state). ACC-Switch-Operation input = Msg Activate);
    ACC-Switch-Operation-eq-Deactivate =
      (λ(input,state). ACC-Switch-Operation input = Msg Deactivate);
    ACC-Target-Accel-eq-NoMsg =
      (λ(input,state). getOutput-ACC-Target-Accel-ACC-Component state = ε)
  in
    Whenever '(ACC-Switch-Operation-eq-Deactivate)
    Then ('(ACC-Target-Accel-eq-NoMsg) **AsLongAs Not** '(ACC-Switch-Operation-eq-Activate))

Äquivalente Darstellung der Anforderung *Req-Inactive-After-Deactivated* in BPDL.

lemma Req-Inactive-After-Deactivated-BPDL-conv:
  let
    ACC-Switch-Operation-eq-Activate =
      (λ(input,state). ACC-Switch-Operation input = Msg Activate);
    ACC-Switch-Operation-eq-Deactivate =
      (λ(input,state). ACC-Switch-Operation input = Msg Deactivate);
    mode-eq-Inactive = (λ(input,state). getState-AbstractMode-ACC-Component state = Inactive)
  in
  (s::('compState ACC-Computation-type)) $\models_{pdl1}$ t (
    Whenever '(ACC-Switch-Operation-eq-Deactivate)
    Then ('(mode-eq-Inactive) **AsLongAs Not** '(ACC-Switch-Operation-eq-Activate))
) =
  ($\square$ t1 [t...].
    ACC-Switch-Operation-eq-Deactivate (s t1) $\longrightarrow$
    (mode-eq-Inactive (s t2). t2 $\mathcal{W}$ t3 [t1...]. ACC-Switch-Operation-eq-Activate (s t3)))

Äquivalente Darstellung der Anforderung *Req-Inactive-After-Deactivated* in BPDL nur mit Basisoperatoren *Always* und *Eventually*.

lemma Req-Inactive-After-Deactivated-BPDL-conv2:
  let
    ACC-Switch-Operation-eq-Activate =
      (λ(input,state). ACC-Switch-Operation input = Msg Activate);
    ACC-Switch-Operation-eq-Deactivate =
      (λ(input,state). ACC-Switch-Operation input = Msg Deactivate);
    mode-eq-Inactive = (λ(input,state). getState-AbstractMode-ACC-Component state = Inactive)
  in
  (s::('compState ACC-Computation-type)) $\models_{pdl1}$ t (
    Whenever '(ACC-Switch-Operation-eq-Deactivate)
    Then ('(mode-eq-Inactive) **AsLongAs Not** '(ACC-Switch-Operation-eq-Activate))
) =
  ($\square$ t1 [t...].
    ACC-Switch-Operation-eq-Deactivate (s t1) $\longrightarrow$ (

$$(\lozenge\ t3\ [t1\dots].\ \text{ACC-Switch-Operation-eq-Activate}\ (s\ t3)\ \wedge\ ($$
$$\square\ t2\ ([t1\dots]\ \downarrow< t3).\ \text{mode-eq-Inactive}\ (s\ t2)))\ \vee$$
$$(\square\ t2\ [t1\dots].\ \text{mode-eq-Inactive}\ (s\ t2))))$$

Äquivalente Darstellung der Anforderung *Req-Inactive-After-Deactivated* in LTL.

lemma Req-Inactive-After-Deactivated-LTL-conv:

let

  ACC-Switch-Operation-eq-Activate =

    (λ(input,state). ACC-Switch-Operation input = Msg Activate);

  ACC-Switch-Operation-eq-Deactivate =

    (λ(input,state). ACC-Switch-Operation input = Msg Deactivate);

  mode-eq-Inactive = (λ(input,state). getState-AbstractMode-ACC-Component state = Inactive)

in

  (s::('compState ACC-Computation-type)) $\models_{pdll}$ t (

  Whenever '(ACC-Switch-Operation-eq-Deactivate)

  Then ('(mode-eq-Inactive) **AsLongAs Not** '(ACC-Switch-Operation-eq-Activate))

) =

  (s::('compState ACC-Computation-type)) $\models_{ltl}$ t (

  $\square'$ ('(ACC-Switch-Operation-eq-Deactivate) $\longrightarrow'$

  ((('(mode-eq-Inactive) U' '(ACC-Switch-Operation-eq-Activate)) $\vee'$ ($\square'$ '(mode-eq-Inactive))))

)

Äquivalente Darstellung der Anforderung *Req-Silent-After-Deactivated* in BPDL.

lemma Req-Silent-After-Deactivated-BPDL-conv:

let

  ACC-Switch-Operation-eq-Activate =

    (λ(input,state). ACC-Switch-Operation input = Msg Activate);

  ACC-Switch-Operation-eq-Deactivate =

    (λ(input,state). ACC-Switch-Operation input = Msg Deactivate);

  ACC-Target-Accel-eq-NoMsg =

    (λ(input,state). getOutput-ACC-Target-Accel-ACC-Component state = ε)

in

  (s::('compState ACC-Computation-type)) $\models_{pdll}$ t (

  Whenever '(ACC-Switch-Operation-eq-Deactivate)

  Then ('(ACC-Target-Accel-eq-NoMsg) **AsLongAs Not** '(ACC-Switch-Operation-eq-Activate))

) =

  ($\square$ t1 [t\dots].

  ACC-Switch-Operation-eq-Deactivate (s t1) $\longrightarrow$ (

  (ACC-Target-Accel-eq-NoMsg (s t2). t2 $\mathcal{W}$ t3 [t1\dots].

  ACC-Switch-Operation-eq-Activate (s t3))))

Äquivalente Darstellung der Anforderung *Req-Silent-After-Deactivated* in BPDL nur mit Basisoperatoren *Always* und *Eventually*.

lemma Req-Silent-After-Deactivated-BPDL-conv2:

let

  ACC-Switch-Operation-eq-Activate =

    (λ(input,state). ACC-Switch-Operation input = Msg Activate);

  ACC-Switch-Operation-eq-Deactivate =

    (λ(input,state). ACC-Switch-Operation input = Msg Deactivate);

ACC-Target-Accel-eq-NoMsg =
  (λ(input,state). getOutput-ACC-Target-Accel-ACC-Component state = ε)
in
(s::('compState ACC-Computation-type)) $\models_{pdl1}$ t (
Whenever '(ACC-Switch-Operation-eq-Deactivate)
Then ('(ACC-Target-Accel-eq-NoMsg) **AsLongAs Not** '(ACC-Switch-Operation-eq-Activate))
) =
($\square$ t1 [t. . .].
  ACC-Switch-Operation-eq-Deactivate (s t1) $\longrightarrow$ (
    ($\square$ t2 [t1. . .]. ACC-Target-Accel-eq-NoMsg (s t2)) $\vee$
    ($\lozenge$ t3 [t1. . .]. (
      ACC-Switch-Operation-eq-Activate (s t3) $\wedge$
      ($\square$ t2 ([t1. . .] $\downarrow$< t3). ACC-Target-Accel-eq-NoMsg (s t2))))))

Äquivalente Darstellung der Anforderung *Req-Silent-After-Deactivated* in LTL.
lemma Req-Silent-After-Deactivated-LTL-conv:
let
  ACC-Switch-Operation-eq-Activate =
    (λ(input,state). ACC-Switch-Operation input = Msg Activate);
  ACC-Switch-Operation-eq-Deactivate =
    (λ(input,state). ACC-Switch-Operation input = Msg Deactivate);
  ACC-Target-Accel-eq-NoMsg =
    (λ(input,state). getOutput-ACC-Target-Accel-ACC-Component state = ε)
in
(s::('compState ACC-Computation-type)) $\models_{pdl1}$ t (
Whenever '(ACC-Switch-Operation-eq-Deactivate)
Then ('(ACC-Target-Accel-eq-NoMsg) **AsLongAs Not** '(ACC-Switch-Operation-eq-Activate))
) =
(s::('compState ACC-Computation-type)) $\models_{ltl}$ t (
$\square$' ('(ACC-Switch-Operation-eq-Deactivate) $\longrightarrow$' (
  ('(ACC-Target-Accel-eq-NoMsg) U' '(ACC-Switch-Operation-eq-Activate)) $\vee$'
  ($\square$' '(ACC-Target-Accel-eq-NoMsg)))))

A/G-Verifikation zusätzlicher funktionaler Eigenschaften

Für den Nachweis, dass die ACC-Komponente nach einer Deaktivierung keine Nachrichten bis
zur nächsten Aktivierung verschickt, zeigen wir zunächst, dass die ACC-Komponente nach einer Deaktivierung bis zur nächsten Aktivierung inaktiv bleibt. Dies folgt aus der Anforderung
Req-Deactivate zur Deaktivierung bei Eingang einer Deaktivierungsnachricht und induktiv aus
der Annahme *Req-Inactivity-Persists*, dass sich die ACC-Komponente nicht ohne Eingang einer
Aktivierungsnachricht aktivieren kann.
  lemma Inactive-After-Deactivated :
    ⟦ s $\models_{pdl1}$ t Req-Deactivate; s $\models_{pdl1}$ t Req-Inactivity-Persists ⟧ $\Longrightarrow$
    s $\models_{pdl1}$ t Req-Inactive-After-Deactivated

Mit der Anforderung *Req-Inactive-Silent*, dass die ACC-Komponente in einem inaktiven Zustand keine Nachrichten verschickt, folgt unmittelbar die Eigenschaft, dass die ACC-Komponen-

te nach Eingang einer Deaktivierungsnachricht keine Nachrichten verschickt, bis eine Aktivierungsnachricht eingeht.

lemma Silent-After-Deactivated :

$\llbracket$ s $\models_{pdll}$ t Req-Deactivate; s $\models_{pdll}$ t Req-Inactivity-Persists;

s $\models_{pdll}$ t Req-Inactive-Silent $\rrbracket \Longrightarrow$

s $\models_{pdll}$ t Req-Silent-After-Deactivated

Anhang B

Glossar

In diesem Abschnitt werden ausgewählte Begriffe und Abkürzungen aufgelistet, die in der vorliegenden Arbeit verwendet werden. Der Abschnitt B.1 erklärt die verwendeten Abkürzungen. Der Abschnitt B.2 führt mathematische und logische Bezeichnungen und Operatoren auf. Schließlich werden in dem Abschnitt B.3 Bezeichnungen und Operatoren für Ströme aufgeführt.

B.1 Abkürzungen

ADL   Architecture Description Language: Sammelbegriff für Architekturbeschreibungssprachen.

A/G   Assume/Guarantee: Spezifikationsstil, bei dem eine Spezifikation in eine Annahme und eine bei Erfüllung der Annahme geforderte Garantie aufgeteilt wird. Synonyme: Assumption/Commitment (A/C), Rely/Guarantee (R/G).

BDD   Binary Decision Diagram: Datenstruktur zur Darstellung boolescher Funktionen. Wird für symbolisches Modelchecking verwendet [McM93].

BMC   Bounded Model Checking [BCCZ99]: Modelchecking linearer temporallogischer Eigenschaften für endliche Berechnungen.

BPDL   Basis-PDL (vgl. 4.2.1): In dieser Arbeit verwendete ausdrucksstarke Spezifikationsnotation, mit deren Hilfe unterschiedliche temporallogische Eigenschaften und Notationen definiert werden können.

CASE   Computer-Aided Software Engineering: Unterstützung der Softwareentwicklung durch spezielle Entwicklungswerkzeuge. CASE-Werkzeuge bieten häufig graphische Darstellungsmittel für die zu entwickelnden Softwaresysteme.

CTL   Computation Tree Logic [CES86]: Temporale Logik für Berechnungsbäume (vgl. auch 3.2).

CCL   Consistency Constraint Language: Teilmenge der Sprache ODL [Sch01] – ermöglicht die Formulierung prädikatenlogischer Aussagen über die Strukturelemente eines AUTOFOCUS-Modells.

DTD   Data Type Definitions [SH99]: Diagramm zur Definition von Datentypen und Funktionen in AUTOFOCUS.

EET	Extended Event Trace [SH99]: Diagramm zur Darstellung von Interaktionen zwischen Komponenten eines Systems während einer Ausführung in AUTO-FOCUS, ähnlich zu MSCs.
FOL	First-Order Logic: Prädikatenlogik erster Stufe – erlaubt zusätzlich zu booleschen Operatoren existenzielle und universelle Quantifizierung über Elemente von Mengen/Datentypen.
HOL	Higher-Order Logic [And02, NPW02]: Prädikatenlogik höherer Stufe – erlaubt Quantifizierung über Prädikate und Funktionen sowie die Definition mächtigerer Sprachkonstrukte (beispielsweise Rekursion, Listen u. v. m.)
LSC	Live Sequence Chart [DH01]: Erweiterung der MSCs.
LTL	Linear Temporal Logic [MP92]: auch Linear-time Temporal Logic, temporale Logik für Ausführungsspuren (vgl. auch 3.2 und 3.2.2).
LTL$_\sigma$	In dieser Arbeit verwendete Erweiterung von LTL um die Möglichkeit, auf zu verschiedenen Zeitpunkten zwischengespeicherte Berechnungszustände zuzugreifen (vgl. 4.2.1 ab S. 133).
MITL	Metric Interval Temporal Logic [AFH96]: Einschränkung von MTL, in der keine Zeitintervalle verwendet werden dürfen, die aus genau einem Zeitpunkt bestehen.
MSC	Message Sequence Chart [Int04, HT03]: Diagramm zur Spezifikation von Szenarien zur Beschreibung von Interaktionen zwischen Prozessen oder Objekten in einem System.
MTL	Metric Temporal Logic [Koy90]: Lineare Temporallogik, erweitert LTL um die Möglichkeit, für temporale Operatoren Zeitintervalle anzugeben, in denen die vom jeweiligen Operator gebundene Teilformel erfüllt werden soll.
ODL	Operation Definition Language [Sch01]: Sprache zur Beschreibung von Konsistenzbedingungen (s. CCL) und Transformationen für Strukturelemente eines AUTOFOCUS-Modells.
PDL	Property Description Language: In dieser Arbeit verwendeter Sammelbegriff für Notationen zur deklarativen Beschreibung funktionaler Eigenschaften (vgl. 4.2).
PSL	Property Specification Language [PSL04]: Standardisierte Spezifikationsnotation, umfasst LTL sowie weitere Spezifikationskonstrukte.
PTL	Propositional Temporal Logic: wird auch synonym zu LTL (mit temporalen Operatoren für die Vergangenheit) verwendet.
SALT	Structured Assertion Language for Temporal Logic [BLS06b]: Spezifikationssprache für temporallogische Eigenschaften. Kann, je nach verwendeten Operatoren, in LTL oder TLTL (Echtzeit-LTL) übersetzt werden.
SAT	Satisfiability: Erfüllbarkeitsproblem der Aussagenlogik.
SSD	System Structure Diagram [SH99]: Diagramm zur Beschreibung der Struktur von Komponenten in AUTOFOCUS.
STD	State Transition Diagram [SH99]: Diagramm zur Spezifikation des Verhaltens einer Komponente durch einen Eingabe-/Ausgabe-Zustandsautomaten in AUTOFOCUS.

| TCTL | Timed CTL [ACD93]: Erweitert CTL, ähnlich zu MTL gegenüber LTL, um die Möglichkeit, für temporale Operatoren Zeitintervalle anzugeben. |
| TPTL | Timed PTL [AH94]: Erweitert PTL/LTL mithilfe des neuen *Freeze*-Quantors um die Möglichkeit, Zeitvariablen zu bestimmten Zeitpunkten zu definieren und Bedingungen für eine oder mehrere Zeitvariablen zu spezifizieren. MTL wird von TPTL subsumiert, da MTL-Operatoren mit Zeitintervallen durch Vergleiche auf Zeitvariablen definiert werden können. |

B.2 Mathematische und logische Ausdrücke

Mengen und Typen

$\emptyset, \{\}$	Leere Menge.
$A \cup B$	Vereinigung von A und B: Menge mit allen Elementen aus A und B.
$A \cap B$	Durchschnitt von A und B: Menge der Elemente, die in A und in B enthalten sind.
$A \setminus B$	Differenz von A und B: Menge der Elemente aus A, die nicht in B enthalten sind.
$A \subseteq B$	A ist Teilmenge von B: Alle Elemente von A sind in B enthalten.
$A \subset B$	A ist echte Teilmenge von B: A ist Teilmenge von B, aber nicht gleich B ($A \subseteq B \land A \neq B$).
$x \in A$	Elementbeziehung: x ist in A enthalten.
$|A|$	Kardinalität: Anzahl der Elemente in A.
$\{e_1, \ldots, e_n\}$	Endliche Menge, die aus den Elementen $e_1, \ldots, e_n$ besteht.
$\{x \mid P(x)\}$	Mengenspezifikation (engl. set comprehension): Menge der Elemente x, für die $P(x)$ gilt.
$\wp(A)$	Potenzmenge: Menge aller Teilmengen von A.
$\min(A)$	Minimales Element der Menge A bezüglich einer totalen Ordnung (beispielsweise $\leq$ auf natürlichen Zahlen).
$\max(A)$	Maximales Element der Menge A bezüglich einer totalen Ordnung.
$A_1 \times \ldots \times A_n$	Kreuzprodukt: Ein Kreuzprodukt enthält alle Tupel $(e_1, \ldots, e_n)$, in denen $e_i \in A_i$ für $i \in [1 \ldots n]$ ist.
$\Pi_j(t)$	Projektion: Element an der Position j in dem Tupel t: $\Pi_j((e_1, \ldots, e_n)) = e_j$.
$\mathbb{N}$	Menge der natürlichen Zahlen: $\{0, 1, \ldots\}$.
$\mathbb{N}_+$	Menge der positiven natürlichen Zahlen: $\{1, 2, \ldots\}$.
$\mathbb{N}_\infty$	Menge der natürlichen Zahlen mit Unendlichkeit: $\mathbb{N} \cup \{\infty\}$.
$\mathbb{Z}$	Menge der ganzen Zahlen.
$\mathbb{R}$	Menge der reellen Zahlen.
$\mathbb{B}$	Menge der booleschen Werte $\{\mathsf{False}, \mathsf{True}\}$.
$[n_1 \ldots n_2]$	Geschlossenes Intervall natürlicher Zahlen $\{n \mid n_1 \leq n \leq n_2\}$.

| $[n_1 \ldots n_2)$ | Halboffenes Intervall natürlicher Zahlen $\{n \mid n_1 \le n < n_2\}$. |
| $T_1 \to T_2$ | Funktionstyp: Alle Abbildungen von T_1 auf T_2. |

Funktionen

$f \in T_1 \to T_2$	Funktion vom Typ $T_1 \to T_2$.
$f(x)$	Funktionswert von f für x.
dom(f)	Definitionsbereich (engl. domain) von f.
rng(f)	Wertebereich (engl. range) von f.
$f_1 \circ f_2$	Funktionale Komposition von f_1 und f_2: $(f_1 \circ f_2)(x) = f_1(f_2(x))$.
$f[x' := t]$	Funktionsmodifikation: Die Funktion $f[x' := t]$ entspricht f für alle Argumentwerte x außer x' und ist an der Stelle x' gleich t.
$\bot$	Undefinierter Wert (engl. bottom): $\bot$ wird von partiellen Funktionen als Ergebnis für Argumentwerte zurückgegeben, für die die Funktion nicht definiert ist.
$\lambda x.\ f(x)$	Funktionsabstraktion: Die anonyme Funktion $\lambda x.\ f(x)$ ist äquivalent zu f (beispielsweise $\lambda x.\ x + 1$ für $f(x) = x + 1$).
mono_on(f, I)	Die Funktion f ist monoton auf I.
mono(f)	Die Funktion f ist monoton auf dem gesamten Definitionsbereich.

Logik

False	Wahrheitswert für Ungültigkeit/Inkonsistenz, logische 0.
True	Wahrheitswert für Gültigkeit, logische 1.
$\mathbb{B}$	Menge der logischen Wahrheitswerte $\{$False, True$\}$.
$P \vee Q$	Disjunktion, logisches *Oder*: Gilt, wenn P oder Q oder beides gilt.
$P \wedge Q$	Konjunktion, logisches *Und*: Gilt, sowohl P als auch Q gilt.
$\neg P$	Negation, logisches *Nicht*: Gilt, wenn P nicht gilt.
$P \to Q$	Implikation, logisches *Wenn-Dann*: Falls P gilt, muss auch Q gelten. Entspricht $\neg P \vee Q$.
$P \leftrightarrow Q$	Äquivalenz, logisches *Genau-Dann-Wenn*: P gilt genau dann, wenn auch Q gilt. Äquivalent zu $(\neg P \wedge \neg Q) \vee (P \wedge Q)$ sowie $(P \to Q) \wedge (Q \to P)$.
$\exists x : P(x)$	Existenzquantor: Es existiert ein x, so dass $P(x)$.
$\forall x : P(x)$	Universalquantor: Für alle x gilt $P(x)$.
$\exists x \in A : P(x)$	Existenzquantor auf Mengen: Es existiert ein $x \in A$, so dass $P(x)$.
$\forall x \in A : P(x)$	Universalquantor auf Mengen: Für alle $x \in A$ gilt $P(x)$.
$P[^x_t]$	Variablensubstitution: Die Substitution $P[^x_t]$ ersetzt alle freien Vorkommen von x in P durch t.
if P then t_1 else t_2	Bedingte Anweisung if-then-else: Liefert t_1, falls P erfüllt ist, und t_2 sonst.

let A in P Variablenzuweisung let: Für eine Liste von Variablenzuweisungen A der Form $v_1 = e_1; \ldots; v_n = e_n$ werden die Variablen v_i in P durch e_i ersetzt.

Temporale Logik

$p \, \mathcal{U} \, q$ Operator *Until*: Es gibt einen Zeitpunkt t_1 nach dem aktuellen Zeitpunkt t_0 (wobei t_1 auch gleich t_0 sein darf), bis zu dem p gilt, und zu dem q gilt, d. h., p gilt im Zeitintervall $[t_0 \ldots t_1 - 1]$ und q gilt zum Zeitpunkt t_1.

$\Diamond \, p$ Operator *Eventually*: p gilt irgendwann ab dem aktuellen Zeitpunkt t_0. Äquivalent zu True $\mathcal{U} \, p$.

$\Box \, p$ Operator *Always*: p gilt immer ab dem aktuellen Zeitpunkt t_0. Äquivalent zu $\neg \, \Diamond \, \neg \, p$.

$\bigcirc \, p$ Operator *Next*: p gilt zum nachfolgenden Zeitpunkt $t_0 + 1$.

$p \, \mathcal{S} \, q$ Operator *Since*: Es gibt einen Zeitpunkt t_1 vor dem aktuellen Zeitpunkt t_0 (wobei t_1 auch gleich t_0 sein darf), ab dem p gilt, und zu dem q gilt, d. h., q gilt zum Zeitpunkt t_1 und p gilt im Zeitintervall $[t_1 + 1 \ldots t_0]$.

$\Leftrightarrow \, p$ Operator *Once*: p galt irgendwann bis zu dem aktuellen Zeitpunkt t_0. Äquivalent zu True $\mathcal{S} \, p$.

$\boxminus \, p$ Operator *TillNow*: p galt immer bis zu dem aktuellen Zeitpunkt t_0. Äquivalent zu $\neg \, \Leftrightarrow \, \neg \, p$.

$\ominus \, p$ Operator *Last*: p galt zum vorhergehenden Zeitpunkt $t_0 - 1$.

$p \, \mathcal{U}_I \, q$ Operator *Until* mit Intervallangabe: Es gibt einen Zeitpunkt t_1 in dem Intervall I nach dem aktuellen Zeitpunkt t_0, so dass p im Zeitintervall $[t_0 \ldots t_1]$ und q zum Zeitpunkt t_1 gilt. Analog können Zeitintervalle für Operatoren wie $\mathcal{S}$, $\Box$, $\Diamond$, $\bigcirc$ u. a. verwendet werden.

$t \, . \, p$ Quantor *Freeze*: Der Wert des aktuellen Zeitpunkts t_0 ist in p als t verfügbar.

$(x(t) := x) \, . \, p$ Einfrieren/Zwischenspeichern eines Berechnungszustands: Der Wert/Zustand der Entität x (z. B. lokale Variable) zum aktuellen Zeitpunkt t_0 ist als $x(t)$ in p verfügbar (vgl. 4.2.1, S. 133 ff.).

B.3   Ströme

M^* Endliche Ströme über M.

M^∞ Unendliche Ströme über M.

M^ω Alle Ströme über M, d. h., $M^* \cup M^\infty$.

$M^{\underline{*}}$, $M^{\underline{\infty}}$, $M^{\underline{\omega}}$ Endliche, unendliche und alle gezeiteten Ströme über M.

$M^{\underline{*}}$, $M^{\underline{\infty}}$, $M^{\underline{\omega}}$ Endliche, unendliche und alle zeitsynchronen Ströme über M.

$M^{\varepsilon*}$, $M^{\varepsilon\infty}$, $M^{\varepsilon\omega}$ Endliche, unendliche und alle ε-zeitsynchronen Ströme über M.

M^ε	Ergänzung der Menge M um die leere Nachricht ε: $M^\varepsilon = M \cup \{\varepsilon\}$.
$\langle\,\rangle$	Leerer Strom.
$\langle m_1, \ldots, m_n \rangle$	Strom aus Nachrichten $m_1, \ldots, m_n$.
length(s)	Länge des Stroms s.
$s_1 \frown s_2$	Konkatenation der Ströme s_1 und s_2.
$m \# s$	Voranstellen der Nachricht m dem Strom s.
m^n	Replikation: Strom aus n Kopien der Nachricht m.
hd(s)	Erstes Element des Stroms s.
tl(s)	Reststrom von s ohne das erste Element.
last(s)	Letztes Element des Stroms s.
$s_1 \sqsubseteq s_2$	Der Strom s_1 ist ein Präfix des Stroms s_2, d. h., s_1 stimmt mit dem Beginn von s_2 überein.
$s.n$	Das n-te Element des Stroms s (beginnend bei 0, z. B. $\langle a, b, c \rangle . 1 = b$).
$s \downarrow_k$	Stutzen (engl. truncate, take): Teilstrom von s vor der Position k. Der Reststrom ab der Position k wird abgeschnitten.
$s \uparrow_k$	Weglassen (engl. drop): Teilstrom von s ab der Position k. Die ersten k Elemente werden weggelassen.
map(f, s)	Elementweise Funktionsanwendung: Die Funktion f wird auf jedes Element von s angewandt: map$(f, s) = \langle f(s.0), f(s.1), \ldots \rangle$.

Literaturverzeichnis

[AAG95]   Abowd, Gregory D., Robert Allen, and David Garlan: *Formalizing Style to Understand Descriptions of Software Architecture*. ACM Transactions on Software Engineering and Methodology (TOSEM), 4(4):319–364, 1995.

[ABG+05]   Artho, Cyrille, Howard Barringer, Allen Goldberg, Klaus Havelund, Sarfraz Khurshid, Michael R. Lowry, Corina S. Pasareanu, Grigore Roşu, Koushik Sen, Willem Visser, and Richard Washington: *Combining test case generation and runtime verification*. Theoretical Computer Science, 336(2-3):209–234, 2005.

[Abr96]   Abrial, Jean Raymond: *The B-Book: Assigning Programs to Meanings*. Cambridge University Press, 1996.

[ABR05]   Angermann, Anne, Michael Beuschel, and Martin Rau: *Matlab – Simulink – Stateflow*. Oldenbourg, 2005.

[ACD93]   Alur, Rajeev, Costas Courcoubetis, and David L. Dill: *Model-Checking in Dense Real-Time*. Information and Computation, 104(1):2–34, 1993.

[AdAHM99]   Alur, Rajeev, Luca de Alfaro, Thomas A. Henzinger, and Freddy Y. C. Mang: *Automating Modular Verification*. In Baeten, Jos C. M. and Sjouke Mauw (editors): *CONCUR '99: Concurrency Theory, 10th International Conference, Eindhoven, The Netherlands, August 24-27, 1999, Proceedings*, volume 1664 of *Lecture Notes in Computer Science*, pages 82–97. Springer, 1999.

[AFF+02]   Armoni, Roy, Limor Fix, Alon Flaisher, Rob Gerth, Boris Ginsburg, Tomer Kanza, Avner Landver, Sela Mador-Haim, Eli Singerman, Andreas Tiemeyer, Moshe Y. Vardi, and Yael Zbar: *The ForSpec Temporal Logic: A New Temporal Property-Specification Language*. In Katoen, Joost Pieter and Perdita Stevens (editors): *Tools and Algorithms for the Construction and Analysis of Systems, 8th International Conference, TACAS 2002*, volume 2280 of *Lecture Notes in Computer Science*, pages 296–311. Springer, 2002.

[AFH96]   Alur, Rajeev, Tomás Feder, and Thomas A. Henzinger: *The Benefits of Relaxing Punctuality*. Journal of the ACM, 43(1):116–146, 1996.

[AG94]   Allen, Robert B. and David Garlan: *Formalizing Architectural Connection*. In *Proceedings of the 16th International Conference on Software Engineering (ICSE 1994)*, pages 71–80, 1994.

[AG96]   Allen, Robert and David Garlan: *A Case Study in Architectural Modelling: The AEGIS System*. In *IWSSD '96: Proceedings of the 8th International Workshop on Software Specification and Design*, pages 6–15. IEEE Computer Society, 1996.

[AG97]   Allen, Robert and David Garlan: *A Formal Basis for Architectural Connection*. ACM Transactions on Software Engineering and Methodology (TOSEM), 6(3):213–249, 1997.

[AH91]   Alur, Rajeev and Thomas A. Henzinger: *Logics and Models of Real Time: A Survey*. In Bakker, J. W. de, Cornelis Huizing, Willem P. de Roever, and Grzegorz Rozenberg (editors): *Real-Time: Theory in Practice, REX Workshop '91*, volume 600 of *Lecture Notes in Computer Science*, pages 74–106. Springer, 1991.

[AH93]   Alur, Rajeev and Thomas A. Henzinger: *Real-Time Logics: Complexity and Expressiveness*. Information and Computation, 104(1):35–77, 1993.

[AH94]   Alur, Rajeev and Thomas A. Henzinger: *A Really Temporal Logic*. Journal of the ACM, 41(1):181–204, 1994.

[AH96]   Archer, Myla and Constance L. Heitmeyer: *Mechanical Verification of Timed Automata: A Case Study*. In *2nd IEEE Real-Time Technology and Applications Symposium (RTAS '96)*, pages 192–203. IEEE Computer Society, 1996.

[AKT$^+$06] Armoni, Roy, Dmitry Korchemny, Andreas Tiemeyer, Moshe Y. Vardi, and Yael Zbar: *Deterministic Dynamic Monitors for Linear-Time Assertions*. In Havelund, Klaus, Manuel Núñez, Grigore Rosu, Burkhart Wolff, Klaus Havelund, Manuel Núñez, Grigore Rosu, and Burkhart Wolff (editors): *Formal Approaches to Software Testing and Runtime Verification, First Combined International Workshops, FATES 2006 and RV 2006, Revised Selected Papers*, volume 4262 of *Lecture Notes in Computer Science*, pages 163–177. Springer, 2006.

[AL95]   Abadi, Martín and Leslie Lamport: *Conjoining Specifications*. ACM Transactions on Programming Languages and Systems (TOPLAS), 17(3):507–534, 1995.

[All97]   Allen, Robert: *A Formal Approach to Software Architecture*. PhD thesis, Carnegie Mellon, School of Computer Science, January 1997. Issued as CMU Technical Report CMU-CS-97-144.

[And02]   Andrews, Peter B.: *An Introduction to Mathematical Logic and Type Theory: To Truth Through Proof*, volume 27 of *Applied Logic Series*. Kluwer Academic Publishers, 2002.

[Apt85]   Apt, Krzysztof R. (editor): *Logics and Models of Concurrent Systems*, volume 13 of *Nato Asi Series F: Computer And Systems Sciences*. Springer, 1985.

[Arc00]   Archer, Myla: *TAME: Using PVS strategies for special-purpose theorem proving*. Annals of Mathematics and Artificial Intelligence, 29(1-4):139–181, 2000.

[ASC]   *The ASCET Product Family*. http://www.etas.com/en/products/ascet_software_products.php.

[ASU86]   Aho, Alfred V., Ravi Sethi, and Jeffrey D. Ullman: *Compilers: Principles, Techniques, and Tools.* Addison-Wesley Longman, 1986.

[Auta]   AUTOFOCUS *2 Homepage.* http://www4.in.tum.de/~af2.

[Autb]   AUTOFOCUS *Homepage.* http://autofocus.in.tum.de/.

[Autc]   AUTOFOCUS *Model and Model API.* Technical report. http://autofocus.in.tum.de/, Included in AUTOFOCUS distribution.

[Bal00]   Balzert, Helmut: *Lehrbuch der Software-Technik, Band 1.* Spektrum Akademischer Verlag, 2000.

[BBC+03]   Braun, Peter, Manfred Broy, Maria Victoria Cengarle, Jan Philipps, Wolfgang Prenninger, Alexander Pretschner, Martin Rappl, and Robert Sandner: *The automotive CASE.* pages 211 – 228. Wiley, 2003.

[BBDE+97]   Beer, Ilan, Shoham Ben-David, Cindy Eisner, Daniel Geist, Leonid Gluhovsky, Tamir Heyman, Avner Landver, P. Paanah, Yoav Rodeh, G. Ronin, and Yaron Wolfsthal: *RuleBase: Model Checking at IBM.* In Grumberg, Orna (editor): *Computer Aided Verification, 9th International Conference, CAV '97, Proceedings,* volume 1254 of *Lecture Notes in Computer Science,* pages 480–483. Springer, 1997.

[BBDE+01]   Beer, Ilan, Shoham Ben-David, Cindy Eisner, Dana Fisman, Anna Gringauze, and Yoav Rodeh: *The Temporal Logic Sugar.* In Berry, Gérard, Hubert Comon, and Alain Finkel (editors): *Computer Aided Verification, 13th International Conference, CAV 2001,* volume 2102 of *Lecture Notes in Computer Science,* pages 363–367. Springer, 2001.

[BBR+05]   Bauer, Andreas, Manfred Broy, Jan Romberg, Bernhard Schätz, Peter Braun, Ulrich Freund, Núria Mata, Robert Sandner, and Dirk Ziegenbein: *AutoMoDe — Notations, Methods, and Tools for Model-Based Development of Automotive Software.* In *Proceedings of the SAE 2005 World Congress.* Society of Automotive Engineers, Apr 2005.

[BCC+99]   Biere, Armin, Alessandro Cimatti, Edmund M. Clarke, Masahiro Fujita, and Yunshan Zhu: *Symbolic Model Checking Using SAT Procedures instead of BDDs.* In *Proceedings of the 36th Conference on Design Automation (DAC '99),* pages 317–320. ACM Press, 1999.

[BCC+03]   Biere, Armin, Alessandro Cimatti, Edmund M. Clarke, Ofer Strichman, and Yunshan Zhu: *Bounded Model Checking.* Advances in Computers, 58:118–149, 2003.

[BCCZ99]   Biere, Armin, Alessandro Cimatti, Edmund M. Clarke, and Yunshan Zhu: *Symbolic Model Checking without BDDs.* In Cleaveland, Rance (editor): *Tools and Algorithms for the Construction and Analysis of Systems, 5th International Conference, TACAS '99,* volume 1579 of *Lecture Notes in Computer Science,* pages 193–207. Springer, 1999.

[BCE+03]   Benveniste, Albert, Paul Caspi, Stephen A. Edwards, Nicolas Halbwachs, Paul
           Le Guernic, and Robert de Simone: *The Synchronous Languages 12 Years Later*.
           Proceedings of the IEEE, 91(1):64–83, 2003.

[BCFS05]   Bodeveix, Jean Paul, David Chemouil, Mamoun Filali, and Martin Strecker: *Towards formalising AADL in Proof Assistants*. Electronic Notes in Theoretical
           Computer Science, 141(3):153–169, 2005.

[BCM+92]   Basili, Victor R., Gianluigi Caldiera, Frank E. McGarry, Rose Pajerski, Gerald
           T. Page, and Sharon Waligora: *The Software Engineering Laboratory: An Operational Software Experience Factory*. In *ICSE 1992: Proceedings of the 14th
           International Conference on Software Engineering*, pages 370–381, 1992.

[BCM05]   Bouyer, Patricia, Fabrice Chevalier, and Nicolas Markey: *On the Expressiveness
           of TPTL and MTL*. In Ramanujam, R. and Sandeep Sen (editors): *FSTTCS 2005:
           Foundations of Software Technology and Theoretical Computer Science, 25th International Conference, Hyderabad, India, December 15-18, 2005, Proceedings*,
           volume 3821 of *Lecture Notes in Computer Science*, pages 432–443. Springer,
           2005.

[BCR01]   Broy, Manfred, María Victoria Cengarle, and Bernhard Rumpe: *Semantics of
           UML. Towards a System Model for UML. The Structural Data Model*. Technical Report TUM-I0612, Institut für Informatik, Technische Universität München,
           Jun 2001.

[BCV+95]   Butler, Ricky W., Victor A. Carreño, Ben L. Di Vito, Kelly J. Hayhurst, C. Michael
           Holloway, Jeffrey M. Maddalon, Paul S. Miner, César Muñoz (ICASE), Alfons
           Geser (ICASE), and Hanne Gottliebsen (ICASE): *NASA Langley's Research and
           Technology-Transfer Program in Formal Methods*. Technical report, NASA Langley Research Center, 1995.

[BD93]   Bröhl, A. P. and W. Dröschel: *Das V-Modell*. Oldenbourg, 1993.

[BD98a]   Bosnacki, Dragan and Dennis Dams: *Discrete-Time Promela and Spin*. In Ravn,
           Anders P. and Hans Rischel (editors): *5th International Symposium on Formal
           Techniques in Real-Time and Fault-Tolerant Systems, (FTRTFT '98), Proceedings*,
           volume 1486 of *Lecture Notes in Computer Science*, pages 307–310. Springer,
           1998.

[BD98b]   Bosnacki, Dragan and Dennis Dams: *Integrating Real Time into Spin: A Prototype
           Implementation*. In Budkowski, Stanislaw, Ana R. Cavalli, and Elie Najm (editors): *FORTE 1998: International Conference on Formal Description Techniques
           for Distributed Systems and Communication Protocols (FORTE XI)*, volume 135
           of *IFIP Conference Proceedings*, pages 423–438. Kluwer, 1998.

[BDK+05]   Bender, Klaus, Sven Dominka, Ali Koç, Martin Pöschl, Marc Russ, and Benno
           Stützel: *Embedded Systems – qualitätsorientierte Entwicklung*. Springer, 2005.

[BDL04]   Behrmann, Gerd, Alexandre David, and Kim Guldstrand Larsen: *A Tutorial on* UPPAAL. In Bernardo, Marco and Flavio Corradini (editors): *Formal Methods for the Design of Real-Time Systems, International School on Formal Methods for the Design of Computer, Communication and Software Systems (SFM-RT 2004), Revised Lectures*, volume 3185 of *Lecture Notes in Computer Science*, pages 200–236. Springer, 2004.

[BFG⁺08]   Broy, Manfred, Martin Feilkas, Johannes Grünbauer, Alexander Gruler, Alexander Harhurin, Judith Hartmann, Birgit Penzenstadler, Bernhard Schätz, and Doris Wild: *Umfassendes Architekturmodell für das Engineering eingebetteter Software-intensiver Systeme*. Technical Report TUM-I0816, Institut für Informatik, Technische Universität München, jun 2008.

[BG00]   Bitsch, Friedemann und Michael Gunzert: *Formale Verifikation von Softwarespezifikationen in ASCET-SD und MATLAB*. Fachtagung Verteilte Automatisierung – Modelle und Methoden für Entwurf, Verifikation, Engineering und Instrumentierung. Magdeburg, 2000.

[BGH⁺06]   Botaschanjan, Jewgenij, Alexander Gruler, Alexander Harhurin, Leonid Kof, Maria Spichkova, and David Trachtenherz: *Towards Modularized Verification of Distributed Time-Triggered Systems*. In Misra, Jayadev, Tobias Nipkow, and Emil Sekerinski (editors): *FM 2006: Formal Methods, 14th International Symposium on Formal Methods, Proceedings*, volume 4085 of *Lecture Notes in Computer Science*, pages 163–178. Springer, 2006.

[BGHH05]   Broy, Manfred, Johannes Grünbauer, David Harel, and Tony Hoare (editors): *Engineering Theories of Software Intensive Systems*, volume 195 of *Series: NATO Science Series II: Mathematics, Physics and Chemistry*. Springer Verlag, July 2005. Proceedings of the NATO Advanced Study Institute on Engineering Theories of Software Intensive Systems, Marktoberdorf, Germany, from 3 to 15 August 2004.

[BH99]   Bharadwaj, Ramesh and Constance L. Heitmeyer: *Model Checking Complete Requirements Specifications Using Abstraction*. Automated Software Engineering, 6(1):37–68, 1999.

[BHB⁺03]   Beneken, Gerd, Ulrike Hammerschall, Manfred Broy, Maria Victoria Cengarle, Jan Jürjens, Bernhard Rumpe, and Maurce Schoenmakers: *Componentware – State of the Art 2003*. In *Proceedings of the CUE Workshop Venedig*, 2003.

[BHKS97]   Broy, Manfred, Christoph Hofmann, Ingolf Krüger, and Monika Schmidt: *A Graphical Description Technique for Communication in Software Architectures*. Technical Report TUM-I9705, Institut für Informatik, Technische Universität München, 1997. http://www4.informatik.tu-muenchen.de/reports/TUM-I9705.html.

[BKKS05]   Botaschanjan, Jewgenij, Leonid Kof, Christian Kühnel, and Maria Spichkova: *Towards Verified Automotive Software*. In *SEAS '05: Proceedings of the Second International ICSE Workshop on Software Engineering for Automotive Systems*, pages 1–6. ACM Press, 2005.

[BKPS07] Broy, Manfred, Ingolf H. Krüger, Alexander Pretschner, and Christian Salzmann: *Engineering Automotive Software*. Proceedings of the IEEE, 95(2):356–373, 2007.

[BLS00] Braun, Peter, Heiko Lötzbeyer, and Oscar Slotosch: *Quest Users Guide*, Mar 2000. http://www4.in.tum.de/proj/quest/papers/UserGuide.pdf.

[BLS06a] Bauer, Andreas, Martin Leucker, and Christian Schallhart: *Monitoring of real-time properties*. In Arun-Kumar, S. and N. Garg (editors): *Proceedings of the 26th Conference on Foundations of Software Technology and Theoretical Computer Science (FSTTCS 2006)*, volume 4337 of *Lecture Notes in Computer Science*, pages 260–272. Springer-Verlag, December 2006.

[BLS06b] Bauer, Andreas, Martin Leucker, and Jonathan Streit: *SALT – Structured Assertion Language for Temporal Logic*. In Liu, Zhiming and Jifeng He (editors): *Formal Methods and Software Engineering, 8th International Conference on Formal Engineering Methods, ICFEM 2006, Proceedings*, volume 4260 of *Lecture Notes in Computer Science*, pages 757–775. Springer, 2006.

[BLSS00] Braun, Peter, Heiko Lötzbeyer, Bernhard Schätz, and Oscar Slotosch: *Consistent Integration of Formal Methods*. In Graf, Susanne and Michael I. Schwartzbach (editors): *Tools and Algorithms for Construction and Analysis of Systems, 6th International Conference, TACAS 2000*, volume 1785 of *Lecture Notes in Computer Science*, pages 48–62. Springer, 2000.

[BMN00] Bellini, Pierfrancesco, R. Mattonlini, and Paolo Nesi: *Temporal Logics for Real-Time System Specification*. ACM Computing Surveys (CSUR), 32(1):12–42, 2000.

[BMRS96] Buschmann, Frank, Regine Meunier, Hans Rohnert, and Peter Sommerlad: *A System of Patterns. Pattern-Oriented Software Architecture*. John Wiley & Sons, 1996.

[BMSU01] Bjørner, Nikolaj, Zohar Manna, Henny Sipma, and Tomás E. Uribe: *Deductive verification of real-time systems using STeP*. Theoretical Computer Science, 253(1):27–60, 2001.

[BN02] Berghofer, Stefan and Tobias Nipkow: *Executing Higher Order Logic*. In Callaghan, P., Z. Luo, J. McKinna, and R. Pollack (editors): *Types for Proofs and Programs, International Workshop, (TYPES 2000)*, number LNCS 2277. Springer-Verlag, 2002.

[Boe76] Boehm, Barry W.: *Software Engineering*. IEEE Transactions on Computers, 25(12):1226–1241, 1976.

[Boe84] Boehm, Barry W.: *Verifying and Validating Software Requirements and Design Specifications*. IEEE Software, 1(1):75–88, 1984.

[Boe88] Boehm, Barry W.: *A Spiral Model of Software Development and Enhancement*. IEEE Computer, 21(5):61–72, May 1988.

[Bon05]   Bontemps, Yves: *Relating Inter-Agent and Intra-Agent Specifications (The Case of Live Sequence Charts).* PhD thesis, University of Namur, 2005.

[BR01]   Braun, Peter and Martin Rappl: *A Model Based Approach for Automotive Software Development.* In Hofmann, Peter P. and Andy Schürr [HS01a], pages 100–105.

[Bro95]   Broy, Manfred: *Characterizing the Behavior of Reactive Systems by Trace Sets.* Technical Report TUM-I9102, Institut für Informatik, Technische Universität München, 1995.

[Bro97a]   Broy, Manfred: *Compositional Refinement of Interactive Systems.* Journal of the ACM, 44(6):850–891, 1997.

[Bro97b]   Broy, Manfred: *The Specification of System Components by State Transition Diagrams.* Technical Report TUM-I9729, Institut für Informatik, Technische Universität München, 1997.

[Bro98]   Broy, Manfred: *A Functional Rephrasing of the Assumption/Commitment Specification Style.* Formal Methods in System Design, 13(1):87–119, 1998.

[Bro01]   Broy, Manfred: *Refinement of Time.* Theoretical Computer Science, 253(1):3–26, 2001.

[Bro03a]   Broy, Manfred: *Automotive Software Engineering.* In *Proceedings of the 25th International Conference on Software Engineering (ICSE 2003)* [Pro03], pages 719–720.

[Bro03b]   Broy, Manfred: *Service-Oriented Systems Engineering: Modeling Services and Layered Architectures.* In König, Hartmut, Monika Heiner, and Adam Wolisz (editors): *Formal Techniques for Networked and Distributed Systems – FORTE 2003,* volume 2767 of *Lecture Notes in Computer Science,* pages 48–61. Springer, 2003.

[Bro04a]   Broy, Manfred: *Architecture Driven Modeling in Software Development.* In *9th International Conference on Engineering of Complex Computer Systems (ICECCS 2004), 14-16 April 2004, Florence, Italy,* pages 3–12. IEEE Computer Society, 2004.

[Bro04b]   Broy, Manfred: *Time, Abstraction, Causality, and Modularity in Interactive Systems: Extended Abstract.* Electronic Notes in Theoretical Computer Science, 108:3–9, 2004.

[Bro05a]   Broy, Manfred: *Service-oriented Systems Engineering: Specification and Design of Services and Layered Architectures – The JANUS Approach.* In Broy, Manfred et al. [BGHH05]. Proceedings of the NATO Advanced Study Institute on Engineering Theories of Software Intensive Systems, Marktoberdorf, Germany, from 3 to 15 August 2004.

[Bro05b]   Broy, Manfred: *The Impact of Models in Software Development.* In Hutter, Dieter and Werner Stephan (editors): *Mechanizing Mathematical Reasoning, Essays in*

Honor of Jörg H. Siekmann on the Occasion of His 60th Birthday, volume 2605 of *Lecture Notes in Computer Science*, pages 396–406. Springer, 2005.

[Bro06a]   Broy, Manfred: *A Theory of System Interaction: Components, Interfaces, and Services*. In Goldin, Dina, Scott Smolka, and Peter Wegner (editors): *Interactive Computation: The New Paradigm*, pages 41–96. Springer, 2006.

[Bro06b]   Broy, Manfred: *Challenges in Automotive Software Engineering*. In Osterweil, Leon J. *et al.* [ORS06], pages 33–42.

[Bro07]   Broy, Manfred: *Model-driven architecture-centric engineering of (embedded) software intensive systems: modeling theories and architectural milestones*. Innovations in Systems and Software Engineering, 3(1):75–102, 2007.

[Bro09]   Broy, Manfred: *Relating Time and Causality in Interactive Distributed Systems*. In Broy, Manfred, Wassiou Sitou, and Tony Hoare (editors): *Engineering Methods and Tools for Software Safety and Security*, volume 22 of *NATO Science for Peace and Security Series - D: Information and Communication Security*. IOS Press, March 2009. Proceedings of the NATO Advanced Study Institute on Engineering Methods and Tools for Software Safety and Security, Marktoberdorf, Germany, from 5 to 17 August 2008.

[BRS⁺00]   Bergner, Klaus, Andreas Rausch, Marc Sihling, Alexander Vilbig, and Manfred Broy: *A Formal Model for Componentware*. In Leavens, Gary T. and Murali Sitaraman (editors): *Foundations of Component-Based Systems*, chapter 9, pages 189–210. Cambridge University Press, 2000.

[BRS05a]   Bauer, Andreas, Jan Romberg und Bernhard Schätz: *Integrierte Entwicklung von Automotive-Software mit* AUTOFOCUS. Informatik – Forschung und Entwicklung, 19(4):194–205, 2005.

[BRS⁺05b]   Bauer, Andreas, Jan Romberg, Bernhard Schätz, Peter Braun, Ulrich Freund, Pierre Mai, and Dirk Ziegenbein: *Model Transformations for Automotive Software in AutoMoDe*. In *Proceedings of the 3rd Workshop on Object-oriented Modeling of Embedded Real-Time Systems (OMER3)*. Heinz-Nixdorf Institut, Oct 2005.

[BRV95]   Bimbo, Alberto Del, Luigi Rella, and Enrico Vicario: *Visual Specification of Branching Time Temporal Logic*. In *11th International IEEE Symposium on Visual Languages, September 5-9, 1995, Darmstadt, Germany, Proceedings*, pages 61–68. IEEE Computer Society, 1995.

[BS98]   Broy, Manfred and Oscar Slotosch: *Enriching the Software Development Process by Formal Methods*. In Hutter, Dieter *et al.* [HSTU99], pages 44–61.

[BS01a]   Braun, Peter and Oscar Slotosch: *Development of a Car Seat: A Case Study using AutoFOCUS, DOORS, and the Validas Validator*. In Hofmann, Peter P. and Andy Schürr [HS01a], pages 51–66.

[BS01b]   Broy, Manfred and Ketil Stølen: *Specification and Development of Interactive Systems: Focus on Streams, Interfaces, and Refinement*. Springer, 2001.

[BT06]   Bogenberger, Richard und David Trachtenherz: *Qualitätssteigerung der Automotive-Software durch formale Spezifikation funktionaler Eigenschaften auf der Abstraktionsebene des Modellentwurfs*. In: Mayr, Heinrich C. und Ruth Breu (Herausgeber): *Modellierung 2006*, Band 82 der Reihe *Lecture Notes in Informatics (LNI)*, Seiten 35–49. Gesellschaft für Informatik (GI), 2006.

[But04]   Buttazzo, Giorgio C. (editor): *EMSOFT 2004, September 27-29, 2004, Pisa, Italy, Fourth ACM International Conference On Embedded Software, Proceedings*. ACM, 2004.

[BV01]   Binns, Pam and Steve Vestal: *Formalizing Software Architectures for Embedded Systems*. In Henzinger, Thomas A. and Christoph M. Kirsch [HK01], pages 451–468.

[BW02]   Brucker, Achim D. and Burkhart Wolff: *A Proposal for a Formal OCL Semantics in Isabelle/HOL*. In Carreño, Victor, César Muñoz, and Sofiène Tahar (editors): *Theorem Proving in Higher Order Logics, 15th International Conference, TPHOLs 2002, Proceedings*, number 2410 in *Lecture Notes in Computer Science*, pages 99–114. Springer, 2002.

[BW06]   Brucker, Achim D. and Burkhart Wolff: *Interactive Testing with HOL-TestGen*. In Grieskamp, Wolfgang and Carsten Weise (editors): *Formal Approaches to Software Testing, 5th International Workshop, FATES 2005, Edinburgh, UK, July 11, 2005, Revised Selected Papers*, volume 3997 of *Lecture Notes in Computer Science*, pages 87–102. Springer, 2006.

[CAN91]   *CAN Specification 2.0*. Specification Version 2.0, Robert Bosch GmbH, 1991.

[CCGR00]   Cimatti, Alessandro, Edmund M. Clarke, Fausto Giunchiglia, and Marco Roveri: *NUSMV: A New Symbolic Model Checker*. International Journal on Software Tools for Technology Transfer (STTT), 2(4):410–425, 2000.

[CD88]   Clarke, Edmund M. and I. A. Draghicescu: *Expressibility results for linear-time and branching-time logics*. In Bakker, J. W. de, Willem P. de Roever, and Grzegorz Rozenberg (editors): *Linear Time, Branching Time and Partial Order in Logics and Models for Concurrency, REX Workshop '88, Proceedings*, volume 354 of *Lecture Notes in Computer Science*, pages 428–437. Springer, 1988.

[CD07]   Crane, Michelle L. and Jürgen Dingel: *UML vs. classical vs. rhapsody statecharts: not all models are created equal*. Software and System Modeling, 6(4):415–435, 2007.

[CDC00]   Canovas-Dumas, Céecile and Paul Caspi: *A PVS Proof Obligation Generator for Lustre Programs*. In Parigot, Michel and Andrei Voronkov (editors): *Logic for Programming and Automated Reasoning, 7th International Conference, LPAR 2000, Reunion Island, France, November 11-12, 2000, Proceedings*, volume 1955 of *Lecture Notes in Computer Science*, pages 179–188. Springer, 2000.

[CDHR02]   Corbett, James C., Matthew B. Dwyer, John Hatcliff, and Robby: *Expressing checkable properties of dynamic systems: the Bandera Specification Language.* International Journal on Software Tools for Technology Transfer (STTT), 4(1):34–56, 2002.

[CDP04]   Costagliola, Gennaro, Vincenzo Deufemia, and Giuseppe Polese: *A Framework for Modeling and Implementing Visual Notations With Applications to Software Engineering.* ACM Transactions on Software Engineering and Methodology (TOSEM), 13(4):431–487, 2004.

[CEG+01]   Cofer, Darren D., Eric Engstrom, Robert P. Goldman, David J. Musliner, and Steve Vestal: *Applications of Model Checking at Honeywell Laboratories.* In Dwyer, Matthew B. (editor): *The 8th International SPIN Workshop on Model Checking of Software* , SPIN 2001, volume 2057 of *Lecture Notes in Computer Science*, pages 296–303. Springer, 2001.

[CES86]   Clarke, Edmund M., E. Allen Emerson, and A. Prasad Sistla: *Automatic Verification of Finite-State Concurrent Systems Using Temporal Logic Specifications.* ACM Transactions on Programming Languages and Systems (TOPLAS), 8(2):244–263, 1986.

[CGP99]   Clarke, Edmund M., Orna Grumberg, and Doron A. Peled: *Model Checking.* MIT Press, Cambridge, MA, USA, 1999.

[CLM89]   Clarke, Edmund M., David E. Long, and Kenneth L. McMillan: *Compositional Model Checking.* pages 353–362. IEEE Computer Society, 1989.

[CMP94]   Chang, Edward Y., Zohar Manna, and Amir Pnueli: *Compositional Verification of Real-Time Systems.* In *Proceedings of the Ninth Annual Symposium on Logic in Computer Science (LICS '94), 4-7 July 1994, Paris, France*, pages 458–465. IEEE Computer Society, 1994.

[CP93]   Courtois, Pierre Jacques and David Lorge Parnas: *Documentation for Safety Critical Software.* In *ICSE 1993: Proceedings of the 15th International Conference on Software Engineering*, pages 315–323. IEEE Computer Society, 1993.

[CPHP87]   Caspi, Paul, Daniel Pilaud, Nicolas Halbwachs, and John Plaice: *LUSTRE: a Declarative Language for Programming Synchronous Systems.* In *POPL '87: Proceedings of the 14th ACM SIGACT-SIGPLAN symposium on Principles of programming languages*, pages 178–188. ACM Press, 1987.

[CV03]   Clarke, Edmund M. and Helmut Veith: *Counterexamples Revisited: Principles, Algorithms, Applications.* In Dershowitz, Nachum [Der03], pages 208–224.

[DAC99]   Dwyer, Matthew B., George S. Avrunin, and James C. Corbett: *Patterns in Property Specifications for Finite-State Verification.* In *ICSE 1999: Proceedings of the 21st International Conference on Software Engineering*, pages 411–420. IEEE Computer Society, 1999.

[dAH01a]   Alfaro, Luca de and Thomas A. Henzinger: *Interface Automata*. In *ESEC/FSE-9: Proceedings of the 8th European Software Engineering Conference held jointly with 9th ACM SIGSOFT International Symposium on Foundations of Software Engineering 2001*, pages 109–120. ACM, 2001.

[dAH01b]   Alfaro, Luca de and Thomas A. Henzinger: *Interface Theories for Component-Based Design*. In Henzinger, Thomas A. and Christoph M. Kirsch [HK01], pages 148–165.

[DBCB04]   Dajani-Brown, Samar, Darren D. Cofer, and Amar Bouali: *Formal Verification of an Avionics Sensor Voter Using SCADE*. In Lakhnech, Yassine and Sergio Yovine (editors): *International Conference on Formal Modelling and Analysis of Timed Systems, FORMATS 2004*, volume 3253, pages 5–20. Springer, 2004.

[Der03]   Dershowitz, Nachum (editor): *Verification: Theory and Practice, Essays Dedicated to Zohar Manna on the Occasion of His 64th Birthday*, volume 2772 of *Lecture Notes in Computer Science*. Springer, 2003.

[DF95]   Dingel, Jürgen and Thomas Filkorn: *Model Checking for Infinite State Systems Using Data Abstraction, Assumption-Commitment Style reasoning and Theorem Proving*. In Wolper, Pierre (editor): *Computer Aided Verification, 7th International Conference, CAV 1995*, volume 939 of *Lecture Notes in Computer Science*, pages 54–69. Springer-Verlag, 1995.

[DH01]   Damm, Werner and David Harel: *LSCs: Breathing Life into Message Sequence Charts*. Formal Methods in System Design, 19(1):45–80, 2001.

[DJPV02]   Damm, Werner, Bernhard Josko, Amir Pnueli, and Angelika Votintseva: *Understanding UML: A Formal Semantics of Concurrency and Communication in Real-Time UML*. In Boer, Frank S. de, Marcello M. Bonsangue, Susanne Graf, and Willem P. de Roever (editors): *Formal Methods for Components and Objects, First International Symposium, FMCO 2002, Revised Lectures*, volume 2852 of *Lecture Notes in Computer Science*, pages 71–98. Springer, 2002.

[DJPV05]   Damm, Werner, Bernhard Josko, Amir Pnueli, and Angelika Votintseva: *A discrete-time UML semantics for concurrency and communication in safety-critical applications*. Science of Computer Programming, 55(1-3):81–115, 2005.

[DK76]   DeRemer, Frank and Hans H. Kron: *Programming-in-the-Large Versus Programming-in-the-Small*. IEEE Transactions on Software Engineering, 2(2):80–86, 1976.

[DKM+94]   Dillon, Laura K., George Kutty, Louise E. Moser, P. Michael Melliar-Smith, and Y. S. Ramakrishna: *A Graphical Interval Logic for Specifying Concurrent Systems*. ACM Transactions on Software Engineering and Methodology (TOSEM), 3(2):131–165, Apr 1994.

[dR05]   Ruiter, Bastiaan M. de: *Branchenstudie – Der Kfz-Zuliefermarkt in Deutschland*, 2005. INVESTRUIT, Im Auftrag von: Swiss Business Hub Germany.

[Dru00]   Drusinsky, Doron: *The Temporal Rover and the ATG Rover.* In Havelund, Klaus, John Penix, and Willem Visser (editors): *The 7th International SPIN Workshop on Model Checking of Software*, *SPIN 2000*, volume 1885 of *Lecture Notes in Computer Science*, pages 323–330. Springer, 2000.

[DS97]   Dutertre, Bruno and Victoria Stavridou: *Formal Requirements Analysis of an Avionics Control System.* IEEE Transactions on Software Engineering, 23(5):267–278, 1997.

[DSW⁺03]   Damm, Werner, Christoph Schulte, Hartmut Wittke, Marc Segelken, Uwe Higgen und Michael Eckrich: *Formale Verifikation von ASCET Modellen im Rahmen der Entwicklung der Aktivlenkung.* In: Dittrich, Klaus R., Wolfgang König, Andreas Oberweis, Kai Rannenberg und Wolfgang Wahlster (Herausgeber): *INFORMATIK 2003 – Innovative Informatikanwendungen, Band 1, Beiträge der 33. Jahrestagung der Gesellschaft für Informatik e.V. (GI)*, Band 34 der Reihe *Lecture Notes in Informatics (LNI)*, Seiten 340–344. Gesellschaft für Informatik (GI), 2003.

[DVLS02]   Dulac, Nicolas, Thomas Viguier, Nancy G. Leveson, and Margaret Anne D. Storey: *On the Use of Visualization in Formal Requirements Specification.* In *10th Anniversary IEEE Joint International Conference on Requirements Engineering (RE 2002)* [Proa], pages 71–80.

[DVM⁺05]   Damm, Werner, Angelika Votintseva, Alexander Metzner, Bernhard Josko, Thomas Peikenkamp, and Eckard Böde: *Boosting Re-use of Embedded Automotive Applications Through Rich Components.* In *Proceedings, FIT 2005 – Foundations of Interface Technologies*, 2005.

[EF02]   Eisner, Cindy and Dana Fisman: *Sugar 2.0: An Introduction.* Tutorial, Cadence Berkeley Labs, 2002.

[ELC⁺98]   Easterbrook, Steve, Robyn Lutz, Richard Covington, John Kelly, Yoko Ampo, and David Hamilton: *Experiences Using Lightweight Formal Methods for Requirements Modeling.* IEEE Transactions on Software Engineering, 24(1):4–14, 1998.

[Est]   Esterel Technologies: *Design Verifier User Manual.*

[FGH06]   Feiler, Peter H., David P. Gluch, and John J. Hudak: *The Architecture Analysis & Design Language (AADL): An Introduction.* Technical note CMU/SEI-2006-TN-011, Software Engineering Institute, Carnegie Mellon University, 2006.

[FGHL04]   Feiler, Peter H., David P. Gluch, John J. Hudak, and Bruce A. Lewis: *Embedded Systems Architecture Analysis Using SAE AADL.* Technical note CMU/SEI-2004-TN-005, Software Engineering Institute, Carnegie Mellon University, 2004.

[FGL⁺04]   Freund, Ulrich, Orazio Gurrieri, Henrik Lönn, Jonas Eden, Jörn Migge, Mark Oliver Reiser, Thomas Wierczoch, and Matthias Weber: *An Architecture Description Language supporting Automotive Software Product Lines.* In *Workshop on Solutions for Automotive Software Architectures: Open Standards, References, and Product Line Architectures*, Aug 2004.

[FH06]   Feiler, Peter H. and John J. Hudak: *Developing AADL Models for Control Systems: A Practitioner's Guide*. Technical report CMU/SEI-2006-TR-019, Software Engineering Institute, Carnegie Mellon University, 2006.

[FJ97]   Feyerabend, Konrad and Bernhard Josko: *A Visual Formalism for Real Time Requirement Specifications*. In Bertran, Miquel and Teodor Rus (editors): *Proceedings, 4th International AMAST Workshop on Real-Time Systems and Concurrent and Distributed Software, ARTS '97*, volume 1231 of *Lecture Notes in Computer Science*, pages 156–168. Springer Verlag, 1997.

[FL01]   Fränzle, Martin and Karsten Lüth: *Visual temporal logic as a rapid prototyping tool*. Computer Languages, 27(1/3):93–113, 2001.

[Fle04]   *FlexRay Communication System – Protocol Specification*. Specification Version 2.0, FlexRay Consortium, 2004.

[FMW05]   Foster, Harry, Erich Marschner, and Yaron Wolfsthal: *IEEE P1850 PSL – The Next Generation*. In *The 2005 Design and Verification Conference (DVCon)*, 2005.

[FOW01]   Fischer, Clemens, Ernst Rüdiger Olderog, and Heike Wehrheim: *A CSP View on UML-RT Structure Diagrams*. In Hußmann, Heinrich (editor): *Fundamental Approaches to Software Engineering, 4th International Conference, FASE 2001*, volume 2029 of *Lecture Notes in Computer Science*, pages 91–108. Springer, 2001.

[Fri03]   Frischkorn, Hans Georg: *IT im Automobil – Innovationsfeld der Zukunft*. Invited Workshop Keynote, Automotive Software Engineering and Concepts, INFORMA-TIK 2003: 33. Jahrestagung der Gesellschaft für Informatik e.V. (GI), 2003.

[Fri04]   Frischkorn, Hans Georg: *Software-Engineering softwareintensiver Systeme im Automobil*. Vorlesungsvortrag, 2004.

[FRMM05]   Furia, Carlo A., Matteo Rossi, Dino Mandrioli, and Angelo Morzenti: *Automated Compositional Proofs for Real-Time Systems*. In Cerioli, Maura (editor): *Fundamental Approaches to Software Engineering, 8th InternationalConference, FASE 2005*, Lecture Notes in Computer Science, pages 326–340. Springer, 2005.

[GAO94]   Garlan, David, Robert Allen, and John Ockerbloom: *Exploiting Style in Architectural Design Environments*. In Wile, David S. (editor): *Proceedings of the Second ACM SIGSOFT Symposium on Foundations of Software Engineering (SIGSOFT FSE 1994)*, pages 175–188, 1994.

[GEM04]   Grünbacher, Paul, Alexander Egyed, and Nenad Medvidovic: *Reconciling software requirements and architectures with intermediate models*. Software and System Modeling, 3(3):235–253, 2004.

[GGBM91]   Guernic, Paul Le, Thierry Gautier, Michel Le Borgne, and Claude Le Maire: *Programming Real-Time Applications with* SIGNAL. In *Proceedings of the IEEE*, volume 79, pages 1321–1336, 1991.

[GGGT07]   Gamatié, Abdoulaye, Thierry Gautier, Paul Le Guernic, and Jean Pierre Talpin: *Polychronous Design of Embedded Real-Time Applications*. ACM Transactions on Software Engineering and Methodology (TOSEM), 16(2), 2007.

[GGST04]   Gupta, Rajesh, Paul Le Guernic, Sandeep Kumar Shukla, and Jean Pierre Talpin (editors): *Formal Methods and Models for System Design: A System Level Perspective*. Kluwer Academic Publishers, Norwell, MA, USA, 2004.

[GHJV01]   Gamma, Erich, Richard Helm, Ralph Johnson, and John Vlissides: *Entwurfsmuster. Elemente wiederverwendbarer objektorientierter Software*. Addison-Wesley, 2001.

[GK02]   Gallaher, M.P. and B.M. Kropp: *The Economic Impacts of Inadequate Infrastructure for Software Testing*. Technical report, RTI International, 2002. Prepared for National Institute of Standards and Technology (NIST).

[GL94]   Grumberg, Orna and David E. Long: *Model Checking and Modular Verification*. ACM Transactions on Programming Languages and Systems (TOPLAS), 16(3):843–871, 1994.

[GM93]   Gordon, Michael J. C. and Thomas F. Melham: *Introduction to HOL: A Theorem-Proving Environment for Higher-Order Logic*. Cambridge University Press, 1993.

[GMW97]   Garlan, David, Robert T. Monroe, and David Wile: *ACME: An Architecture Description Interchange Language*. In Johnson, J. Howard (editor): *CASCON 1997: Proceedings of the 1997 Conference of the Centre for Advanced Studies on Collaborative Research*, pages 169–183. IBM, 1997.

[GMW00]   Garlan, David, Robert T. Monroe, and David Wile: *Acme: Architectural Description of Component-Based Systems*. In Leavens, Gary T. and Murali Sitaraman (editors): *Foundations of Component-Based Systems*, pages 47–68. Cambridge University Press, 2000.

[Goe02]   *Von der rollenden Blechkiste zum Chip auf vier Rädern*. BMW Group Wissenschaftsportal ScienceClub, 2002. http://www.bmwgroup.com/d/0_0_www_bmwgroup_com/forschung_entwicklung/science_club/veroeffentlichte_artikel/2002/news20025.html.

[Gor03]   Gordon, Michael J. C.: *Validating the PSL/Sugar Semantics Using Automated Reasoning*. Formal Aspects of Computing, 15(4):406–421, 2003.

[GP05]   Gunter, Elsa L. and Doron Peled: *Model checking, testing and verification working together*. Formal Aspects of Computing, 17(2):201–221, 2005.

[GPSS80]   Gabbay, Dov, Amir Pnueli, Saharon Shelah, and Jonathan Stavi: *On the Temporal Analysis of Fairness*. In *Proceedings of the 7th ACM Symposium Principles of Programming Languages (POPL 1980)*, pages 163–173. ACM Press, 1980.

[GR06]   Gajanovic, Borislav and Bernhard Rumpe: *Isabelle/HOL-Umsetzung strom-basierter Definitionen zur Verifikation von verteilten, asynchron kommunizieren-den Systemen*. Informatik-bericht 2006-03, Technische Universität Braunschweig, Institut für Software Systems Engineering, 2006.

[Gri03]   Grimm, Klaus: *Software Technology in an Automotive Company – Major Challenges*. In *Proceedings of the 25th International Conference on Software Engineering (ICSE 2003)* [Pro03], pages 498–505.

[GS93]   Garlan, David and Mary Shaw: *An Introduction to Software Architecture*. In Ambriola, V. and G. Tortora (editors): *Advances in Software Engineering and Knowledge Engineering*, pages 1–39. World Scientific Publishing Company, 1993.

[GTL03]   Guernic, Paul Le, Jean Pierre Talpin, and Jean Christophe Le Lann: *POLY-CHRONY for System Design*. Journal of Circuits, Systems and Computers, 12(3):261–304, 2003.

[HABJ05]   Heitmeyer, Constance, Myla Archer, Ramesh Bharadwaj, and Ralph Jeffords: *Tools for constructing requirements specifications: The SCR toolset at the age of ten*. International Journal of Computer Systems Science & Engineering, 20(1):19–35, Jan 2005.

[Ham99]   Hamberger, Tobias: *Integrating Theorem Proving and Model Checking in Isabelle/IOA*. Technical report, Institut für Informatik, Technische Universität München, 1999. http://www4.informatik.tu-muenchen.de/reports/Ham-MC-99.html.

[Han04]   Hankin, Chris: *An Introduction to Lambda Calculi for Computer Scientists*. King's College Publications, 2004.

[Har87]   Harel, David: *Statecharts: A Visual Formalism for Complex Systems*. Science of Computer Programming, 8(3):231–274, 1987.

[HBGL95]   Heitmeyer, Constance, Alan Bull, Carolyn Gasarch, and Bruce Labaw: *SCR*: A Toolset for Specifying and Analyzing Requirements*. In *COMPASS '95: Proceedings of the Tenth Annual Conference on Computer Assurance*, 1995.

[HCRP91]   Halbwachs, Nicolas, Paul Caspi, Pascal Raymond, and Daniel Pilaud: *The synchronous dataflow programming language Lustre*. Proceedings of the IEEE, 79(9):1305–1320, September 1991.

[Hen80]   Heninger, Kathryn L.: *Specifying Software Requirements for Complex Systems: New Techniques and Their Application*. IEEE Transactions on Software Engineering, 6(1):2–13, 1980.

[Hen90]   Henzinger, Thomas A.: *Half-Order Modal Logic: How to Prove Real-Time Properties*. In *Proceedings of the Ninth Annual ACM Symposium on Principles of Distributed Computing (PODC '90), August 22-24, 1990, Quebec City, Quebec, Canada*, pages 281–296. ACM Press, 1990.

[Hen98]   Henzinger, Thomas A.: *It's About Time: Real-Time Logics Reviewed.* In Sangiorgi, Davide and Robert de Simone (editors): *CONCUR '98: Concurrency Theory, 9th International Conference,* volume 1466 of *Lecture Notes in Computer Science,* pages 439–454. Springer, 1998.

[Her06]   Hertel, Guido: *Mercer-Studie Autoelektronik – Elektronik setzt die Impulse im Auto,* 2006. http://www.oliverwyman.com/de/pdf-files/ ManSum_Elektronikstudiedig.pdf.

[HHK03]   Henzinger, Thomas A., Benjamin Horowitz, and Christoph M. Kirsch: *Giotto: A Time-triggered Language for Embedded Programming.* Proceedings of the IEEE, 91(1):84–99, 2003.

[HK97]   Henzinger, Thomas A. and Orna Kupferman: *From Quantity to Quality.* In Maler, Oded (editor): *International Workshop on Hybrid and Real-Time Systems (HART '97), Proceedings,* volume 1201 of *Lecture Notes in Computer Science,* pages 48–62. Springer, 1997.

[HK01]   Henzinger, Thomas A. and Christoph M. Kirsch (editors): *Embedded Software, First International Workshop, EMSOFT 2001, Tahoe City, CA, USA, October, 8-10, 2001, Proceedings,* volume 2211 of *Lecture Notes in Computer Science.* Springer, 2001.

[HK04]   Harel, David and Hillel Kugler: *The Rhapsody Semantics of Statecharts (or, On the Executable Core of the UML) – Preliminary Version.* In Ehrig, Hartmut, Werner Damm, Jörg Desel, Martin Große-Rhode, Wolfgang Reif, Eckehard Schnieder, and Engelbert Westkämper (editors): *SoftSpez Final Report: Integration of Software Specification Techniques for Applications in Engineering, Priority Program SoftSpez of the German Research Foundation (DFG), Final Report,* volume 3147 of *Lecture Notes in Computer Science,* pages 325–354. Springer, 2004.

[HKK04]   Hardung, Bernd, Thorsten Kölzow, and Andreas Krüger: *Reuse of Software in Distributed Embedded Automotive Systems.* In Buttazzo, Giorgio C. [But04], pages 203–210.

[HLR93]   Halbwachs, Nicolas, Fabienne Lagnier, and Pascal Raymond: *Synchronous Observers and the Verification of Reactive Systems.* In Nivat, Maurice, Charles Rattray, Teodor Rus, and Giuseppe Scollo (editors): *Algebraic Methodology and Software Technology (AMAST 1993), Proceedings of the Third International Conference on Methodology and Software Technology,* Workshops in Computing, pages 83–96. Springer, 1993.

[HM06]   Henzinger, Thomas A. and Slobodan Matic: *An Interface Algebra for Real-Time Components.* In *12th IEEE Real-Time and Embedded Technology and Applications Symposium (RTAS 2006), 4-7 April 2006, San Jose, California, USA,* pages 253–266. IEEE Computer Society, 2006.

[HMB02]   Hardt, Markus, Rainer Mackenthun, and Jürgen Bielefeld: *Integrating ECUs in Vehicles – Requirements Engineering in Series Development.* In *10th Anniversary*

IEEE Joint International Conference on Requirements Engineering (RE 2002) [Proa], pages 227–236.

[HMP92]   Henzinger, Thomas A., Zohar Manna, and Amir Pnueli: *What Good Are Digital Clocks?* In Kuich, Werner (editor): *ICALP*, volume 623 of *Lecture Notes in Computer Science*, pages 545–558. Springer, 1992.

[HMP94]   Henzinger, Thomas A., Zohar Manna, and Amir Pnueli: *Temporal Proof Methodologies for Timed Transition Systems.* Information and Computation, 112(2):273–337, 1994.

[HMR+98]   Hutter, Dieter, Heiko Mantel, Georg Rock, Werner Stephan, Andreas Wolpers, Michael Balser, Wolfgang Reif, Gerhard Schellhorn, and Kurt Stenzel: *VSE: Controlling the Complexity in Formal Software Developments.* In Hutter, Dieter *et al.* [HSTU99], pages 351–358.

[HN96]   Harel, David and Amnon Naamad: *The STATEMATE Semantics of Statecharts.* ACM Transactions on Software Engineering and Methodology (TOSEM), 5(4):293–333, 1996.

[Hoa85]   Hoare, C. A. R.: *Communicating Sequential Processes.* Prentice Hall, 1985.

[Hol04]   Holzmann, Gerard J.: *The Spin Model Checker. Primer and Reference Manual.* Addison-Wesley Longman, 2004.

[Höl05]   Hölzl, Florian: *Erweiterung und Optimierung des AQuA-Systems.* Systementwicklungsprojekt, Institut für Informatik, Technische Universität München, 2005.

[HP85]   Harel, David and Amir Pnueli: *On the Development of Reactive Systems.* In Apt, Krzysztof R. [Apt85], pages 123–144.

[HRSW06]   Hartmann, Judith, Sabine Rittmann, Peter Scholz, and Doris Wild: *Formal incremental requirements specification of service-oriented automotive software systems.* In *Proceedings of the the Second International Symposium on Service Oriented System Engineering (SOSE 2006),* 2006.

[HS01a]   Hofmann, Peter P. and Andy Schürr (editors): *OMER – Object-Oriented Modeling of Embedded Real-Time Systems, GI-Workshops OMER-1 & OMER-2 May 28/29, 1999 & May 10-12, 2001, Herrsching am Amersee, Germany,* volume 5 of *Lecture Notes in Informatics (LNI).* Gesellschaft für Informatik (GI), 2001.

[HS01b]   Huber, Franz and Bernhard Schätz: *Integrated Development of Embedded Systems with* AUTOFOCUS. Technical Report TUMI-0701, Institut für Informatik, Technische Universität München, Dec 2001.

[HSE97]   Huber, Franz, Bernhard Schätz, and Geralf Einert: *Consistent Graphical Specification of Distributed Systems.* In Fitzgerald, John, Cliff B. Jones, and Peter Lucas (editors): *FME '97: Industrial Applications and Strengthened Foundations of Formal Methods, 4th International Symposium of Formal Methods Europe, Proceedings,* volume 1313 of *Lecture Notes in Computer Science,* pages 122–141. Springer, 1997.

[HSF+04] Heinecke, Harald, Klaus Peter Schnelle, Helmut Fennel, Jürgen Bortolazzi, Lennart Lundh, Jean Leflour, Jean Luc Maté, Kenji Nishikawa, and Volkswagen Thomas Scharnhorst: *AUTomotive Open System ARchitecture – An Industry-Wide Initiative to Manage the Complexity of Emerging Automotive E/E-Architectures.* In *Convergence International Congress & Exposition On Transportation Electronics, SAE Technical Paper Series 2004-21-0042*, 2004.

[HSS96] Huber, Franz, Bernhard Schätz und Katharina Spies: AUTOFOCUS – *Ein Werkzeugkonzept zur Beschreibung verteilter Systeme.* In: Herzog, Ulrich (Herausgeber): *Formale Beschreibungstechniken für verteilte Systeme*, Seiten 65–74. Universität Erlangen-Nürnberg, 1996.

[HSS96] Huber, Franz, Bernhard Schätz, Alexander Schmidt, and Katharina Spies: *AutoFocus - A Tool for Distributed Systems Specification.* In Jonsson, Bengt and Joachim Parrow (editors): *Formal Techniques in Real-Time and Fault-Tolerant Systems, 4th International Symposium, FTRTFT '96, Proceedings*, volume 1135 of *Lecture Notes in Computer Science*, pages 467–470. Springer, 1996.

[HSTU99] Hutter, Dieter, Werner Stephan, Paolo Traverso, and Markus Ullmann (editors): *Applied Formal Methods – FM-Trends 1998, International Workshop on Current Trends in Applied Formal Methods, Boppard, Germany, October 7-9, 1998, Proceedings*, volume 1641 of *Lecture Notes in Computer Science*. Springer, 1999.

[HT03] Harel, David and P. S. Thiagarajan: *Message Sequence Charts.* [LMS03], pages 77–105.

[Hun93] Hungar, Hardi: *Combining Model Checking and Theorem Proving to Verify Parallel Processes.* In Courcoubetis, Costas (editor): *Computer Aided Verification, 5th International Conference, CAV '93*, volume 697 of *Lecture Notes in Computer Science*, pages 154–165. Springer, 1993.

[Int02] International Telecommunication Union: *Specification and Description Language (SDL).* ITU-T Recommendation Z.100, Aug 2002.

[Int04] International Telecommunication Union: *Message Sequence Chart (MSC).* ITU-T Recommendation Z.120, Apr 2004.

[Isaa] *Isabelle Course Material.* http://isabelle.in.tum.de/coursematerial/.

[Isab] *Isabelle/HOL: Higher-Order Logic Theory in Isabelle. Part of the Isabelle distribution.* http://isabelle.in.tum.de/dist/library/HOL/.

[Jav02] *Programming With Assertions.* Java Online Documentation, 2002. http://java.sun.com/j2se/1.4.2/docs/guide/lang/assert.html.

[JH03] Jeffords, Ralph D. and Constance L. Heitmeyer: *A Strategy for Efficiently Verifying Requirements Specifications Using Composition and Invariants.* In *ESEC/FSE-11: Proceedings of the 9th European Software Engineering Conference held jointly with 11th ACM SIGSOFT International Symposium on Foundations of Software Engineering*, pages 28–37. ACM Press, 2003.

[JMS06] Jörges, Sven, Tiziana Margaria, and Bernhard Steffen: *FormulaBuilder: A Tool for Graph-Based Modelling and Generation of Formulae*. In Osterweil, Leon J. *et al.* [ORS06], pages 815–818.

[JO02] Johnsen, Einar Broch and Olaf Owe: *A Compositional Formalism for Object Viewpoints*. In Jacobs, Bart and Arend Rensink [JR02], pages 45–60.

[Jon83] Jones, Cliff B.: *Specification and Design of (Parallel) Programs*. In *Proceedings of the IFIP 9th World Computer Congress (IFIP 1983)*, pages 321–332, 1983.

[Jon91] Jones, Capers: *Applied Software Measurement: Assuring Productivity and Quality*. McGraw-Hill, Inc., New York, NY, USA, 1991.

[Jos93] Josko, Bernhard: *Modular Specification and Verification of Reactive Systems*. Habilitation thesis, Universität Oldenburg, Fachbereich Informatik, 1993.

[JR02] Jacobs, Bart and Arend Rensink (editors): *Formal Methods for Open Object-Based Distributed Systems V, IFIP TC6/WG6.1 Fifth International Conference on Formal Methods for Open Object-Based Distributed Systems (FMOODS 2002), March 20-22, 2002, Enschede, The Netherlands*, volume 209 of *IFIP Conference Proceedings*. Kluwer Academic Publishers, 2002.

[Jür02] Jürjens, Jan: *Formal Semantics for Interacting UML subsystems*. In Jacobs, Bart and Arend Rensink [JR02], pages 29–43.

[JVP⁺98] Jagadeesan, Lalita Jategaonkar, Lawrence G. Votta, Adam A. Porter, Carlos Puchol, and J. Christopher Ramming: *Specification-based Testing of Reactive Software: A Case Study in Technology Transfer*. Journal of Systems and Software, 40(3):249–262, 1998.

[JZOA01] Johnsen, Einar Broch, Wenhui Zhang, Olaf Owe, and Demissie B. Aredo: *Specification of Distributed Systems with a Combination of Graphical and Formal Languages*. In *8th Asia-Pacific Software Engineering Conference (APSEC 2001), 4-7 December 2001, Macau, China*, pages 105–108. IEEE Computer Society, 2001.

[KB03] Kopetz, Hermann and Günther Bauer: *The time-triggered architecture*. Proceedings of the IEEE, 91(1):112–126, 2003.

[Kel76] Keller, Robert M.: *Formal Verification of Parallel Programs*. Communications of the ACM, 19(7):371–384, 1976.

[Ken96] Kenney, John J.: *Executable Formal Models of Distributed Transaction Systems based on Event Processing*. PhD thesis, Stanford University, 1996.

[KGSB99] Krüger, Ingolf, Radu Grosu, Peter Scholz, and Manfred Broy: *From MSCs to Statecharts*. In Rammig, Franz J. (editor): *Distributed and Parallel Embedded Systems, IFIP WG10.3/WG10.5 International Workshop on Distributed and Parallel Embedded Systems (DIPES '98), October 5-6. 1998, Schloß Eringerfeld, Germany*, volume 155 of *IFIP Conference Proceedings*, pages 61–72. Kluwer Academic Publishers, 1999.

[KHP+05]   Kugler, Hillel, David Harel, Amir Pnueli, Yuan Lu, and Yves Bontemps: *Temporal Logic for Scenario-Based Specifications*. In Halbwachs, Nicolas and Lenore D. Zuck (editors): *Tools and Algorithms for the Construction and Analysis of Systems, 11th International Conference, TACAS 2005*, volume 3440 of *Lecture Notes in Computer Science*, pages 445–460. Springer, 2005.

[KL04]   Kordon, Fabrice and Michel Lemoine (editors): *Formal Methods for Embedded Distributed Systems: How to Master the Complexity*. Kluwer Academic Publishers, Norwell, MA, USA, 2004.

[KLSV06]   Kaynar, Dilsun K., Nancy Lynch, Roberto Segala, and Frits Vaandrager: *The Theory of Timed I/O Automata (Synthesis Lectures in Computer Science)*. Morgan & Claypool, 2006.

[KN03]   Klein, Gerwin and Tobias Nipkow: *Verified bytecode verifiers*. Theoretical Computer Science, 3(298):583–626, 2003.

[Kop92]   Kopetz, Hermann: *Sparse Time versus Dense Time in Distributed Real-Time Systems*. In *Proceedings of the 12th International Conference on Distributed Computing Systems (ICDCS 1992)*, pages 460–467. IEEE Computer Society, 1992.

[Koy90]   Koymans, Ron: *Specifying Real-Time Properties with Metric Temporal Logic*. Real-Time Systems, 2(4):255–299, 1990.

[KPR97]   Klein, Cornel, Christian Prehofer, and Bernhard Rumpe: *Feature Specification and Refinement with State Transition Diagrams*. In *Feature Interactions in Telecommunications Networks IV, June 17-19, 1997, Montréal, Canada*, pages 284–297. IOS Press, 1997.

[Kru00]   Kruchten, Philippe: *The Rational Unified Process: An Introduction, Second Edition*. Addison-Wesley Longman, 2000.

[KS01]   Küster, Jochen M. and Joachim Stroop: *Consistent Design of Embedded Real-Time Systems with UML-RT*. In *ISORC '01: Proceedings of the Fourth International Symposium on Object-Oriented Real-Time Distributed Computing*, page 31. IEEE Computer Society, 2001.

[KS03]   Kof, Leonid and Bernhard Schätz: *Combining Aspects of Reactive Systems*. In *Perspectives of Systems Informatics, 5th International Andrei Ershov Memorial Conference, PSI 2003, Akademgorodok, Novosibirsk, Russia, July 9-12, 2003, Revised Papers*, volume 2890 of *Lecture Notes in Computer Science*, pages 344–349. Springer, 2003.

[KS06]   Kühnel, Christian and Maria Spichkova: *FlexRay und FTCom: Formale Spezifikation in FOCUS*. Technical Report TUM-I0601, Institut für Informatik, Technische Universität München, 2006.

[KV97a]   Kupferman, Orna and Moshe Y. Vardi: *Modular Model Checking*. In Roever, Willem P. de, Hans Langmaack, and Amir Pnueli (editors): *Compositionality: The Significant Difference, International Symposium, COMPOS '97*, volume 1536 of *Lecture Notes in Computer Science*, pages 381–401. Springer, 1997.

[KV97b]   Kupferman, Orna and Moshe Y. Vardi: *Module Checking Revisited.* In Grumberg, Orna (editor): *Computer Aided Verification, 9th International Conference, CAV '97, Haifa, Israel, 1997, Proceedings,* volume 1254 of *Lecture Notes in Computer Science.* Springer, 1997.

[KV00]   Kupferman, Orna and Moshe Y. Vardi: *An Automata-Theoretic Approach to Modular Model Checking.* ACM Transactions on Programming Languages and Systems (TOPLAS), 22(1):87–128, 2000.

[KV01]   Kupferman, Orna and Moshe Y. Vardi: *Model Checking of Safety Properties.* Formal Methods in System Design, 19(3):291–314, 2001.

[KvKPS99]   Kamsties, Erik, Antje von Knethen, Jan Philipps und Bernhard Schätz: *Eine vergleichende Fallstudie mit CASE-Werkzeugen für formale und semi-formale Beschreibungstechniken.* In: Spies, Katharina und Bernhard Schätz (Herausgeber): *FBT 1999: Formale Beschreibungstechniken für verteilte Systeme, 9. GI/ITG-Fachgespräch.* Herbert Utz Verlag, 1999.

[KVW01]   Kupferman, Orna, Moshe Y. Vardi, and Pierre Wolper: *Module Checking.* Information and Computation, 164(2):322–344, 2001.

[Lam80]   Lamport, Leslie: *"Sometime" is Sometimes "Not Never" - On the Temporal Logic of Programs.* In *Conference Record of the Seventh Annual ACM Symposium on Principles of Programming Languages (POPL '80),* pages 174–185, 1980.

[Lam02]   Lamport, Leslie: *Specifying Systems: The TLA+ Language and Tools for Hardware and Software Engineers.* Addison-Wesley Longman, 2002.

[Lam05a]   Lamport, Leslie: *Real Time is Really Simple.* Technical report MSR-TR-2005-30, Microsoft Research, 2005.

[Lam05b]   Lamport, Leslie: *Real-Time Model Checking Is Really Simple.* In *Correct Hardware Design and Verification Methods (CHARME 2005), 13th IFIP WG 10.5 Advanced Research Working Conference, Proceedings,* volume 3725 of *Lecture Notes in Computer Science,* pages 162–175. Springer, 2005.

[Le04]   Lönn (editor), Henrik and et al.: *EAST-EEA Embedded Electronic Architecture.* Deliverable D3.6, The EAST-EEA Consortium, 2004.

[Lin06]   Lin, Yan: *Konzeption und Implementierung eines Transitionseditors für AutoFocus2.* Systementwicklungsprojekt, Institut für Informatik, Technische Universität München, 2006.

[LKA+95]   Luckham, David C., John J. Kenney, Larry M. Augustin, James Vera, Doug Bryan, and Walter Mann: *Specification and Analysis of System Architecture Using Rapide.* IEEE Transactions on Software Engineering, 21(4):336–355, 1995.

[LLK+02]   Längst, Wolfgang, Andreas Lapp, Kathrin Knorr, Hans Peter Schneider, Jürgen Schirmer, Dieter Kraft, and Uwe Kiencke: *CARTRONIC-UML Models: Basis for Partially Automated Risk Analysis in Early Development Phases.* In Jürjens, Jan,

María Victoria Cengarle, Eduardo B. Fernandez, Bernhard Rumpe, and Robert Sandner (editors): *Critical Systems Development with UML – Proceedings of the UML '02 workshop*, pages 3–18. Institut für Informatik, Technische Universität München, 2002.

[LMS03] Lavagno, Luciano, Grant Martin, and Bran Selic (editors): *UML for Real: Design of Embedded Real-Time Systems*. Kluwer Academic Publishers, Norwell, MA, USA, 2003.

[LMW01] Laurent, Odile, Pierre Michel, and Virginie Wiels: *Using Formal Verification Techniques to Reduce Simulation and Test Effort*. In Oliveira, José Nuno and Pamela Zave [OZ01], pages 465–477.

[LP85] Lichtenstein, Orna and Amir Pnueli: *Checking That Finite State Concurrent Programs Satisfy Their Linear Specification*. In *POPL '85: Proceedings of the 12th ACM SIGACT-SIGPLAN symposium on Principles of programming languages*, pages 97–107. ACM Press, 1985.

[LP00a] Lichtenstein, Orna and Amir Pnueli: *Propositional Temporal Logics: Decidability and Completeness*. Logic Journal of the IGPL, 8(1):55–85, 2000.

[LP00b] Lötzbeyer, Heiko and Alexander Pretschner: *AutoFocus on Constraint Logic Programming*. In *Proc. (Constraint) Logic Programming and Software Engineering (LPSE'2000), London*, 2000.

[LPY97] Larsen, Kim Guldstrand, Paul Pettersson, and Wang Yi: UPPAAL *in a Nutshell*. International Journal on Software Tools for Technology Transfer (STTT), 1(1-2):134–152, 1997.

[LSNT04] Lönn, Henrik, Tripti Saxena, Mikael Nolin, and Martin Törngren: *FAR EAST: Modeling an Automotive Software Architecture Using the EAST ADL*. In *ICSE 2004 Workshop on Software Engineering for Automotive Systems (SEAS)*, May 2004. http://www.mrtc.mdh.se/index.php?choice=publications&id=0698.

[LT87] Lynch, Nancy A. and Mark R. Tuttle: *Hierarchical Correctness Proofs for Distributed Algorithms*. In *PODC 1987: Proceedings of the Sixth Annual ACM Symposium on Principles of Distributed Computing*, pages 137–151, 1987.

[LT89] Lynch, Nancy and Mark Tuttle: *An Introduction to Input/Output Automata*. CWI Quarterly, 2(3):219–246, 1989.

[Luc97] Luckham, David C.: *Rapide: A Language and Toolset for Simulation of Distributed Systems by Partial Orderings of Events*. In *POMIV '96: Proceedings of the DIMACS workshop on Partial order methods in verification*, pages 329–357. AMS Press, 1997.

[LV95] Luckham, David C. and James Vera: *An Event-Based Architecture Definition Language*. IEEE Transactions on Software Engineering, 21(9):717–734, 1995.

[LV98]   Lusini, M. and Enrico Vicario: *Design and Evaluation of a Visual Formalism for Real Time Logics*. In Margaria, Tiziana *et al.* [MSRP98], pages 158–173.

[LVM95]   Luckham, David C., James Vera, and Sigurd Meldal: *Three Concepts of System Architecture*. Technical Report CSL-TR-95-674, Stanford University, Computer Systems Laboratory, Stanford, CA, USA, 1995.

[Mar03]   Markey, Nicolas: *Temporal Logic with Past is Exponentially More Succinct*. Bulletin of the EATCS, 79:122–128, 2003.

[Mata]   The MathWorks, Inc.: *Simulink Verification and Validation User's Guide*. `http://www.mathworks.com/access/helpdesk/help/pdf_doc/slvnv/slvnv_ug.pdf`.

[Matb]   The MathWorks, Inc.: *Stateflow User's Guide*. `http://www.mathworks.com/access/helpdesk/help/pdf_doc/stateflow/sf_ug.pdf`.

[MB98]   Margaria, Tiziana and Volker Braun: *Formal Methods and Customized Visualization: A Fruitful Symbiosis*. In Margaria, Tiziana *et al.* [MSRP98], pages 190–207.

[McM93]   McMillan, Kenneth L.: *Symbolic Model Checking*. Kluwer Academic Publishers, 1993.

[McM99]   McMillan, Kenneth L.: *Getting started with SMV*. Tutorial, Cadence Berkeley Labs, 1999.

[MDEK95]   Magee, Jeff, Naranker Dulay, Susan Eisenbach, and Jeff Kramer: *Specifying Distributed Software Architectures*. In Schäfer, Wilhelm and Pere Botella (editors): *5th European Software Engineering Conference (ESEC 1995), Proceedings*, volume 989 of *Lecture Notes in Computer Science*, pages 137–153. Springer, 1995.

[Mer97]   Merz, Stephan: *Yet another encoding of TLA in Isabelle*, 1997. `http://www.loria.fr/~merz/projects/isabelle-tla/doc/design.ps.gz`.

[Min04]   Minas, Mark: *VisualDiaGen – A Tool for Visually Specifying and Generating Visual Editors*. In Pfaltz, John L., Manfred Nagl, and Boris Böhlen (editors): *Applications of Graph Transformations with Industrial Relevance, Second International Workshop, AGTIVE 2003, Charlottesville, VA, USA, September 27 - October 1, 2003, Revised Selected and Invited Papers*, volume 3062 of *Lecture Notes in Computer Science*, pages 398–412. Springer, 2004.

[MKMG97]   Monroe, Robert T., Andrew Kompanek, Ralph E. Melton, and David Garlan: *Architectural Styles, Design Patterns, And Objects*. IEEE Software, 14(1):43–52, 1997.

[MN95]   Müller, Olaf and Tobias Nipkow: *Combining Model Checking and Deduction for I/O-Automata*. In Brinksma, Ed, Rance Cleaveland, Kim Guldstrand Larsen, Tiziana Margaria, and Bernhard Steffen (editors): *Tools and Algorithms for Construction and Analysis of Systems, First International Workshop, TACAS '95*, volume 1019 of *Lecture Notes in Computer Science*, pages 1–16. Springer, 1995.

[MN97]   Müller, Olaf and Tobias Nipkow: *Traces of I/O Automata in Isabelle/HOLCF*. In Bidoit, Michel and Max Dauchet (editors): *TAPSOFT '97: Theory and Practice of Software Development, 7th International Joint Conference CAAP/FASE*, volume 1214 of *Lecture Notes in Computer Science*, pages 580–594. Springer, 1997.

[MN01]   Mattolini, Riccardo and Paolo Nesi: *An Interval Logic for Real-Time System Specification*. IEEE Transactions on Software Engineering, 27(3):208–227, 2001.

[MNvOS99] Müller, Olaf, Tobias Nipkow, David von Oheimb, and Oscar Slotosch: *HOLCF = HOL + LCF*. Journal of Functional Programming, (9(2)):191 – 223, 1999.

[Mon99]   Montenegro, Sergio: *Sichere und Fehlertolerante Steuerungen*. Hanser Verlag, 1999.

[MP92]   Manna, Zohar and Amir Pnueli: *The Temporal Logic of Reactive and Concurrent Systems: Specification*. Springer-Verlag, 1992.

[MP95]   Manna, Zohar and Amir Pnueli: *Temporal Verification of Reactive Systems: Safety*. Springer, 1995.

[MPW92]   Milner, Robin, Joachim Parrow, and David Walker: *A Calculus of Mobile Processes, Parts I and II*. Information and Computation, 100(1):1–40 and 41–77, 1992.

[MR99]   Medvidovic, Nenad and David S. Rosenblum: *Assessing the Suitability of a Standard Design Method for Modeling Software Architectures*. In *Proceedings of the TC2 First Working IFIP Conference on Software Architecture (WICSA1)*, pages 161–182. Kluwer, B.V., 1999.

[MRRR02]   Medvidovic, Nenad, David S. Rosenblum, David F. Redmiles, and Jason E. Robbins: *Modeling Software Architectures in the Unified Modeling Language*. ACM Transactions on Software Engineering and Methodology (TOSEM), 11(1):2–57, 2002.

[MS04]   Markey, Nicolas and Philippe Schnoebelen: *TSMV: A Symbolic Model Checker for Quantitative Analysis of Systems*. In *1st International Conference on Quantitative Evaluation of Systems (QEST 2004)*, pages 330–331. IEEE Computer Society, 2004.

[MSRP98]   Margaria, Tiziana, Bernhard Steffen, Roland Rückert, and Joachim Posegga (editors): *Services and Visualization: Towards User-Friendly Design, ACoS '98, VISUAL '98, AIN '97, Selected Papers*, volume 1385 of *Lecture Notes in Computer Science*. Springer, 1998.

[MT00]   Medvidovic, Nenad and Richard N. Taylor: *A Classification and Comparison Framework for Software Architecture Description Languages*. IEEE Transactions on Software Engineering, 26(1):70–93, 2000.

[MTHM97]   Milner, Robin, Mads Tofte, Robert Harper, and David MacQueen: *The Definition of Standard ML – Revised*. MIT Press, 1997.

[Mül98]   Müller, Olaf: *A Verification Environment for I/O Automata Based on Formalized Meta-Theory*. PhD thesis, Institut für Informatik, Technische Universität München, 1998.

[Nie03]   Nieto, Leonor Prensa: *The Rely-Guarantee Method in Isabelle/HOL*. In Degano, Pierpaolo (editor): *Programming Languages and Systems, 12th European Symposium on Programming, ESOP 2003, Held as Part of the Joint European Conferences on Theory and Practice of Software, ETAPS 2003, Warsaw, Poland, April 7-11, 2003, Proceedings*, volume 2618 of *Lecture Notes in Computer Science*, pages 348–362. Springer, 2003.

[NN92]   Nielson, Hanne Riis and Flemming Nielson: *Semantics with Applications: A Formal Introduction*. John Wiley & Sons, 1992.

[NPW02]   Nipkow, T., L.C. Paulson, and M. Wenzel: *Isabelle/HOL — A Proof Assistant for Higher-Order Logic*, volume 2283 of *LNCS*. Springer, 2002. http://isabelle.in.tum.de/dist/Isabelle/doc/tutorial.pdf.

[NS95]   Nipkow, Tobias and Konrad Slind: *I/O Automata in Isabelle/HOL*. In Dybjer, P., B. Nordström, and J. Smith (editors): *Types for Proofs and Programs*, volume 996 of *LNCS*, pages 101–119. Springer, 1995.

[NvOP00]   Nipkow, Tobias, David von Oheimb, and Cornelia Pusch: *μJava: Embedding a Programming Language in a Theorem Prover*. In Bauer, Friedrich L. and Ralf Steinbrüggen (editors): *Foundations of Secure Computation*, volume 175 of *NATO Science Series F: Computer and Systems Sciences*, pages 117–144. IOS Press, 2000. http://isabelle.in.tum.de/Bali/papers/MOD99.html.

[OCL]   *Object Constraint Language Specification, Version 2.0*. http://www.omg.org/technology/documents/formal/ocl.htm.

[ORS92]   Owre, Sam, John M. Rushby, and Natarajan Shankar: *PVS: A Prototype Verification System*. In Kapur, Deepak (editor): *CADE-11: 11th International Conference on Automated Deduction, Proceedings*, volume 607 of *Lecture Notes in Computer Science*, pages 748–752. Springer, 1992.

[ORS06]   Osterweil, Leon J., H. Dieter Rombach, and Mary Lou Soffa (editors): *28th International Conference on Software Engineering (ICSE 2006), Shanghai, China, May 20-28, 2006*. ACM, 2006.

[OSE05]   *OSEK/VDX Operating System Specification 2.2.3*. Specification Version 2.2.3, OSEK/VDX, 2005.

[Ost89]   Ostroff, Jonathan S.: *Temporal Logic for Real-Time Systems*. John Wiley & Sons, Inc., 1989.

[Ost99]   Ostroff, Jonathan S.: *Composition and Refinement of Discrete Real-Time Systems*. ACM Transactions on Software Engineering and Methodology (TOSEM), 8(1):1–48, 1999.

[OW90]   Ostroff, Jonathan S. and W. Murray Wonham: *A Framework for Real-Time Discrete Event Control*. IEEE Transactions on Automatic Control, 35(4):386–397, 1990.

[OZ01]   Oliveira, José Nuno and Pamela Zave (editors): *FME 2001: Formal Methods for Increasing Software Productivity, International Symposium of Formal Methods Europe, Berlin, Germany, March 12-16, 2001, Proceedings*, volume 2021 of *Lecture Notes in Computer Science*. Springer, 2001.

[PA03]   Pnueli, Amir and Tamarah Arons: *TLPVS: A PVS-Based LTL Verification System*. In Dershowitz, Nachum [Der03], pages 598–625.

[Pas03]   Pasch, David: *Konzeption und Implementierung eines ODL-Interpreters für das* AUTOFOCUS/*Quest CASE-Werkzeug*. Bachelor thesis, Institut für Informatik, Technische Universität München, 2003.

[Pas05]   Pasch, David: *Modellbasierte Prozessunterstützung für* AUTOFOCUS. Master thesis, Institut für Informatik, Technische Universität München, 2005.

[Pay01]   Paynter, Stephen: *Real-Time Logic Revisited*. In Oliveira, José Nuno and Pamela Zave [OZ01], pages 300–317.

[PBKS07]   Pretschner, Alexander, Manfred Broy, Ingolf H. Krüger, and Thomas Stauner: *Software Engineering for Automotive Systems: A Roadmap*. In *FOSE 2007: 29th International Conference on Software Engineering (ICSE 2007), Future of Software Engineering*, pages 55–71. IEEE Computer Society, 2007.

[PDH99]   Pasareanu, Corina S., Matthew B. Dwyer, and Michael Huth: *Assume-Guarantee Model Checking of Software: A Comparative Case Study*. In Dams, Dennis, Rob Gerth, Stefan Leue, and Mieke Massink (editors): *Theoretical and Practical Aspects of SPIN Model Checking, 5th and 6th International SPIN Workshops*, volume 1680 of *Lecture Notes in Computer Science*, pages 168–183. Springer, 1999.

[PDN86]   Prieto-Díaz, Rubén and James M. Neighbors: *Module Interconnection Languages*. Journal of Systems and Software, 6(4):307–334, 1986.

[PG06]   Pasareanu, Corina S. and Dimitra Giannakopoulou: *Towards a Compositional SPIN*. In Valmari, Antti [Val06b], pages 234–251.

[Pnu77]   Pnueli, Amir: *The Temporal Logic of Programs*. In *Proceedings of the 18th Annual Symposium on Foundations of Computer Science (FOCS)*, pages 46–57. IEEE Computer Society, 1977.

[Pnu85]   Pnueli, Amir: *In transition from global to modular temporal reasoning about programs*. In Apt, Krzysztof R. [Apt85], pages 123–144.

[PPS⁺03]   Philipps, Jan, Alexander Pretschner, Oscar Slotosch, Ernst Aiglstorfer, Stefan Kriebel, and Kai Scholl: *Model-Based Test Case Generation for Smart Cards*. Electronic Notes in Theoretical Computer Science, 80:168 – 182, Jun 2003.

[Proa] *10th Anniversary IEEE Joint International Conference on Requirements Engineering (RE 2002), 9-13 September 2002, Essen, Germany.* IEEE Computer Society.

[PROb] *SPIN Online References: PROMELA Language Reference.* http://spinroot.com/spin/Man/promela.html.

[Pro03] *Proceedings of the 25th International Conference on Software Engineering, May 3-10, 2003, Portland, Oregon, USA.* IEEE Computer Society, 2003.

[PS99] Philipps, Jan and Oscar Slotosch: *The Quest for Correct Systems: Model Checking of Diagramms and Datatypes.* In *APSEC '99: Asian Pacific Software Engineering Conference*, pages 449 – 458. IEEE Computer Society, 1999.

[PS01] Pretschner, Alexander und Bernhard Schätz: *Modellbasiertes Testen mit AutoFocus/Quest.* Softwaretechnik-Trends, 21(1):20 – 23, 2001.

[PSL04] *Standard for PSL – Property Specification Language.* IEEE Standard P1850, Sep 2004.

[PW92] Perry, Dewayne E. and Alexander L. Wolf: *Foundations for the Study of Software Architecture.* ACM SIGSOFT Software Engineering Notes, 17(4):40–52, 1992.

[Rap97] Rapide Design Team: *The RAPIDE 1.0 Pattern Language Reference Manual.* Program Analysis and Verification Group, Computer Systems Lab., Stanford University, Jul 1997.

[RBS04] Romberg, Jan, Jewgenij Botaschanjan, and Oscar Slotosch: *MoDe: A Method for System-Level Architecture Evaluation.* [GGST04], pages 103–133.

[Reg94] Regensburger, Franz: *HOLCF: Eine konservative Erweiterung von HOL um LCF.* PhD thesis, Institut für Informatik, Technische Universität München, 1994.

[Rei06] Reinfrank, Michael: *Why is automotive software so valuable?: or 5000 lines of code for a cup of gasoline less (Keynote Talk).* In *SEAS 2006: Proceedings of the 3rd International ICSE workshop on Software Engineering for Automotive Systems*, pages 3–4. ACM, 2006.

[Rha] *IBM Rational Rhapsody.* http://www.ibm.com/developerworks/rational/products/rhapsody/.

[RMRR98] Robbins, Jason E., Nenad Medvidovic, David F. Redmiles, and David S. Rosenblum: *Integrating Architecture Description Languages with a Standard Design Method.* In *ICSE '98: Proceedings of the 20th International Conference on Software Engineering*, pages 209–218. IEEE Computer Society, 1998.

[Roy00] Royce, Walker: *Software Management Renaissance.* IEEE Software, 17(4):116–118,121, 2000.

[RTW] *Real-Time Workshop Embedded Coder.* http://www.mathworks.com/products/rtwembedded/.

[SA03]   Shankar, Subash and Sinan Asa: *Formal Semantics of UML with Real-Time Con-structs*. In Stevens, Perdita, Jon Whittle, and Grady Booch (editors): *UML 2003 - The Unified Modeling Language, Modeling Languages and Applications, 6th International Conference, Proceedings*, volume 2863 of *Lecture Notes in Computer Science*, pages 60–75. Springer, 2003.

[Sab]   *SableCC Homepage*. http://sablecc.org/.

[SB99]   Schumann, Johann und Max Breitling: *Formalisierung und Beweis einer Verfeinerung aus FOCUS mit automatischen Theorembeweisern – Fallstudie*. Technischer Bericht TUM-I9904, Institut für Informatik, Technische Universität München, 1999.

[SB03]   Schmidt, Douglas C. and Frank Buschmann: *Patterns, Frameworks, and Middleware: Their Synergistic Relationships*. In *Proceedings of the 25th International Conference on Software Engineering (ICSE 2003)* [Pro03], pages 694–704.

[SBB⁺02]   Shull, Forrest, Victor R. Basili, Barry W. Boehm, A. Winsor Brown, Patricia Costa, Mikael Lindvall, Daniel Port, Ioana Rus, Roseanne Tesoriero, and Marvin V. Zelkowitz: *What We Have Learned About Fighting Defects*. In *8th IEEE International Software Metrics Symposium (METRICS 2002)*, pages 249–. IEEE Computer Society, 2002.

[SBF⁺97]   Schlipf, Thomas, Thomas Buechner, Rolf Fritz, Markus Helms, and Juergen Koehl: *Formal verification made easy*. IBM Journal of Research and Development, 41(4-5):567–576, 1997.

[SBHW03]   Schätz, Bernhard, Peter Braun, Franz Huber, and Alexander K. Wißpeintner: *Consistency in Model-Based Development*. In *10th IEEE International Conference on Engineering of Computer-Based Systems (ECBS 2003)*, pages 287–296. IEEE Computer Society, 2003.

[SBHW05]   Schätz, Bernhard, Peter Braun, Franz Huber, and Alexander K. Wißpeintner: *Checking and Transforming Models with* AUTOFOCUS. In *12th IEEE International Conference on the Engineering of Computer-Based Systems (ECBS 2005)*, pages 307–314. IEEE Computer Society, 2005.

[SC85]   Sistla, A. Prasad and Edmund M. Clarke: *The Complexity of Propositional Linear Temporal Logics*. Journal of the ACM, 32(3):733–749, 1985.

[SCA]   *SCADE Suite*.   http://www.esterel-technologies.com/products/scade-suite/.

[Sch01]   Schätz, Bernhard: *The ODL Operation Definition Language and the AutoFocus/Quest Application Framework AQuA*. Technical Report TUM-I0111, Institut für Informatik, Technische Universität München, Dec 2001.

[Sch02]   Schlosser, Joachim: *Requirements for Automotive System Engineering Tools*. In *20th International Conference on Computer Design (ICCD 2002)*, pages 364–369. IEEE Computer Society, 2002.

[Sch04a]   Schätz, Bernhard: *Mastering the Complexity of Reactive Systems – The* AUTOFO-CUS *Approach*. In Kordon, Fabrice and Michel Lemoine (editors): *Formal Methods for Embedded Distributed Systems: How to Master the Complexity*, chapter 7, pages 215–258. Kluwer Academic Publishers, 2004.

[Sch04b]   Schätz, Bernhard: *Mastering the Complexity of Reactive Systems – The* AUTOFO-CUS *Approach*. In Kordon, Fabrice and Michel Lemoine [KL04], pages 215–258.

[Sch06]   Schlosser, Joachim: *Architektursimulation von verteilten Steuergerätesystemen*. Dissertation, Institut für Informatik, Technische Universität München, 2006.

[SDK⁺95]   Shaw, Mary, Robert DeLine, Daniel V. Klein, Theodore L. Ross, David M. Young, and Gregory Zelesnik: *Abstractions for Software Architecture and Tools to Support Them*. IEEE Transactions on Software Engineering, 21(4):314–335, 1995.

[SDW93]   Stølen, Ketil, Frank Dederichs, and Rainer Weber: *Assumption/Commitment Rules for Networks of Asynchronously Communicating Agents*. Technical Report TUM-I9303, Institut für Informatik, Technische Universität München, 1993. http://www4.informatik.tu-muenchen.de/reports/TUM-I9303.html.

[SDW96]   Stølen, Ketil, Frank Dederichs, and Rainer Weber: *Specification and Refinement of Networks of Asynchronously Communicating Agents Using the Assumption/Commitment Paradigm*. Formal Aspects of Computing, 8(2):127–161, 1996.

[Sel98]   Selic, Bran. *Using UML for Modeling Complex Real Time Systems*. In *LCTES '98· Proceedings of the ACM SIGPLAN Workshop on Languages, Compilers, and Tools for Embedded Systems*, volume 1474, pages 250–260. Springer-Verlag, 1998.

[Sel04]   Selic, Bran: *On the Semantic Foundations of Standard UML 2.0*. In Bernardo, Marco and Flavio Corradini (editors): *Formal Methods for the Design of Real-Time Systems, International School on Formal Methods for the Design of Computer, Communication and Software Systems (SFM-RT 2004), Revised Lectures*, volume 3185 of *Lecture Notes in Computer Science*, pages 181–199. Springer, 2004.

[SGW94]   Selic, Bran, Garth Gullekson, and Paul T. Ward: *Real-Time Object-Oriented Modeling*. John Wiley & Sons, 1994.

[SH99]   Schätz, Bernhard and Franz Huber: *Integrating Formal Description Techniques*. In Wing, Jeannette M., Jim Woodcock, and Jim Davies (editors): *FM '99 – Formal Methods, World Congress on Formal Methods in the Development of Computing Systems*, volume 1709 of *Lecture Notes in Computer Science*, pages 1206–1225. Springer, 1999.

[SHH⁺03]   Schätz, Bernhard, Tobias Hain, Frank Houdek, Wolfgang Prenninger, Martin Rappl, Jan Romberg, Oscar Slotosch, Martin Strecker, and Alexander Wißpeint-ner: *CASE Tools for Embedded Systems*. Technical Report TUM-I0309, Institut für Informatik, Technische Universität München, 2003.

[Sim]   *Simulink – Simulation and Model-Based Design.* http://www.mathworks.
             com/products/simulink/.

[SKA04]   Strunk, Elisabeth A., John C. Knight, and M. Anthony Aiello: *Distributed Re-
             configurable Avionics Architectures.* In *Proceedings of the 23rd Digital Avionics
             Systems Conference,* 2004.

[SM97]   Sandner, Robert and Olaf Müller: *Theorem Prover Support for the Refinement of
             Stream Processing Functions.* In Brinksma, Ed (editor): *Tools and Algorithms for
             Construction and Analysis of Systems, Third International Workshop, TACAS '97,*
             volume 1217 of *Lecture Notes in Computer Science,* pages 351–365. Springer,
             1997.

[Sof]   *Defining Software Architecture: Modern, Classic, and Bibliographic Definitions.*
             http://www.sei.cmu.edu/architecture/start/definitions.
             cfm, Software Engineering Institute, Carnegie Mellon.

[Sof00]   *IEEE Recommended Practice for Architectural Description of Software-Intensive
             Systems.* IEEE-Std-1471-2000, Oct 2000.

[SPHP02]   Schätz, Bernhard, Alexander Pretschner, Franz Huber, and Jan Philipps: *Model-
             Based Development of Embedded Systems.* In *Advances in Object-Oriented Infor-
             mation Systems, OOIS 2002 Workshops, Montpellier, France, September 2, 2002,
             Proceedings,* volume 2426 of *Lecture Notes in Computer Science,* pages 298–312.
             Springer, 2002.

[Spi98]   Spies, Katharina: *Eine Methode zur formalen Modellierung von Betriebssystem-
             konzepten.* Dissertation, Institut für Informatik, Technische Universität München,
             1998.

[Spi06]   Spichkova, Maria: *FlexRay: Verification of the FOCUS Specification in Is-
             abelle/HOL. A Case Study.* Technical Report TUM-I0602, Institut für Informatik,
             Technische Universität München, feb 2006.

[Spi07]   Spichkova, Maria: *Specification and Seamless Verification of Embedded Real-Time
             Systems: FOCUS on Isabelle.* PhD thesis, Institut für Informatik, Technische
             Universität München, 2007.

[SR98]   Selic, Bran and Jim Rumbaugh: *Using UML for Modeling Complex Real-Time
             Systems,* 1998. http://www.ibm.com/developerworks/rational/
             library/content/03July/1000/1155/1155_umlmodeling.pdf.

[SRS+03]   Schätz, Bernhard, Jan Romberg, Oscar Slotosch, Martin Strecker, Alexander
             Wißpeintner, Tobias Hain, Wolfgang Prenninger, Martin Rappl, and Katharina
             Spies: *Modeling Embedded Software: State of the Art and Beyond.* In *Proceedings
             of ICCSEA 16th International Conference on Software and Systems Engineering
             and their Applications, 2003 Conference,* 2003.

[SS95]   Schätz, Bernhard and Katharina Spies: *Formale Syntax zur logischen Kernsprache
             der Focus-Entwicklungsmethodik.* Technical Report TUM-I9529, Institut für In-
             formatik, Technische Universität München, 1995.

[SS03]   Schätz, Bernhard and Christian Salzmann: *Service-Based Systems Engineering: Consistent Combination of Services*. In Dong, Jin Song and Jim Woodcock (editors): *Formal Methods and Software Engineering, 5th International Conference on Formal Engineering Methods, ICFEM 2003*, volume 2885 of *Lecture Notes in Computer Science*, pages 86–104. Springer, 2003.

[SSC$^+$04]   Scaife, Norman, Christos Sofronis, Paul Caspi, Stavros Tripakis, and Florence Maraninchi: *Defining and Translating a "Safe" Subset of Simulink/Stateflow into Lustre*. In Buttazzo, Giorgio C. [But04], pages 259–268.

[SSS81]   Sandewall, Erik, Claes Strömberg, and Henrik Sörensen: *Software Architecture Based on Communicating Residential Environments*. In *ICSE 1981: Proceedings of the 5th International Conference on Software Engineering*, pages 144–152. IEEE Computer Society, 1981.

[Stö03]   Störrle, Harald: *Semantics of interactions in UML 2.0*. In *2003 IEEE Symposium on Human Centric Computing Languages and Environments (HCC 2003), 28-31 October 2003, Auckland, New Zealand*, pages 129–136. IEEE Computer Society, 2003.

[SW04]   Saad, Alexandre and Ulrich Weinmann: *Intelligent Automotive System Services: Requirements, Architectures and Implementation Issues*. In *Convergence International Congress & Exposition On Transportation Electronics*, SAE Technical Papers, 2004.

[Sys06]   *OMG Systems Modeling Language (OMG SysML) Specification*, Technical report, The Object Management Group (OMG), 2006. http://www.omgsysml. org/.

[SZ06]   Schäuffele, Jörg und Thomas Zurawka: *Automotive Software Engineering: Grundlagen, Prozesse, Methoden und Werkzeuge effizient einsetzen*. Vieweg+Teubner Verlag, 2006.

[TR05]   Thati, Prasanna and Grigore Rosu: *Monitoring Algorithms for Metric Temporal Logic Specifications*. Electronic Notes in Theoretical Computer Science, 113:145–162, 2005. Proceedings of the Fourth Workshop on Runtime Verification (RV 2004).

[Tra03]   Trachtenherz, David: *Erweiterung des AQuA-Systems: ODL-Sprachkonstrukte und interaktive Benutzerschnittstelle*. Diplomarbeit, Institut für Informatik, Technische Universität München, 2003.

[Tra08a]   Trachtenherz, David: AUTOFOCUS *Streams and Temporal Logic on Intervals*. Generated Isabelle/HOL theory documentation, 2008.

[Tra08b]   Trachtenherz, David: *Definition and Formal Validation of Temporal Logic Notations*. Generated Isabelle/HOL theory documentation, 2008.

[Tra09]   Trachtenherz, David: *Ausführungssemantik von AutoFocus-Modellen: Isabelle/HOL-Formalisierung und Äquivalenzbeweis*. Technical Report TUM-I0903, Institut für Informatik, Technische Universität München, Jan 2009.

[TS05]   Tuerk, Thomas and Klaus Schneider: *From PSL to LTL: A Formal Validation in HOL*. In Hurd, Joe and Thomas F. Melham (editors): *Theorem Proving in Higher Order Logics, 18th International Conference, TPHOLs 2005, Oxford, UK, August 22-25, 2005, Proceedings*, volume 3603 of *Lecture Notes in Computer Science*, pages 342–357. Springer, 2005.

[TWMS06] Topnik, Christian, Eva Wilhelm, Tiziana Margaria, and Bernhard Steffen: *jMosel: A Stand-Alone Tool and jABC Plugin for M2L(Str)*. In Valmari, Antti [Val06b], pages 293–298.

[UML]   *UML Resource Page*. http://www.uml.org/.

[Val01]   Validas: *Validas Validator Manual*, Mai 2001. http://www4.in.tum.de/proj/quest/papers/Validator.pdf.

[Val05]   Validas: AUTOFOCUS – *User Manual: Model Checking*, 2005. http://www4.in.tum.de/~af2/documentation/MCManual_20051019.pdf.

[Val06a] Validas: AUTOFOCUS – *User Manual: Type System*, 2006. http://www4.in.tum.de/~af2/documentation/AFTypeSystem20060727.pdf.

[Val06b] Valmari, Antti (editor): *Model Checking Software, 13th International SPIN Workshop, Vienna, Austria, March 30 - April 1, 2006, Proceedings*, volume 3925. Springer, 2006.

[Var01]   Vardi, Moshe Y.: *Branching vs. Linear Time: Final Showdown*. In Margaria, Tiziana and Wang Yi (editors): *Tools and Algorithms for the Construction and Analysis of Systems, 7th International Conference, TACAS 2001*, volume 2031 of *Lecture Notes in Computer Science*, pages 1–22. Springer, 2001.

[VDA05]   *Jahresbericht 2005, S. 181-182*. Verband der Automobilindustrie (VDA), 2005. http://www.vda.de/de/downloads/477/.

[vdB94]   Beeck, Michael von der: *A Comparison of Statecharts Variants*. In Langmaack, Hans, Willem P. de Roever, and Jan Vytopil (editors): *Formal Techniques in Real-Time and Fault-Tolerant Systems (FTRTFT '94), Third International Symposium Organized Jointly with the Working Group Provably Correct Systems - ProCoS, Proceedings*, volume 863 of *Lecture Notes in Computer Science*, pages 128–148. Springer, 1994.

[vdBBFR03] Beeck, Michael von der, Peter Braun, Ulrich Freund, and Martin Rappl: *Architecture Centric Modeling of Automotive Control Software*. In *World Congress of Automotive Engineers, SAE Technical Paper Series 2003-01-0856*, 2003.

[vdBBRS01] Beeck, Michael von der, Peter Braun, Martin Rappl und Christian Schröder: *Modellbasierte Softwareentwicklung für automobilspezifische Steuergerätenetzwerke*. (1646):293 ff., 2001.

[vdBBRS02] Beeck, Michael von der, Peter Braun, Martin Rappl, and Christian Schröder: *Automotive Software Development: A Model Based Approach*. In *World Congress of Automotive Engineers, SAE Technical Paper Series 2002-01-0875*, 2002.

[vdBBRS03] Beeck, Michael von der, Peter Braun, Martin Rappl, and Christian Schröder: *Automotive UML: a (meta) model-based approach for systems development*. [LMS03], pages 271–299.

[Ves] Vestal, Steve: *MetaH User's Manual*. Honeywell Technology Center.

[vLW98] Lamsweerde, Axel van and Laurent Willemet: *Inferring Declarative Requirements Specifications from Operational Scenarios*. IEEE Transactions on Software Engineering, 24(12):1089–1114, 1998.

[vO02] Oheimb, David von: *Interacting State Machines: A Stateful Approach to Proving Security*. In Abdallah, Ali E., Peter Ryan, and Steve Schneider (editors): *Formal Aspects of Security, First International Conference, FASec 2002, Revised Papers*, volume 2629 of *Lecture Notes in Computer Science*, pages 15–32. Springer, 2002.

[vOL02] Oheimb, David von and Volkmar Lotz: *Formal Security Analysis with Interacting State Machines*. In Gollmann, Dieter, Günter Karjoth, and Michael Waidner (editors): *Computer Security - ESORICS 2002, 7th European Symposium on Research in Computer Security, Zurich, Switzerland, October 14-16, 2002, Proceedings*, volume 2502 of *Lecture Notes in Computer Science*, pages 212–228. Springer, 2002.

[vOLW05] Oheimb, David von, Volkmar Lotz, and Georg Walter: *Analyzing SLE 88 memory management security using Interacting State Machines*. International Journal of Information Security, 4(3):155–171, 2005.

[vON99] Oheimb, David von and Tobias Nipkow: *Machine-Checking the Java Specification: Proving Type-Safety*. Formal Syntax and Semantics of Java, 1523:119–156, 1999.

[WB05] Wenzel, Markus and Stefan Berghofer: *The Isabelle System Manual*. Technische Universität München, 2005. http://isabelle.in.tum.de/dist/Isabelle/doc/system.pdf.

[Wen99] Wenzel, Markus: *Isar – A Generic Interpretative Approach to Readable Formal Proof Documents*. In Bertot, Yves, Gilles Dowek, André Hirschowitz, C. Paulin, and Laurent Théry (editors): *Theorem Proving in Higher Order Logics, 12th International Conference, TPHOLs '99*, volume 1690 of *Lecture Notes in Computer Science*, pages 167–184. Springer, 1999.

[Wen08] Wenzel, Makarius: *The Isabelle/Isar Reference Manual*. Technische Universität München, 2008. http://isabelle.in.tum.de/dist/Isabelle/doc/isar-ref.pdf.

[WFH+06] Wild, Doris, Andreas Fleischmann, Judith Hartmann, Christian Pfaller, Martin Rappl, and Sabine Rittmann: *An Architecture-Centric Approach towards the Construction of Dependable Automotive Software*. In *Proceedings of the SAE 2006 World Congress*, 2006.

[Wim05]   Wimmel, Guido: *Model-Based Development of Security-Critical Systems*. PhD thesis, Institut für Informatik, Technische Universität München, 2005.

[Wol86]   Wolper, Pierre: *Expressing Interesting Properties of Programs in Propositional Temporal Logic*. In *POPL '86: Proceedings of the 13th ACM SIGACT-SIGPLAN Symposium on Principles of Programming Languages*, pages 184–193. ACM Press, 1986.

[XG03]   Xia, Yong and Martin Glinz: *Rigorous EBNF-based Definition for a Graphic Modeling Language*. In *10th Asia-Pacific Software Engineering Conference (APSEC 2003), 10-12 December 2003, Chiang Mai, Thailand*, pages 186–196. IEEE Computer Society, 2003.

[YML99]   Yu, Yuan, Panagiotis Manolios, and Leslie Lamport: *Model Checking TLA$^+$ Specifications*. In Pierre, Laurence and Thomas Kropf (editors): *Correct Hardware Design and Verification Methods (CHARME '99), 10th IFIP WG 10.5 Advanced Research Working Conference, Proceedings*, volume 1703 of *Lecture Notes in Computer Science*, pages 54–66. Springer, 1999.

[Yov97]   Yovine, Sergio: *KRONOS: A Verification Tool for Real-Time Systems*. International Journal on Software Tools for Technology Transfer (STTT), 1(1-2):123–133, 1997.

[ZBF$^+$05] Ziegenbein, Dirk, Peter Braun, Ulrich Freund, Andreas Bauer, Jan Romberg, and Bernhard Schätz: *AutoMoDe – Model-Based Development of Automotive Software*. In *2005 Design, Automation and Test in Europe Conference and Exposition (DATE 2005), 7-11 March 2005, Munich, Germany*, pages 171–177. IEEE Computer Society, 2005.

Sachverzeichnis